지구과학 I

정답과 해설 PDF 파일은 EBS*i* 홈페이지(www.ebs*i*.co.kr)에서 다운로드 받으실 수 있습니다.

EBS*i* 홈페이지에서 본 교재의 문항별 해설 강의 검색 서비스를 제공하고 있습니다.

교재 내용 문의 교재 및 강의 내용 문의는 EBS*i* 홈페이지(www.ebs*i*.co.kr)의 학습 Q&A 코너를 이용하시기 바랍니다.

교재 정오표 공지 발간 이후 발견된 정오 사항을 EBS*i* 홈페이지 정오표 코너에서 알려드립니다.
EBS*i* 홈페이지 ▶ EBS 교재 ▶ 교재 정오표

교재 정정 신청 공지된 정오 내용 외에 발견된 정오 사항이 있다면 EBS에 알려주세요.
EBS*i* 홈페이지 ▶ EBS 교재 ▶ 교재 정정 신청

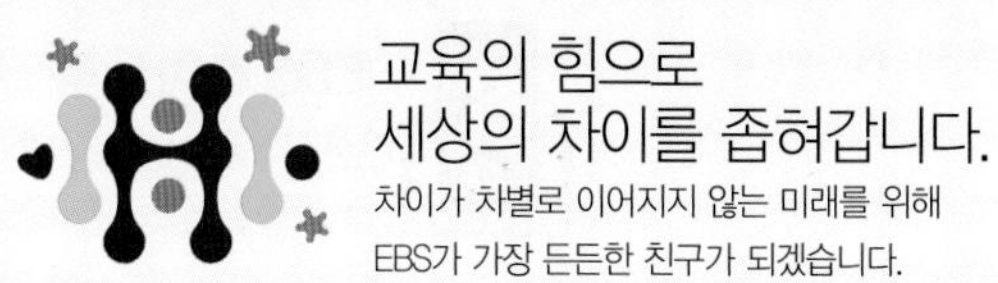

기획 및 개발 총괄

김무성 박지연(프리랜서) **강유진 오창호 권현지**

집필 및 검토

권오성(여의도여자고등학교)
서울대학교 지구과학교육과
한국교원대학교 대학원(교육학 석사)
EBS FINAL 실전모의고사 지구과학 I(2016~2018),
EBS 수능의 7대 함정 지구과학 I(2018),
EBS 기출의 미래 지구과학 I(2017, 2018) 집필

김연귀(혜원여자고등학교)
서울대학교 지구과학교육과
한국교원대학교 대학원(교육학 석사)
EBS 수능특강 지구과학 I(2016~2018),
EBS 수능완성 지구과학 I(2016~2018),
EBS 수능 만점마무리 모의고사 지구과학 I(2018),
EBS 수능의 7대 함정 지구과학 I(2018) 집필

김진성(신림고등학교)
서울대학교 지구과학교육과
서울대학교 교육대학원(교육학 석사)
2015 개정 교육과정 지구과학 I 교과서 집필
EBS 수능 만점마무리 모의고사 지구과학 I(2018),
EBS 수능의 7대 함정 지구과학 I(2018),
EBS 개념완성 지구과학 I(2018) 집필

최윤옥(가정고등학교)
서울대학교 지구과학교육과
2015 개정 교육과정 지구과학 I, 지구과학 II 교과서 집필,
EBS 수능특강, 수능완성 지구과학 I, II(2013~2018) 검토

검토

김우겸(대전과학고)
박기현(경기과학고)
서광석(한일고)
안혜영(창동고)
이석우(구산중)
이진경(원묵고)
정의면(송우고)
조광희(재현고)
최상국(대인고)
최성원(진명여고)
최천식(안산고)

편집 검토

이설아 조양실

본 교재의 강의는 EBS*i* 홈페이지(www.ebs*i*.co.kr)에서 제공됩니다.

발행일 2018. 12. 10 **6쇄 인쇄일** 2019. 11. 27 **신고번호** 제2017-000193호 **펴낸곳** 한국교육방송공사 경기도 고양시 일산동구 한류월드로 281
표지디자인 디자인싹 **인쇄** 팩컴코리아(주) **편집디자인** 다우 **편집** 다우
인쇄 과정 중 잘못된 교재는 구입하신 서점에서 교환하여 드립니다.

지구과학 I

이 책의 구성과 특징 STRUCTURE

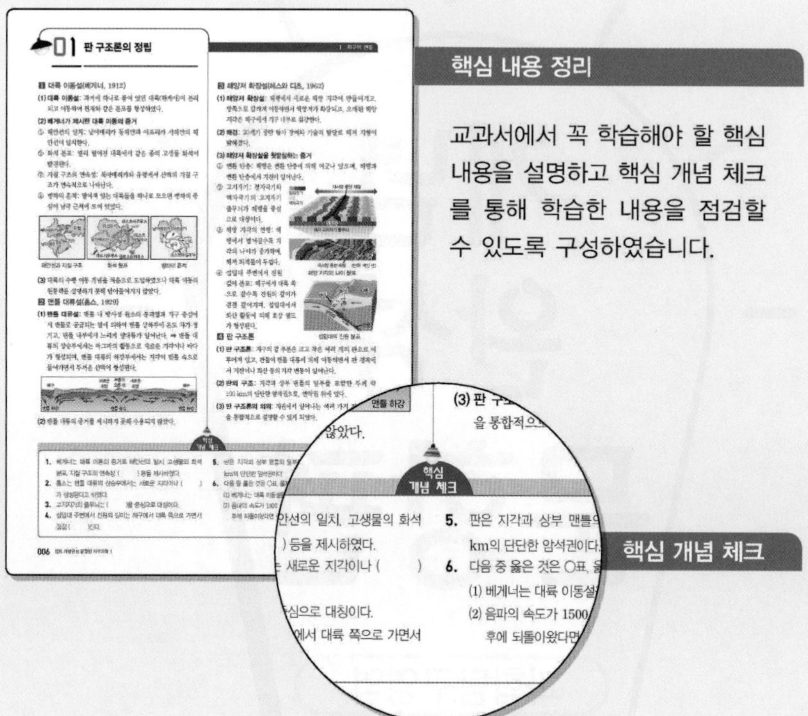

핵심 내용 정리

교과서에서 꼭 학습해야 할 핵심 내용을 설명하고 핵심 개념 체크를 통해 학습한 내용을 점검할 수 있도록 구성하였습니다.

핵심 개념 체크

출제 예상 문제

교과서 내용을 학습한 후 시험 대비를 위해 출제 빈도가 높은, 꼭 풀어 봐야 할 문제들로 구성하였습니다.

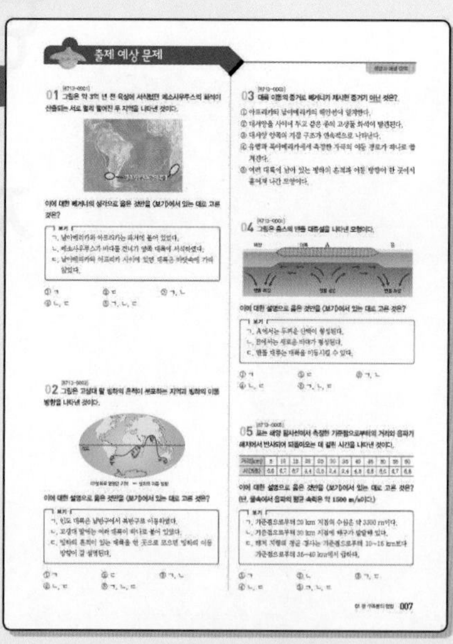

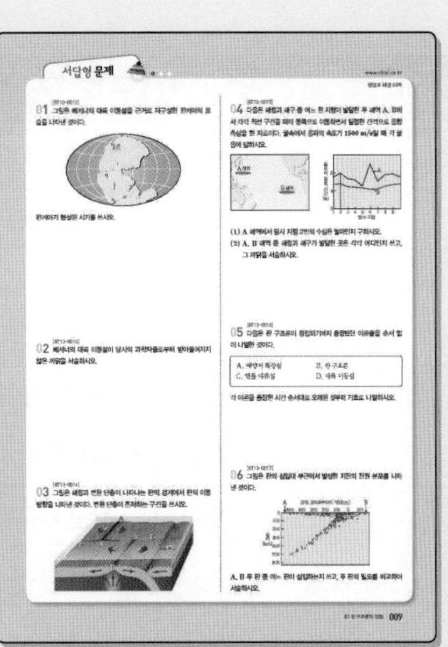

서답형 문제

내신평가의 서술형 문제와 단답형 문제에 대비할 수 있는 우수하고 유용한 문제들로 구성하였습니다.

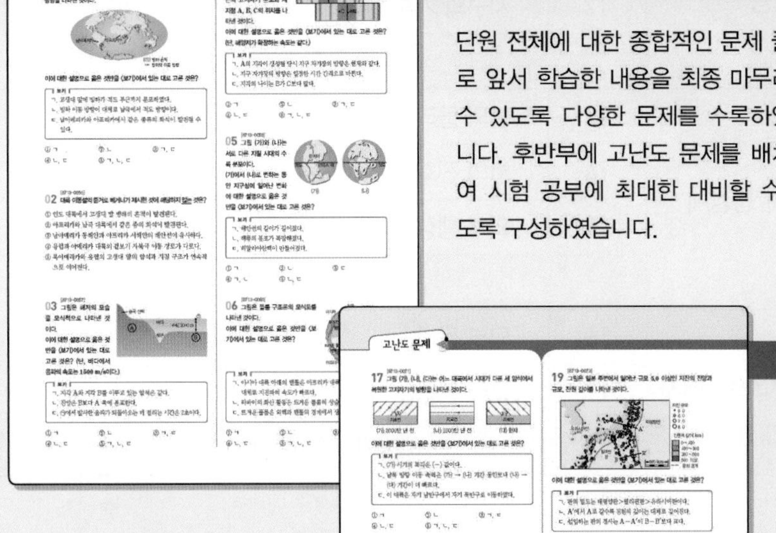

대단원 종합 문제

단원 전체에 대한 종합적인 문제 풀이로 앞서 학습한 내용을 최종 마무리할 수 있도록 다양한 문제를 수록하였습니다. 후반부에 고난도 문제를 배치하여 시험 공부에 최대한 대비할 수 있도록 구성하였습니다.

고난도 문제

이 책의 **차례**

CONTENTS

차례와 우리 학교 교과서 비교

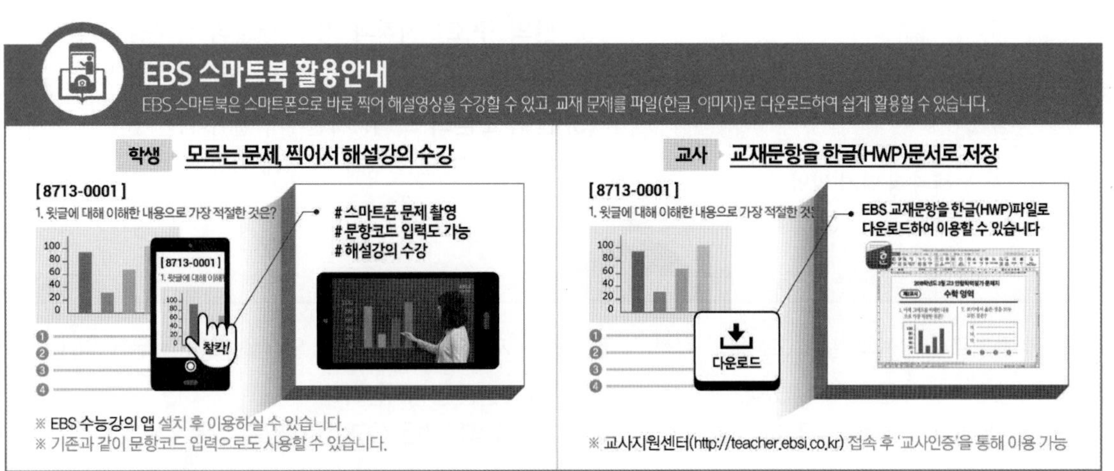

01 판 구조론의 정립

1 대륙 이동설(베게너, 1912)

(1) 대륙 이동설: 과거에 하나로 붙어 있던 대륙(판게아)이 분리되고 이동하여 현재와 같은 분포를 형성하였다.

(2) 베게너가 제시한 대륙 이동의 증거

① 해안선의 일치: 남아메리카 동해안과 아프리카 서해안의 해안선이 일치한다.

② 화석 분포: 멀리 떨어진 대륙에서 같은 종의 고생물 화석이 발견된다.

③ 지질 구조의 연속성: 북아메리카와 유럽에서 산맥의 지질 구조가 연속적으로 나타난다.

④ 빙하의 흔적: 떨어져 있는 대륙들을 하나로 모으면 빙하의 중심이 남극 근처에 모여 있었다.

해안선과 지질 구조

화석 분포

빙하의 흔적

(3) 대륙의 수평 이동 개념을 처음으로 도입하였으나 대륙 이동의 원동력을 설명하지 못해 받아들여지지 않았다.

2 맨틀 대류설(홈스, 1929)

(1) 맨틀 대류설: 맨틀 내 방사성 원소의 붕괴열과 지구 중심에서 맨틀로 공급되는 열에 의하여 맨틀 상하부에 온도 차가 생기고, 맨틀 내부에서 느리게 열대류가 일어난다. ➡ 맨틀 대류의 상승부에서는 마그마의 활동으로 새로운 지각이나 바다가 형성되며, 맨틀 대류의 하강부에서는 지각이 맨틀 속으로 들어가면서 두꺼운 산맥이 형성된다.

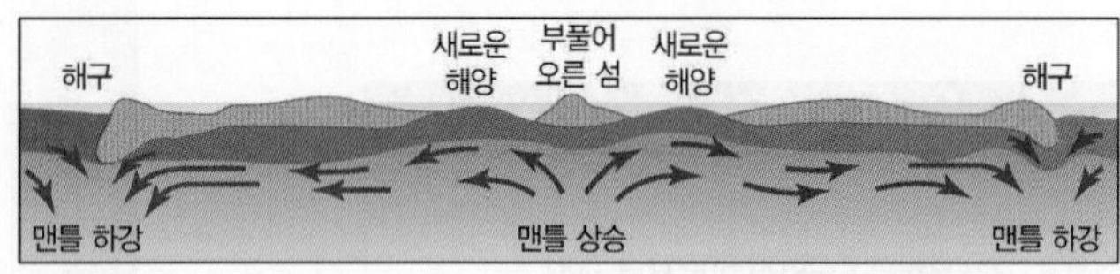

(2) 맨틀 대류의 증거를 제시하지 못해 수용되지 않았다.

3 해양저 확장설(헤스와 디츠, 1962)

(1) 해양저 확장설: 해령에서 새로운 해양 지각이 만들어지고, 양쪽으로 갈라져 이동하면서 해양저가 확장되고, 오래된 해양 지각은 해구에서 지구 내부로 침강한다.

(2) 배경: 20세기 중반 탐사 장비와 기술의 발달로 해저 지형이 밝혀졌다.

(3) 해양저 확장설을 뒷받침하는 증거

① 변환 단층: 해령은 변환 단층에 의해 어긋나 있으며, 해령과 변환 단층에서 지진이 일어난다.

② 고지자기: 정자극기와 역자극기의 고지자기 줄무늬가 해령을 중심으로 대칭이다.

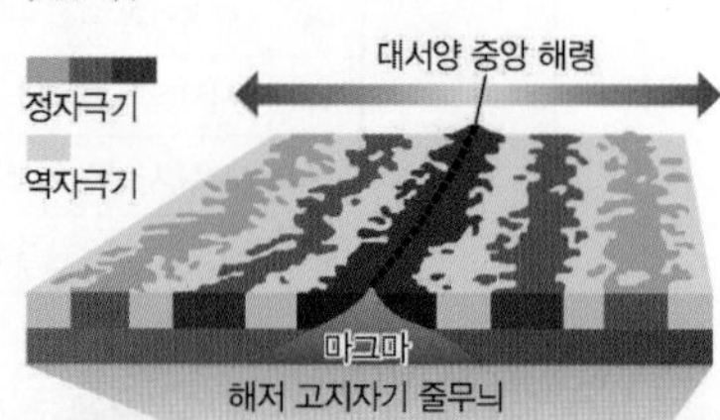

③ 해양 지각의 연령: 해령에서 멀어질수록 지각의 나이가 증가하며, 해저 퇴적물이 두껍다.

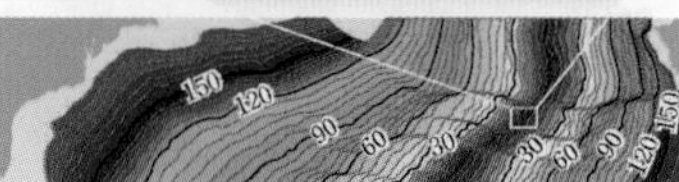

해양 지각의 나이 분포

④ 섭입대 주변에서 진원 깊이 분포: 해구에서 대륙 쪽으로 갈수록 진원의 깊이가 점점 깊어지며, 섭입대에서 화산 활동에 의해 호상 열도가 형성된다.

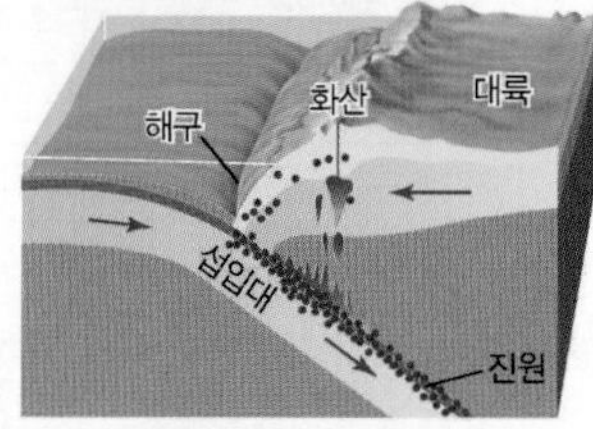

섭입대의 진원 분포

4 판 구조론

(1) 판 구조론: 지구의 겉 부분은 크고 작은 여러 개의 판으로 이루어져 있고, 판들이 맨틀 대류에 의해 이동하면서 판 경계에서 지진이나 화산 등의 지각 변동이 일어난다.

(2) 판의 구조: 지각과 상부 맨틀의 일부를 포함한 두께 약 100 km의 단단한 암석권으로, 연약권 위에 있다.

(3) 판 구조론의 의의: 지권에서 일어나는 여러 가지 지각 변동을 통합적으로 설명할 수 있게 되었다.

핵심 개념 체크

정답과 해설 02쪽

1. 베게너는 대륙 이동의 증거로 해안선의 일치, 고생물의 화석 분포, 지질 구조의 연속성, (　　　) 등을 제시하였다.

2. 홈스는 맨틀 대류의 상승부에서는 새로운 지각이나 (　　　)가 생성된다고 하였다.

3. 고지자기의 줄무늬는 (　　　)을 중심으로 대칭이다.

4. 섭입대 주변에서 진원의 깊이는 해구에서 대륙 쪽으로 가면서 점점 (　　　)진다.

5. 판은 지각과 상부 맨틀의 일부를 포함한 두께 약 (　　　) km의 단단한 암석권이다.

6. 다음 중 옳은 것은 ○표, 옳지 않은 것은 ×표 하시오.

(1) 베게너는 대륙 이동설을 제안하였다. (　　)

(2) 음파의 속도가 1500 m/s일 때, 해저에 발사한 음파가 8초 후에 되돌아왔다면 수심은 12000 m이다. (　　)

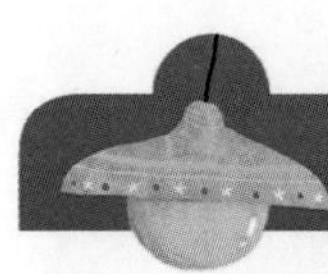

출제 예상 문제

정답과 해설 02쪽

[8713-0001]

01 그림은 약 3억 년 전 육상에 서식했던 메소사우루스의 화석이 산출되는 서로 멀리 떨어진 두 지역을 나타낸 것이다.

이에 대한 베게너의 생각으로 옳은 것만을 〈보기〉에서 있는 대로 고른 것은?

보기
ㄱ. 남아메리카와 아프리카는 과거에 붙어 있었다.
ㄴ. 메소사우루스가 바다를 건너가 양쪽 대륙에 서식하였다.
ㄷ. 남아메리카와 아프리카 사이에 있던 대륙은 바닷속에 가라앉았다.

① ㄱ ② ㄷ ③ ㄱ, ㄴ
④ ㄴ, ㄷ ⑤ ㄱ, ㄴ, ㄷ

[8713-0002]

02 그림은 고생대 말 빙하의 흔적이 분포하는 지역과 빙하의 이동 방향을 나타낸 것이다.

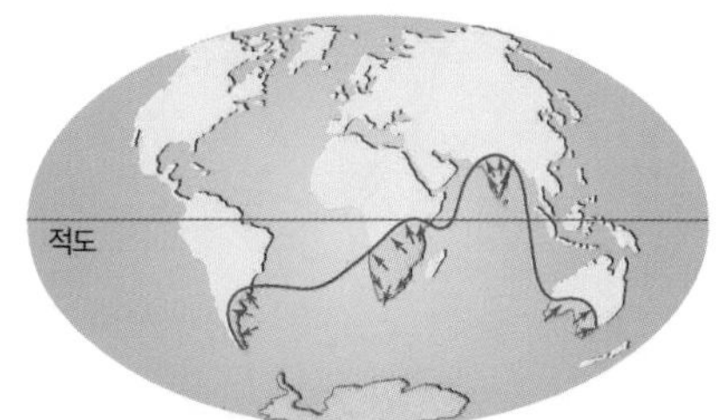

⬭빙하로 덮였던 지역 ← 빙하의 이동 방향

이에 대한 설명으로 옳은 것만을 〈보기〉에서 있는 대로 고른 것은?

보기
ㄱ. 인도 대륙은 남반구에서 북반구로 이동하였다.
ㄴ. 고생대 말에는 여러 대륙이 하나로 붙어 있었다.
ㄷ. 빙하의 흔적이 있는 대륙을 한 곳으로 모으면 빙하의 이동 방향이 잘 설명된다.

① ㄱ ② ㄷ ③ ㄱ, ㄴ
④ ㄴ, ㄷ ⑤ ㄱ, ㄴ, ㄷ

[8713-0003]

03 대륙 이동의 증거로 베게너가 제시한 증거가 아닌 것은?

① 아프리카와 남아메리카의 해안선이 일치한다.
② 대서양을 사이에 두고 같은 종의 고생물 화석이 발견된다.
③ 대서양 양쪽의 지질 구조가 연속적으로 나타난다.
④ 유럽과 북아메리카에서 측정한 자극의 이동 경로가 하나로 합쳐진다.
⑤ 여러 대륙에 남아 있는 빙하의 흔적과 이동 방향이 한 곳에서 흩어져 나간 모양이다.

[8713-0004]

04 그림은 홈스의 맨틀 대류설을 나타낸 모형이다.

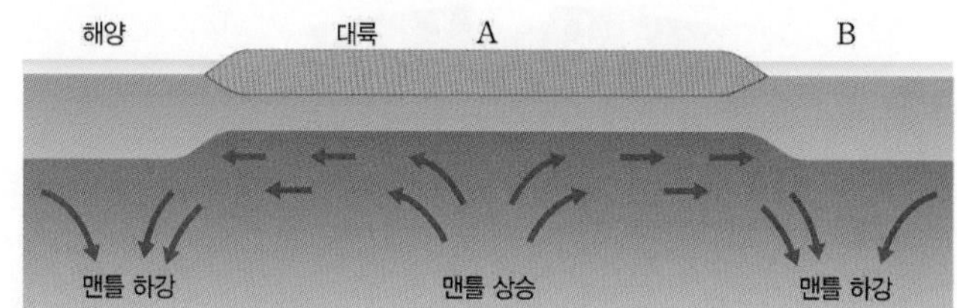

이에 대한 설명으로 옳은 것만을 〈보기〉에서 있는 대로 고른 것은?

보기
ㄱ. A에서는 두꺼운 산맥이 형성된다.
ㄴ. B에서는 새로운 바다가 형성된다.
ㄷ. 맨틀 대류는 대륙을 이동시킬 수 있다.

① ㄱ ② ㄷ ③ ㄱ, ㄴ
④ ㄴ, ㄷ ⑤ ㄱ, ㄴ, ㄷ

[8713-0005]

05 표는 해양 탐사선에서 측정한 기준점으로부터의 거리와 음파가 해저에서 반사되어 되돌아오는 데 걸린 시간을 나타낸 것이다.

거리(km)	5	10	15	20	25	30	35	40	45	50	55	60
시간(초)	6.6	6.7	6.7	4.4	3.5	2.4	2.4	4.5	6.6	6.6	6.7	6.8

이에 대한 설명으로 옳은 것만을 〈보기〉에서 있는 대로 고른 것은? (단, 물속에서 음파의 평균 속력은 약 1500 m/s이다.)

보기
ㄱ. 기준점으로부터 20 km 지점의 수심은 약 3300 m이다.
ㄴ. 기준점으로부터 30 km 지점에 해구가 발달해 있다.
ㄷ. 해저 지형의 평균 경사는 기준점으로부터 10~15 km보다 기준점으로부터 35~40 km에서 급하다.

① ㄱ ② ㄴ ③ ㄱ, ㄷ
④ ㄴ, ㄷ ⑤ ㄱ, ㄴ, ㄷ

[8713-0006]
06 고지자기에 대한 설명으로 옳지 않은 것은?

① 지질 시대의 암석에 남아 있는 잔류 자기이다.
② 암석 생성 당시의 지구 자기장 방향을 알 수 있다.
③ 자남극과 자북극은 여러 번 뒤바뀌었다.
④ 지구 자기장의 방향이 바뀌면 이전에 생성된 암석 내의 잔류 자기의 방향도 변한다.
⑤ 지구 자기장의 방향이 바뀐 기록은 해령을 중심으로 대칭된 모양으로 나타난다.

[8713-0007]
07 그림은 아이슬란드의 해령에 나타난 고지자기 줄무늬를 나타낸 것이다.

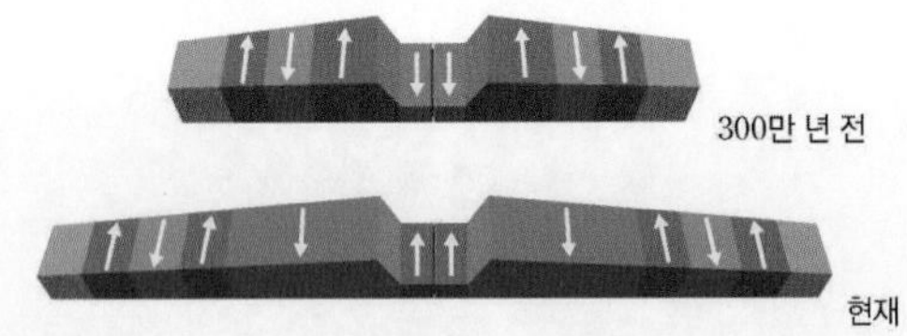

이에 대한 설명으로 옳은 것만을 〈보기〉에서 있는 대로 고른 것은?

보기
ㄱ. 고지자기 줄무늬는 해령을 기준으로 대칭이다.
ㄴ. 해양 지각은 해령에서 생성되어 양쪽으로 발산한다.
ㄷ. 300만 년 전 지구 자기장의 방향은 현재와 반대였다.

① ㄱ ② ㄷ ③ ㄱ, ㄴ
④ ㄴ, ㄷ ⑤ ㄱ, ㄴ, ㄷ

[8713-0008]
08 그림은 전 세계 해양 지각의 연령 분포를 나타낸 것이다.

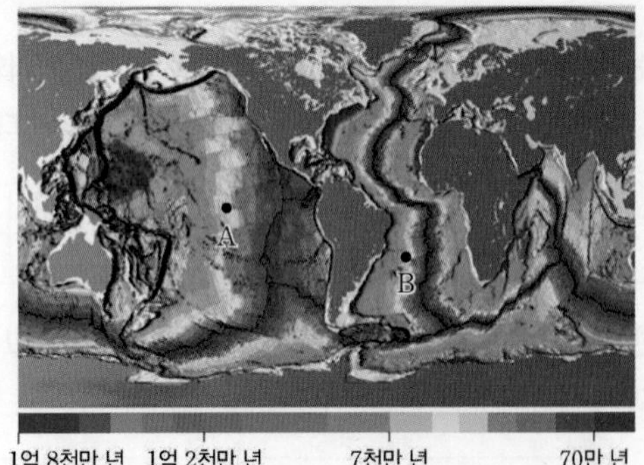

해양 지각에 대한 설명으로 옳지 않은 것은?

① 해령에서 멀어질수록 연령이 증가한다.
② 연령 분포는 해령을 중심으로 거의 대칭이다.
③ 해양저의 확장 속도는 A보다 B 부근에서 빠르다.
④ 태평양에서 해양 지각의 연령이 가장 많은 곳은 해구 부근이다.
⑤ 해저 퇴적물의 두께는 해령에서 멀수록 두꺼울 것이다.

[8713-0009]
09 맨틀 대류설에 대한 설명으로 옳지 않은 것은?

① 맨틀은 액체 상태이다.
② 맨틀 내에는 방사성 원소의 붕괴로 생성된 열이 있다.
③ 맨틀 내의 온도 차이로 열대류가 발생한다.
④ 맨틀 대류의 상승부에서는 지각이 분리된다.
⑤ 맨틀 대류의 하강부에는 지각에 횡압력이 작용한다.

[8713-0010]
10 그림은 판의 구조를 나타낸 것이다.

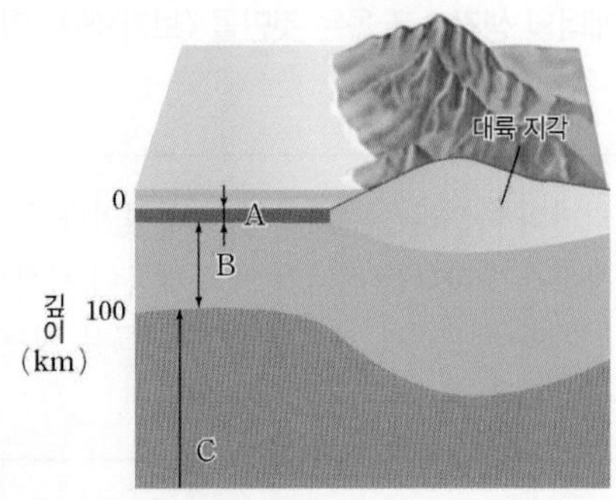

판에 대한 설명으로 옳지 않은 것은?

① 판은 A+B이다.
② B+C는 맨틀에 포함된다.
③ 대륙판은 해양판보다 두껍다.
④ 맨틀의 대류는 주로 B에서 일어난다.
⑤ 맨틀의 대류로 인해 판이 이동한다.

[8713-0011]
11 그림은 세계 주요 판의 경계를 나타낸 것이다.

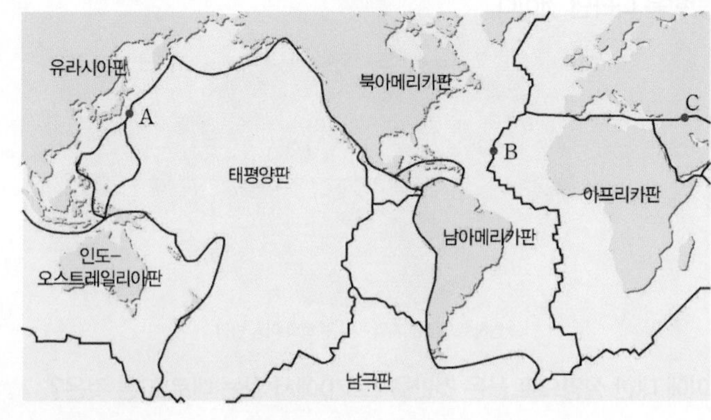

판의 경계 A, B, C를 옳게 구분한 것은?

	A	B	C
①	수렴형 경계	발산형 경계	발산형 경계
②	수렴형 경계	발산형 경계	수렴형 경계
③	발산형 경계	수렴형 경계	보존형 경계
④	발산형 경계	수렴형 경계	수렴형 경계
⑤	보존형 경계	발산형 경계	수렴형 경계

정답과 해설 03쪽

[8713-0012]

01 그림은 베게너의 대륙 이동설을 근거로 재구성한 판게아의 모습을 나타낸 것이다.

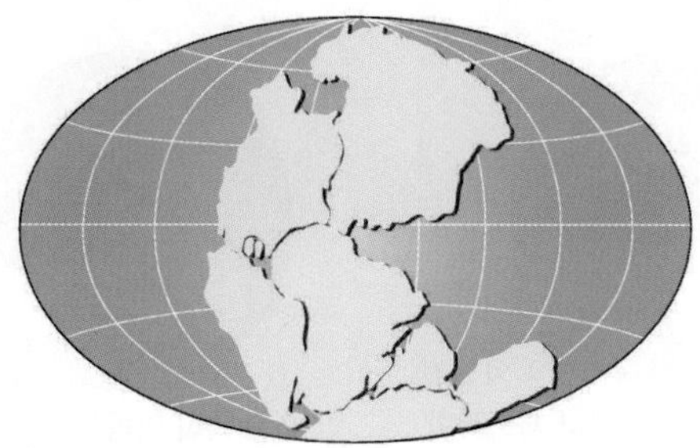

판게아가 형성된 시기를 쓰시오.

[8713-0013]

02 베게너의 대륙 이동설이 당시의 과학자들로부터 받아들여지지 않은 까닭을 서술하시오.

[8713-0014]

03 그림은 해령과 변환 단층이 나타나는 판의 경계에서 판의 이동 방향을 나타낸 것이다. 변환 단층이 존재하는 구간을 쓰시오.

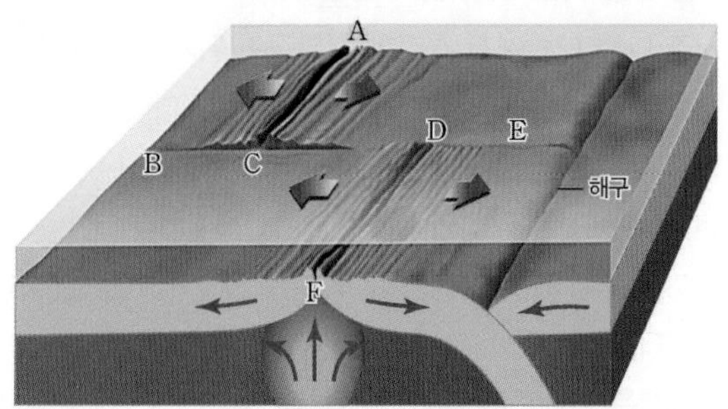

[8713-0015]

04 다음은 해령과 해구 중 어느 한 지형이 발달한 두 해역 A, B에서 각각 직선 구간을 따라 동쪽으로 이동하면서 일정한 간격으로 음향 측심을 한 자료이다. 물속에서 음파의 속도가 1500 m/s일 때 각 물음에 답하시오.

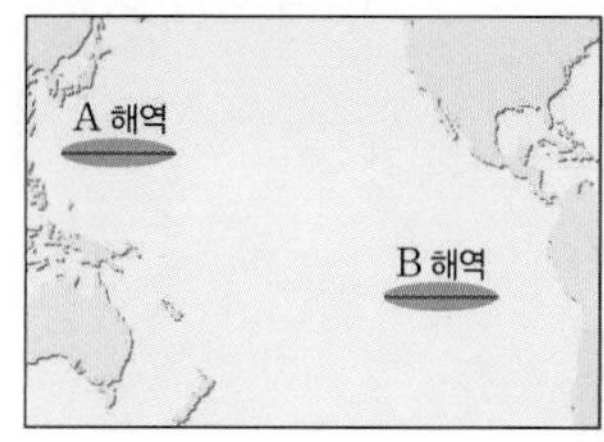

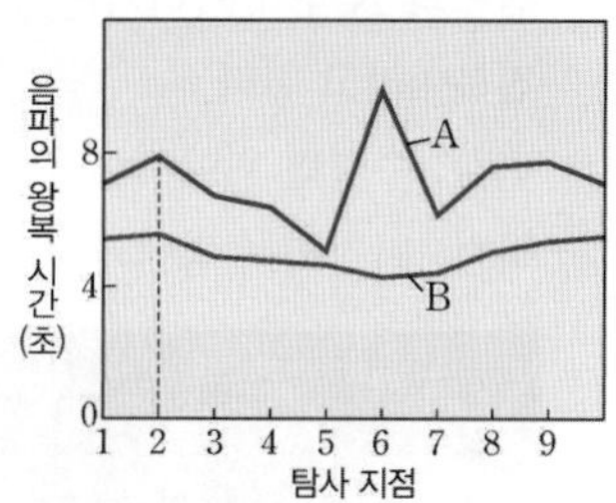

(1) A 해역에서 탐사 지점 2번의 수심은 얼마인지 구하시오.

(2) A, B 해역 중 해령과 해구가 발달한 곳은 각각 어디인지 쓰고, 그 까닭을 서술하시오.

[8713-0016]

05 다음은 판 구조론이 정립되기까지 등장했던 이론들을 순서 없이 나열한 것이다.

A. 해양저 확장설	B. 판 구조론
C. 맨틀 대류설	D. 대륙 이동설

각 이론을 등장한 시간 순서대로 오래된 것부터 기호로 나열하시오.

[8713-0017]

06 그림은 판의 섭입대 부근에서 발생한 지진의 진원 분포를 나타낸 것이다.

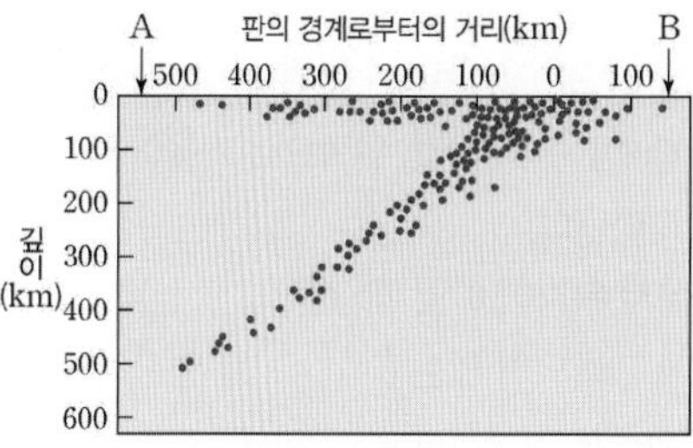

A, B 두 판 중 어느 판이 섭입하는지 쓰고, 두 판의 밀도를 비교하여 서술하시오.

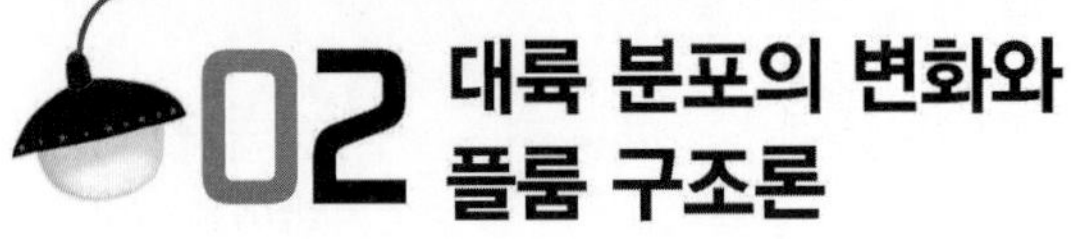

02 대륙 분포의 변화와 플룸 구조론

1 대륙의 이동을 알아내는 방법

(1) 지구 자기장: 지구 자기장의 북극을 자북극이라고 하며, 자북극은 지리상의 북극과 일치하지 않는다. 어떤 지점에서 나침반의 N극이 가리키는 방향을 자북, 지리상의 북극 방향을 진북이라고 한다.

① 편각: 수평면 위에서 자북과 진북 사이의 각

② 복각: 자침이 수평면과 이루는 각

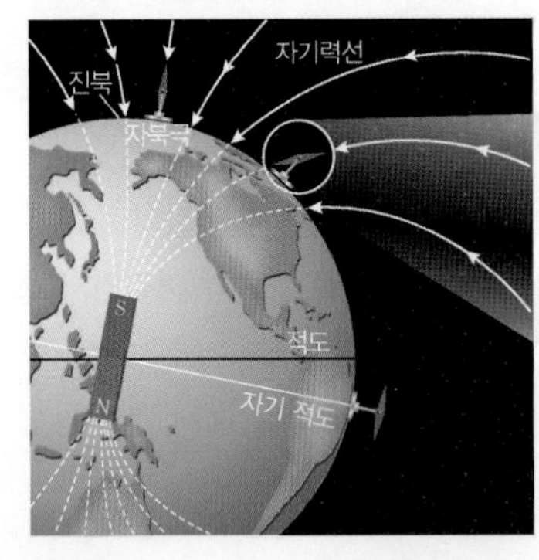

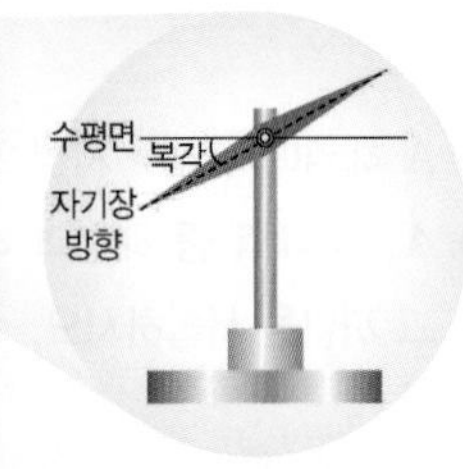

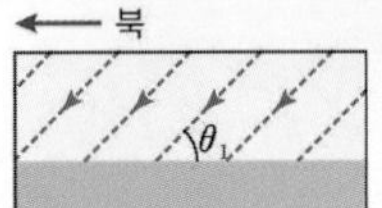

30°N 지역: $+\theta_1$

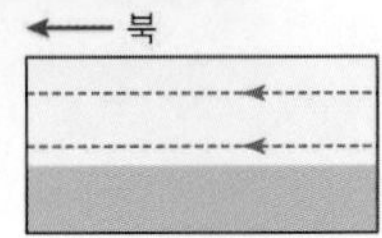

자기 적도 지역: 0°

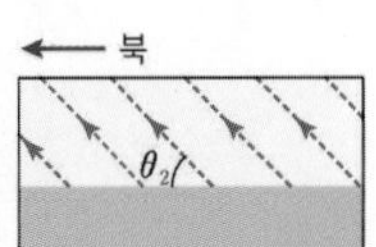

50°S 지역: $-\theta_2$

위도에 따른 자기력선과 복각의 변화

(2) 고지자기 연구: 지질 시대에 생성된 암석에 남아 있는 잔류 자기를 고지자기라고 한다. 암석에 기록된 고지자기의 편각과 복각을 연구하면 암석이 생성된 위도나 자북극의 이동을 알 수 있다.

① 암석에 기록된 고지자기 복각이 90°이면 암석이 만들어질 때 자북극에 위치하였고, 고지자기 복각이 −90°이면 암석이 만들어질 때 자남극에 위치하였다.

② 남북 방향으로 이동한 대륙에서 생성된 암석은 생성된 위치에 따라 복각의 크기가 다르다.

③ 암석에 기록된 고지자기 자료를 이용하면 암석이 생성될 당시 지자기 북극의 위치를 결정할 수 있다.

(3) 자북극의 이동: 유럽과 북아메리카 대륙에서 측정한 자북극의 이동 경로를 이용하여 대륙의 이동을 알 수 있다.

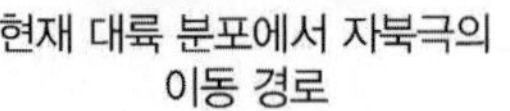

(단위: 억 년 전)

현재 대륙 분포에서 자북극의 이동 경로

(단위: 억 년 전)

대륙이 이동하기 전 자북극의 이동 경로

➡ 두 대륙에서 측정한 자북극의 이동 경로가 다르다. 자북극의 이동 경로를 합쳐 보면 과거에 두 대륙이 하나로 모여 있었다는 것을 알 수 있다. 자북극의 이동 경로가 다른 까닭은 하나로 모여 있던 대륙이 분리되어 이동했기 때문이다.

2 지질 시대의 대륙 분포 변화

(1) 인도 대륙의 북상: 인도 대륙은 약 7100만 년 전에 남반구에 있었으나 점차 북상하여 유라시아판과 충돌하였다.

(2) 대륙 이동: 약 11억 년 전 로디니아 초대륙이 있었다.

5억 4천만 년 전부터 현재까지의 대륙 이동

(3) 미래의 대륙과 해양 분포

① 대서양은 더욱 넓어지고 태평양은 좁아진다.

② 대서양은 점점 넓어지다가 약 1억 년~1억 5천만 년 후 다시 좁아진다.

③ 약 2억 년~2억 5천만 년 후 현재 흩어져 있는 대륙들이 다시 모여 새로운 초대륙을 형성한다.

핵심 개념 체크

정답과 해설 03쪽

1. 복각은 자침의 N극이 수평면에 대하여 아래쪽으로 기울어져 있을 때 (㉠   )값, 위쪽으로 기울어져 있을 때 (㉡   ) 값을 나타낸다.

2. 지구에서 복각이 0°인 지역을 (   )라고 한다.

3. 암석에 기록되어 있는 (   )을 연구하면 암석이 생성될 당시의 위도를 알 수 있다.

4. 인도 대륙이 북상하여 (   ) 대륙과 충돌하여 히말라야산맥이 형성되었다.

5. 다음 중 옳은 것은 ○표, 옳지 않은 것은 ×표 하시오.

(1) 서로 다른 대륙에서 측정한 자북극의 위치가 다른 것을 통해 과거에는 자북극이 2개였음을 알 수 있다. (   )

(2) 인도 대륙에서 최근에 생성된 암석의 복각은 (+), 7100만 년 전에 생성된 암석의 복각은 (−)값을 나타낸다. (   )

(3) 가까운 미래에는 태평양이 더 넓어지고 대서양은 좁아질 것이다. (   )

(4) 초대륙은 현재까지 1번만 존재하였다. (   )

3 맨틀 대류와 판의 운동

(1) 맨틀 대류: 맨틀은 고체이지만 암석권(판) 아래에 있는 연약권은 유동성을 띠고 있어 맨틀 대류가 일어난다.

① 맨틀 대류는 맨틀 내 존재하는 방사성 물질의 붕괴에 따른 열과, 맨틀 내부의 온도 차이 때문에 발생한다.

② 연약권의 맨틀은 부분적으로 용융되어 유동성이 있으므로 연약권에서 맨틀의 대류가 일어난다.

(2) 맨틀 대류와 판의 운동: 연약권 위에 놓인 판은 맨틀의 대류를 따라 이동한다. 맨틀 대류는 판을 움직이는 원동력으로 해령에서 판을 밀어내는 힘, 섭입하는 판이 잡아당기는 힘, 맨틀 대류로 형성된 힘이 함께 작용한다.

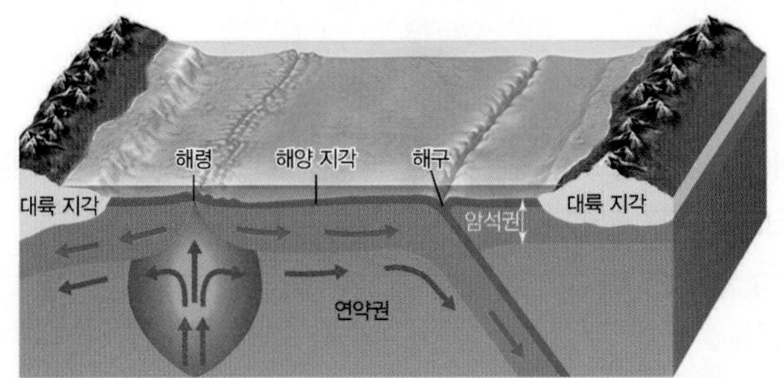

① 맨틀 대류가 상승하는 곳(해령): 마그마가 분출하여 새로운 해양 지각이 생성된다.

② 해령에서 생성된 해양 지각은 냉각되면서 맨틀 대류를 따라 양옆으로 이동한다.

③ 맨틀 대류가 하강하는 곳(해구): 오래된 해양 지각이 맨틀 속으로 섭입되어 소멸한다.

(3) 판의 경계와 지각 변동

① 발산형 경계: 맨틀 대류 상승, 해령, 열곡대 발달, 화산 활동, 천발 지진

예 대서양 중앙 해령, 동태평양 해령, 동아프리카 열곡대

② 수렴형 경계: 맨틀 대류 하강, 해구, 호상 열도, 습곡 산맥 발달, 화산 활동, 천발~심발 지진

예 칠레 해구와 안데스산맥, 마리아나 해구와 필리핀 열도

③ 보존형 경계: 판의 생성이나 소멸이 없음, 변환 단층, 천발 지진

예 산안드레아스 변환 단층

4 플룸 구조론

(1) 플룸 구조론: 맨틀 전체에서 일어나는 플룸의 상승이나 하강으로 지구 내부의 변동이 일어난다.

① 플룸: 맨틀과 핵의 경계에서 올라오는 고온의 열기둥과, 지각에서 맨틀 하부로 향하는 저온의 열기둥을 형성하는 맨틀 물질 덩어리

② 차가운 플룸: 판이 섭입하는 곳에서 섭입된 해양판이 상부 맨틀과 하부 맨틀의 경계에 쌓이다가 하부 맨틀로 가라앉으며 생성된다. ➡ 아시아 대륙 밑에서 거대한 차가운 플룸이 하강한다.

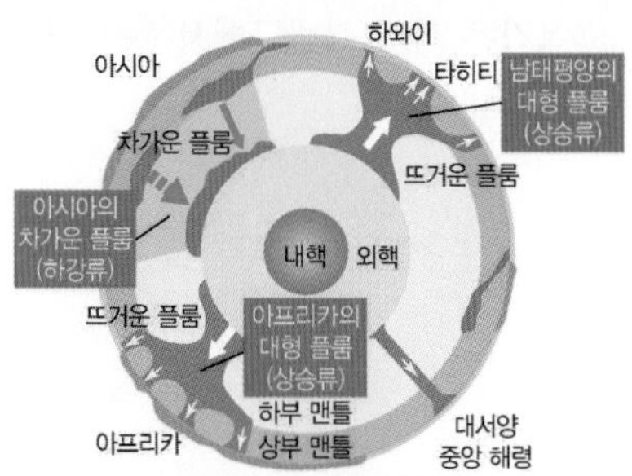

③ 뜨거운 플룸: 맨틀과 핵의 경계의 고온 부분에서 형성되어 상승한다.

- 차가운 플룸이 맨틀과 외핵의 경계에 도달하면 그 영향으로 일부 맨틀 물질이 상승하여 형성된다.
- 남태평양과 아프리카 대륙에서 뜨거운 플룸이 상승한다.

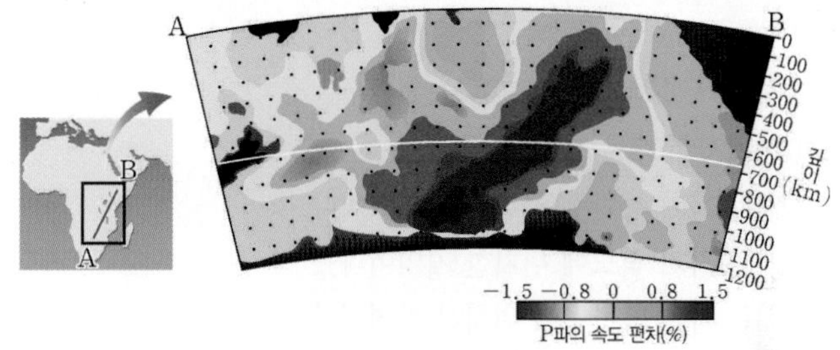

동아프리카 거대 플룸

- 지진파 속도가 느려지는 곳은 주변보다 온도가 높은 곳으로 플룸 상승류가 있는 곳이다.

④ 플룸 구조론은 판 구조론으로 설명이 어려웠던 열점과 판 내부에서 일어나는 화산 활동을 설명할 수 있다.

(2) 열점: 플룸 상승류가 지표면과 만나는 지점 아래 마그마가 생성되는 곳이다.

핵심 개념 체크

정답과 해설 03쪽

6. 상부 맨틀에서 맨틀 대류의 수평 이동이 일어나는 부분은 (　　　)이다.

7. 플룸의 상승이 시작되는 곳은 (　　　)이다.

8. 판의 경계와 그곳에서 형성되는 지형을 옳게 연결하시오.

(1) 발산형 경계 • 　　　• ㉠ 해구와 습곡 산맥

(2) 수렴형 경계 • 　　　• ㉡ 변환 단층

(3) 보존형 경계 • 　　　• ㉢ 해령과 V자 열곡

9. 다음 중 옳은 것은 ○표, 옳지 않은 것은 ×표 하시오.

(1) 연약권은 액체 상태이다. (　　)

(2) 판의 이동 속도는 어디서나 일정하다. (　　)

(3) 현재 아프리카 대륙 아래에서는 뜨거운 플룸이 상승하고 있다. (　　)

(4) 플룸 구조론은 지구 내부 움직임 중 대규모의 수직 운동을 잘 설명한다. (　　)

출제 예상 문제

[8713-0018]

01 **지구의 자기장에 대한 설명으로 옳은 것은?**

① 현재 지구 자기장의 축은 지구의 자전축과 나란하다.
② 지구 자기장의 북극은 자석의 N극에 해당한다.
③ 복각은 나침반의 자침이 수평면과 이루는 각이다.
④ 지구 자기장의 북극 쪽으로 이동하면 복각이 작아진다.
⑤ 복각은 자기 북반구에서 (−) 값, 자기 남반구에서 (+) 값을 나타낸다.

[8713-0019]

02 **그림은 세 지역에서 자기력선과 복각을 나타낸 것이다.**

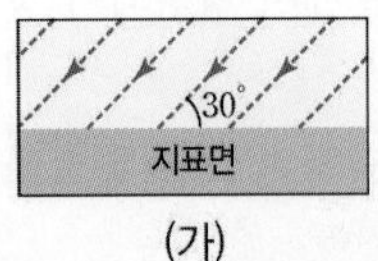

(가)

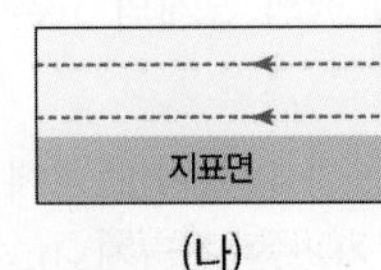

(나)

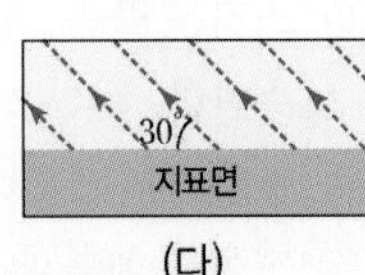

(다)

이에 대한 설명으로 옳지 않은 것은? (단, 화살표는 자기력선의 방향이다.)

① (가)에서 복각은 +30°이다.
② (나)에서 복각은 −30°이다.
③ (가)는 자기 북반구에 위치한 지역이다.
④ (나)는 자기 적도에 위치한 지역이다.
⑤ (다)는 자기 남반구에 위치한 지역이다.

[8713-0020]

03 **표는 인도 대륙의 암석에 기록된 복각을 나타낸 것이다.**
이에 대한 설명으로 옳은 것만을 〈보기〉에서 있는 대로 고른 것은? (단, 인도 대륙은 남북 방향으로만 이동한 것으로 가정하며, 지구 자기장의 역전은 고려하지 않는다.)

시기(만 년 전)	복각(°)
7100	−49
5500	−21
3800	6
1000	30
현재	36

보기

ㄱ. 7100만 년 전 이후 인도 대륙은 북쪽으로 이동하였다.
ㄴ. 인도 대륙이 적도를 통과한 시기는 5500만 년 전에서 3800만 년 전 사이이다.
ㄷ. 인도 대륙의 이동 속도는 점점 빨라졌다.

① ㄱ ② ㄴ ③ ㄱ, ㄴ
④ ㄱ, ㄷ ⑤ ㄴ, ㄷ

[8713-0021]

04 **그림은 최근 7100만 년 동안 인도 대륙의 위치 변화를 나타낸 것이다.**

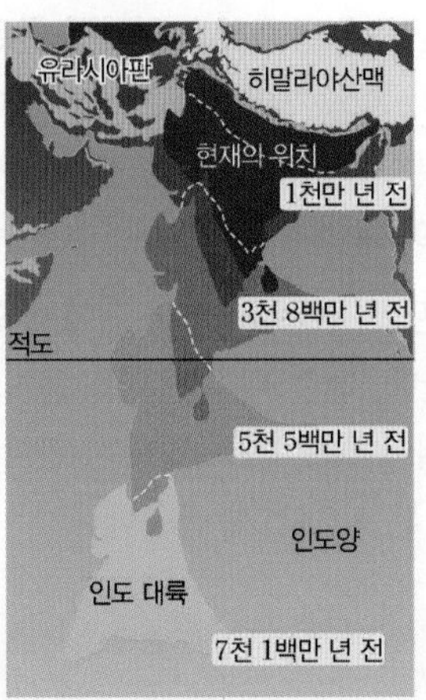

이에 대한 설명으로 옳은 것만을 〈보기〉에서 있는 대로 고른 것은? (단, 지구 자기장의 역전은 고려하지 않는다.)

보기

ㄱ. 과거 인도 대륙의 위치는 암석의 나이와 복각 자료를 이용하여 복원할 수 있다.
ㄴ. 인도 대륙에서 복각의 크기는 3천 8백만 년 전보다 1천만 년 전이 크다.
ㄷ. 히말라야산맥은 인도 대륙이 유라시아 대륙과 충돌하여 만들어졌다.

① ㄱ ② ㄴ ③ ㄱ, ㄷ
④ ㄴ, ㄷ ⑤ ㄱ, ㄴ, ㄷ

[8713-0022]

05 **그림은 약 2억 5천만 년 전과 현재의 대륙 분포를 나타낸 것이다.**

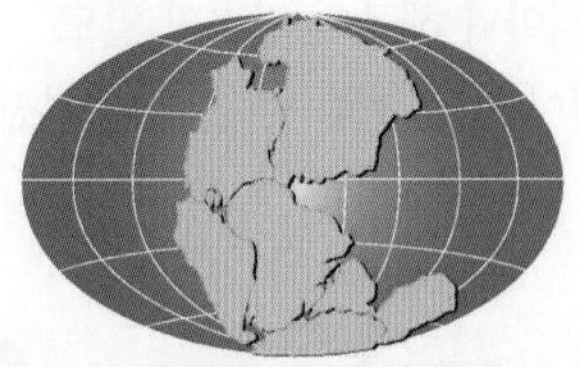
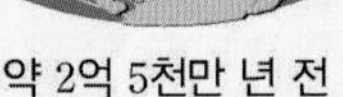
약 2억 5천만 년 전

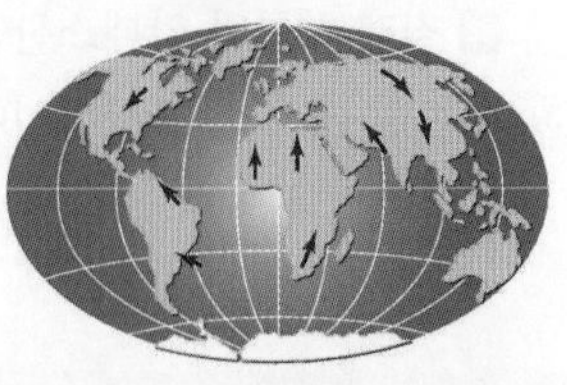
현재

이에 대한 설명으로 옳은 것만을 〈보기〉에서 있는 대로 고른 것은?

보기

ㄱ. 대륙은 끊임없이 이동하고 있다.
ㄴ. 현재 대서양은 점점 넓어지고 있다.
ㄷ. 북반구의 대륙 면적은 현재가 2억 5천만 년 전보다 좁다.

① ㄱ ② ㄷ ③ ㄱ, ㄴ
④ ㄴ, ㄷ ⑤ ㄱ, ㄴ, ㄷ

[8713-0023]
06 그림은 초대륙의 형성과 분리를 모식적으로 나타낸 것으로, 화살표는 대륙 지각의 이동 방향을 나타낸다.

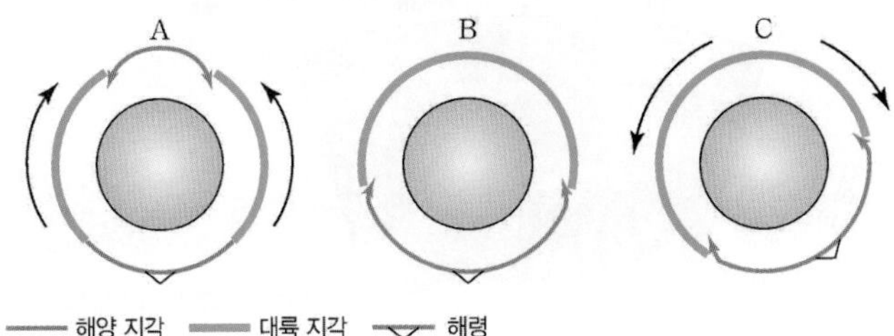

이에 대한 설명으로 옳은 것만을 〈보기〉에서 있는 대로 고른 것은?

보기
ㄱ. 초대륙이 형성된 시기는 A이다.
ㄴ. 해안선의 길이가 가장 긴 시기는 B이다.
ㄷ. C 시기에는 열곡대가 발달한다.

① ㄱ ② ㄷ ③ ㄱ, ㄴ
④ ㄴ, ㄷ ⑤ ㄱ, ㄴ, ㄷ

[8713-0024]
07 그림은 맨틀 대류와 판의 운동을 나타낸 것이다.

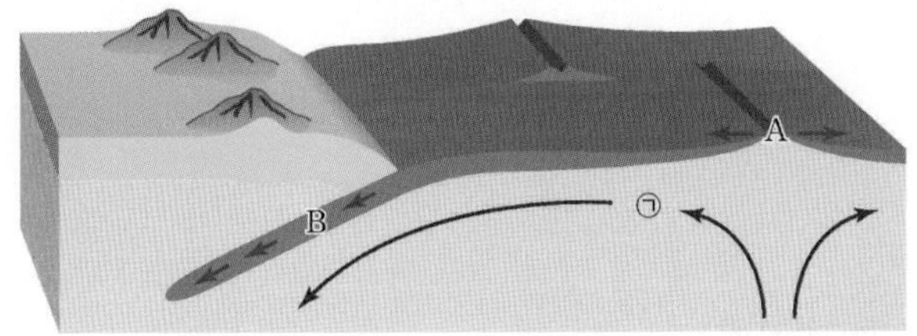

이에 대한 설명으로 옳은 것만을 〈보기〉에서 있는 대로 고른 것은?

보기
ㄱ. ㉠은 연약권에서 일어난다.
ㄴ. A에서는 마그마가 분출하여 해양 지각이 생성된다.
ㄷ. B에서는 섭입하는 판을 잡아당기는 힘이 작용한다.

① ㄱ ② ㄷ ③ ㄱ, ㄴ
④ ㄴ, ㄷ ⑤ ㄱ, ㄴ, ㄷ

[8713-0025]
08 플륨 구조론에 대한 설명으로 옳지 않은 것은?

① 플룸의 상승과 하강은 주로 연약권에서 일어난다.
② 맨틀 내에서 하강하는 저온의 열기둥도 플룸이다.
③ 판의 내부에서 일어나는 화산 활동을 설명할 수 있다.
④ 열점은 판의 이동에 관계없이 위치가 변하지 않는다.
⑤ 열점은 플룸 상승류가 지표면과 만나는 지점 아래에서 마그마가 생성되는 곳이다.

[8713-0026]
09 고지자기에 대한 설명으로 옳은 것만을 〈보기〉에서 있는 대로 고른 것은?

보기
ㄱ. 자침이 연직선과 이루는 각이 복각이다.
ㄴ. 지자기 복각이 0°인 암석은 자북극에서 생성되었다.
ㄷ. 암석에 남아 있는 고지자기는 암석이 생성될 당시의 지구 자기장이 기록된 것이다.

① ㄱ ② ㄷ ③ ㄱ, ㄴ
④ ㄴ, ㄷ ⑤ ㄱ, ㄴ, ㄷ

[8713-0027]
10 그림은 유럽과 북아메리카 대륙에서 측정한 자북극의 이동 경로를 나타낸 것이다.
이에 대한 설명으로 옳은 것만을 〈보기〉에서 있는 대로 고른 것은?

보기
ㄱ. 동일한 시기에 지자기 북극은 2개가 존재한다.
ㄴ. 5억 년 전 대서양의 넓이는 현재보다 넓었다.
ㄷ. 자북극의 이동 경로를 통해 대륙 이동의 경로를 알 수 있다.

① ㄱ ② ㄷ ③ ㄱ, ㄴ
④ ㄴ, ㄷ ⑤ ㄱ, ㄴ, ㄷ

[8713-0028]
11 그림은 약 2억 5천만 년 전 이후 대륙 분포의 변화를 순서 없이 나타낸 것이다.

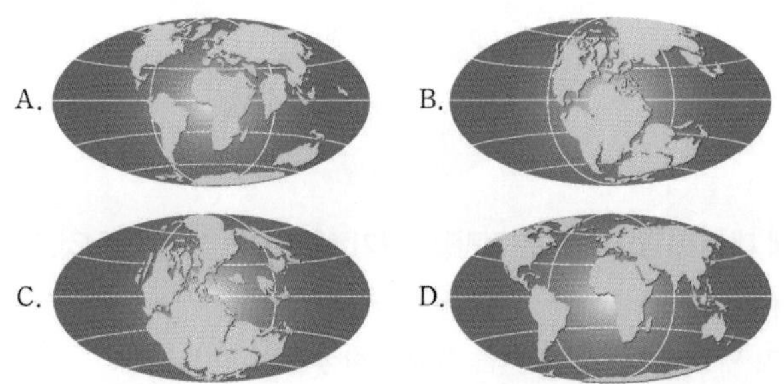

대륙 분포의 변화를 오래된 것부터 시간 순서대로 옳게 나열한 것은?

① A → B → C → D ② B → C → A → D
③ B → C → D → A ④ C → B → A → D
⑤ C → B → D → A

[8713-0029]
12 그림은 맨틀 대류와 판의 운동을 나타낸 것이다.

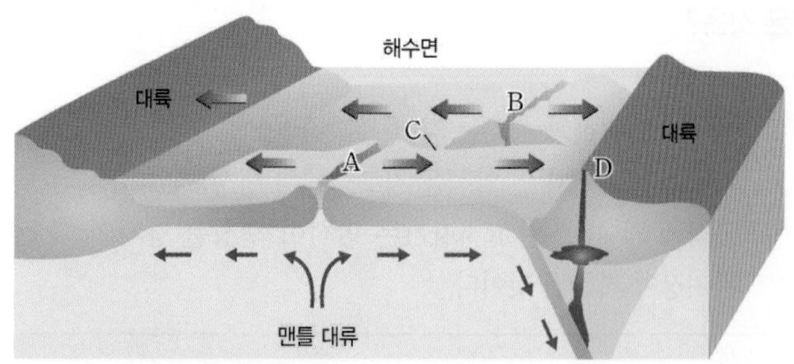

이에 대한 설명으로 옳은 것만을 〈보기〉에서 있는 대로 고른 것은?

보기
ㄱ. A와 B에서는 해양 지각이 생성된다.
ㄴ. C에서는 화산 활동이 활발하게 일어난다.
ㄷ. D 부근에서는 천발 지진만 활발하게 일어난다.

① ㄱ ② ㄷ ③ ㄱ, ㄴ
④ ㄴ, ㄷ ⑤ ㄱ, ㄴ, ㄷ

[8713-0030]
13 그림은 플룸 구조론의 모식도를 나타낸 것이다.

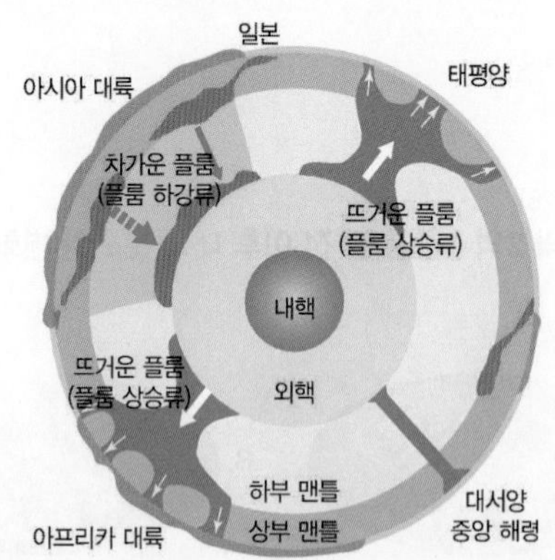

이에 대한 설명으로 옳은 것만을 〈보기〉에서 있는 대로 고른 것은?

보기
ㄱ. 아시아 대륙 밑에서는 플룸이 하강한다.
ㄴ. 아프리카 대륙 밑에서는 플룸이 상승한다.
ㄷ. 지진파의 속도가 느려지는 곳은 플룸 하강류가 있는 곳이다.

① ㄱ ② ㄷ ③ ㄱ, ㄴ
④ ㄴ, ㄷ ⑤ ㄱ, ㄴ, ㄷ

[8713-0031]
14 그림은 하와이섬 아래의 지진파 단층 촬영 영상이다.

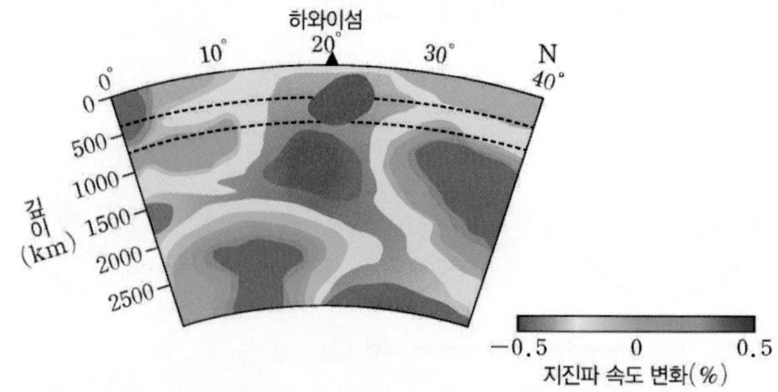

이에 대한 설명으로 옳은 것만을 〈보기〉에서 있는 대로 고른 것은?

보기
ㄱ. 하와이섬 아래에는 열점이 있다.
ㄴ. 붉은색 영역은 주변의 맨틀보다 온도가 높은 곳이다.
ㄷ. 플룸 상승류는 맨틀과 핵의 경계에서부터 시작된다.

① ㄱ ② ㄴ ③ ㄱ, ㄴ
④ ㄱ, ㄷ ⑤ ㄱ, ㄴ, ㄷ

[8713-0032]
15 그림은 태평양의 하와이섬 주변에 분포하는 화산섬 및 해산들의 위치와 암석의 연령을 나타낸 것이다.

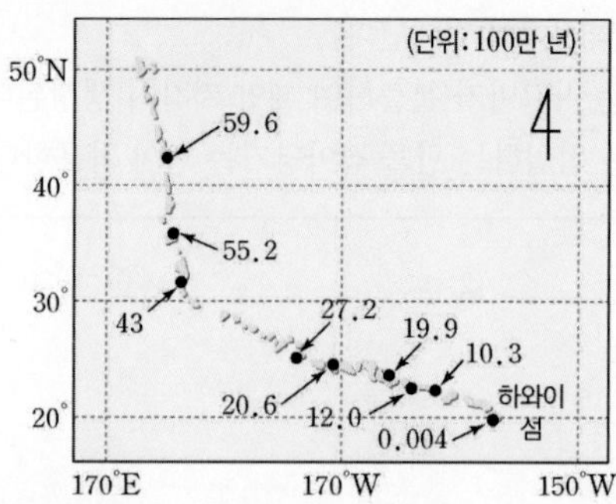

이에 대한 설명으로 옳은 것만을 〈보기〉에서 있는 대로 고른 것은?

보기
ㄱ. 약 4300만 년 전에 태평양판의 이동 방향이 변하였다.
ㄴ. 현재 태평양판의 이동 방향은 북북서 방향이다.
ㄷ. 하와이섬 아래에는 플룸 상승류가 있다.

① ㄱ ② ㄴ ③ ㄱ, ㄴ
④ ㄱ, ㄷ ⑤ ㄴ, ㄷ

정답과 해설 05쪽

[8713-0033]

01 그림 (가)는 지구 자기장의 모습을, (나)는 (가)의 A, B 지점에서의 자기력선 모습을 나타낸 것이다.

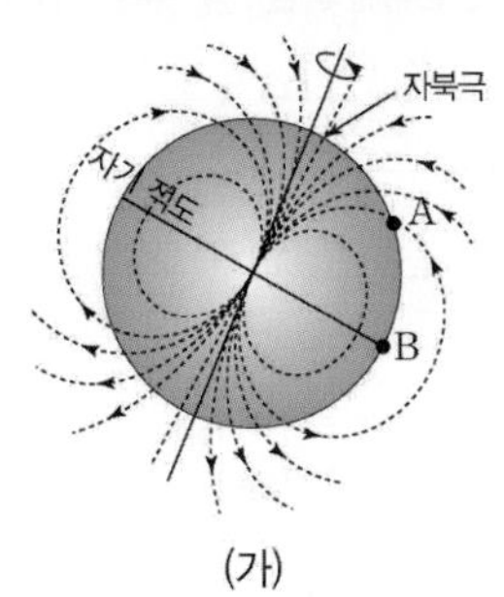

(가)

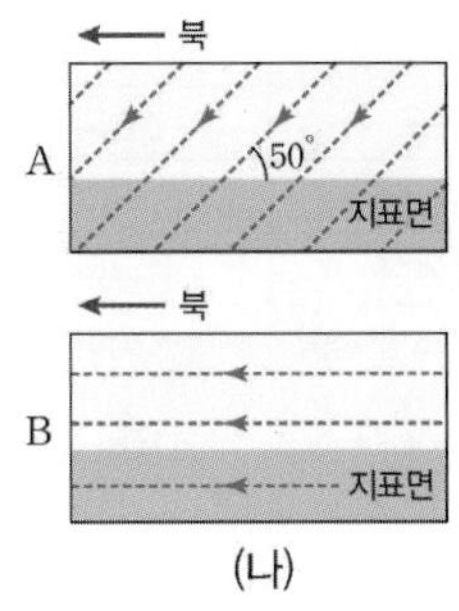

(나)

A, B 지점의 복각을 각각 쓰시오.

(1) A: (2) B:

[8713-0034]

02 표는 지질 시대 동안 달라진 인도 대륙의 위도를 나타낸 것이다.
위도 1° 사이의 거리가 110 km이고, 인도 대륙이 남북 방향으로만 이동하였다고 가정할 때, 다음 물음에 답하시오.

시기(만 년 전)	위도
7100	30°S
5500	11°S
3800	3°N
1000	16°N
현재	20°N

(1) 7100만 년 동안 인도 대륙이 이동한 총 거리를 구하시오. (풀이 과정과 답을 쓰시오.)
(2) 인도 대륙의 평균 이동 속도(cm/년)를 구하시오. (풀이 과정을 쓰고, 답은 소수 둘째자리까지 구하시오.)

[8713-0035]

03 그림은 전 세계 주요 판의 경계와 이동 방향을 나타낸 것이다.

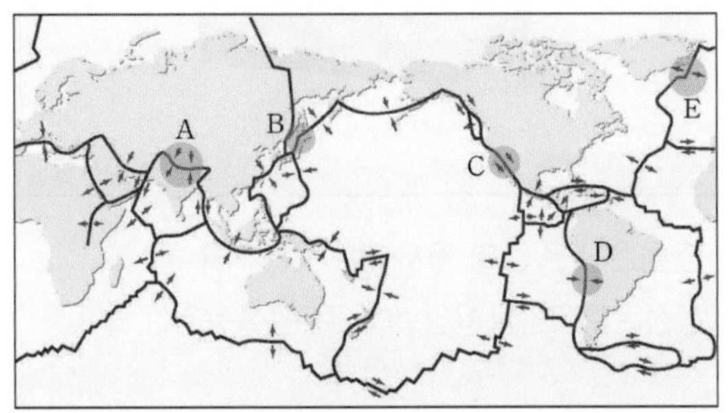

제시한 지각 변동이 활발하게 일어나는 판의 경계를 A~E에서 찾아 기호로 쓰시오. (단, 심발 지진은 깊이 300 km 이상에서 발생한 지진이다.)

(1) 화산 활동: (2) 천발 지진:
(3) 심발 지진: (4) 습곡 산맥 형성:

[8713-0036]

04 그림은 현재 전 세계 주요 판의 경계와 이동 방향 및 속도를 나타낸 것이다.

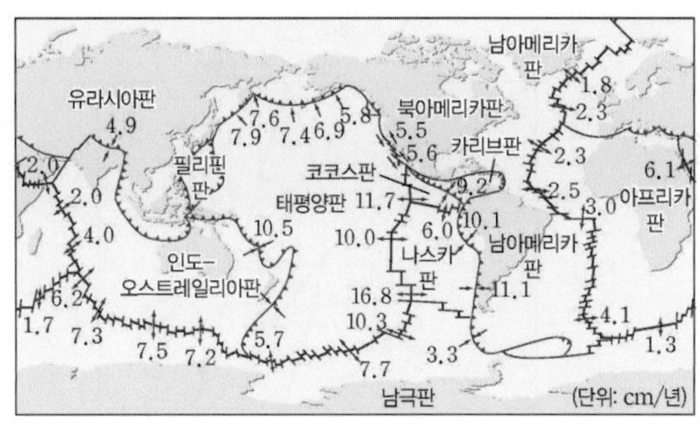

판의 이동 방향과 속도를 고려할 때 천만 년 후 태평양과 대서양의 크기는 어떻게 변할지 그 까닭과 함께 서술하시오.

[8713-0037]

05 상부 맨틀에서 일어나는 맨틀 대류가 상승하는 곳과 하강하는 곳에 발달하는 지형을 각각 쓰시오.

(1) 맨틀 대류가 상승하는 곳:
(2) 맨틀 대류가 하강하는 곳:

[8713-0038]

06 그림은 동아프리카 열곡대 부근에서 관측한 깊이에 따른 지진파 속도의 편차를 나타낸 것이다.

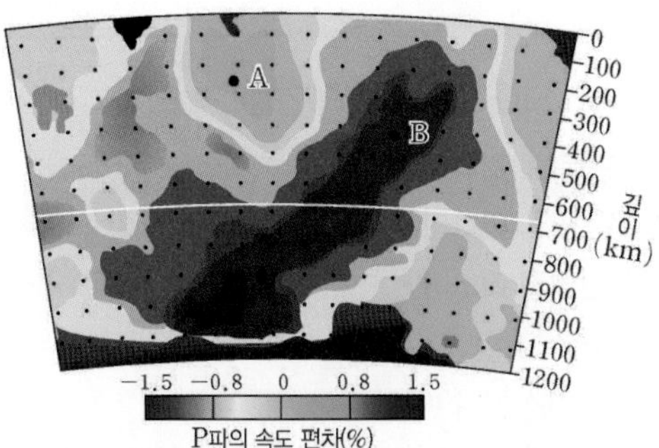

A와 B 중 플룸 상승류가 존재할 것으로 예상되는 곳을 쓰고, 그 까닭을 서술하시오.

03 마그마의 생성과 화성암

1 마그마의 생성

(1) 마그마의 생성 과정

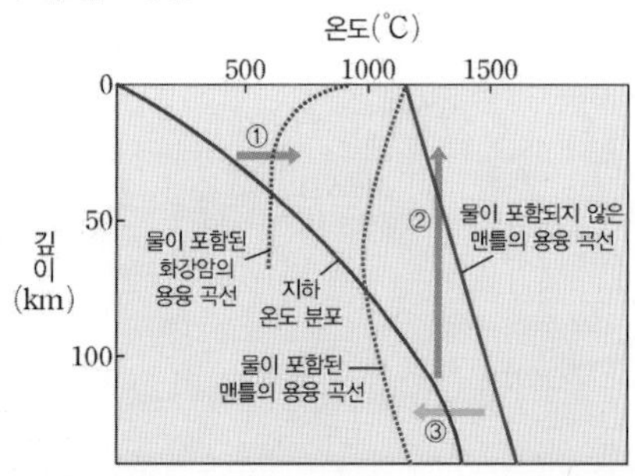

지구 내부 깊이에 따른 암석의 용융 곡선

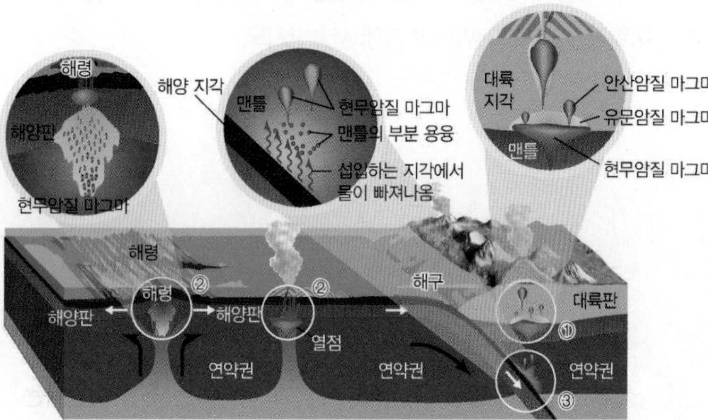

마그마의 생성 환경

구분	생성 과정	생성 장소	생성되는 마그마
①	온도 상승: 대륙 지각에서 온도가 상승하면 암석이 용융되어 마그마가 생성된다.	섭입대 위의 대륙 지각	유문암질 마그마
②	압력 감소: 맨틀 상승에 의한 압력 감소로 마그마가 생성된다.	열점, 해령	현무암질 마그마
③	물의 공급: 물이 공급되면 맨틀의 용융점이 낮아져 마그마가 생성된다.	섭입대 부근	현무암질 마그마

※ 안산암질 마그마의 형성: 섭입대에서 상승한 현무암질 마그마에 유문암질 마그마가 혼합되거나, 대륙 지각의 물질이 부분 용융을 통해 섞이면서 안산암질 마그마가 형성된다.

(2) 용암의 종류와 특징

구분		현무암질 용암	안산암질 용암	유문암질 용암
SiO_2 함량		52 % 이하	52~63 %	63 % 이상
온도		높다	←→	낮다
점성		작다	←→	크다
유동성		크다	←→	작다
화산 가스 분출량		적다	←→	많다
분출 형태		조용히 분출	용암과 화산 쇄설물이 교대로 분출	격렬히 폭발
화산체	경사	완만하다	←→	급하다
	지형	순상 화산, 용암 대지	성층 화산	종상 화산, 용암돔
	형태			

※ 용암: 마그마에서 화산 가스가 빠져나간 용융 물질이 지표로 흘러나온 것

2 화성암

(1) 생성 깊이에 따른 분류

① 화산암: 마그마가 지표로 분출해 급격히 냉각되어 만들어진 암석 ➡ 빠른 냉각으로 결정이 성장하지 못해 결정 크기가 작은 세립질 조직이나 결정이 없는 유리질 조직이 관찰

② 심성암: 마그마가 지하 깊은 곳에서 천천히 냉각되어 만들어진 암석 ➡ 느린 냉각으로 결정이 크게 성장해 조립질 조직이 관찰

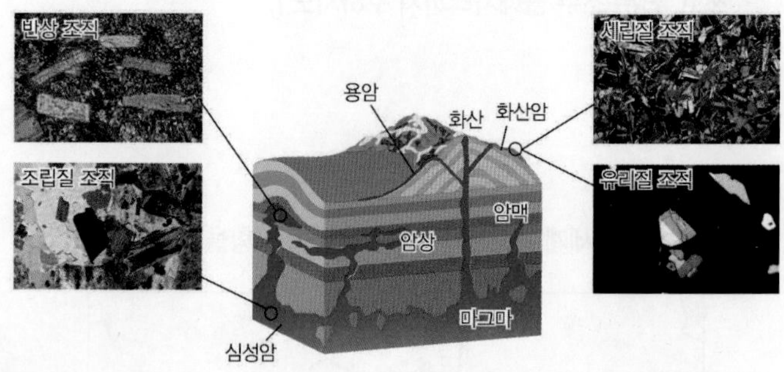

핵심 개념 체크

정답과 해설 05쪽

1. 마그마와 SiO_2 함량을 옳게 연결하시오.

(1) 현무암질 마그마 • · • ㉠ 52 % 이하
(2) 유문암질 마그마 • · • ㉡ 52~63 %
(3) 안산암질 마그마 • · • ㉢ 63 % 이상

2. 마그마는 온도 (㉠　　　), 압력 (㉡　　　), 물의 (㉢　　　) 에 의해 생성될 수 있다.

3. 열점이나 해령에서 생성되는 마그마는 (　　　)질 마그마이다.

4. 마그마가 빠르게 냉각되면 (㉠　　　) 조직이나 (㉡　　　) 조직이 만들어진다.

5. 다음 중 옳은 것은 ○표, 옳지 않은 것은 ×표 하시오.

(1) 유동성은 현무암질 용암보다 유문암질 용암이 크다. (　　)
(2) 현무암질 용암은 유문암질 용암보다 고온이므로 격렬하게 폭발한다. (　　)
(3) 맨틀에 물이 공급되면 맨틀의 용융점이 낮아진다. (　　)
(4) 화성암은 생성 깊이에 따라 화산암과 심성암으로 분류한다. (　　)
(5) 심성암은 세립질 조직이 관찰된다. (　　)

- 반상 조직: 반정(큰 결정)과 석기(미세한 결정)로 이루어진 조직
- 화산암에는 현무암, 안산암, 유문암이 있고, 심성암에는 반려암, 섬록암, 화강암이 있다.

(2) 화학 조성에 따른 분류

화성암	염기성암	중성암	산성암
용암 / 화산암	현무암	안산암	유문암
	적음 ←	SiO_2 함량	→ 많음
마그마 / 심성암	반려암	섬록암	화강암

① 염기성암(고철질암): SiO_2 함량이 52 % 미만인 현무암질 마그마의 냉각으로 형성된 암석 ➡ 감람석, 휘석, 각섬석과 같은 어두운 색 광물이 많음. 예 현무암, 반려암

② 중성암: SiO_2 함량이 52~63 %인 안산암질 마그마의 냉각으로 형성된 암석 예 안산암, 섬록암

③ 산성암(규장질암): SiO_2 함량이 63 % 이상인 유문암질 마그마의 냉각으로 형성된 암석 ➡ 사장석, 정장석, 석영과 같은 밝은 색 광물이 많음. 예 유문암, 화강암

화학 조성에 의한 분류 / 조직에 의한 분류		염기성암	중성암	산성암
성질	SiO_2 함량	적음 ← 52 %	63 %	→ 많음
	색	어두운 색 ←	중간	→ 밝은 색
	밀도	큼 ←		→ 작음
조직	냉각 속도			
화산암	세립질 조직 빠르다	현무암	안산암	유문암
심성암	조립질 조직 느리다	반려암	섬록암	화강암
조암 광물의 부피비(%) (□ 무색(밝은 색) 광물, ▥ 유색(어두운 색) 광물)	80, 60, 40, 20	감람석, 휘석	사장석, 각섬석	석영, 정장석, 흑운모

(3) 우리나라의 화성암 지형

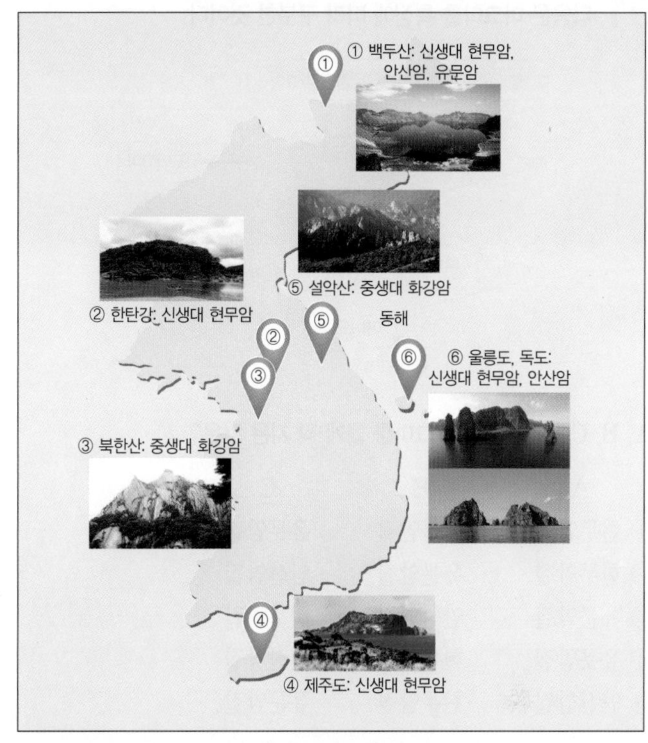

① 심성암 지형: 설악산, 북한산, 불암산, 오대산, 금강산 등은 중생대에 형성된 화강암이 풍화 침식을 받아 지표에 노출되어 형성되었다. ➡ 이 과정에서 압력 감소에 의한 판상 절리가 형성됨.

② 화산암 지형: 주로 신생대에 분출한 현무암질, 안산암질 용암에 의해 제주도, 울릉도와 독도, 철원 한탄강 일대, 백두산 등이 형성되었다. ➡ 화산암의 형성 과정에서 용암의 급격한 냉각 수축에 의해 주상 절리가 형성됨.

핵심 개념 체크

정답과 해설 05쪽

6. 화산암의 종류에는 현무암, (㉠), (㉡)이 있다.

7. 심성암의 종류에는 (㉠), 섬록암, (㉡)이 있다.

8. 감람석, 휘석, 각섬석과 같은 어두운 색 광물의 함량비가 큰 화성암은 (㉠)이고, 석영, 정장석과 같은 밝은 색 광물의 함량비가 큰 화성암은 (㉡)이다.

9. 화산암의 형성 과정에서 용암이 급격하게 냉각 수축되면 ( ) 절리가 만들어질 수 있다.

10. 밝은 색을 띠며 조립질 조직을 가지고 있는 화성암은 ( )이다.

11. 다음 중 옳은 것은 ○표, 옳지 않은 것은 ×표 하시오.

(1) 염기성암은 SiO_2 함량이 52 % 이하이다. ( )
(2) 산성암에는 어두운 색 광물이 많다. ( )
(3) 염기성암보다 산성암의 밀도가 크다. ( )
(4) 서울의 북한산은 주로 화강암으로 이루어졌다. ( )
(5) 제주도는 중생대에 만들어진 화산섬이다. ( )
(6) 설악산과 금강산 화강암은 중생대에 만들어졌다. ( )
(7) 심성암이 융기할 때 압력 감소로 판상 절리가 형성될 수 있다. ( )

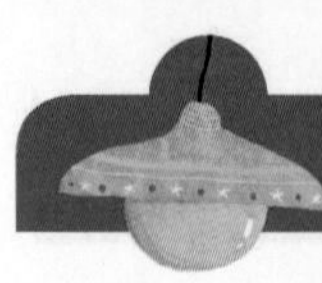

출제 예상 문제

[8713-0039]
01 다음은 마그마를 특징에 따라 구분한 것이다.

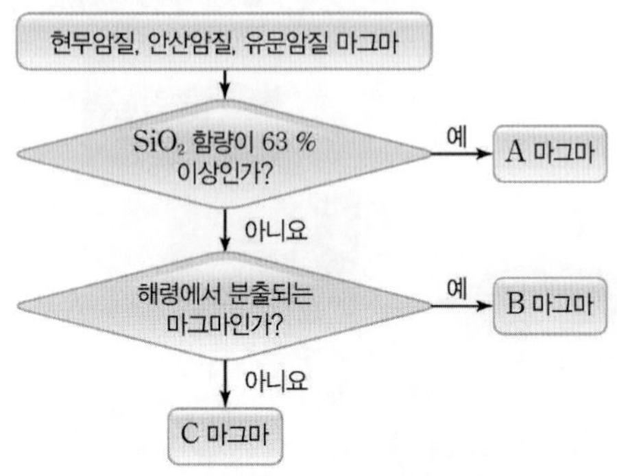

A, B, C에 해당하는 마그마를 옳게 짝 지은 것은?

	A	B	C
①	현무암질	안산암질	유문암질
②	현무암질	유문암질	안산암질
③	유문암질	안산암질	현무암질
④	유문암질	현무암질	안산암질
⑤	안산암질	현무암질	유문암질

[8713-0040]
02 그림은 지하의 온도 분포와 용융 곡선을 나타낸 것이다. A와 B는 물을 포함한 맨틀과 물을 포함하지 않은 맨틀의 용융 곡선 중 하나이다.

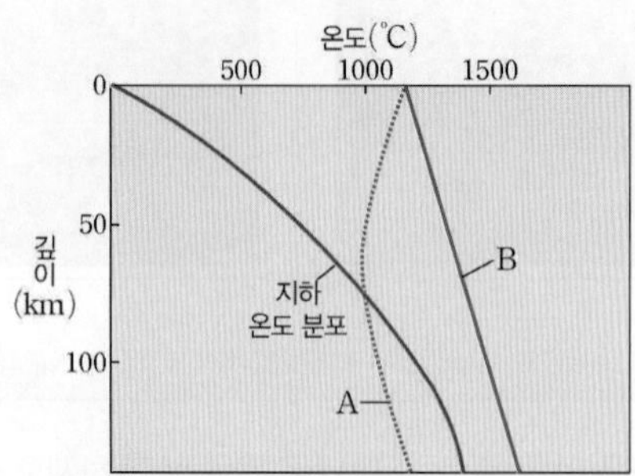

이에 대한 설명으로 옳은 것만을 〈보기〉에서 있는 대로 고른 것은?

보기
ㄱ. A는 물을 포함한 맨틀의 용융 곡선이다.
ㄴ. 지하로 갈수록 암석의 온도는 높아진다.
ㄷ. 깊이 50 km에 있던 맨틀 물질이 온도 변화 없이 지표로 나오면 녹는다.

① ㄱ ② ㄷ ③ ㄱ, ㄴ
④ ㄴ, ㄷ ⑤ ㄱ, ㄴ, ㄷ

[8713-0041]
03 그림은 현무암질 마그마와 유문암질 마그마를 특징에 따라 구분한 것이다.
A에 들어갈 수 있는 내용으로 옳은 것만을 〈보기〉에서 있는 대로 고른 것은?

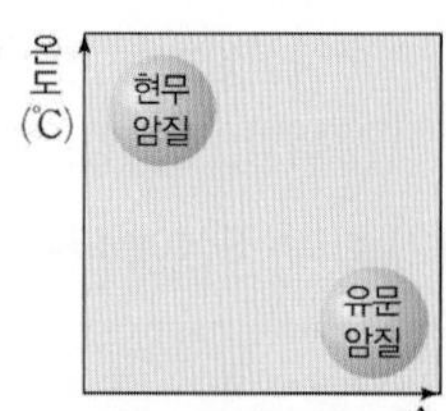

보기
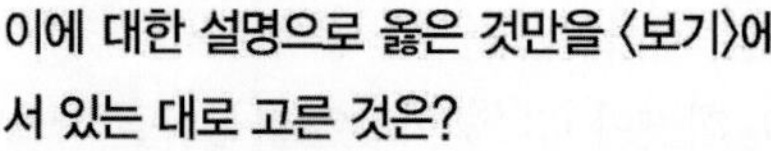
ㄱ. SiO_2 함량 ㄴ. 유동성 ㄷ. 밀도

① ㄱ ② ㄴ ③ ㄱ, ㄷ
④ ㄴ, ㄷ ⑤ ㄱ, ㄴ, ㄷ

[8713-0042]
04 그림은 섭입대 위의 대륙 지각에서 생성되는 마그마를 나타낸 것으로, A와 B는 각각 현무암질 마그마와 유문암질 마그마 중 하나이다.
이에 대한 설명으로 옳은 것만을 〈보기〉에서 있는 대로 고른 것은?

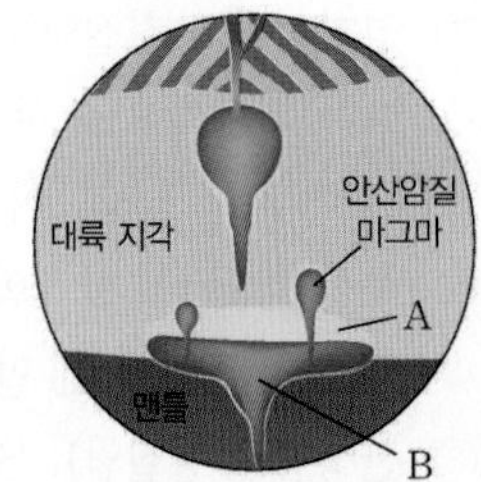

보기
ㄱ. A는 현무암질 마그마이다.
ㄴ. 온도 증가로 만들어진 마그마는 B이다.
ㄷ. A와 B가 섞이면 안산암질 마그마가 만들어질 수 있다.

① ㄱ ② ㄷ ③ ㄱ, ㄴ
④ ㄴ, ㄷ ⑤ ㄱ, ㄴ, ㄷ

[8713-0043]
05 그림은 마그마의 생성 장소 A와 B를 나타낸 것이다.

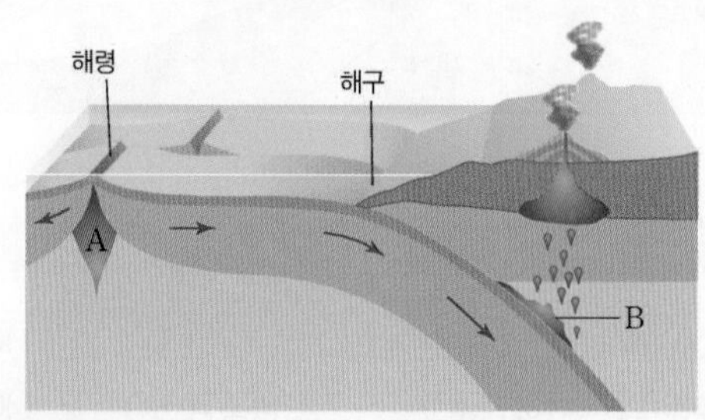

이에 대한 설명으로 옳은 것만을 〈보기〉에서 있는 대로 고른 것은?

보기
ㄱ. A 마그마는 압력 감소에 의해 만들어졌다.
ㄴ. B에서는 물의 공급으로 맨틀 물질의 녹는점이 낮아진다.
ㄷ. A와 B 모두 현무암질 마그마가 만들어진다.

① ㄱ ② ㄴ ③ ㄱ, ㄷ
④ ㄴ, ㄷ ⑤ ㄱ, ㄴ, ㄷ

[8713-0044]
06 그림 (가)와 (나)는 화강암과 반려암의 모습을 순서 없이 나타낸 것이다.

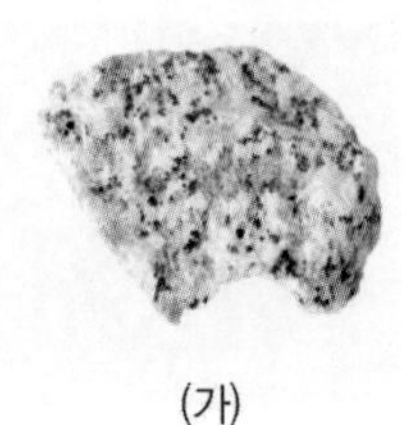
(가)

(나)

이에 대한 설명으로 옳은 것만을 〈보기〉에서 있는 대로 고른 것은?

보기
ㄱ. (가)는 화강암이다.
ㄴ. 암석의 밀도는 (가)가 (나)보다 크다.
ㄷ. (가), (나)는 심성암에 해당한다.

① ㄱ ② ㄴ ③ ㄱ, ㄷ
④ ㄴ, ㄷ ⑤ ㄱ, ㄴ, ㄷ

[8713-0045]
07 그림은 화성암 A, B의 특성을 나타낸 것이다.
이에 대한 설명으로 옳은 것만을 〈보기〉에서 있는 대로 고른 것은?

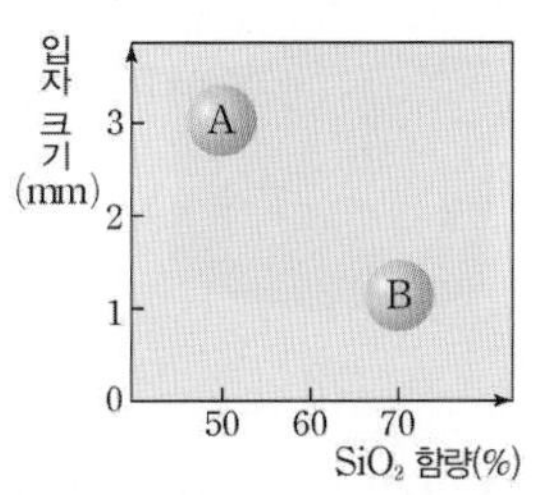

보기
ㄱ. 암석의 색은 A가 B보다 밝다.
ㄴ. 생성 당시의 냉각 속도는 A가 B보다 느렸다.
ㄷ. 유문암질 마그마가 식어서 만들어진 암석은 A이다.

① ㄱ ② ㄴ ③ ㄷ
④ ㄱ, ㄷ ⑤ ㄴ, ㄷ

[8713-0046]
08 그림은 현무암질 마그마 A와 이 마그마가 분출한 용암 B를 나타낸 것이다.

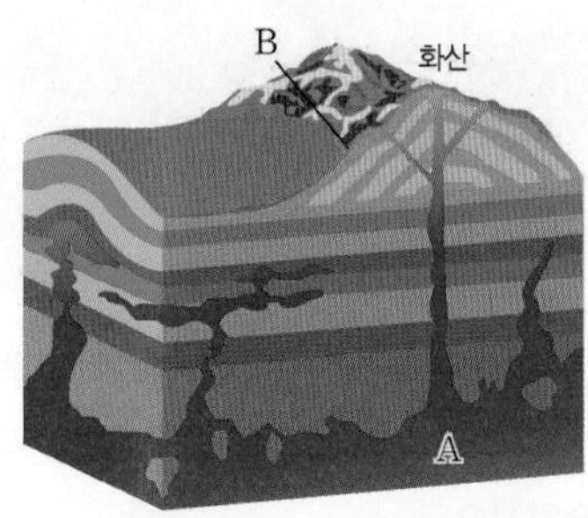

이에 대한 설명으로 옳은 것만을 〈보기〉에서 있는 대로 고른 것은?

보기
ㄱ. A가 지하 깊은 곳에서 식으면 반려암이 만들어진다.
ㄴ. B가 굳어진 암석은 조립질 조직을 가진다.
ㄷ. 마그마의 냉각 속도는 A가 B보다 빠르다.

① ㄱ ② ㄴ ③ ㄱ, ㄷ
④ ㄴ, ㄷ ⑤ ㄱ, ㄴ, ㄷ

[8713-0047]
09 그림 (가)는 서울의 북한산을, (나)는 독도를 나타낸 것이다.

(가)

(나)

이에 대한 설명으로 옳은 것만을 〈보기〉에서 있는 대로 고른 것은?

보기
ㄱ. (가)는 주로 화강암으로 이루어져 있다.
ㄴ. (나)는 화산섬이다.
ㄷ. (가)의 암석이 (나)의 암석보다 더 오래 전에 생성되었다.

① ㄱ ② ㄴ ③ ㄱ, ㄷ
④ ㄴ, ㄷ ⑤ ㄱ, ㄴ, ㄷ

[8713-0048]
10 그림은 설악산의 모습이다.

설악산 정상부를 이루고 있는 암석에 대한 설명으로 옳은 것만을 〈보기〉에서 있는 대로 고른 것은?

보기
ㄱ. 유문암이다.
ㄴ. SiO_2 함량이 63 % 이상이다.
ㄷ. 조립질 조직을 가지고 있다.

① ㄱ ② ㄴ ③ ㄱ, ㄷ
④ ㄴ, ㄷ ⑤ ㄱ, ㄴ, ㄷ

정답과 해설 06쪽

[8713-0049]
01 그림은 지하의 온도 분포와 암석의 용융 온도를 나타낸 것이다.

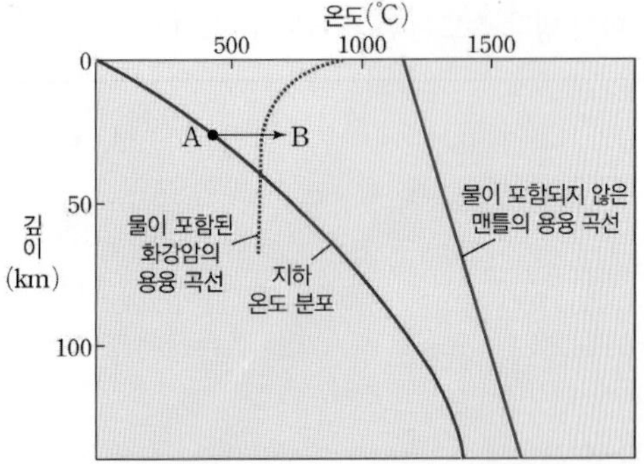

(1) A → B 과정으로 생성되는 마그마의 종류를 쓰시오.

(2) 깊이 100~150 km에 위치한 물질의 상태를 판단하고 그 까닭을 서술하시오.

[8713-0050]
02 그림은 서로 다른 장소에서 생성된 마그마 A와 B를 나타낸 것이다.

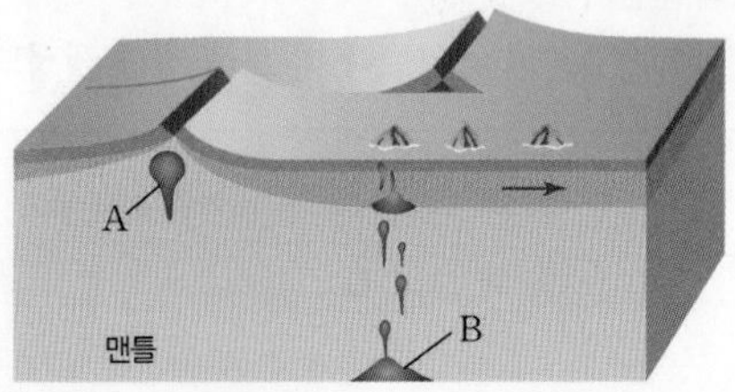

(1) A, B에서 생성되는 마그마의 종류를 각각 쓰시오.

(2) A, B에서 마그마가 생성되는 원리에 대해 서술하시오.

[8713-0051]
03 그림 (가)와 (나)는 현무암질 용암과 유문암질 용암이 분출하는 모습을 순서 없이 나타낸 것이다.

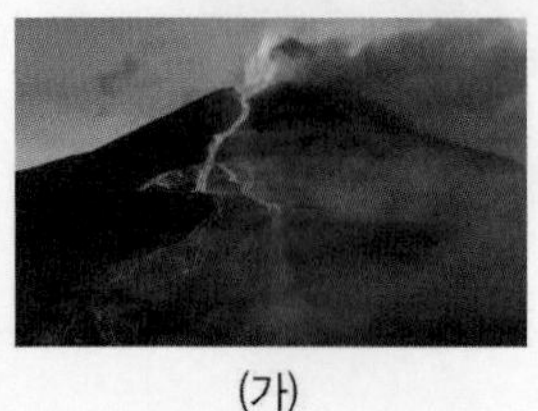
(가)

(나)

(1) (가) 용암이 만드는 화산의 형태를 용암의 종류 및 유동성과 관련하여 서술하시오.

(2) (나) 용암이 만드는 화산의 형태를 용암의 종류 및 유동성과 관련하여 서술하시오.

[8713-0052]
04 그림 (가)와 (나)는 두 화성암을 편광 현미경으로 관찰한 사진이다.

(가)

(나)

(가)와 (나)의 결정 크기가 다른 까닭을 마그마의 냉각 속도와 관련하여 서술하시오. (단, 두 사진에서 배율은 동일하다.)

[8713-0053]
05 그림 (가), (나), (다)는 화산암의 세 종류를 나타낸 것이다.

(가) (나) (다)

(1) (가), (나), (다) 암석의 이름을 쓰시오.

(2) (나)와 (다) 암석의 다른 점을 세 가지 서술하시오.

[8713-0054]
06 그림은 제주도의 한 해안가에서 찍은 모습이다.

(1) 사진에 보이는 기둥 모양으로 형성된 절리의 종류를 쓰시오.

(2) 사진에 보이는 암석의 생성 과정을 마그마의 종류와 냉각 속도를 포함하여 서술하시오.

대단원 종합 문제

[8713-0055]
01 그림은 고생대 말의 빙하 흔적이 분포하는 지역과 빙하의 이동 방향을 나타낸 것이다.

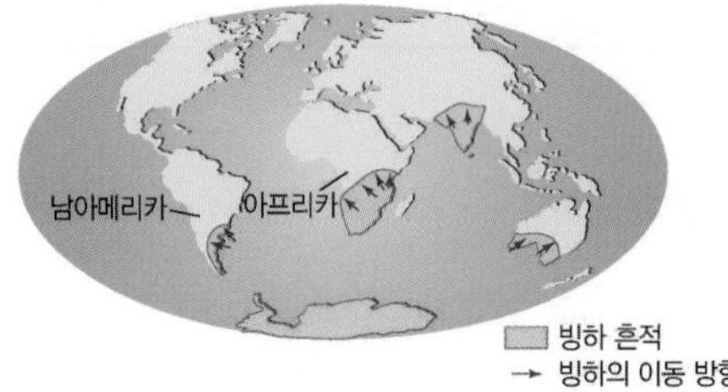

이에 대한 설명으로 옳은 것만을 〈보기〉에서 있는 대로 고른 것은?

보기
ㄱ. 고생대 말에 빙하가 적도 부근까지 분포하였다.
ㄴ. 빙하 이동 방향이 대체로 남극에서 적도 방향이다.
ㄷ. 남아메리카와 아프리카에서 같은 종류의 화석이 발견될 수 있다.

① ㄱ ② ㄴ ③ ㄱ, ㄷ
④ ㄴ, ㄷ ⑤ ㄱ, ㄴ, ㄷ

[8713-0056]
02 대륙 이동설의 증거로 베게너가 제시한 것에 해당하지 않는 것은?

① 인도 대륙에서 고생대 말 빙하의 흔적이 발견된다.
② 아프리카와 남극 대륙에서 같은 종의 화석이 발견된다.
③ 남아메리카 동해안과 아프리카 서해안의 해안선이 유사하다.
④ 유럽과 아메리카 대륙의 겉보기 자북극 이동 경로가 다르다.
⑤ 북아메리카와 유럽의 고생대 말의 암석과 지질 구조가 연속적으로 이어진다.

[8713-0057]
03 그림은 해저의 모습을 모식적으로 나타낸 것이다.

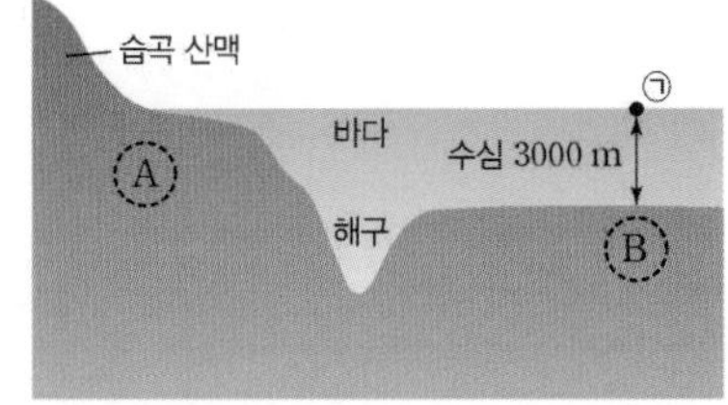

이에 대한 설명으로 옳은 것만을 〈보기〉에서 있는 대로 고른 것은? (단, 바다에서 음파의 속도는 1500 m/s이다.)

보기
ㄱ. 지각 A와 지각 B를 이루고 있는 암석은 같다.
ㄴ. 진앙은 B보다 A 쪽에 분포한다.
ㄷ. ㉠에서 발사한 음파가 되돌아오는 데 걸리는 시간은 2초이다.

① ㄱ ② ㄴ ③ ㄱ, ㄷ
④ ㄴ, ㄷ ⑤ ㄱ, ㄴ, ㄷ

[8713-0058]
04 그림은 어느 해령 부근의 고지자기 분포와 세 지점 A, B, C의 위치를 나타낸 것이다.

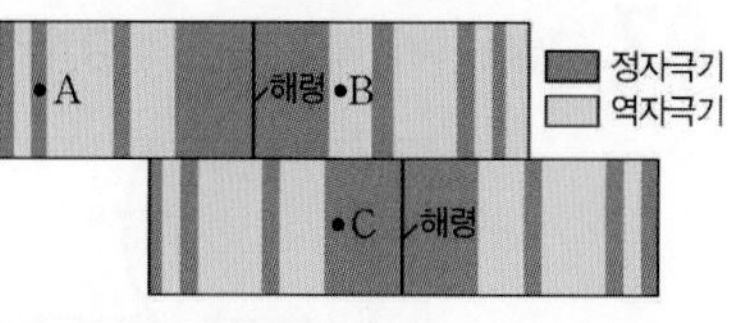

이에 대한 설명으로 옳은 것만을 〈보기〉에서 있는 대로 고른 것은? (단, 해양저가 확장하는 속도는 같다.)

보기
ㄱ. A의 지각이 생성될 당시 지구 자기장의 방향은 현재와 같다.
ㄴ. 지구 자기장의 방향은 일정한 시간 간격으로 바뀐다.
ㄷ. 지각의 나이는 B가 C보다 많다.

① ㄱ ② ㄴ ③ ㄱ, ㄷ
④ ㄴ, ㄷ ⑤ ㄱ, ㄴ, ㄷ

[8713-0059]
05 그림 (가)와 (나)는 서로 다른 지질 시대의 수륙 분포이다.
(가)에서 (나)로 변하는 동안 지구상에 일어난 변화에 대한 설명으로 옳은 것만을 〈보기〉에서 있는 대로 고른 것은?

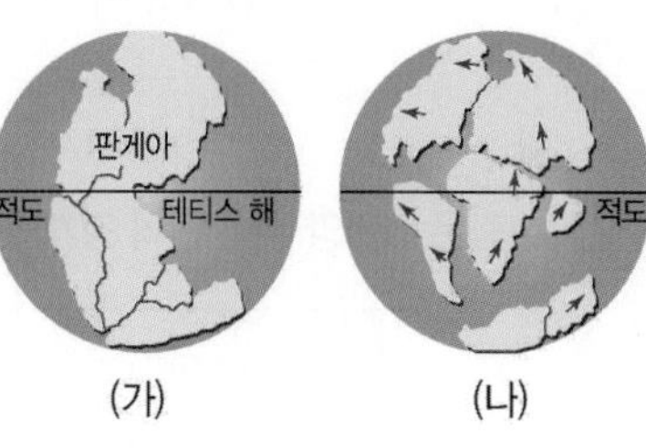

보기
ㄱ. 해안선의 길이가 길어졌다.
ㄴ. 해류의 분포가 복잡해졌다.
ㄷ. 히말라야산맥이 만들어졌다.

① ㄱ ② ㄴ ③ ㄷ
④ ㄱ, ㄴ ⑤ ㄴ, ㄷ

[8713-0060]
06 그림은 플룸 구조론의 모식도를 나타낸 것이다.
이에 대한 설명으로 옳은 것만을 〈보기〉에서 있는 대로 고른 것은?

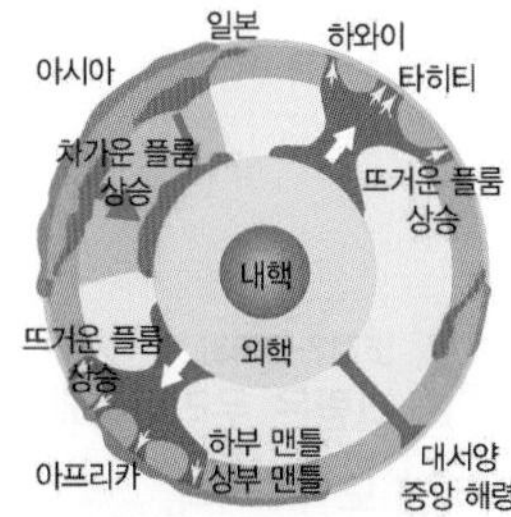

보기
ㄱ. 아시아 대륙 아래의 맨틀은 아프리카 대륙 아래의 맨틀보다 대체로 지진파의 속도가 빠르다.
ㄴ. 하와이의 화산 활동은 뜨거운 플룸의 상승에 의한 것이다.
ㄷ. 뜨거운 플룸은 외핵과 맨틀의 경계에서 생성된다.

① ㄱ ② ㄴ ③ ㄱ, ㄷ
④ ㄴ, ㄷ ⑤ ㄱ, ㄴ, ㄷ

[8713-0061]
07 그림은 해양에 있는 판의 경계와 이동 방향을 나타낸 것이다.

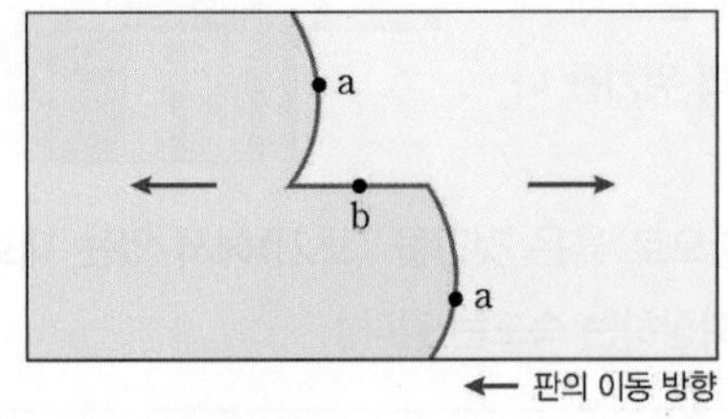

이에 대한 설명으로 옳은 것만을 〈보기〉에서 있는 대로 고른 것은?

보기
ㄱ. a에는 열곡과 해령이 존재한다.
ㄴ. b는 보존형 경계에 위치한다.
ㄷ. a, b에서는 화산 활동이 활발하다.

① ㄱ ② ㄷ ③ ㄱ, ㄴ
④ ㄴ, ㄷ ⑤ ㄱ, ㄴ, ㄷ

[8713-0062]
08 그림은 태평양 주변 판의 경계와 이동 방향을 나타낸 것이다.

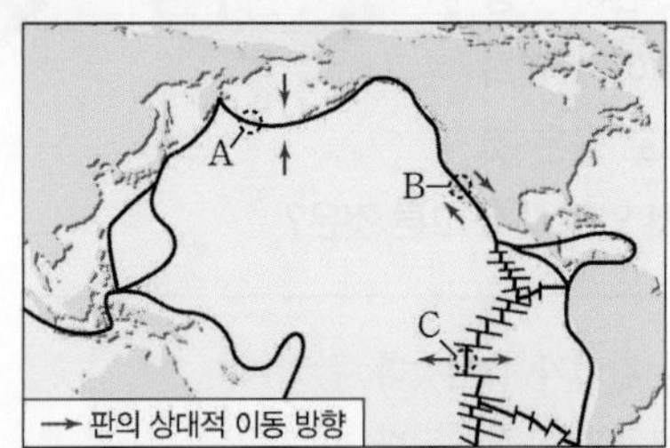

이에 대한 설명으로 옳은 것만을 〈보기〉에서 있는 대로 고른 것은?

보기
ㄱ. A에는 해구가 발달해 있다.
ㄴ. 맨틀 대류의 상승부는 C에 위치한다.
ㄷ. A, B, C 모두 천발 지진이 발생한다.

① ㄱ ② ㄴ ③ ㄱ, ㄷ
④ ㄴ, ㄷ ⑤ ㄱ, ㄴ, ㄷ

[8713-0063]
09 그림은 우리나라와 일본 주변에서의 판의 구조와 진원 분포를 나타낸 모식도이다.

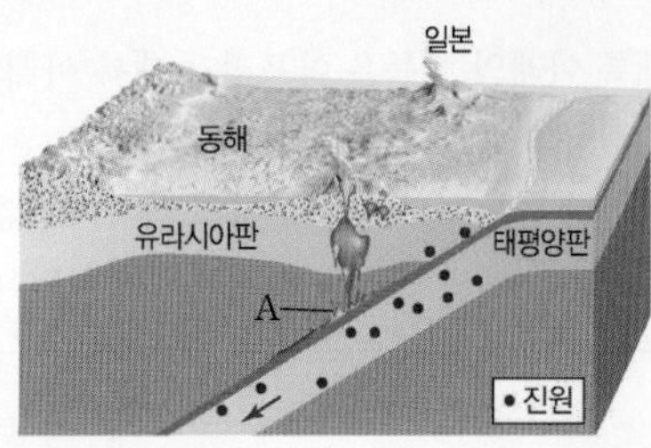

이에 대한 설명으로 옳은 것만을 〈보기〉에서 있는 대로 고른 것은?

보기
ㄱ. 밀도는 태평양판이 유라시아판보다 크다.
ㄴ. 일본 주변에는 해구와 습곡 산맥이 관찰된다.
ㄷ. A 마그마는 주로 태평양판이 녹아서 만들어진다.

① ㄱ ② ㄴ ③ ㄱ, ㄷ
④ ㄴ, ㄷ ⑤ ㄱ, ㄴ, ㄷ

[8713-0064]
10 다음은 하와이 열도와 엠퍼러 해산군의 분포 및 이와 관련한 자료이다.

- 현재 화산 활동은 주로 하와이섬에서 일어난다.
- 하와이 열도와 엠퍼러 해산군은 태평양판에 속한다.

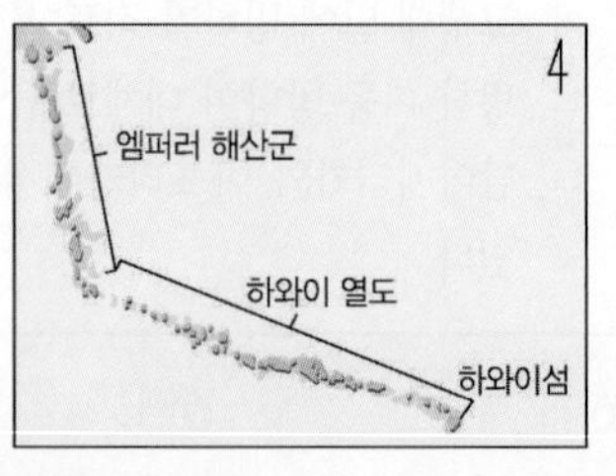

이에 대한 설명으로 옳은 것만을 〈보기〉에서 있는 대로 고른 것은?

보기
ㄱ. 엠퍼러 해산군의 암석은 하와이 열도의 암석보다 나이가 많다.
ㄴ. 태평양판의 이동 방향은 남동쪽이다.
ㄷ. 하와이섬에서 분출되는 마그마는 주로 해양 지각이 녹아 형성된 마그마이다.

① ㄱ ② ㄷ ③ ㄱ, ㄴ
④ ㄴ, ㄷ ⑤ ㄱ, ㄴ, ㄷ

[8713-0065]
11 다음은 세 암석을 구분하는 과정을 나타낸 것이다.

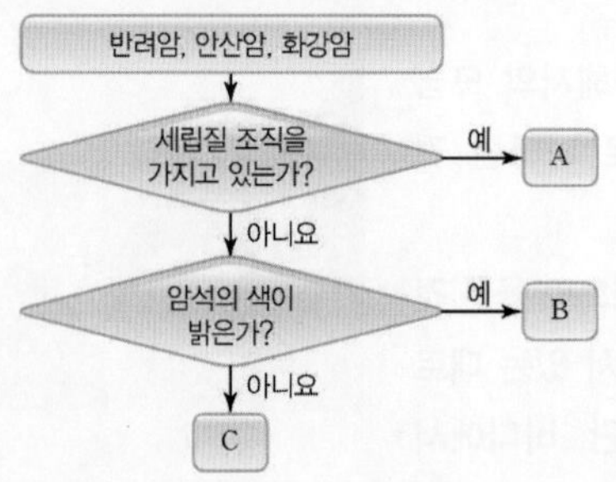

A, B, C에 해당하는 암석을 옳게 짝 지은 것은?

	A	B	C
①	화강암	반려암	안산암
②	화강암	안산암	반려암
③	안산암	화강암	반려암
④	안산암	반려암	화강암
⑤	반려암	화강암	안산암

[8713-0066]
12 그림은 지하의 온도 곡선과 용융 곡선을 나타낸 것이다. ㉠과 ㉡ 중 하나는 물을 포함한 화강암의, 다른 하나는 물을 포함하지 않은 맨틀의 용융 곡선이다.

이에 대한 설명으로 옳은 것만을 〈보기〉에서 있는 대로 고른 것은?

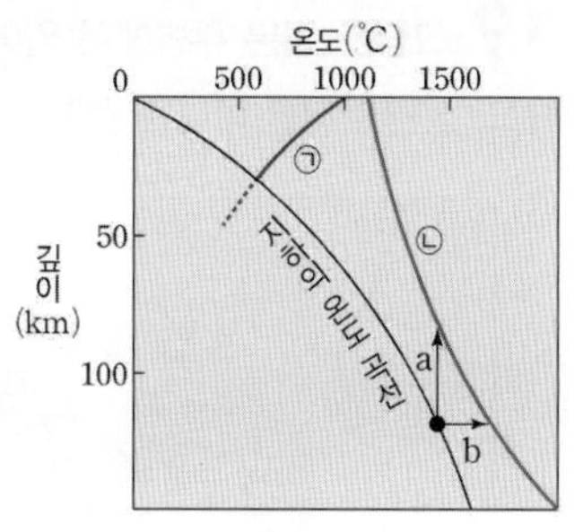

보기
ㄱ. 물을 포함하지 않은 맨틀의 용융 곡선은 ㉠이다.
ㄴ. ㉠의 물질은 ㉡의 물질보다 SiO_2 함량이 높다.
ㄷ. 해령 아래에서 생성되는 마그마는 b와 같은 과정으로 생성된다.

① ㄱ ② ㄴ ③ ㄱ, ㄷ
④ ㄴ, ㄷ ⑤ ㄱ, ㄴ, ㄷ

[8713-0067]
13 그림은 서로 다른 장소에서 생성된 마그마 A와 B를 나타낸 것이다.

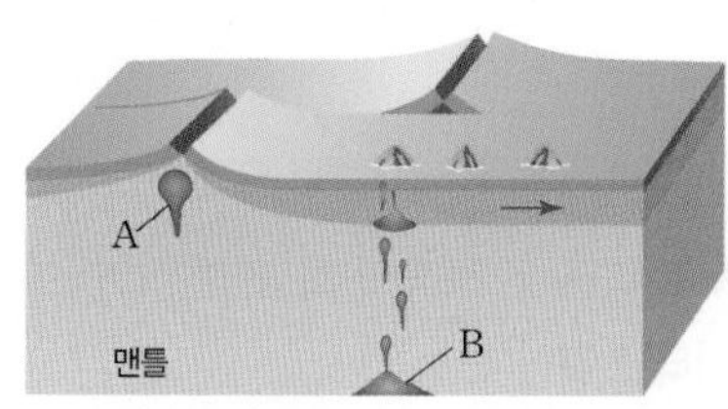

이에 대한 설명으로 옳은 것만을 〈보기〉에서 있는 대로 고른 것은?

보기
ㄱ. A는 안산암질 마그마이다.
ㄴ. 마그마의 생성 깊이는 A가 B보다 깊다.
ㄷ. A와 B는 맨틀 물질이 상승하면서 압력이 감소하여 만들어진 마그마이다.

① ㄱ ② ㄷ ③ ㄱ, ㄴ
④ ㄴ, ㄷ ⑤ ㄱ, ㄴ, ㄷ

[8713-0068]
14 그림 (가)와 (나)는 화강암과 현무암을 편광 현미경으로 관찰한 모습을 순서 없이 나타낸 것이다.

(가)

(나)

이에 대한 설명으로 옳은 것만을 〈보기〉에서 있는 대로 고른 것은? (단, 두 사진에서 배율은 동일하다.)

보기
ㄱ. (가)는 현무암의 관찰 모습이다.
ㄴ. (나)는 세립질 조직이 관찰된다.
ㄷ. 마그마의 냉각 속도는 (가)가 (나)보다 느렸다.

① ㄱ ② ㄴ ③ ㄱ, ㄷ
④ ㄴ, ㄷ ⑤ ㄱ, ㄴ, ㄷ

[8713-0069]
15 그림은 하와이의 화산에서 분출한 용암과 주변에 용암이 굳어진 암석의 모습을 나타낸 것이다.

이에 대한 설명으로 옳은 것만을 〈보기〉에서 있는 대로 고른 것은?

보기
ㄱ. 이 용암은 현무암질 용암이다.
ㄴ. 암석은 세립질 조직을 갖는다.
ㄷ. 이 용암이 만든 화산은 종상 화산이다.

① ㄱ ② ㄷ ③ ㄱ, ㄴ
④ ㄴ, ㄷ ⑤ ㄱ, ㄴ, ㄷ

[8713-0070]
16 그림 (가)는 어느 화산체의 모습을, (나)는 A, B 용암의 특성을 나타낸 것이다.

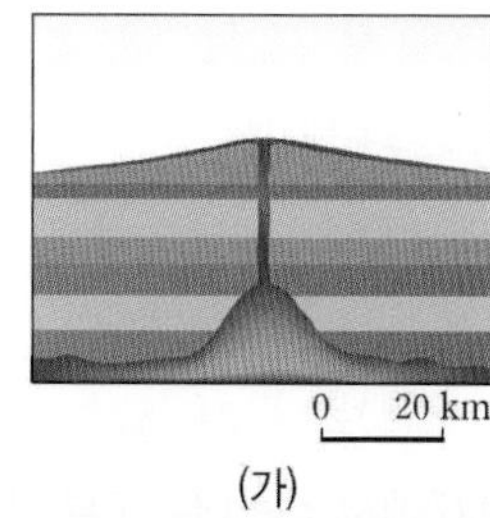

(가)

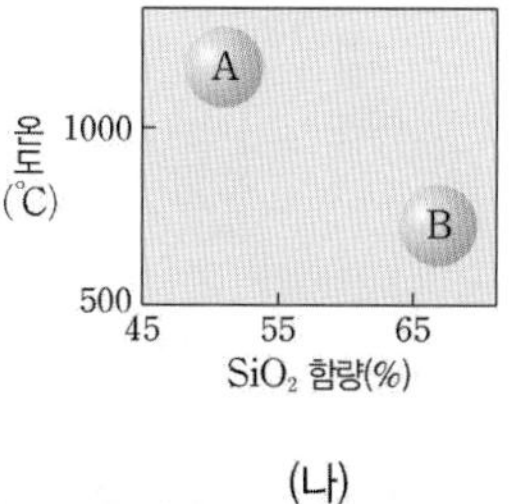

(나)

이에 대한 설명으로 옳은 것만을 〈보기〉에서 있는 대로 고른 것은?

보기
ㄱ. (가) 화산은 백두산보다 한라산과 비슷한 모습이다.
ㄴ. 용암이 분출할 때 A가 B보다 격렬하게 분출한다.
ㄷ. (가) 화산을 형성한 용암의 특성은 A보다 B에 가깝다.

① ㄱ ② ㄴ ③ ㄱ, ㄷ
④ ㄴ, ㄷ ⑤ ㄱ, ㄴ, ㄷ

고난도 문제

[8713-0071]

17 **그림 (가), (나), (다)는 어느 대륙에서 시대가 다른 세 암석에서 복원한 고지자기의 방향을 나타낸 것이다.**

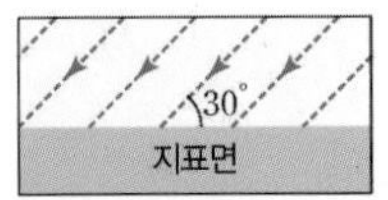

(가) 3000만 년 전

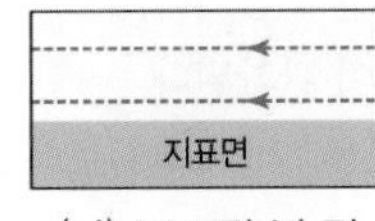

(나) 1000만 년 전

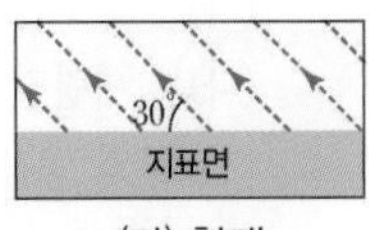

(다) 현재

이에 대한 설명으로 옳은 것만을 〈보기〉에서 있는 대로 고른 것은?

보기
ㄱ. (가) 시기의 복각은 (−) 값이다.
ㄴ. 남북 방향 이동 속력은 (가) → (나) 기간 동안보다 (나) → (다) 기간이 더 빠르다.
ㄷ. 이 대륙은 자기 남반구에서 자기 북반구로 이동하였다.

① ㄱ ② ㄴ ③ ㄱ, ㄷ
④ ㄴ, ㄷ ⑤ ㄱ, ㄴ, ㄷ

[8713-0072]

18 **그림은 여러 해양에서 조사한 해저 지각 연령과 고지자기 분포를 해령으로부터 거리에 따라 나타낸 것이다.**

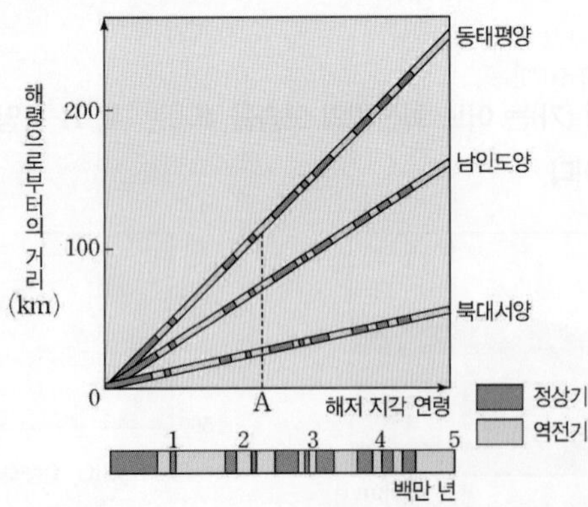

이 자료에 대한 설명으로 옳은 것만을 〈보기〉에서 있는 대로 고른 것은?

보기
ㄱ. 지구의 자기장은 여러 차례 역전되었다.
ㄴ. 해저 지각의 이동 속도가 가장 빠른 곳은 북대서양이다.
ㄷ. A 시기에 지구 자기의 N극이 북반구에 있었다.

① ㄱ ② ㄴ ③ ㄱ, ㄷ
④ ㄴ, ㄷ ⑤ ㄱ, ㄴ, ㄷ

[8713-0073]

19 **그림은 일본 주변에서 일어난 규모 5.0 이상인 지진의 진앙과 규모, 진원 깊이를 나타낸 것이다.**

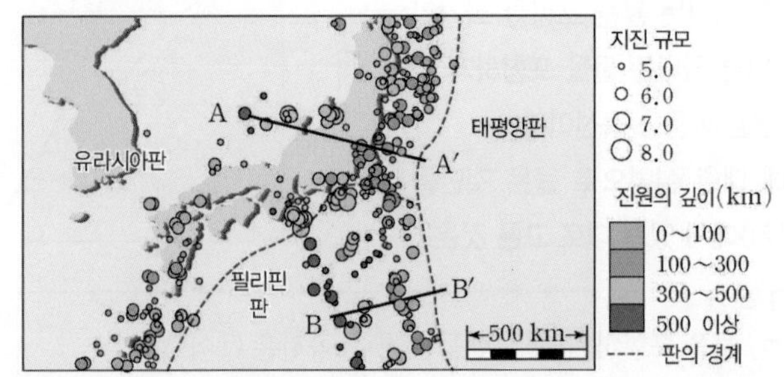

이에 대한 설명으로 옳은 것만을 〈보기〉에서 있는 대로 고른 것은?

보기
ㄱ. 판의 밀도는 태평양판 > 필리핀판 > 유라시아판이다.
ㄴ. A′에서 A로 갈수록 진원의 깊이는 대체로 깊어진다.
ㄷ. 섭입하는 판의 경사는 A−A′이 B−B′보다 크다.

① ㄱ ② ㄷ ③ ㄱ, ㄴ
④ ㄴ, ㄷ ⑤ ㄱ, ㄴ, ㄷ

[8713-0074]

20 **그림은 서로 다른 두 종류의 화성암을, 그래프는 이 암석들의 구성 성분비를 나타낸 것이다.**

이에 대한 설명으로 옳은 것만을 〈보기〉에서 있는 대로 고른 것은?

보기
ㄱ. 암석의 SiO_2 함량비는 B보다 A가 많다.
ㄴ. 생성될 당시의 깊이는 A보다 B가 깊다.
ㄷ. B는 화강암이다.

① ㄱ ② ㄴ ③ ㄱ, ㄷ
④ ㄴ, ㄷ ⑤ ㄱ, ㄴ, ㄷ

[8713-0075]
21 그림은 지질 시대에 따른 수륙 분포를 나타낸 것이다.

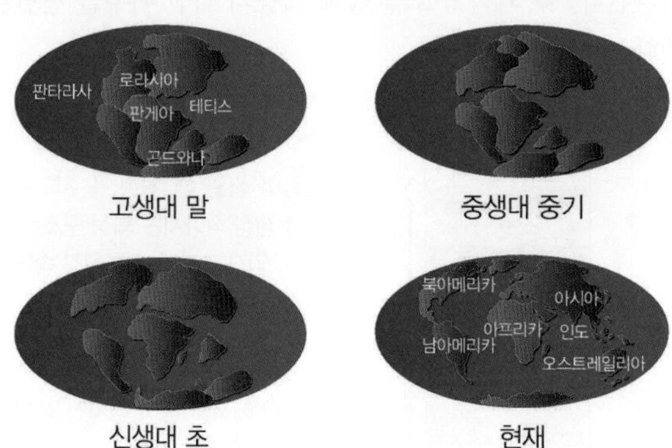

이에 대한 설명으로 옳은 것만을 〈보기〉에서 있는 대로 고른 것은?

보기
ㄱ. 이 기간 동안 인도 대륙의 시대별 고지자기 복각은 (−) 값에서 (+) 값으로 변했다.
ㄴ. 남아메리카와 아프리카 사이에 맨틀 대류의 상승부가 있다.
ㄷ. 북아메리카 동해안과 유럽 서해안의 고생대 말 지질 구조에는 연속성이 있다.

① ㄱ ② ㄴ ③ ㄱ, ㄷ
④ ㄴ, ㄷ ⑤ ㄱ, ㄴ, ㄷ

[8713-0076]
22 그림은 인도 대륙이 아시아 대륙 쪽으로 이동하여 히말라야산맥을 형성하는 과정을 나타낸 것이다.

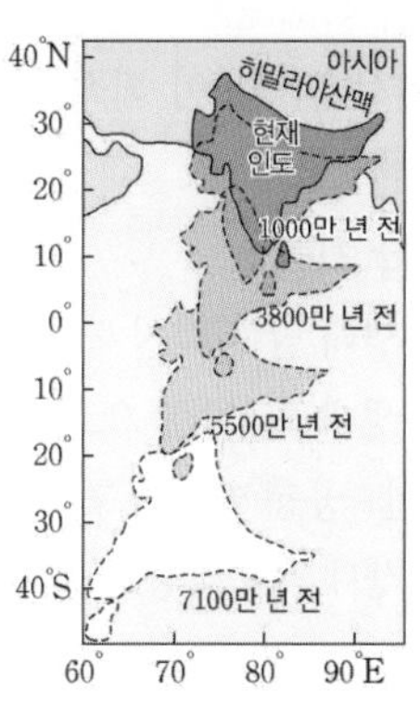

이에 대한 설명으로 옳은 것만을 〈보기〉에서 있는 대로 고른 것은?

보기
ㄱ. 인도 대륙은 일정한 속도로 이동했다.
ㄴ. 현재 인도 대륙과 아시아 대륙 사이에는 수렴형 경계가 존재한다.
ㄷ. 현재 히말라야산맥에서는 화산 활동이 활발히 일어난다.

① ㄱ ② ㄴ ③ ㄱ, ㄷ
④ ㄴ, ㄷ ⑤ ㄱ, ㄴ, ㄷ

[8713-0077]
23 그림은 용암이 분출하는 장소 A, B, C를 모식적으로 나타낸 것이다.

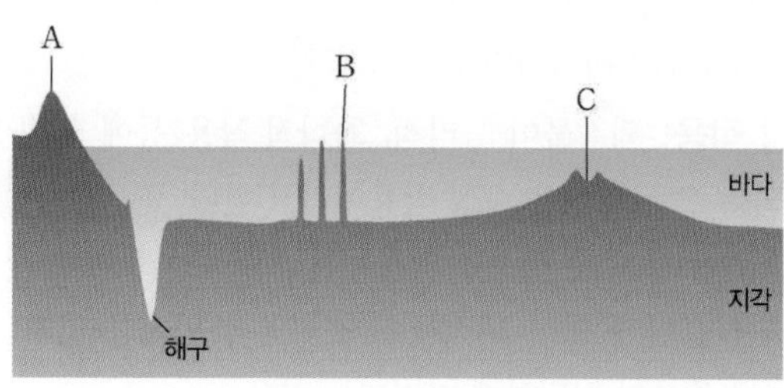

이에 대한 설명으로 옳은 것만을 〈보기〉에서 있는 대로 고른 것은?

보기
ㄱ. 그림에 나타난 판은 3개이다.
ㄴ. B와 C는 물의 공급에 의해 생성된 마그마가 분출한다.
ㄷ. 안산암질 마그마가 주로 분출하는 곳은 A이다.

① ㄱ ② ㄴ ③ ㄱ, ㄷ
④ ㄴ, ㄷ ⑤ ㄱ, ㄴ, ㄷ

[8713-0078]
24 그림은 우리나라에서 화성암이 분포하는 지역 A, B를 나타낸 것이다. A와 B는 화강암과 현무암 중 하나이다.

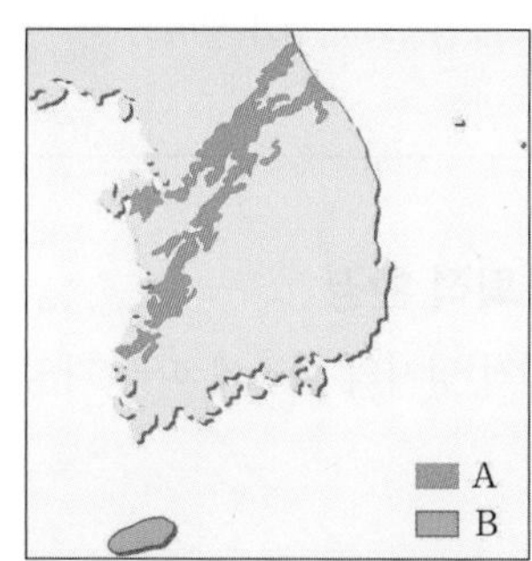

이에 대한 설명으로 옳은 것만을 〈보기〉에서 있는 대로 고른 것은?

보기
ㄱ. A에는 화강암이, B에는 현무암이 관찰된다.
ㄴ. 암석을 이루는 결정의 크기는 A가 B보다 크다.
ㄷ. 화성암의 생성 시기는 A가 B보다 빠르다.

① ㄱ ② ㄴ ③ ㄱ, ㄷ
④ ㄴ, ㄷ ⑤ ㄱ, ㄴ, ㄷ

04 퇴적암과 지질 구조

1 퇴적암의 생성과 종류

(1) 퇴적암: 지표의 암석이 풍화 · 침식 작용을 받아 만들어진 퇴적물이 운반 · 퇴적되어 굳어진 암석

(2) 속성 작용: 퇴적물이 물리적, 화학적 작용 등에 의해 퇴적암이 되는 모든 과정을 속성 작용이라고 한다.

① 다짐 작용(=압축 작용): 퇴적물이 오랫동안 쌓여 아랫부분의 퇴적물이 위에 쌓인 퇴적물에 눌리면서 퇴적물 입자 사이의 간격이 좁아져 치밀하게 다져지는 작용

② 교결 작용: 지하수에 녹아 있던 석회질 물질, 규질 물질, 산화 철 등이 퇴적물 사이에 침전되어 퇴적물 입자 사이의 간격을 메우며 서로 붙여 굳어지게 하는 작용

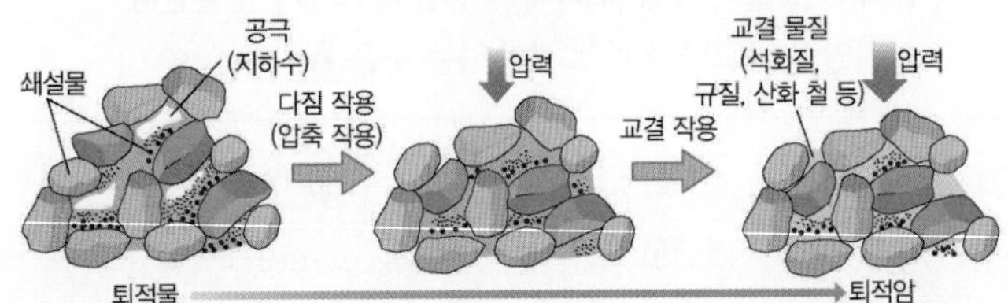

(3) 퇴적암의 종류: 일반적으로 퇴적물의 기원에 따라 쇄설성 퇴적암, 화학적 퇴적암, 유기적 퇴적암으로 구분된다.

구분	생성 과정	퇴적물	퇴적암
쇄설성 퇴적암	암석이 풍화·침식 작용을 받아 생긴 쇄설성 퇴적물이나 화산 쇄설물이 쌓여 생성	자갈, 모래, 점토	역암
		모래, 점토	사암
		점토	셰일
		화산재	응회암
화학적 퇴적암	호수나 바다 등에서 물에 녹아 있던 물질이 화학적으로 침전하거나 물이 증발하면서 침전하여 생성	탄산 칼슘	석회암
		규질	처트
		염화 나트륨	암염
유기적 퇴적암	동식물이나 미생물의 유해가 쌓여 생성	식물체	석탄
		석회질 생물체	석회암
		규질 생물체	처트

2 퇴적 구조와 퇴적 환경

(1) 퇴적 구조: 퇴적 당시의 환경에 따라 다양한 구조적 특징이 나타난다. ➡ 퇴적 구조를 통해 지층의 역전 여부를 판단할 수 있다.

구분	모습	특징
점이 층리	상 ↕ 하	퇴적물이 쌓일 때 위로 갈수록 입자의 크기가 점점 작아지는 퇴적 구조 • 원인: 입자 크기에 따른 침강 속도 차이 • 환경: 심해저
사층리	물·바람의 방향 상 ↕ 하	얕은 물 밑이나 바람의 방향이 자주 변하는 사막에서 지층이 경사진 상태로 쌓인 퇴적 구조 • 원인: 바람, 흐르는 물 • 환경: 하천이나 사막
연흔	상 ↕ 하	수심이 얕은 물밑에서 물결의 작용에 의해 퇴적물의 표면에 생긴 물결 자국 • 원인: 잔물결이나 파도, 흐르는 물 • 환경: 수심이 얕은 곳
건열	상 ↕ 하	건조한 환경에서 퇴적물이 갈라져 퇴적암 표면에 V자 모양의 틈이 생긴 구조 • 원인: 증발, 건조한 대기에 노출 • 환경: 건조 기후 지역

(2) 퇴적 환경: 퇴적물이 쌓이는 곳

① 육상 환경: 육지 내에 쇄설성 퇴적물이 퇴적되는 곳 ➡ 선상지, 하천, 호수, 사막 등

② 연안 환경: 육상 환경과 해양 환경 사이에서 형성되는 곳 ➡ 삼각주, 해빈, 사주, 석호 등

③ 해양 환경: 해저에서 퇴적물이 퇴적되는 곳 ➡ 대륙붕, 대륙사면, 대륙대, 심해저 등

(3) 우리나라의 퇴적암 지형

① 제주도 수월봉: 신생대 말에 화산재가 쌓여 층리를 이룸.

② 부안군 채석강: 중생대 퇴적암층으로 연흔, 층리가 나타남.

③ 고성군 덕명리 해안: 공룡 발자국 화석, 연흔, 건열이 나타남.

④ 태백시 구문소: 고생대 석회암층으로 연흔, 건열이 나타남.

핵심 개념 체크

정답과 해설 09쪽

1. 퇴적물이 쌓인 후 퇴적암으로 되기까지의 전 과정을 속성 작용이라고 한다. 속성 작용은 크게 (㉠) 작용과 (㉡) 작용으로 구분할 수 있다.

2. 퇴적암은 생성 과정이나 퇴적물의 기원에 따라 (㉠) 퇴적암, (㉡) 퇴적암, (㉢) 퇴적암으로 구분한다.

3. 퇴적 환경은 크게 육상 환경, ( ) 환경, 해양 환경으로 구분한다.

4. 퇴적암과 퇴적 구조에 대한 설명으로 옳은 것은 ○표, 옳지 않은 것은 ×표 하시오.

(1) 증발로 형성된 암염은 화학적 퇴적암이다. ( )

(2) 퇴적 구조 중 점이 층리는 연안 환경에서 잘 형성된다. ( )

(3) 바람이 불었거나 물이 흘렀던 방향을 알 수 있는 퇴적 구조는 사층리이다. ( )

3 지질 구조

(1) 습곡: 암석이 횡압력을 받아 휘어진 지질 구조

형성	비교적 온도가 높은 지하 깊은 곳에서 횡압력을 받는 지층은 끊어지기보다 휘어지기가 쉬워 습곡이 형성된다.
구조	배사 / 향사 / 날개 / 수평면 / 배사 축면 / 향사 축면 / 배사 축면 가장 많이 휘어진 부분을 습곡축, 습곡축 양쪽의 경사면을 날개, 위로 볼록한 부분을 배사, 아래로 오목한 부분을 향사라고 한다.
종류	습곡축면이 수평면에 대하여 거의 수직인 정습곡, 기울어진 경사 습곡, 거의 수평으로 누운 횡와 습곡 등이 있다. 정습곡 / 경사 습곡 / 횡와 습곡

(2) 단층: 암석이 깨어져 그 면을 따라 어긋난 지질 구조

형성	습곡 작용이 일어나는 깊이보다 얕은 곳(온도가 낮은 지표 근처)에서 주로 형성된다.		
구조	단층면이 기울어져 있을 때 단층면 위쪽에 놓인 지괴를 상반, 아래쪽에 놓인 지괴를 하반이라고 한다. 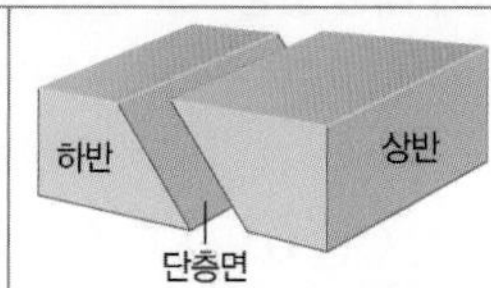		
종류	정단층	역단층	주향 이동 단층
	장력에 의해 상반이 아래로 이동한 단층	횡압력에 의해 상반이 위로 이동한 단층	수평 방향의 힘에 의해 지괴가 수평 방향으로 어긋난 단층

(3) 절리: 암석 내에 형성된 틈이나 균열

형성	마그마나 용암이 빠르게 식으면서 수축할 때, 지하 깊은 곳의 암석이 융기할 때, 지층이 습곡 작용을 받을 때 형성된다.
종류	주로 육각기둥 모양으로 발달한 주상 절리, 얇은 판 모양으로 발달한 판상 절리 등이 있다. • 주상 절리: 마그마가 급격히 냉각되면서 수축하여 형성 • 판상 절리: 지하 깊은 곳의 암석이 융기할 때 압력이 감소하여 형성

(4) 부정합: 인접한 상하 지층 사이에 큰 시간 차이가 있을 때 두 지층 사이의 관계

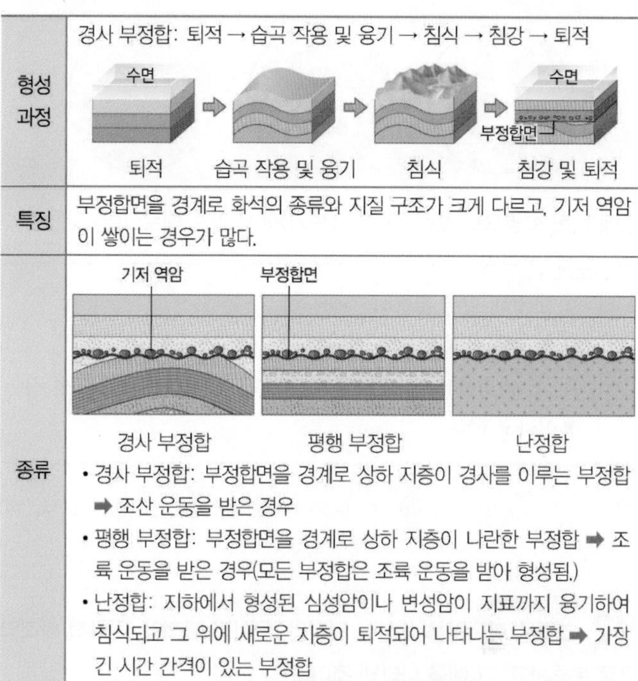

형성 과정	경사 부정합: 퇴적 → 습곡 작용 및 융기 → 침식 → 침강 → 퇴적
특징	부정합면을 경계로 화석의 종류와 지질 구조가 크게 다르고, 기저 역암이 쌓이는 경우가 많다.
종류	• 경사 부정합: 부정합면을 경계로 상하 지층이 경사를 이루는 부정합 ➡ 조산 운동을 받은 경우 • 평행 부정합: 부정합면을 경계로 상하 지층이 나란한 부정합 ➡ 조륙 운동을 받은 경우(모든 부정합은 조륙 운동을 받아 형성됨.) • 난정합: 지하에서 형성된 심성암이나 변성암이 지표까지 융기하여 침식되고 그 위에 새로운 지층이 퇴적되어 나타나는 부정합 ➡ 가장 긴 시간 간격이 있는 부정합

(5) 판의 경계에서 발달하는 지질 구조의 예

발산형 경계	수렴형 경계	보존형 경계
정단층	습곡, 역단층	주향 이동 단층(변환 단층)

(6) 관입과 포획

① 관입: 고온의 마그마가 주변 암석을 뚫고 들어가 굳어지는 과정 ➡ 마그마는 주변의 암석에 비해 온도가 높으므로 주변의 암석이 열을 받아 변성 작용이 일어난다.

② 포획: 관입이 일어날 때 주변 암석의 일부가 관입암 속에 포함된 것

③ 생성 순서: 관입을 당하거나 포획된 암석이 먼저 생성된 것이다.

관입암

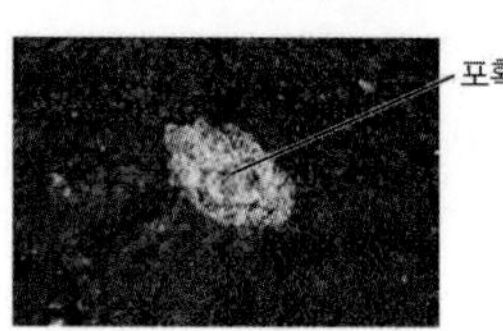

포획암

핵심 개념 체크

정답과 해설 09쪽

5. 습곡 구조에서 볼록하게 위로 올라간 부분을 (㉠), 아래로 오목하게 내려간 부분을 (㉡)라고 한다.

6. 다음 지질 구조와 관련된 힘을 옳게 연결하시오.

(1) 정단층 •   • ㉠ 횡압력

(2) 역단층 •

(3) 습곡 •   • ㉡ 장력

7. 다음은 부정합의 일반적인 생성 순서를 나타낸 것이다. ( ) 안에 들어갈 알맞은 말을 쓰시오.

퇴적 → (㉠) → 침식 → (㉡) → 퇴적

8. 마그마가 관입할 때 주변 암석의 일부가 관입암 속에 포함되는 것을 무엇이라고 하는지 쓰시오.

9. 발산형 경계에서는 ( )단층이 발달한다.

출제 예상 문제

01 [8713-0079] 그림은 퇴적암이 생성되는 과정을 나타낸 것이다.

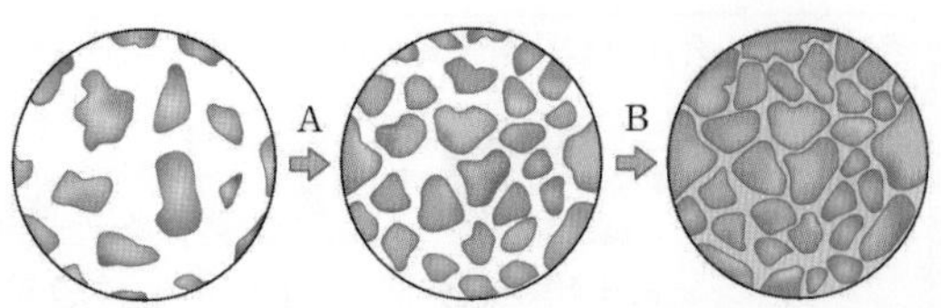

이에 대한 설명으로 옳은 것만을 〈보기〉에서 있는 대로 고른 것은?

보기
ㄱ. A 과정에 의해 공극이 줄어든다.
ㄴ. B 과정에 의해 밀도가 커진다.
ㄷ. A, B 과정을 통해 퇴적암이 되기까지의 전 과정을 속성 작용이라고 한다.

① ㄱ ② ㄷ ③ ㄱ, ㄴ ④ ㄴ, ㄷ ⑤ ㄱ, ㄴ, ㄷ

02 [8713-0080] 그림은 퇴적암을 쇄설성 퇴적암, 유기적 퇴적암, 화학적 퇴적암으로 분류하고, 그 예를 나타낸 것이다.

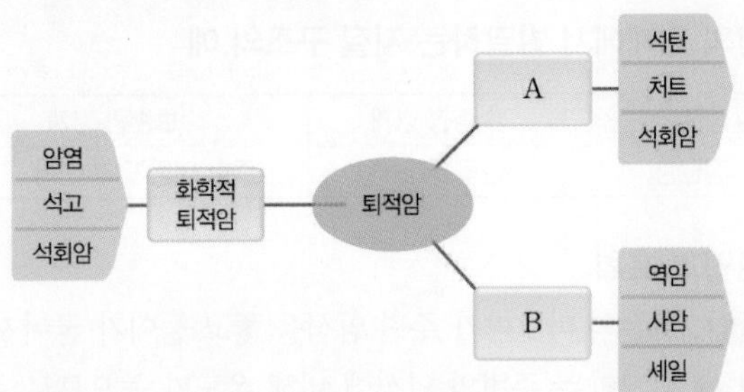

이에 대한 설명으로 옳은 것만을 〈보기〉에서 있는 대로 고른 것은?

보기
ㄱ. A는 쇄설성 퇴적암이다.
ㄴ. 응회암은 B의 예이다.
ㄷ. 암염은 해수가 증발하여 침전된 물질이 굳어져 만들어질 수 있다.

① ㄱ ② ㄷ ③ ㄱ, ㄴ ④ ㄴ, ㄷ ⑤ ㄱ, ㄴ, ㄷ

03 [8713-0081] 그림은 어느 퇴적 구조를 나타낸 것이다.

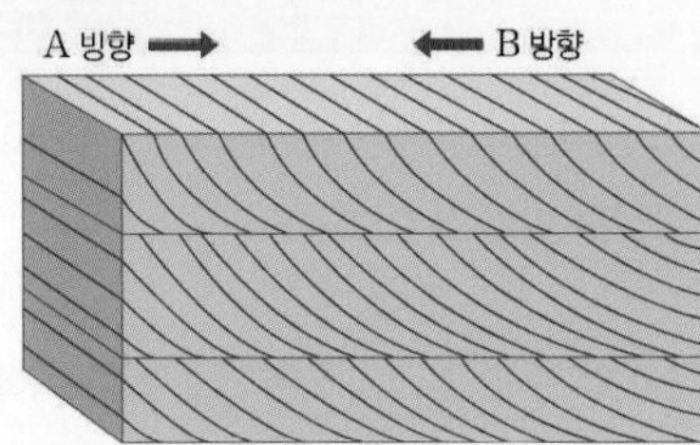

이 퇴적 구조에 대한 설명으로 옳은 것만을 〈보기〉에서 있는 대로 고른 것은?

보기
ㄱ. 주로 깊은 바다에서 형성되었다.
ㄴ. 퇴적 당시 퇴적물의 이동 방향은 A 방향이다.
ㄷ. 지층의 역전 여부를 판단할 때 이용할 수 있다.

① ㄱ ② ㄴ ③ ㄱ, ㄷ
④ ㄴ, ㄷ ⑤ ㄱ, ㄴ, ㄷ

04 [8713-0082] 그림은 어느 지역의 지층 단면과 특징적인 퇴적 구조를 나타낸 것이다.

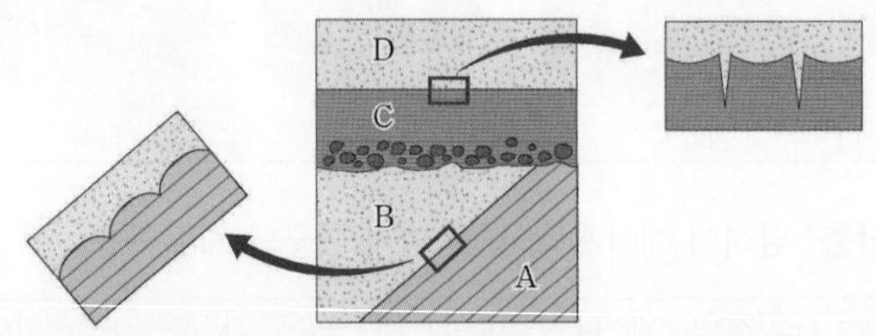

이에 대한 설명으로 옳은 것만을 〈보기〉에서 있는 대로 고른 것은?

보기
ㄱ. A는 B보다 먼저 퇴적되었다.
ㄴ. C는 D보다 나중에 퇴적되었다.
ㄷ. 이 지역은 과거에 융기한 적이 있다.

① ㄱ ② ㄷ ③ ㄱ, ㄴ
④ ㄴ, ㄷ ⑤ ㄱ, ㄴ, ㄷ

05 [8713-0083] 그림은 어느 지역의 지질 단면도를 나타낸 것이다.

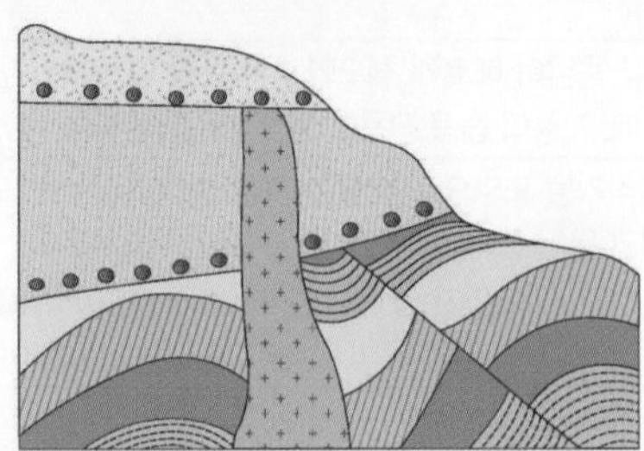

이 지역의 지층에서 볼 수 있는 지질 구조만을 〈보기〉에서 있는 대로 고른 것은?

보기
ㄱ. 습곡 ㄴ. 정단층
ㄷ. 역단층 ㄹ. 부정합

① ㄱ, ㄴ ② ㄱ, ㄷ ③ ㄴ, ㄹ
④ ㄱ, ㄴ, ㄹ ⑤ ㄴ, ㄷ, ㄹ

[8713-0084]
06 그림 (가), (나), (다)는 서로 다른 종류의 습곡을 나타낸 것이다.

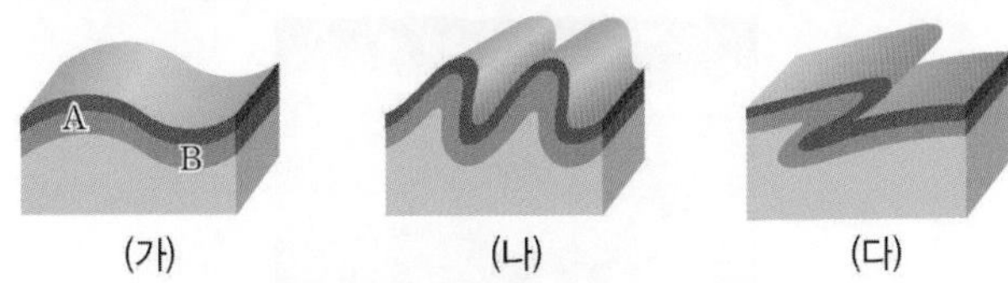

(가) (나) (다)

이에 대한 설명으로 옳지 않은 것은?

① (가)에서 A는 배사, B는 향사이다.
② (나)는 습곡축면이 기울어져 있고, 두 날개의 경사각이 다르다.
③ (다)에서는 먼저 퇴적된 지층이 나중에 퇴적된 지층보다 위에 놓이게 되는 부분이 나타난다.
④ (가)는 정습곡, (나)는 횡와 습곡, (다)는 경사 습곡이다.
⑤ (가), (나), (다)는 모두 횡압력을 받아 형성되었다.

[8713-0085]
07 그림 (가), (나), (다)는 경사 부정합의 형성 과정을 시간 순으로 나타낸 것이다.

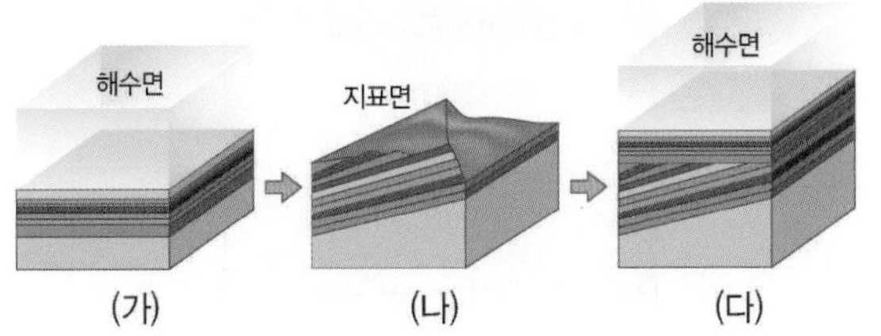

(가) (나) (다)

이에 대한 설명으로 옳은 것만을 〈보기〉에서 있는 대로 고른 것은?

보기
ㄱ. (가) → (나) 과정에서 지각이 융기하였다.
ㄴ. 침식 작용이 가장 활발한 단계는 (나)이다.
ㄷ. (가) → (다) 과정에서 퇴적이 중단된 시기가 있었다.

① ㄱ ② ㄷ ③ ㄱ, ㄴ
④ ㄴ, ㄷ ⑤ ㄱ, ㄴ, ㄷ

[8713-0086]
08 그림 (가)와 (나)는 우리나라의 서로 다른 지역에서 볼 수 있는 절리를 나타낸 것이다.

(가)

(나)

이에 대한 설명으로 옳은 것만을 〈보기〉에서 있는 대로 고른 것은?

보기
ㄱ. (가)는 암석의 생성 과정에서 팽창에 의해 생성된다.
ㄴ. (나)는 암석에 가해지는 압력이 감소하면서 생성된다.
ㄷ. 일반적으로 (가)의 암석은 (나)의 암석보다 생성된 깊이가 얕다.

① ㄱ ② ㄷ ③ ㄱ, ㄴ
④ ㄴ, ㄷ ⑤ ㄱ, ㄴ, ㄷ

[8713-0087]
09 그림 (가)와 (나)는 수평으로 쌓인 지층이 서로 다른 힘을 받아 형성된 지질 구조를 나타낸 것이다.

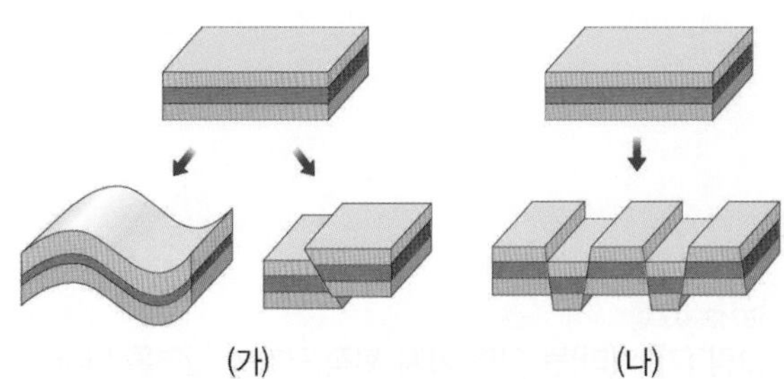
(가) (나)

(가), (나)의 지질 구조가 잘 발달하는 판의 경계의 예를 옳게 짝 지은 것은?

	(가)	(나)
①	히말라야산맥	동아프리카 열곡대
②	히말라야산맥	산안드레아스 단층
③	동아프리카 열곡대	히말라야산맥
④	산안드레아스 단층	히말라야산맥
⑤	산안드레아스 단층	동아프리카 열곡대

[8713-0088]
10 그림 (가)와 (나)는 두 지역의 지질 단면을 나타낸 것이다.

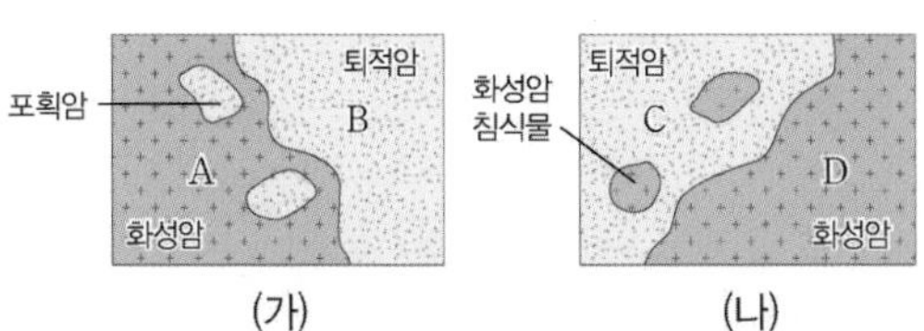

(가) (나)

이에 대한 설명으로 옳은 것만을 〈보기〉에서 있는 대로 고른 것은?

보기
ㄱ. (가) 지역에서는 A가 B보다 먼저 생성되었다.
ㄴ. (나) 지역에서는 C가 D보다 먼저 생성되었다.
ㄷ. (가)의 A와 B 접촉부에서는 열에 의한 변성 작용이 일어날 수 있다.

① ㄱ ② ㄷ ③ ㄱ, ㄴ
④ ㄴ, ㄷ ⑤ ㄱ, ㄴ, ㄷ

정답과 해설 10쪽

[8713-0089]
01 그림은 세 가지 퇴적암(암염, 역암, 응회암)을 특징에 따라 구분하는 과정을 나타낸 것이다.

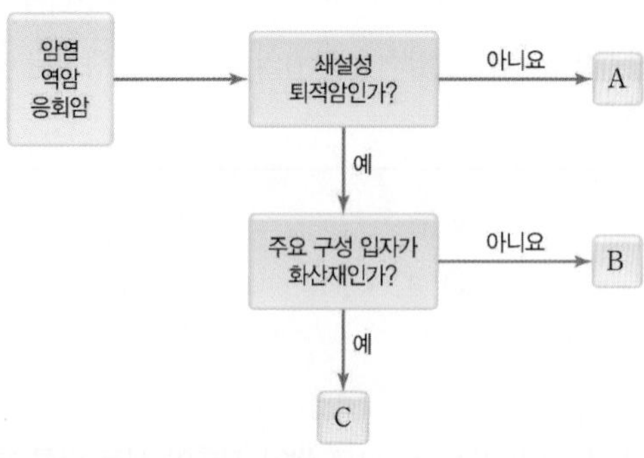

A, B, C에 해당하는 암석을 쓰시오.

[8713-0090]
02 그림 (가)~(라)는 여러 가지 퇴적 구조의 단면을 나타낸 것이다.

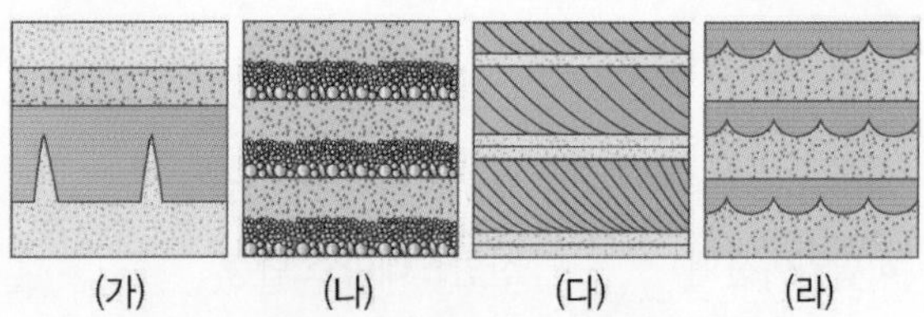
(가) (나) (다) (라)

(1) 건조한 환경에서 형성된 퇴적 구조를 쓰시오.
(2) (나)와 (라) 중 대체로 수심이 더 깊은 환경에서 형성된 퇴적 구조를 쓰시오.
(3) 지층이 역전되어 있는 퇴적 구조를 쓰시오.

[8713-0091]
03 그림 (가)와 (나)는 우리나라의 퇴적 지형을 나타낸 것이다.

(가) 태백시 구문소

(나) 전라북도 마이산

(가)와 (나)를 이루고 있는 주요 퇴적암과 퇴적 환경을 각각 쓰시오.

[8713-0092]
04 그림은 어느 지역에서 발견된 지질 구조의 모습이다.

과거에 이 지층에 작용한 힘의 종류를 쓰고, 그렇게 판단한 까닭을 서술하시오.

[8713-0093]
05 그림은 어느 지역의 지질 단면도를 나타낸 것이다.

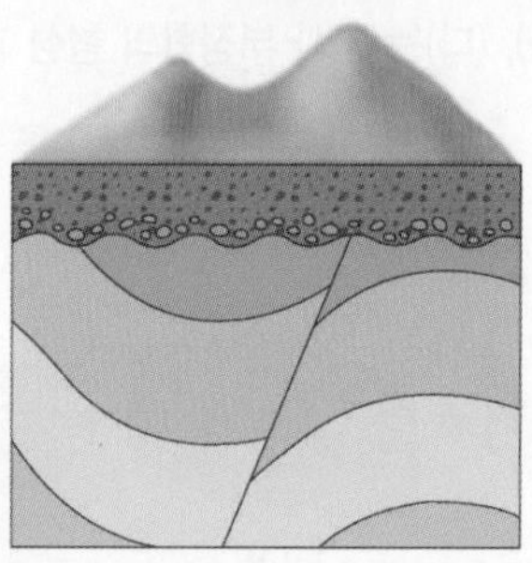

이와 같은 지층이 만들어진 과정을 아래에 주어진 단어를 최소한 1번씩 사용하여 서술하시오.

융기, 침강, 습곡, 횡압력, 역단층, 침식, 퇴적

[8713-0094]
06 그림은 마그마가 관입하는 과정에서 형성된 포획암의 모습이다.

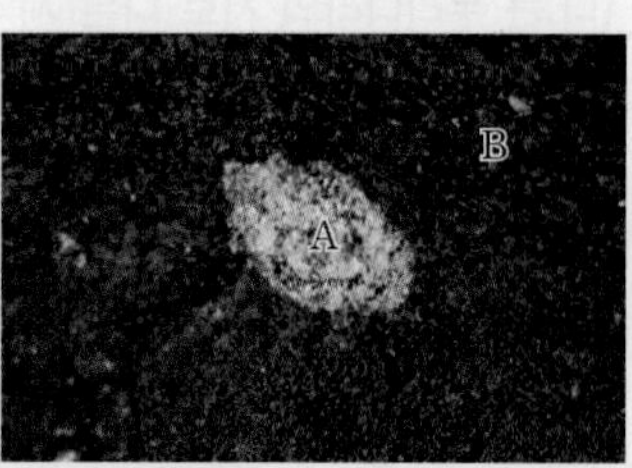

암석 A, B의 생성 순서를 결정하고 그렇게 판단한 까닭을 서술하시오.

05 지사학의 법칙과 지질 연대

1 지사학의 법칙

지층의 생성 순서를 결정하고, 지구의 역사를 추론하는 데에 이용되는 법칙

구분	내용
수평 퇴적의 법칙	일반적으로 퇴적물은 중력의 영향으로 수평으로 쌓이므로 지층이 기울어져 있거나 휘어져 있으면 지각 변동을 받은 것이다.
지층 누중의 법칙	지층의 역전이 없었다면 아래 지층이 위 지층보다 먼저 생성되었다. ➡ 지층의 역전 여부는 퇴적 구조나 표준 화석을 이용하여 판단할 수 있다.
관입의 법칙	• 마그마가 주변의 암석을 뚫고 들어가 화성암이 생성되었을 때, 관입당한 암석은 관입한 화성암보다 먼저 생성되었다. • 화성암이 관입한 경우에는 지층 누중의 법칙이 적용되지 않는다. [그림] C, B, A, 변성 부분, 포획암, 화성암 관입 / 생성 순서: A→C→B / 관입 [그림] C, B, A, 화성암 분출, 화성암의 침식물, 변성 부분 / 생성 순서: A→B→C / 분출
부정합의 법칙	부정합면을 경계로 상하 지층 사이에는 긴 시간 간격이 있다. ➡ 이를 경계로 상하 지층을 이루는 구성 암석의 종류와 상태, 지질 구조, 화석의 종류가 달라진다.
동물군 천이의 법칙	퇴적 시기가 다른 지층에서는 발견되는 화석의 종류가 달라진다. ➡ 더 복잡하고 진화된 화석이 발견되는 지층이 나중에 생성된 지층이다.

2 상대 연령

(1) 상대 연령: 지층이나 암석의 생성 시기를 상대적인 선후 관계로 나타내는 것 ➡ 지사학의 법칙이나 지층의 대비를 이용하여 판단한다.

(2) 지층의 대비: 서로 떨어져 있는 여러 지역의 지층을 비교하여 상대적인 선후 관계를 밝히는 것

구분	내용
암상에 의한 대비	• 비교적 가까운 지역의 지층을 구성하는 암석의 종류, 퇴적 구조 등의 특징을 대비하여 지층의 선후 관계를 판단한다. • 건층: 지층의 대비에 기준이 되는 지층을 건층 또는 열쇠층이라고 한다. ➡ 응회암층, 석탄층 등은 좋은 건층이 될 수 있다.
화석에 의한 대비	• 같은 표준 화석이 산출되는 지층은 같은 지질 시대에 생성된 지층이라고 할 수 있으므로 같은 표준 화석이 산출되는 지층을 연결하여 지층의 선후 관계를 판단한다. • 표준 화석: 퇴적층의 퇴적 시기를 지시해 주는 화석이다.

3 절대 연령

(1) 절대 연령: 암석의 생성 시기나 지질학적 사건의 발생 시기를 수치로 나타내는 것 ➡ 방사성 동위 원소의 반감기를 이용하여 측정

(2) 방사성 동위 원소: 시간이 지남에 따라 방사선을 방출하면서 안정한 원소로 변한다.

① 반감기: 방사성 동위 원소가 붕괴하여 처음 양의 절반으로 줄어드는 데 걸리는 시간 ➡ 외부 온도나 압력의 변화에 관계없이 일정하다.

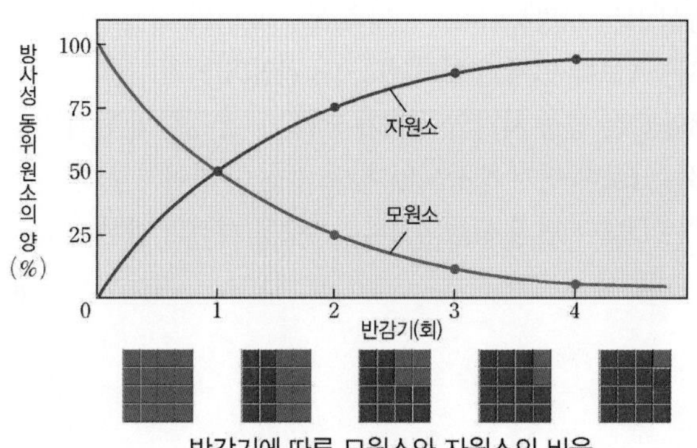

반감기에 따른 모원소와 자원소의 비율

② 방사성 동위 원소의 반감기와 절대 연령

$$N=N_0\times\left(\frac{1}{2}\right)^{\frac{t}{T}}$$

(N: t년 후 모원소의 양, N_0: 처음 모원소의 양, T: 반감기, t: 절대 연령)

(3) 절대 연령 측정의 유의점

① 화성암이나 변성암은 방사성 동위 원소를 이용하여 직접 절대 연령을 측정할 수 있지만, 퇴적암은 주변 화성암이나 변성암의 절대 연령을 측정한 후 이들 암석과의 생성 순서를 비교하여 간접적인 방법으로 알아낸다. ➡ 퇴적암은 생성 시기가 서로 다른 여러 퇴적물이 섞여 있기 때문

② 유기물 속의 ^{14}C는 반감기가 짧으므로 가까운 지질 시대나 고고학 유물의 시기를 측정하는 데 이용된다.

③ 암석 속의 U, Th, K, Rb은 반감기가 길어서 오래된 지질 시대를 측정하는 데 이용된다.

핵심 개념 체크

정답과 해설 11쪽

1. 다음 중 옳은 것은 ○표, 옳지 않은 것은 ×표 하시오.

(1) 지층이 역전되지 않았다면 아래 지층이 위 지층보다 먼저 형성되었다. ( )

(2) 부정합면을 경계로 상하 지층의 생성 시기는 크게 차이가 난다. ( )

(3) 관입당한 지층이 관입암보다 나중에 형성되었다. ( )

2. 지층이나 암석의 생성 시기를 상대적인 선후 관계로 나타내는 것을 ( ) 연령이라고 한다.

3. 암상에 의해 지층을 대비할 때는 지층의 대비에 기준이 되는 지층, 즉, ( )을 이용한다.

4. 암석에 들어 있는 반감기가 T인 방사성 동위 원소의 반감기가 2회 지났을 때 암석의 절대 연령은 ( )이다.

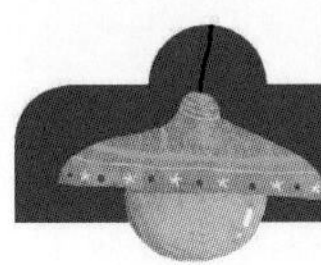

출제 예상 문제

[8713-0095]
01 **그림은 어느 지역의 지질 단면도를 나타낸 것이다.**

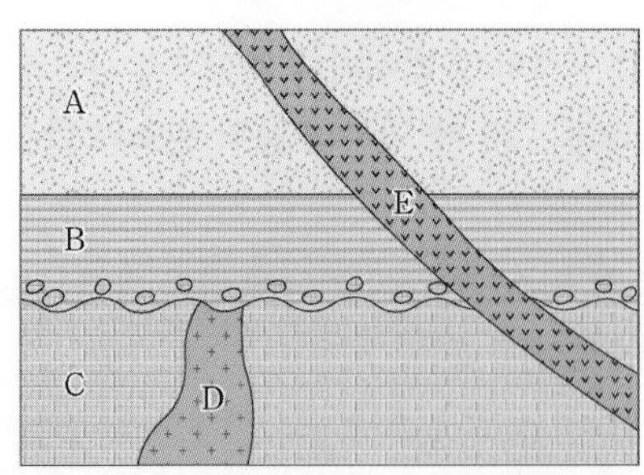

두 지층의 관계를 판단하는 데 적용된 지사학 법칙으로 옳은 것은?

① A와 B는 수평층이다. - 지층 누중의 법칙
② B는 A보다 먼저 생성되었다. - 관입의 법칙
③ B와 C는 생성 시기의 차이가 크다. - 부정합의 법칙
④ B는 E보다 먼저 생성되었다. - 동물군 천이의 법칙
⑤ C는 D보다 먼저 생성되었다. - 수평 퇴적의 법칙

[8713-0096]
02 **그림은 어느 지역의 지층 단면을 나타낸 것이다. A와 C는 퇴적암이고, B는 화성암이다.**

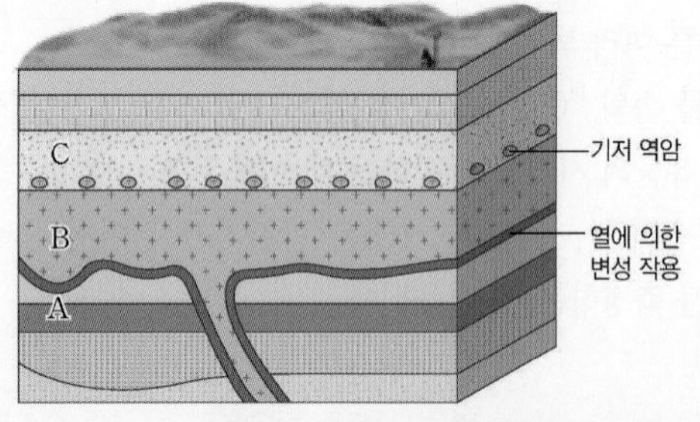

이에 대한 설명으로 옳은 것만을 〈보기〉에서 있는 대로 고른 것은?

보기
ㄱ. A는 B보다 먼저 생성되었다.
ㄴ. B는 C보다 나중에 생성되었다.
ㄷ. B와 C 사이에는 침식의 흔적이 있다.

① ㄱ ② ㄴ ③ ㄱ, ㄷ
④ ㄴ, ㄷ ⑤ ㄱ, ㄴ, ㄷ

[8713-0097]
03 **그림은 어느 지역의 지질 단면도를 나타낸 것이다.**

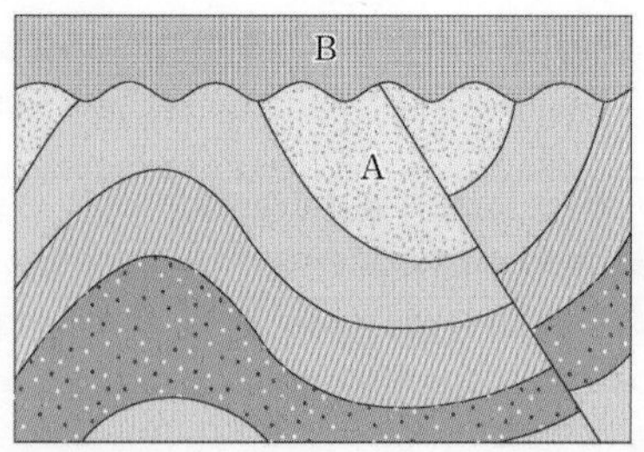

이 지역에 나타난 지질학적인 현상을 순서대로 옳게 나타낸 것은?

① 습곡 → A 퇴적 → 역단층 → B 퇴적 → 부정합
② A 퇴적 → 습곡 → 정단층 → 부정합 → B 퇴적
③ A 퇴적 → 습곡 → 역단층 → 부정합 → B 퇴적
④ 역단층 → A 퇴적 → 습곡 → 부정합 → B 퇴적
⑤ 정단층 → A 퇴적 → 습곡 → B 퇴적 → 부정합

[8713-0098]
04 **그림은 어느 지역의 지질 단면도를 나타낸 것이다.**

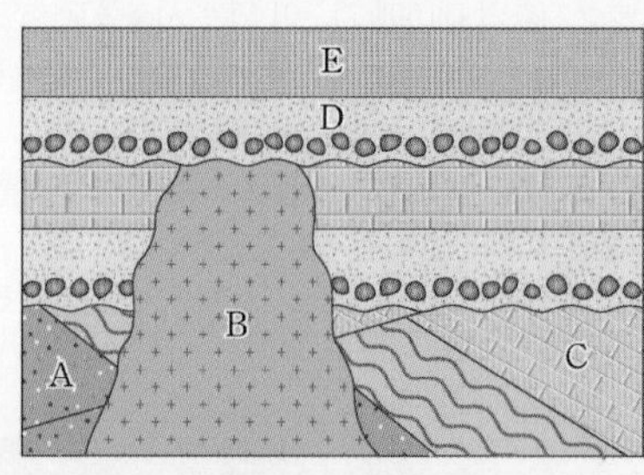

이에 대한 설명으로 옳은 것은? (단, 지층의 역전은 일어나지 않았다.)

① 이 지역에 역단층이 존재한다.
② D가 퇴적된 후 B가 관입하였다.
③ 이 지역은 과거에 침식 작용을 받은 적이 있다.
④ A~E 중 가장 오래된 지층은 C이다.
⑤ 지층 D와 E의 생성 순서를 정하는 데 동물군 천이의 법칙이 적용된다.

[8713-0099]
05 그림은 어느 지역의 지층을 나타낸 것이다.

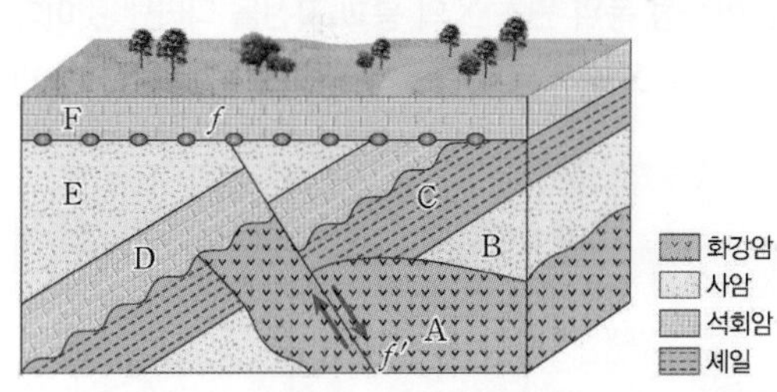

이에 대한 설명으로 옳은 것만을 〈보기〉에서 있는 대로 고른 것은?

보기
ㄱ. A 암석이 B와 C 암석을 관입하였다.
ㄴ. 암석의 생성 순서는 B → C → A → D → E → F이다.
ㄷ. 단층 $f-f'$은 장력이 작용하여 형성되었다.

① ㄱ ② ㄷ ③ ㄱ, ㄴ
④ ㄴ, ㄷ ⑤ ㄱ, ㄴ, ㄷ

[8713-0100]
06 그림은 (가), (나), (다) 지역의 지질 주상도와 각 지층에서 산출되는 표준 화석의 종류를 기호로 나타낸 것이다.
가장 오래된 지층과 가장 새로운 지층이 나타나는 지역을 순서대로 옳게 나열한 것은?

(가) (나) (다)

① (가), (나) ② (가), (다) ③ (나), (다)
④ (다), (가) ⑤ (다), (나)

[8713-0101]
07 그림은 인접한 세 지역 (가), (나), (다)의 지질 주상도이다. (가), (나), (다)에서 응회암의 절대 연령은 모두 6천만 년이다.

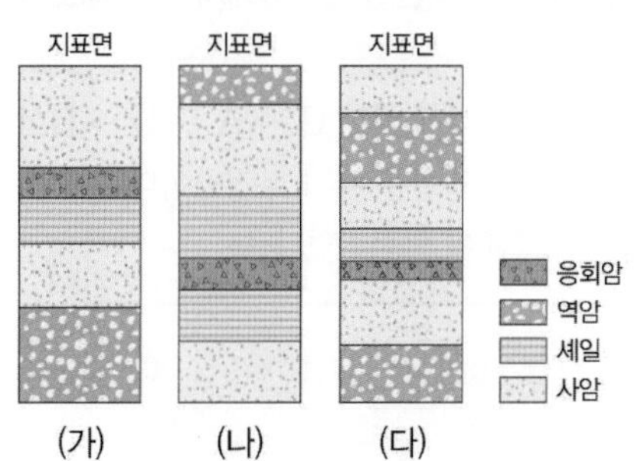

이에 대한 설명으로 옳은 것만을 〈보기〉에서 있는 대로 고른 것은?

보기
ㄱ. (가)와 (나)의 역암은 같은 시기에 퇴적되었다.
ㄴ. 지층의 퇴적 기간은 (나)가 (다)보다 짧다.
ㄷ. (다)의 셰일에서 암모나이트 화석이 산출될 수 있다.

① ㄱ ② ㄴ ③ ㄱ, ㄷ
④ ㄴ, ㄷ ⑤ ㄱ, ㄴ, ㄷ

[8713-0102]
08 방사성 동위 원소를 이용한 암석의 절대 연대 측정에 대한 설명으로 옳지 않은 것은?

① 퇴적암의 연대 측정에 적합하다.
② 방사성 원소의 반감기를 이용한다.
③ 정확한 생성 연대를 밝히는 데 이용할 수 있다.
④ 적절한 반감기를 갖는 동위 원소를 이용한다.
⑤ 반감기는 땅속의 온도 변화에 관계없이 일정하다.

[8713-0103]
09 그림은 어느 방사성 원소가 붕괴할 때 시간에 따른 모원소와 자원소의 함량을 나타낸 것이다. A와 B는 각각 모원소와 자원소 중 하나이다.

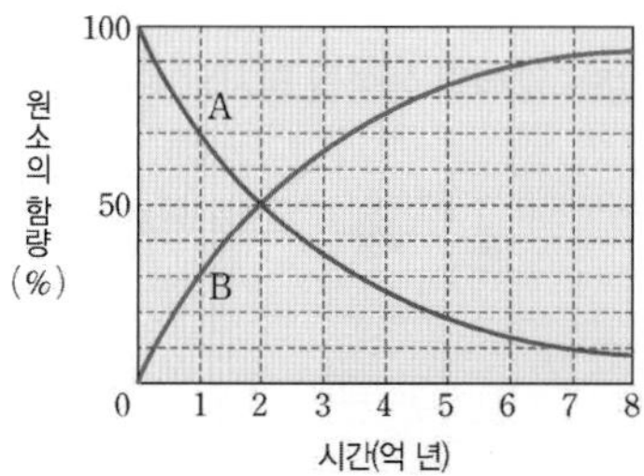

이에 대한 설명으로 옳은 것만을 〈보기〉에서 있는 대로 고른 것은?

보기
ㄱ. A의 반감기는 2억 년이다.
ㄴ. B는 A가 붕괴되어 생성된 것이다.
ㄷ. 암석 속에서 A와 B의 비가 1 : 3이면 암석의 절대 연령은 4억 년이다.

① ㄱ ② ㄷ ③ ㄱ, ㄴ
④ ㄴ, ㄷ ⑤ ㄱ, ㄴ, ㄷ

[8713-0104]
10 그림은 어느 암석 속에 포함된 방사성 동위 원소 A, B의 시간에 따른 함량 변화를 나타낸 것이다.

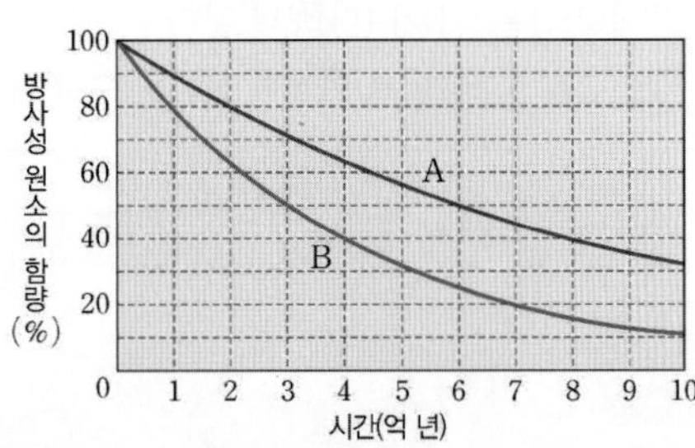

이 암석 속에 포함된 방사성 동위 원소 A, B에 대한 설명으로 옳은 것만을 <보기>에서 있는 대로 고른 것은?

보기
ㄱ. A는 B보다 반감기가 길다.
ㄴ. $\frac{\text{자원소의 양}}{\text{모원소의 양}}$ 값은 A가 B보다 크다.
ㄷ. 방사성 원소 A의 경우 모원소 : 자원소=1 : 3이면 암석의 나이는 약 6억 년이다.

① ㄱ ② ㄷ ③ ㄱ, ㄴ
④ ㄴ, ㄷ ⑤ ㄱ, ㄴ, ㄷ

[8713-0105]
11 그림 (가)는 어느 지역의 지질 단면도를, (나)는 방사성 동위 원소 X의 붕괴 곡선을 나타낸 것이다. (가)의 화성암 P에 포함된 방사성 동위 원소 X의 양은 암석이 생성될 당시의 $\frac{1}{4}$이다.

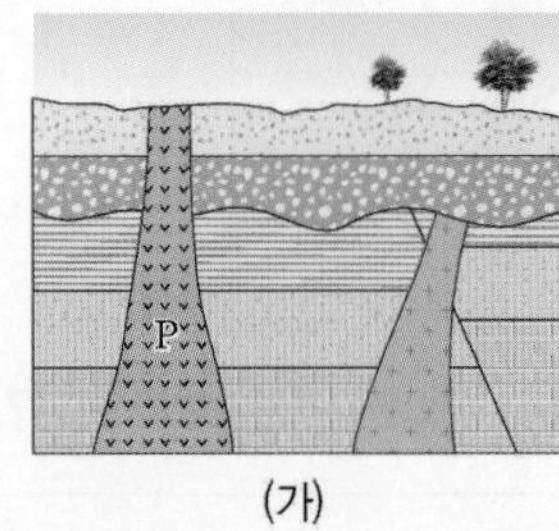

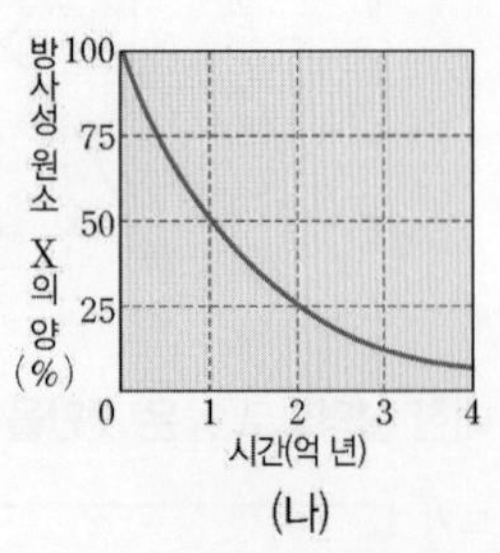

(가) (나)

방사성 동위 원소 원소 X의 반감기와 화성암 P의 절대 연령으로 옳은 것은?

	반감기	절대 연령		반감기	절대 연령
①	1억 년	0.5억 년	②	1억 년	1억 년
③	1억 년	2억 년	④	2억 년	1억 년
⑤	2억 년	2억 년			

[8713-0106]
12 그림 (가)는 어느 지역의 지질 단면도를, (나)는 화성암 A와 C에 포함된 방사성 동위 원소 X의 붕괴 곡선을 나타낸 것이다. 화성암 A와 C에 포함된 X의 양은 각각 처음 양의 25 %와 50 %이다.

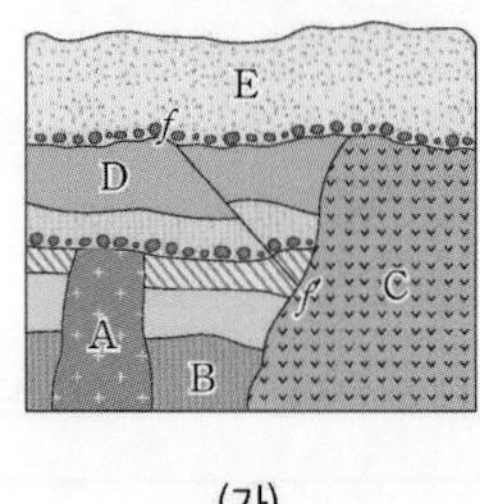

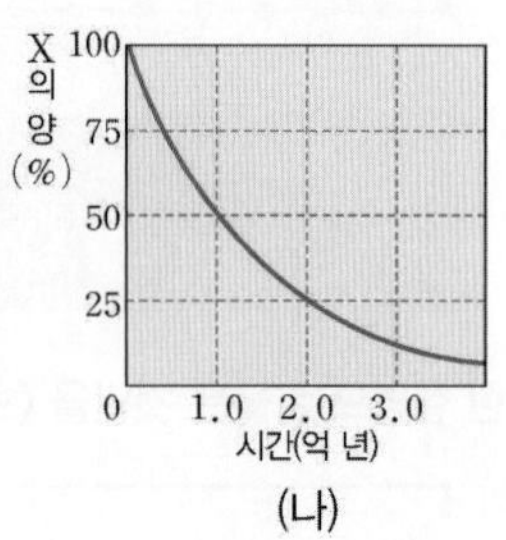

(가) (나)

이에 대한 설명으로 옳은 것은?

① 화성암 A는 3억 년 전에 생성되었다.
② 이 지역은 융기한 적이 없다.
③ 화성암 A는 단층 $f-f'$보다 나중에 생성되었다.
④ 지층 D에서는 암모나이트 화석이 발견될 수 있다.
⑤ 가장 오래된 암석은 A이고, 가장 새로운 암석은 E이다.

[8713-0107]
13 그림 (가)는 어느 지역의 지질 단면도를, (나)는 방사성 동위 원소 X의 붕괴 곡선을 나타낸 것이다. 화강암 B와 C에는 방사성 동위 원소 X가 각각 처음 양의 $\frac{1}{8}$과 $\frac{1}{16}$이 들어 있다.

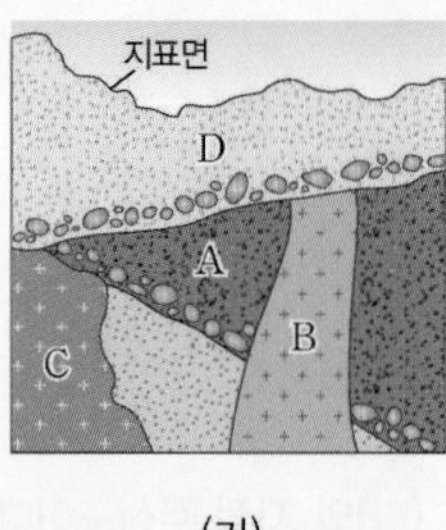

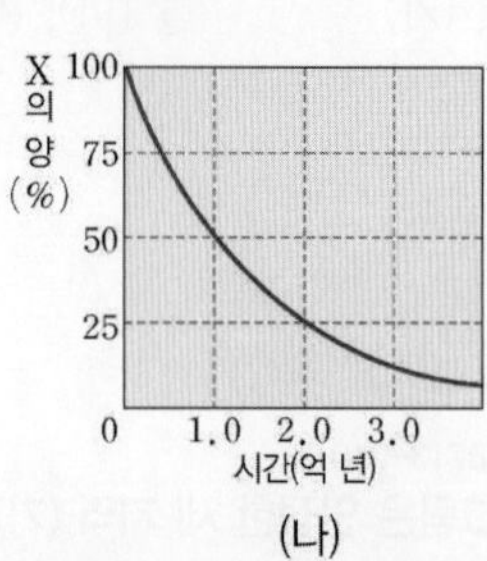

(가) (나)

이에 대한 설명으로 옳은 것만을 <보기>에서 있는 대로 고른 것은?

보기
ㄱ. 지층과 암석의 생성 순서는 C → A → B → D이다.
ㄴ. C와 A 사이의 부정합은 경사 부정합이다.
ㄷ. 지층 A는 고생대에 퇴적되었다.

① ㄱ ② ㄴ ③ ㄱ, ㄷ
④ ㄴ, ㄷ ⑤ ㄱ, ㄴ, ㄷ

정답과 해설 12쪽

[8713-0108]

01 다음 설명에 해당하는 지사학의 법칙을 쓰시오.

(1) 퇴적물은 중력의 영향으로 수평면과 나란하게 쌓인다.
(2) 아래쪽 지층은 위쪽 지층보다 먼저 퇴적되었다.
(3) 관입한 암석은 관입당한 지층보다 나중에 생성되었다.
(4) 부정합면을 경계로 상하 지층 사이에는 긴 시간 간격이 있다.
(5) 퇴적 시기가 다른 지층에서는 발견되는 화석의 종류가 달라진다.

[8713-0109]

02 그림 (가)와 (나)는 화성암이 관입한 지역과 분출한 지역을 순서 없이 나타낸 것이다.

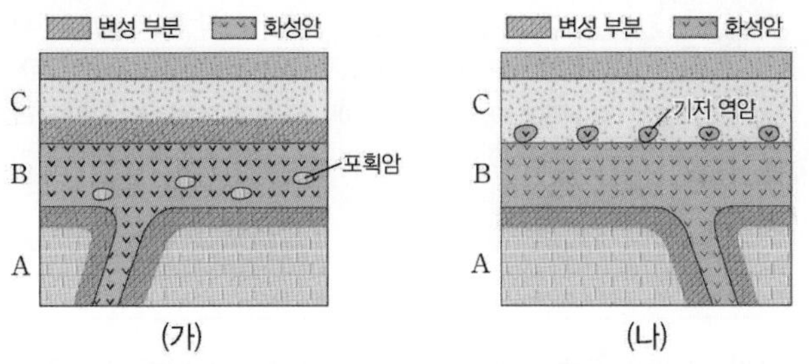

(1) (가)와 (나)를 화성암이 관입한 지역과 분출한 지역으로 구분하시오.
(2) (가), (나) 지역에서 지층 A, B, C의 생성 순서를 쓰시오.

[8713-0110]

03 그림은 어느 지역의 지질 단면도를 나타낸 것이다.

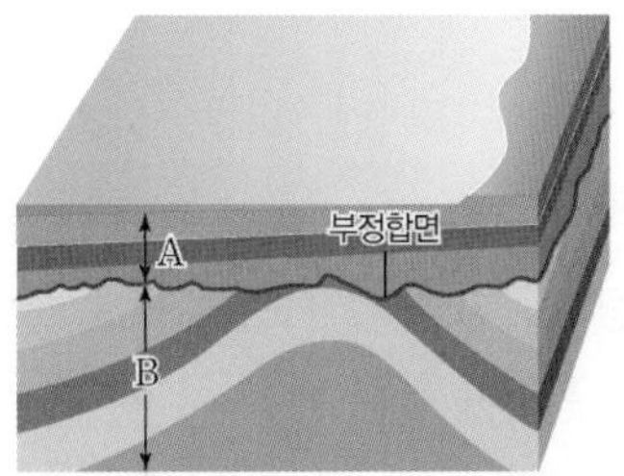

(1) 지층 A와 B의 생성 순서를 정하는 데 적용된 지사 연구의 법칙을 쓰시오.
(2) 수평 퇴적의 법칙을 적용할 때 지층 B가 경사져 있는 까닭을 서술하시오.

[8713-0111]

04 그림 (가)와 (나)는 두 지역의 지질 단면과 지층에서 산출되는 화석을 나타낸 것이다.

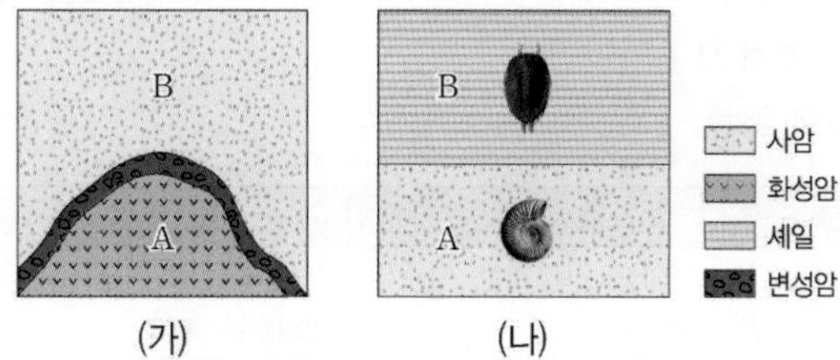

(1) (가)와 (나) 지역에서 지층 A, B의 생성 순서를 정하고, 그렇게 판단한 까닭을 서술하시오.
(2) 두 지역에서 지층 A, B의 생성 순서를 정하는 데 적용된 지사학의 법칙을 쓰고, 그렇게 판단한 까닭을 서술하시오.

[8713-0112]

05 그림은 어떤 방사성 동위 원소가 붕괴되는 과정에서 시간에 따른 모원소의 양과 자원소의 양 변화를 나타낸 것이다.

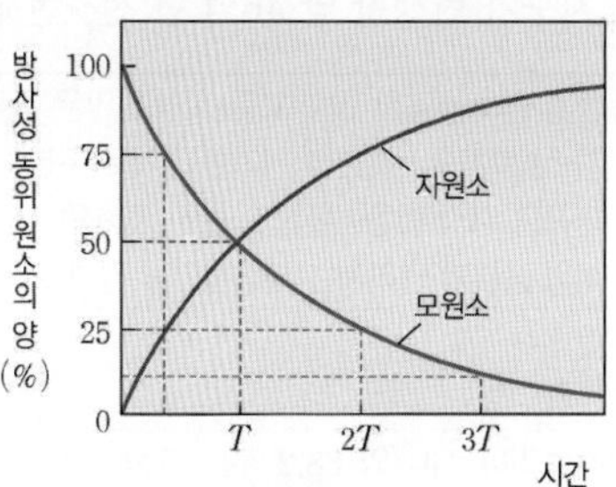

(1) 이 방사성 동위 원소의 반감기를 쓰시오.
(2) 어느 암석에 있는 이 방사성 동위 원소의 모원소와 자원소의 비율이 1 : 3일 때 암석의 절대 연령을 계산 과정과 함께 서술하시오.

[8713-0113]

06 그림 (가)는 어느 지역의 지질 단면도를, (나)는 화성암 A, B에 들어 있는 방사성 원소의 붕괴 곡선을 나타낸 것이다.

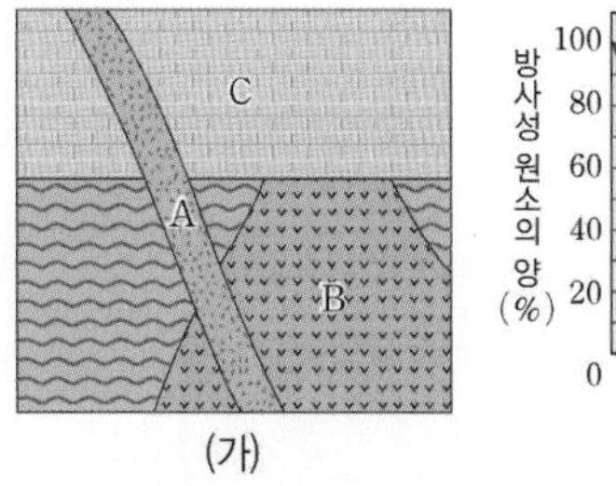

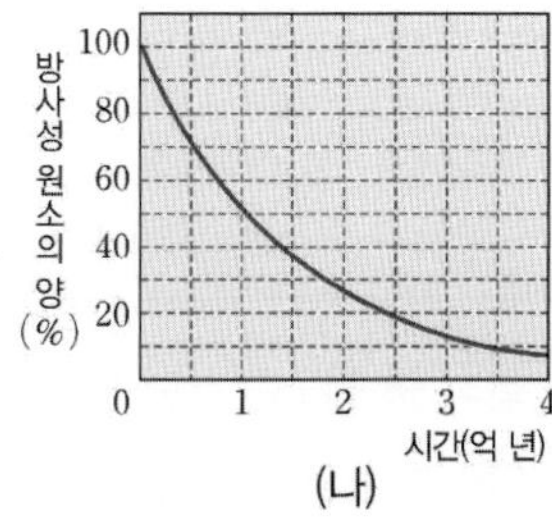

(1) (가)에서 A, B, C 지층의 상대 연령을 쓰시오.
(2) 화성암 A와 B에 들어 있는 방사성 원소의 양이 각각 처음 양의 $\frac{1}{2}$, $\frac{1}{4}$일 때, 퇴적암 C의 절대 연령 범위를 구하는 과정을 서술하시오.

06 지질 시대의 환경과 생물

1 지질 시대

(1) 화석: 과거 지질 시대에 살았던 고생물의 유해나 활동 흔적이 지층 속에 보존되어 있는 것

① 화석의 종류

구분	표준 화석	시상 화석
정의	지질 시대를 구분하는 기준이 되는 화석	생물이 살았던 당시의 환경을 알려주는 화석
조건	생존 기간이 짧고 개체수가 많으며 분포 면적이 넓어야 한다.	생존 기간이 길고 분포 면적이 좁으며 환경 변화에 민감해야 한다.
예	• 고생대: 삼엽충, 방추충 • 중생대: 암모나이트, 공룡 • 신생대: 화폐석, 매머드	• 고사리: 온난 다습한 육지 • 산호: 따뜻하고 얕은 바다

② 화석의 이용: 지층의 대비 및 지질 시대의 구분, 고기후 및 과거의 수륙 분포 추정, 생물 진화의 증거, 에너지 자원의 탐사 등

(2) 지질 시대: 지구가 탄생한 약 46억 년 전~현재

지질 시대의 구분 기준	• 생물계의 급격한 변화(표준 화석): 많은 종류의 생물이 갑자기 전멸하거나 출현한 시기를 경계로 구분 • 대규모 지각 변동(부정합): 상하 지층의 시간 차이가 크고 화석의 종류가 달라지는 부정합면을 경계로 구분
지질 시대의 구분 단위	누대 → 대 → 기로 구분
지질 시대의 길이 비교	선캄브리아 시대(약 88.2 %) > 고생대(약 6.3 %) > 중생대(약 4.1 %) > 신생대(약 1.4 %)

지질 시대	누대	대	절대 연대 (백만 년 전)
	현생 누대	신생대	
			66
		중생대	
			252
		고생대	
			541
선캄브리아 시대	원생 누대	신원생대	
		중원생대	
		고원생대	
			2500
	시생 누대	신시생대	
		중시생대	
		고시생대	
		초시생대	

대	기
신생대	제4기
	네오기
	팔레오기
중생대	백악기
	쥐라기
	트라이아스기
고생대	페름기
	석탄기
	데본기
	실루리아기
	오르도비스기
	캄브리아기

2 지질 시대의 환경

(1) 지질 시대의 기후

① 고기후 연구 방법: 나무의 나이테, 꽃가루 화석, 빙하 시추물, 시상 화석, 동굴 생성물 등을 이용한다.

나무의 나이테 조사	나무 나이테의 개수와 폭을 연구하여 과거의 기온과 강수량 변화를 추정한다. ➡ 기온이 높고 강수량이 많으면 나이테의 폭이 넓고, 밀도가 작아진다.
꽃가루 화석 연구	꽃가루 화석의 종류를 분석하면 기후와 식물의 분포 등을 알 수 있다. ➡ 기후가 한랭하면 침엽수의 꽃가루가 많아지고, 기후가 온난하면 활엽수의 꽃가루가 많아진다.
빙하 시추물 연구	빙하 시추물 속에 포획된 공기 방울로 대기 성분을 연구하거나 빙하를 이루는 물 분자의 산소 동위 원소 비율$\left(\frac{^{18}O}{^{16}O}\right)$을 조사하여 당시의 기온을 추정한다.
빙하의 흔적 연구	빙하가 이동하는 동안 하중에 의해 지층이나 암석에 긁힌 흔적이 나타나며, 이러한 시기에는 기후가 한랭하였다.
시상 화석 연구	시상 화석의 종류와 분포로부터 과거의 환경을 추정한다. 예 고사리: 온난 습윤한 기후에서 서식하므로, 고사리 화석이 발견되면 그 당시 기후가 온난 습윤했음을 알 수 있다.
동굴 생성물 연구	강수량에 따라 석회 동굴에 공급되는 지하수의 양이 달라지며, 종유석이나 석순을 이루는 화학 조성 변화로부터 기후 변화를 알아낸다.
유공충 화석 분석	바다에서 살았던 유공충 껍데기의 산소 동위 원소 비율을 이용하여 해수의 온도를 추정한다.

② 지질 시대의 기후 변화: 중생대는 대체로 온난하였으나 나머지 지질 시대 동안 여러 번에 걸쳐 빙하기가 있었다.

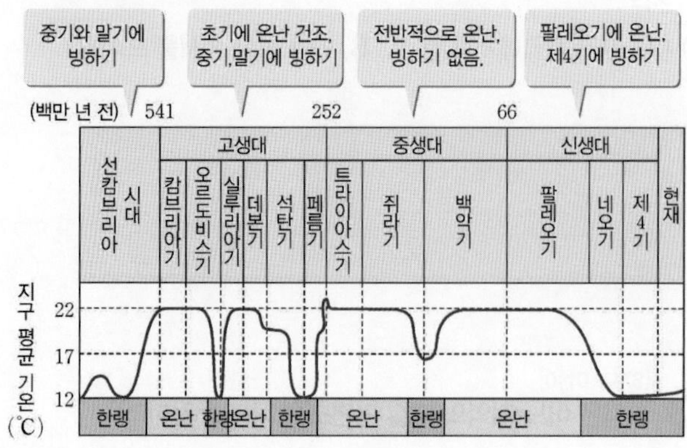

핵심 개념 체크

정답과 해설 13쪽

1. 화석 중 생물이 살던 당시의 환경을 지시해 주는 화석을 무엇이라 하는지 쓰시오.

2. 지질 시대에 대한 설명에서 (　) 안에 들어갈 알맞은 말을 쓰시오.

(1) 지질 시대의 구분 기준은 생물계의 급격한 변화와 대규모 지각 변동으로, 각각 (㉠　　　)과 (㉡　　　)을 이용하여 구분할 수 있다.

(2) 지질 시대 구분 단위 중 가장 큰 단위는 (　　　)이다.

(3) 지질 시대는 화석이 거의 발견되지 않는 (㉠　　　) 누대와 (㉡　　　) 누대, 화석이 많이 발견되는 (㉢　　　) 누대로 구분한다.

3. 지질 시대 중 빙하기가 없었으며, 대체로 온난한 시대는 언제인지 쓰시오.

(2) 지질 시대의 수륙 분포

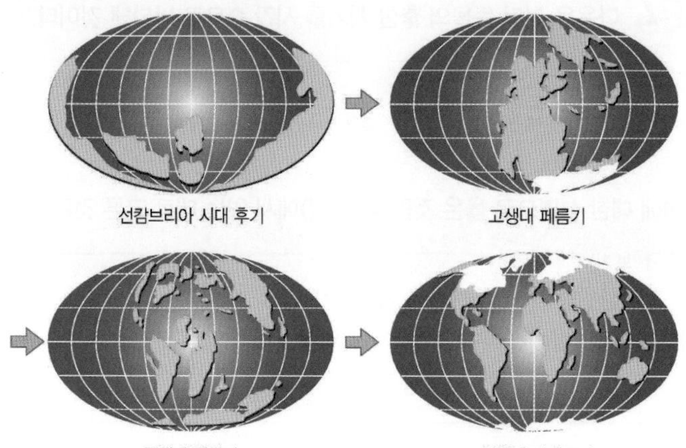

〈지도의 흰 부분은 빙하를 의미한다.〉

① 선캄브리아 시대: 대륙들이 하나로 모여 초대륙을 형성하였다가 흩어지기를 반복하였다.

② 고생대: 말기에 초대륙 판게아를 형성하면서 대규모 조산 운동이 일어났다.

③ 중생대
- 트라이아스기 말부터 판게아가 분리되기 시작하였고, 대서양과 인도양이 형성되었다.
- 조산 운동이 일어나 로키산맥, 안데스산맥 등 습곡 산맥이 형성되기 시작하였다.

④ 신생대: 대륙의 이동이 계속되어 히말라야산맥이 형성되었고, 대서양이 넓어지는 등 수륙 분포가 오늘날과 거의 비슷해졌다.

3 지질 시대의 생물

(1) 선캄브리아 시대(약 46억 년 전~약 5.41억 년 전): 생물의 종류와 수가 적고 오랫동안 지각 변동을 받았으므로 환경을 추정하기 어렵다.

① 시생 누대: 대기 중에 산소가 거의 없었으며, 원핵 생물인 사이아노박테리아(남세균) 출현 ➡ 얕은 바다에 스트로마톨라이트 형성

② 원생 누대: 사이아노박테리아의 광합성으로 대기 중에 산소의 양이 점차 증가, 후기에는 최초의 다세포 동물 출현 ➡ 일부는 에디아카라 동물군 화석으로 남아 있다.

(2) 고생대(약 5.41억 년 전~약 2.52억 년 전): 해양 생물이 급격히 증가하였고, 다양한 무척추동물, 어류, 양서류, 파충류가 출현하였다. ➡ 말기에 겉씨식물 출현

구분	특징
캄브리아기	• 삼엽충, 완족류 등 해양 무척추동물 번성
오르도비스기	• 두족류, 필석류 등 번성, 최초의 어류 출현
실루리아기	• 갑주어, 바다 전갈류 번성 • 대기 중에 형성된 오존층의 영향으로 육상식물 출현
데본기	• 어류가 전성기를 이루었고, 최초의 양서류 출현
석탄기	• 방추충, 산호류, 완족류, 양서류, 양치식물 번성 • 양치식물이 퇴적되어 두꺼운 석탄층 형성
페름기	• 말기에 겉씨식물 출현 • 생물의 대멸종으로 삼엽충, 바다전갈, 방추충 등이 절멸

(3) 중생대(약 2.52억 년 전~약 0.66억 년 전): 고생대 말의 대멸종 이후 더욱 다양한 생물들이 출현하였다.

구분	특징
트라이아스기	• 두족류에 속하는 암모나이트, 공룡을 비롯한 파충류 번성, 원시 포유류 출현 • 소철류, 은행류 등 겉씨식물 번성
쥐라기	• 바다: 암모나이트 번성 • 육지: 공룡이 번성하여 종류가 다양해졌으며, 쥐라기 말에는 시조새 출현
백악기	• 백악기 말에는 암모나이트, 공룡 등이 쇠퇴하여 멸종 • 속씨식물 출현

(4) 신생대 (약 0.66억 년 전~현재): 포유류와 조류, 속씨식물과 침엽수가 번성하였다.

구분	특징
팔레오기	• 바다에서는 유공충에 속하는 화폐석이 번성하였다가 멸종
네오기	• 속씨식물이 번성하여 초원 형성
제4기	• 매머드 등 대형 포유류가 번성하였고, 여러 차례의 빙하기로 매머드 멸종 • 인류의 조상 출현

핵심 개념 체크 정답과 해설 13쪽

4. 고생대 말기에 대륙들이 하나로 모여 초대륙 (　　　)를 형성하면서 대규모 조산 운동이 일어났다.

5. 지질 시대의 환경과 생물에 대한 설명으로 옳은 것은 ○표, 옳지 않은 것은 ×표 하시오.

(1) 시생 누대에 사이아노박테리아가 출현하여 대기 중에 산소를 공급하였다. (　　)

(2) 삼엽충은 고생대 거의 전 기간에 걸쳐 생존하였다. (　　)

(3) 석탄기에 양치식물이 묻혀 석탄층을 형성하였다. (　　)

(4) 중생대에는 대형 포유류가 번성하였다. (　　)

(5) 암모나이트가 번성했던 지질 시대에는 속씨식물이 번성하였다. (　　)

(6) 신생대에는 최초의 육상 식물이 출현하였다. (　　)

출제 예상 문제

[8713-0114]

01 **그림은 생물의 분포 면적과 생존 기간을 나타낸 것이다.**

이에 대한 설명으로 옳지 않은 것은?

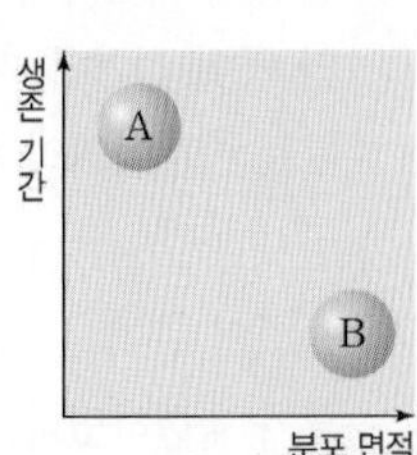

① A는 시상 화석으로 적합하다.
② B는 표준 화석으로 적합하다.
③ 고사리 화석은 B에 해당하는 화석이다.
④ 지층의 대비에는 A보다 B 화석이 적합하다.
⑤ A는 B보다 여러 시대의 지층에 걸쳐 산출된다.

[8713-0115]

02 **그림은 어느 지역의 지층 A~E에서 발견된 화석 (가)~(바)의 산출 범위를 나타낸 것이다.**

지층 \ 화석	(가)	(나)	(다)	(라)	(마)	(바)
E						
D						
C						
B						
A						

이에 대한 설명으로 옳은 것만을 〈보기〉에서 있는 대로 고른 것은?

> 보기
> ㄱ. 지층 A와 B 사이를 경계로 지질 시대를 구분할 수 있다.
> ㄴ. 표준 화석으로 가장 적합한 화석은 (마)이다.
> ㄷ. 지층 B와 C는 부정합 관계일 가능성이 높다.

① ㄱ ② ㄷ ③ ㄱ, ㄴ
④ ㄴ, ㄷ ⑤ ㄱ, ㄴ, ㄷ

[8713-0116]

03 **다음은 서로 다른 지질 시대의 특징을 정리한 것이다.**

> A. 대기 중에는 산소가 거의 없었으며, 원핵생물인 사이아노박테리아가 출현하였다.
> B. 해양 생물이 급격히 증가하였고, 다양한 무척추동물과 어류, 양서류, 파충류가 출현하였다.
> C. 포유류와 조류가 번성하였으며, 속씨식물과 침엽수가 크게 번성하였다.

A, B, C의 시기를 시간 순서대로 옳게 나열한 것은?

① A → B → C ② A → C → B ③ B → A → C
④ B → C → A ⑤ C → B → A

[8713-0117]

04 **다음은 여러 동물의 출현 시기를 시간 순으로 나타낸 것이다.**

이에 대한 설명으로 옳은 것만을 〈보기〉에서 있는 대로 고른 것은?

> 보기
> ㄱ. 삼엽충의 생존 기간은 A 기간보다 길다.
> ㄴ. B 기간에 조류(새무리)가 출현하였다.
> ㄷ. B 기간에 생물의 대량 멸종이 있었다.

① ㄱ ② ㄴ ③ ㄱ, ㄷ ④ ㄴ, ㄷ ⑤ ㄱ, ㄴ, ㄷ

[8713-0118]

05 **다음은 과거의 기후 환경을 알아보기 위해 여러 지역을 조사한 결과를 설명한 것이다.**

> (가) 나무의 나이테 간격이 넓게 나타난다.
> (나) 넓은 지역에 빙하 퇴적물이 분포하고 있다.
> (다) 빙하 코어 속의 산소 동위 원소비$\left(\frac{^{18}O}{^{16}O}\right)$가 상대적으로 높게 나타난다.

(가), (나), (다) 중 과거의 기후가 온난하였을 것으로 추정되는 것만을 있는 대로 고른 것은?

① (나) ② (다) ③ (가), (나)
④ (가), (다) ⑤ (가), (나), (다)

[8713-0119]

06 **그림은 지질 시대의 평균 기온 변화와 생물계의 번성 순서를 나타낸 것이다.**

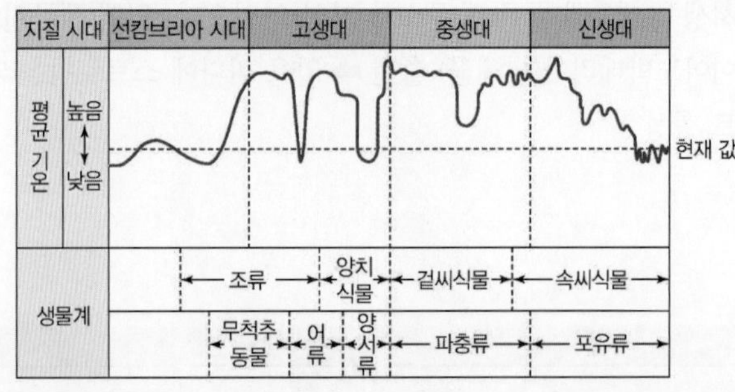

이에 대한 설명으로 옳은 것만을 〈보기〉에서 있는 대로 고른 것은?

> 보기
> ㄱ. 신생대 말기에는 빙하기와 간빙기가 반복되었다.
> ㄴ. 겉씨식물이 번성한 시대는 현재보다 한랭하였다.
> ㄷ. 오존층은 양서류가 번성하기 이전에 형성되었다.

① ㄱ ② ㄴ ③ ㄱ, ㄷ ④ ㄴ, ㄷ ⑤ ㄱ, ㄴ, ㄷ

[8713-0120]
07 그림은 약 46억 년 전부터 시작된 지구의 역사를 선캄브리아 시대, 고생대, 중생대, 신생대로 구분하여 각 시대의 상대적인 길이를 순서 없이 나타낸 것이다.

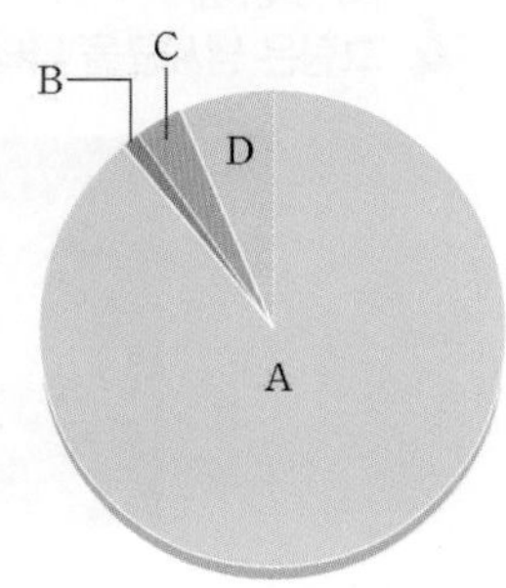

이에 대한 설명으로 옳은 것만을 〈보기〉에서 있는 대로 고른 것은?

> 보기
> ㄱ. A 시기에 다세포 동물이 출현하였다.
> ㄴ. 속씨식물은 B 시기보다 C 시기에 번성하였다.
> ㄷ. D는 중생대이다.

① ㄱ ② ㄷ ③ ㄱ, ㄴ
④ ㄴ, ㄷ ⑤ ㄱ, ㄴ, ㄷ

[8713-0121]
08 그림은 서로 다른 지층에서 발견된 표준 화석이다.

(가)

(나)

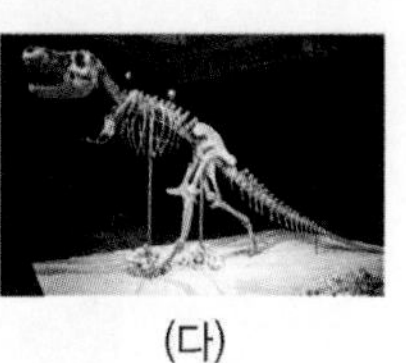
(다)

이에 대한 설명으로 옳은 것은?

① (가)는 육성층에서 발견된다.
② (나)는 백악기 말에 멸종하였다.
③ (다)는 화폐석과 같은 시기에 번성하였다.
④ (가)와 (나)는 같은 시기에 생성된 지층에서 발견된다.
⑤ (가), (나), (다) 중 번성했던 기간이 가장 긴 생물은 (나)이다.

[8713-0122]
09 그림은 지질 시대를 대표하는 화석들을 나타낸 것이다.

(가) 방추충

(나) 필석

(다) 암모나이트

이에 대한 설명으로 옳은 것만을 〈보기〉에서 있는 대로 고른 것은?

> 보기
> ㄱ. 화석이 형성된 순서는 (다) → (나) → (가)이다.
> ㄴ. (다)는 매머드와 같은 지질 시대에 생존했다.
> ㄷ. 모두 해성층에서 산출된다.

① ㄱ ② ㄷ ③ ㄱ, ㄴ
④ ㄴ, ㄷ ⑤ ㄱ, ㄴ, ㄷ

[8713-0123]
10 그림 (가), (나), (다)는 서로 다른 지질 시대의 환경을 복원한 모식도를 순서 없이 나타낸 것이다.

(가)

(나)

(다)

이에 대한 설명으로 옳은 것만을 〈보기〉에서 있는 대로 고른 것은?

> 보기
> ㄱ. 지질 시대는 (가) → (다) → (나) 순이다.
> ㄴ. 지질 시대의 지속 기간은 (가)가 (다)보다 길다.
> ㄷ. (나) 지질 시대에 판게아가 존재하였다.

① ㄱ ② ㄷ ③ ㄱ, ㄴ
④ ㄴ, ㄷ ⑤ ㄱ, ㄴ, ㄷ

[8713-0124]
11 그림은 현생 누대 동안 해양 생물 수(과)의 변화와 대륙 이동의 과정을 나타낸 것이다.

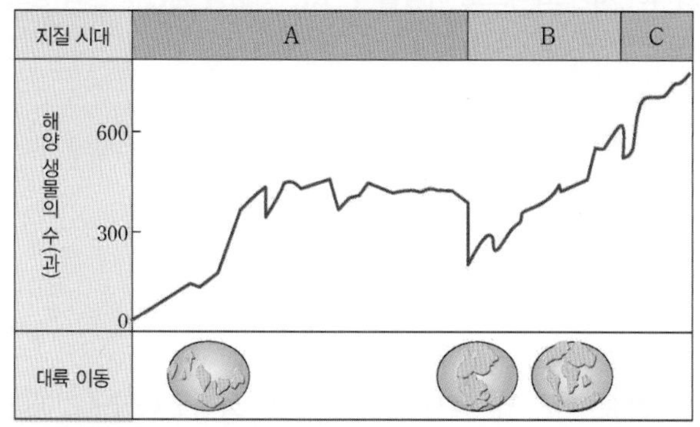

이에 대한 설명으로 옳은 것만을 〈보기〉에서 있는 대로 고른 것은?

> 보기
> ㄱ. A 시대 말기에 해양 생물의 종류가 크게 감소한 것은 판게아의 형성과 관련이 있다.
> ㄴ. B 시대에는 인도와 유라시아 대륙의 충돌로 히말라야산맥이 형성되었다.
> ㄷ. C 시대에는 온난한 기후가 지속되면서 빙하기가 없었다.

① ㄱ ② ㄷ ③ ㄱ, ㄴ
④ ㄴ, ㄷ ⑤ ㄱ, ㄴ, ㄷ

[8713-0125]
01 다음은 지질 시대의 생물에 대한 설명이다.

(가) 생물 종의 수가 폭발적으로 증가하였고, 말기에 많은 무척추동물이 멸종하였다.
(나) 대형 파충류가 번성하였고, 시조새가 출현하였으며 파충류에서 조류로 진화가 이루어졌다.
(다) 초원이 넓게 발달하였고, 바다에서는 화폐석, 육지에서는 조류와 포유류가 번성하였다.
(라) 광합성 생물인 남세균이 등장하여 대기에 산소가 축적되기 시작하였다.

지질 시대가 오래된 것부터 순서대로 나열하시오.

[8713-0126]
02 그림은 시상 화석으로 가치가 높은 고사리 화석을 나타낸 것이다.

이 화석이 시상 화석으로 이용될 수 있는 까닭을 생존 기간과 분포 지역의 관점에서 서술하시오.

[8713-0127]
03 그림은 어떤 지층에서 함께 산출된 두 화석을 나타낸 것이다.

(가) 암모나이트 화석

(나) 산호 화석

이 지층이 형성된 지질 시대 및 지층 퇴적 당시의 환경에 대해 서술하시오.

[8713-0128]
04 그림은 남세균을 나타낸 것이다.

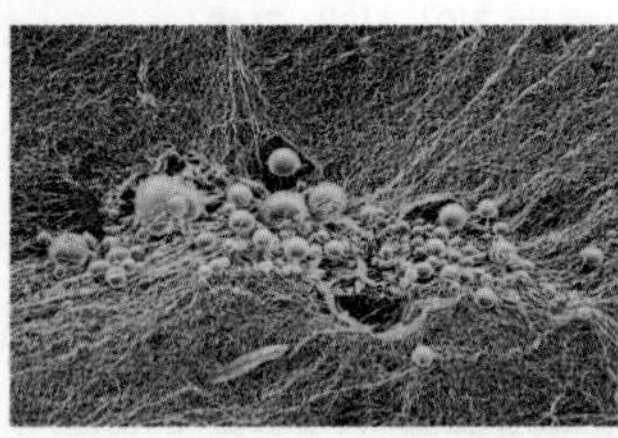

남세균의 출현이 지구계의 기권과 생물권에 미친 영향을 간략히 서술하시오.

[8713-0129]
05 그림은 원시인이 공룡과 싸우는 만화 영화의 한 장면이다.

이 장면에 나타난 지질학적 사실에 위배되는 오류가 무엇인지를 그 근거와 함께 서술하시오.

[8713-0130]
06 그림 (가)와 (나)는 과거의 기후를 조사하는 방법을 나타낸 것이다.

(가) 나무 나이테 조사

(나) 빙하 코어 연구

(1) (가)에서 나이테 간격이 비교적 넓은 시기의 기온과 강수량은 어떠한지 서술하시오.

(2) (나)에서 빙하 코어 속 산소 동위 원소비$\left(\frac{^{18}O}{^{16}O}\right)$는 기온이 낮을수록 어떻게 변하는지 서술하시오.

대단원 종합 문제

[8713-0131]
01 그림은 퇴적암을 구분하는 과정을 나타낸 것이다.

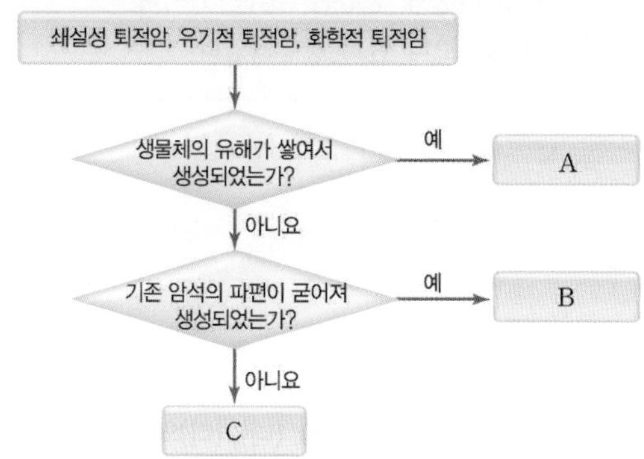

A, B, C에 해당하는 암석의 예를 옳게 짝 지은 것은?

	A	B	C
①	석탄	암염	사암
②	석탄	사암	암염
③	암염	석탄	사암
④	암염	사암	석탄
⑤	사암	암염	석탄

[8713-0132]
02 그림 (가)와 (나)는 서로 다른 퇴적 구조를 나타낸 것이다.
이에 대한 설명으로 옳은 것만을 〈보기〉에서 있는 대로 고른 것은?

(가) 건열

(나) 사층리

보기
ㄱ. (가)는 다습한 환경에서 형성된 것이다.
ㄴ. (나)를 통해 퇴적 당시 퇴적물이 공급된 방향을 알 수 있다.
ㄷ. (가)와 (나)는 지층의 역전 여부를 판단하는 데 이용할 수 있다.

① ㄱ ② ㄷ ③ ㄱ, ㄴ ④ ㄴ, ㄷ ⑤ ㄱ, ㄴ, ㄷ

[8713-0133]
03 그림은 어느 지역의 지질 단면과 그 특징을 나타낸 것이다.

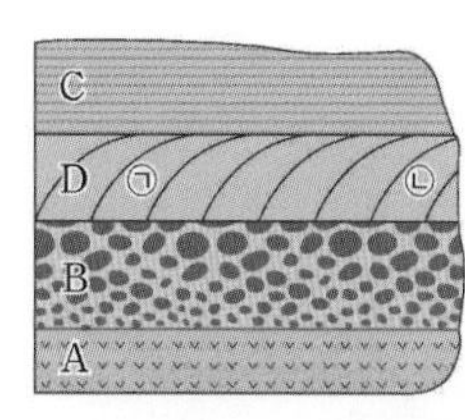

• 주로 셰일, 사암, 역암으로 구성되어 있다.
• C에서 조개 화석이 발견된다.
• 화성암 A의 연령은 6천 6백만 년이다.

이에 대한 설명으로 옳지 않은 것은?

① A보다 C가 더 오래된 암석이다.
② D에서 ㉠이 ㉡보다 상류이다.
③ 지질 단면에서 점이 층리와 사층리가 나타난다.
④ 암모나이트는 A가 분출되기 이전에 번성하였다.
⑤ C는 퇴적물이 쌓인 후 건조한 환경에 노출된 적이 있다.

[8713-0134]
04 그림 (가)는 관입암 A와 주변의 암석 B를, (나)는 관입암 C 내에 있는 포획암 D를 나타낸 것이다.

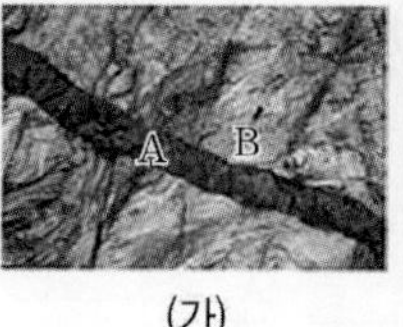

(가)

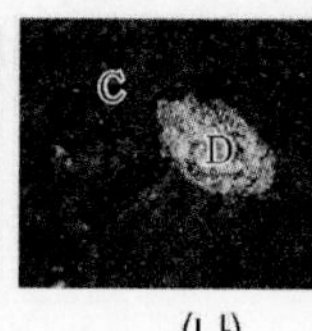

(나)

이에 대한 설명으로 옳은 것만을 〈보기〉에서 있는 대로 고른 것은?

보기
ㄱ. A는 B보다 먼저 생성되었다.
ㄴ. C는 D보다 나중에 생성되었다.
ㄷ. B에서는 열에 의한 변성 작용이 일어날 수 있다.

① ㄱ ② ㄴ ③ ㄱ, ㄷ ④ ㄴ, ㄷ ⑤ ㄱ, ㄴ, ㄷ

[8713-0135]
05 그림은 퇴적 환경을 육상 환경, 연안 환경, 해양 환경으로 구분하여 나타낸 것이다.
이에 대한 설명으로 옳은 것만을 〈보기〉에서 있는 대로 고른 것은?

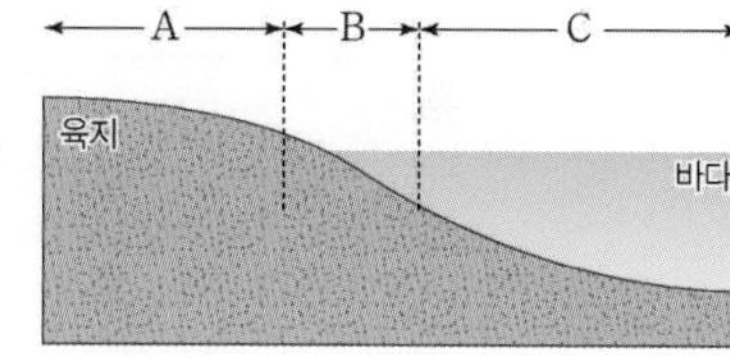

보기
ㄱ. A에는 주로 쇄설성 퇴적물이 퇴적된다.
ㄴ. 삼각주는 B의 퇴적 환경에서 잘 형성된다.
ㄷ. C는 가장 넓은 면적을 차지하는 퇴적 환경이다.

① ㄱ ② ㄷ ③ ㄱ, ㄴ ④ ㄴ, ㄷ ⑤ ㄱ, ㄴ, ㄷ

[8713-0136]
06 그림 (가)와 (나)는 우리나라의 지질 명소 두 곳의 모습을 나타낸 것이다.

(가) 제주도 수월봉

(나) 전라북도 마이산

이에 대한 설명으로 옳은 것만을 〈보기〉에서 있는 대로 고른 것은?

보기
ㄱ. (가)에서는 층리가 발달한다.
ㄴ. (나)의 암석에 뚫린 구멍은 화산 분출의 흔적이다.
ㄷ. (가)의 암석은 (나)의 암석보다 먼저 형성되었다.

① ㄱ ② ㄷ ③ ㄱ, ㄴ ④ ㄴ, ㄷ ⑤ ㄱ, ㄴ, ㄷ

[8713-0137]

07 그림 (가)와 (나)는 서로 다른 종류의 부정합이 형성되는 과정을 나타낸 것이다.

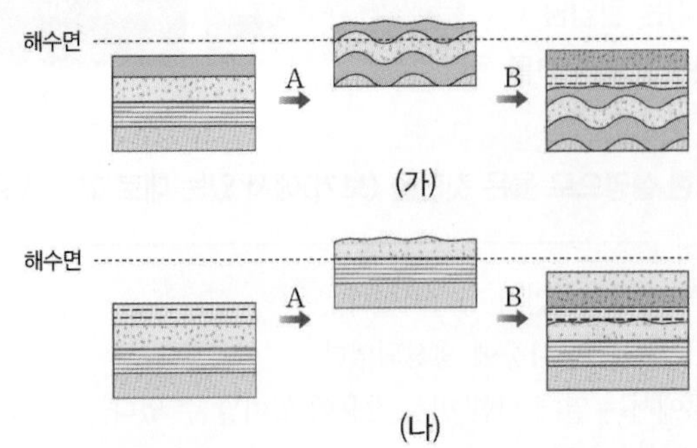

이에 대한 설명으로 옳은 것만을 〈보기〉에서 있는 대로 고른 것은?

보기
ㄱ. A는 융기, B는 침강의 과정이다.
ㄴ. A와 B 사이에 퇴적이 중단되는 현상이 나타난다.
ㄷ. (가)에서는 부정합면을 경계로 상하의 층리면이 경사져 있다.

① ㄱ ② ㄷ ③ ㄱ, ㄴ ④ ㄴ, ㄷ ⑤ ㄱ, ㄴ, ㄷ

[8713-0138]

08 그림은 서로 다른 두 지역 (가)와 (나)의 지질 단면도를 나타낸 것이다.

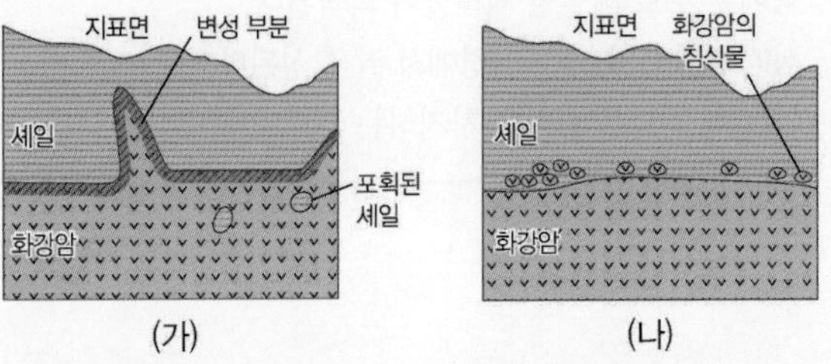

이에 대한 설명으로 옳은 것만을 〈보기〉에서 있는 대로 고른 것은? (단, (가)와 (나) 지역의 화강암의 절대 연령은 같다.)

보기
ㄱ. (가)에서 포획된 셰일은 화강암보다 먼저 생성되었다.
ㄴ. (나)에서 화강암이 셰일보다 나중에 생성되었다.
ㄷ. 셰일의 퇴적 시기는 (가)가 (나)보다 빠르다.

① ㄱ ② ㄴ ③ ㄱ, ㄷ ④ ㄴ, ㄷ ⑤ ㄱ, ㄴ, ㄷ

[8713-0139]

09 그림은 어느 지역의 지질 단면도이다.
이에 대한 설명으로 옳은 것만을 〈보기〉에서 있는 대로 고른 것은?

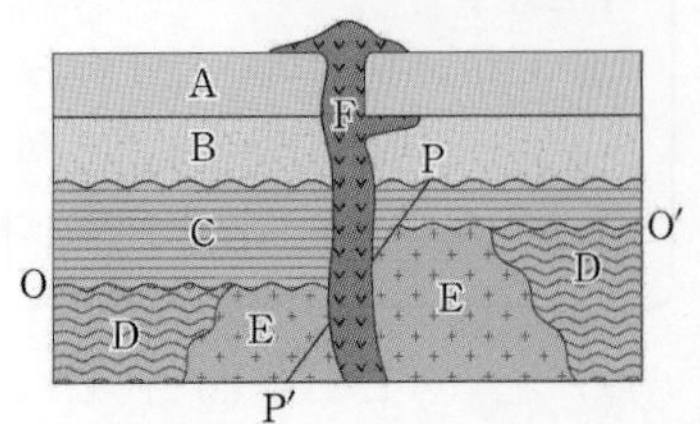

보기
ㄱ. O−O′은 부정합면이다.
ㄴ. A~F 중 가장 나중에 생성된 암석은 F이다.
ㄷ. P−P′은 O−O′보다 먼저 생성되었다.

① ㄱ ② ㄷ ③ ㄱ, ㄴ ④ ㄴ, ㄷ ⑤ ㄱ, ㄴ, ㄷ

[8713-0140]

10 그림은 서로 다른 세 지역 (가), (나), (다)의 지질 단면과 산출되는 표준 화석을 나타낸 것이다.

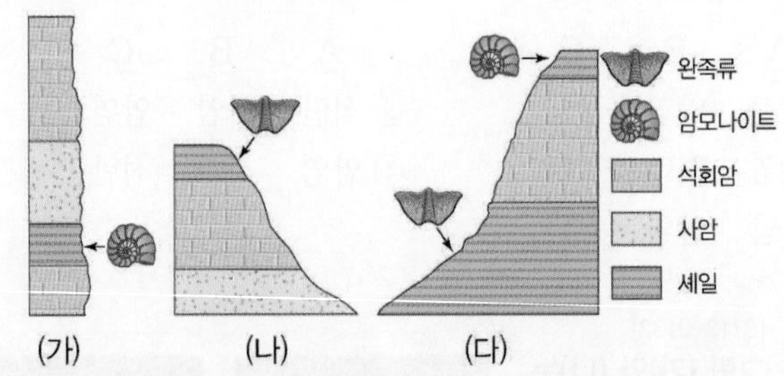

이에 대한 설명으로 옳은 것만을 〈보기〉에서 있는 대로 고른 것은?

보기
ㄱ. 가장 오래된 지층은 (가)에 분포한다.
ㄴ. (나)에는 육성층만 분포한다.
ㄷ. (다)에는 중생대에 퇴적된 셰일이 있다.

① ㄱ ② ㄷ ③ ㄱ, ㄴ ④ ㄴ, ㄷ ⑤ ㄱ, ㄴ, ㄷ

[8713-0141]

11 그림은 어느 노두의 모습을 나타낸 것으로, 지층 A에서는 필석이, 지층 B에서는 매머드가 산출되었고, X는 화성암이다.

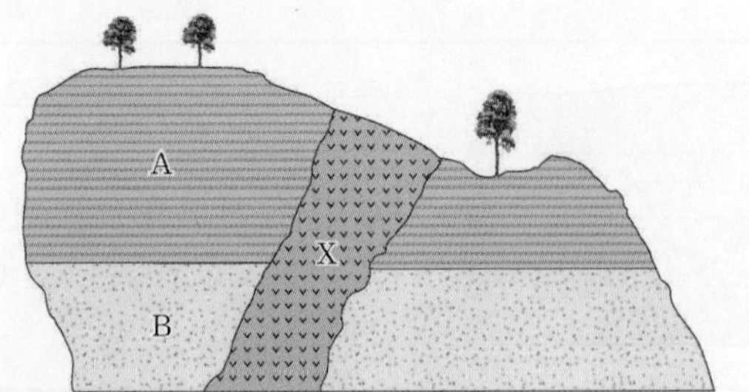

이에 대한 설명으로 옳지 않은 것은?

① 이 지역에서는 지층의 역전이 있었다.
② B가 생성된 지질 시대에는 빙하기가 있었다.
③ A와 B의 관계는 부정합이다.
④ 생성 순서는 A → B → X이다.
⑤ A와 B의 생성 순서는 지층 누중의 법칙으로 알 수 있다.

[8713-0142]

12 그림 (가)는 어느 지역의 지질 단면도이고, (나)는 화강암 C와 D에 포함되어 있는 방사성 원소의 붕괴 곡선이다.

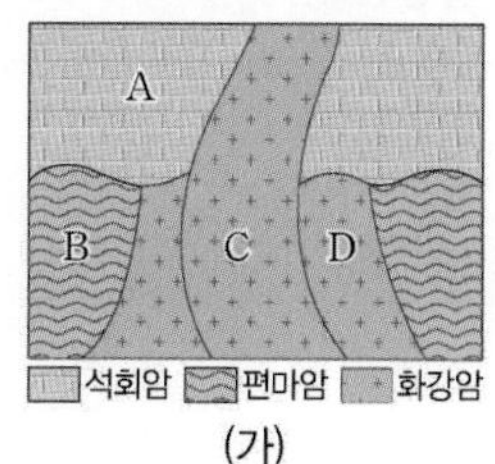

(가)

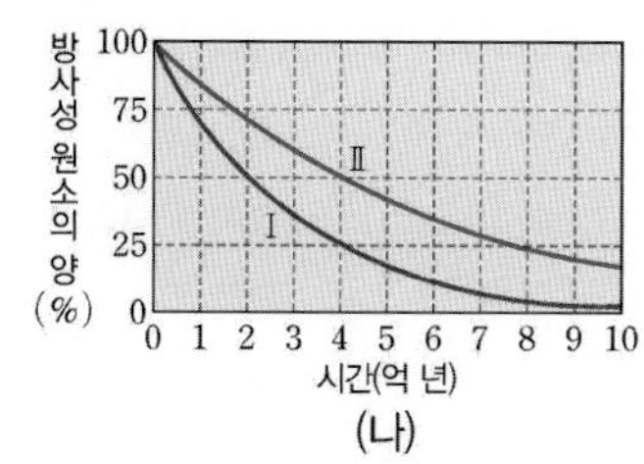

(나)

이에 대한 설명으로 옳은 것만을 〈보기〉에서 있는 대로 고른 것은? (단, 화강암 C와 D는 방사성 원소 Ⅰ, Ⅱ 중 서로 다른 한 가지씩만을 포함하고 있으며, 포함된 방사성 원소의 모원소와 자원소의 비는 모두 1 : 1이다.)

보기

ㄱ. (가)에서 암석의 생성 순서는 B → D → A → C이다.
ㄴ. C에 포함되어 있는 방사성 원소는 Ⅰ이다.
ㄷ. A층에서는 화폐석 화석이 산출될 수 있다.

① ㄱ ② ㄷ ③ ㄱ, ㄴ
④ ㄴ, ㄷ ⑤ ㄱ, ㄴ, ㄷ

[8713-0143]

13 그림 (가)는 어느 지역의 지질 단면도를, (나)는 방사성 원소 X의 붕괴 곡선을 나타낸 것이다. (가)의 화성암 P와 Q에 포함된 방사성 원소 X의 양은 각각 암석이 생성될 당시의 25 %, 50 %이다.

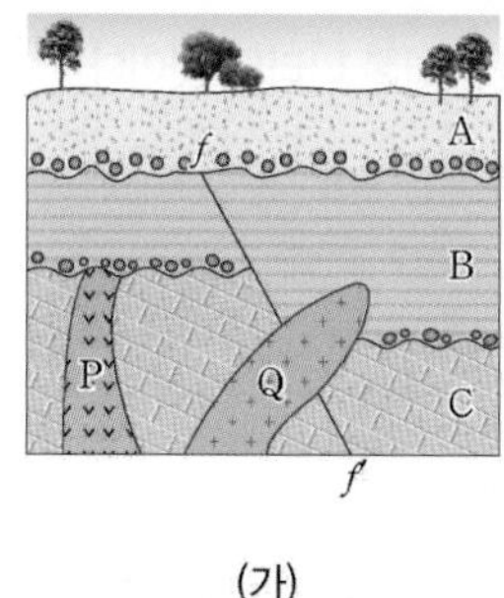

(가)

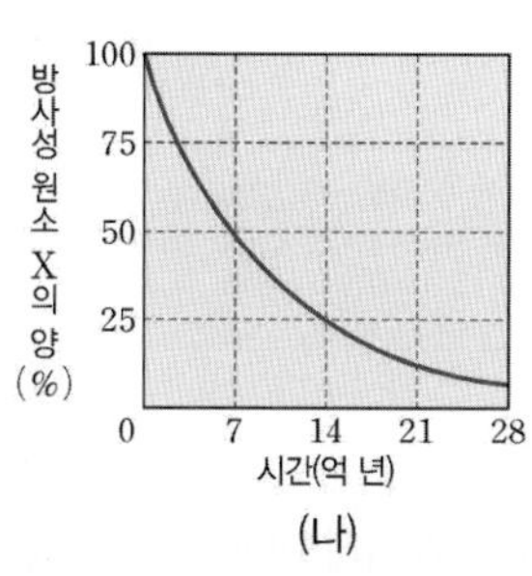

(나)

이에 대한 설명으로 옳은 것만을 〈보기〉에서 있는 대로 고른 것은?

보기

ㄱ. 화성암 Q는 지층 B보다 나중에 생성되었다.
ㄴ. 이 지역은 최소한 3회 이상 융기했다.
ㄷ. 단층 $f-f'$은 고생대에 형성된 것이다.

① ㄱ ② ㄷ ③ ㄱ, ㄴ
④ ㄴ, ㄷ ⑤ ㄱ, ㄴ, ㄷ

[8713-0144]

14 표는 암석이나 광물, 생명체의 유해 등의 절대 연령 측정에 이용되는 방사성 동위 원소의 예이다.

구분	모원소	자원소	반감기
(가)	탄소(^{14}C)	질소(^{14}N)	약 5700년
(나)	칼륨(^{40}K)	아르곤(^{40}Ar)	약 13억 년
(다)	루비듐(^{87}Rb)	스트론튬(^{87}Sr)	약 475억 년

이에 대한 설명으로 옳은 것만을 〈보기〉에서 있는 대로 고른 것은?

보기

ㄱ. 시간에 따른 방사성 원소의 질량 변화율은 ^{14}C보다 ^{40}K가 크다.
ㄴ. 퇴적암 속에서 ^{40}K와 ^{40}Ar이 같은 양이 산출되었다면 이 퇴적암의 절대 연령은 약 13억 년이다.
ㄷ. 고고학 유물의 연대를 밝히기 위해서는 ^{87}Rb보다 ^{14}C를 이용하는 것이 유리하다.

① ㄱ ② ㄷ ③ ㄱ, ㄴ
④ ㄴ, ㄷ ⑤ ㄱ, ㄴ, ㄷ

[8713-0145]

15 그림 (가)는 어느 지층에서 발견된 화석을, (나)는 화석의 생성 조건을 나타낸 것이다.

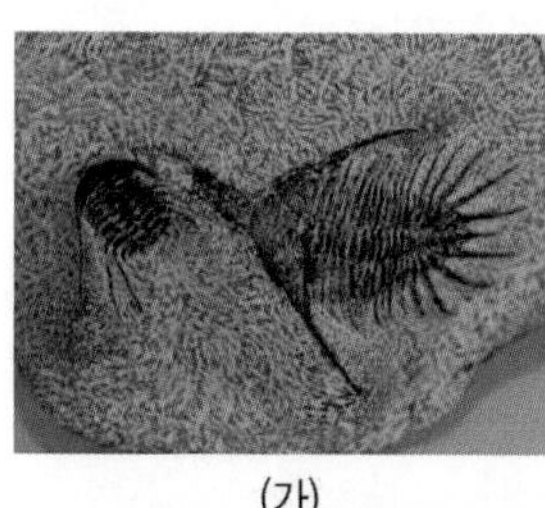
(가)

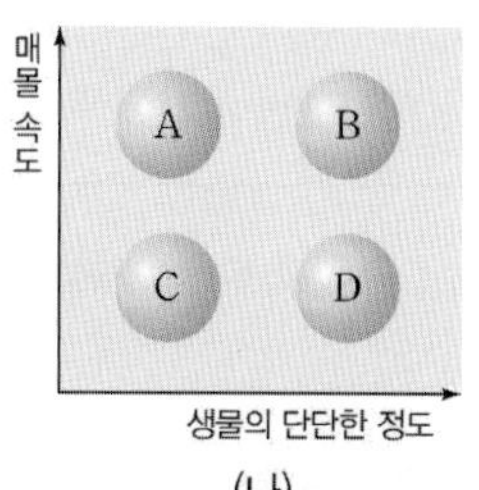

(나)

이에 대한 설명으로 옳은 것만을 〈보기〉에서 있는 대로 고른 것은?

보기

ㄱ. (가)는 고생대의 표준 화석이다.
ㄴ. 화석은 (나)의 A 조건에서 가장 잘 만들어진다.
ㄷ. (가)의 화석이 발견된 지층은 과거에 바다 환경이었다.

① ㄱ ② ㄴ ③ ㄱ, ㄷ
④ ㄴ, ㄷ ⑤ ㄱ, ㄴ, ㄷ

[8713-0146]
16 그림 (가)와 (나)는 시대에 따른 대륙의 분포를 나타낸 것이다.

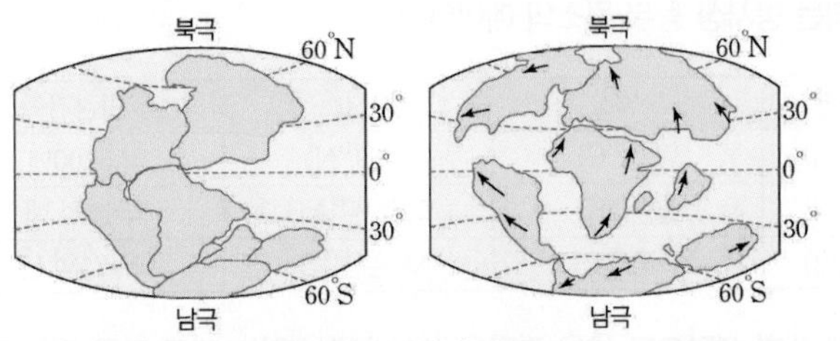

(가) 고생대 말기~중생대 초기　(나) 중생대 말기~신생대 초기

이에 대한 설명으로 옳은 것만을 〈보기〉에서 있는 대로 고른 것은?

보기
ㄱ. (가) 시기에 판게아가 형성되면서 많은 산맥이 생겼다.
ㄴ. (가) 시기에 삼엽충과 방추충이 멸종했다.
ㄷ. 북반구의 대륙 면적은 (가) 시기보다 (나) 시기에 넓다.

① ㄱ　② ㄷ　③ ㄱ, ㄴ　④ ㄴ, ㄷ　⑤ ㄱ, ㄴ, ㄷ

[8713-0147]
17 다음은 어떤 지질 시대에 대한 설명이다.

복원도의 동물군은 해파리, 산호 등의 선조로 여겨지며 지구상에 최초로 출현한 다세포 동물이다. 이 동물들을 화석들이 발견된 지명을 따서 에디아카라 동물군이라고 부른다.

이 동물군에 대한 설명으로 옳은 것만을 〈보기〉에서 있는 대로 고른 것은?

보기
ㄱ. 원생 누대에 생존했다.
ㄴ. 대부분이 단단한 껍데기나 골격을 갖는다.
ㄷ. 생존했던 시기에 육지에는 양치식물이 번성하였다.

① ㄱ　② ㄷ　③ ㄱ, ㄴ　④ ㄴ, ㄷ　⑤ ㄱ, ㄴ, ㄷ

[8713-0148]
18 그림 (가), (나), (다)는 서로 다른 지층에서 발견된 화석을 나타낸 것이다.

(가) 삼엽충

(나) 암모나이트

(다) 화폐석

이에 대한 설명으로 옳은 것만을 〈보기〉에서 있는 대로 고른 것은?

보기
ㄱ. (가)는 고생대의 표준 화석이다.
ㄴ. 번성했던 기간은 (나)가 (다)보다 길다.
ㄷ. (가), (나), (다)는 모두 해성층에서 발견된다.

① ㄱ　② ㄴ　③ ㄱ, ㄷ
④ ㄴ, ㄷ　⑤ ㄱ, ㄴ, ㄷ

[8713-0149]
19 그림은 현생 누대 동안의 대륙 빙하 분포 범위와 기후 변화를 나타낸 것이다.

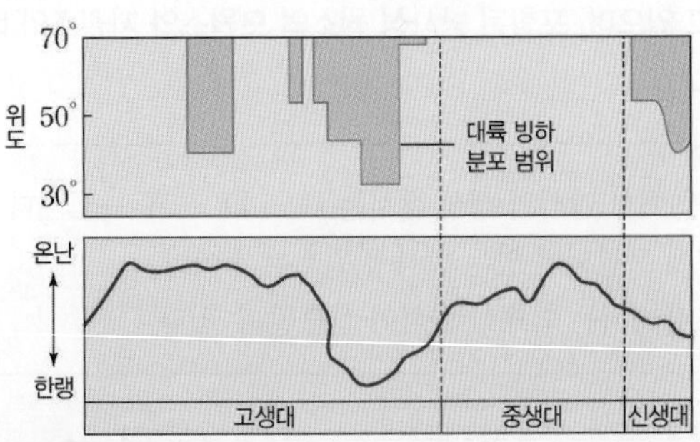

이에 대한 설명으로 옳은 것만을 〈보기〉에서 있는 대로 고른 것은?

보기
ㄱ. 고생대에는 빙하기가 없었다.
ㄴ. 대륙 빙하 분포 범위로 미루어 중생대는 기후가 온난하였다.
ㄷ. 신생대에는 중생대보다 평균 해수면이 낮았을 것이다.

① ㄱ　② ㄷ　③ ㄱ, ㄴ
④ ㄴ, ㄷ　⑤ ㄱ, ㄴ, ㄷ

[8713-0150]
20 그림은 현생 누대 동안 생물계의 변화를 나타낸 것이다.

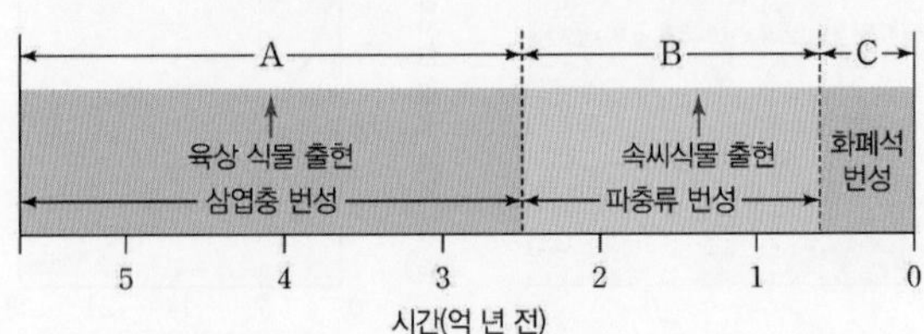

A, B, C 시기에 대한 설명으로 옳은 것만을 〈보기〉에서 있는 대로 고른 것은?

보기
ㄱ. 겉씨식물이 출현한 시기는 A이다.
ㄴ. 대륙 빙하 분포 범위가 가장 확장된 시기는 B이다.
ㄷ. B와 C 사이에 암모나이트가 멸종하였다.

① ㄱ　② ㄴ　③ ㄱ, ㄷ
④ ㄴ, ㄷ　⑤ ㄱ, ㄴ, ㄷ

[8713-0151]
21 그림은 어느 지역의 지질 단면도를 나타낸 것이다.

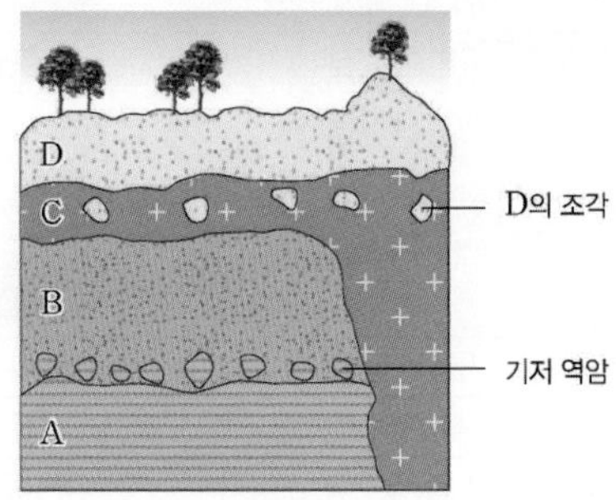

이에 대한 설명으로 옳은 것만을 〈보기〉에서 있는 대로 고른 것은?

> 보기
> ㄱ. 지층 A와 B는 부정합 관계이다.
> ㄴ. C는 용암이 지표로 분출하여 생긴 화산암이다.
> ㄷ. 지층 D는 C에 의한 변성 작용을 받았다.

① ㄱ ② ㄴ ③ ㄱ, ㄷ
④ ㄴ, ㄷ ⑤ ㄱ, ㄴ, ㄷ

[8713-0152]
22 그림은 어느 지역의 지질 단면도이다.

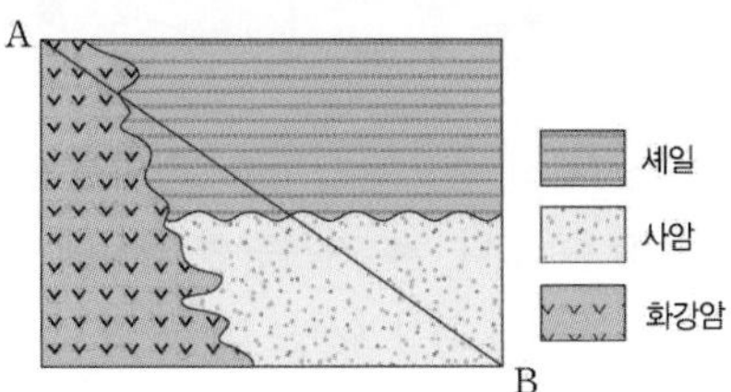

A−B 구간에 해당하는 각 암석의 연령을 나타낸 그래프로 가장 적절한 것은? (단, 셰일과 사암은 일정한 속도로 퇴적되어 형성되었으며, 지층은 역전되지 않았다.)

①
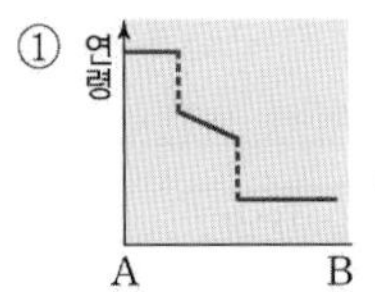

②
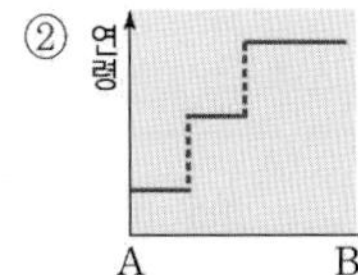

③
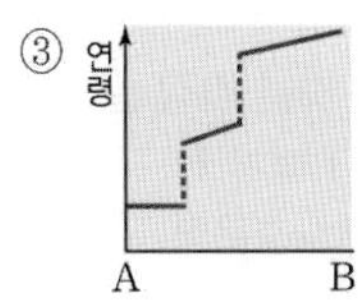

④
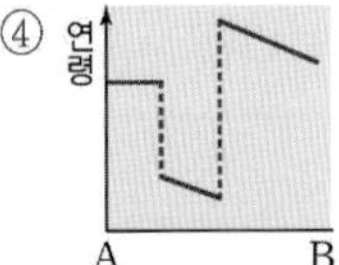

⑤
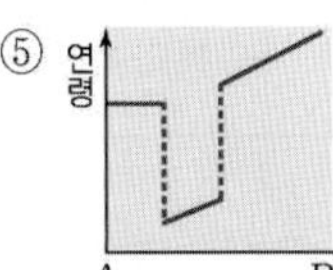

[8713-0153]
23 그림은 어느 지역의 지층 (가)~(바)에서 산출되는 화석의 종류를 나타낸 것이다.

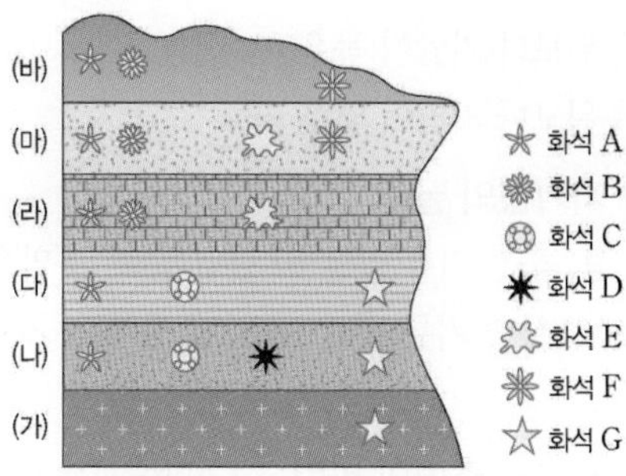

이에 대한 설명으로 옳은 것만을 〈보기〉에서 있는 대로 고른 것은? (단, 이 지역의 지층은 역전되지 않았다.)

> 보기
> ㄱ. 화석 C와 E는 같은 시기에 번성하였다.
> ㄴ. 화석 D는 화석 A보다 표준 화석으로서의 가치가 높다.
> ㄷ. 이 지역의 지층을 두 지질 시대로 구분한다면, 그 경계는 지층 (라)와 (마) 사이가 적합하다.

① ㄱ ② ㄴ ③ ㄱ, ㄷ ④ ㄴ, ㄷ ⑤ ㄱ, ㄴ, ㄷ

[8713-0154]
24 철수는 선캄브리아 시대, 고생대, 중생대, 신생대가 각각 지속된 기간을 이해하기 위해 그림과 같이 100 cm의 종이 띠에 각 시대를 나타내 보기로 하였다. 표는 각 지질 시대가 시작된 시기를 나타낸다.

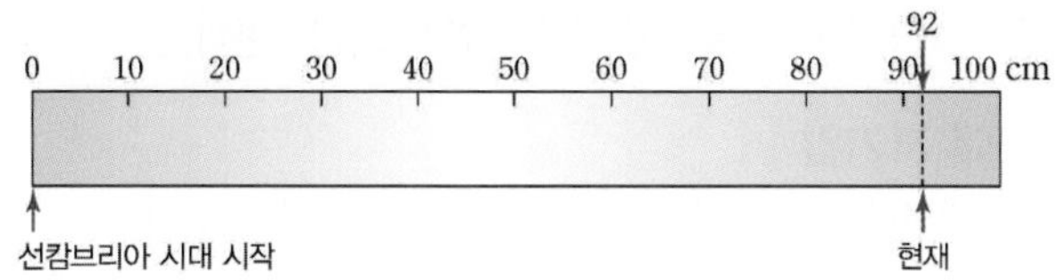

지질 시대	시작 연대
신생대	0.66억 년 전
중생대	2.52억 년 전
고생대	5.41억 년 전
선캄브리아 시대	46억 년 전

이에 대한 설명으로 옳은 것만을 〈보기〉에서 있는 대로 고른 것은?

> 보기
> ㄱ. 1억 년의 기간은 종이 띠의 2 cm에 해당한다.
> ㄴ. 삼엽충이 번성했던 시기는 종이 띠의 80~90 cm 구간에 속한다.
> ㄷ. 전체 지질 시대 중 선캄브리아 시대가 차지하는 비율은 80 %보다 크다.

① ㄱ ② ㄷ ③ ㄱ, ㄴ ④ ㄴ, ㄷ ⑤ ㄱ, ㄴ, ㄷ

날씨의 변화

1 고기압과 저기압

(1) 고기압과 저기압

① 고기압: 주위보다 기압이 높은 곳

② 저기압: 주위보다 기압이 낮은 곳

(2) 고기압과 저기압의 날씨

① 고기압 중심: 하강 기류 발달 → 단열 압축 → 맑은 날씨

② 저기압 중심: 상승 기류 발달 → 단열 팽창 → 흐린 날씨(구름과 비)

(3) 고기압과 저기압 주변의 바람: 고기압에서는 바람이 시계 방향으로(북반구) 불어 나가며, 저기압 주변에서는 중심부를 향하여 시계 반대 방향으로(북반구) 불어 들어온다.

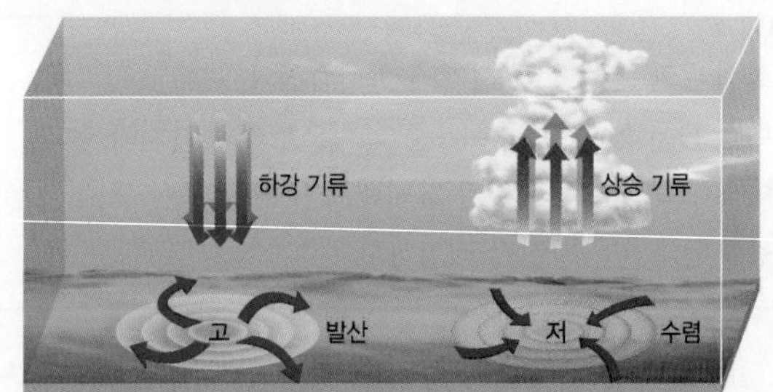

(4) 고기압의 종류

① 정체성 고기압: 고기압의 중심부가 이동하지 않고 한 곳에 오래 머물러 있는 고기압으로 규모가 크다.

- 시베리아 고기압: 중심부가 차가운 한랭 고기압. 겨울철
- 북태평양 고기압: 중심부가 따뜻한 온난 고기압. 여름철

② 이동성 고기압: 이동하면서 날씨 변화를 일으키는 규모가 작은 고기압으로 편서풍에 의해 동쪽으로 이동한다.

2 온대 저기압

중위도 지방에서 발생하는 저기압으로 전선을 동반한다.

(1) 전선: 성질이 다른 두 기단이 만나서 생기는 경계면이 전선면이고, 전선면이 지표면과 만나는 선이 전선이다.

① 한랭 전선과 온난 전선

구분	한랭 전선	온난 전선
모습	찬 공기 이동, 적란운, 한랭 전선	온난 전선, 난층운, 고층운, 권층운, 권운, 따뜻한 공기 이동, 찬 공기
전선면 경사	기울기 급하다.	기울기 완만하다.
구름	적운형 구름	층운형 구름
강수	전선 뒤, 좁은 구역, 소나기	전선 앞, 넓은 구역, 가랑비
이동 속도	빠르다.	느리다.
통과 후 변화	기온 하강	기온 상승
	기압 상승	기압 하강
	남서풍 → 북서풍	남동풍 → 남서풍

② 폐색 전선: 한랭 전선이 온난 전선을 따라잡아 겹쳐지면서 형성된 전선

③ 정체 전선: 두 기단이 만나 한 곳에 오래 머무는 전선

(2) 온대 저기압의 일생: 중위도에서 찬 공기와 따뜻한 공기가 만나 정체 전선 형성 → 파동 형성 → 온대 저기압 성장 및 발달 → 폐색 전선 발달 → 온대 저기압 소멸

3 일기도 해석

(1) 일기 기호

일기	● 비	∗ 눈	뇌우	≡ 안개	가랑비	소나기
운량	0 1 2 3 4 5 6 7 8 9					
풍속 (m/s)	0 2 5 7 12 25 27			풍속, 풍향, 기온 18, 일기, 이슬점 12, 운량, 280—기압, +10—기압 변화량		
전선과 기압	온난 전선, 한랭 전선, 폐색 전선, 정체 전선	Ⓗ 고기압, Ⓛ 저기압, 태풍				

(2) 위성 영상: 가시광선 영상은 낮에만, 적외선 영상은 낮과 밤에 모두 이용할 수 있다. ➡ 가시광선 영상에서는 구름이 두꺼울수록 밝게, 적외선 영상에서는 하층운보다 상층운이 밝게 나타난다.

핵심 개념 체크

정답과 해설 17쪽

1. 고기압 중심부에서는 (㉠) 기류가 발달하여 날씨가 (㉡)다.

2. 저기압 중심부에서는 (㉠) 기류가 발달하여 날씨가 (㉡)다.

3. 북반구의 고기압에서는 바람이 (㉠) 방향으로 불어 나가고, 저기압에서는 바람이 (㉡) 방향으로 불어 들어온다.

4. 시베리아 고기압과 북태평양 고기압은 (정체성 , 이동성) 고기압이다.

5. 다음 보기 중 온난 전선의 특징과 한랭 전선의 특징에 해당하는 것을 각각 골라 기호를 쓰시오.

보기
ㄱ. 층운형 구름 ㄴ. 전선면의 경사가 완만하다.
ㄷ. 소나기 ㄹ. 이동 속도가 빠르다.
ㅁ. 통과 후 기압 하강 ㅂ. 통과 후 북서풍으로 변한다.

(1) 온난 전선: ( )

(2) 한랭 전선: ( )

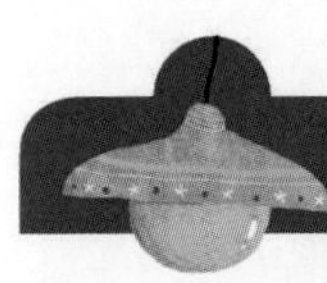

출제 예상 문제

정답과 해설 17쪽

[8713-0155]

01 그림은 우리나라 주변의 일기도를 나타낸 것이다.

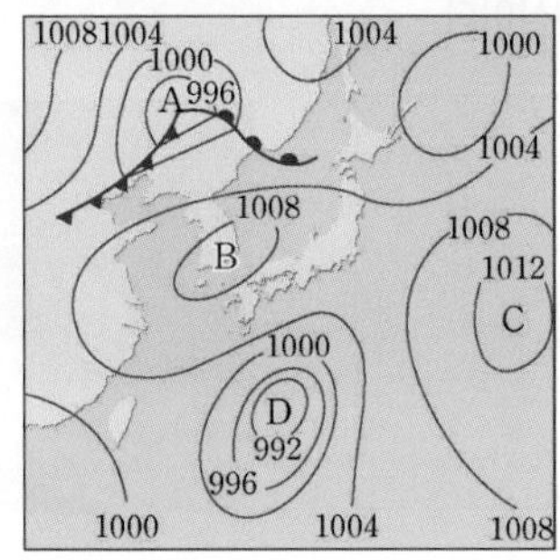

A～D를 저기압과 고기압으로 옳게 분류한 것은?

	저기압	고기압
①	A	B, C, D
②	A, D	B, C
③	B, C	A, D
④	C	A, B, D
⑤	C, D	A, B

[8713-0156]

02 고기압과 저기압에 대한 설명으로 옳은 것은?

① 기압이 1000 hPa 이상일 때 고기압이라고 한다.
② 고기압의 중심부에는 상승 기류가 발달한다.
③ 저기압 중심부에서는 단열 압축이 일어난다.
④ 저기압 중심에서는 공기가 발산한다.
⑤ 바람은 항상 고기압에서 저기압으로 분다.

[8713-0157]

03 그림은 우리나라 주변의 일기도를 나타낸 것이다.

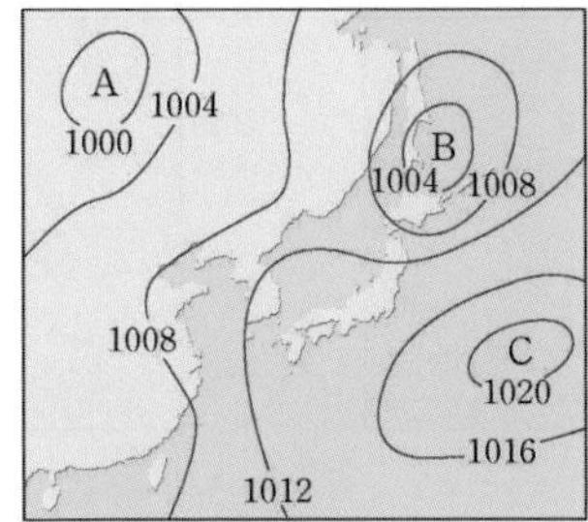

이에 대한 설명으로 옳은 것만을 〈보기〉에서 있는 대로 고른 것은?

보기
ㄱ. A에서는 상승 기류가 발달한다.
ㄴ. B에서는 하강 기류가 발달한다.
ㄷ. C에서는 바람이 시계 반대 방향으로 불어 나간다.

① ㄱ ② ㄷ ③ ㄱ, ㄴ
④ ㄴ, ㄷ ⑤ ㄱ, ㄴ, ㄷ

[8713-0158]

04 그림 (가)와 (나)는 서로 다른 시기의 일기도이다.

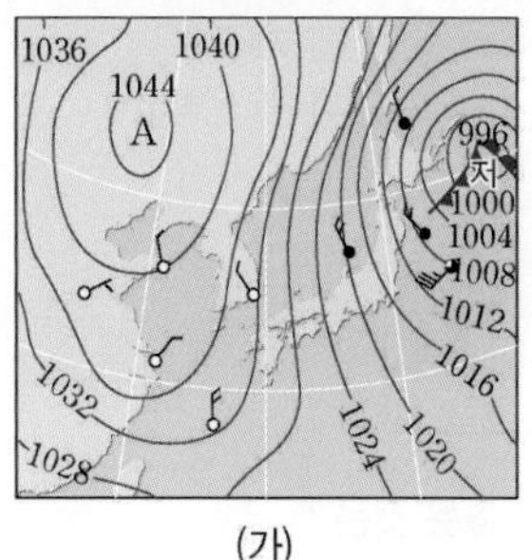

(가)

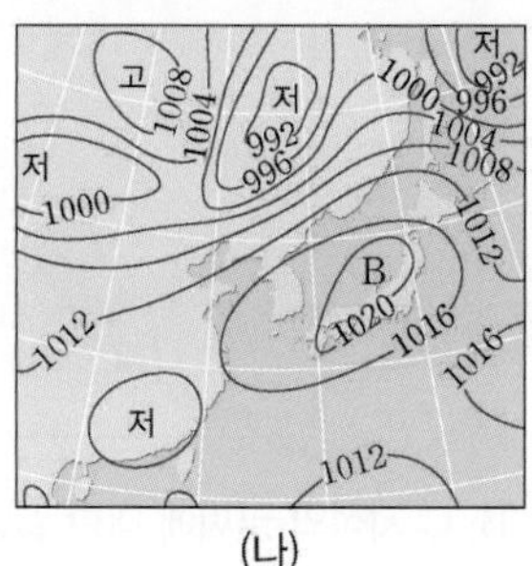

(나)

고기압 A, B에 대한 설명으로 옳은 것만을 〈보기〉에서 있는 대로 고른 것은?

보기
ㄱ. A는 B보다 규모가 크다.
ㄴ. A는 정체성 고기압, B는 이동성 고기압이다.
ㄷ. A는 겨울철에, B는 봄 · 가을철에 자주 나타난다.

① ㄱ ② ㄷ ③ ㄱ, ㄴ
④ ㄴ, ㄷ ⑤ ㄱ, ㄴ, ㄷ

[8713-0159]

05 그림은 온난 전선과 주변의 기압 분포를 나타낸 것이다.

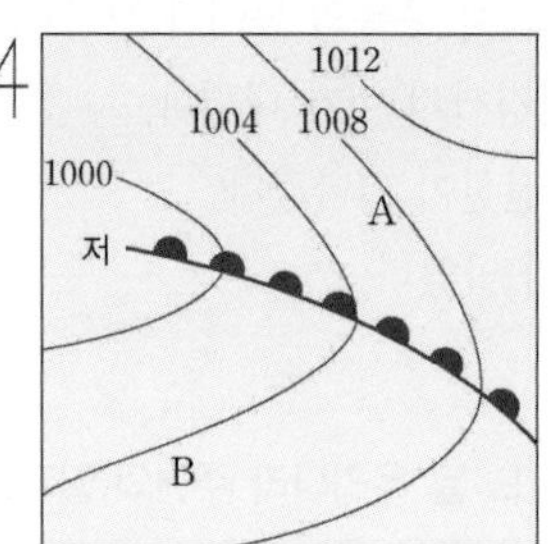

A, B에서 나타나는 기상 현상을 〈보기〉에서 골라 옳게 짝 지은 것은?

보기
ㄱ. 층운형 구름이 발달한다.
ㄴ. 약한 비가 내린다.
ㄷ. 상대적으로 기온이 낮다.
ㄹ. 남서풍이 분다.

	A	B
①	ㄱ	ㄴ, ㄷ, ㄹ
②	ㄱ, ㄴ	ㄷ, ㄹ
③	ㄱ, ㄴ, ㄷ	ㄹ
④	ㄷ, ㄹ	ㄱ, ㄴ
⑤	ㄹ	ㄱ, ㄴ, ㄷ

[8713-0160]
06 그림은 온대 저기압을 나타낸 것이다.

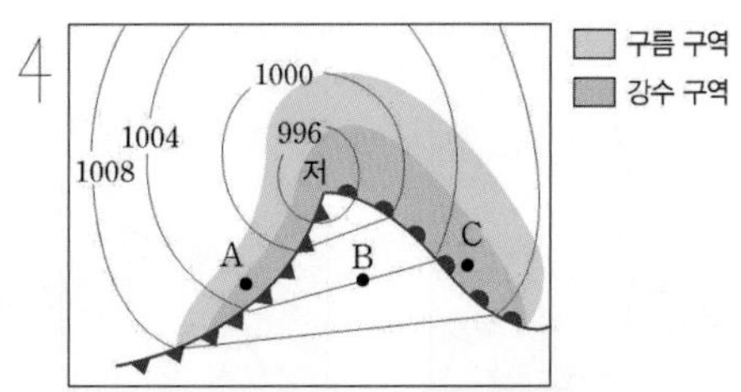

A, B, C 지점의 날씨에 대한 설명으로 옳은 것은?

① A에는 적운형의 구름이 발달한다.
② B에는 남동풍이 분다.
③ C에는 소나기가 내린다.
④ 기압은 A보다 B에서 낮다.
⑤ 기온이 가장 높은 지점은 C이다.

[8713-0161]
07 그림은 온대 저기압이 통과한 어느 날 서울에서 관측한 기온과 기압의 변화를 나타낸 것이다.

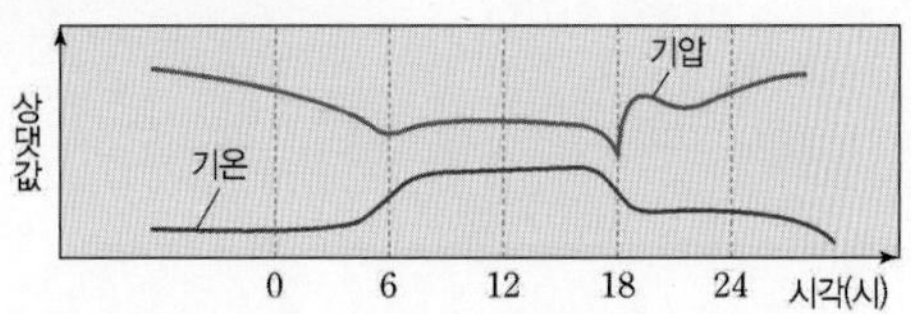

서울 지역의 날씨에 대한 설명으로 옳은 것은?

① 5시경에 남서풍이 불었다.
② 6시가 가까워지면서 구름의 높이가 점점 높아졌다.
③ 6시경부터 18시경까지 비가 내렸다.
④ 18시경에 한랭 전선이 지나갔다.
⑤ 19시경에 날씨가 맑았다.

[8713-0162]
08 그림 (가)는 어느 날 우리나라 주변의 일기도이고, (나)는 A, B, C 지역의 날씨를 일기 기호로 순서 없이 나타낸 것이다.

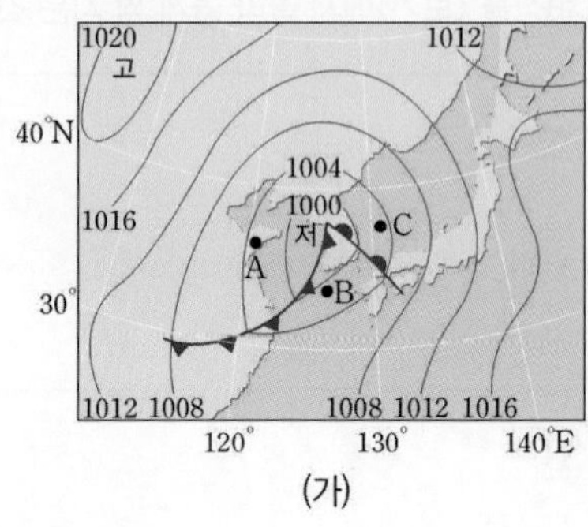

(가)

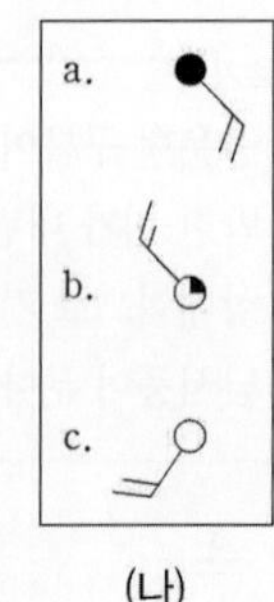

(나)

각 지역의 날씨를 옳게 나타낸 것은?

① A−a, B−b, C−c
② A−a, B−c, C−b
③ A−b, B−a, C−c
④ A−b, B−c, C−a
⑤ A−c, B−a, C−b

[8713-0163]
09 그림 (가)는 어느 날 우리나라 부근의 일기도이고, (나)는 같은 시각의 가시광선 영상이다.

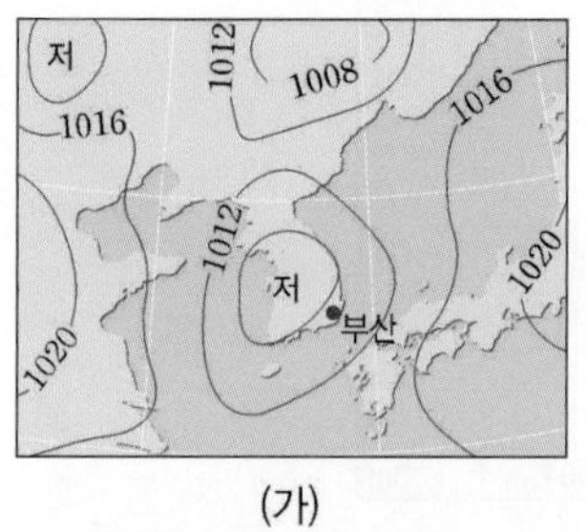

(가)

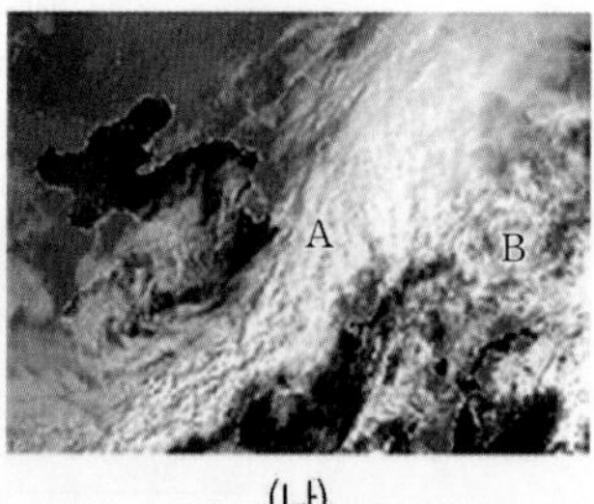

(나)

이에 대한 설명으로 옳은 것만을 〈보기〉에서 있는 대로 고른 것은? (단, 일기도에서 전선은 생략되었다.)

> 보기
> ㄱ. (가)에서 우리나라를 지나는 저기압은 온대 저기압이다.
> ㄴ. 구름의 두께는 A보다 B에서 두껍다.
> ㄷ. 부산은 온난 전선과 한랭 전선 사이에 위치한다.

① ㄱ ② ㄴ ③ ㄱ, ㄷ
④ ㄴ, ㄷ ⑤ ㄱ, ㄴ, ㄷ

[8713-0164]
10 그림 (가)와 (나)는 24시간 간격으로 작성한 우리나라 부근의 일기도를 순서 없이 나타낸 것이다.

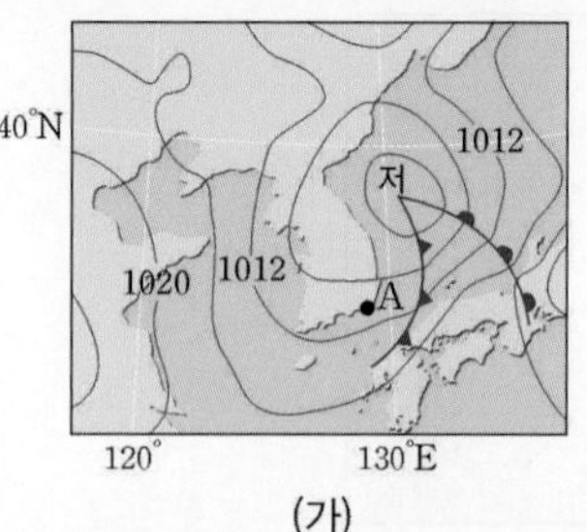

(가)

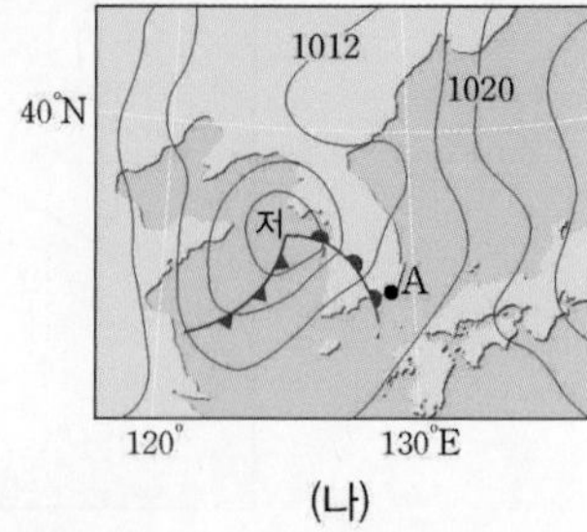

(나)

이에 대한 설명으로 옳은 것만을 〈보기〉에서 있는 대로 고른 것은?

> 보기
> ㄱ. 일기도는 (가)가 (나)보다 먼저 작성된 것이다.
> ㄴ. 이 기간에 우리나라는 흐리고 비가 내렸을 것이다.
> ㄷ. 이 기간 동안 A 지점의 풍향은 시계 반대 방향으로 변하였다.

① ㄱ ② ㄴ ③ ㄱ, ㄷ
④ ㄴ, ㄷ ⑤ ㄱ, ㄴ, ㄷ

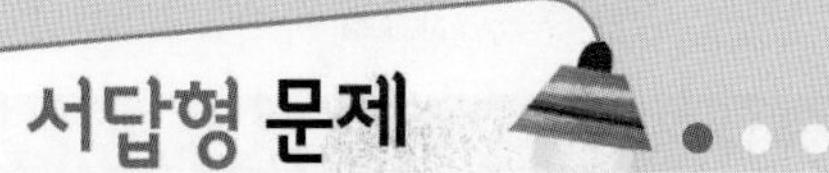

정답과 해설 18쪽

[8713-0165]
01 다음 글은 고기압과 저기압에 대한 설명이다.

> 고기압은 주변보다 기압이 높은 곳이므로 북반구의 경우 고기압 중심에서는 바람이 (㉠) 방향으로 불어 나간다. 저기압은 주변보다 기압이 낮은 곳이므로 북반구의 경우 저기압 중심으로는 바람이 (㉡) 방향으로 불어 들어온다.

㉠, ㉡에 들어갈 알맞은 단어를 차례대로 쓰시오.

[8713-0166]
02 그림은 어느 날 우리나라 주변의 일기도이다.

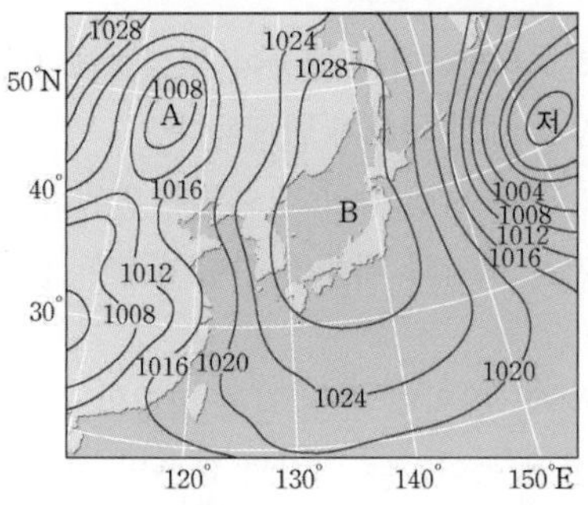

A와 B에서 일어나는 공기의 연직 움직임과 단열 변화를 각각 서술하시오.

[8713-0167]
03 그림 (가)~(라)는 온대 저기압의 발달 과정을 순서 없이 나타낸 것이다.

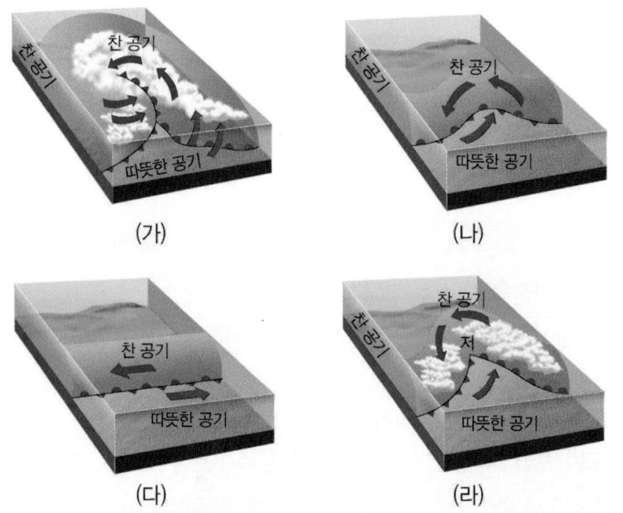

(가) (나) (다) (라)

온대 저기압의 발달 과정에 맞게 (가)~(라)를 순서대로 나열하시오.

[8713-0168]
04 그림은 온대 저기압의 단면을 나타낸 것이다.

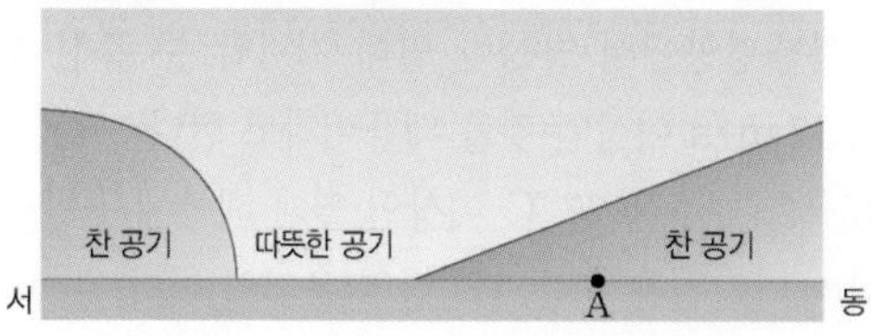

현재 A 지점에서 나타날 수 있는 날씨에 대해 서술하시오.

[8713-0169]
05 표는 온난 전선과 한랭 전선의 특징을 나타낸 것이다.

구분	구름 모양	강수 형태	강수 구역
온난 전선	(㉠)		(㉡)
한랭 전선		(㉢)	

㉠, ㉡, ㉢에 들어갈 알맞은 단어를 쓰시오.

[8713-0170]
06 그림은 우리나라 부근의 일기도이다.

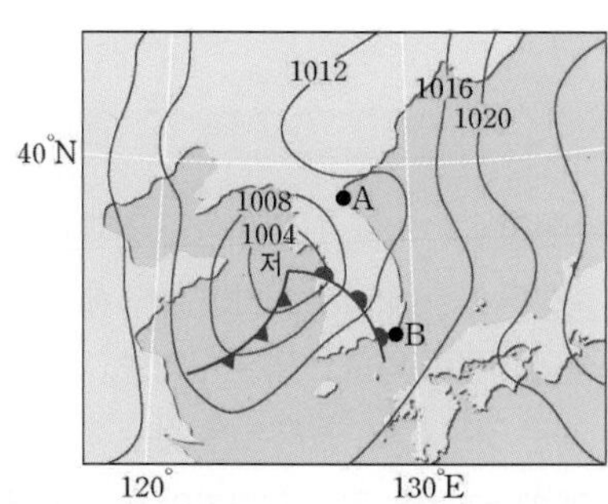

온대 저기압이 A와 B 사이를 지나 이동할 때 A와 B에서 풍향의 변화는 어떻게 다를지 서술하시오.

08 태풍과 우리나라의 주요 악기상

1 태풍과 날씨

(1) 태풍: 북태평양에서 발생한 열대 저기압 중 중심 부근 최대 풍속이 17 m/s 이상인 것을 태풍이라고 한다.

① 위도 5°~25°, 수온 27 ℃ 이상인 열대 해상에서 발생한다.

② 태풍의 에너지원은 수증기의 잠열(응결열)이다.

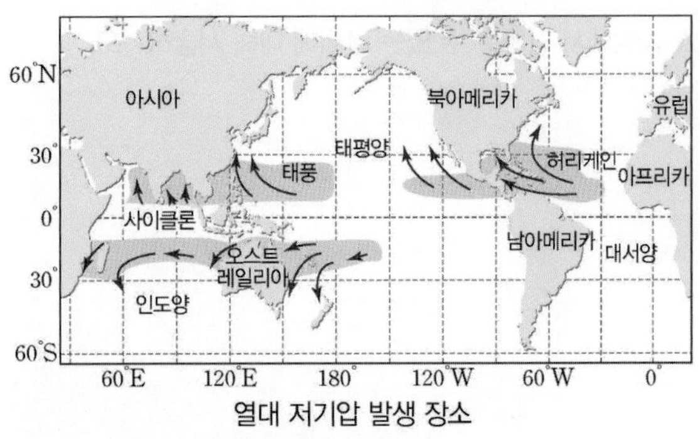

열대 저기압 발생 장소

(2) 태풍의 구조

① 태풍은 지름 수백 km, 높이 약 15 km인 대기의 거대한 소용돌이로 중심부로 갈수록 두꺼운 적운형 구름이 있다.

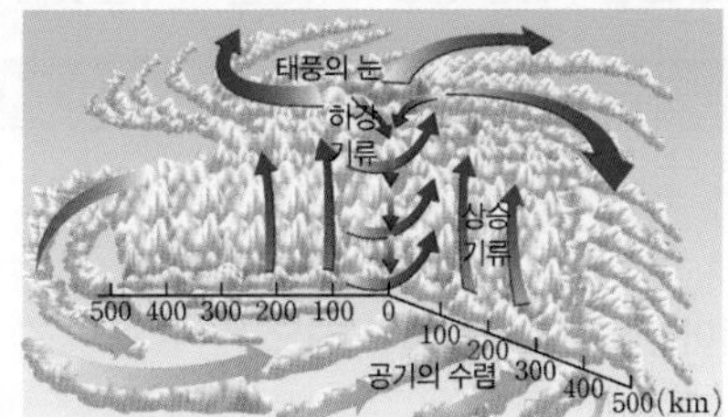

태풍의 구조

② 태풍 중심에 약한 하강 기류가 나타나 날씨가 맑고 바람이 약한 구역을 태풍의 눈이라고 한다.

③ 기압은 태풍 중심으로 갈수록 낮아진다.

④ 바람은 태풍 중심으로 갈수록 강해지다가 태풍의 눈에서 약하다.

풍속 (m/s)	기압 (hPa)
40	1020
30	1000
20	980
10	960
0	940

서 800 500 100 0 100 500 800 동 — 태풍의 중심으로부터의 거리(km) (태풍의 눈, 기압, 풍속)

태풍의 기압과 풍속 분포

(3) 태풍의 이동과 피해

① 태풍의 이동 경로: 발생 초기에는 무역풍의 영향을 받아 북서쪽으로 느리게 이동하다가, 위도 30°N 부근에서 전향점을 지난 후, 편서풍의 영향을 받아 북동쪽으로 빠르게 이동한다.

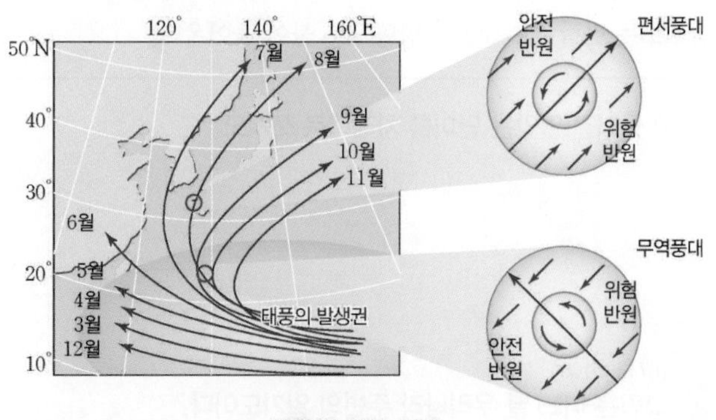

태풍의 이동 경로

② 태풍의 피해: 우리나라는 태풍이 주로 7월~9월에 지나가며, 강풍과 호우로 인한 피해가 발생한다.

③ 위험 반원: 태풍 진행 방향의 오른쪽 반원. 저기압 중심으로 불어 들어가는 바람과 태풍의 진행 방향이 같아 풍속이 강하며, 피해가 크다.

④ 안전 반원(가항 반원): 태풍 진행 방향의 왼쪽 반원. 저기압 중심으로 불어 들어가는 바람과 태풍의 이동 방향이 반대가 되어 풍속이 상대적으로 덜 강하다.

⑤ 태풍 이동 시 풍향의 변화: 태풍이 다가올 때 위험 반원에 있는 경우에는 바람의 방향이 시계 방향으로 변하며, 안전 반원에 있는 경우에는 시계 반대 방향으로 변한다.

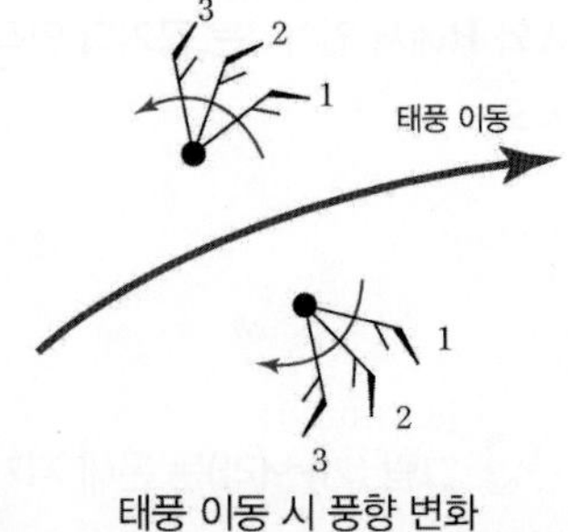

태풍 이동 시 풍향 변화

(4) 태풍의 소멸: 태풍이 수온이 낮은 바다 위로 이동하거나, 육지에 상륙하면 수증기를 공급받지 못하고 에너지를 급격히 소모하여 세력이 약해져 소멸한다.

핵심 개념 체크

정답과 해설 19쪽

1. 태풍은 수온이 (㉠) ℃ 이상인 열대 해상에서 발생하며, 태풍의 중심은 주변에 비해 기압이 매우 (㉡)다.

2. 태풍 중심의 바람이 약하고 맑은 구역을 ( )이라고 한다.

3. 다음 중 옳은 것은 ○표, 옳지 않은 것은 ×표 하시오.

(1) 태풍의 에너지원은 공기 덩어리의 위치 에너지 변화이다. ( )

(2) 일반적으로 태풍의 이동 속도는 전향점을 지나기 전보다 전향점을 지난 후가 더 빠르다. ( )

(3) 안전 반원은 태풍으로 인한 피해가 나타나지 않는 곳이다. ( )

(4) 태풍의 눈에서는 바람이 매우 강하다. ( )

4. 북반구에서 태풍 진행 방향의 (오른쪽 , 왼쪽)에서는 저기압 중심으로 불어 들어가는 풍향과 태풍의 이동 방향이 같다.

5. 태풍은 소멸 직전에 중심 기압이 (높아 , 낮아)진다.

2 우리나라의 주요 악기상

(1) 뇌우: 강한 상승 기류에 의해 적란운이 발달하면서 천둥과 번개를 동반한 소나기가 내리는 현상이다.

① 발생: 강한 상승 기류가 발달할 때
- 강한 햇빛을 받아 지표 부근의 공기가 가열될 때
- 한랭 전선면에서 공기가 위로 급격히 상승할 때
- 태풍에서 강한 상승 기류가 발달할 때

② 뇌우의 발달 단계

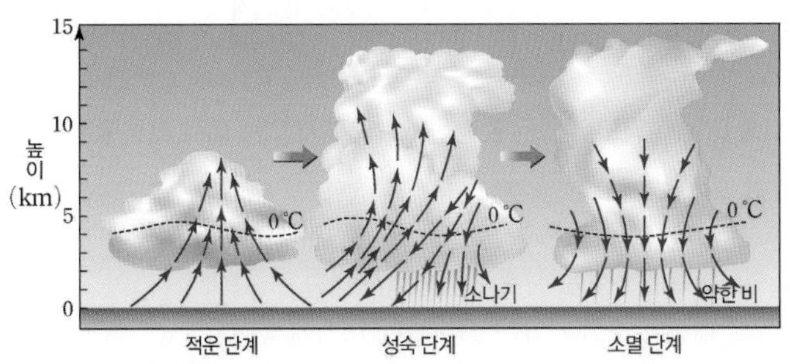

- 적운 단계: 주변보다 중심부의 기온이 높아 강한 상승 기류가 발달하며, 적운이 성장한다.
- 성숙 단계: 상승 기류와 하강 기류가 공존하며, 뇌운이 발달하고, 천둥 번개를 동반한 소나기가 내린다. 돌풍과 우박이 나타난다.
- 소멸 단계: 하강 기류가 우세하며, 약한 비가 내린다. 뇌운이 소멸한다.

③ 특징: 규모가 작아 일기도 상에 나타나지 않는다.

④ 피해: 낙뢰로 인한 인명 피해 및 전기 설비 고장, 국지성 호우, 우박, 돌풍으로 인한 농작물이나 재산 피해가 발생한다.

(2) 국지성 호우(집중 호우): 짧은 시간 동안(수십 분~수 시간) 좁은 지역(반경 10~20 km)에 많은 양의 비가 내리는 현상이다.

① 보통 한 시간에 30 mm 이상 또는 하루에 80 mm 이상의 비나 연 강수량의 10 % 이상이 내리는 경우이다.

② 발생: 강한 상승 기류에 의해 형성된 적란운이 지형, 전선, 태풍의 영향으로 한 곳에 머물 때 발생한다.

③ 피해: 수 시간 내에 발달하므로 예보가 어려우며, 침수나 산사태로 인한 인명과 재산 피해를 발생시킨다.

(3) 우박: 눈의 결정 주위에 차가운 물방울이 얼어붙어 땅으로 떨어지는 얼음 덩어리이다.

① 적란운에서 상승과 하강을 반복하면서 성장하며, 강한 상승 기류가 발달하는 초여름이나 가을에 잘 발생한다.

② 농작물에 큰 피해를 주며, 비닐하우스나 시설물에 피해를 가져온다.

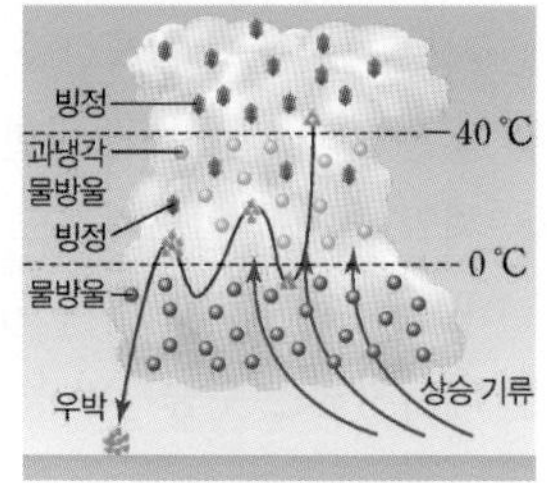

우박의 성장 과정

(4) 폭설: 짧은 시간에 많은 양의 눈이 내리는 현상이다.

① 겨울에 시베리아 고기압의 찬 공기가 황해를 지나면서 열과 수증기를 공급받아 발생한다.

② 교통이 마비되고 시설물이 붕괴된다.

폭설의 위성 영상

(5) 강풍: 10분 간 평균 풍속이 14 m/s 이상인 바람이다.

① 겨울에는 시베리아 고기압의 영향으로, 여름에는 태풍의 영향으로 발생한다.

② 시설물 파손, 선박 피해, 화재로 피해를 가져온다.

(6) 황사: 중국 북부나 몽골 사막, 건조한 황토 지대에서 상공으로 날려 올라간 모래 먼지가 편서풍을 타고 이동하다가 서서히 하강하는 현상이다.

① 중국 북부나 몽골이 건조해지는 봄철에 주로 발생한다.

② 호흡기 질환 및 눈병을 유발하고, 농작물이나 항공기 운행에 피해를 준다.

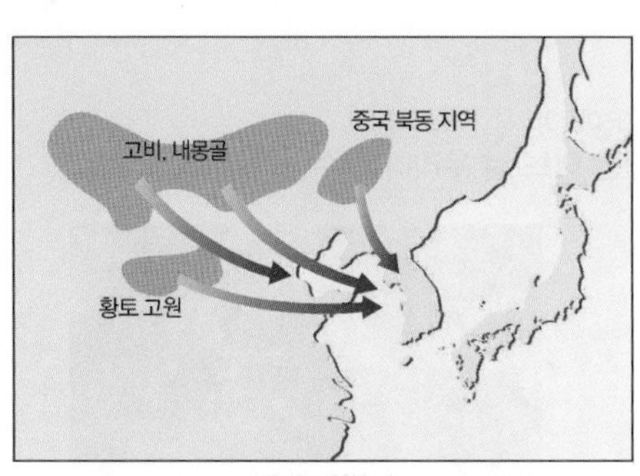

황사 발원지

정답과 해설 19쪽

6. 뇌우는 강한 (　　) 기류가 발달할 때 발생한다.

7. 국지성 호우는 (㉠　　) 시간에 (㉡　　) 지역에 (㉢　　)은 양의 비가 내리는 현상이다.

8. 다음 중 옳은 것은 ○표, 옳지 않은 것은 ×표 하시오.

(1) 우박은 날씨가 무더운 한여름에 잘 내린다. (　　)

(2) 겨울철의 폭설은 황해의 수온이 기온보다 낮을 때 발생할 수 있다. (　　)

(3) 강풍 피해는 여름뿐만 아니라 겨울에도 발생할 수 있다. (　　)

9. 뇌우의 발달 단계 중 뇌운이 발달하는 단계는 (적운 단계 , 성숙 단계 , 소멸 단계)이다.

10. 우리나라에서 황사는 주로 (봄 , 여름)철에 발생한다.

출제 예상 문제

[8713-0171]

01 **태풍에 대한 설명으로 옳지 않은 것은?**

① 적도 지방에서 발생한다.
② 많은 비와 강풍을 동반한다.
③ 해일 피해를 일으키기도 한다.
④ 포물선 궤도를 그리며 이동한다.
⑤ 에너지원은 수증기의 응결열이다.

[8713-0172]

02 **그림은 어느 태풍의 이동 경로를 나타낸 모식도이다.**

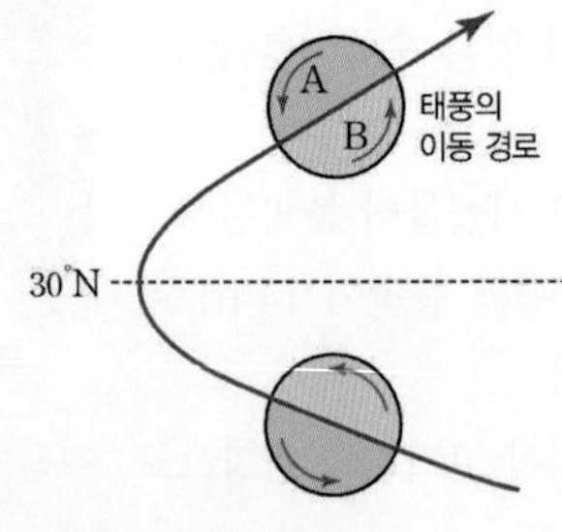

이 태풍에 대한 설명으로 옳은 것은?

① 이동성 고기압의 가장자리를 따라 이동한다.
② 30°N보다 남쪽에서는 편서풍의 영향을 받는다.
③ 30°N 부근을 지난 후 이동 속도는 점점 느려질 것이다.
④ 30°N 부근을 지난 후 중심 기압은 점점 낮아질 것이다.
⑤ 풍속은 대체로 A보다 B에서 크다.

[8713-0173]

03 **그림은 어느 날 우리나라 주변의 위성 영상이다.**

이에 대한 설명으로 옳은 것만을 〈보기〉에서 있는 대로 고른 것은?

보기
ㄱ. 태풍의 중심에는 하강 기류가 나타난다.
ㄴ. 우리나라 전역에 비가 내리고 날씨가 흐리다.
ㄷ. 제주도에서는 남서풍이 불고 있다.

① ㄱ ② ㄷ ③ ㄱ, ㄴ
④ ㄴ, ㄷ ⑤ ㄱ, ㄴ, ㄷ

[8713-0174]

04 **그림은 어느 날 우리나라를 지나간 태풍의 이동 경로를 나타낸 것이다.**

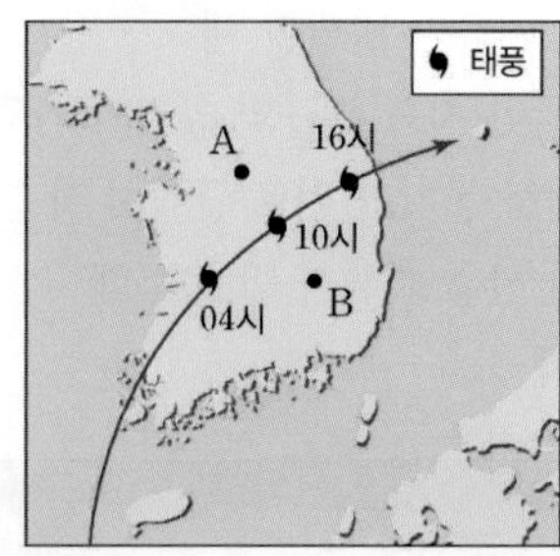

이에 대한 설명으로 옳은 것만을 〈보기〉에서 있는 대로 고른 것은?

보기
ㄱ. 10시경 풍속은 A보다 B에서 강하다.
ㄴ. B에서 풍향은 시계 방향으로 변한다.
ㄷ. 태풍의 중심 기압은 04시보다 16시에 높다.

① ㄱ ② ㄷ ③ ㄱ, ㄴ
④ ㄴ, ㄷ ⑤ ㄱ, ㄴ, ㄷ

[8713-0175]

05 **그림은 북상 중인 어느 태풍의 단면을 나타낸 것이다.**

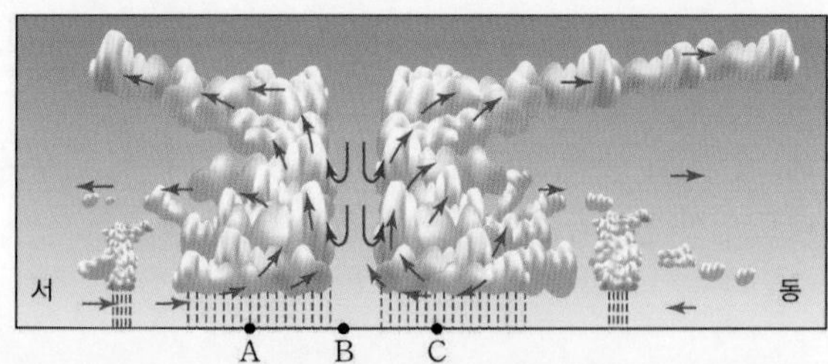

이에 대한 설명으로 옳은 것만을 〈보기〉에서 있는 대로 고른 것은?

보기
ㄱ. 기압은 A보다 B에서 높다.
ㄴ. 풍속의 세기는 C>A>B이다.
ㄷ. C에서 풍향은 시계 반대 방향으로 변한다.

① ㄱ ② ㄴ ③ ㄱ, ㄷ
④ ㄴ, ㄷ ⑤ ㄱ, ㄴ, ㄷ

[8713-0176]
06 그림 (가), (나), (다)는 뇌우의 발달 단계를 순서 없이 나타낸 것이다.

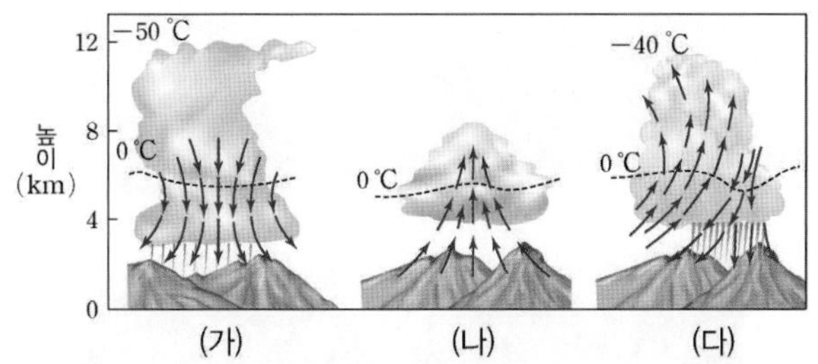

이에 대한 설명으로 옳은 것만을 〈보기〉에서 있는 대로 고른 것은?

보기
ㄱ. 강한 돌풍과 우박이 나타나는 단계는 (가)이다.
ㄴ. 낙뢰 위험이 가장 큰 단계는 (나)이다.
ㄷ. 뇌우의 발달 순서는 (나) → (다) → (가)이다.

① ㄱ ② ㄷ ③ ㄱ, ㄴ
④ ㄴ, ㄷ ⑤ ㄱ, ㄴ, ㄷ

[8713-0177]
07 국지성 호우에 대한 설명으로 옳지 않은 것은?

① 한 시간에 30 mm 이상의 비가 내리는 경우를 말한다.
② 호우를 내리는 구름은 대부분 적란운이다.
③ 강한 상승 기류가 발달할 때 발생한다.
④ 미리 징조가 나타나므로 예보가 용이하다.
⑤ 침수나 산사태로 인한 피해를 일으킨다.

[8713-0178]
08 그림은 우박의 생성 과정을 나타낸 것이다.

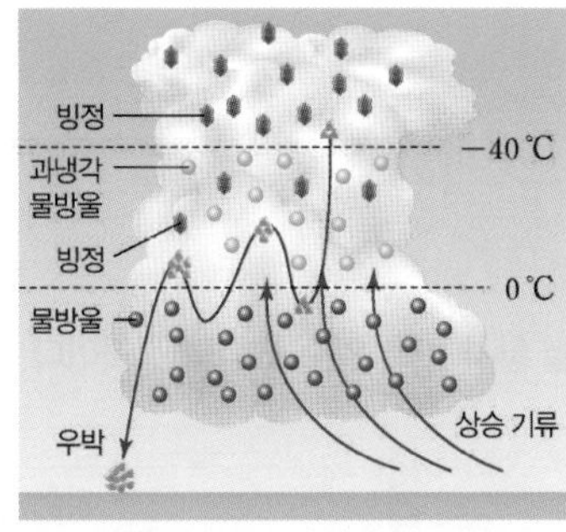

우박에 대한 설명으로 옳은 것만을 〈보기〉에서 있는 대로 고른 것은?

보기
ㄱ. 적란운 내부에서 잘 만들어진다.
ㄴ. 상승과 하강을 반복하며 크기가 커진다.
ㄷ. 우리나라에서는 주로 겨울철에 많이 내린다.

① ㄱ ② ㄷ ③ ㄱ, ㄴ
④ ㄴ, ㄷ ⑤ ㄱ, ㄴ, ㄷ

[8713-0179]
09 그림은 우리나라의 일부 지역에 폭설이 내린 어느 날의 위성 영상이다.

이에 대한 설명으로 옳은 것만을 〈보기〉에서 있는 대로 고른 것은?

보기
ㄱ. 이날 우리나라에는 북서풍이 불었다.
ㄴ. 기단이 황해를 지나는 동안 기단 하층이 안정해졌다.
ㄷ. 동해안보다 서해안 지역에 많은 눈이 내렸다.

① ㄱ ② ㄷ ③ ㄱ, ㄴ
④ ㄱ, ㄷ ⑤ ㄱ, ㄴ, ㄷ

[8713-0180]
10 그림은 1991년부터 2010년까지 10년 단위의 우리나라 평균 황사 관측 일수를 나타낸 것이다.

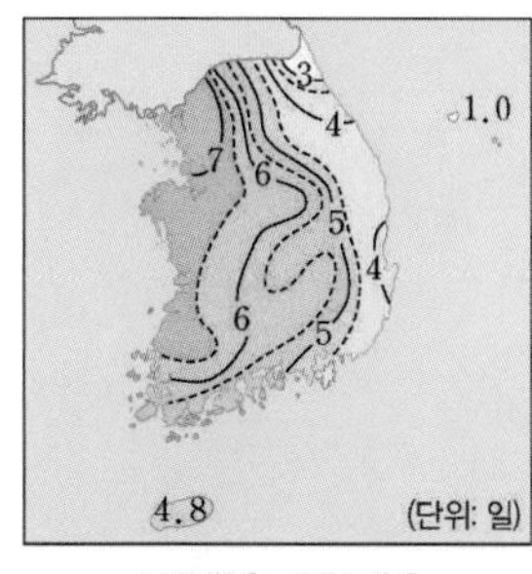

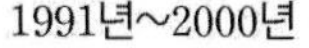
1991년~2000년

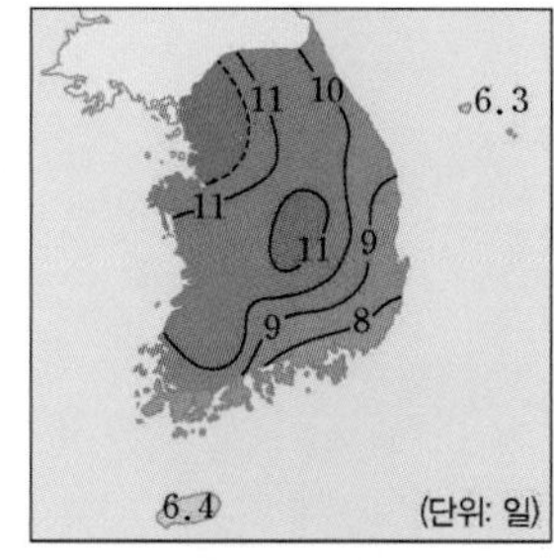

2001년~2010년

이에 대한 설명으로 옳은 것만을 〈보기〉에서 있는 대로 고른 것은?

보기
ㄱ. 이 기간 동안 황사 발생 일수는 증가하였다.
ㄴ. 황사는 동쪽보다 서쪽 지방에서 많이 나타났다.
ㄷ. 황사는 동풍을 타고 우리나라로 이동해 온다.

① ㄱ ② ㄷ ③ ㄱ, ㄴ
④ ㄴ, ㄷ ⑤ ㄱ, ㄴ, ㄷ

[8713-0181]
01 다음 ( ) 안에 들어갈 알맞은 숫자를 쓰시오.

> 열대 해상에서 발생한 열대 저기압 중 중심 부근 최대 풍속이 (㉠) m/s 이상인 것을 태풍이라고 하며, 태풍은 위도 5°~25°, 수온이 (㉡) ℃ 이상인 열대 해상에서 발생한다.

[8713-0182]
02 그림은 어느 해 우리나라를 통과한 태풍의 이동 경로를 나타낸 것이다.

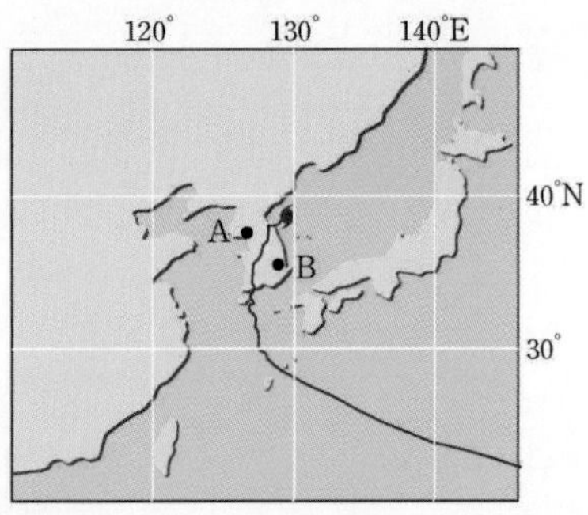

태풍이 우리나라를 지나가는 동안 A와 B에서 풍향은 어떻게 변하였는지 서술하시오.

[8713-0183]
03 다음은 뇌우에 대한 설명이다. ( ) 안에 들어갈 알맞은 말을 쓰시오.

> 뇌우는 강한 햇빛을 받은 지표 부근의 공기가 국지적으로 가열되어 빠르게 상승하거나, 한랭 전선에서 찬 공기 위로 따뜻한 공기가 빠르게 상승할 때와 같이 강한 상승 기류가 발달하여 대기가 매우 ( )한 상태에서 잘 발생한다.

[8713-0184]
04 그림은 서해안에 폭설이 내린 어느 날 시베리아 기단이 황해를 지나는 모습을 나타낸 것이다.

서해안에 폭설이 발생한 원리를 시베리아 기단의 이동을 이용하여 서술하시오.

[8713-0185]
05 다음은 국지성 호우에 대한 글이다. ( ) 안에 들어갈 알맞은 말을 쓰시오.

> 비가 많이 내리는 것을 (㉠)라고 하며, 시간당 30 mm 이상의 비나 하루 동안 (㉡) 이상 또는 연 강수량의 10 %에 상당하는 비가 내릴 때를 국지성 호우 또는 집중 호우라고 한다.

[8713-0186]
06 그림은 월별 황사 관측 일수를 나타낸 것이다.

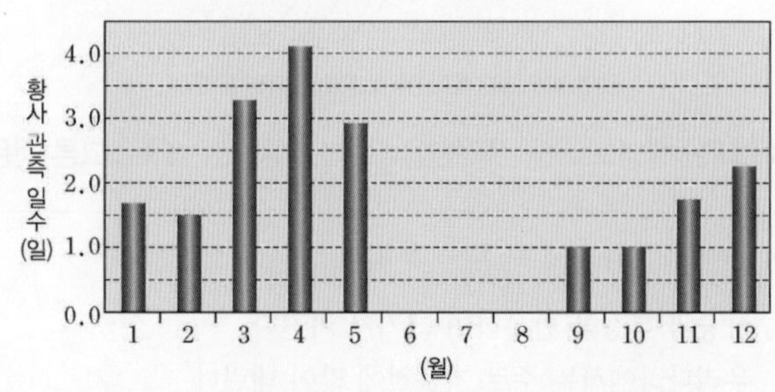

황사가 가장 많이 발생하는 계절은 언제이며, 그 까닭은 무엇인지 서술하시오.

09 해수의 성질

1 염분

(1) 염분: 해수 1 kg 속에 녹아 있는 모든 염류의 양을 g수로 나타낸 것으로 단위는 psu를 사용한다.

① 전 세계 해수의 평균 염분은 약 35 psu이다.

② 해수의 표층 염분은 (증발량−강수량)에 비례한다.

- 강수량이 많은 적도에서는 염분이 낮다.
- 증발량이 많은 중위도에서 염분이 가장 높다.

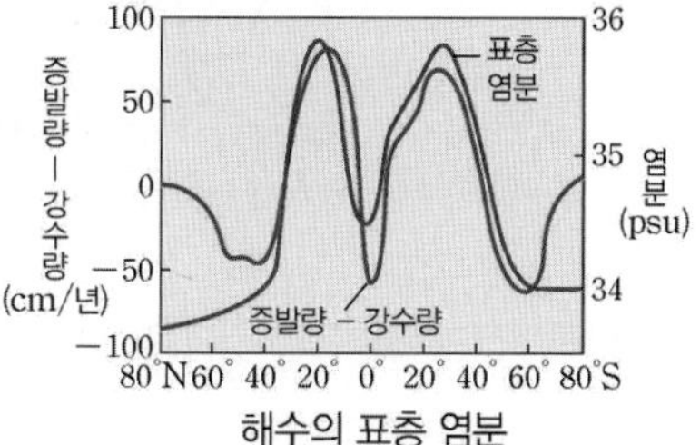

해수의 표층 염분

③ 담수의 유입이 있는 곳은 염분이 낮다.

④ 해수의 결빙이 일어나는 곳에서는 염분이 높고, 해빙이 일어나는 곳에서는 염분이 낮다.

2 수온

(1) 표층 수온 분포: 해수 표층의 온도는 태양 복사 에너지에 의해 결정된다.

① 저위도에서 고위도로 갈수록 대체로 낮아진다.

② 해류의 영향을 받아 등수온선이 위도와 나란하지 않은 곳도 있다.

(2) 연직 수온 분포: 연직 수온 분포에 따라 혼합층, 수온 약층, 심해층으로 구분한다.

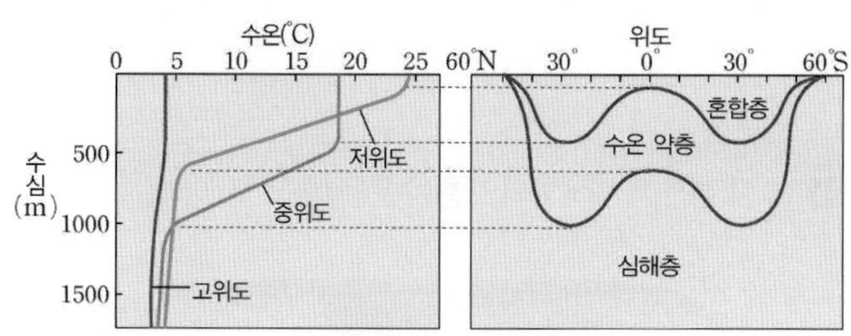

해수의 연직 수온 분포

① 혼합층: 수온이 높고 일정한 층으로 태양 복사 에너지와 바람의 혼합 작용으로 형성된다. ➡ 적도보다 중위도에서 두꺼우며, 바람이 강하게 부는 계절에 두껍다.

② 수온 약층: 깊이에 따라 수온이 급격히 낮아지는 층 ➡ 안정한 층으로 심해층과 혼합층의 물질 교환을 차단한다.

③ 심해층: 태양 복사 에너지가 도달하지 않아 수온이 낮고 일정한 층 ➡ 계절이나 위도에 따른 수온 변화가 거의 없다.

3 밀도

(1) 해수의 밀도: 수온이 낮을수록, 염분이 높을수록, 수압이 높을수록 커진다.

① 표층 해수의 밀도는 수온이 높은 저위도에서 작다.

② 수심이 깊어질수록 밀도가 증가하고, 수온 약층에서는 급격히 증가하며, 심해에서는 거의 일정하다.

(2) 수온−염분도(T-S도): 해수의 수온과 염분에 따른 밀도 변화를 나타낸 그래프

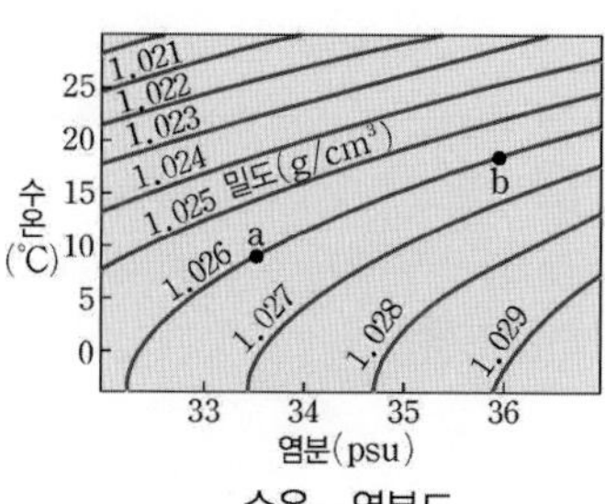

수온−염분도

① 오른쪽 아래로 갈수록(=수온이 낮을수록, 염분이 높을수록) 밀도가 커진다.

② a와 b의 수온과 염분은 다르지만 밀도는 같다.

4 용존 기체

(1) 용존 산소량: 광합성이 활발하고, 대기로부터의 산소 공급이 원활한 해수 표층에서 가장 높고, 깊은 곳은 침강한 극지방의 표층수가 유입되어 용존 산소량이 많아진다.

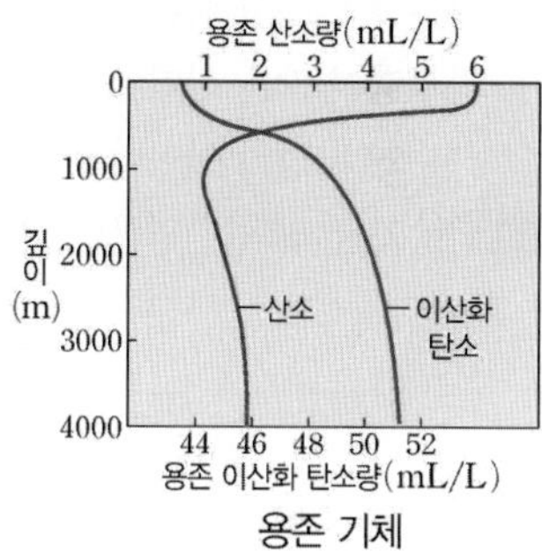

용존 기체

(2) 용존 이산화 탄소량: 광합성이 활발한 해수 표층에서 가장 적고, 수심이 깊어질수록 증가한다.

핵심 개념 체크

정답과 해설 20쪽

1. 해수의 염분은 (㉠)에 비례하므로, 강수량이 많은 적도보다 증발량이 많은 중위도에서 (㉡)다.

2. 해수의 표층 수온은 저위도보다 중위도에서 (㉠)고, 혼합층의 두께는 저위도보다 중위도에서 (㉡)다.

3. 수온 약층은 아래쪽의 수온이 낮고 위쪽의 수온이 높으므로 매우 ( )한 층이다.

4. 해수의 밀도는 수온이 (㉠)을수록, 염분이 (㉡)을수록, 수압이 (㉢)을수록 커진다.

5. 다음 중 옳은 것은 ○표, 옳지 않은 것은 ×표 하시오.

(1) 해수 표층의 온도는 주로 태양 복사 에너지에 의해 결정된다. ( )

(2) 해수의 밀도는 수심이 깊어질수록 대체로 커진다. ( )

(3) 해수 표층에서 용존 산소량이 많은 까닭은 해양 생물의 광합성이 활발하기 때문이다. ( )

(4) 해수의 용존 이산화 탄소량은 해수 표층에서 가장 많다. ( )

출제 예상 문제

[8713-0187]
01 그림은 해수 1 kg에 들어 있는 성분을 나타낸 것이다.

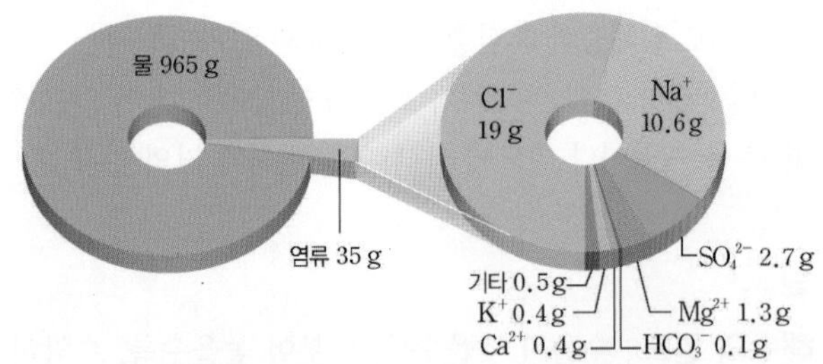

이에 대한 설명으로 옳은 것만을 〈보기〉에서 있는 대로 고른 것은?

> 보기
> ㄱ. 해수의 염분은 29.6 psu이다.
> ㄴ. 해수의 염류 중 양이온은 주로 지권으로부터 공급되었다.
> ㄷ. 염화 이온은 주로 해저 화산으로부터 공급되었다.

① ㄱ ② ㄴ ③ ㄱ, ㄷ
④ ㄴ, ㄷ ⑤ ㄱ, ㄴ, ㄷ

[8713-0188]
02 해수의 염분에 대한 설명으로 옳지 <u>않은</u> 것은?

① 해수 1 kg 속에 녹아 있는 염류의 총량이다.
② 모든 바다에서 염분은 동일하다.
③ 강수량이 많은 시기에는 염분이 낮아진다.
④ 해수의 결빙이 일어나는 곳에서는 염분이 높다.
⑤ 담수가 유입되면 염분이 낮아진다.

[8713-0189]
03 그림은 전 세계 해양의 표층 염분을 나타낸 것이다.

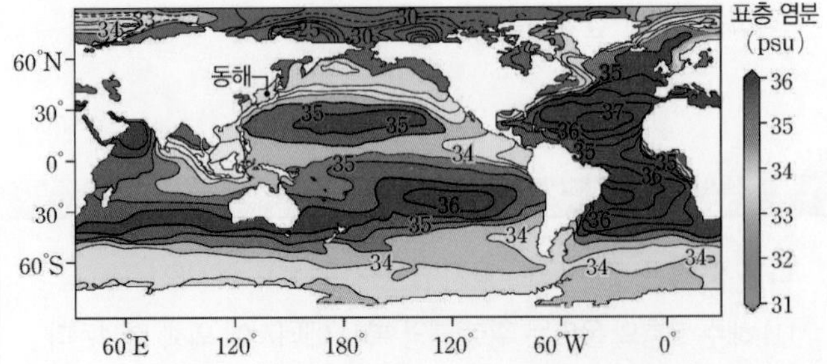

이에 대한 설명으로 옳은 것은?

① 등염분선은 위도와 나란하다.
② 수온이 높을수록 염분이 높다.
③ 저위도일수록 염분이 높다.
④ 육지에 가까운 곳일수록 염분이 높다.
⑤ 표층 해수의 평균 염분은 대서양이 태평양보다 높다.

[8713-0190]
04 그림은 위도에 따른 해수의 표층 염분과 (증발량－강수량)을 나타낸 것이다.

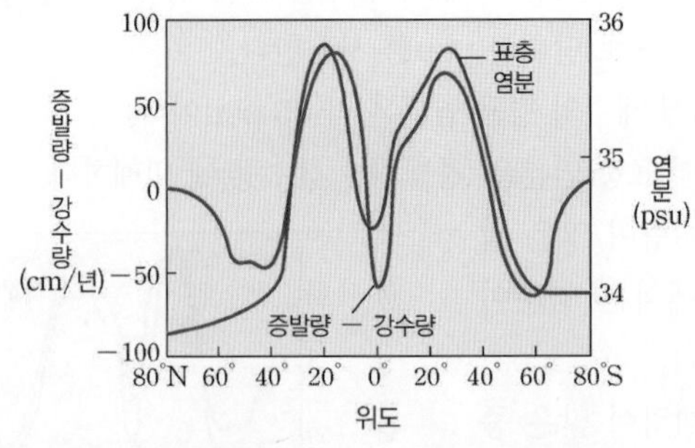

이에 대한 설명으로 옳은 것만을 〈보기〉에서 있는 대로 고른 것은?

> 보기
> ㄱ. 적도 해역은 증발량이 강수량보다 많다.
> ㄴ. 표층 염분이 가장 높은 해역은 위도 20°~30°이다.
> ㄷ. 표층 염분은 대체로 (증발량－강수량)에 비례한다.

① ㄱ ② ㄴ ③ ㄱ, ㄷ
④ ㄴ, ㄷ ⑤ ㄱ, ㄴ, ㄷ

[8713-0191]
05 그림은 전 세계 해양의 표층 수온을 나타낸 것이다.

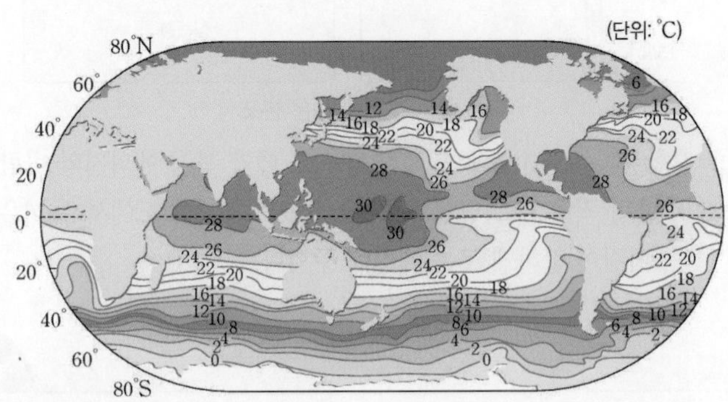

이에 대한 설명으로 옳은 것만을 〈보기〉에서 있는 대로 고른 것은?

> 보기
> ㄱ. 등수온선은 위도와 나란한 경향이 있다.
> ㄴ. 표층 수온에 가장 큰 영향을 미치는 요인은 해류이다.
> ㄷ. 한류의 영향을 받는 해역은 동일 위도의 다른 해역에 비해 수온이 낮다.

① ㄱ ② ㄴ ③ ㄱ, ㄷ
④ ㄴ, ㄷ ⑤ ㄱ, ㄴ, ㄷ

[8713-0192]
06 그림은 해수의 연직 수온 분포를 나타낸 것이다.

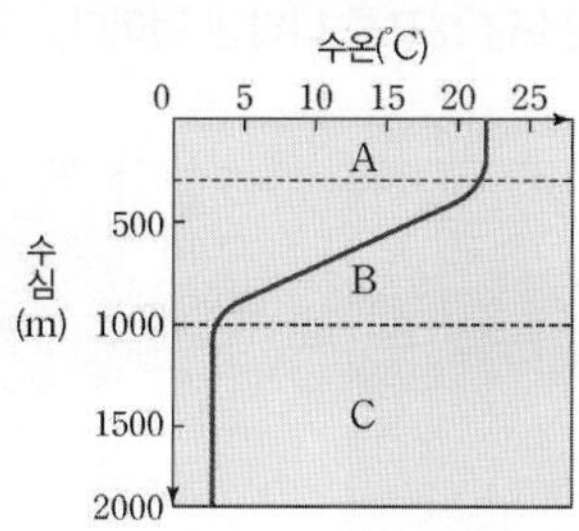

A, B, C층에 대한 설명으로 옳은 것만을 <보기>에서 있는 대로 고른 것은?

보기
ㄱ. 해수의 혼합은 A층에서 가장 활발하다.
ㄴ. 가장 불안정한 층은 B층이다.
ㄷ. 전체 해양에서 가장 많은 양을 차지하는 것은 C층이다.

① ㄱ ② ㄴ ③ ㄱ, ㄷ ④ ㄴ, ㄷ ⑤ ㄱ, ㄴ, ㄷ

[8713-0193]
07 해수 표층의 수온 분포에 영향을 주는 요인만을 <보기>에서 있는 대로 고른 것은?

보기
ㄱ. 태양 복사 에너지 ㄴ. 바람
ㄷ. 해류 ㄹ. 염분

① ㄱ ② ㄱ, ㄴ ③ ㄴ, ㄷ ④ ㄱ, ㄴ, ㄷ ⑤ ㄴ, ㄷ, ㄹ

[8713-0194]
08 그림은 저위도, 중위도, 고위도 해역의 연직 수온 분포를 나타낸 것이다.

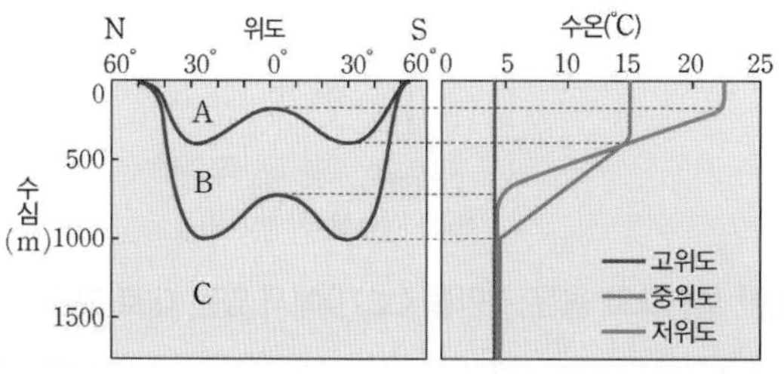

이에 대한 설명으로 옳은 것만을 <보기>에서 있는 대로 고른 것은?

보기
ㄱ. A층의 온도는 저위도에서 가장 높다.
ㄴ. B층이 나타나는 깊이는 중위도가 저위도보다 깊다.
ㄷ. C층은 위도에 따른 수온 변화가 거의 없다.

① ㄱ ② ㄴ ③ ㄱ, ㄷ ④ ㄴ, ㄷ ⑤ ㄱ, ㄴ, ㄷ

[8713-0195]
09 그림 (가)와 (나)는 인공위성으로 관측한 우리나라 근해의 2월과 8월의 해수면 온도이다.

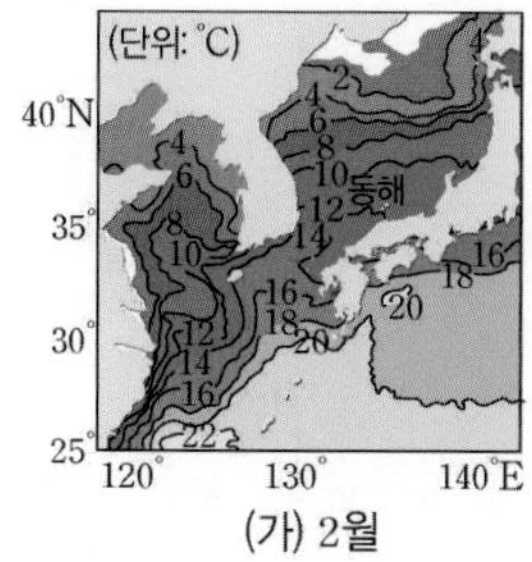

(가) 2월

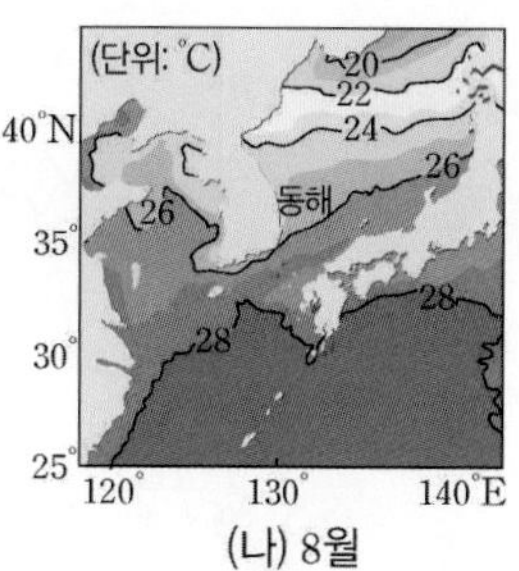

(나) 8월

이에 대한 설명으로 옳은 것만을 <보기>에서 있는 대로 고른 것은?

보기
ㄱ. 해수면 온도는 해수면에서 방출되는 적외선을 관측하여 측정한다.
ㄴ. 2월에는 황해가 동해보다 수온이 높다.
ㄷ. 2월과 8월의 온도 차이는 동해가 황해보다 크다.

① ㄱ ② ㄷ ③ ㄱ, ㄴ
④ ㄴ, ㄷ ⑤ ㄱ, ㄴ, ㄷ

[8713-0196]
10 그림 (가)와 (나)는 우리나라 근해의 2월과 8월의 표층 염분을 나타낸 것이다.

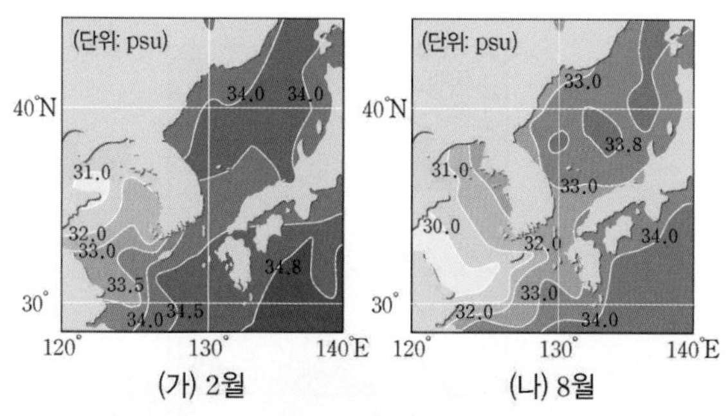

(가) 2월 (나) 8월

이에 대한 설명으로 옳은 것만을 <보기>에서 있는 대로 고른 것은?

보기
ㄱ. 동해의 표층 염분은 2월보다 8월에 높다.
ㄴ. 황해는 동해보다 표층 염분이 높다.
ㄷ. 표층 염분이 가장 높은 바다는 남해이다.

① ㄱ ② ㄷ ③ ㄱ, ㄴ
④ ㄴ, ㄷ ⑤ ㄱ, ㄴ, ㄷ

[8713-0197]
11 그림은 위도에 따른 표층 해수의 수온, 염분, 밀도를 순서 없이 A, B, C로 나타낸 것이다.

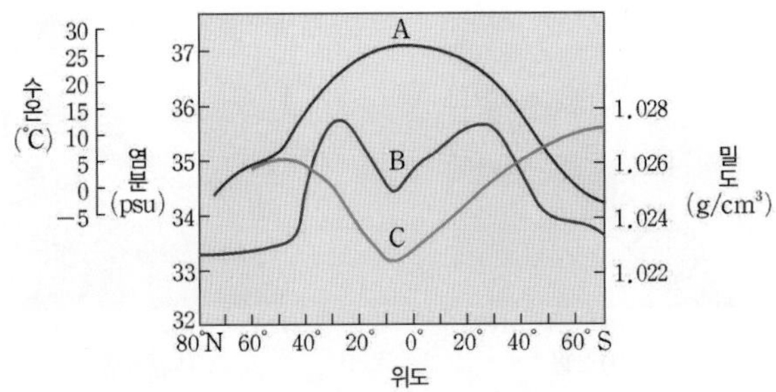

해수의 수온, 염분, 밀도를 각각 옳게 나타낸 것은?

	수온	염분	밀도		수온	염분	밀도
①	A	B	C	②	A	C	B
③	B	A	C	④	B	C	A
⑤	C	A	B				

[8713-0198]
12 해수의 밀도에 대한 설명으로 옳지 않은 것은?

① 수온이 낮을수록 밀도가 크다.
② 염분이 높을수록 밀도가 크다.
③ 수압이 높을수록 밀도가 크다.
④ 혼합층보다 심해층의 밀도가 크다.
⑤ 수온 약층에서는 깊이에 따른 밀도 변화가 거의 없다.

[8713-0199]
13 그림은 해수 A, B, C의 수온과 염분을 수온−염분도에 나타낸 것이다.

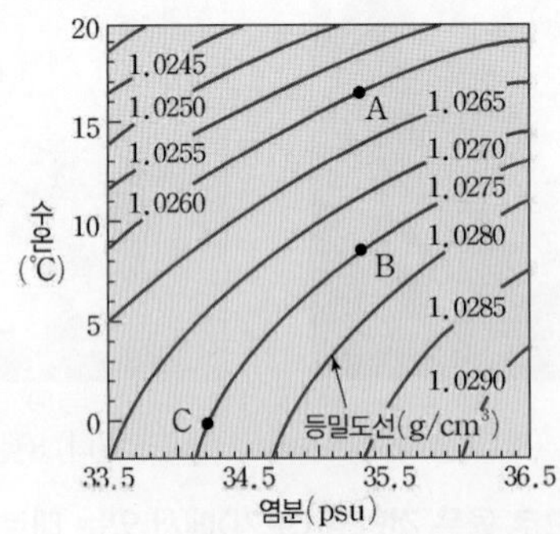

이에 대한 설명으로 옳은 것만을 〈보기〉에서 있는 대로 고른 것은?

보기
ㄱ. A와 B는 수온이 같다.
ㄴ. B와 C는 밀도가 같다.
ㄷ. C는 A보다 수온이 낮고 염분이 높다.

① ㄱ ② ㄴ ③ ㄱ, ㄷ ④ ㄴ, ㄷ ⑤ ㄱ, ㄴ, ㄷ

[8713-0200]
14 그림 (가)는 우리나라 동해안 어느 해역의 수심에 따른 수온 분포를, (나)는 용존 산소량 분포를 나타낸 것이다.

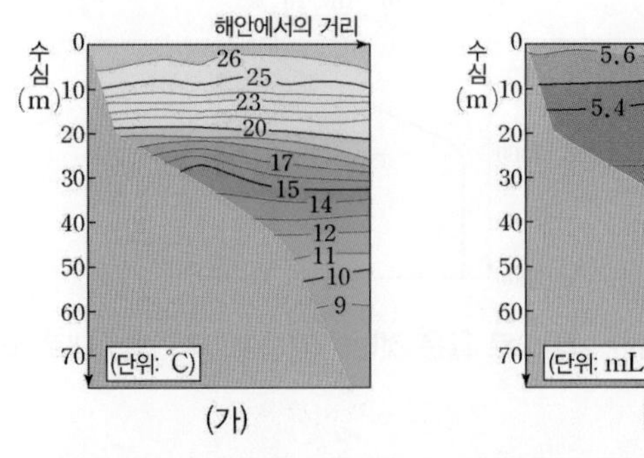

(가) (나)

이에 대한 설명으로 옳은 것만을 〈보기〉에서 있는 대로 고른 것은?

보기
ㄱ. 수심이 깊어질수록 수온이 낮아진다.
ㄴ. 수온이 낮을수록 용존 산소량이 많아진다.
ㄷ. 해수의 연직 순환은 수심 20 m 부근에서 가장 활발하다.

① ㄱ ② ㄷ ③ ㄱ, ㄴ
④ ㄴ, ㄷ ⑤ ㄱ, ㄴ, ㄷ

[8713-0201]
15 그림은 해수의 용존 산소량과 용존 이산화 탄소량을 A, B로 순서 없이 나타낸 것이다.

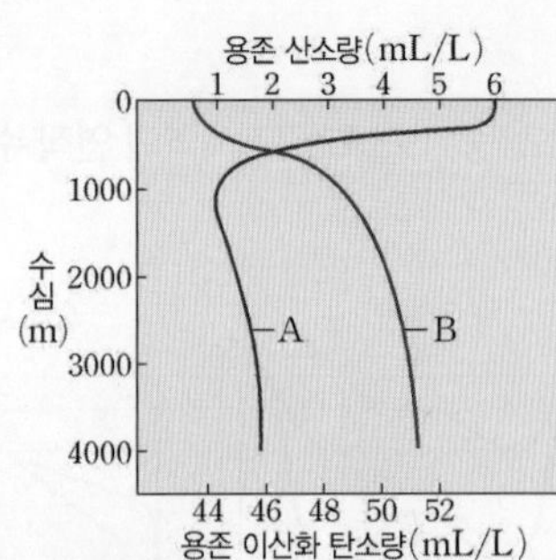

이에 대한 설명으로 옳은 것만을 〈보기〉에서 있는 대로 고른 것은?

보기
ㄱ. A는 용존 산소량이다.
ㄴ. 용존 이산화 탄소량은 수심이 깊어질수록 증가한다.
ㄷ. 수심 4000 m의 용존 산소량이 1000 m의 용존 산소량보다 많은 것은 해양 생물의 활동 때문이다.

① ㄱ ② ㄷ ③ ㄱ, ㄴ
④ ㄴ, ㄷ ⑤ ㄱ, ㄴ, ㄷ

[8713-0202]
01 그림은 해수의 연직 수온 분포를 나타낸 것이다. 아래 설명에 해당하는 층의 기호와 명칭을 각각 쓰시오.

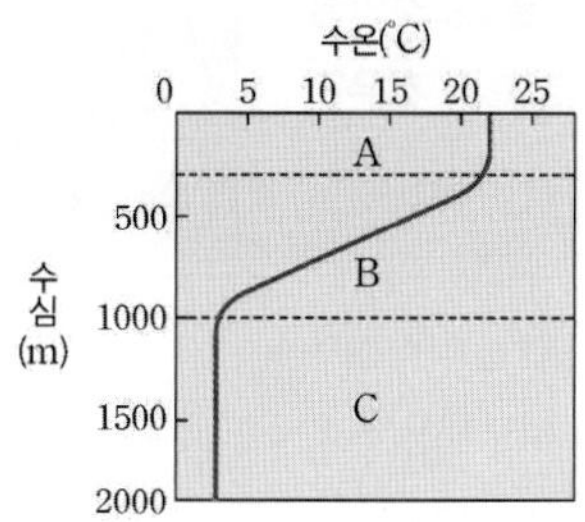

(1) 해수의 연직 혼합이 가장 일어나기 어려운 층:
(2) 해양 생물이 가장 많이 서식하고 있는 층:

[8713-0203]
02 그림은 위도에 따른 증발량과 강수량을 나타낸 것이다.

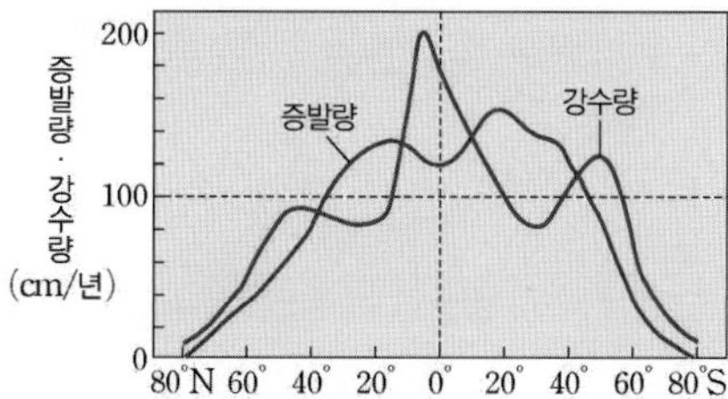

이를 이용하여 적도와 중위도의 해수 표층 염분이 어떻게 다른지 비교하여 서술하시오.

[8713-0204]
03 그림은 해수의 층상 구조를 나타낸 것이다.

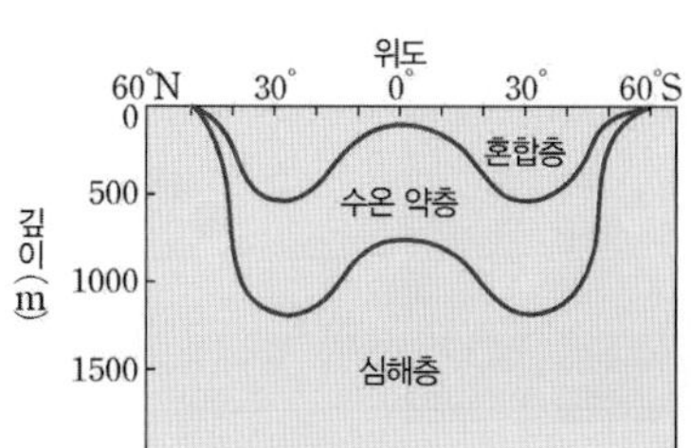

혼합층의 두께에 관한 아래의 설명이 바르게 되도록 ( ) 안에 들어갈 알맞은 말을 쓰시오.

> 혼합층의 두께가 저위도보다 중위도에서 두꺼운 까닭은 중위도가 저위도보다 (   )이 강하기 때문이다.

[8713-0205]
04 그림 (가)와 (나)는 우리나라 근해의 2월과 8월의 표층 염분 분포를 나타낸 것이다.

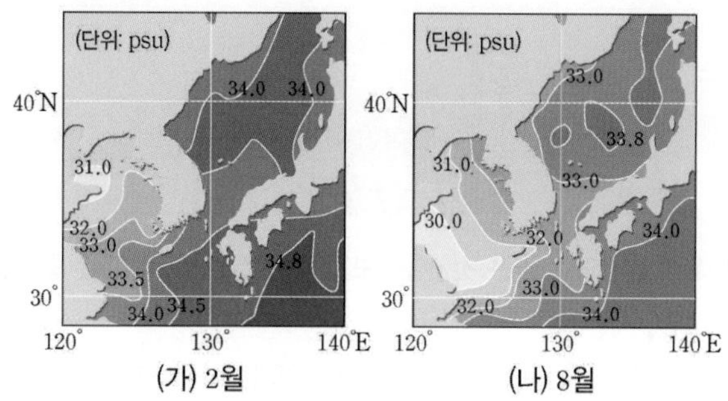

(가) 2월 (나) 8월

(1) 2월보다 8월의 표층 염분이 낮은 까닭을 서술하시오.
(2) 동해보다 황해의 표층 염분이 낮은 까닭을 서술하시오.

[8713-0206]
05 다음은 수온－염분도와 관련된 설명이다. ( ) 안에 들어갈 알맞은 말을 쓰시오.

> 해수 A와 밀도는 같으면서 염분이 높은 해수는 해수 A보다 수온이 (㉠   )고, 해수 A와 밀도는 같으면서 수온이 낮은 해수는 해수 A보다 염분이 (㉡   )다.

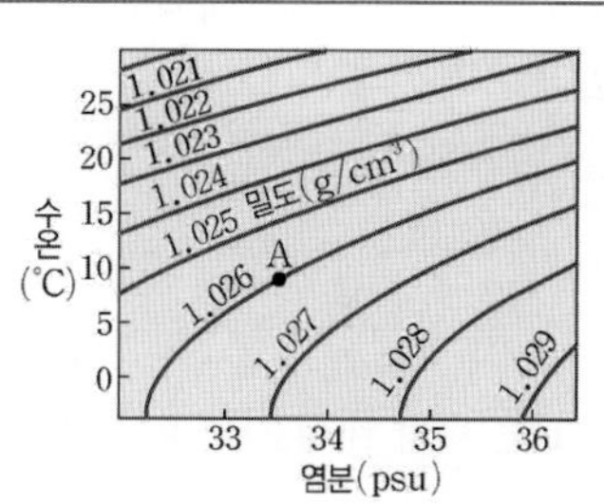

[8713-0207]
06 그림은 해수 A와 B의 수온과 염분을 수온－염분도에 나타낸 것이다.

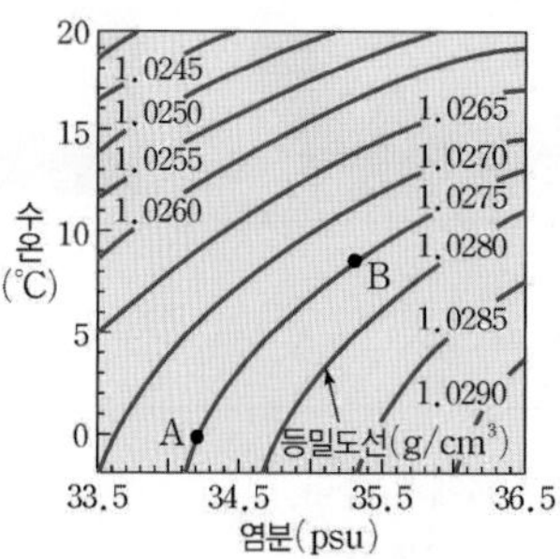

해수 A와 B를 같은 양만큼 섞었을 때 밀도는 어떻게 될지 서술하시오.

대단원 종합 문제

[8713-0208]
01 그림은 고기압과 저기압에서 공기의 움직임을 나타낸 것이다.

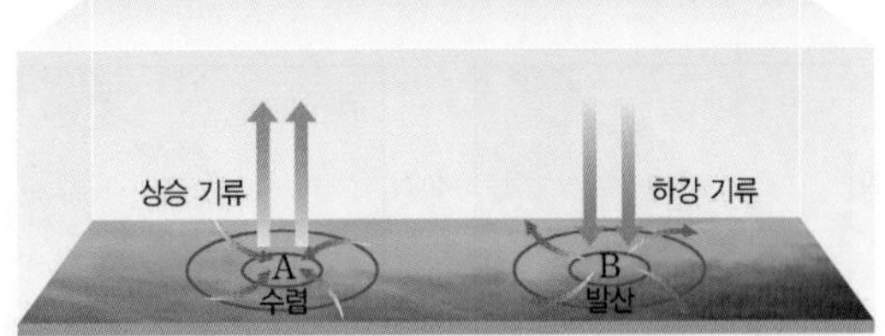

이에 대한 설명으로 옳은 것만을 〈보기〉에서 있는 대로 고른 것은?

보기
ㄱ. A에서 상승하는 공기 덩어리의 온도는 낮아진다.
ㄴ. B에서 하강하는 공기 덩어리의 부피는 증가한다.
ㄷ. 날씨는 A가 B보다 맑다.

① ㄱ ② ㄴ ③ ㄱ, ㄷ ④ ㄴ, ㄷ ⑤ ㄱ, ㄴ, ㄷ

[8713-0209]
02 그림은 어느 날 우리나라 부근을 지나는 온대 저기압을 나타낸 것이다.

A, B, C 지역의 날씨에 대한 설명으로 옳지 않은 것은?

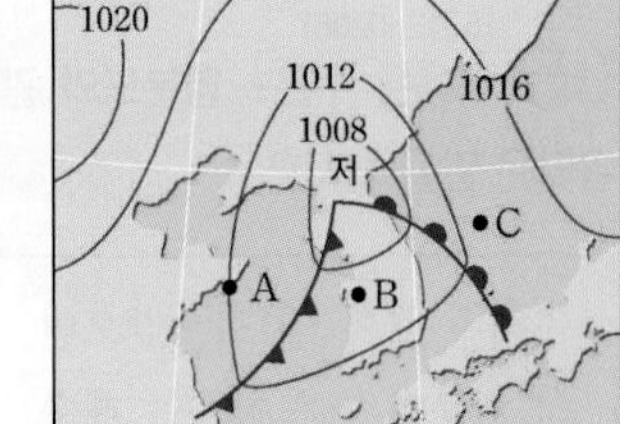

① 기압은 A가 B보다 높다.
② 기온은 B가 C보다 높다.
③ A 지역에는 북서풍이 분다.
④ B는 비가 내릴 가능성이 가장 낮다.
⑤ C 지역에서 구름의 높이는 점점 높아지고 있다.

[8713-0210]
03 그림 (가)는 성질이 다른 두 기단이 만나서 생기는 어떤 전선면의 모습을, (나)는 A, B 중 어느 한 곳에서 관측한 기상 현상을 나타낸 것이다.

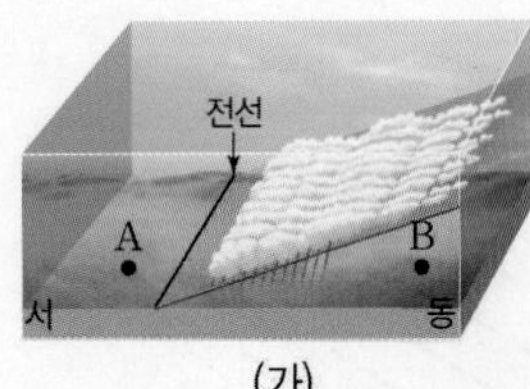

(가)

(나)

이에 대한 설명으로 옳은 것만을 〈보기〉에서 있는 대로 고른 것은?

보기
ㄱ. 기온은 A보다 B에서 높다.
ㄴ. 전선은 서쪽으로 이동한다.
ㄷ. (나)는 B에서 관측한 것이다.

① ㄱ ② ㄷ ③ ㄱ, ㄴ ④ ㄴ, ㄷ ⑤ ㄱ, ㄴ, ㄷ

[8713-0211]
04 그림은 어느 날 우리나라 부근의 일기도를 나타낸 것이다. 이에 대한 설명으로 옳은 것만을 〈보기〉에서 있는 대로 고른 것은?

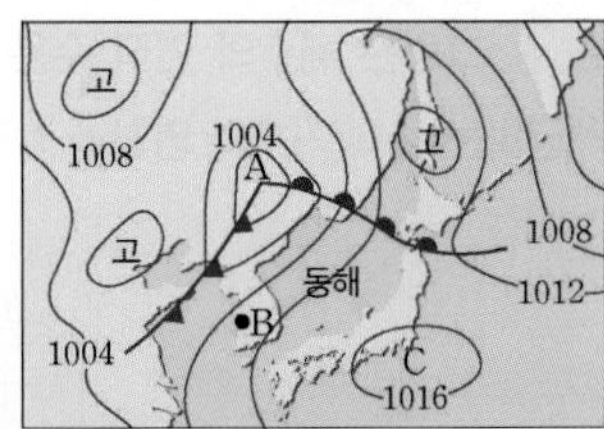

보기
ㄱ. A에는 상승 기류가 발달한다.
ㄴ. B 지점에는 남서풍이 분다.
ㄷ. C 부근의 날씨는 맑다.

① ㄱ ② ㄴ ③ ㄱ, ㄷ ④ ㄴ, ㄷ ⑤ ㄱ, ㄴ, ㄷ

[8713-0212]
05 그림은 온대 저기압이 지나가는 동안 우리나라의 어느 지역에서 측정한 기온과 기압 변화를 나타낸 것이다.

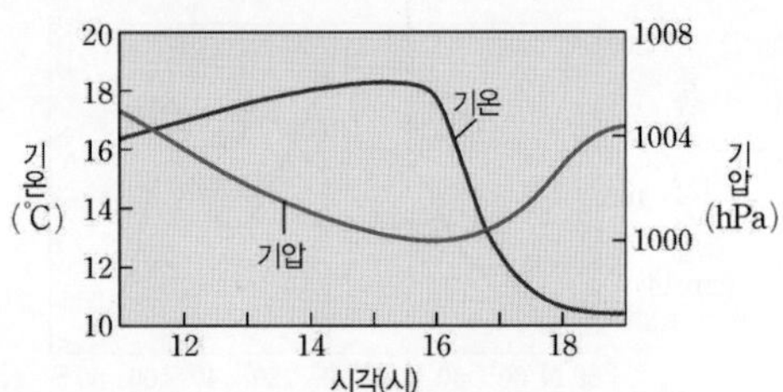

한랭 전선이 지나간 시각으로 가장 적당한 것은?

① 11시경 ② 12시경 ③ 14시경 ④ 16시경 ⑤ 18시경

[8713-0213]
06 그림은 온대 저기압이 우리나라를 통과하는 동안 부산에서 24시간 간격으로 관측한 기상 요소를 순서 없이 A, B, C로 나타낸 것이다.

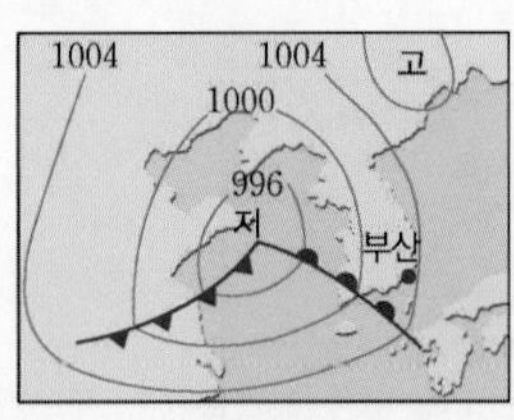

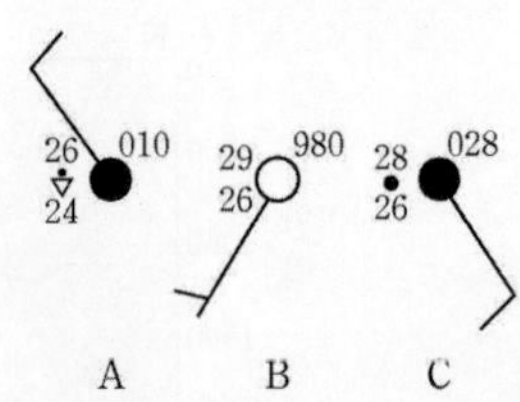

이에 대한 설명으로 옳은 것만을 〈보기〉에서 있는 대로 고른 것은?

보기
ㄱ. 관측한 순서는 A → B → C이다.
ㄴ. 부산 지방의 기압은 점점 낮아졌다.
ㄷ. 부산 지방의 풍향은 시계 방향으로 변하였다.

① ㄱ ② ㄷ ③ ㄱ, ㄴ ④ ㄴ, ㄷ ⑤ ㄱ, ㄴ, ㄷ

[8713-0214]
07 그림 (가)와 (나)는 여름철과 겨울철의 일기도를 순서 없이 나타낸 것이다.

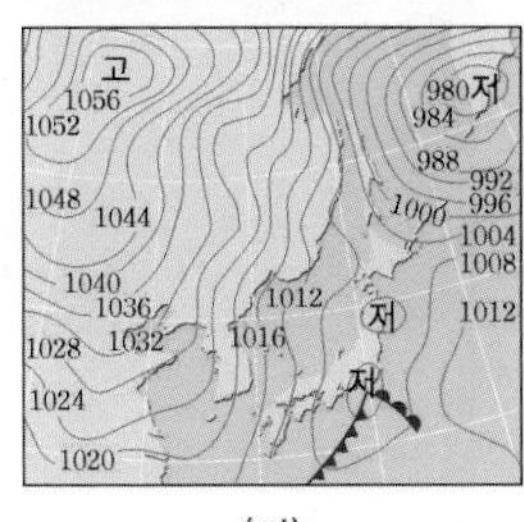

(가)

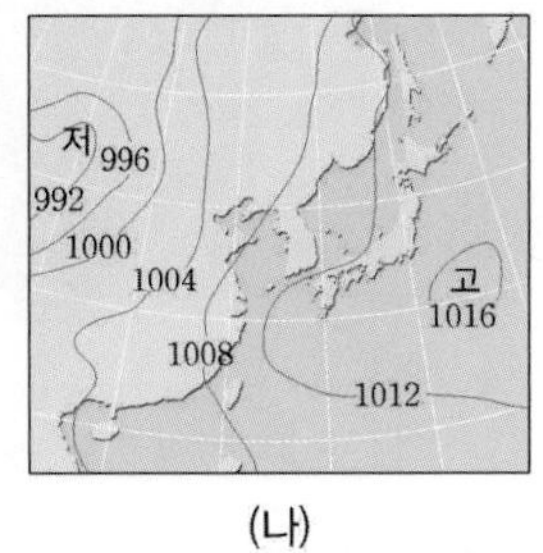

(나)

이에 대한 설명으로 옳은 것만을 〈보기〉에서 있는 대로 고른 것은?

보기

ㄱ. (가)는 겨울철 일기도이다.
ㄴ. (나)에서 우리나라는 주로 남풍 계열의 바람이 분다.
ㄷ. 우리나라에서 바람의 세기는 (가)가 (나)보다 강하다.

① ㄱ ② ㄴ ③ ㄱ, ㄷ ④ ㄴ, ㄷ ⑤ ㄱ, ㄴ, ㄷ

[8713-0215]
08 그림은 어느 해 우리나라를 지나간 태풍의 이동 경로를 나타낸 것이다. 이에 대한 설명으로 옳은 것만을 〈보기〉에서 있는 대로 고른 것은?

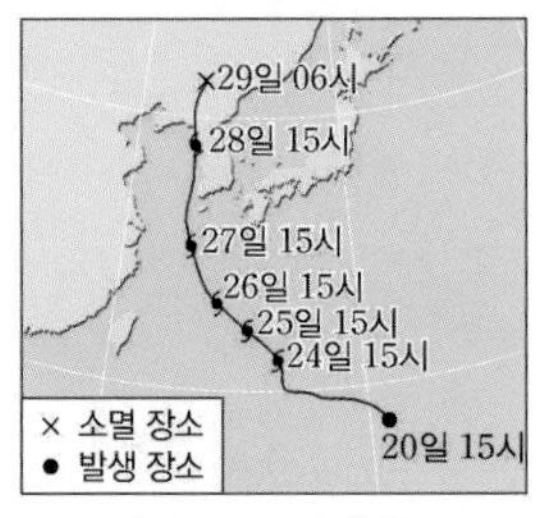

보기

ㄱ. 28일 15시 이후 태풍 중심 기압은 급격히 낮아졌다.
ㄴ. 우리나라는 태풍의 위험 반원에 놓여 있었다.
ㄷ. 제주에서 풍향은 시계 방향으로 변하였다.

① ㄱ ② ㄴ ③ ㄱ, ㄷ ④ ㄴ, ㄷ ⑤ ㄱ, ㄴ, ㄷ

[8713-0216]
09 그림은 어느 날 우리나라 부근의 일기도를 나타낸 것이다. 이에 대한 설명으로 옳은 것만을 〈보기〉에서 있는 대로 고른 것은?

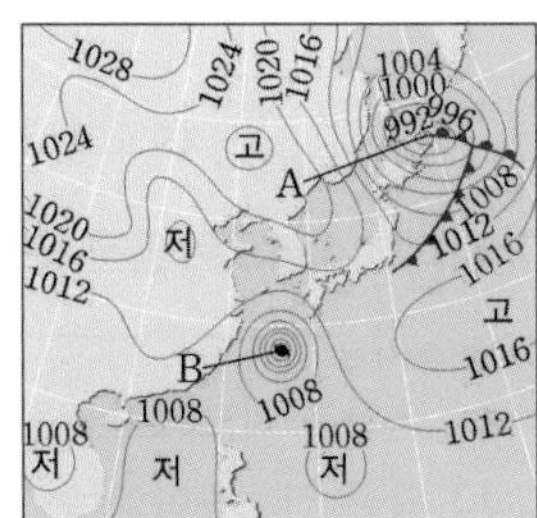

보기

ㄱ. B는 태풍이다.
ㄴ. 우리나라는 동풍 계열의 바람이 분다.
ㄷ. 앞으로 우리나라는 A의 영향을 받을 것이다.

① ㄱ ② ㄷ ③ ㄱ, ㄴ ④ ㄴ, ㄷ ⑤ ㄱ, ㄴ, ㄷ

[8713-0217]
10 그림 (가)와 (나)는 우리나라를 지나는 온대 저기압과 태풍의 위성 영상을 순서 없이 나타낸 것이다.

(가)

(나)

이에 대한 설명으로 옳은 것만을 〈보기〉에서 있는 대로 고른 것은?

보기

ㄱ. (가)의 중심에는 하강 기류가 있다.
ㄴ. 중심 기압은 (가)가 (나)보다 높다.
ㄷ. (가)와 (나)의 구름은 시계 반대 방향으로 회전한다.

① ㄱ ② ㄷ ③ ㄱ, ㄴ
④ ㄴ, ㄷ ⑤ ㄱ, ㄴ, ㄷ

[8713-0218]
11 그림 (가)는 어느 날 우리나라 부근의 일기도를, (나)는 (가)의 A, B, C 중 어느 한 곳에서 관측한 기상 현상을 나타낸 것이다.

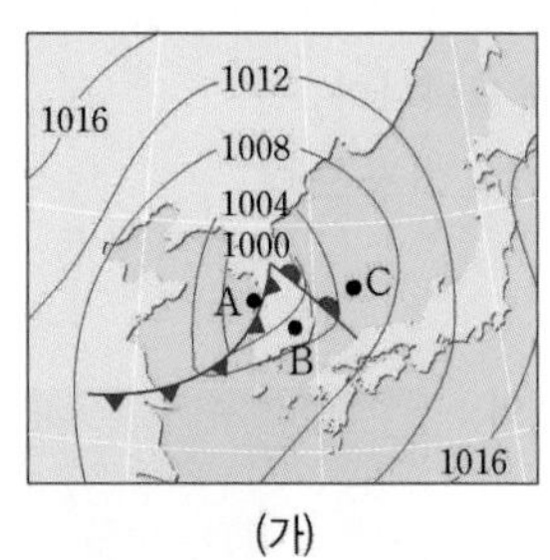

(가)

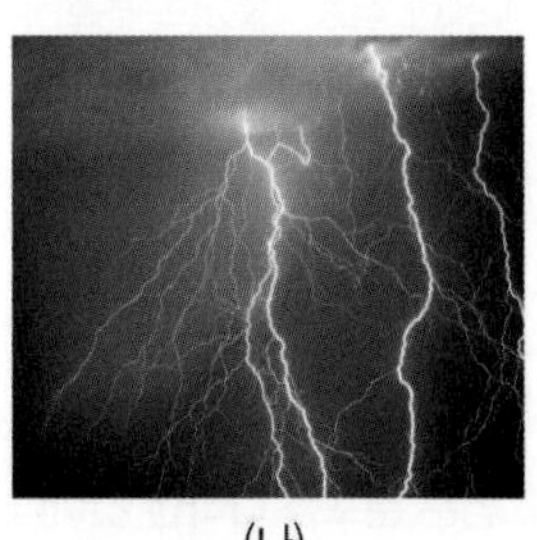
(나)

이에 대한 설명으로 옳은 것만을 〈보기〉에서 있는 대로 고른 것은?

보기

ㄱ. (나)는 A 지역에서 관측한 것이다.
ㄴ. B 지역은 고기압의 영향을 받고 있다.
ㄷ. 온난 전선이 통과하기 전까지 C 지역의 기압은 점점 낮아진다.

① ㄱ ② ㄴ ③ ㄱ, ㄷ
④ ㄴ, ㄷ ⑤ ㄱ, ㄴ, ㄷ

[8713-0219]

12 그림 (가)와 (나)는 우리나라에 악기상이 나타날 때의 위성 영상을 나타낸 것이다.

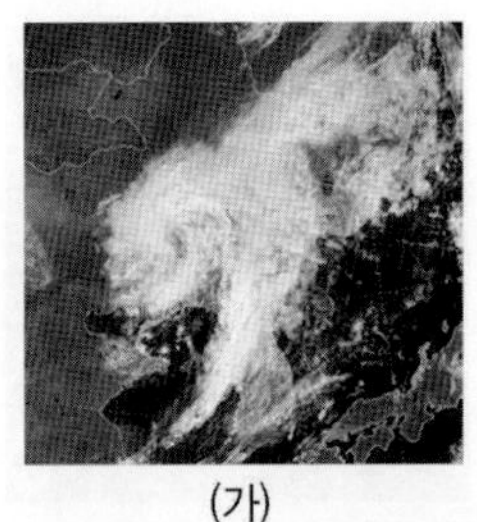
(가)

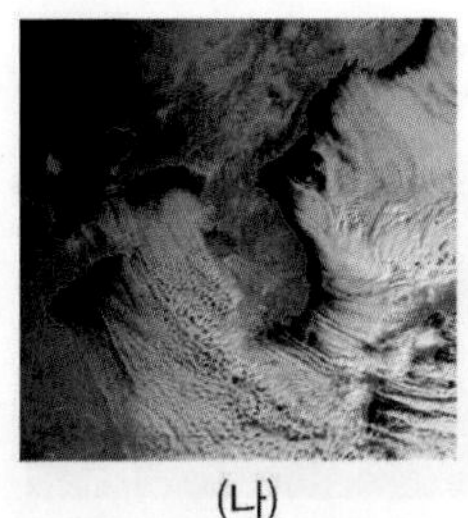
(나)

이에 대한 설명으로 옳은 것만을 〈보기〉에서 있는 대로 고른 것은?

보기

ㄱ. (가)에서는 낙뢰로 인한 피해가 나타날 수 있다.

ㄴ. (나)에서는 우박에 의한 피해가 생길 수 있다.

ㄷ. (가)는 겨울철에, (나)는 여름철에 잘 나타난다.

① ㄱ ② ㄴ ③ ㄱ, ㄷ ④ ㄴ, ㄷ ⑤ ㄱ, ㄴ, ㄷ

[8713-0220]

13 그림 (가)는 해수의 연직 수온 분포를, (나)는 해수의 층상 구조를 나타낸 것이다. 이에 대한 설명으로 옳은 것은?

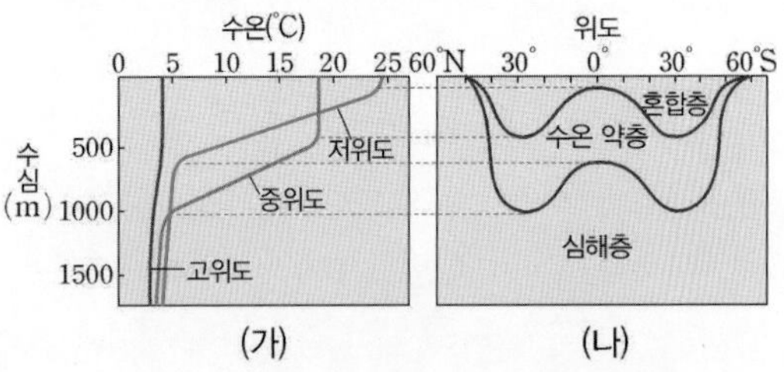

(가) (나)

① 수심이 깊어질수록 위도에 따른 수온 변화가 크다.

② 바람은 저위도보다 중위도 해역에서 강하게 분다.

③ 해수의 연직 순환은 중위도보다 저위도 해역에서 활발하다.

④ 혼합층은 고위도에서 가장 두껍게 나타난다.

⑤ 계절에 따른 수온 변화는 심해층에서 가장 크다.

[8713-0221]

14 그림은 우리나라 근해에서 8월의 표층 염분 분포를 나타낸 것이다. 이에 대한 설명으로 옳은 것만을 〈보기〉에서 있는 대로 고른 것은?

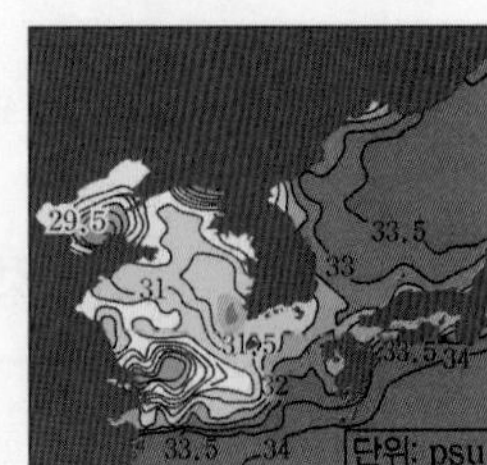

보기

ㄱ. 황해는 동해보다 담수의 유입이 많다.

ㄴ. 육지에서 먼 바다일수록 염분이 낮다.

ㄷ. 황해의 염분은 2월에 더 낮아질 것이다.

① ㄱ ② ㄴ ③ ㄱ, ㄷ ④ ㄴ, ㄷ ⑤ ㄱ, ㄴ, ㄷ

[8713-0222]

15 그림은 동해안의 2월과 8월의 연직 수온 분포를 나타낸 것이다.

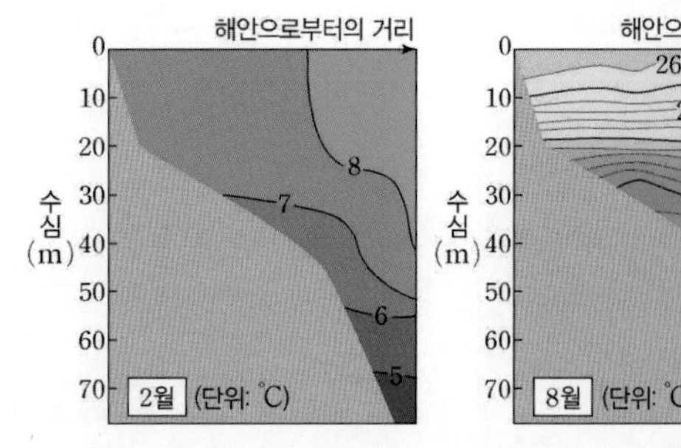

이에 대한 설명으로 옳은 것만을 〈보기〉에서 있는 대로 고른 것은?

보기

ㄱ. 표층 해수의 밀도는 2월보다 8월에 크다.

ㄴ. 수심에 따른 밀도 증가는 2월보다 8월에 크다.

ㄷ. 해수의 연직 순환은 2월보다 8월에 활발하다.

① ㄱ ② ㄴ ③ ㄱ, ㄷ
④ ㄴ, ㄷ ⑤ ㄱ, ㄴ, ㄷ

[8713-0223]

16 그림은 고위도와 저위도의 해수 중 용존 산소량을 순서 없이 A, B로 나타낸 것이다.

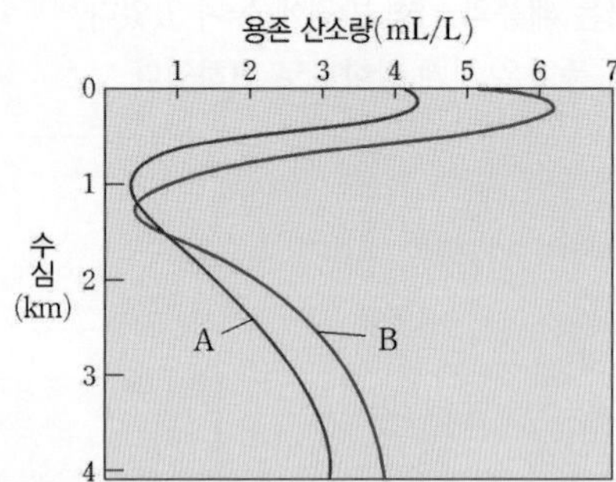

이에 대한 설명으로 옳은 것만을 〈보기〉에서 있는 대로 고른 것은?

보기

ㄱ. A는 고위도의 용존 산소량이다.

ㄴ. 용존 산소량이 해수 표층에서 가장 많은 까닭은 생물의 광합성과 대기로부터의 공급 때문이다.

ㄷ. 깊이 1 km보다 깊이 4 km에서 용존 산소량이 더 많은 까닭은 표층에서 침강한 해수 때문이다.

① ㄱ ② ㄴ ③ ㄱ, ㄷ
④ ㄴ, ㄷ ⑤ ㄱ, ㄴ, ㄷ

[8713-0224]

17 그림 (가)는 온대 저기압이 우리나라를 통과한 어느 날 서울에서 관측한 기온과 기압 변화를, (나)는 이날 6시, 12시, 18시의 풍향과 풍속을 ㉠, ㉡, ㉢으로 순서 없이 나타낸 것이다.

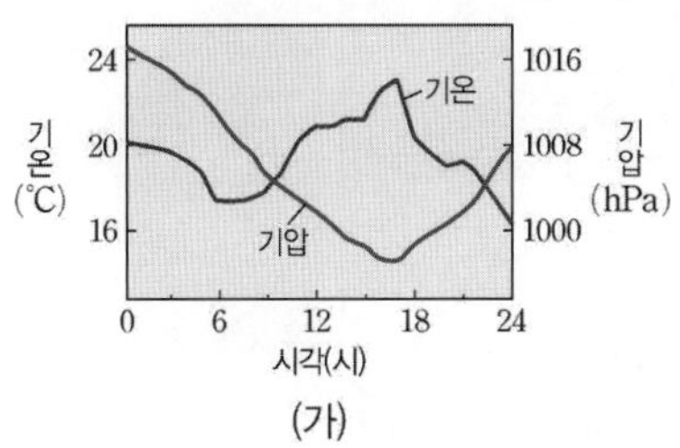

(가)

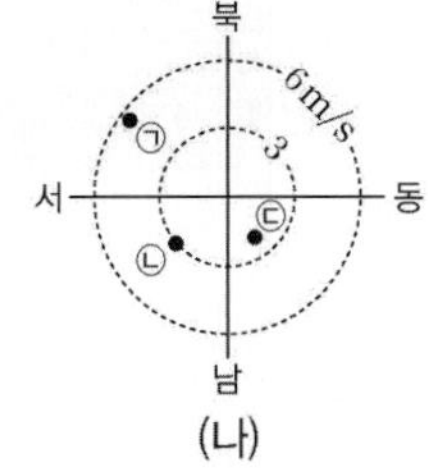

(나)

이에 대한 설명으로 옳은 것만을 <보기>에서 있는 대로 고른 것은?

보기
ㄱ. (나)에서 관측한 순서는 ㉠ → ㉡ → ㉢이다.
ㄴ. 17시 무렵에 한랭 전선이 통과하였다.
ㄷ. 온대 저기압의 중심은 서울의 남쪽을 통과하였다.

① ㄱ ② ㄴ ③ ㄱ, ㄷ
④ ㄴ, ㄷ ⑤ ㄱ, ㄴ, ㄷ

[8713-0225]

18 그림은 우리나라 남쪽에 위치한 태풍의 위성 사진이다. 색은 위성에서 관측한 온도를 나타낸다.

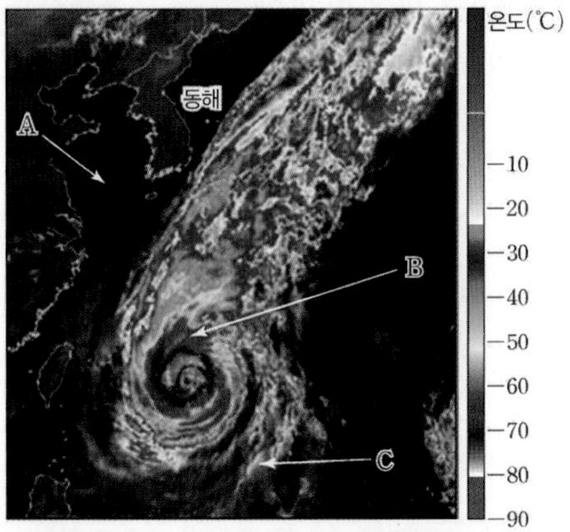

이에 대한 설명으로 옳은 것만을 <보기>에서 있는 대로 고른 것은?

보기
ㄱ. 위성 사진은 자외선을 이용하여 관측한 것이다.
ㄴ. A 지점의 기압은 C 지점의 기압보다 높다.
ㄷ. 구름 최상부의 높이는 B가 C보다 높다.

① ㄱ ② ㄷ ③ ㄱ, ㄴ
④ ㄴ, ㄷ ⑤ ㄱ, ㄴ, ㄷ

[8713-0226]

19 그림은 우리나라 어느 해역에서 측정한 월별 수심에 따른 수온 변화를 나타낸 것이다.

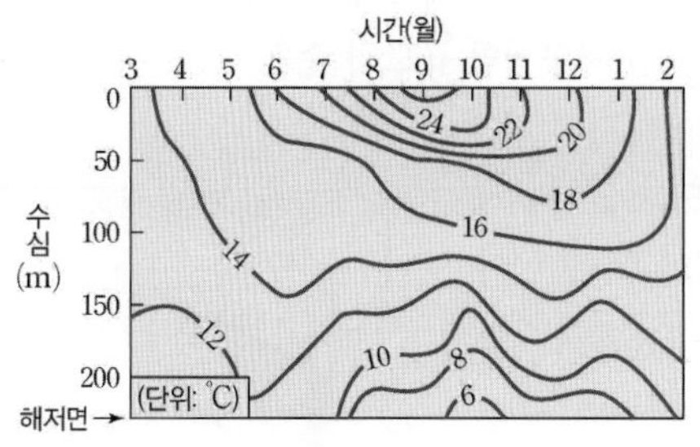

이에 대한 설명으로 옳은 것만을 <보기>에서 있는 대로 고른 것은?

보기
ㄱ. 해저면과 표층의 수온 변화 경향은 서로 반대이다.
ㄴ. 수온 약층이 가장 강하게 발달하는 시기는 3월이다.
ㄷ. 해수의 연직 혼합은 3월보다 9월에 일어나기 쉽다.

① ㄱ ② ㄷ ③ ㄱ, ㄴ
④ ㄴ, ㄷ ⑤ ㄱ, ㄴ, ㄷ

[8713-0227]

20 그림은 우리나라 남서 해안에 위치한 세 해역 A, B, C에서 1년 동안 측정한 해수 표층의 수온과 염분을 나타낸 것이다.

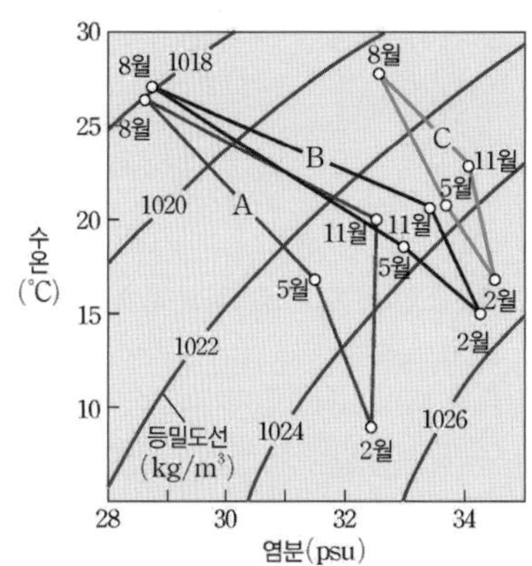

이에 대한 설명으로 옳은 것만을 <보기>에서 있는 대로 고른 것은?

보기
ㄱ. 표층 해수의 밀도는 2월에 가장 크다.
ㄴ. 담수의 영향은 A보다 C에서 크다.
ㄷ. B 해역은 2월보다 8월에 담수의 영향을 많이 받는다.

① ㄱ ② ㄴ ③ ㄱ, ㄷ
④ ㄴ, ㄷ ⑤ ㄱ, ㄴ, ㄷ

10 해수의 순환

1 대기 대순환과 해수의 표층 순환

(1) 대기 대순환: 위도별 에너지 불균형과 지구 자전의 영향으로 발생하는 전 지구적인 규모의 순환

① 위도별 에너지 수지

- 저위도: 에너지 과잉(태양 복사 에너지 흡수량> 지구 복사 에너지 방출량)
- 고위도: 에너지 부족(태양 복사 에너지 흡수량< 지구 복사 에너지 방출량)

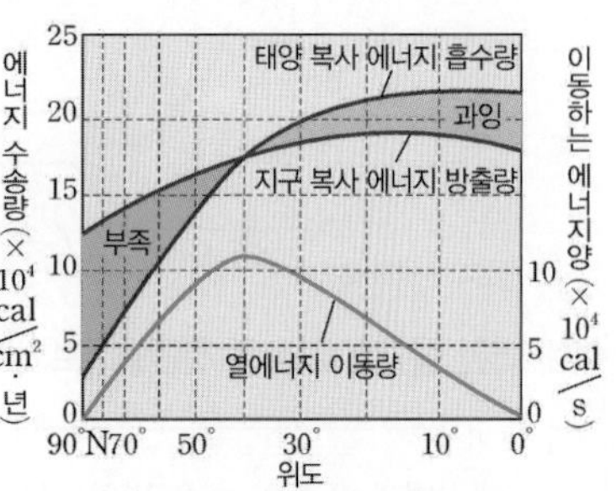

위도에 따른 에너지 불균형

- 저위도에서 고위도로 열에너지가 이동한다.

② 대기 대순환

지구가 자전하지 않을 때

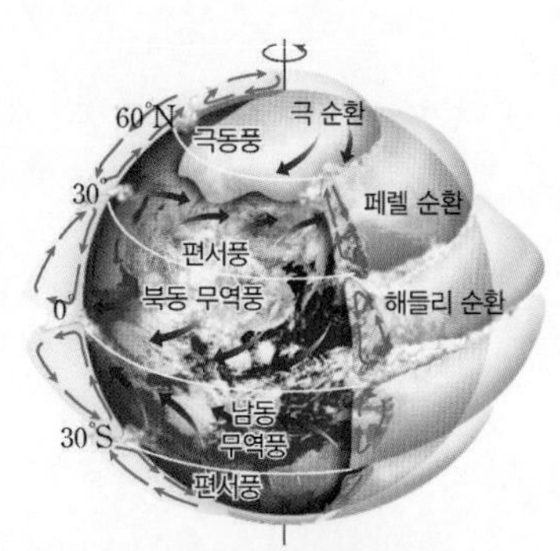

지구가 자전할 때

- 지구가 자전하지 않을 때는 열대류 세포가 남반구와 북반구에 각각 1개씩 형성된다.
- 지구가 자전할 때는 남반구와 북반구에 각각 3개의 순환 세포가 만들어진다.

해들리 순환 (직접 순환)	적도에서 가열된 공기가 상승 → 위도 30° 부근에서 냉각되어 하강 → 지상에 무역풍 형성
페렐 순환 (간접 순환)	위도 30° 부근에서 하강, 위도 60° 부근에서 상승 → 지상에 편서풍 형성
극 순환 (직접 순환)	극지방에서 냉각된 공기가 하강 → 위도 60° 부근에서 고위도로 이동한 공기와 부딪혀 상승 → 지상에 극동풍 형성

(2) 해수의 표층 순환: 대기 대순환의 영향을 받아 해수의 표층에서 흐르는 해류의 순환

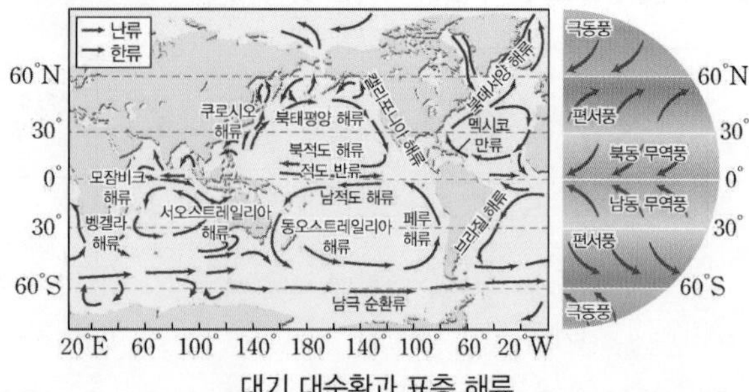

대기 대순환과 표층 해류

① 표층 순환: 대기 대순환에 의해 일정한 방향으로 부는 바람과 지형에 의한 영향으로 대양 안에서 몇 개의 거대한 순환을 이룬다.

- 북태평양의 아열대 순환: 북적도 해류(북동 무역풍의 영향) → 쿠로시오 해류 → 북태평양 해류(편서풍의 영향) → 캘리포니아 해류
- 아열대 해역에서 북반구는 시계 방향, 남반구는 시계 반대 방향으로 순환한다.
- 적도 반류: 북적도 해류와 남적도 해류에 의해 해수가 대양의 서쪽으로 이동하여 생긴 해수면 경사를 따라 북적도 해류와 남적도 해류 사이의 적도 해역에서 동쪽으로 흐르는 해류
- 남극 순환류: 남반구 편서풍대는 대륙으로 막혀 있지 않아 남극 대륙을 도는 해류가 흐른다.

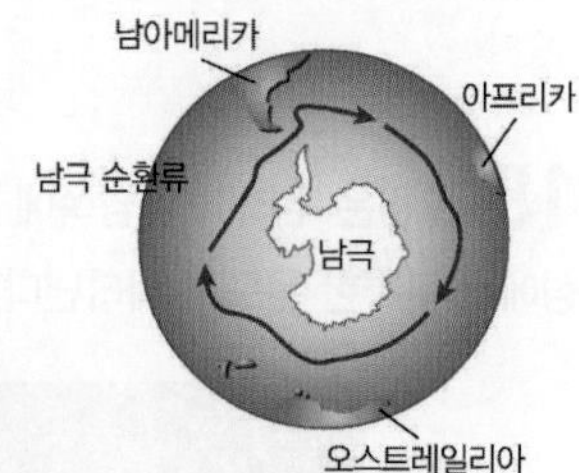

남극 순환류

② 난류와 한류

구분	수온/염분	영양 염류 /용존 산소량	예
난류	높다.	적다.	쿠로시오 해류
한류	낮다.	많다.	캘리포니아 해류

핵심 개념 체크

정답과 해설 24쪽

1. 각 순환과 특징을 옳게 연결하시오.

(1) 해들리 순환 • • ㉠ 지표의 냉각에 의해 공기가 하강한다.

(2) 페렐 순환 • • ㉡ 간접 순환이다.

(3) 극 순환 • • ㉢ 지상에 무역풍이 분다.

2. 북태평양 아열대 순환을 이루는 4가지 해류의 이름을 쓰시오.

(, , ,)

3. 다음 중 옳은 것은 ○표, 옳지 않은 것은 ×표 하시오.

(1) 저위도 지방은 에너지 부족 상태이다. ( )

(2) 북반구에서는 지구 자전의 영향을 받아 바람의 방향이 왼쪽으로 휘어진다. ( )

(3) 위도 30°~60°의 지상에는 편서풍이 분다. ( )

(4) 표층 해류가 발생하는 주된 원인은 바람이다. ( )

4. 난류는 한류보다 염분이 (㉠), 영양 염류가 (㉡).

③ 우리나라 주변의 표층 해류

- 난류: 우리나라 주변 난류의 근원은 쿠로시오 해류로, 쿠로시오 해류가 북상하면서 쓰시마 난류, 황해 난류, 동한 난류를 형성한다.
- 한류: 연해주한류가 러시아 연안을 따라 내려오다 북한 한류를 형성한다.

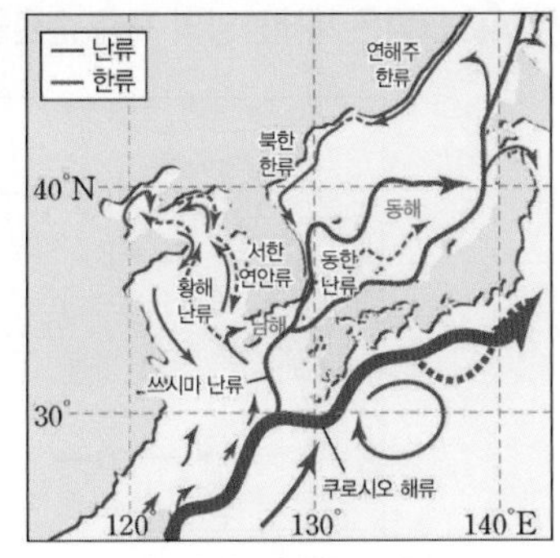

우리나라 주변의 해류

- 조경 수역: 동한 난류와 북한 한류가 동해에서 만나 좋은 어장을 형성하며, 조경 수역은 겨울에는 남하하고, 여름에는 북상한다.

2 심층 순환

(1) 심층 순환(열염 순환)의 발생

① 원인: 수온과 염분에 따른 해수의 밀도 차이

② 특징: 속도가 매우 느려 수온, 염분, 용존 산소량 등을 조사하여 간접적으로 관측한다.

③ 역할: 용존 산소량이 풍부한 표층 해수를 심해로 운반한다.

(2) 대서양의 심층 순환

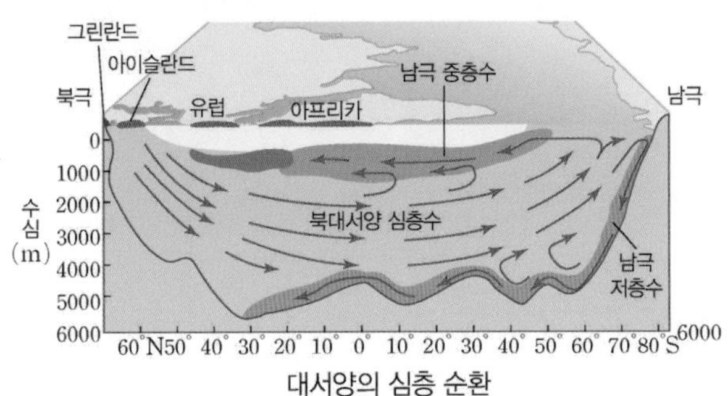

대서양의 심층 순환

① 남극 저층수: 남극 대륙 주변의 웨델해에서 가라앉은 가장 밀도가 높은 해수

② 북대서양 심층수: 그린란드 해역에서 가라앉아 60°S까지 이동하는 해수

③ 남극 중층수: 60°S 부근에서 형성되어 20°N까지 수심 1 km 부근을 따라 이동하는 해수

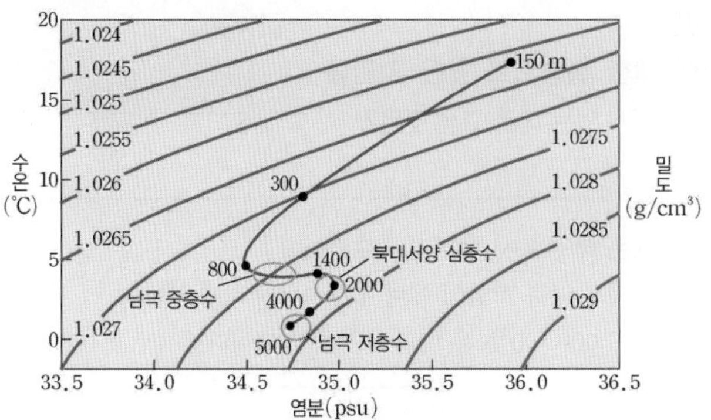

대서양 9°S에서 수심에 따라 측정한 해수의 수온 염분도

(3) 전 지구적인 해수의 순환과 기후 변화

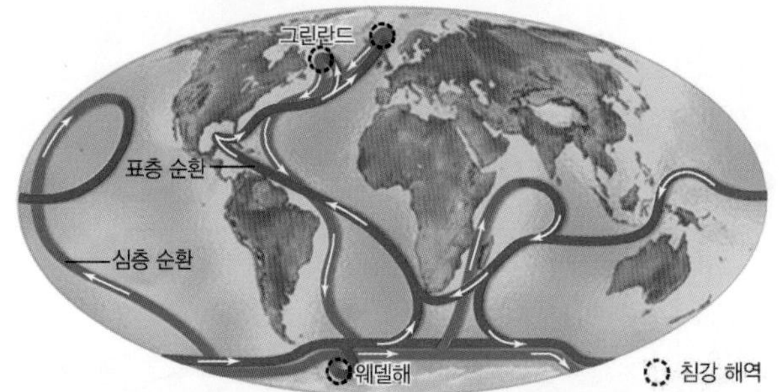

심층 순환과 표층 순환

① 저위도의 열을 고위도로 이동시키는 표층 순환과 고위도에서 밀도가 커져 침강하는 심층 순환은 서로 연결되어 위도별 열수지 불균형을 해소한다. ➡ 표층 순환의 침강 해역: 남극 주변 웨델해, 북대서양 그린란드 해역

② 영거 드라이아스 빙하기(약 11000년 전): 그린란드의 빙하가 녹음. → 주변 해수의 염분 하강 → 해수의 밀도 감소 → 심층 순환 약화 → 표층 순환 약화 → 위도별 열수지 불균형 심화 → 빙하기 발생

핵심 개념 체크

정답과 해설 24쪽

5. 다음 중 옳은 것은 ○표, 옳지 않은 것은 ×표 하시오.

(1) 우리나라 주변에 조경 수역이 형성되는 곳은 황해이다. ( )

(2) 심층 순환은 해수의 밀도 차이에 의해 발생한다. ( )

(3) 심층 순환과 표층 순환은 별도로 움직이는 순환이다. ( )

(4) 해수의 순환이 약해지면 저위도에서 고위도로의 열에너지 수송량이 적어진다. ( )

(5) 남극 저층수는 북대서양 심층수보다 밀도가 크다. ( )

(6) 심층 순환의 속도는 일반적으로 표층 순환의 속도보다 매우 빠르다. ( )

6. 우리나라 주변 난류의 근원은 ( ) 해류이다.

7. 조경 수역은 여름철에는 (㉠)하고, 겨울철에는 (㉡)한다.

8. 대서양의 심층 순환을 이루는 3가지 해수를 쓰시오.

(, ,)

출제 예상 문제

[8713-0228]

01 **그림은 위도에 따른 태양 복사 에너지 흡수량과 지구 복사 에너지 방출량을 A와 B로 순서 없이 나타낸 것이다.**

이에 대한 설명으로 옳은 것만을 〈보기〉에서 있는 대로 고른 것은?

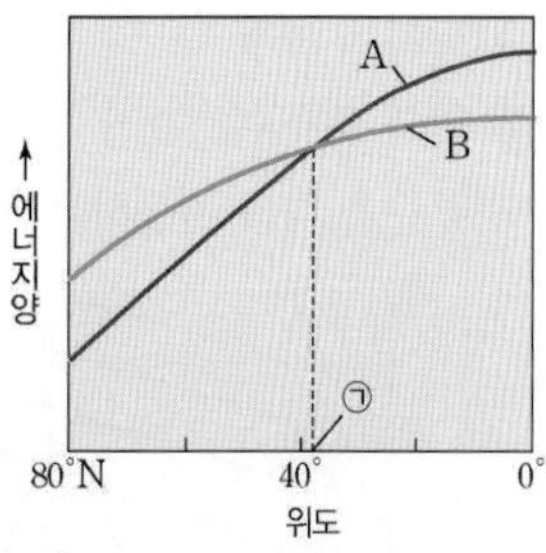

보기

ㄱ. A는 태양 복사 에너지 흡수량이다.
ㄴ. ㉠에서 남북 방향의 에너지 수송량이 가장 적다.
ㄷ. 위도 60°~80°N은 에너지 부족 상태이다.

① ㄱ ② ㄴ ③ ㄱ, ㄷ
④ ㄴ, ㄷ ⑤ ㄱ, ㄴ, ㄷ

[8713-0229]

02 **그림은 북반구의 대기 대순환을 나타낸 것이다.**

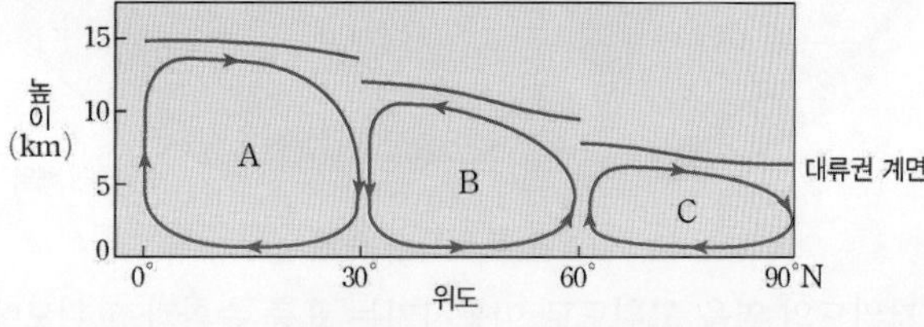

이에 대한 설명으로 옳은 것만을 〈보기〉에서 있는 대로 고른 것은?

보기

ㄱ. 해들리 순환은 C이다.
ㄴ. 직접 순환은 A와 C이다.
ㄷ. 연평균 강수량은 30°N 지역이 적도 지역보다 많다.

① ㄱ ② ㄴ ③ ㄱ, ㄷ
④ ㄴ, ㄷ ⑤ ㄱ, ㄴ, ㄷ

[8713-0230]

03 **그림은 남반구의 대기 대순환을 나타낸 것이다. 저위도, 중위도, 고위도 지상에서 바람이 부는 모습을 화살표로 옳게 표시한 것은?**

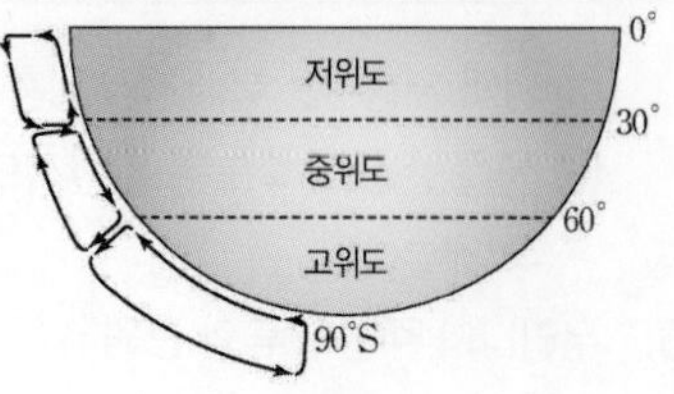

	저위도	중위도	고위도		저위도	중위도	고위도
①	↳	↳	↰	②	↳	↰	↳
③	↰	↳	↰	④	↰	↰	↳
⑤	↱	↲	↱				

[8713-0231]

04 **그림은 북태평양의 표층 순환을 나타낸 것이다.**

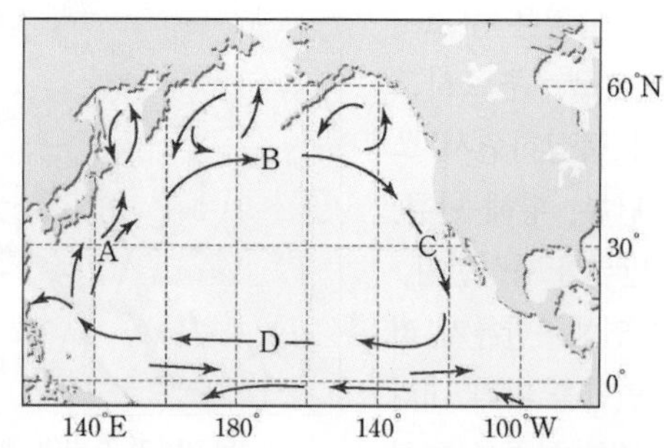

A~D 해류에 대한 설명으로 옳은 것만을 〈보기〉에서 있는 대로 고른 것은?

보기

ㄱ. 캘리포니아 해류는 B이다.
ㄴ. 무역풍에 의해 형성된 해류는 D이다.
ㄷ. 같은 위도에서 해수의 염분은 대체로 A가 C보다 높다.

① ㄱ ② ㄷ ③ ㄱ, ㄴ
④ ㄴ, ㄷ ⑤ ㄱ, ㄴ, ㄷ

[8713-0232]

05 **그림은 남태평양의 주요 표층 해류를 나타낸 것이다.**

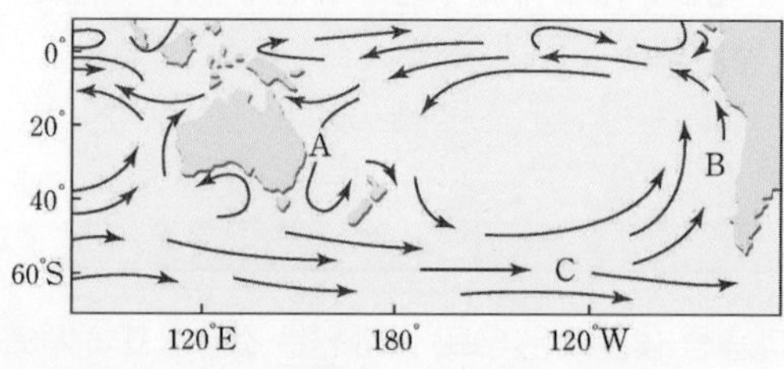

이에 대한 설명으로 옳은 것만을 〈보기〉에서 있는 대로 고른 것은?

보기

ㄱ. 남태평양과 북태평양에서 아열대 순환의 방향은 같다.
ㄴ. 30°S에서 용존 산소량은 A가 B보다 많다.
ㄷ. C는 편서풍에 의해 형성된 해류이다.

① ㄱ ② ㄷ ③ ㄱ, ㄴ
④ ㄴ, ㄷ ⑤ ㄱ, ㄴ, ㄷ

[8713-0233]
06 그림은 동해와 그 주변의 표층 해류 분포를 나타낸 것이다.
이에 대한 설명으로 옳은 것만을 〈보기〉에서 있는 대로 고른 것은?

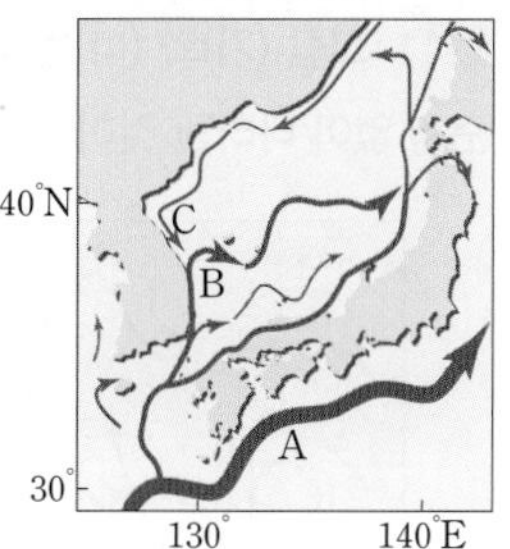

보기
ㄱ. A는 우리나라 주변 난류의 근원이다.
ㄴ. 영양 염류는 B보다 C가 풍부하다.
ㄷ. B와 C가 만나는 수역의 위도는 여름철이 겨울철보다 높다.

① ㄱ ② ㄷ ③ ㄱ, ㄴ ④ ㄴ, ㄷ ⑤ ㄱ, ㄴ, ㄷ

[8713-0234]
07 그림은 대서양에서 해수 순환의 연직 단면을 모식적으로 나타낸 것이다.

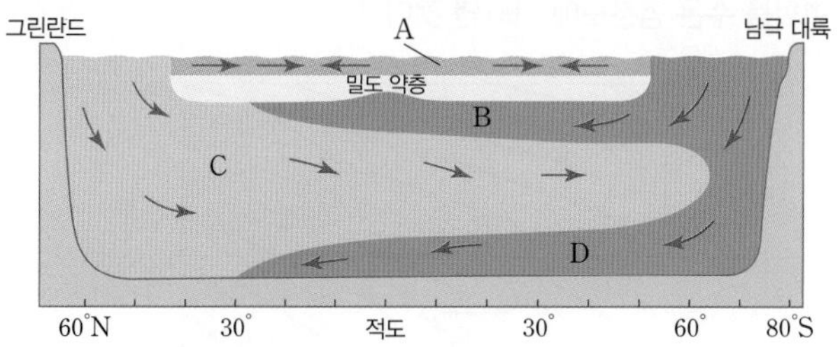

이에 대한 설명으로 옳은 것만을 〈보기〉에서 있는 대로 고른 것은?

보기
ㄱ. A의 순환은 밀도 차에 의해 발생한다.
ㄴ. C보다 D의 밀도가 더 크다.
ㄷ. B와 D는 같은 장소에서 침강한 해수이다.

① ㄱ ② ㄴ ③ ㄱ, ㄷ ④ ㄴ, ㄷ ⑤ ㄱ, ㄴ, ㄷ

[8713-0235]
08 다음은 해수의 심층 순환의 원리를 알아보기 위한 실험이다.

[실험 과정]
(가) 수조에 따뜻한 물을 채우고, 밑면에 구멍이 뚫린 종이컵을 그림과 같이 수조에 고정시킨다.
(나) 소금 3 g을 녹인 10 ℃의 물 100 mL에 빨간색 잉크를 떨어뜨린 후, 종이컵에 천천히 부으면서 소금물이 침강하는 모습을 관찰한다.

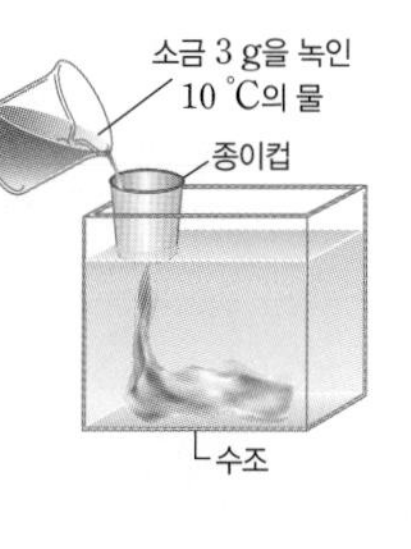

과정 (나)에서 소금물의 침강이 더 잘 일어나게 하기 위한 방법으로 옳은 것만을 〈보기〉에서 있는 대로 고른 것은?

보기
ㄱ. 10 ℃의 물에 얼음을 넣는다.
ㄴ. 소금을 3 g보다 더 적게 녹인다.
ㄷ. 수조의 물에 소금을 넣고 녹여 준다.

① ㄱ ② ㄷ ③ ㄱ, ㄴ ④ ㄴ, ㄷ ⑤ ㄱ, ㄴ, ㄷ

[8713-0236]
09 그림은 대서양 심층 순환을 이루는 주요 심층 해류의 수온과 염분의 범위를 수온 염분도에 나타낸 것이다. A, B, C는 각각 남극 저층수, 북대서양 심층수, 남극 중층수 중 하나이다.

이에 대한 설명으로 옳은 것만을 〈보기〉에서 있는 대로 고른 것은?

보기
ㄱ. A는 남극 저층수이다.
ㄴ. 염분이 가장 높은 해수는 북대서양 심층수이다.
ㄷ. 남극 중층수는 남극 저층수와 북대서양 심층수가 섞여 형성된다.

① ㄱ ② ㄴ ③ ㄱ, ㄷ ④ ㄴ, ㄷ ⑤ ㄱ, ㄴ, ㄷ

[8713-0237]
10 그림은 전 세계 해양에서 해수의 순환을 나타낸 것이다.

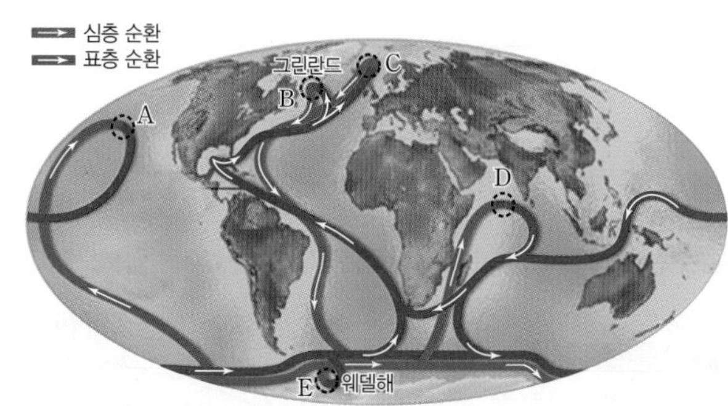

A~E 해역에 대한 설명으로 옳지 않은 것은?

① 표층 해수의 산소가 심해로 공급되는 곳은 B, C, E이다.
② 용승이 일어나는 해역은 A, D이다.
③ 표층 해수의 밀도가 가장 큰 곳은 E이다.
④ 해역 B, C에 담수가 공급되면 심층 순환은 강해진다.
⑤ 해수의 순환은 위도별 에너지 불균형을 해소하는 역할을 한다.

[8713-0238]

01 해수의 표층 순환과 심층 순환의 발생 원인을 각각 서술하시오.

[8713-0239]

02 그림은 위도별 대류권 계면의 높이를 나타낸 것이다. 대기 대순환에서 나타나는 3개의 순환 모습과 방향을 그리고, 각 순환의 지상에서 나타나는 바람의 이름을 빈칸에 쓰시오.

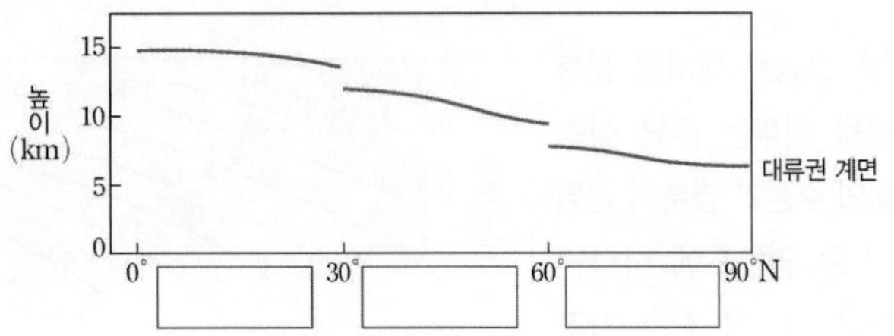

[8713-0240]

03 그림은 북아메리카 주변의 해류 A와 B를 나타낸 것이다.

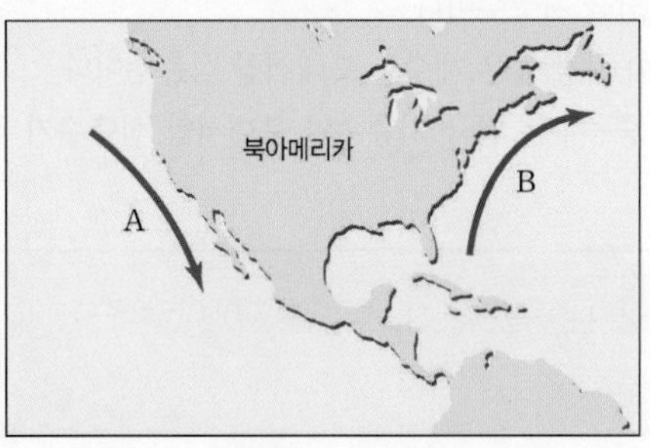

동일한 위도의 해역에서 A 해류가 B 해류보다 수치가 높은 것을 <보기>에서 모두 고르시오.

보기
수온, 염분, 영양 염류, 용존 산소량

[8713-0241]

04 표는 A~D 해수의 수온과 염분을, 그림은 수온 염분도이다.

해수	수온(℃)	염분 (psu)
A	10	33.5
B	5	34.0
C	0	33.0
D	5	35.0

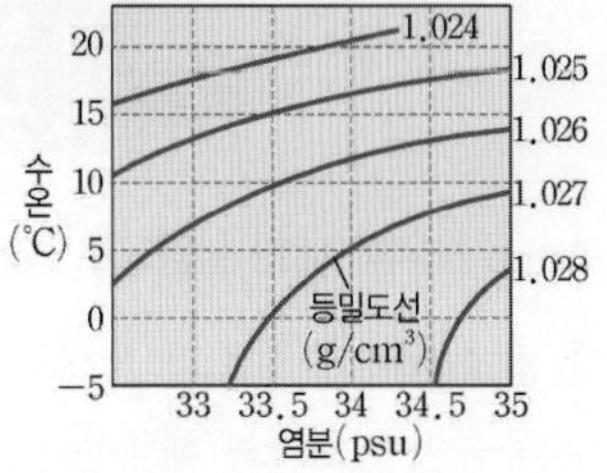

A~D 해수가 동일한 해역에 존재할 때, 아래에 위치하는 해수부터 순서대로 나열하시오.

[8713-0242]

05 그림 (가)와 (나)는 여름철과 겨울철에 우리나라 주변의 해류를 순서 없이 나타낸 것이다.

(가)

(나)

(1) (가)와 (나) 중에서 여름철 해류의 모습을 고르시오.

(2) 계절에 따라 조경 수역의 위치가 어떻게 달라지는지 서술하시오.

[8713-0243]

06 그림은 대서양의 위도 9°S에서 깊이에 따른 해수의 수온과 염분 변화를 수온 염분도에 나타낸 것이다.

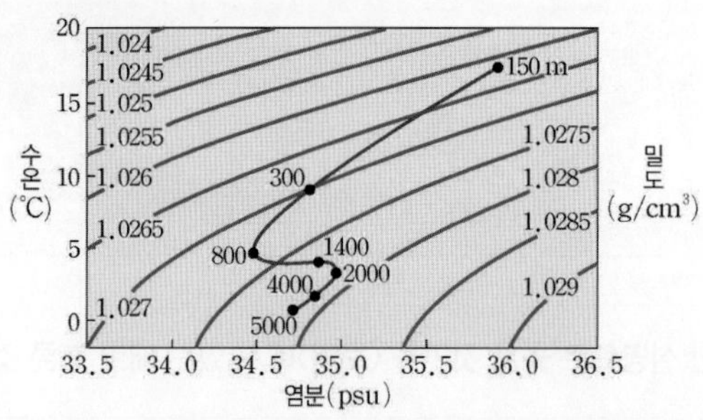

(1) 수심 150~800 m의 밀도 변화에 영향을 미치는 요인을 수온과 염분 변화와 관련지어 서술하시오.

(2) 수심 800~1400 m의 밀도 변화에 영향을 미치는 요인을 수온과 염분 변화와 관련지어 서술하시오.

[8713-0244]

07 그림은 해수의 심층 순환 모형이다.

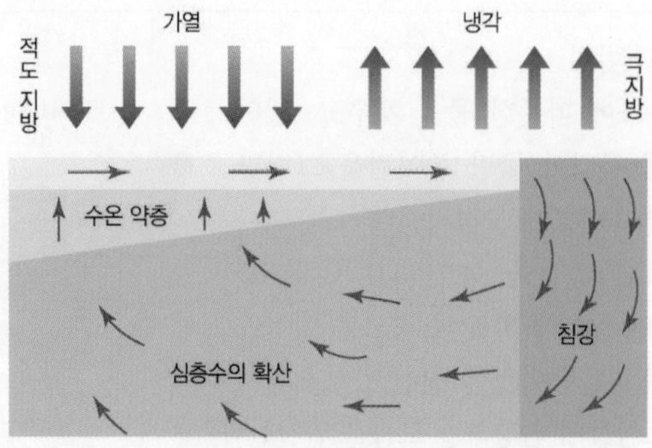

극지방의 냉각이 약해질 경우, 심층 순환의 변화를 해수의 밀도와 관련지어 서술하시오.

11 대기와 해수의 상호 작용

1 용승과 침강

(1) 연안 용승과 침강

① 바람과 해수의 이동: 북반구에서 일정한 방향으로 바람이 지속적으로 불면 바람 방향의 오른쪽 직각 방향으로 해수의 이동이 발생하고, 남반구에서는 왼쪽 직각 방향으로 해수의 이동이 발생한다.

② 연안 용승과 침강: 북반구 서쪽 해안에서 남풍이 지속적으로 불면 침강이, 북풍이 지속적으로 불면 용승 현상이 나타난다.

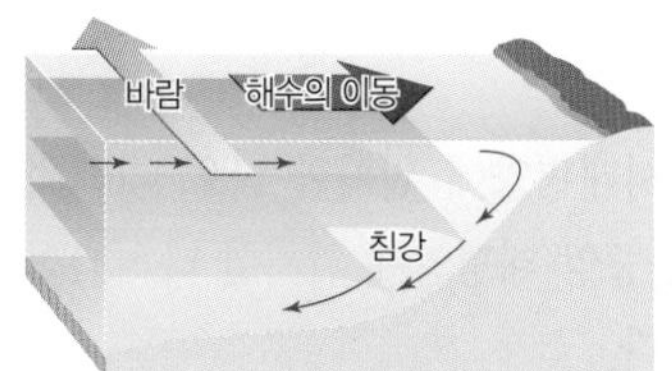

연안 침강(북반구)

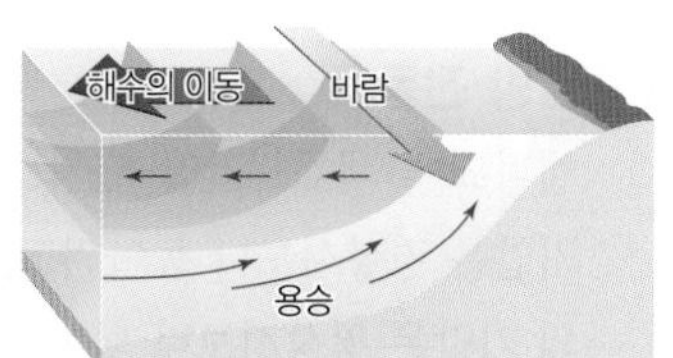

연안 용승(북반구)

③ 용승의 영향
- 연안 용승은 심층에 있는 영양 염류(질산염과 인산염 등)가 풍부한 해수를 표층에 공급하여 좋은 어장을 형성한다.
- 차가운 심층 해수가 용승하여 주변 해역의 기온이 낮아진다.

④ 침강의 영향: 심층의 해양 생물에게 필요한 산소를 공급한다.

(2) 적도 용승: 적도 북쪽 해역에서는 북동 무역풍에 의해서 표층 해수가 북쪽 방향으로 이동하고, 적도 남쪽 해역에서는 남동 무역풍에 의해 표층 해수가 남쪽 방향으로 이동하므로 적도 부근 표층 해수의 발산으로 인해 용승이 발생한다.

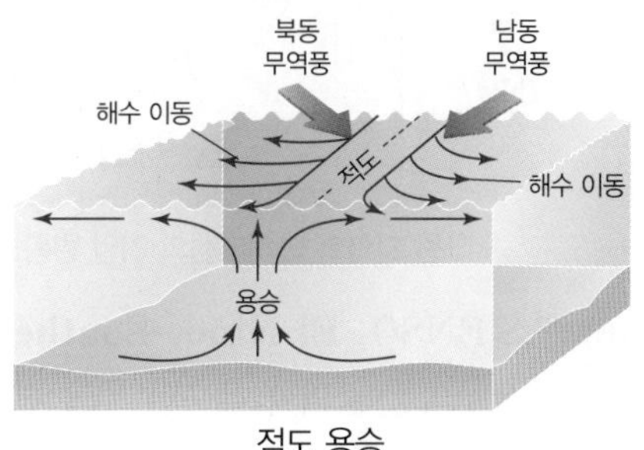

적도 용승

(3) 기압 변화에 따른 용승과 침강

① 저기압(북반구): 시계 반대 방향으로 부는 바람 → 표층 해수가 저기압 주변부로 이동 → 용승

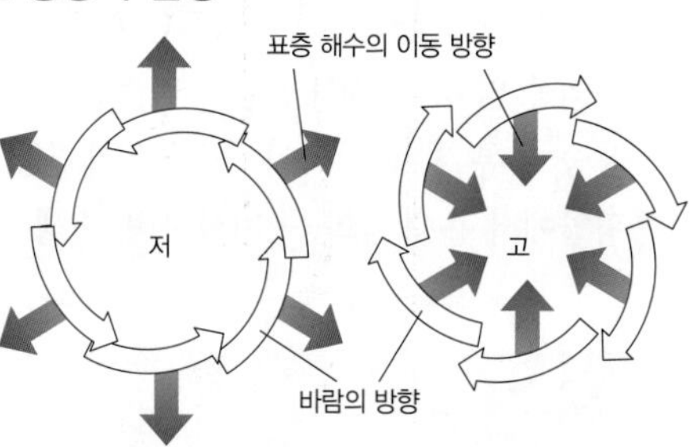

저기압과 고기압에서 표층 해수의 이동(북반구)

② 고기압(북반구): 시계 방향으로 부는 바람 → 표층 해수가 고기압 중심부로 이동 → 침강

2 엘니뇨와 라니냐

(1) 평상시 적도 부근 태평양의 모습

① 대기 순환(워커 순환): 동태평양에서 하강, 서태평양에서 상승하는 순환 형태

② 무역풍 → 표층의 따뜻한 해수가 서태평양으로 이동 → 서태평양 온난 수역 위에 상승 기류 형성, 동태평양 용승 현상 발생 → 서태평양 열대 우림 발달, 동태평양 좋은 어장 형성

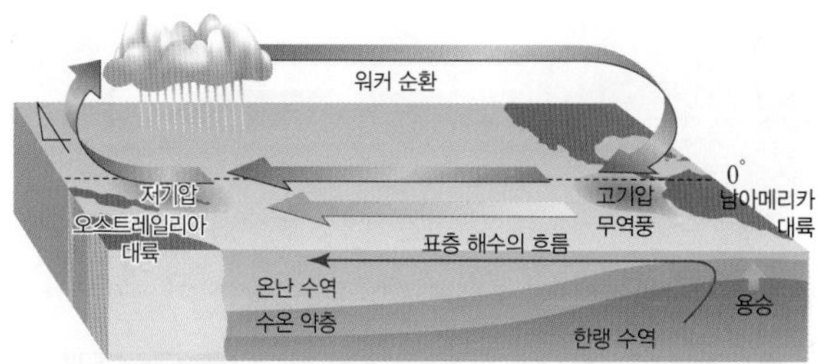

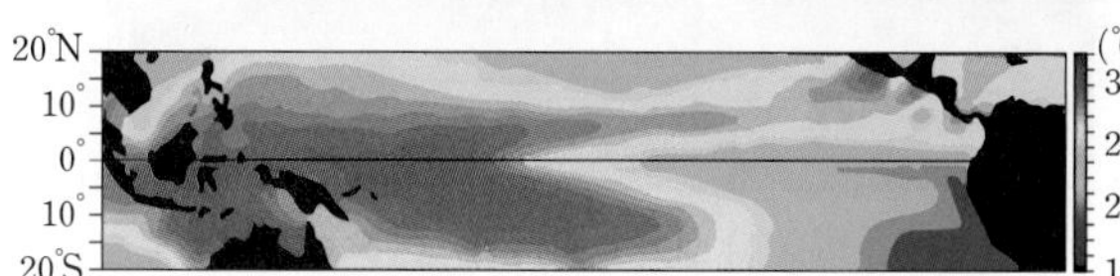

평상시 태평양의 대기 순환과 해수면 온도 분포

핵심 개념 체크

정답과 해설 26쪽

1. 해수의 이동 방향은 북반구에서는 바람 방향의 (㉠) 90°, 남반구에서는 바람 방향의 (㉡) 90°이다.

2. 우리나라 동해안에 지속적인 ( )풍이 불면 용승이 발생한다.

3. 평상시 적도 태평양 지역의 수온은 서태평양 해역이 동태평양 해역보다 ( ).

4. 용승이 일어나는 지역은 심층의 ( )가 표층에 공급되어 좋은 어장이 형성된다.

5. 평상시 적도 태평양 지역의 남아메리카 대륙 쪽은 ( ) 기류가 잘 발달한다.

6. 용승과 대기 순환에 대한 설명으로 옳은 것은 ○표, 옳지 않은 것은 ×표 하시오.

(1) 용승은 심층의 해수가 표층으로 상승하는 현상이다. ( )

(2) 표층 해수가 발산하는 해역에서는 침강이 일어난다. ( )

(3) 적도 지역에서는 무역풍에 의해 침강이 잘 발생한다. ( )

(4) 북반구 저기압의 중심 지역에서는 용승이 일어난다. ( )

(2) 엘니뇨

① 적도 부근 동태평양의 표층 수온이 평년보다 0.5 ℃ 이상 높은 상태가 6개월 이상 지속되는 현상

② 무역풍 약화 → 서태평양의 따뜻한 해수가 동쪽으로 이동 → 상승 기류 발생 지역이 중앙~동태평양 해역으로 이동, 동태평양에서 용승 약화 → 기상 이변 발생

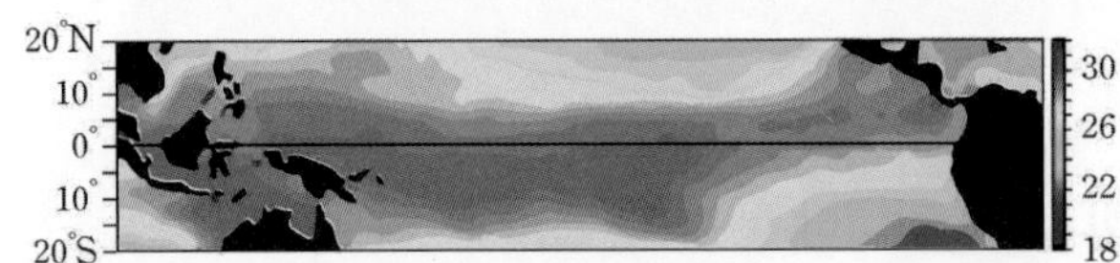

엘니뇨 발생 시 대기 순환과 해수면 온도 분포

(3) 라니냐

① 적도 부근 동태평양의 표층 수온이 평년보다 0.5 ℃ 이상 낮은 상태가 6개월 이상 지속되는 현상

② 무역풍 강화 → 따뜻한 해수가 더 많이 서쪽으로 이동 → 서태평양 상승 기류 강화, 동태평양에서 용승 강화 → 기상 이변 발생

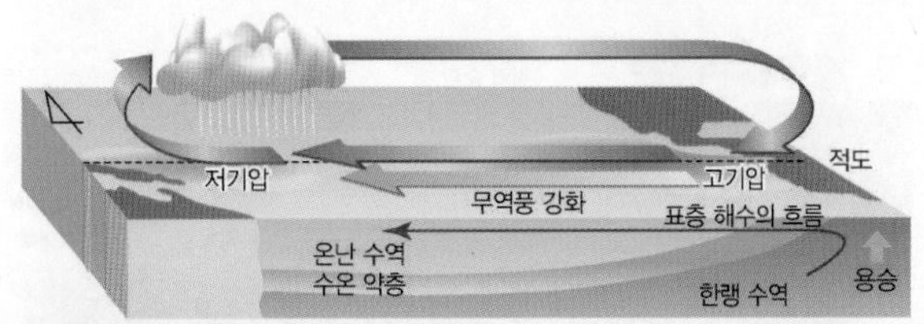

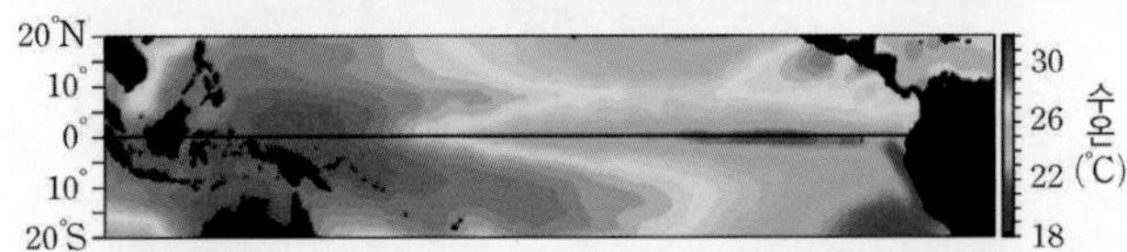

라니냐 발생 시 대기 순환과 해수면 온도 분포

(4) 엘니뇨와 라니냐 비교

구분		엘니뇨	라니냐
동태평양의 용승		약화	강화
서태평양	기압	상승	하강
	수온	하강	상승
	해수면 높이	하강	상승
동태평양	기압	하강	상승
	수온	상승	하강
	해수면 높이	상승	하강
서태평양 연안의 피해		가뭄, 폭염, 산불	홍수
동태평양 연안의 피해		홍수, 어장 황폐화	가뭄, 폭염, 산불

(5) 남방 진동

① 엘니뇨 발생 시 기압 배치: 서태평양에 위치한 다윈 지역의 기압은 평상시보다 높아지고, 중앙 태평양에 위치한 타히티섬의 기압은 평상시보다 낮아진다.

② 라니냐 발생 시 기압 배치: 다윈 지역의 기압은 평상시보다 낮아지고, 타히티섬의 기압은 평상시보다 높아진다.

③ 남방 진동: 서태평양과 동태평양의 기압이 마치 시소처럼 서로 반대로 진동하며 변화하는 현상

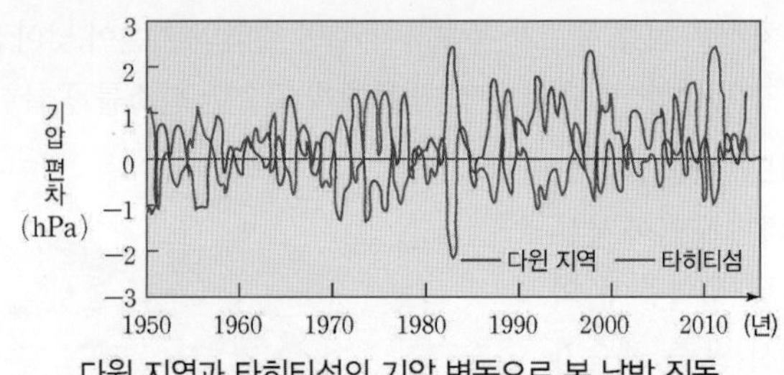

다윈 지역과 타히티섬의 기압 변동으로 본 남방 진동

(6) 엔소(ENSO: El Niño~Southern Oscillation): 엘니뇨는 무역풍에 의한 해수면 온도 변화, 남방 진동은 해수 온도 변화에 의한 대기 기압 분포 변화로 서로 밀접하게 관련되어 있으므로 이 두 가지 현상을 묶어서 엘니뇨−남방 진동(ENSO)라고 한다.

핵심 개념 체크

정답과 해설 26쪽

7. 평상시와 비교하여 엘니뇨 시기와 라니냐 발생 시기의 특징을 옳게 연결하시오.

(1) 엘니뇨 발생 시 •
(2) 라니냐 발생 시 •

• ㉠ 적도 부근 동태평양 지역에 홍수가 발생한다.
• ㉡ 적도 부근 서태평양 지역의 해수면 높이가 상승한다.
• ㉢ 적도 부근 동태평양 해역의 용승이 약화된다.

8. 태평양 적도 부근 해역에서 무역풍이 약화되면 (　　　)가 발생한다.

9. 라니냐가 발생하면 적도 부근 서태평양 지역은 (㉠　　　) 피해가, 동태평양 지역은 (㉡　　　) 피해가 발생한다.

10. 엘니뇨와 라니냐에 대한 설명으로 옳은 것은 ○표, 옳지 않은 것은 ×표 하시오.

(1) 엘니뇨 시기에 적도 부근 동태평양 지역의 기압 편차는 (+) 값을 가진다. (　　)

(2) 라니냐 시기는 엘니뇨 시기보다 적도 부근 서태평양과 동태평양 해역의 수온 차이가 크다. (　　)

(3) 엔소(ENSO)는 엘니뇨와 남방 진동을 합쳐서 부르는 용어이다. (　　)

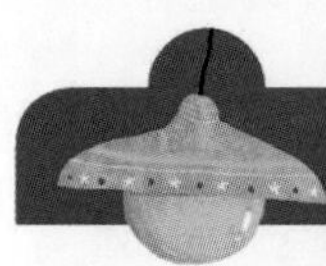

출제 예상 문제

정답과 해설 26쪽

[8713-0245]

01 용승과 관련된 설명으로 옳지 않은 것은?

① 해수가 심층에서 표층으로 이동한다.
② 바람과의 상호 작용으로 발생한다.
③ 용승이 발생한 해역은 표층 수온이 내려간다.
④ 용승이 발생한 해역은 어장이 황폐화된다.
⑤ 용승이 발생한 해역은 안개가 자주 발생한다.

[8713-0246]

02 그림 (가)와 (나)는 지속적으로 바람이 부는 북반구의 서로 다른 해안가의 모습을 나타낸 것이다.

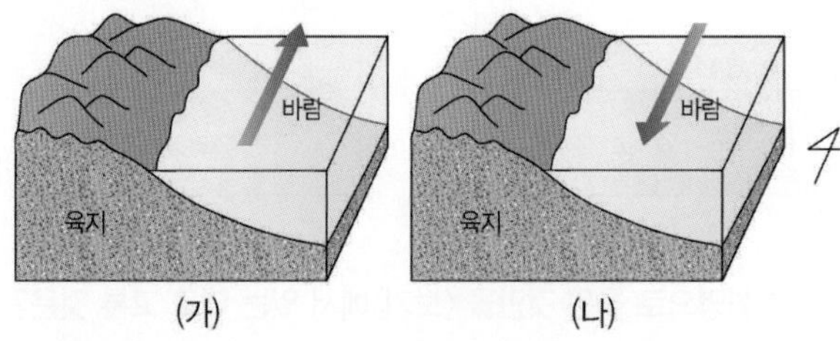

이에 대한 설명으로 옳은 것만을 〈보기〉에서 있는 대로 고른 것은? (단, 용승과 침강 이외의 요인은 고려하지 않는다.)

보기
ㄱ. 용승이 일어나는 곳은 (가)이다.
ㄴ. (가)의 해역은 (나)의 해역보다 플랑크톤의 양이 적을 것이다.
ㄷ. (가)는 (나)보다 서늘한 기후가 나타난다.

① ㄱ ② ㄴ ③ ㄷ
④ ㄱ, ㄴ ⑤ ㄱ, ㄷ

[8713-0247]

03 그림은 남반구에 위치한 어느 해안의 연직 수온 분포를 나타낸 것이다.

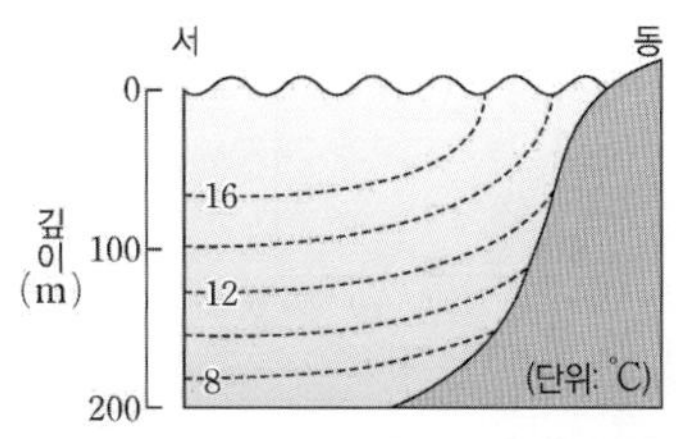

이에 대한 설명으로 옳은 것만을 〈보기〉에서 있는 대로 고른 것은?

보기
ㄱ. 침강 현상이 관찰된다.
ㄴ. 이 지역은 지속적으로 남풍이 불고 있다.
ㄷ. 표층 해수의 이동 방향은 동쪽이다.

① ㄱ ② ㄴ ③ ㄱ, ㄷ
④ ㄴ, ㄷ ⑤ ㄱ, ㄴ, ㄷ

[8713-0248]

04 그림은 태평양에서 용승이 일어나는 해역 A, B, C를 나타낸 것이다.

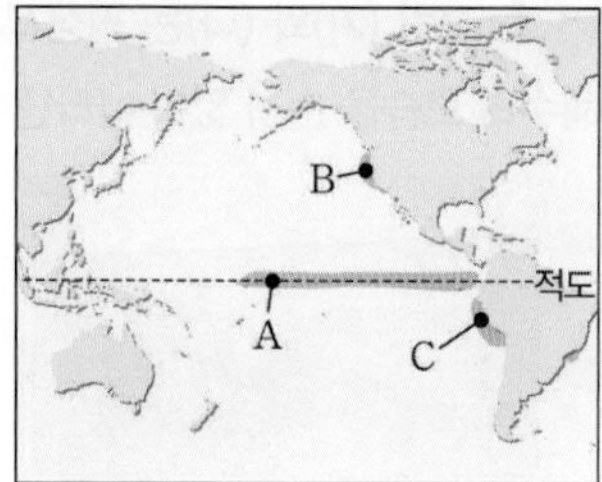

이에 대한 설명으로 옳은 것만을 〈보기〉에서 있는 대로 고른 것은?

보기
ㄱ. A는 무역풍의 영향으로 용승이 발생하는 해역이다.
ㄴ. B와 C 중 북풍 계열의 바람이 우세한 해역은 B이다.
ㄷ. 표층 수온이 가장 높은 해역은 A이다.

① ㄱ ② ㄴ ③ ㄱ, ㄷ ④ ㄴ, ㄷ ⑤ ㄱ, ㄴ, ㄷ

[8713-0249]

05 그림은 적도 부근 해양에서 부는 무역풍의 모습을 나타낸 것이다.

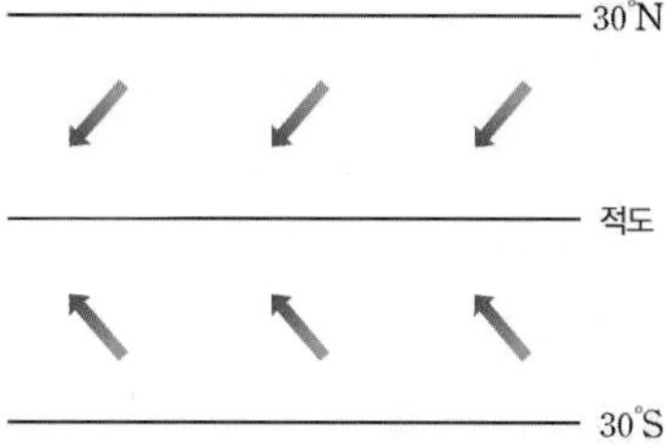

이에 대한 설명으로 옳은 것만을 〈보기〉에서 있는 대로 고른 것은?

보기
ㄱ. 0°~30°N 해역에서 바람의 영향을 받는 해수의 평균 이동 방향은 북서쪽이다.
ㄴ. 0°~30°S 해역에서 표층 해류는 서 → 동으로 흐른다.
ㄷ. 적도 해역에서는 해수의 용승이 일어난다.

① ㄱ ② ㄴ ③ ㄱ, ㄷ ④ ㄴ, ㄷ ⑤ ㄱ, ㄴ, ㄷ

[8713-0250]

06 그림은 북반구에 위치한 어느 해역의 등압선 분포를 나타낸 것이다.

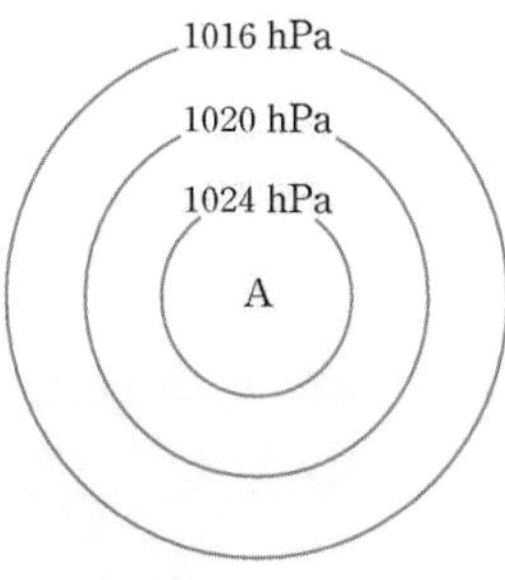

이에 대한 설명으로 옳은 것만을 〈보기〉에서 있는 대로 고른 것은?

보기
ㄱ. 중심에서 시계 방향으로 바람이 불어 나간다.
ㄴ. 표층 해수는 A에서 주변부 방향으로 이동한다.
ㄷ. A에는 용승이 일어날 것이다.

① ㄱ ② ㄴ ③ ㄱ, ㄷ ④ ㄴ, ㄷ ⑤ ㄱ, ㄴ, ㄷ

[8713-0251]
07 그림 (가)와 (나)는 평상시와 엘니뇨 발생 시 태평양 적도 부근 해수의 모습을 순서 없이 나타낸 것이다.

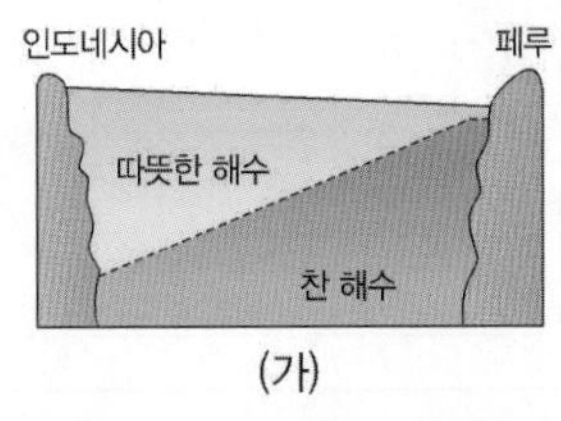

(가)

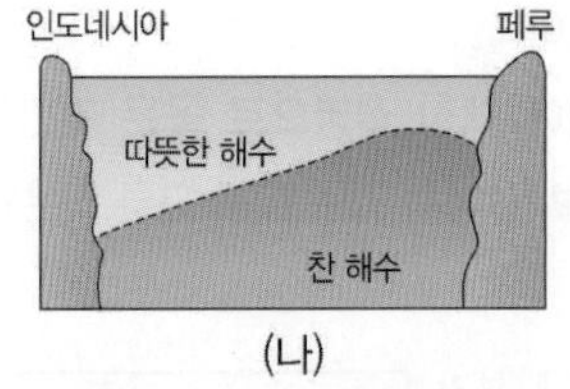

(나)

이에 대한 설명으로 옳은 것만을 〈보기〉에서 있는 대로 고른 것은?

보기
ㄱ. 엘니뇨 시기는 (나)이다.
ㄴ. 페루 연안의 용승은 (가)보다 (나)에서 강하다.
ㄷ. 무역풍의 세기는 (가)보다 (나)에서 강하다.

① ㄱ ② ㄴ ③ ㄱ, ㄷ ④ ㄴ, ㄷ ⑤ ㄱ, ㄴ, ㄷ

[8713-0252]
08 그림은 어느 시기의 태평양 적도 부근 대기의 순환 모습을 나타낸 것이다. 이 시기는 엘니뇨와 라니냐 시기 중 하나이다.

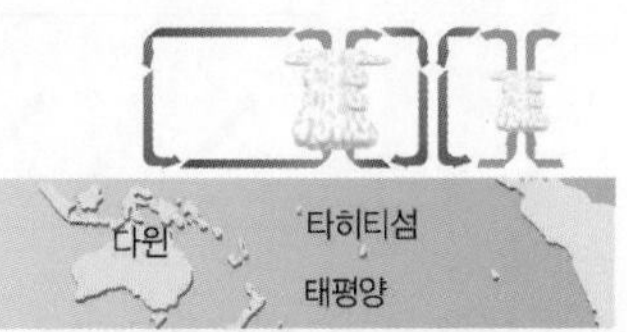

이에 대한 설명으로 옳은 것만을 〈보기〉에서 있는 대로 고른 것은?

보기
ㄱ. 이 시기는 라니냐 시기이다.
ㄴ. 타히티섬은 평상시보다 강수량이 많을 것이다.
ㄷ. 서태평양 연안은 평상시보다 평균 기압이 높을 것이다.

① ㄱ ② ㄴ ③ ㄱ, ㄷ ④ ㄴ, ㄷ ⑤ ㄱ, ㄴ, ㄷ

[8713-0253]
09 그림 (가)와 (나)는 각각 엘니뇨 시기와 라니냐 시기의 태평양 표층 수온의 분포를 나타낸 것이다.

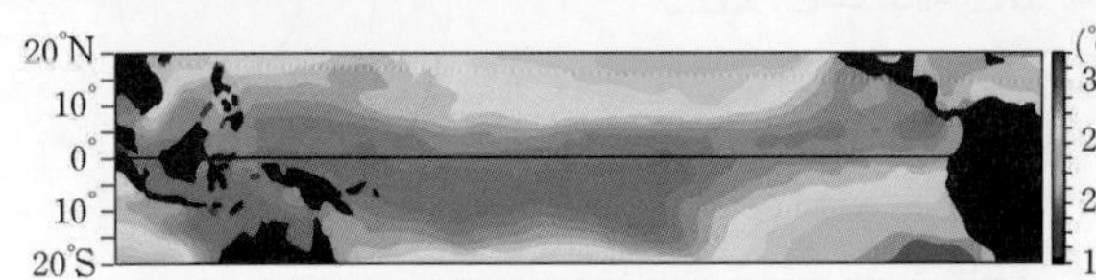

(가) 엘니뇨 발생 시

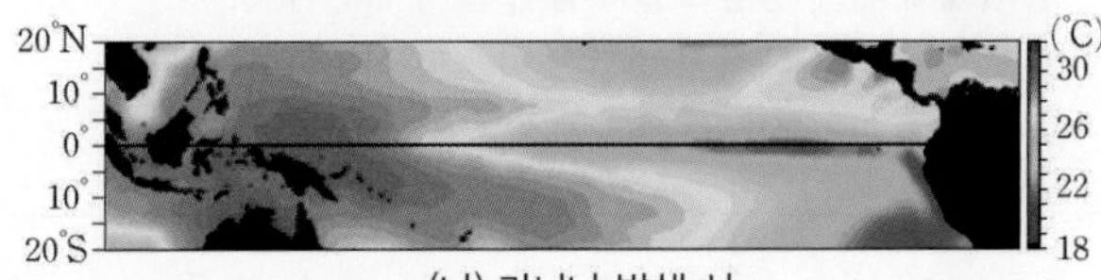

(나) 라니냐 발생 시

이에 대한 설명으로 옳은 것만을 〈보기〉에서 있는 대로 고른 것은?

보기
ㄱ. 동태평양 해역의 표층 수온은 (가)보다 (나)에서 높다.
ㄴ. 남적도 해류의 흐름은 (가)보다 (나)에서 강하다.
ㄷ. 서태평양의 난수층 두께는 (나)보다 (가)가 두껍다.

① ㄱ ② ㄴ ③ ㄱ, ㄷ ④ ㄴ, ㄷ ⑤ ㄱ, ㄴ, ㄷ

[8713-0254]
10 그림 (가)와 (나)는 평상시와 비교한 엘니뇨와 라니냐 시기의 기후를 순서 없이 나타낸 것이다.

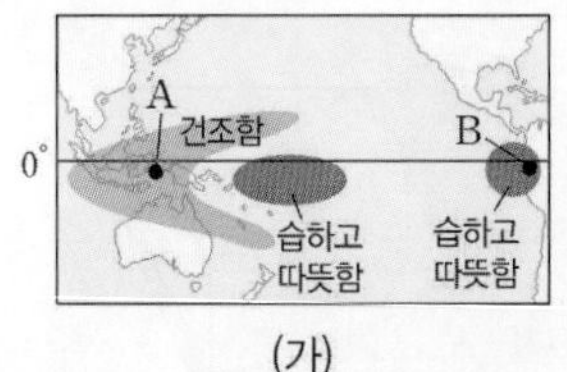

(가)

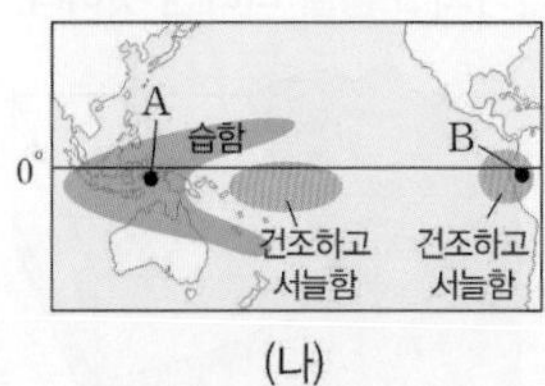

(나)

이에 대한 설명으로 옳은 것만을 〈보기〉에서 있는 대로 고른 것은?

보기
ㄱ. (가)는 엘니뇨, (나)는 라니냐 시기이다.
ㄴ. A 해역의 상승 기류는 (가)가 (나)보다 강하다.
ㄷ. B 지역에 가뭄 피해가 나타나는 것은 (나)이다.

① ㄱ ② ㄴ ③ ㄱ, ㄷ ④ ㄴ, ㄷ ⑤ ㄱ, ㄴ, ㄷ

[8713-0255]
11 그림 (가)는 엘니뇨 감시 해역 A를, (나)는 A에서 관측한 해수면의 수온 편차를 나타낸 것이다.

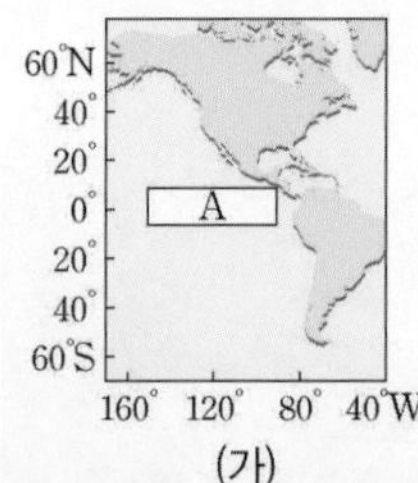

(가)

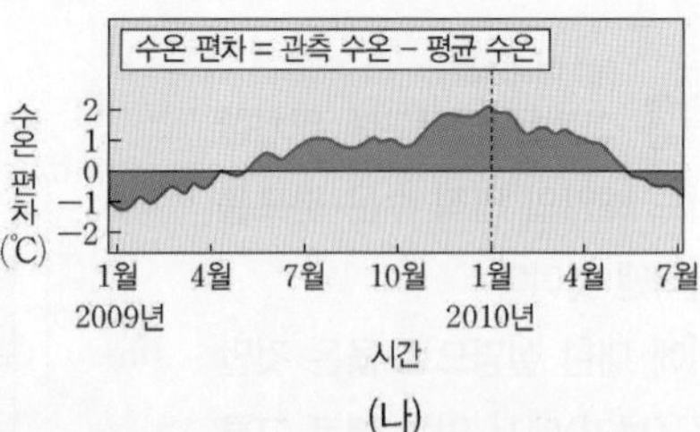

(나)

평상시와 비교하여 2010년 1월의 A 해역에 대한 설명으로 옳은 것만을 〈보기〉에서 있는 대로 고른 것은?

보기
ㄱ. 무역풍의 세기가 약해졌다.
ㄴ. 표층의 영양 염류가 증가했다.
ㄷ. 강수량이 증가했다.

① ㄱ ② ㄴ ③ ㄱ, ㄷ ④ ㄴ, ㄷ ⑤ ㄱ, ㄴ, ㄷ

서답형 문제

정답과 해설 27쪽

[8713-0256]

01 그림은 북반구 어느 해안가의 모습이다.

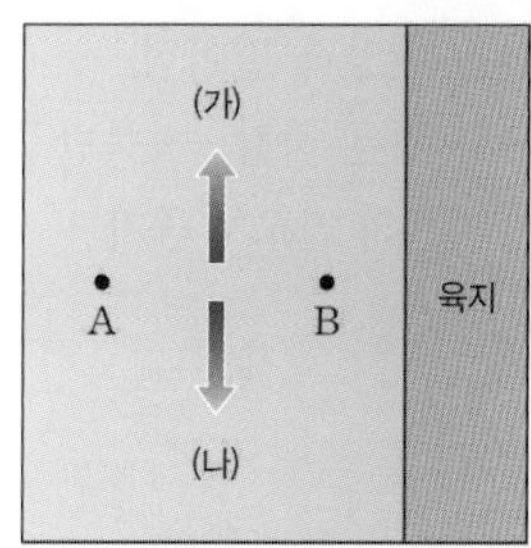

(1) 바람이 (가) 방향으로 불 때 표층 해수의 이동 방향을 A → B, B → A 중에서 고르고, 육지 근처의 연안에서는 용승과 침강 중 무엇이 발생하는지 쓰시오.

(2) 해안에서 용승 현상이 관찰되었다면, 바람의 방향과 표층 해수의 이동 방향을 쓰시오.

[8713-0257]

02 그림은 어느 날 울산 앞바다의 표층 수온 분포를 나타낸 것이다.

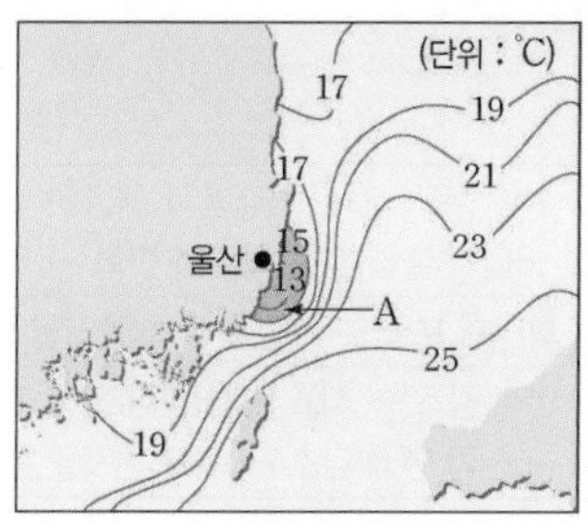

(1) A 해역의 수온이 낮은 까닭을 바람과 표층 해수의 이동 방향을 포함하여 서술하시오.

(2) 이날은 여름철과 겨울철 중 어느 시기인지 판단하고 그 까닭을 서술하시오.

[8713-0258]

03 그림은 동태평양 페루 연안 해역에서 평상시의 플랑크톤 양과 수온을 나타낸 것이다. 엘니뇨 발생 시 동태평양에서 수온과 플랑크톤 양의 변화를 평상시와 비교하여 그래프로 그리시오.

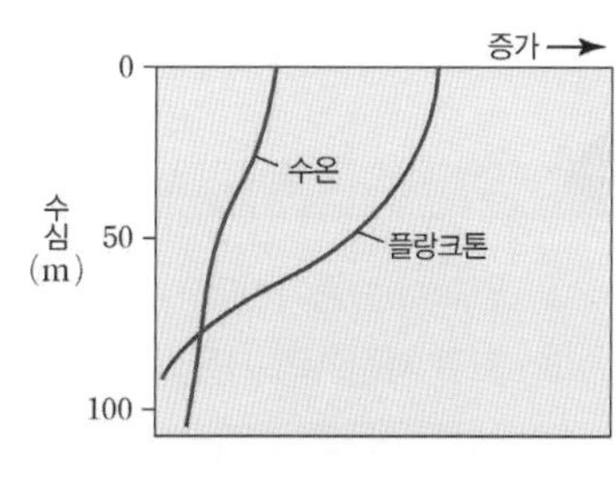

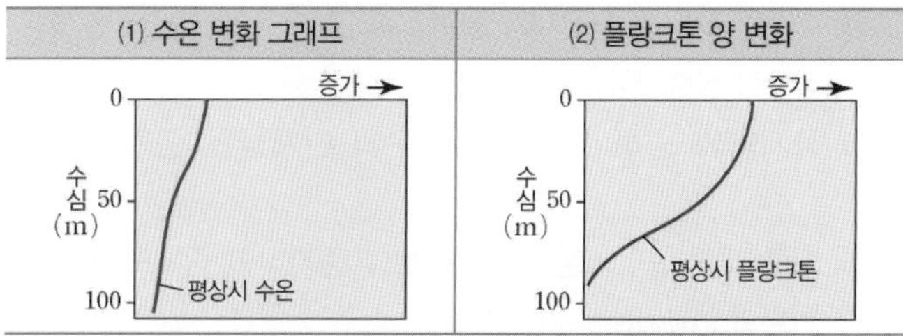

[8713-0259]

04 그림은 평상시 적도 부근 해역의 대기와 해수의 연직 단면을 나타낸 것이다.

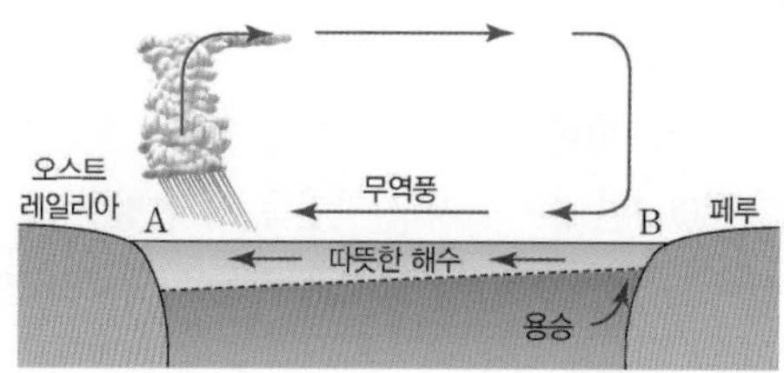

라니냐가 발생했을 경우 대기와 해수의 연직 단면을 그리시오.

무역풍의 세기, 대기의 순환 방향, 해수면의 높낮이, 용승의 강약, 오스트레일리아와 페루의 피해 유형을 표현할 것

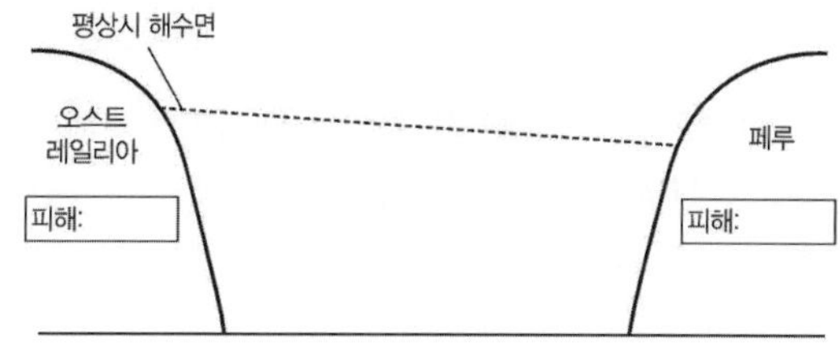

[8713-0260]

05 태평양 적도 부근에서 무역풍이 약해질 때 동태평양 지역과 서태평양 지역이 받는 피해에 대해 한 가지씩 서술하시오.

[8713-0261]

06 그림은 라니냐 시기의 태평양 해수 온도 분포를 나타낸 것이다.

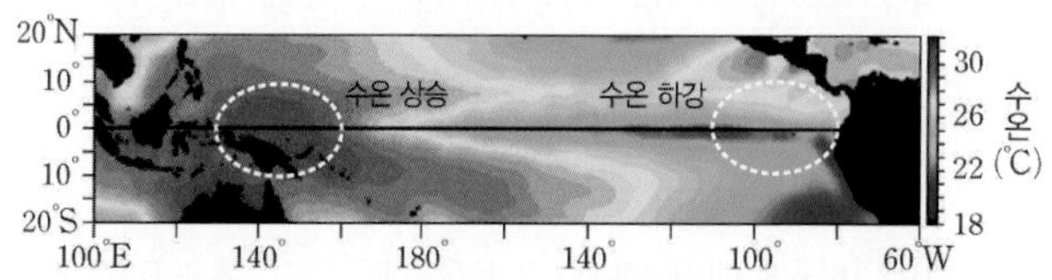

라니냐 시기에는 서태평양 해상에서 발생하는 태풍의 세기가 어떻게 변할지 태풍의 발생 조건 및 에너지원과 관련하여 서술하시오.

12 지구의 기후 변화

1 기후 변화의 원인

(1) 지구 외적 요인

① 지구 자전축 방향 변화(세차 운동)

- 주기: 약 26000년
- 영향: 13000년 후 → 지구 자전축 경사 방향 반대→ 여름과 겨울의 위치 바뀜. → 북반구 기온의 연교차 증가, 남반구 기온의 연교차 감소

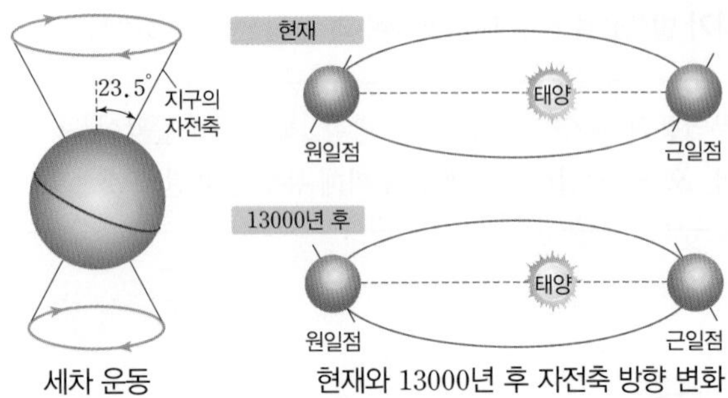

세차 운동　　현재와 13000년 후 자전축 방향 변화

② 지구 자전축 기울기 변화: 21.5°~24.5° 사이에서 변화

- 주기: 약 41000년
- 영향
  - 지구 자전축의 기울기 감소 → 여름철 태양의 남중 고도 감소, 겨울철 태양의 남중 고도 증가 → 기온의 연교차 감소
  - 지구 자전축의 기울기 증가 → 여름철 태양의 남중 고도 증가, 겨울철 태양의 남중 고도 감소 → 기온의 연교차 증가

③ 지구 공전 궤도 이심률 변화

- 주기: 약 10만 년
- 영향
  - 지구 공전 궤도 이심률 감소 → 근일점은 태양과 멀어지고, 원일점은 태양과 가까워짐. → 근일점에서 기온 하강, 원일점에서 기온 상승 → 북반구는 기온의 연교차 증가, 남반구는 기온의 연교차 감소
  - 지구 공전 궤도 이심률 증가 → 근일점은 태양과 가까워지고, 원일점은 태양과 멀어짐. → 근일점에서 기온 상승, 원일점에서 기온 하강 → 북반구 기온의 연교차 감소, 남반구는 기온의 연교차 증가

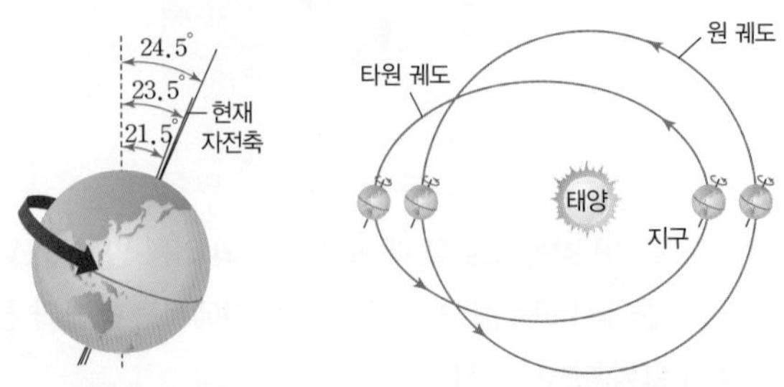

자전축 기울기 변화　　공전 궤도 이심률 변화

④ 태양 활동의 변화

- 주기: 약 11년
- 영향: 태양 활동 활발 → 흑점 수 증가 → 지구에 도달하는 태양 복사 에너지양 증가 → 기온 상승

(2) 지구 내적 요인

① 자연적 요인

구분	내용
수륙 분포 변화	위도별 수륙 분포 변화 → 대륙과 해양의 비열과 반사율의 차이로 인한 에너지 출입량 및 해류의 변화 → 기후 변화
화산 활동	다량의 화산재 분출 → 태양빛 반사(반사율 증가) → 기온 하강
지표면 상태 변화	• 빙하 면적 감소 → 지표 반사율 감소 → 기온 상승 • 산불 → 산림 면적 감소 → 지표 반사율 증가 → 기온 하강

② 인위적 요인

구분	내용
지표 상태 변화	산림 파괴, 사막화, 농경지 확장, 도시화 등으로 지표 반사율 변화 → 기후 변화
에어로졸 배출	대기 중에 작은 액체나 고체 입자 배출 → 태양 복사 에너지 산란, 구름의 양 증가 → 기후 변화
온실 기체 배출	화석 연료 연소, 산업화 등으로 대기 중에 온실 기체 배출 → 기온 증가

핵심 개념 체크

정답과 해설 28쪽

1. 기후 변화의 지구 외적 원인에는 (㉠   ), (㉡   ), (㉢   ), 태양 활동 변화가 있다.

2. 세차 운동의 방향은 지구의 공전 방향과 (   ) 방향이다.

3. 태양 활동의 변화는 태양 광구의 (   ) 수를 보고 유추할 수 있다.

4. 인간이 화석 연료를 대량으로 연소시키고 있어 지구의 기온은 (   )하고 있다.

5. 기후 변화에 대한 설명으로 옳은 것은 ○표, 옳지 않은 것은 ×표 하시오.

(1) 지구의 공전 궤도 이심률이 증가하면 북반구에서 기온의 연교차는 증가한다. (   )

(2) 지구 자전축의 기울기는 현재 23.5°이다. (   )

(3) 세차 운동으로 지구 자전축의 기울기가 현재와 반대가 되면 원일점에서 북반구는 겨울철이다. (   )

(4) 화산이 폭발해 화산재가 많이 나오면 지구의 기온은 일시적으로 상승한다. (   )

(5) 극지방의 빙하가 녹으면 지구의 반사율은 증가한다. (   )

(6) 지구 자전축의 기울기가 현재보다 증가하면 중위도 지역 기온의 연교차는 증가한다. (   )

2 지구 온난화

(1) 복사 평형과 지구의 열수지

① 복사 평형: 지구에 흡수되는 태양 복사 에너지양=지구에서 방출하는 지구 복사 에너지양

② 지구의 열수지

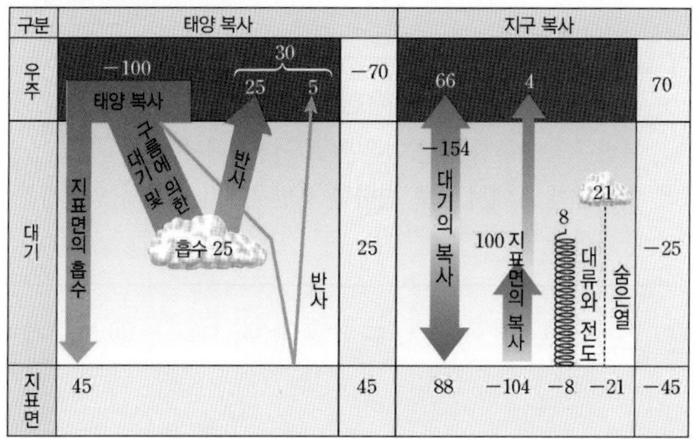

구분	에너지 흡수량	에너지 방출량
우주	30(반사)+66(대기 복사)+4(지표 복사)	100
대기	25(태양 복사)+100(지표 복사)+8(전도 · 대류)+21(숨은열)	154(대기 복사)
지표	45(태양 복사)+88(대기 복사)	104(지표 복사)+8(전도 · 대류)+21(숨은열)

(2) 온실 효과

① 온실 기체: 수증기, 이산화 탄소, 메테인, 프레온 가스 등

② 온실 효과: 온실 기체가 파장이 짧은 태양 복사 에너지는 투과시키고, 파장이 긴 지구 복사 에너지는 흡수 및 재복사하여 지표면의 온도를 상승시키는 효과

③ 현재 대기 중 온실 기체의 양이 증가 → 온실 효과 증대 → 지구 온난화(100년 동안 약 0.87 ℃ 상승)

(3) 지구 온난화의 영향

① 해수면 상승: 해수 온도 상승 → 해수의 열팽창, 대륙 빙하 녹음. → 해안 저지대 침수

② 이상 기후: 위도별 에너지 불균형 심화, (증발량−강수량) 값 변화 → 가뭄, 홍수, 한파, 슈퍼 태풍, 폭염 등 기상 이변 증가

③ 생태계 변화: 생물종 멸종, 어류 이동 경로 변화, 위도별 식생대 변화, 해양 생태계 변화

④ 열대성 질병 확산: 말라리아 등 열대성 질병 고위도로 확산, 폭염으로 인한 온열 질환 및 스트레스 증가

3 기후 변화를 해결하기 위한 노력

(1) 과학적 노력

① 온실 기체 배출 감소를 위한 노력(화석 연료 사용량 감소)

재생 에너지 개발 및 사용 확대	태양, 풍력, 조력, 지열 등 재생 에너지 사용 효율 증대 및 기술 개발
신에너지 개발 및 사용 확대	연료 전지, 수소 에너지, 석탄 액화 · 가스화 기술 개발
에너지 효율 증가 기술 개발	빛에너지 전환 효율을 높인 LED 기술, 초전도 기술, 전기나 수소 에너지 저장 기술 등

② 대기 중 온실 기체 흡수

대규모 산림 조성	산림이 광합성을 통해 대기 중 이산화 탄소 흡수
해양 비옥화	해양에 철분, 영양 염류 등을 뿌려 식물성 플랑크톤 양 증가 → 광합성 증가
이산화 탄소 포집 및 저장 기술	발전소, 제철소 등에서 발생하는 이산화 탄소를 포집하여 심해저나 지층 속에 저장하는 기술

③ 입사되는 태양 복사 에너지양 감소

에어로졸 분사	성층권에 에어로졸을 뿌려 지구의 반사율 증가
우주 반사막 설치	우주에 거대한 거울을 설치하여 태양 에너지 반사율 증가

(2) 국제 사회의 노력

유엔기후변화협약	1992년, 온실 기체 배출량 감축을 위해 세계 각국이 노력하기로 함.
교토의정서	1997년, 선진국에 온실 기체 배출량 감축 의무 부과 및 제제 방안 적용
파리기후협정	2015년, 선진국과 개발도상국 모두 자국 상황에 맞는 온실 기체 배출량 감축 목표 설정 및 준수

핵심 개념 체크

정답과 해설 28쪽

6. 지구의 반사율은 약 (　　　) %이다.

7. 온실 기체는 가시광선은 대부분 (㉠　　　)시키고, 적외선은 대부분 (㉡　　　)한다.

8. 지구 온난화로 인해 해수면이 상승하는 까닭은 해수의 (㉠　　　)과 (㉡　　　)가 녹기 때문이다.

9. 대규모 산림을 조성하면 대기 중의 (　　　) 양이 줄어든다.

10. 다음 설명 중 옳은 것은 ○표, 옳지 않은 것은 ×표 하시오.

(1) 수증기와 이산화 탄소는 온실 기체이다. (　　)

(2) 지구 온난화로 인해 가뭄은 증가하고, 홍수는 감소하고 있다. (　　)

(3) 신재생 에너지 사용을 확대하면 지구 온난화를 늦출 수 있다. (　　)

(4) 대기 중 이산화 탄소를 포집해 심해저에 저장하는 기술은 부작용이 없다. (　　)

(5) 국제 사회는 지구 온난화의 심각성을 인지해 온실 기체 감축을 위해 노력하고 있다. (　　)

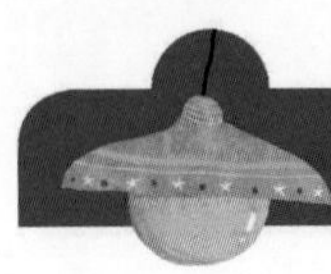

출제 예상 문제

[8713-0262]

01 그림은 현재 지구 자전축의 경사 방향을 나타낸 것이다.

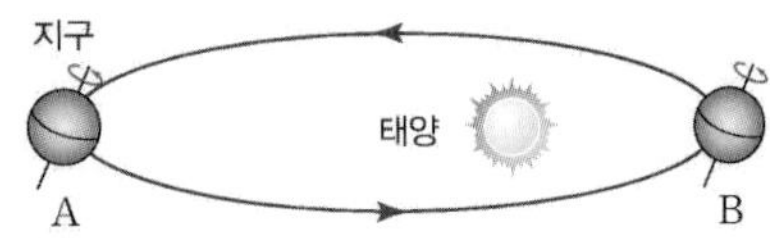

이에 대한 설명으로 옳은 것만을 〈보기〉에서 있는 대로 고른 것은?

> 보기
> ㄱ. 지구가 A에 있을 때, 북반구는 겨울철이다.
> ㄴ. 지구에 입사하는 태양 복사 에너지양은 A보다 B가 많다.
> ㄷ. 지구가 근일점에 있을 때, 남반구는 여름철이다.

① ㄱ ② ㄷ ③ ㄱ, ㄴ ④ ㄴ, ㄷ ⑤ ㄱ, ㄴ, ㄷ

[8713-0263]

02 그림은 미래 어느 시점의 지구 자전축의 경사 방향을 나타낸 것이다.

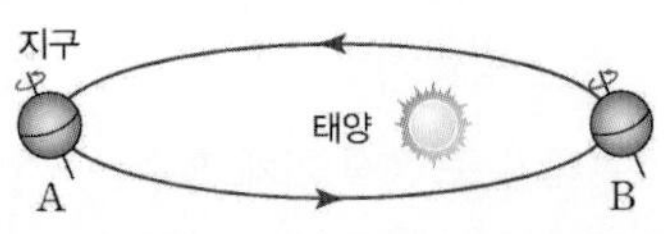

이에 대한 설명으로 옳은 것만을 〈보기〉에서 있는 대로 고른 것은? (단, 세차 운동의 주기는 26000년이고, 세차 운동 이외의 요인은 변하지 않는다고 가정한다.)

> 보기
> ㄱ. 현재로부터 13000년 후에는 그림과 같은 경사 방향을 갖는다.
> ㄴ. 북반구 중위도에서 눈이 내리는 것을 볼 수 있는 위치는 B이다.
> ㄷ. 자전축의 기울기는 A와 B에서 같다.

① ㄱ ② ㄴ ③ ㄱ, ㄷ ④ ㄴ, ㄷ ⑤ ㄱ, ㄴ, ㄷ

[8713-0264]

03 그림은 현재 지구 자전축의 기울기를 나타낸 것이다.

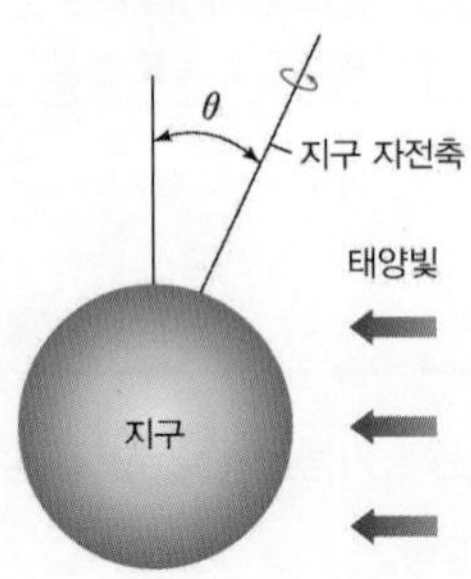

이에 대한 설명으로 옳은 것만을 〈보기〉에서 있는 대로 고른 것은?

> 보기
> ㄱ. θ는 23.5°이다.
> ㄴ. 현재 지구는 근일점 부근에 있다.
> ㄷ. θ가 감소하면 기온의 연교차가 증가한다.

① ㄱ ② ㄷ ③ ㄱ, ㄴ ④ ㄴ, ㄷ ⑤ ㄱ, ㄴ, ㄷ

[8713-0265]

04 그림은 이심률이 다른 지구 공전 궤도 A와 B를 나타낸 것이다.

이에 대한 설명으로 옳은 것만을 〈보기〉에서 있는 대로 고른 것은?

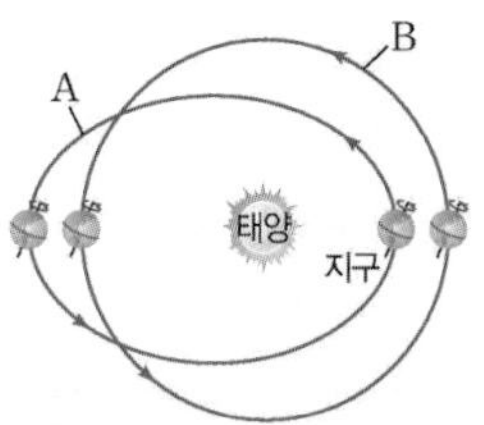

> 보기
> ㄱ. 공전 궤도 이심률은 A가 B보다 크다.
> ㄴ. 북반구의 여름철 평균 기온은 A보다 B에서 높다.
> ㄷ. 이심률이 A에서 B로 변하면 북반구에서 기온의 연교차는 증가한다.

① ㄱ ② ㄴ ③ ㄱ, ㄷ ④ ㄴ, ㄷ ⑤ ㄱ, ㄴ, ㄷ

[8713-0266]

05 그림은 400년 간 태양의 흑점 수 변화를 기록한 것이다.

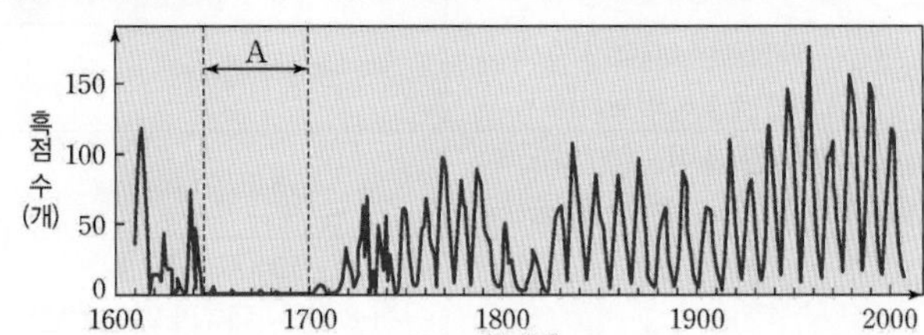

이에 대한 설명으로 옳은 것만을 〈보기〉에서 있는 대로 고른 것은?

> 보기
> ㄱ. 흑점 수의 변화 주기는 세차 운동 주기보다 길다.
> ㄴ. A 시기는 태양의 활동이 활발했다.
> ㄷ. A 시기에 지구의 기온은 400년 간의 평균 기온보다 낮았을 것이다.

① ㄱ ② ㄷ ③ ㄱ, ㄴ ④ ㄴ, ㄷ ⑤ ㄱ, ㄴ, ㄷ

[8713-0267]

06 표는 지표의 성질에 따른 반사율을 나타낸 것이다.

지표의 성질	반사율(%)	지표의 성질	반사율(%)
토양	17	잔디	25
침엽수림	8~15	콘크리트	55
해수	6	빙하	50~70

이에 대한 설명으로 옳은 것만을 〈보기〉에서 있는 대로 고른 것은?

> 보기
> ㄱ. 잔디는 침엽수림보다 반사율이 크다.
> ㄴ. 녹지에 콘크리트 건물을 지으면 반사율이 증가한다.
> ㄷ. 빙하 지대가 넓어지면 지구에 입사하는 태양 복사 에너지양이 증가한다.

① ㄱ ② ㄷ ③ ㄱ, ㄴ ④ ㄴ, ㄷ ⑤ ㄱ, ㄴ, ㄷ

[8713-0268]

07 그림은 피나투보 화산 분출 전후의 평균 기온 편차를 나타낸 것이다.

이에 대한 설명으로 옳은 것만을 〈보기〉에서 있는 대로 고른 것은?

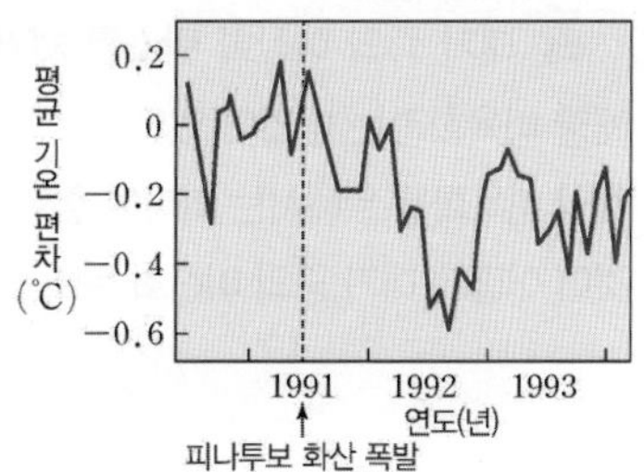

보기

ㄱ. 피나투보 화산 폭발은 지구의 기온을 일시적으로 낮췄다.
ㄴ. 피나투보 화산은 대량의 화산재를 분출했을 것이다.
ㄷ. 화산 활동은 기후 변화 원인 중 지구 내적 요인에 속한다.

① ㄱ ② ㄴ ③ ㄱ, ㄷ ④ ㄴ, ㄷ ⑤ ㄱ, ㄴ, ㄷ

[8713-0269]

08 그림 (가)는 스타이로폼 상자를 셀로판 종이로 막고 온도를 측정하는 실험 장치이고, (나)는 시간에 따른 스타이로폼 상자 안의 온도를 나타낸 것이다. A와 B는 셀로판 종이가 있을 때와 없을 때의 실험 결과를 순서 없이 나타낸 것이다.

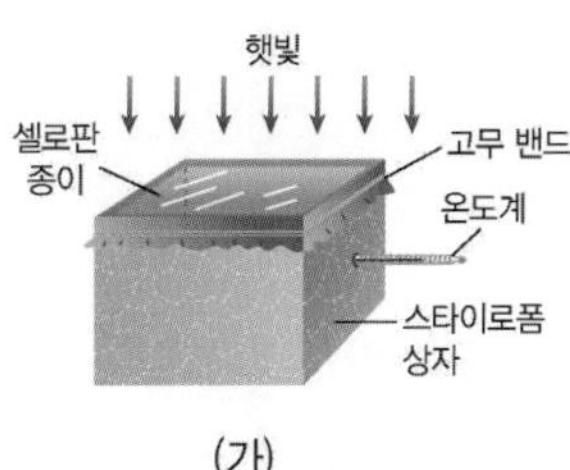

(가)

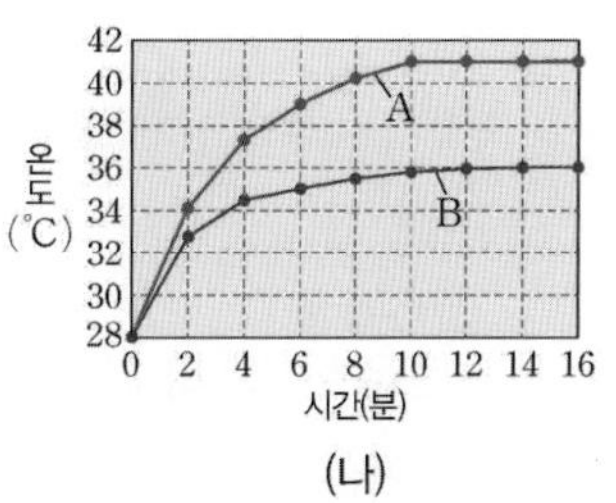

(나)

이에 대한 설명으로 옳은 것만을 〈보기〉에서 있는 대로 고른 것은?

보기

ㄱ. (가)의 셀로판 종이는 반사율을 높이는 역할을 한다.
ㄴ. B보다 A가 먼저 복사 평형 상태에 도달했다.
ㄷ. 셀로판 종이가 있는 실험은 A이다.

① ㄱ ② ㄴ ③ ㄱ, ㄷ
④ ㄴ, ㄷ ⑤ ㄱ, ㄴ, ㄷ

[8713-0270]

09 그림은 복사 평형 상태에 있는 지구의 열수지를 나타낸 것이다.

이에 대한 설명으로 옳은 것만을 〈보기〉에서 있는 대로 고른 것은?

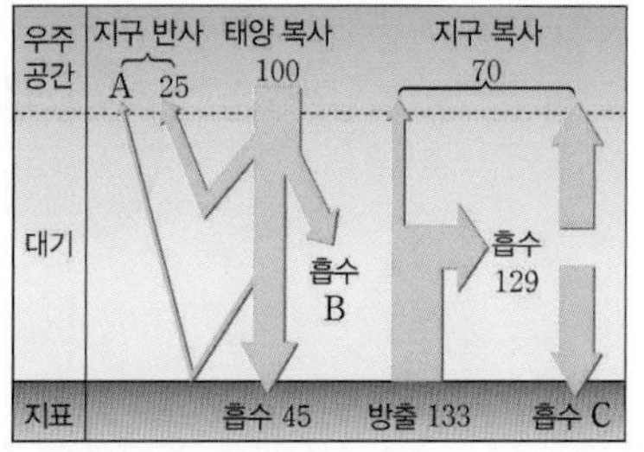

보기

ㄱ. A는 지구의 반사율이다.
ㄴ. B+129=66+C이다.
ㄷ. 빙하 면적이 감소하면 A 값은 증가한다.

① ㄱ ② ㄴ ③ ㄱ, ㄷ ④ ㄴ, ㄷ ⑤ ㄱ, ㄴ, ㄷ

[8713-0271]

10 그림 (가)는 대기가 없는 상태에서 복사 에너지의 출입을, (나)는 대기가 있는 상태에서 복사 에너지의 출입을 나타낸 것이다.

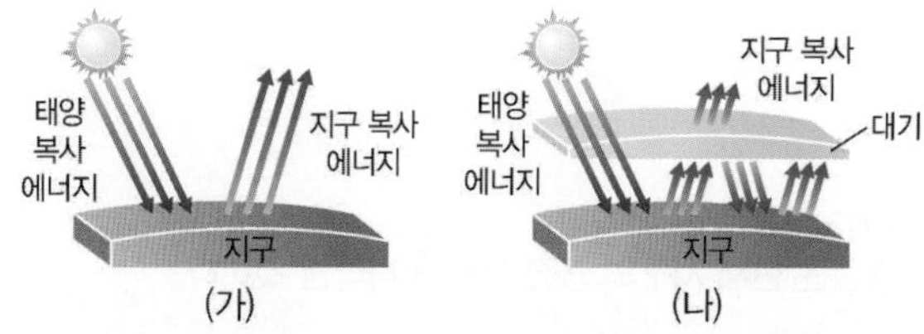

이에 대한 설명으로 옳은 것만을 〈보기〉에서 있는 대로 고른 것은?

보기

ㄱ. 지표면에서 기온의 일교차는 (가)보다 (나)에서 크다.
ㄴ. 지구의 대기는 가시광선보다 적외선을 잘 흡수한다.
ㄷ. 대기 중의 이산화 탄소량이 증가하면 (나)에서 대기에 흡수되는 지구 복사 에너지의 양이 증가한다.

① ㄱ ② ㄴ ③ ㄱ, ㄷ ④ ㄴ, ㄷ ⑤ ㄱ, ㄴ, ㄷ

[8713-0272]

11 그림 (가)는 1880년대부터 최근까지 평균 해수면의 높이 변화를, (나)는 같은 기간 평균 기온 편차를 나타낸 것이다.

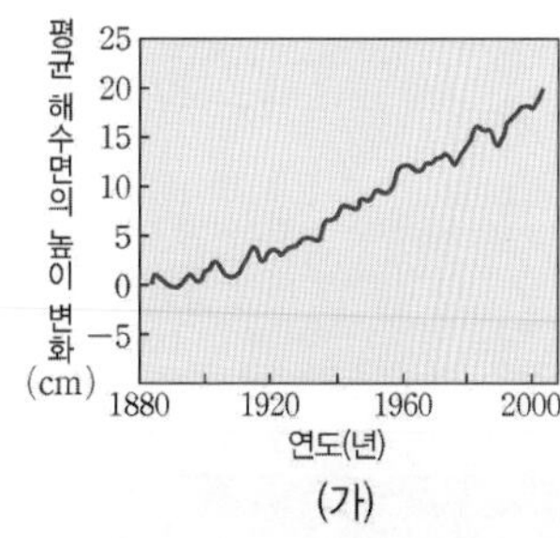

(가)

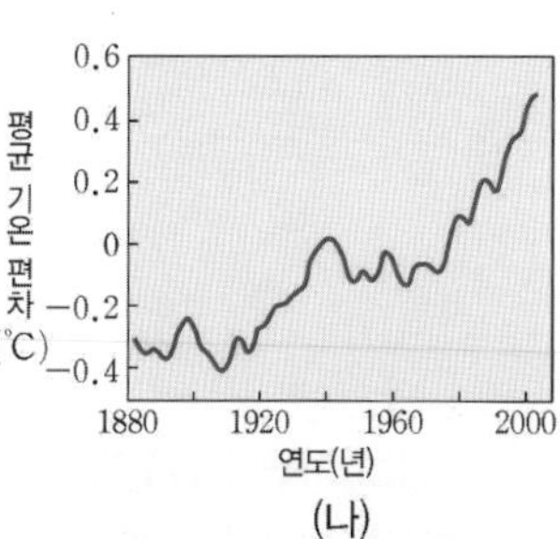

(나)

이에 대한 설명으로 옳은 것만을 〈보기〉에서 있는 대로 고른 것은?

보기

ㄱ. 이 기간 동안 해수면의 높이는 대체로 하강했다.
ㄴ. 1880~1920년보다 1960~2000년의 기온 상승률이 더 크다.
ㄷ. 이 기간 동안 극지방의 빙하 면적은 증가했을 것이다.

① ㄱ ② ㄴ ③ ㄱ, ㄷ ④ ㄴ, ㄷ ⑤ ㄱ, ㄴ, ㄷ

[8713-0273]
01 그림은 1991년 피나투보 화산의 폭발 모습이다.
피나투보 화산처럼 큰 규모로 화산이 폭발하면 지구의 기후가 변화하는 까닭과, 변화 방향(기온이 높아지는지, 낮아지는지)에 대해 서술하시오.

[8713-0274]
02 그림은 현재 지구의 공전 궤도를 나타낸 것이다.

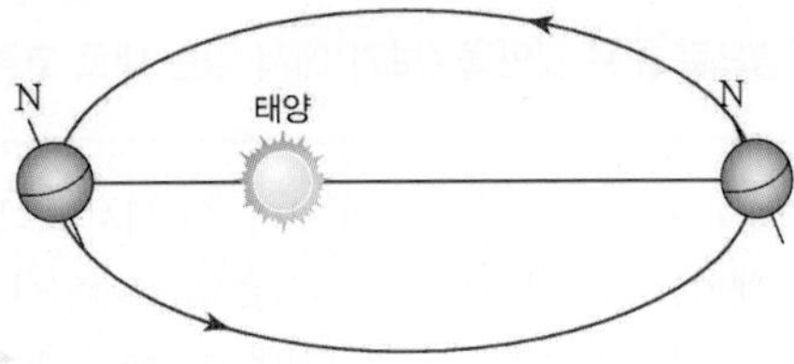

(1) 이심률이 현재보다 더 커졌을 때, 지구의 공전 궤도를 아래 그림에 그리시오. (단, 태양의 위치는 움직이지 말 것)

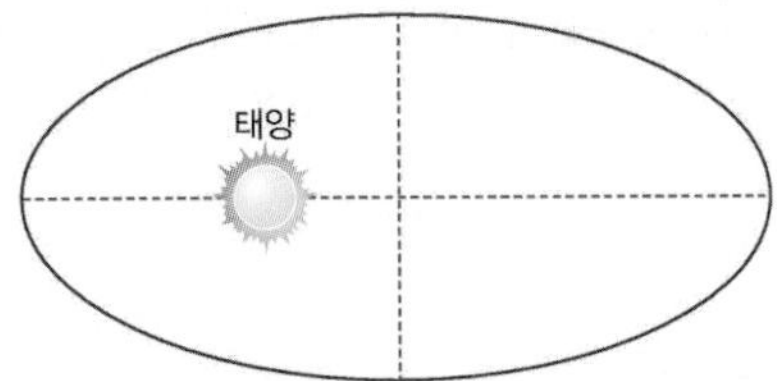

(2) 이심률이 더 커졌을 때, 우리나라의 여름철과 겨울철 기온이 현재에 비해 어떻게 변할지 서술하시오.

[8713-0275]
03 그림은 지구의 열수지 중 지구 복사를 나타낸 것이다. 지표에서 대기로 전달되는 에너지 A, B, C의 전달 방법을 각각 쓰시오.

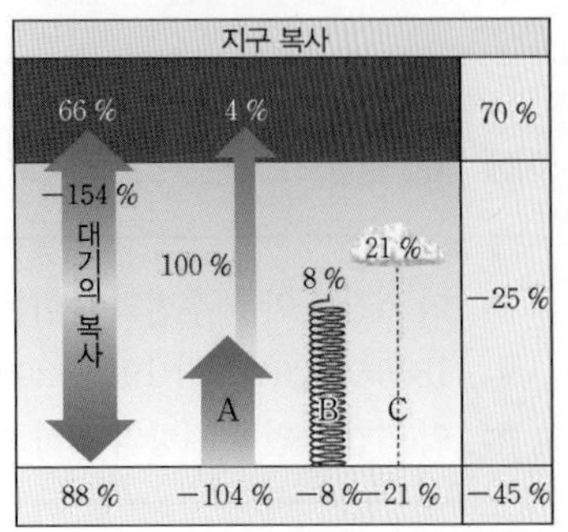

[8713-0276]
04 대기 중의 이산화 탄소를 제거하는 방법으로 거론되는 것 중에 해양 비옥화라는 방법이 있다.
해양 비옥화를 위해서는 바다에 철분을 뿌리는데, 바다에 철분을 뿌리는 것이 어떻게 대기 중의 이산화 탄소를 제거할 수 있는지 서술하시오.

[8713-0277]
05 지구의 평균 기온은 최근 100년 간 약 0.87 ℃ 상승하였다.

(1) 지구 온난화가 환경에 미치는 영향을 2가지 서술하시오.
(2) 지구 온난화가 인간에게 미치는 영향을 2가지 서술하시오.

[8713-0278]
06 그림은 현재와 미래의 지구 공전 궤도를 나타낸 것이다.

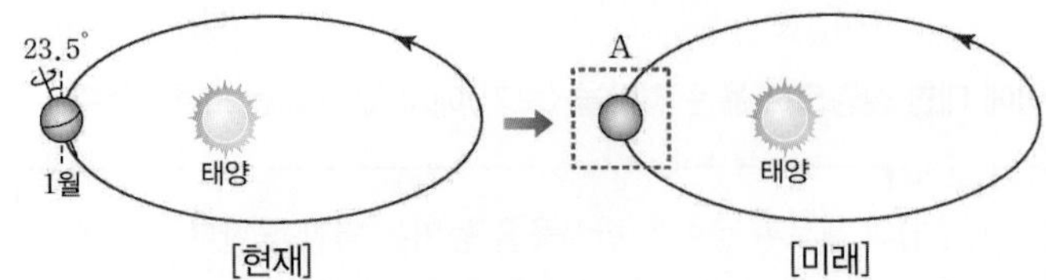

미래에 우리나라의 기후가 다음과 같이 변화하였다면, A(근일점)의 위치에서 지구 자전축의 모습을 그리시오. (단, 지구 자전축의 경사각은 22.5°와 24.5° 중 하나이고, 그림에 경사각을 표시하시오.)

- 1월에 여름철이다.
- 여름철 태양의 남중 고도는 현재보다 높다.

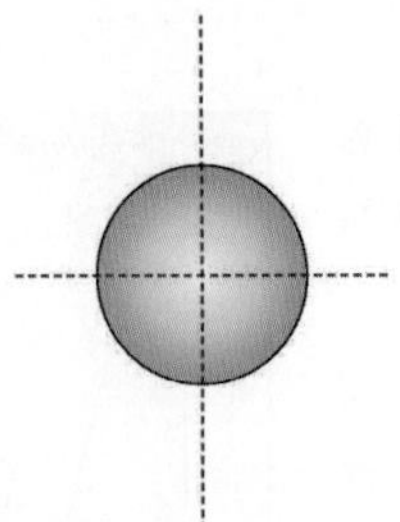

대단원 종합 문제

[8713-0279]

01 그림은 북반구에서 대기 대순환을 나타낸 것이다.

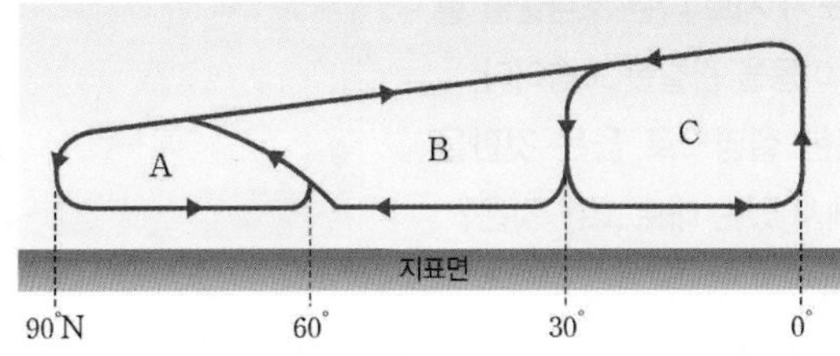

이에 대한 설명으로 옳은 것만을 〈보기〉에서 있는 대로 고른 것은?

보기

ㄱ. A는 해들리 순환이다.

ㄴ. B 순환의 지상에는 서풍 계열의 바람이 분다.

ㄷ. 지표면의 강수량은 A와 B 순환의 경계가 B와 C 순환의 경계보다 많다.

① ㄱ ② ㄷ ③ ㄱ, ㄴ ④ ㄴ, ㄷ ⑤ ㄱ, ㄴ, ㄷ

[8713-0280]

02 그림은 복사 평형을 이룬 상태에서 대기와 해양의 위도별 에너지 수송량을 나타낸 것이다.

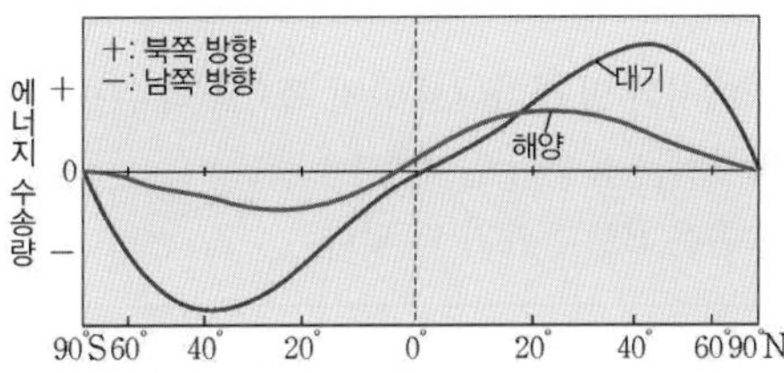

이에 대한 설명으로 옳은 것만을 〈보기〉에서 있는 대로 고른 것은?

보기

ㄱ. 에너지 수송량은 해양보다 대기에 의한 것이 더 많다.

ㄴ. 극지방은 태양 복사 에너지 흡수량과 지구 복사 에너지 방출량이 같다.

ㄷ. 에너지 수송량이 최대인 위도에서는 해양에 의한 수송량이 대기에 의한 수송량보다 많다.

① ㄱ ② ㄷ ③ ㄱ, ㄴ ④ ㄴ, ㄷ ⑤ ㄱ, ㄴ, ㄷ

[8713-0281]

03 그림은 북태평양의 표층 수온 분포를 나타낸 것이다.

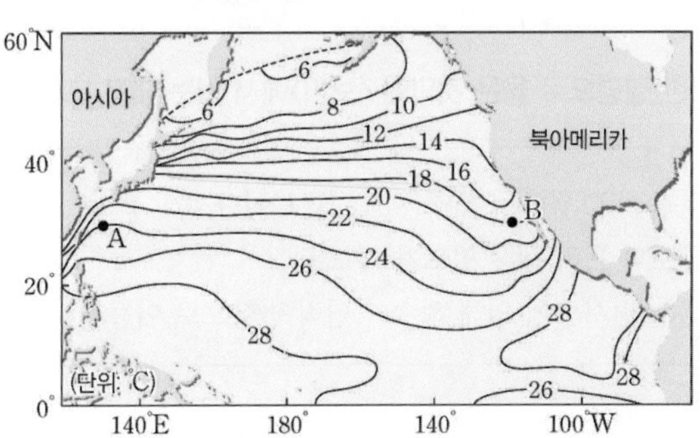

이에 대한 설명으로 옳은 것만을 〈보기〉에서 있는 대로 고른 것은?

보기

ㄱ. A 해역과 B 해역의 수온은 같다.

ㄴ. A 해역은 B 해역보다 용존 산소량이 적다.

ㄷ. 해류의 영향을 많이 받는 곳일수록 등수온선이 위도와 나란하게 분포한다.

① ㄱ ② ㄴ ③ ㄱ, ㄷ

④ ㄴ, ㄷ ⑤ ㄱ, ㄴ, ㄷ

[8713-0282]

04 그림은 태평양의 표층 해류 A~E를 나타낸 것이다.

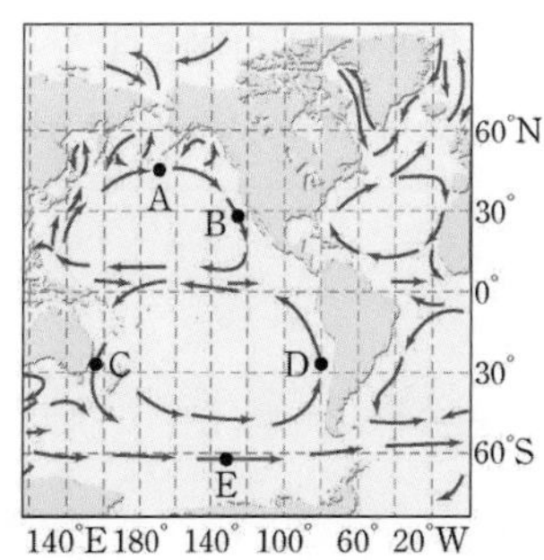

이에 대한 설명으로 옳은 것만을 〈보기〉에서 있는 대로 고른 것은?

보기

ㄱ. 편서풍에 의해 형성된 해류는 A와 E이다.

ㄴ. B와 C는 한류이다.

ㄷ. 동일 위도에서 C는 D보다 염분이 높다.

① ㄱ ② ㄴ ③ ㄱ, ㄷ

④ ㄴ, ㄷ ⑤ ㄱ, ㄴ, ㄷ

[8713-0283]

05 그림은 우리나라 주변의 해류 분포와 2011년 방사능 오염수를 해양에 유출시킨 후쿠시마 원전의 위치를 나타낸 것이다.

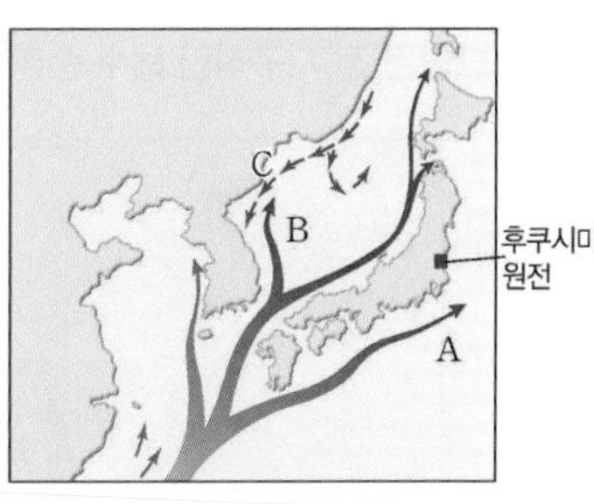

이에 대한 설명으로 옳은 것만을 〈보기〉에서 있는 대로 고른 것은?

보기

ㄱ. A는 C보다 영양 염류가 풍부한 해류이다.

ㄴ. B와 C가 만나는 해역은 여름보다 겨울에 저위도에 위치한다.

ㄷ. 방사능 오염수가 포함된 해수는 우리나라보다 북아메리카에 먼저 도달할 것이다.

① ㄱ ② ㄷ ③ ㄱ, ㄴ

④ ㄴ, ㄷ ⑤ ㄱ, ㄴ, ㄷ

[8713-0284]

06 그림은 대서양의 심층 순환을 나타낸 것이다.

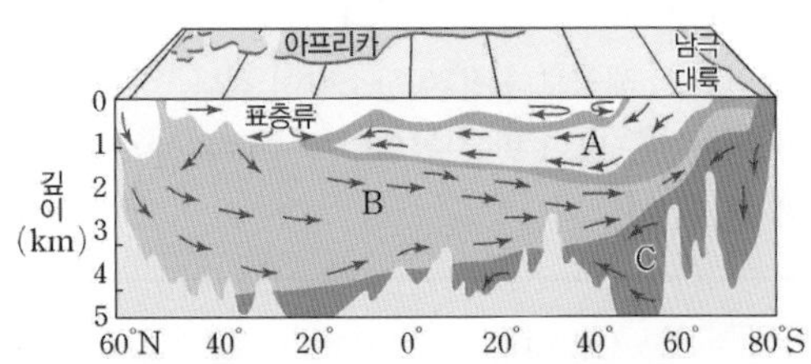

해류 A, B, C에 대한 설명으로 옳은 것만을 〈보기〉에서 있는 대로 고른 것은?

보기

ㄱ. 밀도는 A<B<C이다.
ㄴ. A, B, C의 유속은 표층류보다 빠르다.
ㄷ. 바람이 강하게 불면 표층류와 해류 A는 뒤섞인다.

① ㄱ ② ㄷ ③ ㄱ, ㄴ ④ ㄴ, ㄷ ⑤ ㄱ, ㄴ, ㄷ

[8713-0285]

07 그림은 전 지구적인 해수 순환을 나타낸 것이다.

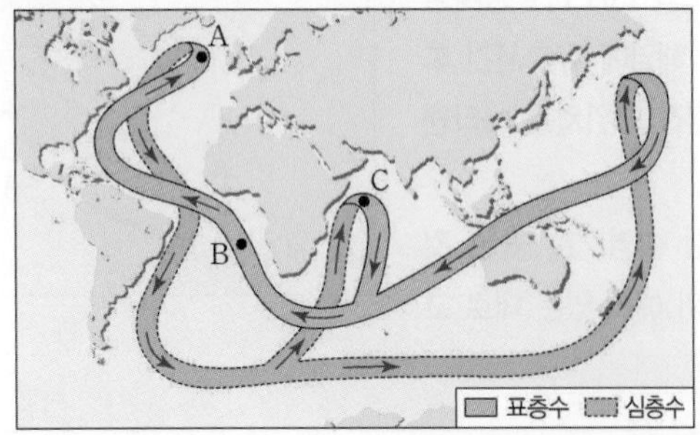

이에 대한 설명으로 옳은 것만을 〈보기〉에서 있는 대로 고른 것은?

보기

ㄱ. B에서 A로 열 수송이 일어난다.
ㄴ. A의 해수는 B의 해수보다 밀도가 크다.
ㄷ. A의 침강이 약해지면, C의 용승은 강해진다.

① ㄱ ② ㄷ ③ ㄱ, ㄴ ④ ㄴ, ㄷ ⑤ ㄱ, ㄴ, ㄷ

[8713-0286]

08 그림은 A와 B에 온도는 같지만 농도가 서로 다른 소금물을 넣고 물의 이동을 관찰한 모습이다. 이에 대한 설명으로 옳은 것만을 〈보기〉에서 있는 대로 고른 것은?

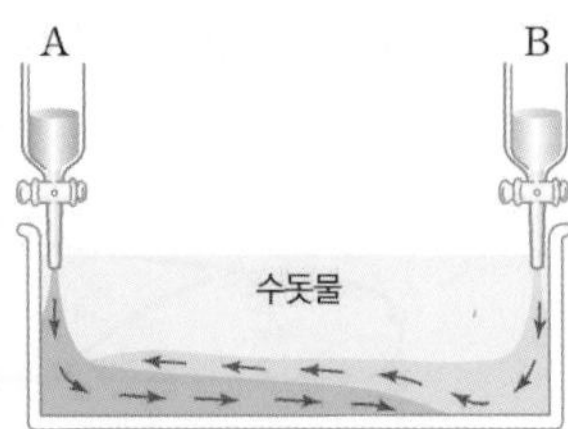

보기

ㄱ. A, B에 넣은 물은 수돗물보다 밀도가 크다.
ㄴ. 농도는 B보다 A에 넣은 소금물이 크다.
ㄷ. 표층 순환의 원리를 알아보기 위한 실험이다.

① ㄱ ② ㄷ ③ ㄱ, ㄴ ④ ㄴ, ㄷ ⑤ ㄱ, ㄴ, ㄷ

[8713-0287]

09 그림은 북반구의 여름철에 어느 지역에서 지속적으로 남풍이 부는 상황을 나타낸 것이다. 이에 대한 설명으로 옳은 것만을 〈보기〉에서 있는 대로 고른 것은?

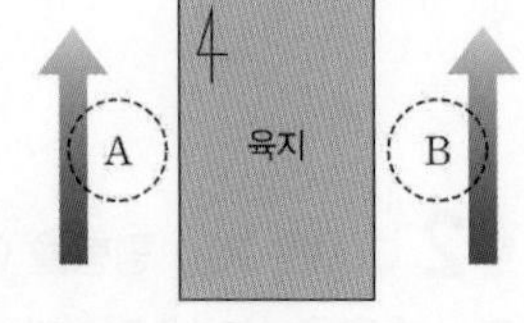

보기

ㄱ. A 해역에서는 먼 바다에서 육지 쪽으로 해수가 이동한다.
ㄴ. B 해역에서는 용승이 일어난다.
ㄷ. 표층 수온은 B보다 A가 더 낮다.

① ㄱ ② ㄴ ③ ㄷ ④ ㄱ, ㄴ ⑤ ㄴ, ㄷ

[8713-0288]

10 그림은 해양에서 용승 또는 침강이 활발하게 발생하는 해역 A~E를 나타낸 것이다.

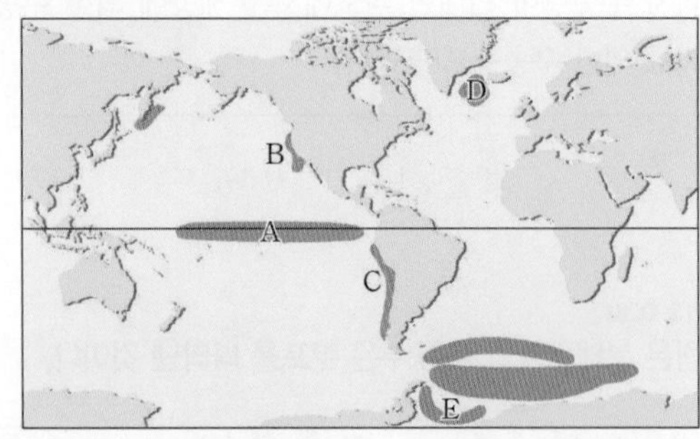

이에 대한 설명으로 옳은 것만을 〈보기〉에서 있는 대로 고른 것은?

보기

ㄱ. 용승이 발생하는 해역은 A, B, C이다.
ㄴ. D보다 E의 해수 밀도가 더 크다.
ㄷ. B는 편서풍에 의해 해수가 연직 방향으로 이동한다.

① ㄱ ② ㄷ ③ ㄱ, ㄴ ④ ㄴ, ㄷ ⑤ ㄱ, ㄴ, ㄷ

[8713-0289]
11 그림은 북반구의 어느 해양 위를 지나가는 태풍의 모습이다.
이에 대한 설명으로 옳은 것만을 〈보기〉에서 있는 대로 고른 것은?

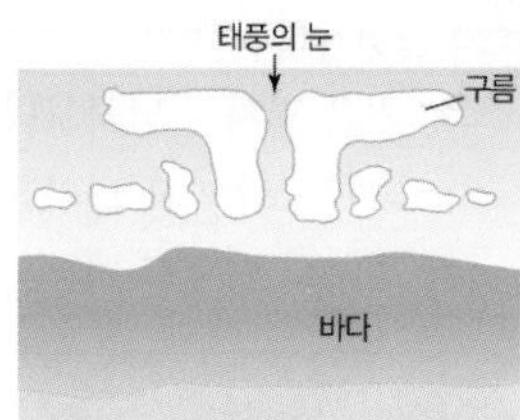

보기
ㄱ. 해수는 태풍의 주변부에서 중심 방향으로 이동한다.
ㄴ. 태풍의 눈 부근 해양에서는 용승이 일어나고 있다.
ㄷ. 태풍이 지나간 해역은 평소보다 영양 염류의 양이 증가할 것이다.

① ㄱ ② ㄷ ③ ㄱ, ㄴ ④ ㄴ, ㄷ ⑤ ㄱ, ㄴ, ㄷ

[8713-0290]
12 그림 (가)와 (나)는 엘니뇨와 라니냐 시기의 표면 수온 분포를 순서 없이 나타낸 것이다.

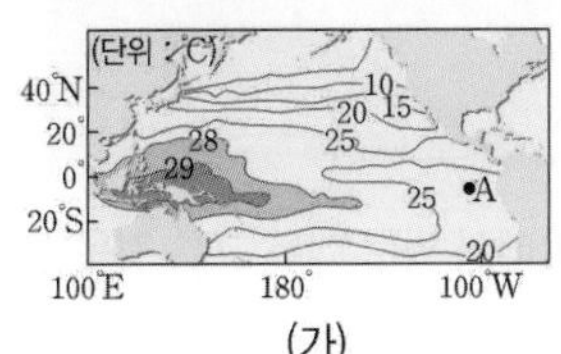

(가)

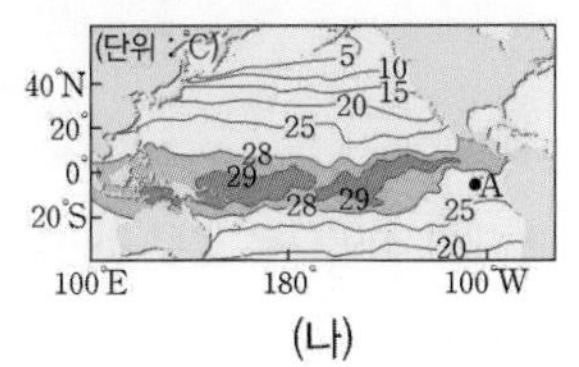

(나)

이에 대한 설명으로 옳은 것만을 〈보기〉에서 있는 대로 고른 것은?

보기
ㄱ. (가)는 라니냐, (나)는 엘니뇨 시기이다.
ㄴ. A 해역의 해수면 높이는 (가)가 (나)보다 낮다.
ㄷ. A 해역의 영양 염류는 (가)가 (나)보다 많을 것이다.

① ㄱ ② ㄷ ③ ㄱ, ㄴ ④ ㄴ, ㄷ ⑤ ㄱ, ㄴ, ㄷ

[8713-0291]
13 그림은 어느 해에 발생한 엘니뇨의 영향을 나타낸 것이다.

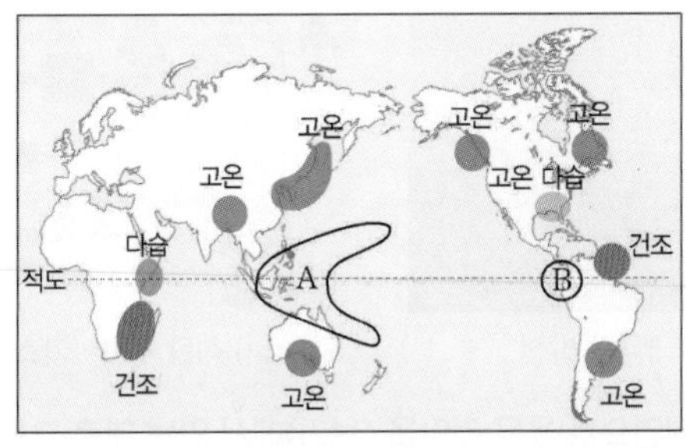

이에 대한 설명으로 옳은 것만을 〈보기〉에서 있는 대로 고른 것은?

보기
ㄱ. A, B 중 다습한 기후가 나타나는 지역은 A이다.
ㄴ. A와 B의 표층 수온 차이는 평년보다 작다.
ㄷ. 엘니뇨는 전 지구적인 기후 변화를 초래한다.

① ㄱ ② ㄷ ③ ㄱ, ㄴ ④ ㄴ, ㄷ ⑤ ㄱ, ㄴ, ㄷ

[8713-0292]
14 그림은 서로 다른 시기의 지구 공전 궤도를 나타낸 것이다.

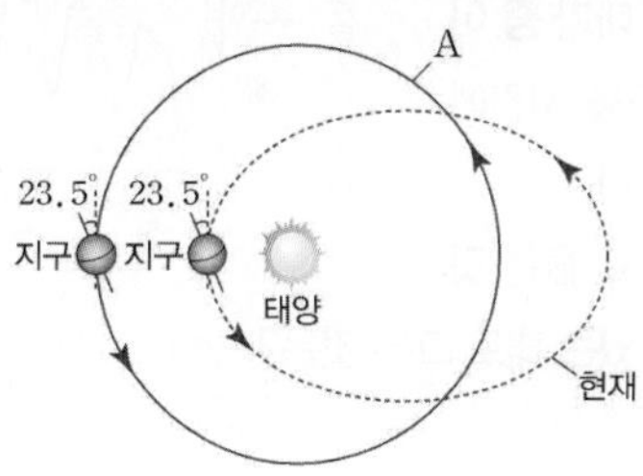

지구의 공전 궤도가 현재에서 A로 되었을 때에 대한 설명으로 옳은 것만을 〈보기〉에서 있는 대로 고른 것은? (단, 지구의 공전 궤도 이심률 이외의 요인은 변하지 않는다고 가정한다.)

보기
ㄱ. 이심률이 커진다.
ㄴ. 태양에서 원일점까지의 거리는 더 짧아진다.
ㄷ. 우리나라에서 기온의 연교차는 감소한다.

① ㄱ ② ㄴ ③ ㄷ
④ ㄱ, ㄴ ⑤ ㄴ, ㄷ

[8713-0293]
15 그림은 지구 자전축의 변화를 현재와 비교하여 나타낸 모식도이다.

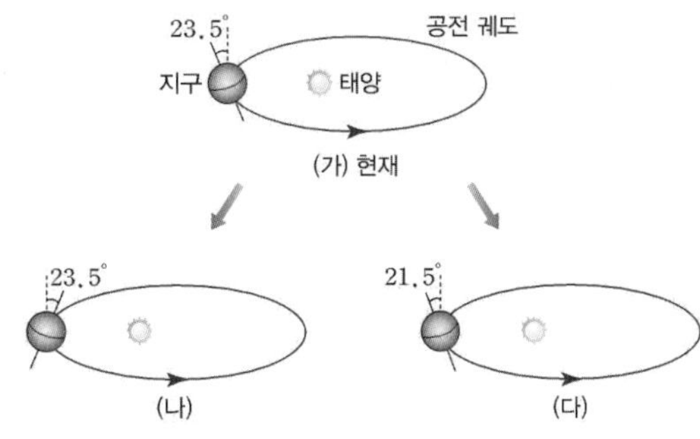

이에 대한 설명으로 옳은 것만을 〈보기〉에서 있는 대로 고른 것은? (단, 자전축 경사 방향과 경사각 이외의 요인은 변하지 않는다고 가정한다.)

보기
ㄱ. (가)의 지구 위치에서 남반구는 여름철이다.
ㄴ. (나)로 변화하면 북반구에서 기온의 연교차는 커진다.
ㄷ. 우리나라는 (가)보다 (다)의 겨울철에 더 따뜻할 것이다.

① ㄱ ② ㄷ ③ ㄱ, ㄴ
④ ㄴ, ㄷ ⑤ ㄱ, ㄴ, ㄷ

[8713-0294]
16 그림은 우리나라 안면도에서 관측한 대기 중 이산화 탄소의 농도를 시간에 따라 나타낸 것이다.

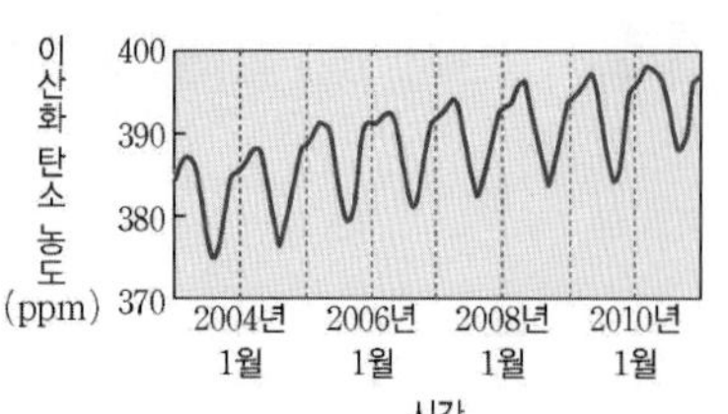

이에 대한 설명으로 옳은 것만을 〈보기〉에서 있는 대로 고른 것은?

보기
ㄱ. 이산화 탄소의 농도는 여름이 겨울보다 높다.
ㄴ. 인간에 의한 화석 연료 연소가 이산화 탄소 농도 증가의 원인이다.
ㄷ. 이 기간 동안 우리나라의 평균 기온은 상승했을 것이다.

① ㄱ ② ㄷ ③ ㄱ, ㄴ ④ ㄴ, ㄷ ⑤ ㄱ, ㄴ, ㄷ

[8713-0295]
17 그림은 지구 온난화와 관련하여 연쇄적으로 일어나는 현상을 나타낸 것이다.

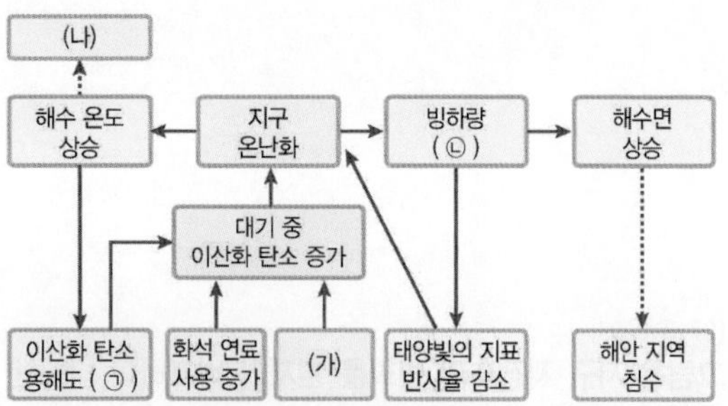

이에 대한 설명으로 옳은 것만을 〈보기〉에서 있는 대로 고른 것은?

보기
ㄱ. ㉠은 감소, ㉡은 증가이다.
ㄴ. (가)에는 산림 벌채가 들어갈 수 있다.
ㄷ. 동해에서 한류성 어종인 명태가 잘 잡히지 않는 현상은 (나)에 해당한다.

① ㄱ ② ㄷ ③ ㄱ, ㄴ ④ ㄴ, ㄷ ⑤ ㄱ, ㄴ, ㄷ

[8713-0296]
18 그림은 최근 약 90년 동안 북극과 남극 지역에서 측정한 연평균 기온 편차(관측 기온－평년 기온)를 나타낸 것이다.

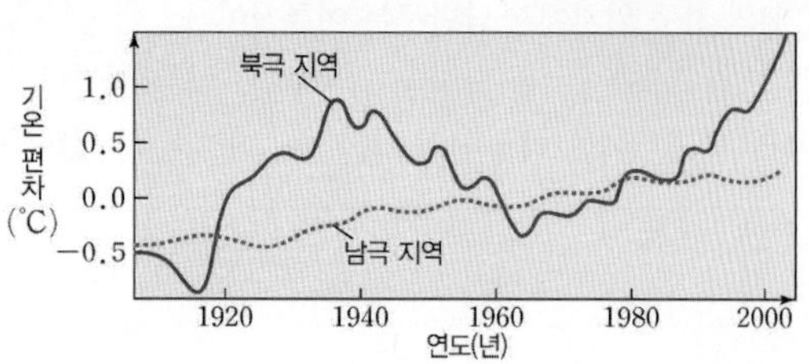

이에 대한 설명으로 옳은 것만을 〈보기〉에서 있는 대로 고른 것은?

보기
ㄱ. 기온 편차는 남극보다 북극 지역이 크다.
ㄴ. 극지방의 지표 반사율은 증가했을 것이다.
ㄷ. 지구의 연평균 기온은 상승하는 추세이다.

① ㄱ ② ㄴ ③ ㄱ, ㄷ ④ ㄴ, ㄷ ⑤ ㄱ, ㄴ, ㄷ

[8713-0297]
19 그림은 대기 중의 이산화 탄소를 제거하는 방법을 순서 없이 나타낸 것이다.

이에 대한 설명으로 옳은 것만을 〈보기〉에서 있는 대로 고른 것은?

보기
ㄱ. 순서는 A → B → D → C이다.
ㄴ. 암석에 주입된 이산화 탄소는 기체 상태로 존재한다.
ㄷ. 현재 활발하게 이용되고 있는 이산화 탄소 제거 방법이다.

① ㄱ ② ㄴ ③ ㄱ, ㄷ ④ ㄴ, ㄷ ⑤ ㄱ, ㄴ, ㄷ

[8713-0298]
20 그림 (가)와 (나)는 서로 다른 신재생 에너지를 이용하는 방식을 나타낸 것이다.

(가) 태양광 발전　　(나) 석탄 액화 · 가스화 발전

이에 대한 설명으로 옳은 것만을 〈보기〉에서 있는 대로 고른 것은?

보기
ㄱ. (가)는 재생 가능한 에너지를 이용한 발전 방식이다.
ㄴ. (나)는 석탄을 직접 이용하는 것보다 이산화 탄소 배출량을 줄일 수 있다.
ㄷ. (가)와 (나)의 사용이 확대되면 지구 온난화를 늦출 수 있다.

① ㄱ ② ㄴ ③ ㄱ, ㄷ ④ ㄴ, ㄷ ⑤ ㄱ, ㄴ, ㄷ

[8713-0299]
21 그림은 남극 대륙 주변의 표층 해류를 나타낸 것이다.

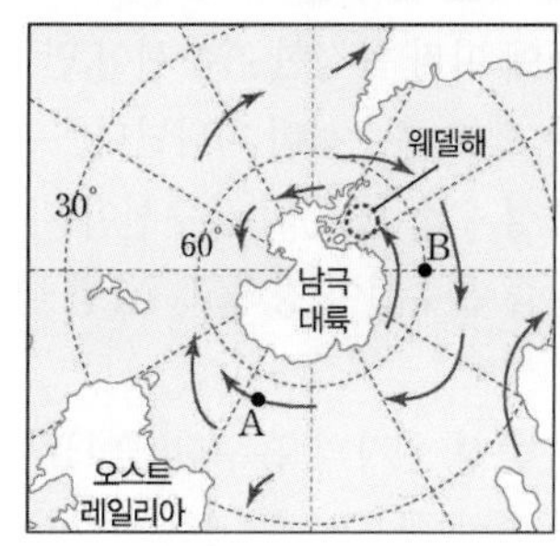

이에 대한 설명으로 옳은 것만을 〈보기〉에서 있는 대로 고른 것은?

보기
ㄱ. A 해역의 해류는 편서풍에 의해 형성된다.
ㄴ. B 해역에서는 용승이 일어난다.
ㄷ. 웨델해에서 남극 중층수가 만들어진다.

① ㄱ ② ㄷ ③ ㄱ, ㄴ
④ ㄴ, ㄷ ⑤ ㄱ, ㄴ, ㄷ

[8713-0300]
22 그림 (가)와 (나)는 엘니뇨와 라니냐가 발생했을 때의 열대 태평양 해수 온도의 연직 분포를 순서 없이 나타낸 것이다.

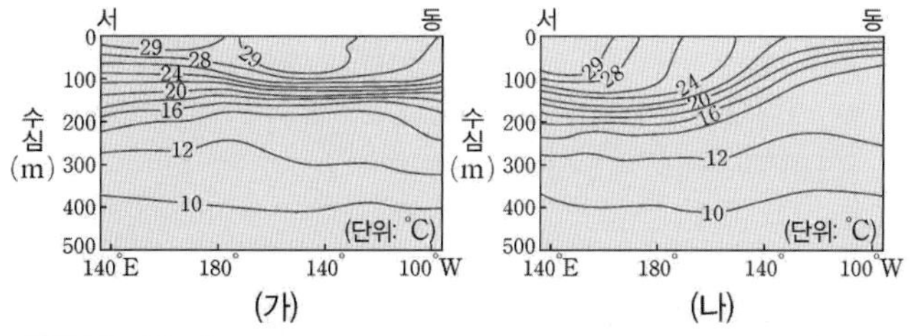

이에 대한 설명으로 옳은 것만을 〈보기〉에서 있는 대로 고른 것은?

보기
ㄱ. 엘니뇨 시기는 (가)이다.
ㄴ. 동태평양 해역에서 상승 기류는 (가)보다 (나)에서 잘 발달한다.
ㄷ. 페루 연안 해역의 표층 수온은 (가)보다 (나)가 낮다.

① ㄱ ② ㄴ ③ ㄱ, ㄷ
④ ㄴ, ㄷ ⑤ ㄱ, ㄴ, ㄷ

[8713-0301]
23 그림 (가)는 지구 공전 궤도의 이심률 변화를, (나)는 지구 자전축의 경사각 변화를 나타낸 것이다.

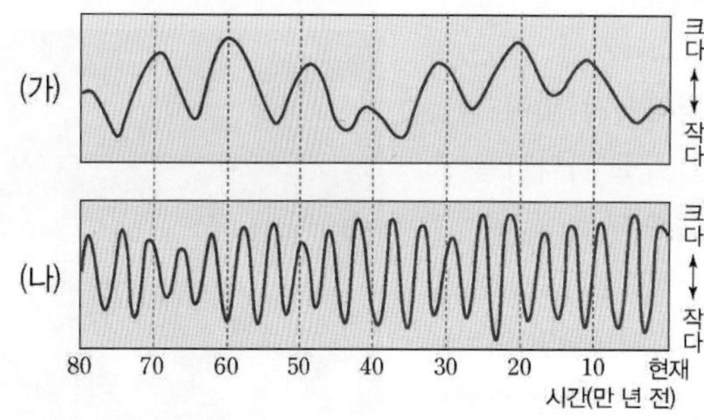

이에 대한 설명으로 옳은 것만을 〈보기〉에서 있는 대로 고른 것은? (단, 공전 궤도 이심률과 자전축 경사각 이외의 요인은 변하지 않는다고 가정한다.)

보기
ㄱ. 주기는 (가)보다 (나)가 길다.
ㄴ. 40만 년 전 지구 자전축의 경사각은 23.5°보다 작다.
ㄷ. 60만 년 전 우리나라는 현재보다 기온의 연교차가 컸다.

① ㄱ ② ㄴ ③ ㄱ, ㄷ
④ ㄴ, ㄷ ⑤ ㄱ, ㄴ, ㄷ

[8713-0302]
24 그림 (가)와 (나)는 대기의 유무에 따른 복사 평형 상태의 지구 열수지를 나타낸 것이다.

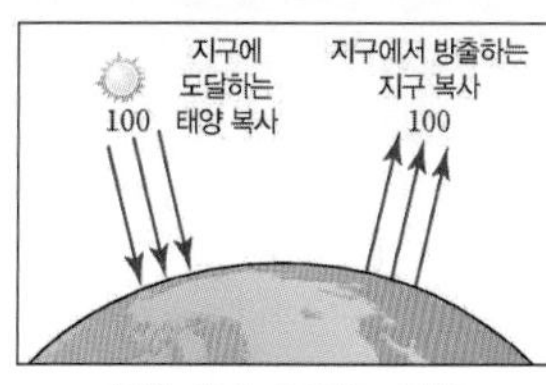

(가) 대기가 없는 경우

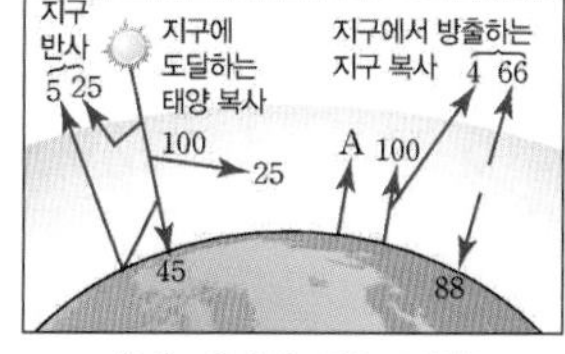

(나) 대기가 있는 경우

이에 대한 설명으로 옳은 것만을 〈보기〉에서 있는 대로 고른 것은?

보기
ㄱ. (가)에서 지표의 반사율은 0이다.
ㄴ. (나)에서 A는 29이다.
ㄷ. (나)에서 대기에 온실 기체의 양이 증가하면 지표에서 방출되는 지구 복사 에너지양은 104보다 증가한다.

① ㄱ ② ㄷ ③ ㄱ, ㄴ
④ ㄴ, ㄷ ⑤ ㄱ, ㄴ, ㄷ

13 별의 물리량과 H－R도

1 별의 분광형과 표면 온도

(1) 스펙트럼

① 연속 스펙트럼: 모든 파장 영역에서 빛이 연속적인 띠로 나타나는 스펙트럼이다.

② 선 스펙트럼: 특정한 파장의 스펙트럼만 나타나는 것으로 방출 스펙트럼과 흡수 스펙트럼이 있다.

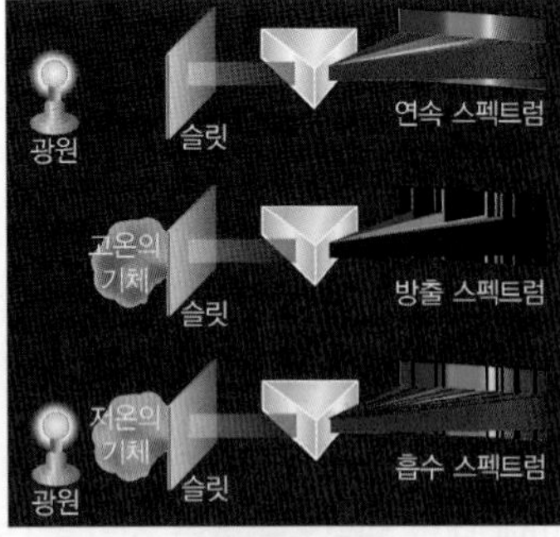

스펙트럼의 종류

• 방출 스펙트럼: 고온·저밀도의 기체가 방출하는 선 스펙트럼

• 흡수 스펙트럼: 연속 스펙트럼이 나타나는 빛을 저온·저밀도의 기체에 통과시킬 때 나타나는 선 스펙트럼

(2) 분광형: 별의 표면 온도에 따른 흡수선의 종류와 세기를 기준으로 O, B, A, F, G, K, M형의 7 가지로 분류하였는데, 이를 분광형이라고 한다.

① O형 별은 표면 온도가 매우 높은 청색별이며, M형 별로 갈수록 표면 온도가 낮아지고 붉은색을 띤다. ➡ 각 분광형은 각각 0에서 9까지 10단계로 세분하였다.

② 태양은 표면 온도가 약 5800 K이고, 분광형은 G2형이다.

분광형	색깔	표면 온도(K)	흡수 스펙트럼의 예
O	파란색	30000 이상	
B	청백색	10000~30000	
A	백색	7500~10000	
F	황백색	6000~7500	
G	노란색	5000~6000	
K	주황색	3700~5000	
M	적색	3500 이하	

(3) 별의 분광형에 따른 흡수선의 세기

① 별의 표면 온도에 따라 특정한 흡수선이 만들어진다.

• O, B형 별은 헬륨 흡수선이 나타난다.

• A형 별은 중성 수소(H Ⅰ)의 흡수선이 가장 강하다.

• G형 별은 칼슘 흡수선이 강하고, M형 별은 분자 흡수선이 나타난다.

② 로마 숫자 Ⅰ은 중성 원자의 흡수선(예 He Ⅰ), Ⅱ는 +1가의 이온에 의한 흡수선(예 Ca Ⅱ), Ⅲ은 +2가의 이온에 의한 흡수선(예 Si Ⅲ)을 의미한다.

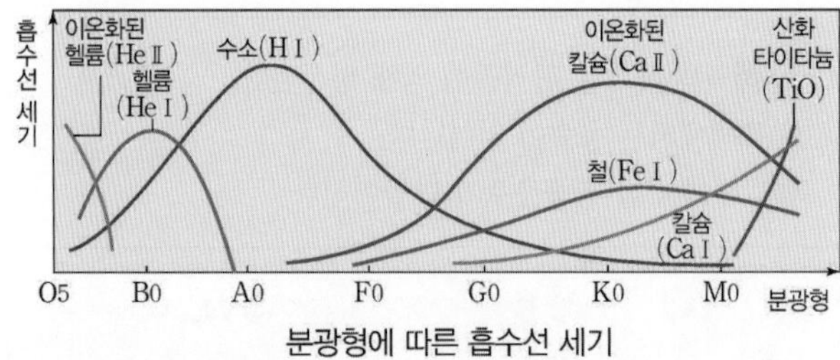

분광형에 따른 흡수선 세기

2 별의 광도와 크기

(1) 흑체와 흑체 복사 법칙

① 흑체: 입사된 모든 복사 에너지를 흡수하고, 모두 방출하는 이상적인 물체이다. ➡ 온도가 높을수록 짧은 파장에서 많은 에너지를 방출하며, 최대 에너지 세기를 갖는 파장은 표면 온도에 반비례한다.

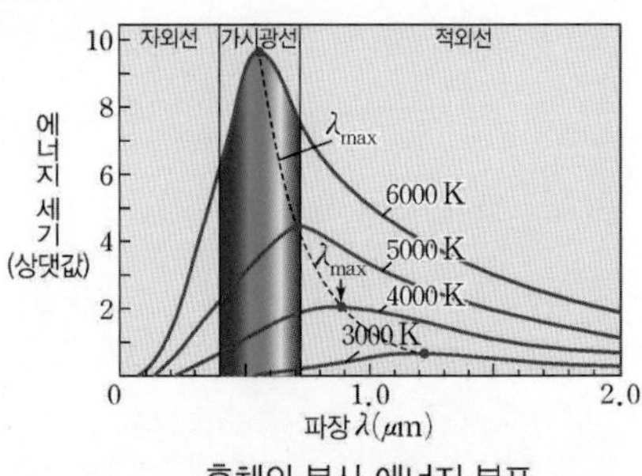

흑체의 복사 에너지 분포

② 슈테판－볼츠만 법칙: 흑체가 단위 시간 동안 단위 면적에서 방출하는 복사 에너지양(E)은 표면 온도(T)의 4제곱에 비례한다. ➡ $E=\sigma T^4$ (슈테판·볼츠만 상수 $\sigma=5.670\times10^{-8}\ W\cdot m^{-2}\cdot K^{-4}$)

핵심 개념 체크

정답과 해설 32쪽

1. 연속 스펙트럼이 나타나는 빛을 저온·저밀도의 기체에 통과시킬 때 (　　　) 스펙트럼이 나타난다.

2. 다음 중 옳은 것은 ○표, 옳지 않은 것은 ×표 하시오.

(1) 분광형을 표면 온도가 높은 것부터 순서대로 나열하면 O, B, A, F, G, K, M형이다. (　　)

(2) 별의 표면 온도에 따라 별빛 스펙트럼의 흡수선 종류와 세기가 다르게 나타난다. (　　)

(3) O형 별은 붉은색, M형 별은 파란색 별이다. (　　)

3. 태양의 분광형을 쓰시오.

4. (㉠　　　)형 별에서는 H Ⅰ 흡수선이 가장 강하고, (㉡　　　)형 별에서는 분자 흡수선이 강하게 나타난다.

5. 별은 (　　　)가 높을수록 짧은 파장에서 방출하는 에너지의 양이 많아진다.

6. 흑체가 단위 시간 동안 단위 면적에서 방출하는 복사 에너지양은 표면 온도의 (　　　)제곱에 비례한다.

(2) 색지수: 서로 다른 파장 영역에서 측정한 등급의 차를 색지수라고 한다. 주로 U(자외선 영역) 등급, B(파란색 영역) 등급, V(노란색 영역) 등급을 측정하므로 색지수는 $(B-V)$, 또는 $(U-B)$를 사용한다.

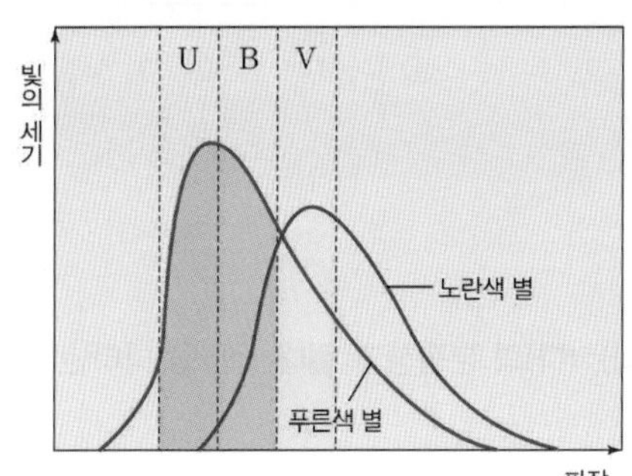

노란색 별
B 필터보다 V 필터를 통과한 별빛이 더 밝다.
➡ B 등급보다 V 등급이 작다.
➡ 색지수$(B-V)$가 (+) 값이다.
➡ 저온의 별이다.

푸른색 별
V 필터보다 B 필터를 통과한 별빛이 더 밝다.
➡ B 등급보다 V 등급이 크다.
➡ 색지수$(B-V)$가 (−) 값이다.
➡ 고온의 별이다.

(3) 별의 반지름

① 광도: 별이 단위 시간 동안 전체 표면에서 방출하는 에너지의 양을 광도(L)라고 한다. 별의 반지름을 R, 표면 온도를 T라고 할 때 슈테판−볼츠만 법칙을 이용하여 다음과 같이 구할 수 있다.

$$L=\text{별의 표면적}\times E=4\pi R^2\times\sigma T^4$$

② 별의 크기: 별의 광도(L)와 표면 온도(T)를 이용하여 별의 반지름(R)을 구할 수 있다.

$$L=4\pi R^2\cdot\sigma T^4 \Rightarrow R=\sqrt{\frac{L}{4\pi\sigma}}\cdot\frac{1}{T^2}\propto\frac{\sqrt{L}}{T^2}$$

3 H−R도와 별의 종류

(1) H−R도: 가로축에 별의 분광형(또는 표면 온도), 세로축에 별의 절대 등급을 나타낸 도표로, 왼쪽으로 갈수록 표면 온도가 높고, 위쪽으로 갈수록 절대 등급이 작다(광도가 크다).

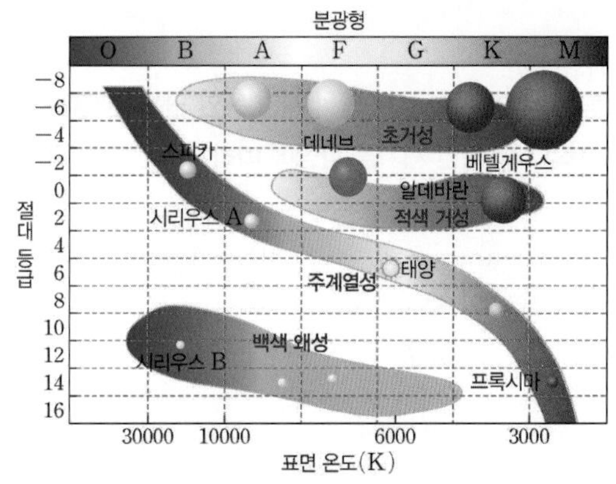

(2) 별의 종류

① 주계열성: H−R도의 왼쪽 위에서 오른쪽 아래로 이어지는 대각선의 좁은 띠 영역에 분포하는 별 ➡ 전체 별의 약 90 %가 주계열성에 속하며, 태양도 주계열성 중 하나이다.

② 적색 거성: H−R도에서 주계열성의 오른쪽 위에 분포하는 별 ➡ 표면 온도가 낮아 붉은색을 띠며, 광도는 큰 편이다.

③ 초거성: H−R도에서 적색 거성보다 위쪽에 분포하는 별 ➡ 광도와 반지름이 적색 거성보다 더 큰 별이다.

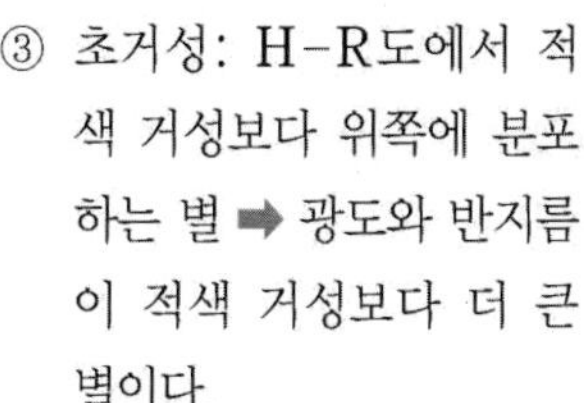

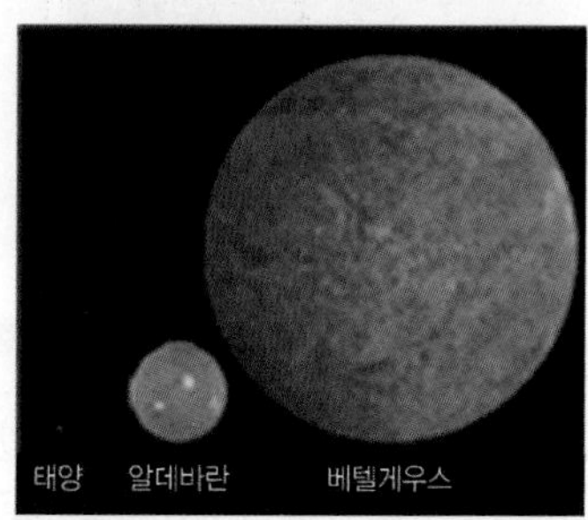

주계열성(태양), 적색 거성(알데바란), 초거성(베텔게우스)의 크기 비교

④ 백색 왜성: H−R도에서 주계열성의 왼쪽 아래에 분포하는 별 ➡ 표면 온도가 비교적 높아 흰색으로 보이지만 크기가 매우 작기 때문에 광도는 작다.

(3) 별의 표면 온도와 광도 계급

① 별의 표면 온도가 같더라도 광도가 다른 경우 스펙트럼에 차이가 나타난다.

② 별의 스펙트럼형을 표면 온도와 광도를 모두 고려하여 분류하기도 하는데 이를 MK 분류법이라고 한다.

- 별의 스펙트럼을 표면 온도와 광도(절대 등급)에 따라 6개(백색 왜성을 포함하면 7개)의 집단으로 나누어 분류한다.
- 태양의 경우 G2V형으로 분류된다.

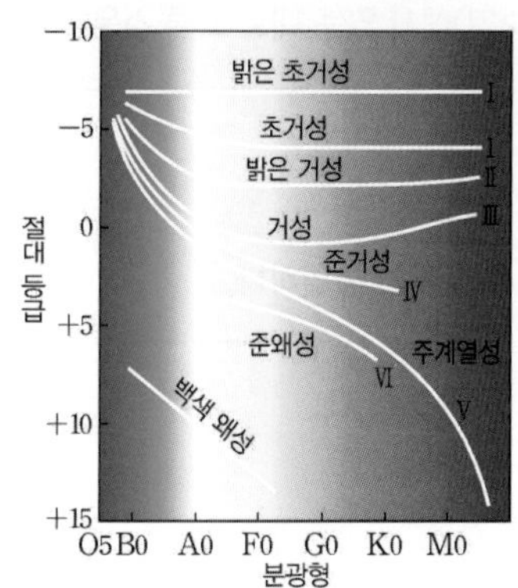

광도 계급	반지름	별의 종류
I	크다	초거성
II	↑	밝은 거성
III		거성
IV		준거성
V	↓	주계열성
VI	작다	준왜성

MK 분류법

핵심 개념 체크 정답과 해설 32쪽

7. U 필터, B 필터, V 필터를 이용하여 측정한 등급의 차를 (　　　)라고 한다.

8. 별의 반지름은 광도가 같은 경우 표면 온도가 (㉠　　　)을수록, 표면 온도가 같은 경우 광도가 (㉡　　　)수록 크다.

9. H−R도에서 세로축 물리량은 (㉠　　　)이고, 가로축 물리량은 (㉡　　　)이다.

10. H−R도의 왼쪽 위에서 오른쪽 아래로 이어지는 대각선의 좁은 띠 영역에 분포하는 별의 종류를 쓰시오.

11. MK 분류법은 별의 스펙트럼형을 표면 온도와 (　　　)를 모두 고려하여 분류한다.

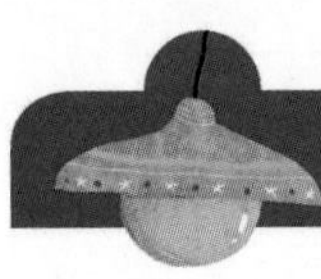

출제 예상 문제

[8713-0303]

01 **그림은 광원으로부터 나온 빛이 관측자에게 도달하는 경우의 스펙트럼을 나타낸 것이다.**

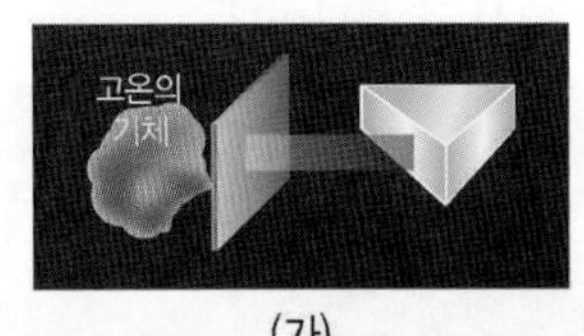

(가)

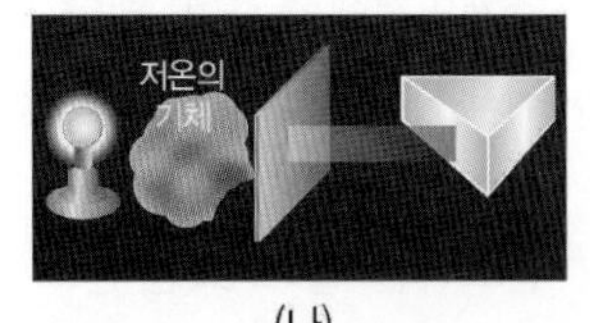

(나)

(가)와 (나)의 스펙트럼을 옳게 나열한 것은?

	(가)	(나)
①	연속 스펙트럼	연속 스펙트럼
②	연속 스펙트럼	방출 스펙트럼
③	흡수 스펙트럼	흡수 스펙트럼
④	방출 스펙트럼	흡수 스펙트럼
⑤	방출 스펙트럼	방출 스펙트럼

[8713-0304]

02 **표는 두 별 (가)와 (나)의 분광형과 스펙트럼을 나타낸 것이다.**

별	분광형	스펙트럼
(가)	B0	
(나)	M0	

이에 대한 설명으로 옳은 것만을 〈보기〉에서 있는 대로 고른 것은?

> 보기
> ㄱ. (가)는 붉은색으로 보인다.
> ㄴ. 표면 온도는 (나)가 (가)보다 낮다.
> ㄷ. (가)와 (나)에서 흡수선의 종류는 거의 동일하다.

① ㄱ ② ㄴ ③ ㄱ, ㄷ ④ ㄴ, ㄷ ⑤ ㄱ, ㄴ, ㄷ

[8713-0305]

03 **그림은 별의 분광형에 따른 흡수선의 세기를 나타낸 것이다.**

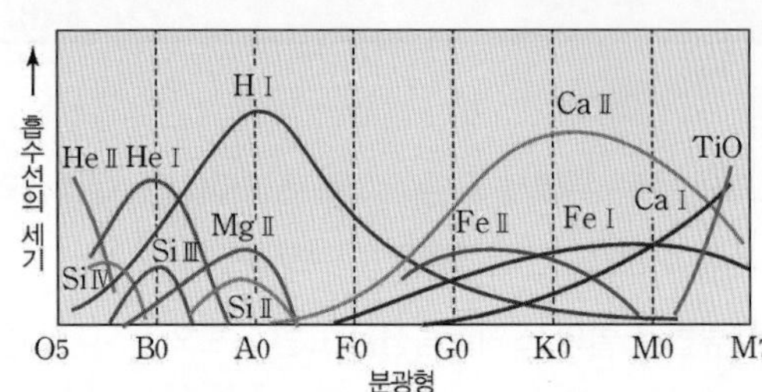

이에 대한 설명으로 옳은 것만을 〈보기〉에서 있는 대로 고른 것은?

> 보기
> ㄱ. 파란색 별에서 분자 흡수선이 가장 강하다.
> ㄴ. 흰색 별에서는 수소 흡수선이 잘 나타난다.
> ㄷ. 태양 스펙트럼에서는 칼슘 흡수선이 뚜렷하다.

① ㄱ ② ㄷ ③ ㄱ, ㄴ ④ ㄴ, ㄷ ⑤ ㄱ, ㄴ, ㄷ

[8713-0306]

04 **표는 세 별 (가), (나), (다)의 분광형과 절대 등급을 나타낸 것이다.**

별	분광형	절대 등급
(가)	F0	−5.0
(나)	G0	+5.0
(다)	A0	+10.0

(가), (나), (다)에 대한 설명으로 옳은 것만을 〈보기〉에서 있는 대로 고른 것은?

> 보기
> ㄱ. 별의 단위 면적에서 단위 시간 동안 방출하는 에너지양은 (가)가 가장 많다.
> ㄴ. 별의 광도는 (나)가 (가)보다 크다.
> ㄷ. 별의 반지름은 (다)가 (나)보다 작다.

① ㄱ ② ㄴ ③ ㄷ ④ ㄱ, ㄷ ⑤ ㄴ, ㄷ

[8713-0307]

05 **그림은 두 별 A와 B가 단위 시간 동안 단위 면적에서 방출하는 복사 에너지의 상대적인 세기를 파장에 따라 나타낸 것이다.**

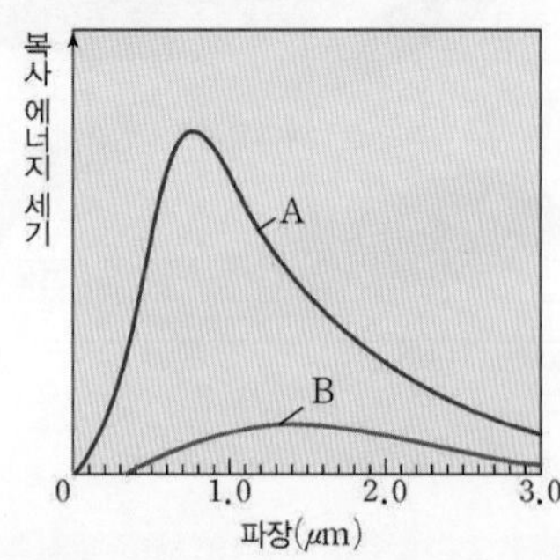

별 A가 B보다 큰 값을 갖는 것만을 〈보기〉에서 있는 대로 고른 것은?

> 보기
> ㄱ. 표면 온도
> ㄴ. 최대 복사 에너지 세기를 갖는 파장
> ㄷ. $(B-V)$ 색지수

① ㄱ ② ㄴ ③ ㄷ ④ ㄱ, ㄷ ⑤ ㄴ, ㄷ

[06~08] 그림은 태양 주변의 별들을 H−R도에 나타낸 것이다.

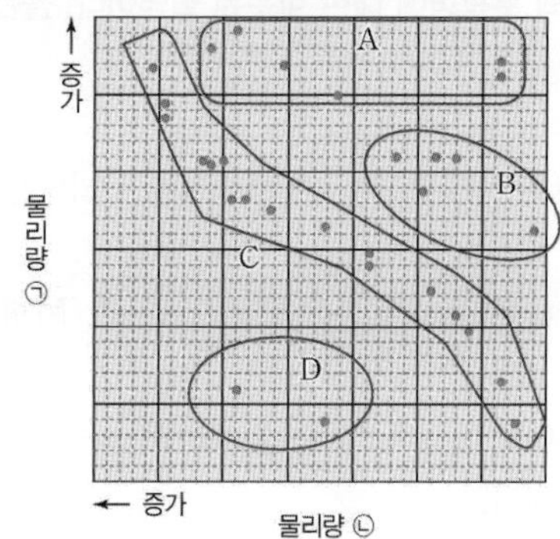

[8713-0308]
06 H−R도에서 물리량 ㉠과 ㉡을 옳게 나열한 것은?

	㉠	㉡		㉠	㉡
①	광도	절대 등급	②	광도	표면 온도
③	표면 온도	분광형	④	분광형	표면 온도
⑤	분광형	절대 등급			

[8713-0309]
07 별의 종류 A~D를 반지름이 큰 집단부터 순서대로 바르게 나열한 것은?

① A>B>C>D ② A>B>D>C
③ C>A>B>D ④ C>D>B>A
⑤ D>C>B>A

[8713-0310]
08 별의 종류 A~D에 대한 설명으로 옳은 것은?

① 별의 밀도는 A가 가장 크다.
② B는 A에 비해 절대 등급이 작다.
③ B는 D보다 표면 온도가 높다.
④ 별은 대부분은 C에 속한다.
⑤ D에 속한 별들은 대체로 태양보다 색지수가 크다.

[8713-0311]
09 그림은 두 별 A, B의 표면 온도와 절대 등급을 나타낸 것이다.

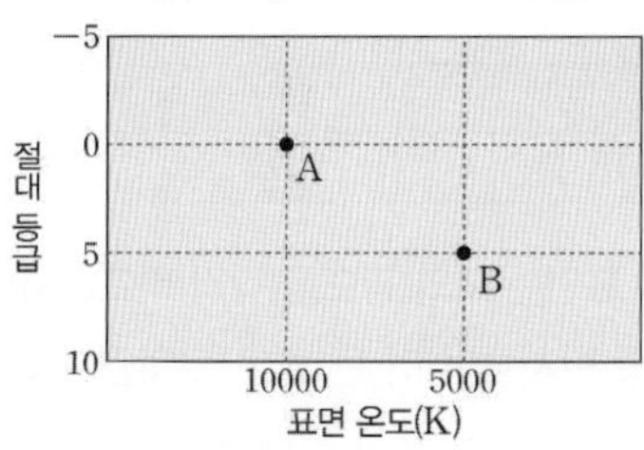

이에 대한 설명으로 옳은 것만을 〈보기〉에서 있는 대로 고른 것은?

> 보기
> ㄱ. 최대 세기의 에너지를 갖는 파장은 A가 B의 2배이다.
> ㄴ. 광도는 A가 B의 100배이다.
> ㄷ. 별의 반지름은 A가 B의 2.5배이다.

① ㄱ ② ㄴ ③ ㄷ
④ ㄱ, ㄷ ⑤ ㄴ, ㄷ

[8713-0312]
10 그림은 분광형과 절대 등급에 따라 별들을 6개의 광도 계급으로 구분하여 나타낸 것이다.

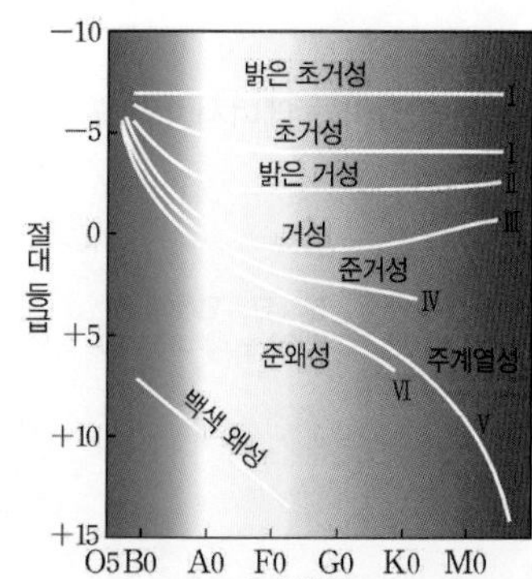

광도 계급	별의 종류
Ⅰ	초거성
Ⅱ	밝은 거성
Ⅲ	거성
Ⅳ	준거성
Ⅴ	주계열성
Ⅵ	준왜성

이에 대한 설명으로 옳은 것만을 〈보기〉에서 있는 대로 고른 것은?

> 보기
> ㄱ. 광도 계급 Ⅰ은 광도 계급 Ⅱ보다 광도가 크다.
> ㄴ. 태양의 광도 계급은 Ⅴ이다.
> ㄷ. 분광형이 같으면 광도 계급에 관계없이 스펙트럼의 특징이 동일하다.

① ㄱ ② ㄴ ③ ㄷ
④ ㄱ, ㄴ ⑤ ㄴ, ㄷ

[8713-0313]
11 표는 별 A, B, C의 분광형과 광도 계급을 나타낸 것이다.

별	분광형	광도 계급
A	K5	Ⅱ
B	G2	Ⅰ
C	G2	Ⅴ

별 A, B, C에 대한 설명으로 옳은 것만을 〈보기〉에서 있는 대로 고른 것은?

> 보기
> ㄱ. 표면 온도는 A가 B보다 높다.
> ㄴ. B는 C보다 반지름이 작다.
> ㄷ. 태양의 스펙트럼은 B보다 C에 가깝다.

① ㄱ ② ㄴ ③ ㄷ
④ ㄱ, ㄷ ⑤ ㄴ, ㄷ

[8713-0314]
01 그림 (가), (나), (다)에 해당하는 스펙트럼의 종류를 쓰시오.

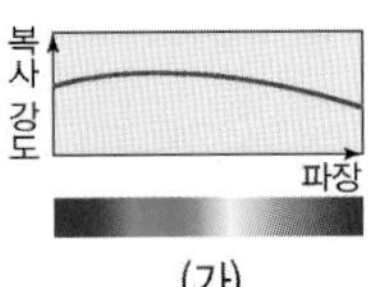

(가)

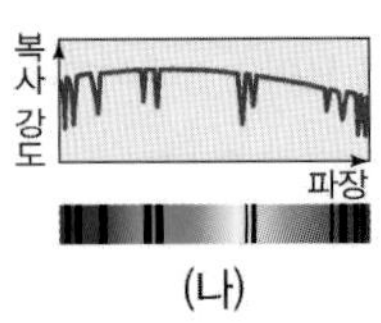

(나)

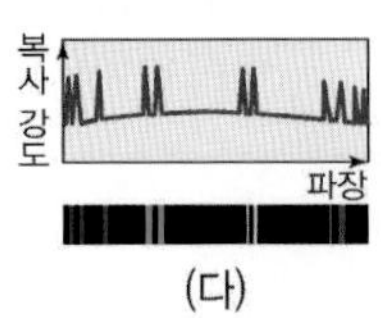

(다)

[8713-0315]
02 그림은 어느 별의 단위 면적에서 방출하는 에너지양과 표면 온도, 반지름을 나타낸 것이다.

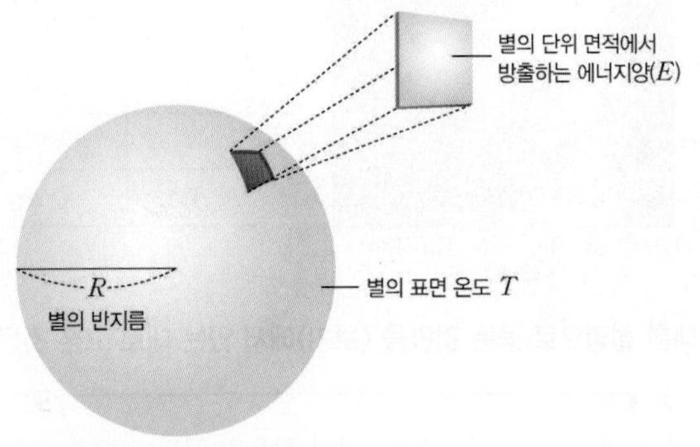

(1) E와 T의 관계를 쓰시오.

(2) 이 별의 전체 표면에서 단위 시간 동안 방출하는 에너지양을 구하시오.

[8713-0316]
03 절대 등급이 1등급인 별은 6등급인 별보다 100배 밝다. 절대 등급이 각각 M_1, M_2인 두 별이 있다. 두 별의 광도를 각각 L_1, L_2라고 할 때, 두 별의 광도비 $\frac{L_1}{L_2}$을 구하고 풀이 과정을 서술하시오.

[8713-0317]
04 별은 구성 성분이 거의 비슷하지만 별의 스펙트럼을 비교해 보면 서로 다른 다양한 흡수선이 나타난다. 그 까닭이 무엇인지 서술하시오.

[8713-0318]
05 다음은 별의 분광형에 대한 잘못된 설명이다. 틀린 부분을 찾아 옳게 고쳐 쓰시오.

> (가) 별의 분광형을 결정하는 가장 중요한 물리량은 별의 거리이다.
> (나) 분광형이 O형인 별은 붉은색으로 보이고, M형인 별은 파란색으로 보인다.
> (다) 분광형이 G형인 별의 스펙트럼에는 수소 흡수선이 매우 강하게 나타난다.

[8713-0319]
06 그림은 별의 H−R도이다.

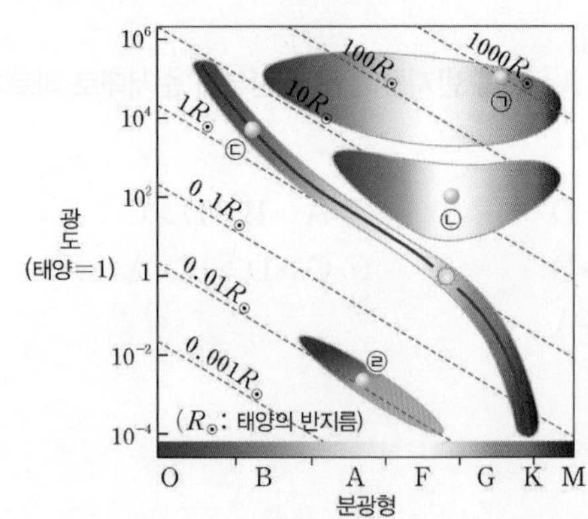

(1) ㉠~㉣에 해당하는 별의 종류를 각각 쓰시오.

(2) ㉠~㉣을 밀도가 큰 것부터 순서대로 나열하시오.

[8713-0320]
07 표는 두 별 (가)와 (나)의 MK 분광형을 나타낸 것이다.

별	(가)	(나)
MK 분광형	K5Ⅱ	A0V

(1) (가)와 (나)의 표면 온도와 광도를 각각 비교하시오.

(2) (가)와 (나) 중 반지름이 더 큰 별은 무엇인지 그 까닭과 함께 서술하시오.

14 별의 진화와 에너지원

1 별의 진화

(1) 원시별의 탄생과 진화

① 탄생: 원시별은 성운 내부에서 온도가 낮고, 밀도가 높은 분자 구름 내부에서 탄생한다.

② 진화: 원시별은 중력 수축하면서 크기가 감소하고, 중심부의 온도가 상승하여 주계열성으로 진화한다.

- 원시별의 질량이 클수록 중력 수축이 빠르게 일어나 주계열에 빨리 도달한다.
- 원시별의 질량이 클수록 주계열의 왼쪽 상단에 위치한다.

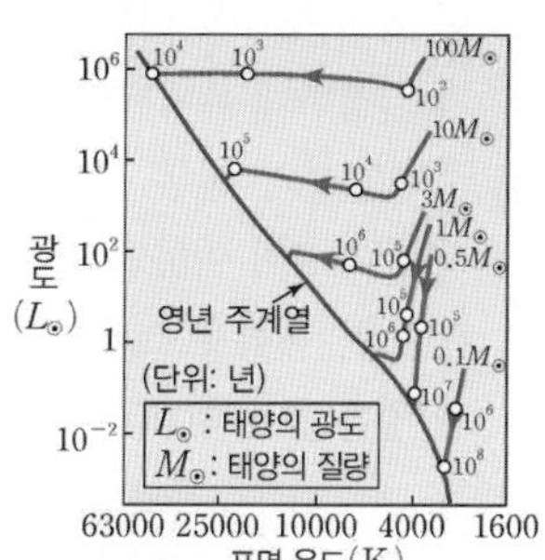

원시별의 진화 경로와 시간

(2) 주계열 단계

① 중심부에서 수소 핵융합 반응이 일어나는 별을 주계열성이라고 한다. ➡ 수소 핵융합 반응이 시작되면 중력 수축이 멈춰지고 별의 크기가 일정하게 유지된다. 별은 일생의 약 90 %를 주계열 단계에 머물기 때문에 관측되는 별 중 주계열성이 가장 많다.

② 질량이 큰 주계열성일수록 중심부의 온도가 높고 생성되는 에너지가 많아 표면 온도가 높고 광도가 크다. ➡ H−R도에서 왼쪽 위에 위치한 주계열성일수록 질량과 반지름이 크며, 질량이 크면 중심부의 수소 연소 효율이 높아 수소를 매우 빠르게 소모하기 때문에 수명이 짧다.

(3) 주계열 이후의 진화

① 태양과 질량이 비슷한 주계열성의 진화: 적색 거성 단계를 거쳐 행성상 성운이 만들어지고 최종적으로 백색 왜성이 된다.

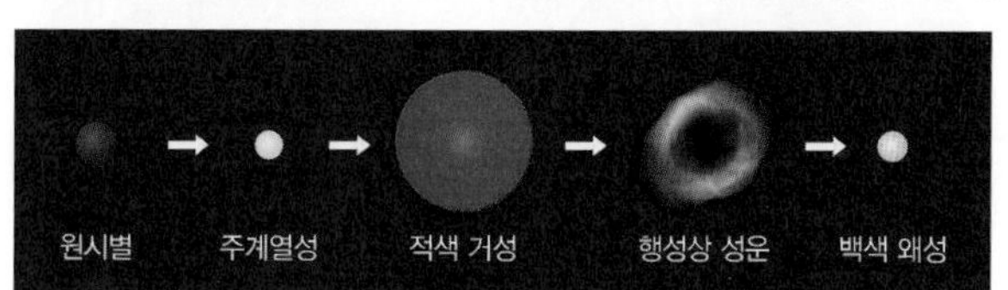

질량이 태양 정도인 별의 진화 경로

- 중심부에서 수소가 고갈되면 헬륨핵이 수축하여 온도가 점점 높아진다. → 온도가 충분히 높아지면 헬륨 핵융합 반응이 일어나 탄소가 만들어진다.
- 중심부에서 전달된 열에 의해 중심핵을 둘러싼 수소층에서 수소 핵융합 반응이 일어나 별이 팽창한다. → 광도가 증가하여 H−R도에서 오른쪽 위로 이동하여 적색 거성이 된다.
- 적색 거성 이후 별은 수축과 팽창을 반복하는 불안정한 상태가 된다. 이 과정에서 별의 외곽층 물질이 우주 공간으로 방출되어 행성상 성운이 만들어지며, 별의 중심부는 더욱 수축하여 백색 왜성이 된다.

② 태양보다 질량이 훨씬 큰 주계열성의 진화: 초거성 단계를 거쳐 초신성 폭발을 일으킨 후 중성자별이나 블랙홀이 된다.

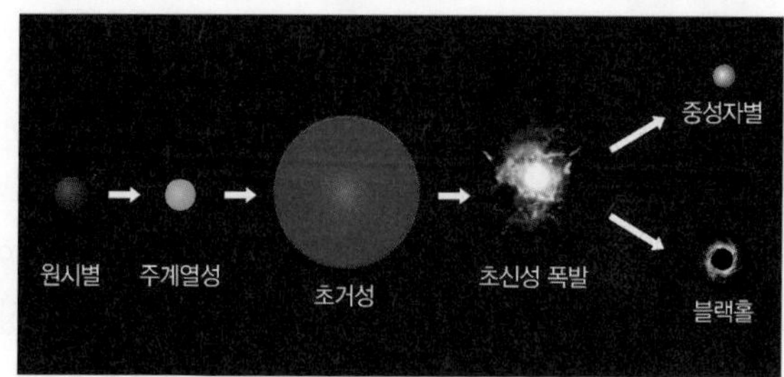

태양보다 질량이 훨씬 큰 주계열성의 진화 경로

- 질량이 태양보다 훨씬 큰 주계열성은 반지름과 광도가 적색 거성보다 훨씬 큰 초거성이 된다.
- 질량이 큰 별은 중심부의 온도가 매우 높아 무거운 원소의 핵융합 반응이 연속적으로 일어나 탄소, 산소, 마그네슘, 규소 등이 생성되고 최종적으로 철이 생성된다. 철 원자핵은 매우 안정하여 더 이상 핵융합 반응이 일어나지 못하고, 결국 빠르게 중력 수축하며 폭발하는데 이를 초신성 폭발이라고 한다.
- 초신성 폭발이 일어나면 막대한 양의 에너지가 함께 방출되며, 별의 외곽층이 날아가 초신성 잔해를 형성한다. 중심부는 급격하게 수축하여 밀도가 매우 큰 중성자별이 되거나, 더 심하게 수축하여 빛조차 빠져나갈 수 없는 블랙홀이 된다.

핵심 개념 체크

정답과 해설 34쪽

1. 원시별은 중력 수축하면서 크기가 감소하고, 중심부의 온도가 상승하여 (　　　)으로 진화한다.

2. 주계열성은 (　　　)이 클수록 중심부의 온도가 높고 진화 속도가 빠르며 수명이 짧다.

3. 주계열성이 적색 거성으로 진화할 때 광도는 (㉠　　　)하고, 표면 온도는 (㉡　　　)진다.

4. 다음 중 옳은 것은 ○표, 옳지 않은 것은 ×표 하시오.

(1) 질량이 태양 정도인 별은 최종 단계에서 초신성 폭발을 일으킨다. (　　)

(2) 태양보다 질량이 훨씬 큰 별은 최종 단계에서 행성상 성운을 형성한다. (　　)

(3) 별의 밀도는 백색 왜성 < 중성자별 < 블랙홀이다. (　　)

2 별의 에너지원

(1) 원시별의 에너지원: 원시별이 중력 수축할 때 감소한 위치 에너지는 다른 에너지로 전환되는데, 이 에너지를 중력 수축 에너지라고 한다. ➡ 중력 수축 에너지 중 일부는 복사 에너지로 방출되고, 나머지는 원시별 내부의 온도를 높이는 데 사용된다.

(2) 주계열성의 에너지원

① 온도가 1000만 K 이상인 주계열성의 중심부에서는 수소 핵융합 반응에 의해 에너지가 안정적으로 생성된다. ➡ 4개의 수소 원자핵이 융합하여 1개의 헬륨 원자핵을 생성한다.

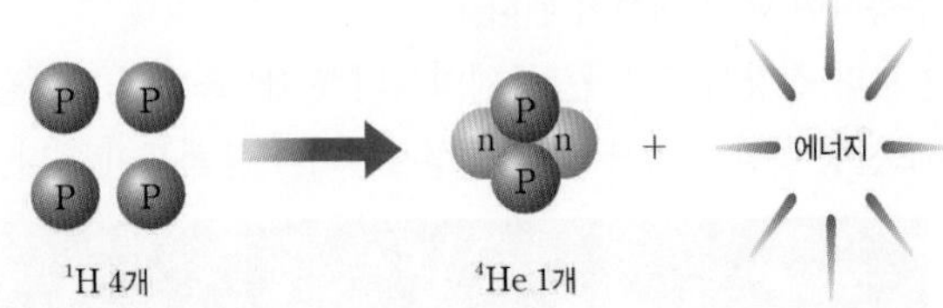

② 주계열성의 중심부에서 일어나는 수소 핵융합 반응의 종류에는 양성자·양성자 반응(p−p 반응)과 탄소·질소·산소(CNO) 순환 반응이 있다. ➡ 질량이 태양의 약 2배 이하인 별에서는 양성자·양성자 반응이 우세하고, 약 2배 이상인 별에서는 탄소·질소·산소 순환 반응이 우세하다.

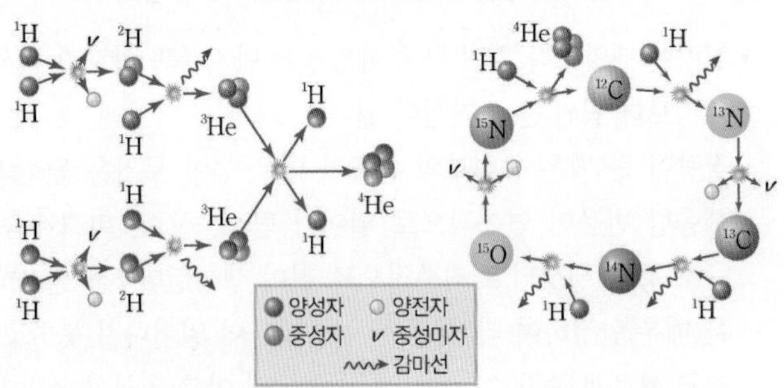

양성자·양성자 반응　　　CNO 순환 반응

(3) 거성과 백색 왜성의 에너지원

① 적색 거성의 중심부에서는 헬륨 핵융합 반응이, 외각 수소층에서는 수소 핵융합 반응이 일어난다.

② 초거성은 중심부의 온도가 훨씬 높기 때문에 탄소보다 무거운 원소들의 핵융합 반응이 연속적으로 일어나 철까지 만들어진다.

③ 백색 왜성에서는 더이상 핵융합 반응이 일어나지 않고, 열에너지를 방출하면서 서서히 식어간다.

3 별의 내부 구조

(1) 주계열성

① 정역학 평형: 주계열성은 중심 쪽으로 잡아당기는 중력과 바깥쪽으로 밀어내는 기체 압력 차에 의한 힘이 평형을 이루고 있어 크기가 일정하게 유지된다.

정역학 평형

② 주계열성의 내부 구조: 태양 질량의 약 2배 이하인 별은 중심핵, 복사층, 대류층으로 이루어져 있으며, 태양 질량의 2배 이상인 별은 중심핵(대류핵)과 복사층으로 이루어져 있다.

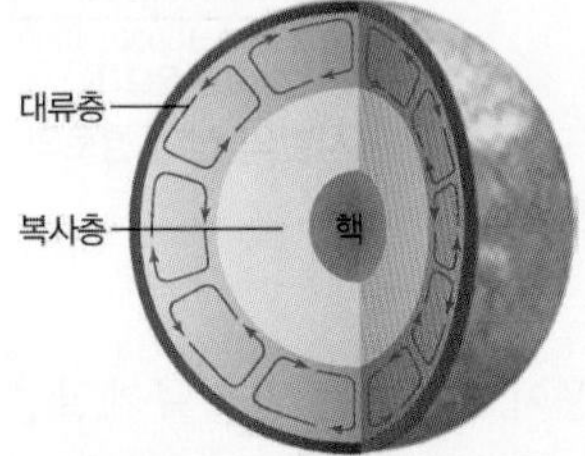

태양 질량의 약 2배 이하인 별

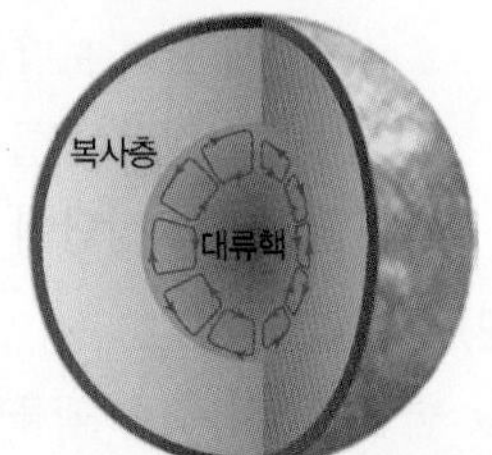

태양 질량의 약 2배 이상인 별

(2) 거성의 내부 구조

① 적색 거성: 헬륨으로 이루어진 핵이 수축하여 온도가 높아지면 헬륨 핵융합 반응이 일어나며, 외곽 수소층에서 수소 핵융합 반응이 일어난다. 적색 거성은 중심부에서 탄소 핵융합이 일어날 정도로 온도가 높아지지는 않는다.

② 초거성: 질량이 충분히 큰 별은 탄소, 산소, 네온, … 등의 계속적인 핵융합 반응을 거쳐 최종적으로 중심부에 철로 된 핵이 만들어져, 별의 내부는 중심부로 갈수록 무거운 원소로 이루어진 양파껍질 구조가 된다.

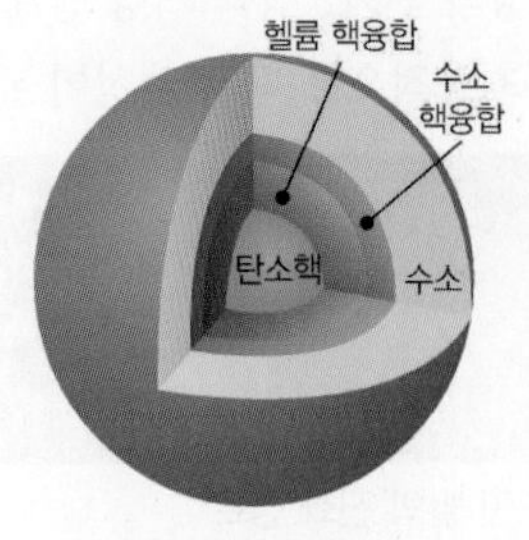

적색 거성의 내부 구조

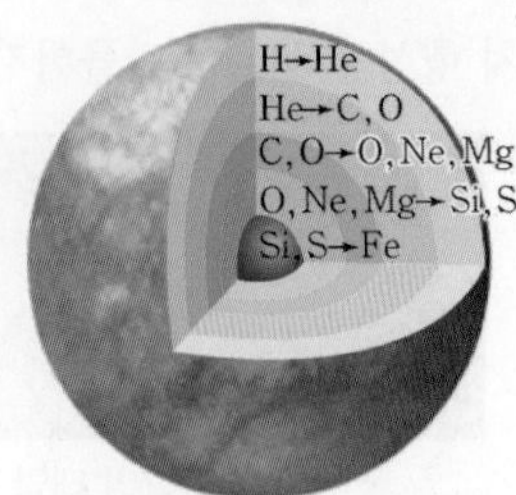

초거성의 내부 구조

핵심 개념 체크

정답과 해설 34쪽

5. 원시별의 에너지원은 (㉠　　　) 에너지이고, 주계열성의 에너지원은 (㉡　　　) 핵융합 반응에 의한 에너지이다.

6. 수소 핵융합 반응이 일어날 때 감소한 (　　　)만큼 에너지로 전환된다.

7. 태양 질량의 2배 이상인 주계열성의 중심부에서는 주로 (　　　) 순환 반응에 의해 에너지가 생성된다.

8. 주계열성은 (　　　)과 기체 압력 차에 의한 힘이 평형을 이루고 있다.

9. 태양과 질량이 비슷한 주계열성의 내부 구조는 중심핵, 복사층, (　　　)으로 이루어져 있다.

출제 예상 문제

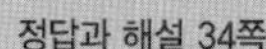
정답과 해설 34쪽

[8713-0321]
01 성운 내부에서 원시별이 탄생하기 가장 좋은 영역은?

① 온도가 가장 높은 영역
② 밀도와 온도가 모두 낮은 영역
③ 밀도가 높고, 온도가 낮은 영역
④ 밀도와 온도가 모두 높은 영역
⑤ 근처에 뜨거운 별이 있는 영역

[8713-0322]
02 그림은 질량에 따른 원시별의 진화 경로를 나타낸 것이다.

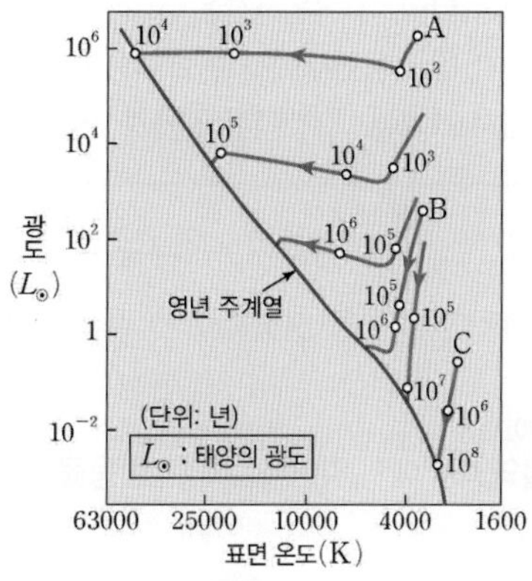

원시별 A, B, C에 대한 설명으로 옳은 것만을 <보기>에서 있는 대로 고른 것은?

보기
ㄱ. 질량은 A>B>C 이다.
ㄴ. 진화하는 동안 절대 등급의 변화폭은 A보다 B가 크다.
ㄷ. A, B, C 모두 진화하는 동안 반지름이 감소한다.

① ㄱ ② ㄴ ③ ㄱ, ㄷ ④ ㄴ, ㄷ ⑤ ㄱ, ㄴ, ㄷ

[8713-0323]
03 그림은 태양의 나이에 따른 진화 과정을 나타낸 것이다.

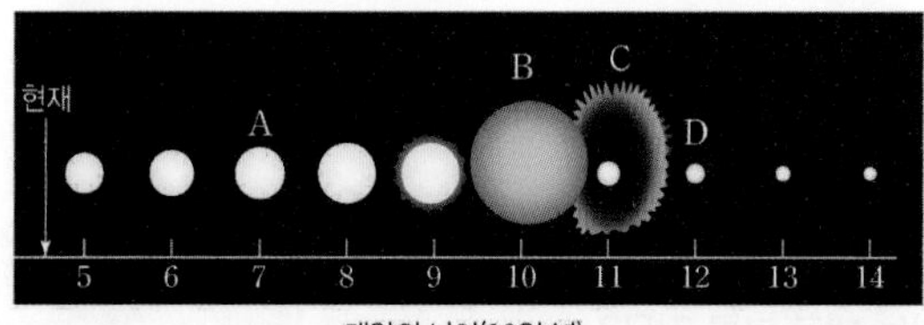

태양의 나이(10억 년)

이에 대한 설명으로 옳은 것만을 <보기>에서 있는 대로 고른 것은?

보기
ㄱ. 광도는 A보다 B일 때 크다.
ㄴ. C에서 태양은 초신성 폭발을 일으킨다.
ㄷ. 태양의 표면 온도는 현재보다 D일 때 높다.

① ㄱ ② ㄴ ③ ㄷ ④ ㄱ, ㄷ ⑤ ㄴ, ㄷ

[8713-0324]
04 그림은 어느 진화 단계에 있는 별의 내부 구조를 나타낸 것이다. 이 별에 대한 설명으로 옳은 것은?

① 주계열 단계에 해당한다.
② 거성으로 진화하고 있다.
③ 백색 왜성의 내부 구조이다.
④ 원시별의 진화 단계에 해당한다.
⑤ 초신성 폭발 단계에 해당한다.

[8713-0325]
05 다음은 어느 별의 진화 과정 중 일부를 나타낸 것이다.

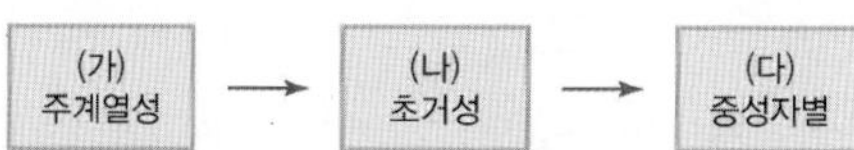

이에 대한 설명으로 옳은 것만을 <보기>에서 있는 대로 고른 것은?

보기
ㄱ. (가)일 때 별의 질량은 태양보다 크다.
ㄴ. 진화 과정 중 (나)에서 가장 오랜 시간을 머무른다.
ㄷ. (다) 이후 초신성 폭발을 일으킨다.

① ㄱ ② ㄴ ③ ㄷ ④ ㄱ, ㄷ ⑤ ㄴ, ㄷ

[8713-0326]
06 그림은 태양 정도의 질량을 가진 별의 진화 과정 중 어느 시기의 모습을 나타낸 것이다.

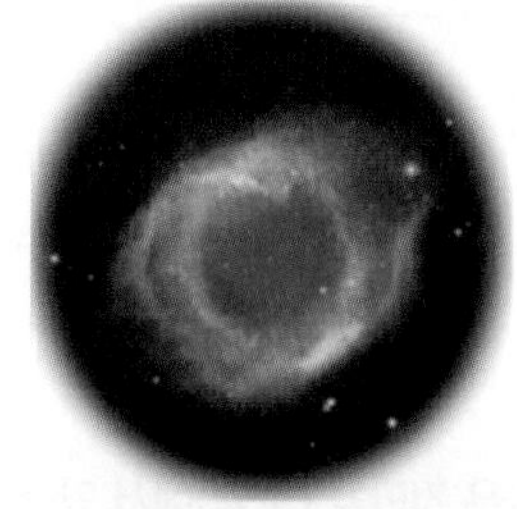

이에 대한 설명으로 옳은 것만을 <보기>에서 있는 대로 고른 것은?

보기
ㄱ. 행성상 성운의 모습이다.
ㄴ. 천체의 중심부에 백색 왜성이 존재한다.
ㄷ. 초거성의 외곽 물질이 분출되어 형성되었다.

① ㄱ ② ㄴ ③ ㄱ, ㄴ ④ ㄱ, ㄷ ⑤ ㄴ, ㄷ

[8713-0327]

07 그림 (가)와 (나)는 두 별 A, B의 색과 크기를 각각 태양, 지구와 비교하여 나타낸 것이다.

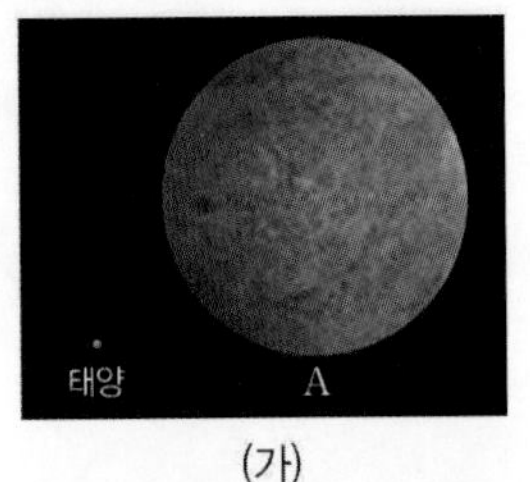

(가)

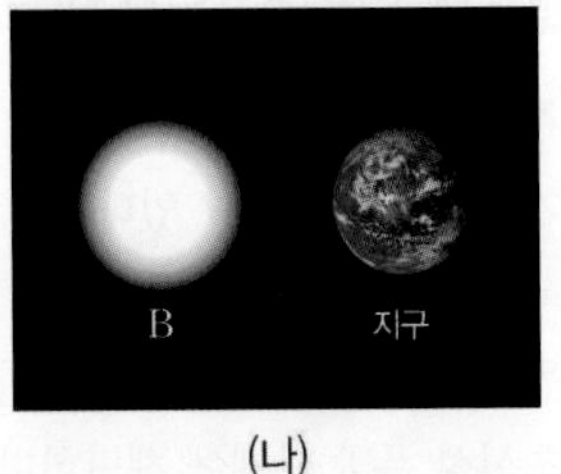

(나)

이에 대한 설명으로 옳은 것만을 〈보기〉에서 있는 대로 고른 것은?

> 보기
> ㄱ. A의 중심부에서 수소 핵융합 반응이 일어난다.
> ㄴ. B는 초신성 폭발로 형성된 별이다.
> ㄷ. A는 B보다 평균 밀도가 작다.

① ㄱ ② ㄴ ③ ㄷ ④ ㄱ, ㄷ ⑤ ㄴ, ㄷ

[8713-0328]

08 그림 (가)와 (나)는 수소 핵융합 반응의 두 가지 경로를 나타낸 것이다.

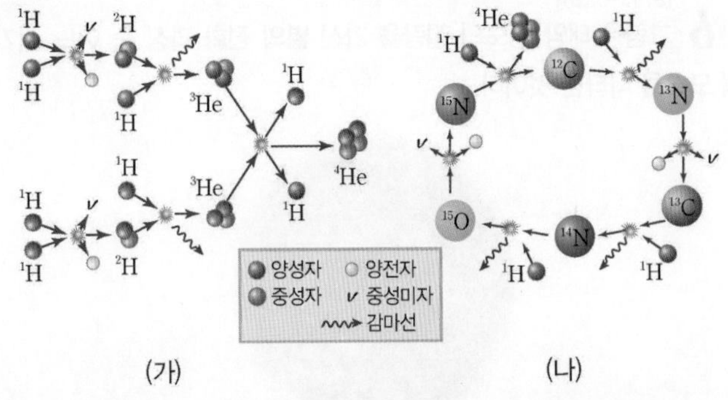

(가) (나)

이에 대한 설명으로 옳은 것만을 〈보기〉에서 있는 대로 고른 것은?

> 보기
> ㄱ. (가)는 양성자 · 양성자 반응이다.
> ㄴ. (나)를 거쳐 탄소, 질소, 산소가 생성된다.
> ㄷ. 태양의 중심부에서는 (가)가 (나)보다 우세하다.

① ㄱ ② ㄴ ③ ㄷ ④ ㄱ, ㄷ ⑤ ㄴ, ㄷ

[8713-0329]

09 그림은 질량이 서로 다른 주계열성 A, B, C의 진화 과정을 나타낸 것이다.

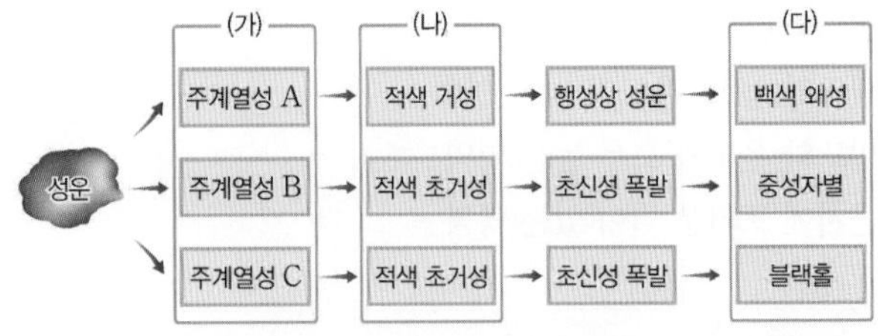

이에 대한 설명으로 옳은 것만을 〈보기〉에서 있는 대로 고른 것은?

> 보기
> ㄱ. (가) 단계에서 별이 머무는 시간은 A가 가장 길다.
> ㄴ. (나) 단계일 때 별의 중심부에서 수소 핵융합 반응이 일어난다.
> ㄷ. (다) 단계에서 크기는 백색 왜성이 가장 작다.

① ㄱ ② ㄴ ③ ㄱ, ㄷ ④ ㄴ, ㄷ ⑤ ㄱ, ㄴ, ㄷ

[8713-0330]

10 그림은 별의 내부에서 일어나는 어떤 반응을 나타낸 것이다.

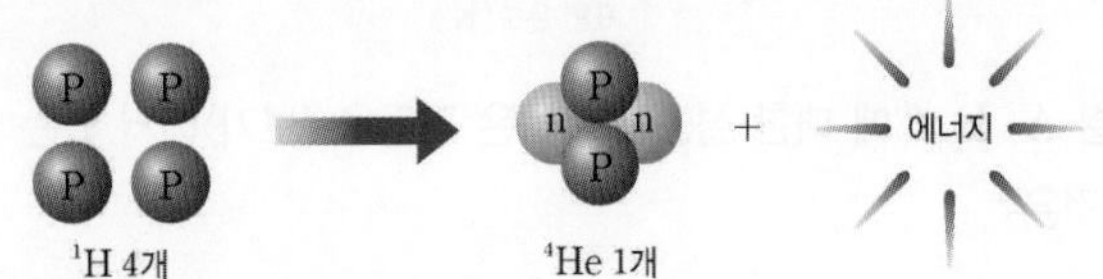

이 반응에 대한 설명으로 옳은 것은?

① 헬륨 핵융합 반응이다.
② 반응 과정에서 질량이 보존된다.
③ 온도가 약 1천만 K 이상일 때 일어날 수 있다.
④ 주계열성에서만 일어날 수 있는 반응이다.
⑤ 온도가 낮아지면 역반응이 일어난다.

[8713-0331]

11 그림은 정역학 평형 상태에 있는 어떤 주계열성의 내부에 작용하는 두 힘 A와 B를 나타낸 것이다.

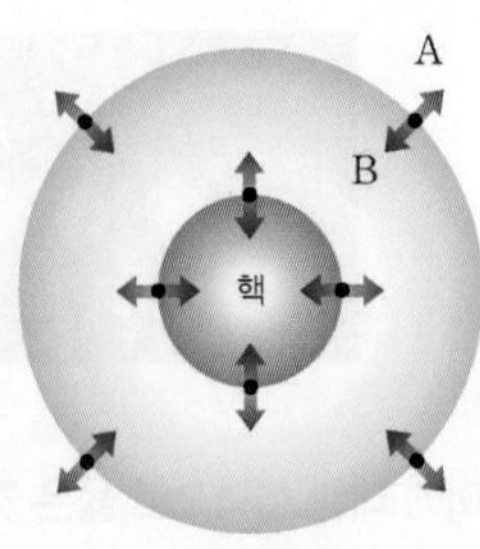

이에 대한 설명으로 옳은 것만을 〈보기〉에서 있는 대로 고른 것은?

> 보기
> ㄱ. A는 중력이다.
> ㄴ. A와 B는 평형을 이루고 있다.
> ㄷ. 중심핵에서 수소 핵융합 반응이 일어난다.

① ㄱ ② ㄴ ③ ㄷ ④ ㄱ, ㄷ ⑤ ㄴ, ㄷ

[8713-0332]
12 그림은 태양과 질량이 비슷한 주계열성의 내부 구조를 나타낸 것이다.

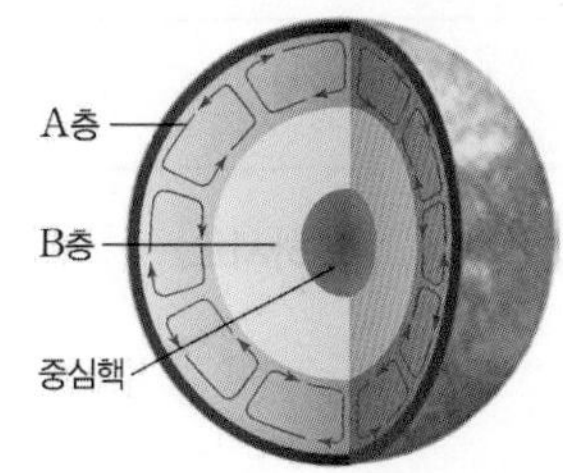

이에 대한 설명으로 옳은 것만을 〈보기〉에서 있는 대로 고른 것은?

보기
ㄱ. A의 표면에서는 대류에 의해 쌀알 무늬가 형성된다.
ㄴ. B에서는 주로 복사에 의해 에너지가 전달된다.
ㄷ. 중심핵에서는 헬륨 핵융합 반응이 일어난다.

① ㄱ ② ㄴ ③ ㄱ, ㄴ ④ ㄱ, ㄷ ⑤ ㄴ, ㄷ

[8713-0333]
13 그림은 어느 주계열성의 내부 구조를 나타낸 것이다.

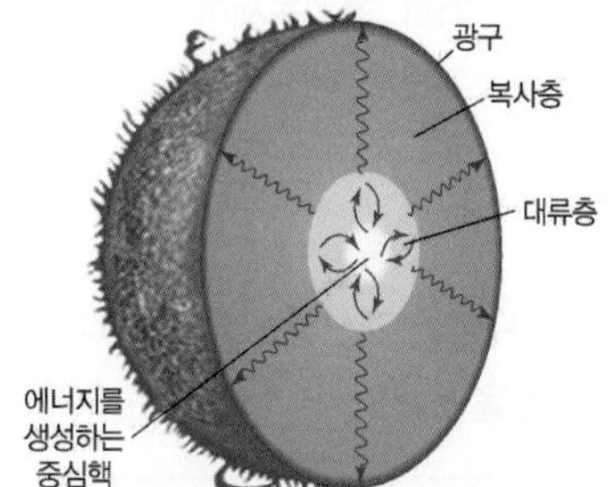

이에 대한 설명으로 옳은 것만을 〈보기〉에서 있는 대로 고른 것은?

보기
ㄱ. 질량은 태양보다 크다.
ㄴ. 광구의 온도는 태양보다 높다.
ㄷ. 중심핵에서는 CNO 순환 반응이 양성자 · 양성자 반응보다 우세하다.

① ㄱ ② ㄴ ③ ㄱ, ㄷ ④ ㄴ, ㄷ ⑤ ㄱ, ㄴ, ㄷ

[8713-0334]
14 표는 두 주계열성의 분광형을 나타낸 것이다.

별	(가)	(나)
분광형	B0	G5

별 (가)가 (나)보다 더 큰 값을 갖는 것만을 〈보기〉에서 있는 대로 고른 것은?

보기
ㄱ. 주계열 단계에서 머무는 기간
ㄴ. 별 내부에서 핵융합 반응이 일어나는 범위
ㄷ. $\left(\frac{\text{양성자 · 양성자 반응에 의한 에너지 생성량}}{\text{CNO 순환 반응에 의한 에너지 생성량}}\right)$값

① ㄱ ② ㄴ ③ ㄱ, ㄷ ④ ㄴ, ㄷ ⑤ ㄱ, ㄴ, ㄷ

[8713-0335]
15 그림은 어느 별의 중심부 구조를 나타낸 것이다.
이에 대한 설명으로 옳은 것만을 〈보기〉에서 있는 대로 고른 것은?

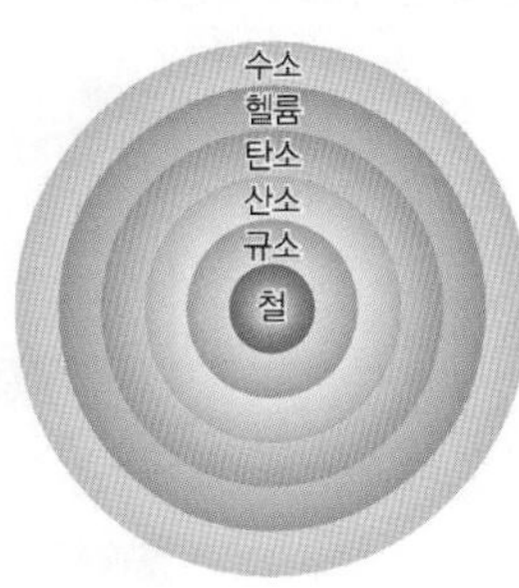

보기
ㄱ. 별의 중심에 가까울수록 평균 원자량이 크다.
ㄴ. 별의 중심에 가까울수록 온도가 낮다.
ㄷ. 이 별은 백색 왜성으로 진화할 것이다.

① ㄱ ② ㄷ ③ ㄱ, ㄴ ④ ㄴ, ㄷ ⑤ ㄱ, ㄴ, ㄷ

[8713-0336]
16 표는 초거성의 중심부에서 일어나는 핵융합 반응의 일부를 나열한 것이다.

구분	주 연료	생성 원자핵	반응 온도(K)
(가)	수소	헬륨	$1\sim3\times10^7$
(나)	규소	철	3×10^9
(다)	산소	황	2×10^9
(라)	헬륨	탄소	2×10^8

초거성 내부에서 (가)~(라)의 핵융합 반응이 일어나는 깊이를 바깥쪽부터 안쪽 순서로 바르게 나열한 것은?

① (가) → (나) → (다) → (라)
② (가) → (나) → (라) → (다)
③ (가) → (다) → (라) → (나)
④ (가) → (라) → (나) → (다)
⑤ (가) → (라) → (다) → (나)

정답과 해설 36쪽

[8713-0337]
01 다음은 진화 단계가 다른 두 별 (가)와 (나)의 특징을 설명한 것이다.

(가) 크기가 계속 감소하면서 광도가 줄어들고, 중심부의 온도는 상승한다.
(나) 중력과 기체 압력 차에 의한 힘이 균형을 이루고 있어 별의 크기가 일정하게 유지된다.

(가)와 (나)의 주요 에너지원을 각각 쓰시오.

[8713-0338]
02 그림은 태양이 진화하는 동안 현재부터 최종 단계까지 H−R도 상의 위치를 순서 없이 A~D로 나타낸 것이다. A~D를 태양의 진화 순서대로 나열하시오.

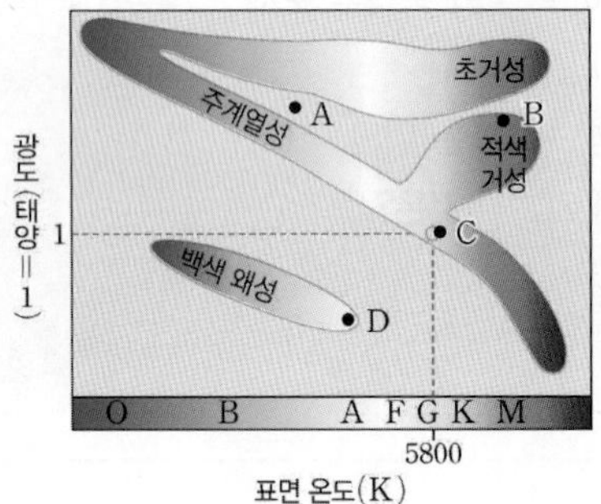

[8713-0339]
03 주계열성의 질량이 클수록 주계열 단계에서 머무는 시간이 짧다. 그 까닭을 서술하시오.

[8713-0340]
04 태양은 크기나 모양이 변하지 않고 일정한 상태를 유지하고 있다. 그 까닭을 서술하시오.

[8713-0341]
05 그림 (가)와 (나)는 진화 단계가 다른 두 별의 중심핵 구조를 나타낸 것이다. 두 별의 중심부 ㉠과 ㉡에서 최종적으로 생성되는 원자핵의 종류를 쓰시오.

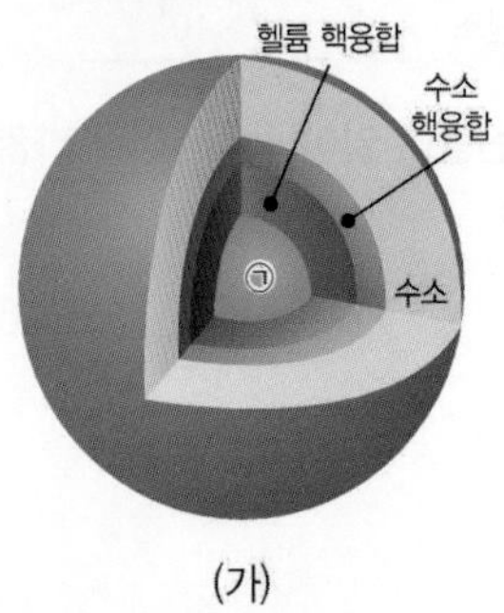

(가)

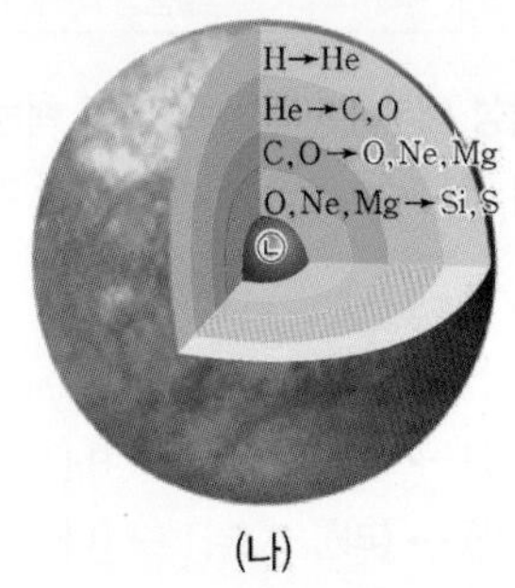

(나)

[8713-0342]
06 다음은 별의 마지막 진화 단계에서 형성되는 천체의 종류를 나타낸 것이다.

(가) 블랙홀 (나) 백색 왜성 (다) 중성자별

천체 (가), (나), (다)의 질량을 비교하시오.

[8713-0343]
07 그림 (가)와 (나)는 질량이 다른 두 별이 각각 진화하여 최종 단계에서 생성된 모습을 나타낸 것이다.

(가)

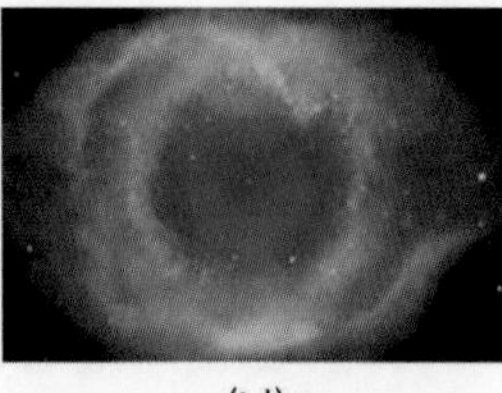

(나)

(가)와 (나)를 형성한 두 별의 질량과 수명에 대해 서술하시오.

[8713-0344]
08 그림 (가)와 (나)는 두 주계열성의 내부 구조를 나타낸 것이다.

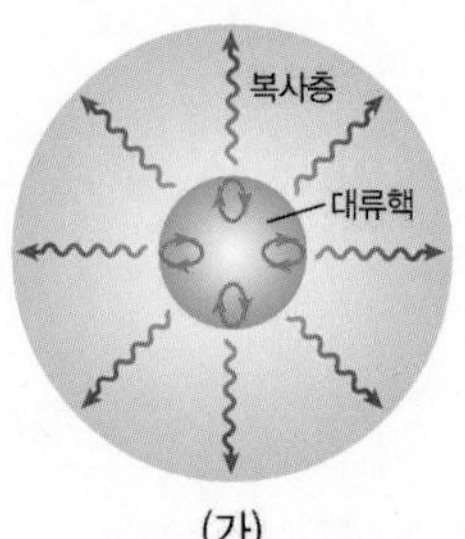

(가)

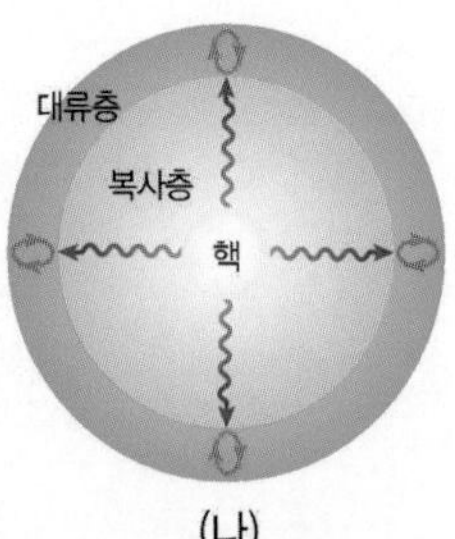

(나)

(1) 두 별의 중심부 온도를 비교하시오.
(2) (가)와 (나)의 중심부에서 보다 우세하게 일어나는 수소 핵융합 반응의 종류를 각각 쓰시오.

[8713-0345]
09 다음은 태양의 수명을 계산하는 과정을 나타낸 것이다. (　　) 안에 들어갈 알맞은 말을 쓰시오.

(가) 태양의 질량은 2×10^{30} kg이고, 수소 핵융합 반응에 참여하는 중심핵의 질량은 태양 전체 질량의 약 10 %이다.
(나) 수소 핵융합 반응이 일어날 때 질량 결손은 약 0.7 %이다.
(다) 빛의 속도 $c=3\times10^{8}$ m/s이므로, 태양의 중심부에서 수소 핵융합으로 방출할 수 있는 총 에너지양은 (㉠　　) J이다.
(라) ㉠을 현재 태양의 (㉡　　　)로 나누면 태양이 에너지를 방출할 수 있는 시간을 구할 수 있다.

15 외계 행성계과 생명체

1 외계 행성계 탐사

(1) 외계 행성 탐사 방법

① 직접 관측에 의한 탐사: 외계 행성의 거리가 가까운 경우 직접 관측할 수 있다. 외계 행성이 중심별의 별빛을 반사하거나, 행성 자체의 복사 에너지를 관측하여 행성을 찾는다.

② 중심별의 시선 속도를 이용하는 방법: 중심별과 행성이 공통 질량 중심을 같은 주기로 공전할 때, 중심별의 회전으로 시선 속도가 변하면 도플러 효과에 의한 별빛의 파장 변화가 생긴다.

- 중심별이 지구로부터 멀어질 때 적색 편이, 접근할 때 청색 편이가 나타난다.
- 행성의 질량이 클수록 중심별의 시선 속도 변화가 크므로 행성의 존재를 확인하기 쉽다.

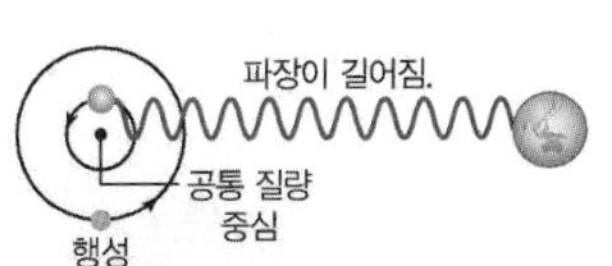

시선 속도를 이용한 탐사

③ 식 현상을 이용하는 방법: 중심별 주위를 공전하는 행성이 중심별 앞면을 지날 때 식 현상이 일어나 중심별의 밝기가 감소한다. 이를 관측하여 행성의 존재를 확인한다.

- 관측자의 시선 방향과 행성의 공전 궤도면이 거의 나란해야 식 현상이 관측된다.
- 행성의 반지름이 클수록 중심별의 밝기 변화가 크므로 행성의 존재를 확인하기 쉽다.

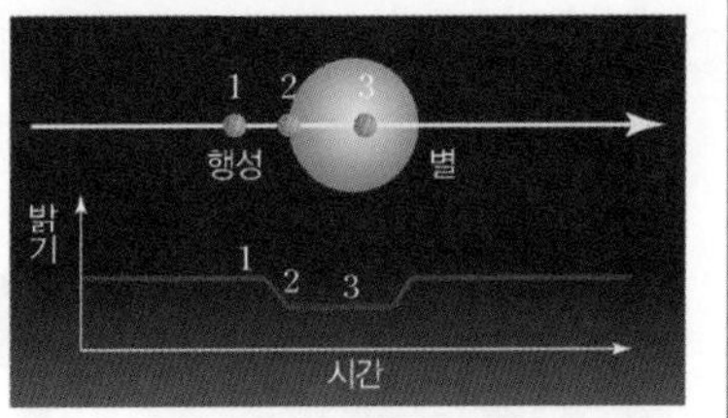

식 현상을 이용한 탐사

④ 미세 중력 렌즈를 이용하는 방법: 배경별의 별빛이 중간에 위치한 별이나 행성의 중력에 의해 미세하게 굴절되어 배경별의 밝기가 증가하는 미세 중력 렌즈 현상을 이용한다.

- 별이 행성을 가지고 있을 경우, 행성의 중력에 의한 배경별의 밝기 변화가 추가로 나타나므로 행성의 존재를 확인할 수 있다.
- 외계 행성의 공전 궤도면과 관측자의 시선 방향이 나란하지 않아도 탐사가 가능하며, 크기가 작은 행성도 찾을 수 있다.

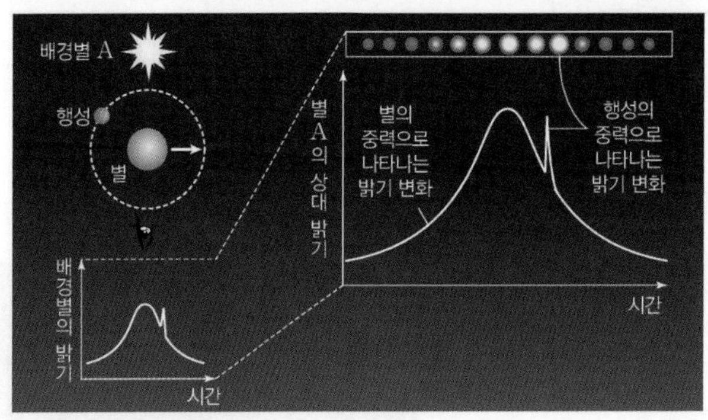

(2) 외계 행성계 탐사 결과

① 중심별의 질량과 외계 행성의 관계: 태양 정도의 질량을 가진 별 주변에서 외계 행성이 가장 많이 발견된다. 그 까닭은 우리 은하에는 태양과 비슷한 질량을 가진 별이 가장 많이 관측되기 때문에 그 주변에 존재하는 행성의 수도 많은 것이다.

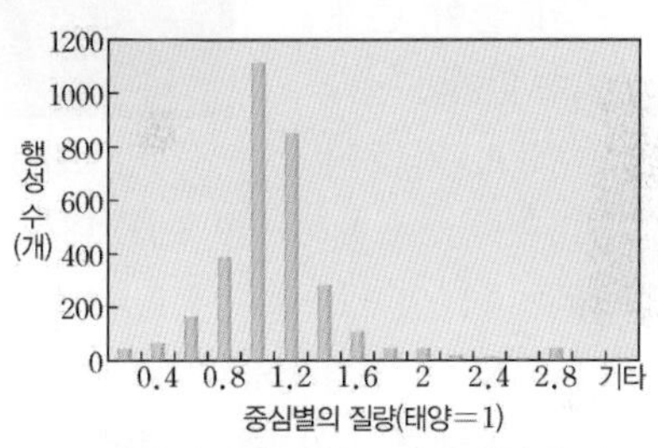

중심별의 질량에 따른 외계 행성의 개수

② 시선 속도 변화와 식 현상을 이용하여 발견된 외계 행성의 수가 가장 많다. 미세 중력 렌즈 현상이나 직접 관측을 통해 발견된 행성의 수는 매우 적다.

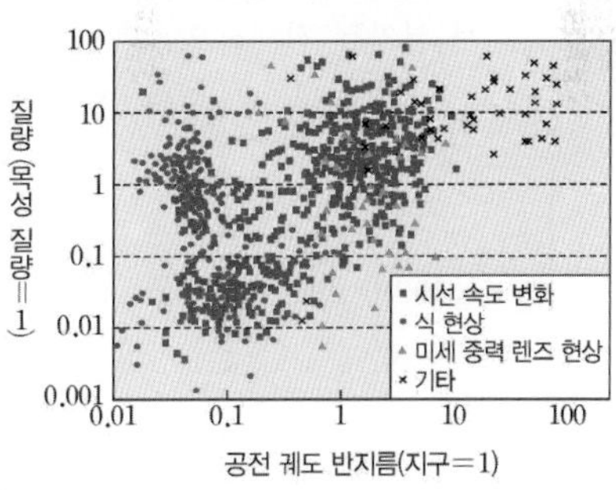

핵심 개념 체크

정답과 해설 37쪽

1. 〈보기〉는 외계 행성의 탐사 방법이다. 설명에 해당하는 것을 찾아 기호를 쓰시오.

> **보기**
> ㄱ. 직접 관측　　ㄴ. 시선 속도 측정
> ㄷ. 식 현상 이용　　ㄹ. 미세 중력 렌즈 이용

(1) 행성이 별빛을 가려 별의 밝기가 약간 감소한다.
(2) 매우 가까운 거리에 있는 외계 행성만 발견 가능하다.
(3) 배경별의 별빛이 앞쪽에 위치한 별에 의해 굴절된다.
(4) 별빛의 도플러 효과를 이용하여 행성을 발견한다.

2. 현재까지 발견된 외계 행성들은 주로 시선 속도 변화나 (　　　) 현상을 이용하여 발견되었다.

3. 중심별이 지구로 접근할 때는 (㉠　　　) 편이, 지구로부터 멀어질 때는 (㉡　　　) 편이가 나타난다.

4. 관측자의 시선 방향과 행성의 공전 궤도면이 거의 (　　　)해야 식 현상이 관측된다.

③ 초기에 발견된 외계 행성은 대부분 목성 크기의 행성이었으나 최근 관측 기술의 발달로 지구 크기의 행성들도 발견되고 있다.

발견된 외계 행성의 크기 분포

④ 최근의 외계 행성계 탐사는 지구형 행성(지구 규모의 암석으로 이루어진 행성) 탐사 중심으로 이루어지고 있다.

2 외계 생명체 탐사

(1) 외계 생명체의 존재 조건

① 액체 상태의 물: 행성이 생명 가능 지대에 위치하여 표면에 액체 상태의 물이 존재할 수 있어야 한다.

별의 질량에 따른 생명 가능 지대의 범위

- 생명 가능 지대는 별 주변에 물이 액체 상태로 존재할 수 있는 영역이다.
- 별의 광도가 클수록 생명 가능 지대는 별로부터 먼 곳에 형성되고, 생명 가능 지대의 폭이 넓어진다.
- 태양계에서 이론적인 생명 가능 지대는 금성과 화성 사이에 존재하며, 지구가 이 영역에 위치해 있다.

생명체에서 액체 상태의 물이 중요한 까닭

물 분자는 전체적으로 볼 때 전기적인 중성 상태이지만 부분적으로 극성을 띠고 있어 여러 가지 특성이 나타난다.

- 다양한 물질이 물에 잘 녹는다. ➡ 생명체가 물을 통해 생명 활동에 필요한 물질들을 쉽게 흡수할 수 있다.
- 물은 비열이 매우 크다. ➡ 온도 변화가 쉽게 일어나지 않기 때문에 생명체의 항상성을 유지하는 데 중요한 역할을 한다.
- 물은 고체가 될 때 부피가 증가한다. ➡ 온도 하강으로 표면의 물이 얼더라도 얼음 아래쪽에 수중 생태계가 유지된다.

② 적절한 대기압: 대기는 온실 효과를 일으켜 생명체가 살아가기에 적당한 온도를 유지해 주며, 유해한 자외선을 막아주는 역할을 한다.

③ 행성 자기장: 자기장은 지상에 생명체가 살 수 있도록 우주에서 들어오는 고에너지 입자와 중심별에서 들어오는 항성풍을 막아주는 역할을 한다.

④ 중심별의 적절한 질량: 생명체가 탄생하여 진화할 수 있도록 행성 환경이 오랫동안 안정적으로 유지되어야 하는데, 이를 위해서 중심별의 질량이 너무 크거나 작지 않아야 한다. ➡ 별의 질량이 크면 진화 속도가 빠르고, 질량이 너무 작으면 생명 가능 지대의 폭이 좁고, 거리가 가깝다.

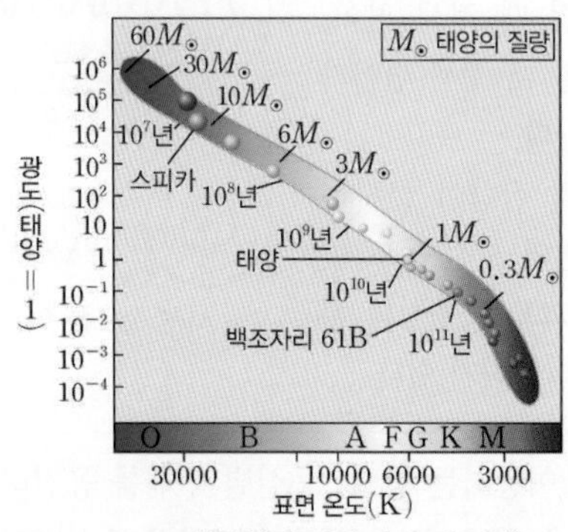

주계열성의 질량과 수명 관계

(2) 외계 생명체 탐사와 의의

① 탐사선을 이용한 태양계 천체 탐사, 세티(외계 지적 생명체 탐사) 등을 통해 지구 밖의 외계 생명체에 대한 탐사가 이루어지고 있다.

화성 탐사를 수행하고 있는 탐사 로봇 큐리오시티

외계의 전파 신호를 탐색하는 전파 망원경

② 외계 생명체를 연구하고 탐사하는 과정을 통해 인류는 우주와 생명에 대한 이해의 폭을 넓힐 수 있으며, 연구 과정에서 획득한 새로운 과학 기술은 산업 발전에 실용적인 도움을 준다.

핵심 개념 체크 정답과 해설 37쪽

5. 현재까지 발견된 외계 행성들의 질량은 대부분 지구보다 (　　)다.

6. 별 주변에서 물이 액체 상태로 존재할 수 있는 영역을 무엇이라고 하는지 쓰시오.

7. 중심별의 광도가 클수록 생명 가능 지대의 거리는 중심별로부터 (㉠　　)지고, 폭은 (㉡　　)진다.

8. 다음 중 옳은 것은 ○표, 옳지 않은 것은 ×표 하시오.
(1) 물은 극성을 띠고 있다. (　　)
(2) 자기장은 우주에서 들어오는 고에너지 입자와 중심별에서 들어오는 항성풍을 막아주는 역할을 한다. (　　)
(3) 행성에 생명체가 탄생하고 진화할 시간을 확보하려면 중심별의 질량이 커야 한다. (　　)

출제 예상 문제

정답과 해설 37쪽

[8713-0346]

01 다음 중 외계 행성을 탐사하는 방법으로 적절하지 않는 것은?

① 망원경을 이용하여 행성을 직접 촬영한다.
② 앞쪽에 놓인 별과 행성에 의한 배경별의 밝기 변화를 관측한다.
③ 행성의 식 현상에 의해 나타나는 중심별의 밝기 변화 관측한다.
④ 중심별의 스펙트럼에 나타난 흡수선의 종류와 세기를 확인한다.
⑤ 중심별과 행성이 공통 질량 중심을 회전할 때 나타나는 시선 속도 변화를 측정한다.

[8713-0347]

02 그림은 중심별과 행성이 공통 질량 중심 주위를 회전할 때 나타난 별빛의 파장 변화를 나타낸 것이다.

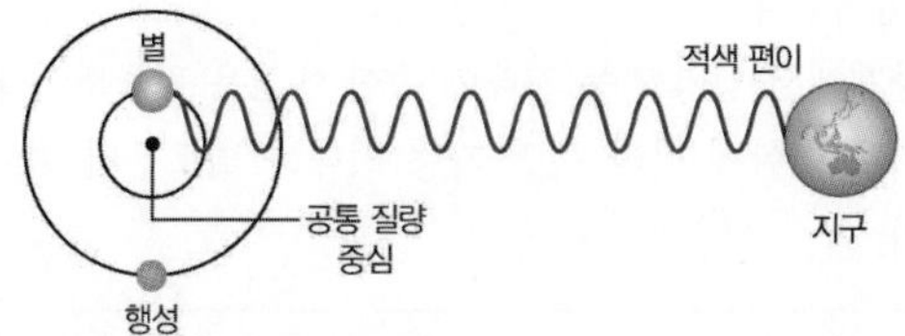

이에 대한 설명으로 옳은 것만을 〈보기〉에서 있는 대로 고른 것은?

보기
ㄱ. 현재 행성은 관측자로부터 멀어지는 방향으로 이동한다.
ㄴ. 별과 행성은 공통 질량 중심을 같은 주기로 회전한다.
ㄷ. 별의 질량이 클수록 적색 편이량이 증가한다.

① ㄱ ② ㄴ ③ ㄱ, ㄷ
④ ㄴ, ㄷ ⑤ ㄱ, ㄴ, ㄷ

[8713-0348]

03 그림은 어느 외계 행성계에서 행성에 의한 중심별의 밝기 변화를 나타낸 것이다.

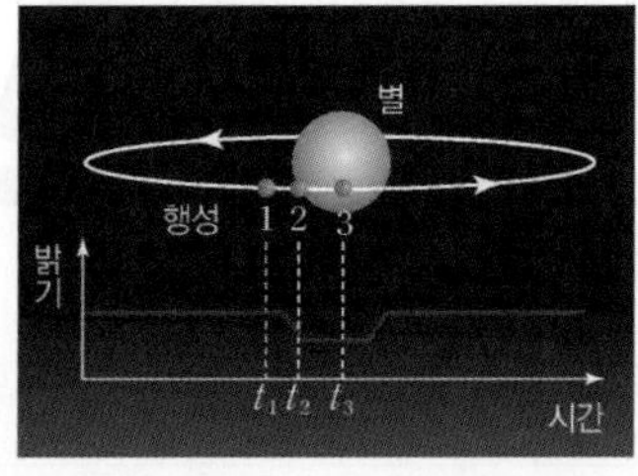

이에 대한 설명으로 옳은 것만을 〈보기〉에서 있는 대로 고른 것은?

보기
ㄱ. 행성의 공전 궤도면은 관측자의 시선 방향에 수직하다.
ㄴ. t_1과 t_3일 때 별의 밝기 차는 행성의 반지름이 클수록 작다.
ㄷ. 별의 밝기 변화 주기는 행성의 공전 주기와 같다.

① ㄱ ② ㄷ ③ ㄱ, ㄴ
④ ㄴ, ㄷ ⑤ ㄱ, ㄴ, ㄷ

[8713-0349]

04 그림 (가)와 (나)는 행성의 존재 여부에 따른 미세 중력 렌즈 현상의 차이를 나타낸 것이다.

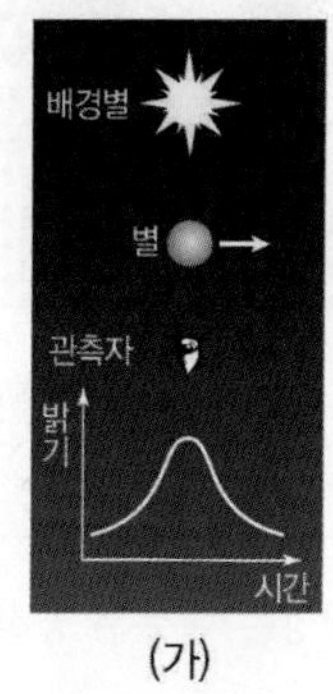

(가)

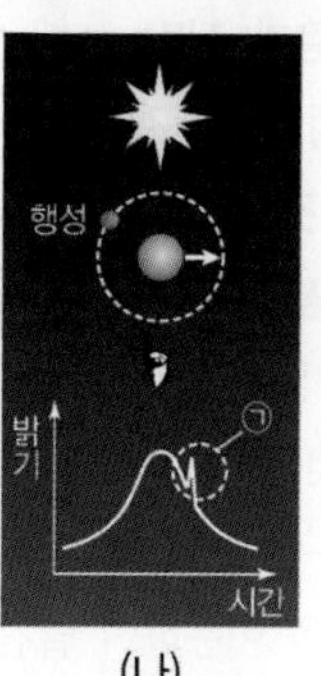

(나)

이에 대한 설명으로 옳은 것만을 〈보기〉에서 있는 대로 고른 것은?

보기
ㄱ. (가)와 (나)의 그래프는 배경별의 밝기 변화를 나타낸 것이다.
ㄴ. (나)의 ㉠은 행성의 중력에 의해 나타난 변화이다.
ㄷ. 이 탐사 방법은 행성의 공전 궤도면이 관측자의 시선 방향에 나란한 경우에만 이용 가능하다.

① ㄱ ② ㄷ ③ ㄱ, ㄴ
④ ㄴ, ㄷ ⑤ ㄱ, ㄴ, ㄷ

[8713-0350]

05 그림은 케플러 우주 망원경이 중심별의 밝기 변화를 관측하여 발견한 외계 행성들의 크기에 따른 개수를 나타낸 것이다.

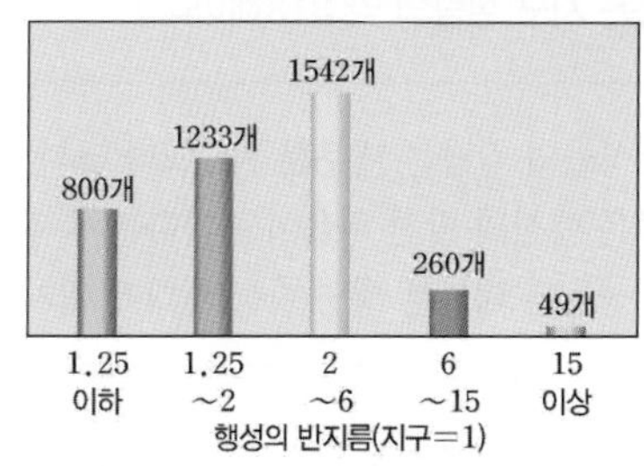

이 외계 행성들에 대한 설명으로 옳은 것만을 〈보기〉에서 있는 대로 고른 것은?

보기
ㄱ. 시선 속도 변화를 측정하여 발견하였다.
ㄴ. 행성의 반지름은 대부분 목성보다 크다.
ㄷ. 행성의 공전 궤도면은 시선 방향에 거의 나란하다.

① ㄱ ② ㄷ ③ ㄱ, ㄴ
④ ㄴ, ㄷ ⑤ ㄱ, ㄴ, ㄷ

[8713-0351]
06 그림은 현재까지 발견된 외계 행성의 공전 궤도 반지름과 질량을 탐사 방법에 따라 구분하여 나타낸 것이다.

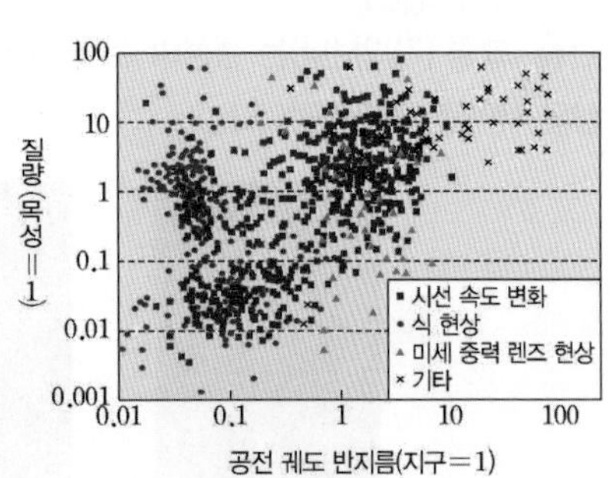

이에 대한 설명으로 옳은 것만을 ⟨보기⟩에서 있는 대로 고른 것은?

보기
ㄱ. 식 현상을 이용하여 발견된 행성은 대부분 공전 궤도 반지름이 지구보다 작다.
ㄴ. 도플러 효과를 이용하여 발견된 행성들 중 질량이 목성보다 큰 행성은 대부분 공전 궤도 반지름이 지구보다 작다.
ㄷ. 배경별의 밝기 변화를 관측하여 발견된 행성이 가장 많다.

① ㄱ ② ㄴ ③ ㄷ ④ ㄱ, ㄷ ⑤ ㄴ, ㄷ

[8713-0352]
07 그림은 최근까지 발견된 외계 행성의 질량 분포를 연도별로 나타낸 것이다.

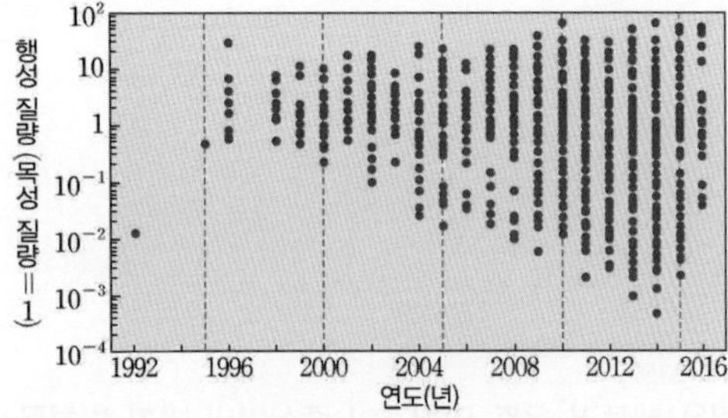

이에 대한 설명으로 옳은 것만을 ⟨보기⟩에서 있는 대로 고른 것은? (단, 목성의 질량은 지구 질량의 약 318배이다.)

보기
ㄱ. 발견된 행성들의 질량은 대부분 지구보다 크다.
ㄴ. 질량이 작은 행성의 발견 비율이 증가하는 추세이다.
ㄷ. 발견된 행성들은 대부분 생명 가능 지대에 위치한다.

① ㄱ ② ㄴ ③ ㄱ, ㄴ ④ ㄱ, ㄷ ⑤ ㄴ, ㄷ

[8713-0353]
08 행성 표면에 생명체가 살 수 있는 조건에 대한 설명으로 옳은 것은?

① 행성 자기장이 존재해야 한다.
② 얼음 상태의 물이 존재해야 한다.
③ 중심별의 질량이 매우 작아야 한다.
④ 행성의 대기압이 매우 높아야 한다.
⑤ 행성의 표면 온도가 매우 높아야 한다.

[8713-0354]
09 그림은 주계열성의 질량에 따른 생명 가능 지대의 범위와 태양계 행성의 위치를 나타낸 것이다.

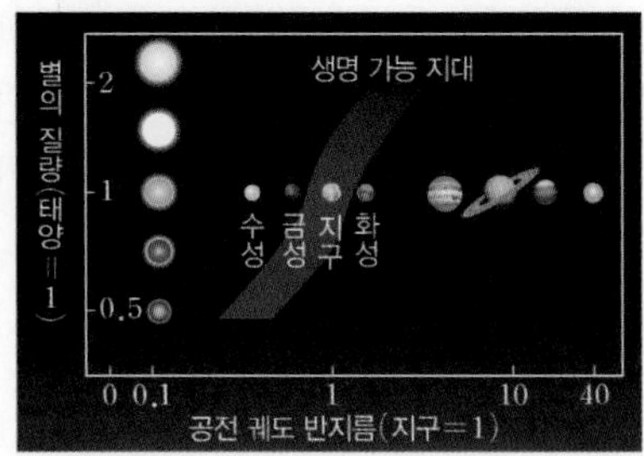

이에 대한 설명으로 옳은 것만을 ⟨보기⟩에서 있는 대로 고른 것은?

보기
ㄱ. 별의 질량이 클수록 액체 상태의 물이 존재할 수 있는 영역이 넓어진다.
ㄴ. 태양계에서 생명 가능 지대에 속한 행성은 지구뿐이다.
ㄷ. 별이 진화함에 따라 생명 가능 지대는 별로부터 멀어질 것이다.

① ㄱ ② ㄴ ③ ㄱ, ㄷ ④ ㄴ, ㄷ ⑤ ㄱ, ㄴ, ㄷ

[8713-0355]
10 그림은 H－R도에 별의 질량과 수명의 관계를 나타낸 것이다.

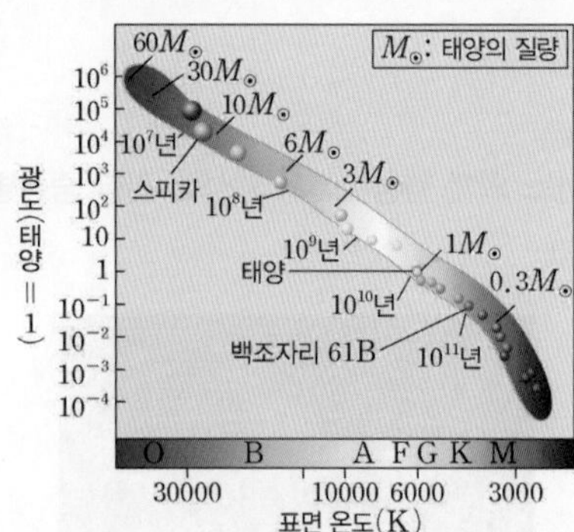

이에 대한 설명으로 옳은 것만을 ⟨보기⟩에서 있는 대로 고른 것은?

보기
ㄱ. 이 별들은 모두 주계열성이다.
ㄴ. 중심별에서 생명 가능 지대까지의 거리는 백조자리 61B보다 태양이 멀다.
ㄷ. 행성이 생명 가능 지대에 머물 수 있는 시간은 태양보다 스피카에서 길다.

① ㄱ ② ㄴ ③ ㄷ ④ ㄱ, ㄴ ⑤ ㄱ, ㄷ

서답형 문제

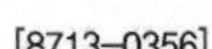

정답과 해설 38쪽

[8713-0356]

01 현재까지 발견된 외계 행성 중에서 직접 촬영을 통해 발견된 행성이 상대적으로 매우 적은 까닭을 서술하시오.

[8713-0357]

02 그림 (가)와 (나)는 어느 시점에 관측한 중심별의 스펙트럼과 이때 외계 행성계의 모습을 나타낸 것이다.

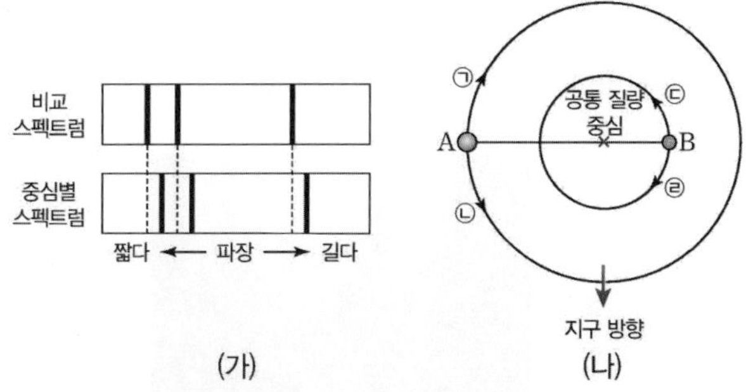

(가)를 이용하여 (나)에서 A와 B가 공통 질량 중심을 회전하는 방향을 각각 고르고, 그 까닭을 서술하시오.

[8713-0358]

03 다음은 외계 행성을 탐사하는 어떤 방법에 대한 설명이다.

> 행성이 중심별의 앞을 지나가면 중심별의 밝기가 감소한다. 따라서 중심별의 밝기 변화를 관측하면 외계 행성을 찾을 수 있다. 식 현상이 일어날 때 행성의 (㉠)이 클수록 중심별의 밝기 감소 비율이 증가하여 행성의 존재를 확인하기 쉽고, 행성의 대기를 통과한 별빛을 분석하면 행성의 대기 성분을 추정할 수도 있다. 그러나 행성의 (㉡)이 관측자의 시선 방향에서 크게 기울어져 있을 경우 이 방법을 이용한 외계 행성 관측이 불가능하다.

( ) 안에 들어갈 알맞은 말을 쓰시오.

[8713-0359]

04 그림은 외계 행성을 탐사할 때 사용하는 어떤 방법의 원리를 나타낸 것이다.

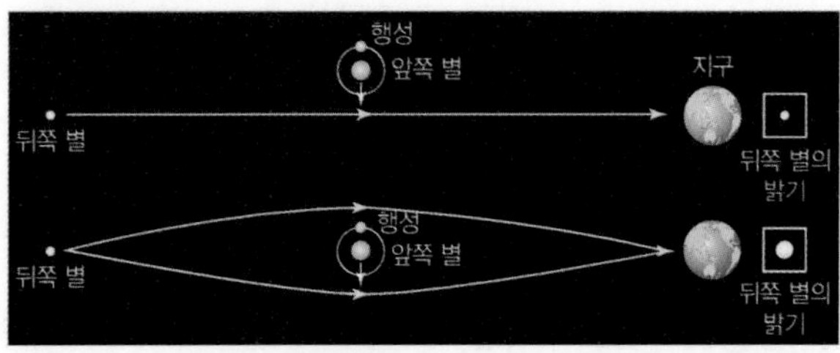

(1) 뒤쪽 별의 별빛이 휘어지는 원인은 무엇 때문인지 쓰시오.

(2) 이 방법의 장단점을 한 가지씩 서술하시오.

[8713-0360]

05 그림은 주계열성의 질량에 따른 액체 상태의 물이 존재할 수 있는 영역 ㉠을 나타낸 것이다.

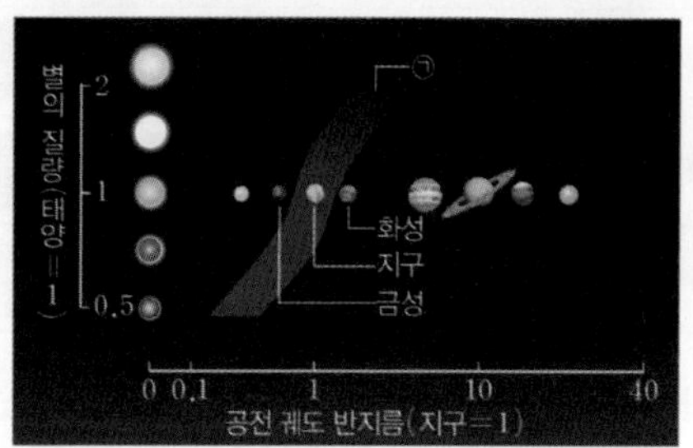

(1) ㉠에 해당하는 영역을 무엇이라고 하는지 쓰시오.

(2) 별의 광도와 ㉠의 폭은 어떤 관계가 있는지 쓰시오.

[8713-0361]

06 그림은 태양이 주계열 단계에 머무는 동안 시간에 따른 생명 가능 지대의 변화를 나타낸 것이다.

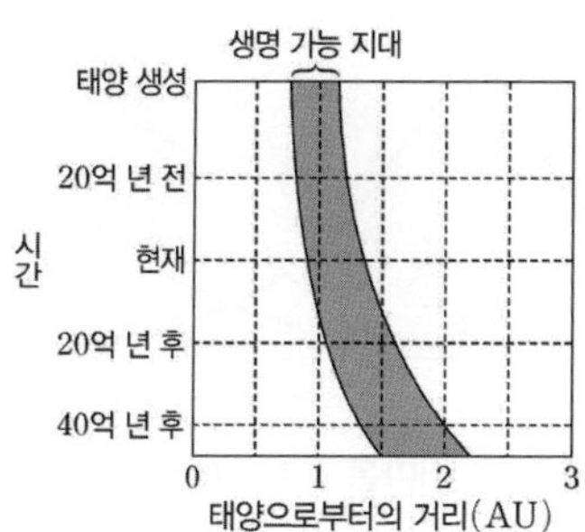

이 기간 동안 태양의 광도와 질량 변화에 대해 서술하시오.

[8713-0362]

07 표는 중심별이 주계열성이고, 생명 가능 지대에 위치한 두 행성 A, B의 물리량을 나타낸 것이다.

외계 행성	중심별의 분광형
A	K8
B	B5

행성 A, B 중에서 안정된 환경이 더 오래 유지되는 행성을 고르고, 그 까닭을 서술하시오.

대단원 종합 문제

[8713-0363]

01 **그림은 별 (가), (나), (다)의 분광형과 스펙트럼을 나타낸 것이다.**

별	분광형	스펙트럼
(가)	B	
(나)	M	
(다)	G	

(가), (나), (다)에 대한 설명으로 옳은 것만을 〈보기〉에서 있는 대로 고른 것은?

보기

ㄱ. (가)는 (나)보다 $\frac{\text{자외선 영역의 복사 에너지양}}{\text{가시광선 영역의 복사 에너지양}}$이 크다.

ㄴ. (나)에서는 헬륨 흡수선이 강하게 나타난다.

ㄷ. 태양의 스펙트럼은 (다)와 가장 유사하다.

① ㄱ ② ㄴ ③ ㄱ, ㄴ ④ ㄱ, ㄷ ⑤ ㄴ, ㄷ

[8713-0364]

02 **그림은 별의 표면 온도에 따른 흡수선의 상대적 세기를 나타낸 것이다.**

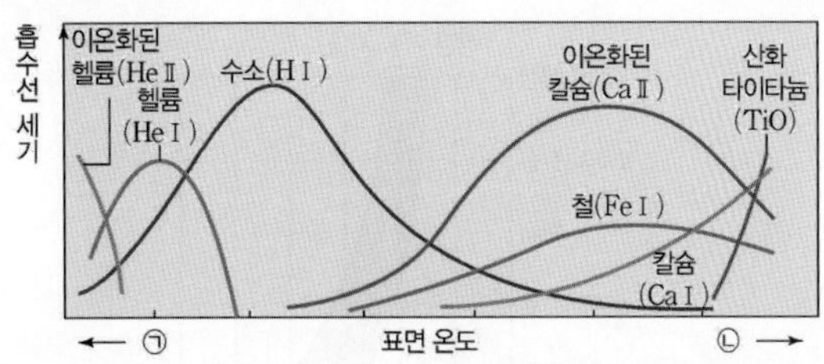

이에 대한 설명으로 옳은 것만을 〈보기〉에서 있는 대로 고른 것은?

보기

ㄱ. 표면 온도의 증가 방향은 ㉠이다.

ㄴ. 스펙트럼의 흡수선은 대부분 별의 중심부에서 형성된다.

ㄴ. 태양 스펙트럼에서는 수소 흡수선이 가장 강하게 나타난다.

① ㄱ ② ㄴ ③ ㄱ, ㄴ ④ ㄱ, ㄷ ⑤ ㄴ, ㄷ

[8713-0365]

03 **그림은 두 별 (가), (나)의 파장에 따른 상대적 에너지 세기와 U, B, V 필터를 투과하는 파장 영역을 나타낸 것이다.**

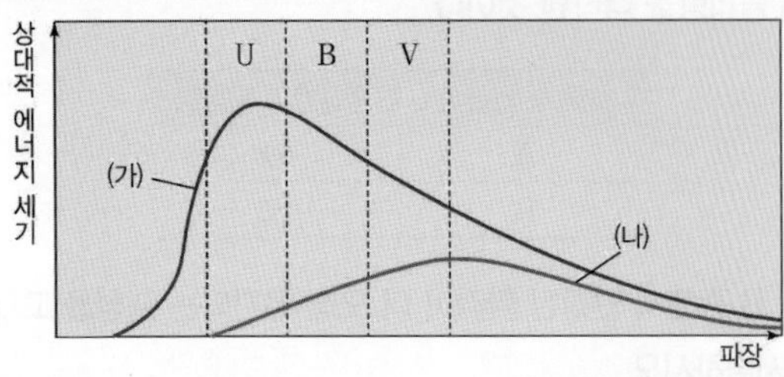

이에 대한 설명으로 옳은 것만을 〈보기〉에서 있는 대로 고른 것은?

보기

ㄱ. 별의 단위 면적에서 단위 시간 동안 방출되는 에너지양은 (가)가 (나)보다 많다.

ㄴ. (가)는 U 등급보다 V 등급이 작다.

ㄷ. $(B-V)$ 색지수는 (가)가 (나)보다 작다.

① ㄱ ② ㄴ ③ ㄱ, ㄷ ④ ㄴ, ㄷ ⑤ ㄱ, ㄴ, ㄷ

[8713-0366]

04 **그림은 별의 H−R도를 나타낸 것이다.**

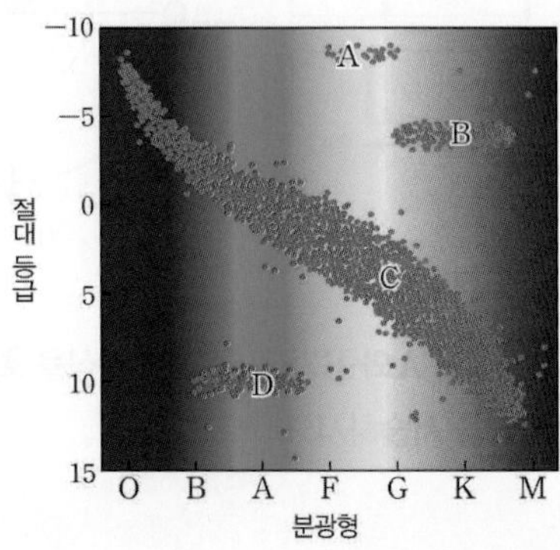

별의 종류 A~D에 대한 설명으로 옳은 것만을 〈보기〉에서 있는 대로 고른 것은?

보기

ㄱ. 별의 수명은 A가 B보다 짧다.

ㄴ. C는 정역학 평형 상태이다.

ㄴ. 표면 온도는 D가 B보다 높다.

① ㄱ ② ㄴ ③ ㄱ, ㄷ ④ ㄴ, ㄷ ⑤ ㄱ, ㄴ, ㄷ

[8713-0367]

05 **그림은 별 A~D의 표면 온도와 광도를 나타낸 것이다.**

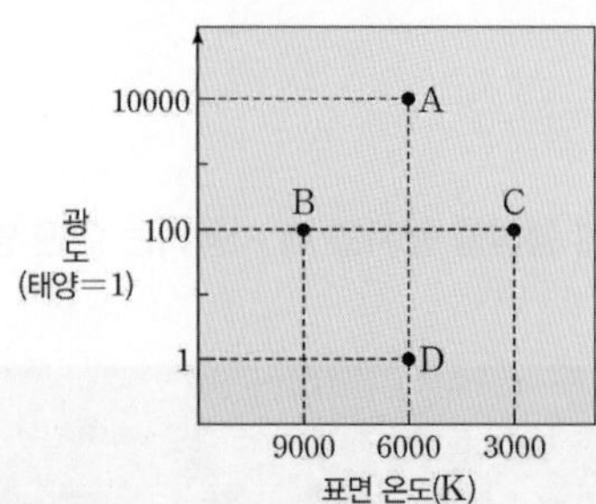

별 A~D에 대한 설명으로 옳은 것은?

① D는 백색 왜성이다.

② 반지름은 A가 B보다 작다.

③ B는 D보다 색지수가 크다.

④ 절대 등급은 C가 가장 작다.

⑤ 별의 밀도는 B가 C보다 크다.

[8713-0368]

06 표는 별 ㉠, ㉡, ㉢의 분광형과 광도 계급을 나타낸 것이다.

별	㉠	㉡	㉢
분광형	K0	G2	K0
광도 계급	Ⅰ	Ⅴ	Ⅲ

별 ㉠, ㉡, ㉢에 대한 설명으로 옳은 것만을 <보기>에서 있는 대로 고른 것은?

보기
ㄱ. ㉠은 주계열성이다.
ㄴ. 별의 반지름은 ㉡이 ㉢보다 작다.
ㄷ. 별의 질량은 ㉡이 ㉠보다 크다.

① ㄱ ② ㄴ ③ ㄱ, ㄷ ④ ㄴ, ㄷ ⑤ ㄱ, ㄴ, ㄷ

[8713-0369]

07 그림 (가)는 H－R도에 주계열성의 위치를, (나)는 주계열성의 질량－광도 관계를 나타낸 것이다.

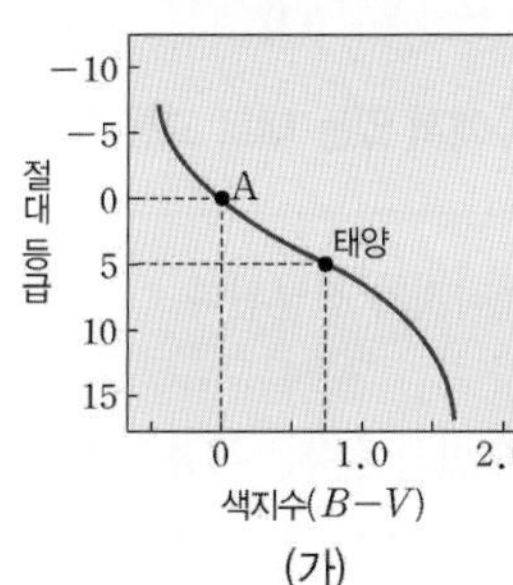

(가)

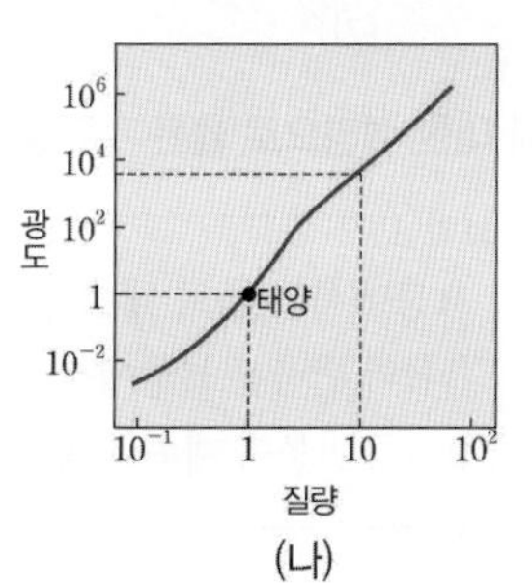

(나)

이에 대한 설명으로 옳은 것만을 <보기>에서 있는 대로 고른 것은?

보기
ㄱ. 주계열성은 색지수가 클수록 별의 광도가 크다.
ㄴ. 수소 핵융합 반응에 의한 에너지 생성량은 A가 태양의 약 100배이다.
ㄷ. A의 질량은 태양의 약 10배이다.

① ㄱ ② ㄴ ③ ㄱ, ㄷ ④ ㄴ, ㄷ ⑤ ㄱ, ㄴ, ㄷ

[8713-0370]

08 그림은 두 별 A와 B의 진화 경로를 나타낸 것이다.

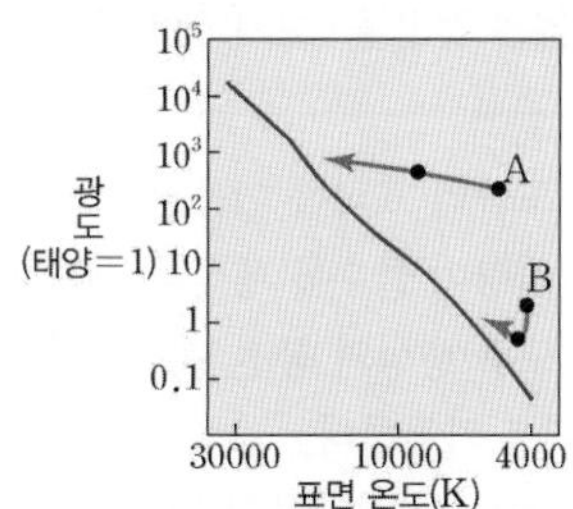

이에 대한 설명으로 옳은 것만을 <보기>에서 있는 대로 고른 것은?

보기
ㄱ. A와 B의 에너지원은 모두 중력 수축 에너지이다.
ㄴ. A는 태양보다 질량이 크다.
ㄷ. 주계열에 도달하는 데 걸리는 시간이 A가 B보다 짧다.

① ㄱ ② ㄴ ③ ㄱ, ㄷ
④ ㄴ, ㄷ ⑤ ㄱ, ㄴ, ㄷ

[8713-0371]

09 그림은 어느 주계열성의 진화 경로를 H－R도에 나타낸 것이다.

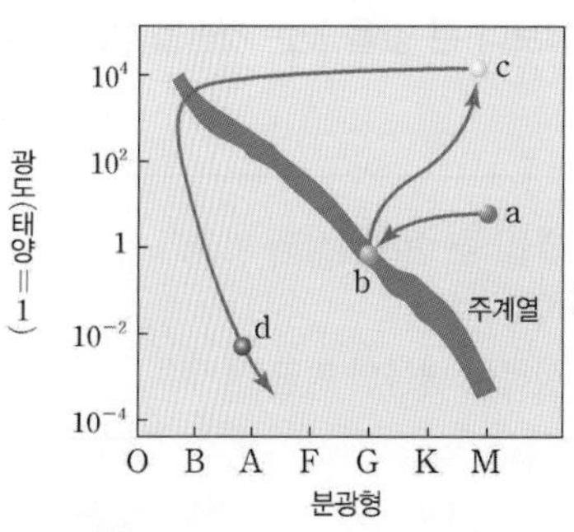

이에 대한 설명으로 옳은 것은?

① a → b 과정에서 별의 반지름이 커진다.
② 별이 가장 오래 머무는 위치는 c이다.
③ b → c 과정에서 별의 중심부에서 수소 핵융합 반응이 일어난다.
④ 행성상 성운은 c → d 과정에서 형성된다.
⑤ a~d 중 색지수는 d가 가장 크다.

[8713-0372]

10 그림은 어느 별의 진화 과정을 단계별로 나타낸 것이다.

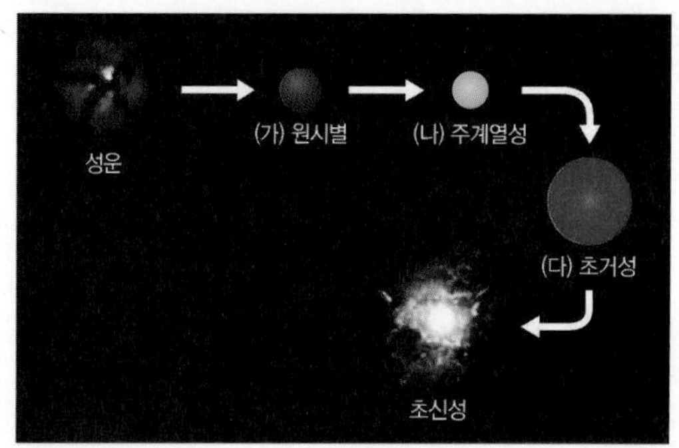

이에 대한 설명으로 옳은 것만을 <보기>에서 있는 대로 고른 것은?

보기
ㄱ. 중심부의 온도는 (가)<(나)<(다)이다.
ㄴ. (나)의 반지름은 태양보다 크다.
ㄷ. 초신성 폭발 후에 블랙홀이 생성될 수 있다.

① ㄱ ② ㄴ ③ ㄱ, ㄷ
④ ㄴ, ㄷ ⑤ ㄱ, ㄴ, ㄷ

[8713-0373]

11 그림은 성단 A와 B를 구성하는 별들을 H−R도에 나타낸 것이다. 성단 A, B를 이루는 별들은 각각 거의 동시에 탄생하였다.

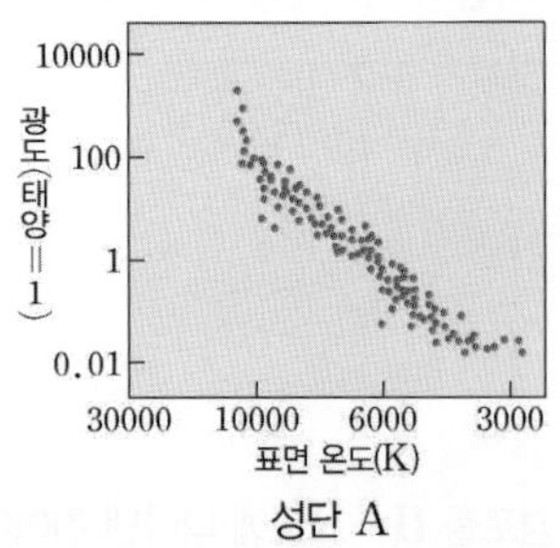

성단 A

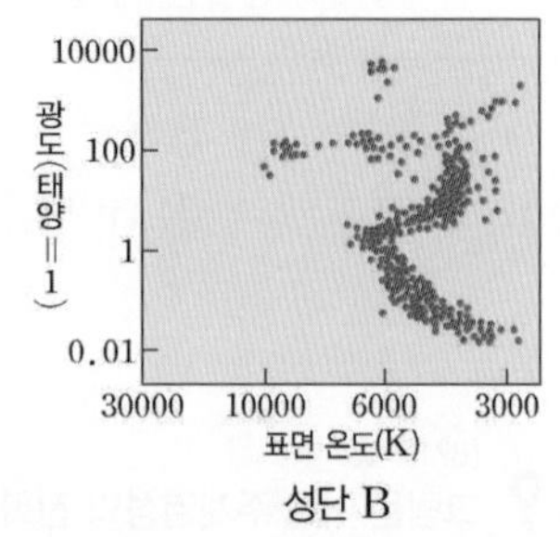

성단 B

성단 A가 성단 B보다 큰 값을 갖는 것만을 <보기>에서 있는 대로 고른 것은?

보기
ㄱ. 구성하는 별들 중 주계열성의 비율
ㄴ. 성단의 나이
ㄷ. 성단을 구성하는 별들의 평균 색지수

① ㄱ ② ㄴ ③ ㄱ, ㄷ ④ ㄴ, ㄷ ⑤ ㄱ, ㄴ, ㄷ

[8713-0374]

12 그림은 어느 별의 내부 구조를 나타낸 것이다.

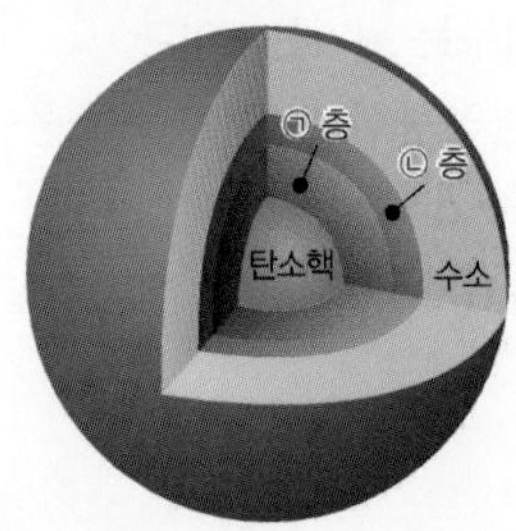

이 별에 대한 설명으로 옳은 것만을 <보기>에서 있는 대로 고른 것은?

보기
ㄱ. 정역학 평형 상태를 유지한다.
ㄴ. ㉠층에서 헬륨 핵융합 반응이 일어난다.
ㄷ. ㉡층은 ㉠층보다 온도가 높다.

① ㄱ ② ㄴ ③ ㄱ, ㄷ ④ ㄴ, ㄷ ⑤ ㄱ, ㄴ, ㄷ

[8713-0375]

13 그림은 주계열성이 거성으로 진화할 때 나타나는 별의 내부 구조 변화를 나타낸 것이다.

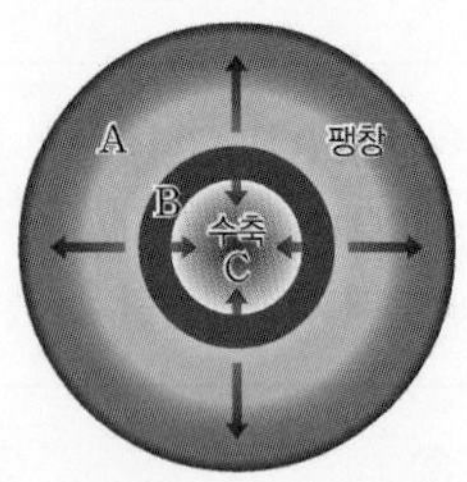

이에 대한 설명으로 옳은 것만을 <보기>에서 있는 대로 고른 것은?

보기
ㄱ. A에서는 중력보다 기체 압력 차에 의한 힘이 더 크다.
ㄴ. B는 C보다 무거운 원소로 이루어져 있다.
ㄷ. C에서 수축이 진행될수록 온도가 높아진다.

① ㄱ ② ㄴ ③ ㄱ, ㄷ ④ ㄴ, ㄷ ⑤ ㄱ, ㄴ, ㄷ

[8713-0376]

14 그림 (가)는 어느 별의 내부 구조를, (나)는 이 별의 중심부에서 주로 일어나는 핵융합 반응을 나타낸 것이다.

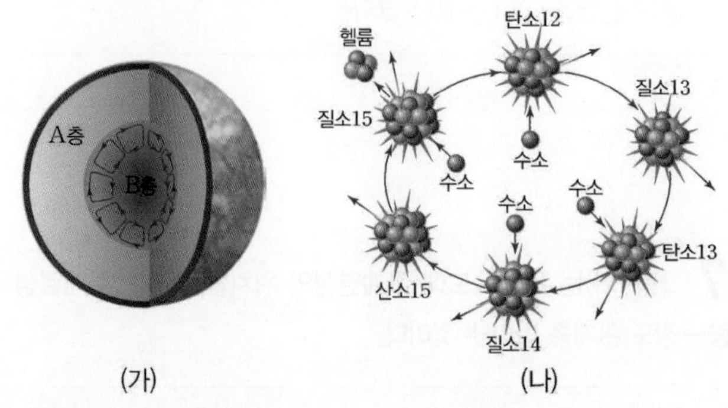

(가) (나)

이에 대한 설명으로 옳은 것만을 <보기>에서 있는 대로 고른 것은?

보기
ㄱ. A층에서는 주로 대류에 의해 에너지가 전달된다.
ㄴ. (나)의 반응은 B층에서 일어난다.
ㄷ. (나)의 반응이 계속 진행됨에 따라 별의 질량은 점점 감소한다.

① ㄱ ② ㄴ ③ ㄱ, ㄷ ④ ㄴ, ㄷ ⑤ ㄱ, ㄴ, ㄷ

[8713-0377]

15 그림 (가)와 (나)는 외계 행성을 탐사할 때 이용하는 두 가지 방법을 나타낸 것이다.

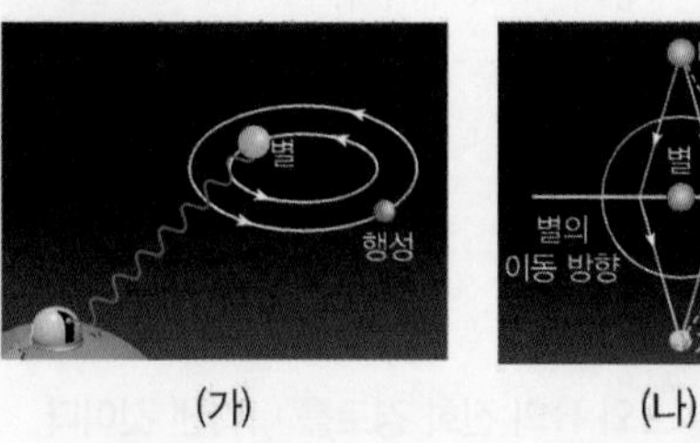

(가) (나)

이에 대한 설명으로 옳은 것만을 <보기>에서 있는 대로 고른 것은?

보기
ㄱ. (가)는 별빛의 도플러 효과를 이용한 탐사 방법이다.
ㄴ. (나)는 행성의 질량이 클수록 행성을 발견하기 쉽다.
ㄷ. (가)와 (나)는 모두 행성의 공전 궤도면이 시선 방향에 나란한 경우에만 이용 가능하다.

① ㄱ ② ㄷ ③ ㄱ, ㄴ ④ ㄴ, ㄷ ⑤ ㄱ, ㄴ, ㄷ

[8713-0378]
16 그림은 외계 행성에 의한 중심별의 밝기 변화를 나타낸 것이다.

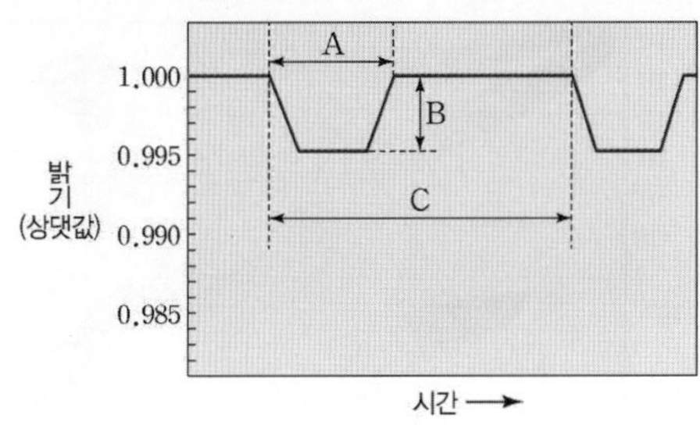

A, B, C의 크기에 비례하는 물리량을 옳게 나열한 것은?

	A	B	C
①	중심별의 지름	행성의 단면적	행성의 공전 주기
②	중심별의 지름	행성의 단면적	행성의 질량
③	행성의 반지름	중심별의 단면적	행성의 공전 주기
④	행성의 반지름	행성의 단면적	행성의 질량
⑤	행성의 반지름	중심별의 단면적	행성의 질량

[8713-0379]
17 그림 (가)는 별의 질량에 따른 외계 행성의 개수를, (나)는 발견된 외계 행성의 개수를 반지름에 따라 나타낸 것이다.

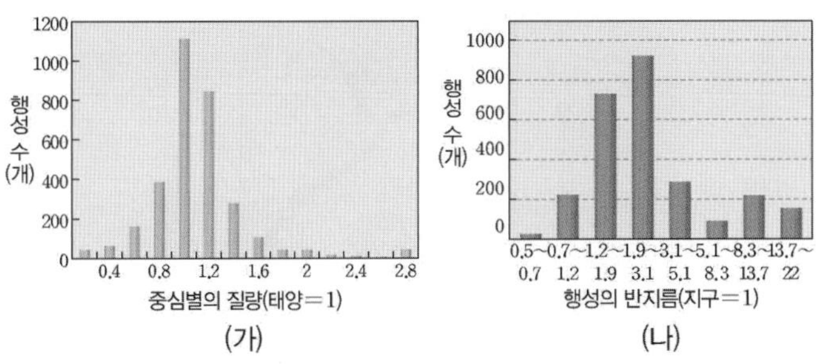

이에 대한 설명으로 옳은 것만을 <보기>에서 있는 대로 고른 것은?

보기
ㄱ. 별의 질량이 클수록 행성의 존재를 확인하는 데 유리하다.
ㄴ. (가)의 결과는 우리 은하에 태양과 질량이 비슷한 별이 가장 많이 관측되는 것과 관련 있다.
ㄷ. (나)에서 지구보다 크기가 큰 행성이 더 많은 까닭은 행성의 반지름이 클수록 발견되기 쉽기 때문이다.

① ㄱ ② ㄷ ③ ㄱ, ㄴ
④ ㄴ, ㄷ ⑤ ㄱ, ㄴ, ㄷ

[8713-0380]
18 그림은 주계열성 주변에 위치한 행성 a~d의 중심별로부터의 거리를 나타낸 것이다.

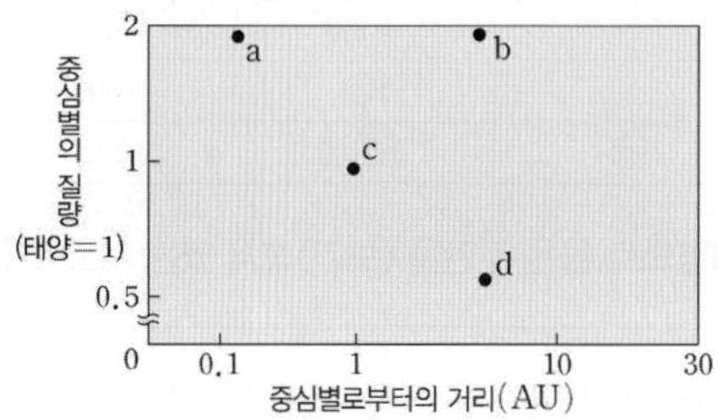

이에 대한 설명으로 옳은 것만을 <보기>에서 있는 대로 고른 것은? (단, 행성의 대기압은 모두 1기압으로 가정한다.)

보기
ㄱ. 액체 상태의 물이 존재할 가능성은 a가 c보다 높다.
ㄴ. 행성의 단위 면적에 입사하는 중심별의 복사 에너지는 b가 d보다 많다.
ㄷ. 행성 d의 표면에 물이 존재한다면 고체 상태일 것이다.

① ㄱ ② ㄷ ③ ㄱ, ㄴ
④ ㄴ, ㄷ ⑤ ㄱ, ㄴ, ㄷ

[8713-0381]
19 표는 외계 행성계 (가), (나), (다)에서 중심별의 분광형과 행성의 공전 궤도 반지름을 나타낸 것이다.

외계 행성계	(가)	(나)	(다)
중심별 분광형	A0	G2	K3
행성의 공전 궤도 반지름(지구=1)	0.1	1.1	8.0

이에 대한 설명으로 옳은 것만을 <보기>에서 있는 대로 고른 것은? (단, (가), (나), (다)의 행성은 모두 생명 가능 지대에 위치한다.)

보기
ㄱ. (가)의 중심별은 백색 왜성이다.
ㄴ. 생명 가능 지대의 폭은 (나)가 (다)보다 넓다.
ㄷ. 앞으로 (다)는 (나)보다 생명 가능 지대에 오래 머문다.

① ㄱ ② ㄷ ③ ㄱ, ㄴ
④ ㄴ, ㄷ ⑤ ㄱ, ㄴ, ㄷ

[8713-0382]

20 표는 별 ㉠, ㉡, ㉢의 절대 등급과 표면 온도를 나타낸 것이다.

별	절대 등급	표면 온도(K)
㉠	−2.0	10000
㉡	0.0	5000
㉢	+10.0	10000

이에 대한 설명으로 옳은 것만을 〈보기〉에서 있는 대로 고른 것은?

보기

ㄱ. 단위 시간 동안 별이 방출하는 에너지양은 ㉠이 ㉢보다 많다.
ㄴ. 최대 복사 에너지 세기를 갖는 파장은 ㉡이 ㉢보다 길다.
ㄷ. 별의 반지름은 ㉡이 ㉠보다 크다.

① ㄱ ② ㄷ ③ ㄱ, ㄴ
④ ㄴ, ㄷ ⑤ ㄱ, ㄴ, ㄷ

[8713-0383]

21 그림 (가)는 H−R도에 주계열성 ㉠과 태양의 위치를, (나)는 별의 표면 온도에 따른 H Ⅰ 흡수선과 Ca Ⅱ 흡수선의 상대적 세기를 나타낸 것이다.

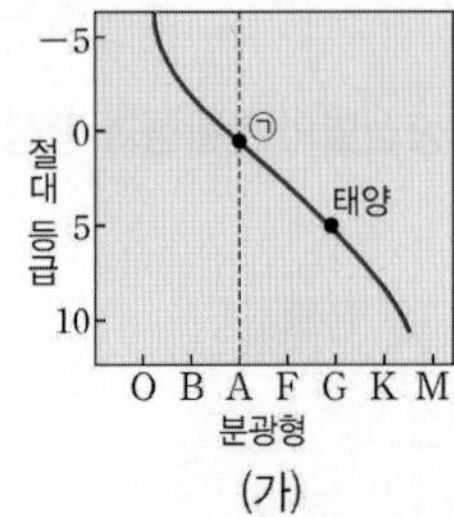

(가)

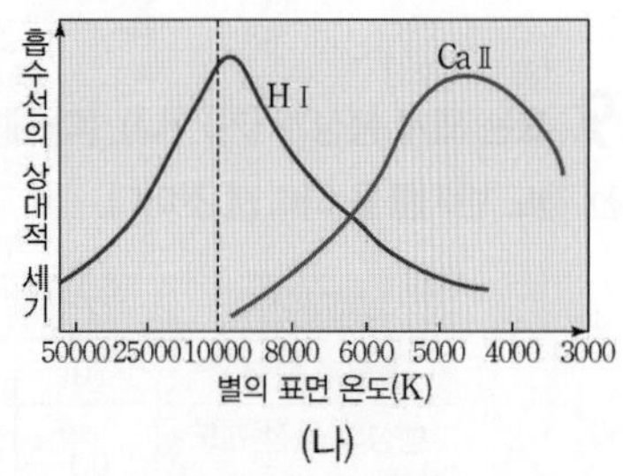

(나)

이에 대한 설명으로 옳은 것만을 〈보기〉에서 있는 대로 고른 것은?

보기

ㄱ. $(B-V)$ 색지수는 ㉠보다 태양이 크다.
ㄴ. H Ⅰ 흡수선의 세기는 ㉠보다 태양에서 크다.
ㄷ. 태양이 거성으로 진화하기 시작하면 Ca Ⅱ 흡수선의 세기는 현재보다 약해진다.

① ㄱ ② ㄷ ③ ㄱ, ㄴ
④ ㄴ, ㄷ ⑤ ㄱ, ㄴ, ㄷ

[8713-0384]

22 그림은 태양 주변의 별들을 H−R도에 나타낸 것이다.

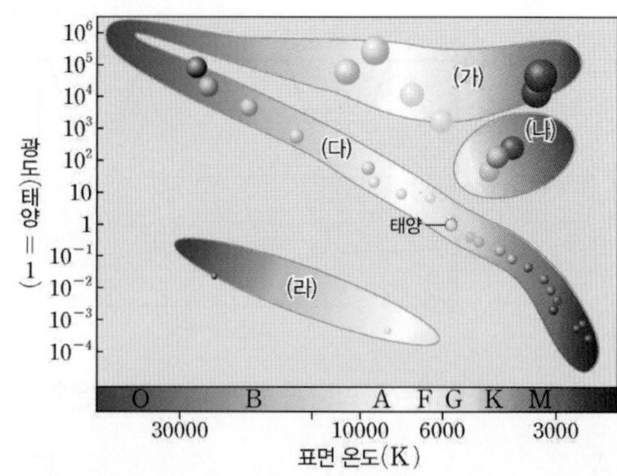

(가)~(라) 집단에 대한 설명으로 옳은 것만을 〈보기〉에서 있는 대로 고른 것은?

보기

ㄱ. 중심부의 평균 온도는 (가) 집단이 (나) 집단보다 높다.
ㄴ. (다) 집단의 별들은 모두 중심부의 온도가 1천 만 K 이상이다.
ㄷ. (라) 집단의 별들은 중심부에서 헬륨 핵융합 반응이 일어난다.

① ㄱ ② ㄷ ③ ㄱ, ㄴ
④ ㄴ, ㄷ ⑤ ㄱ, ㄴ, ㄷ

[8713-0385]

23 그림은 어느 성단을 이루고 있는 별들을 H−R도에 나타낸 것이다.

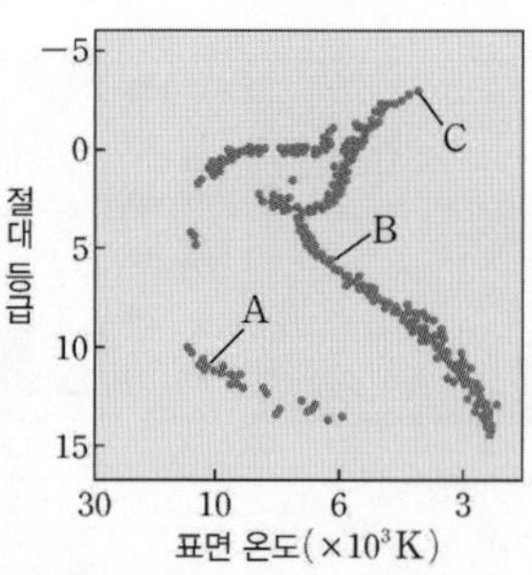

별 A, B, C에 대한 설명으로 옳은 것만을 〈보기〉에서 있는 대로 고른 것은? (단, 성단을 이루는 별들은 동시에 탄생하였다고 가정한다.)

보기

ㄱ. 밀도는 A가 B보다 크다.
ㄴ. C는 초거성이다.
ㄷ. 원시별 단계였을 때 별의 질량은 A가 가장 크다.

① ㄱ ② ㄴ ③ ㄱ, ㄷ
④ ㄴ, ㄷ ⑤ ㄱ, ㄴ, ㄷ

[8713-0386]

24 그림은 어느 주계열성 X의 내부 구조를, 표는 중심부 질량에 따른 별의 최후 A, B, C를 나타낸 것이다.

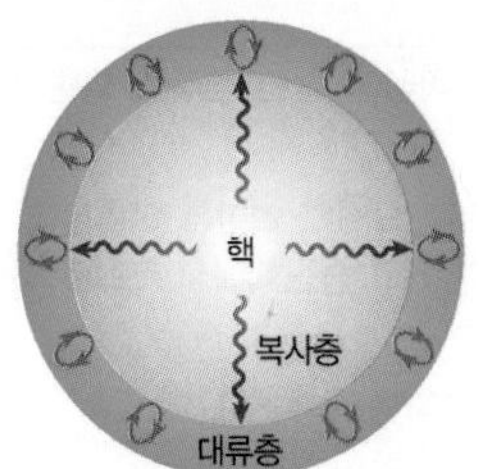

별의 최후 단계 직전의 중심부 질량(M)	별의 최후
$M<1.4M_☉$	A
$1.4M_☉<M<3M_☉$	B
$M>3M_☉$	C

($M_☉$: 태양 질량 단위)

이에 대한 설명으로 옳은 것만을 <보기>에서 있는 대로 고른 것은?

보기
ㄱ. X의 중심부에서 핵의 수축이 일어난다.
ㄴ. X의 최후는 A이다.
ㄷ. 최후에 형성된 천체의 반지름은 A>B>C이다.

① ㄱ ② ㄷ ③ ㄱ, ㄴ
④ ㄴ, ㄷ ⑤ ㄱ, ㄴ, ㄷ

[8713-0387]

25 그림은 양성자·양성자 반응, CNO 순환 반응, 헬륨 핵융합 반응의 온도에 따른 에너지 생성률을 순서 없이 나타낸 것이고, 표는 주계열성의 질량과 중심 온도를 나타낸 것이다.

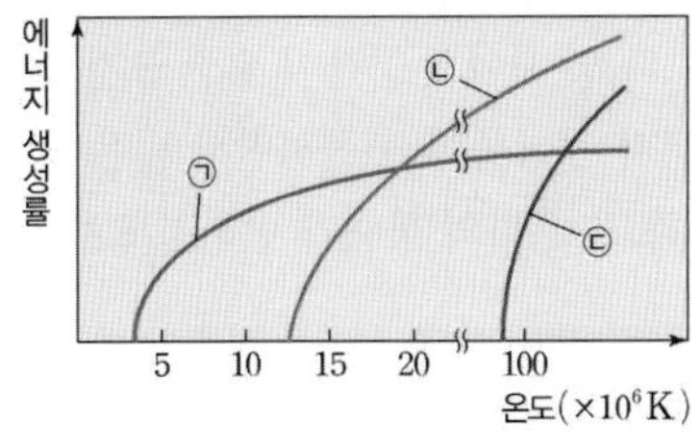

질량 (태양=1)	중심 온도 ($\times 10^6$ K)
1.0	15
5	27
30	36

이에 대한 설명으로 옳은 것만을 <보기>에서 있는 대로 고른 것은?

보기
ㄱ. ㉠은 양성자·양성자 반응이다.
ㄴ. 태양 질량의 약 10배인 주계열성은 ㉠보다 ㉡이 우세하다.
ㄷ. 질량이 매우 큰 주계열성에서는 ㉢이 일어날 수 있다.

① ㄱ ② ㄷ ③ ㄱ, ㄴ
④ ㄴ, ㄷ ⑤ ㄱ, ㄴ, ㄷ

[8713-0388]

26 그림 (가)는 외계 행성을 탐사하는 방법 중 한 가지를, (나)는 (가)의 별이 A 위치부터 1회 공전하는 동안 관측한 중심별의 스펙트럼 A → B → C → D → A를 나타낸 것이다.

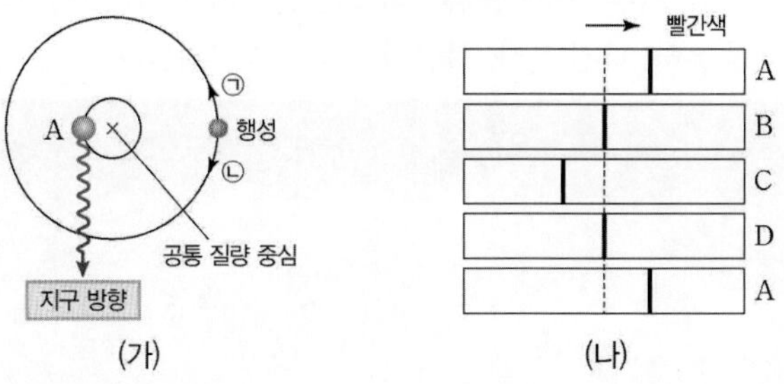

이에 대한 설명으로 옳은 것만을 <보기>에서 있는 대로 고른 것은? (단, 행성의 공전 궤도면은 관측자의 시선 방향과 나란하다.)

보기
ㄱ. 행성의 공전 방향은 ㉠이다.
ㄴ. 중심별의 밝기는 B보다 D일 때 어둡다.
ㄷ. 중심별의 질량이 더 컸다면 스펙트럼의 편이량은 더 작았다.

① ㄱ ② ㄷ ③ ㄱ, ㄴ
④ ㄴ, ㄷ ⑤ ㄱ, ㄴ, ㄷ

[8713-0389]

27 다음은 주계열성의 질량이 행성에서의 생명체 진화 가능성에 미치는 영향에 대한 설명이다.

(가) 주계열성의 중심부에서 수소가 소진되는 데 걸리는 시간을 t, 별의 중심부의 수소 질량을 M, 별의 광도를 L이라고 하면 $t\propto$(㉠)이 성립한다.
(나) 주계열성의 광도는 대략 질량의 세제곱에 비례하므로 t는 대략 질량의 제곱에 반비례한다.
(다) 태양의 예상 수명은 약 100억 년이고, 지구 탄생 후 척추동물이 출현하기까지 약 40억 년이 걸렸다.

이에 대한 설명으로 옳은 것만을 <보기>에서 있는 대로 고른 것은?

보기
ㄱ. t는 별이 주계열 단계에 머무는 시간에 해당한다.
ㄴ. ㉠에 들어갈 값은 $\frac{L}{M}$이다.
ㄷ. 태양의 질량이 현재의 2배였다면 지구에 척추동물이 출현할 수 없었을 것이다.

① ㄱ ② ㄴ ③ ㄱ, ㄷ
④ ㄴ, ㄷ ⑤ ㄱ, ㄴ, ㄷ

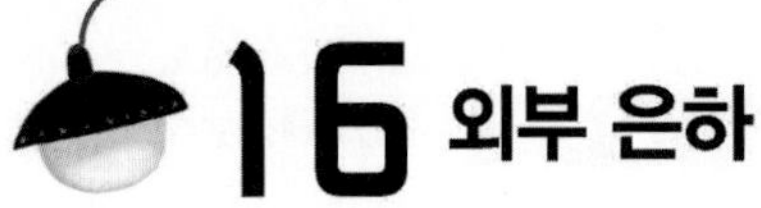

16 외부 은하

1 은하의 분류

(1) 외부 은하: 우리 은하 바깥에 존재하는 은하

(2) 허블의 외부 은하 분류: 허블은 은하의 모양(형태)에 따라 타원 은하, 나선 은하, 불규칙 은하로 분류하였다.

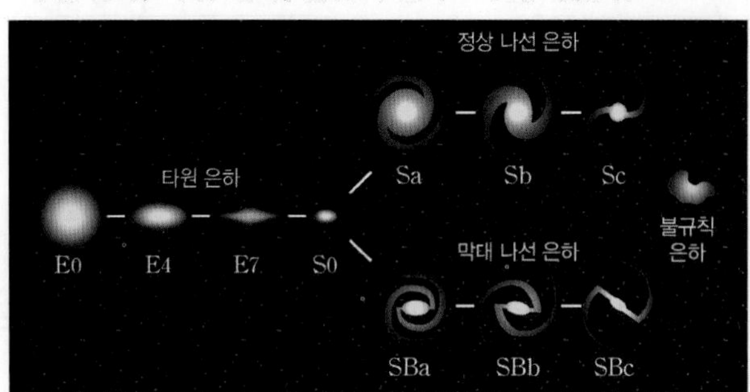

<table>
<tr><th>구분</th><th colspan="2">특징</th></tr>
<tr><td>타원 은하</td><td colspan="2">• 매끄러운 타원 모양이고 나선팔이 없는 은하
• 대부분의 별들이 질량이 작고 나이가 많아 대체로 붉은색을 띤다.
• 모양이 구에 가까운 것은 E0, 가장 납작한 것은 E7로 세분하였다.
• 성간 물질이 매우 적어 새로운 별의 탄생은 거의 없다.
• 별의 개수가 약 10억 개 이하인 왜소 은하부터 약 1조 개 이상인 거대 은하까지 크기가 매우 다양하다.
• 예: M87(E1), M110(E5)</td></tr>
<tr><td rowspan="3">나선 은하</td><td colspan="2">• 은하핵에서 나선팔이 뻗어 나온 은하
• 은하핵을 가로지르는 막대 모양 구조의 유무에 따라 정상 나선 은하(S)와 막대 나선 은하(SB)로 구분한다.</td></tr>
<tr><td>정상 나선 은하
은하핵에서 나선팔이 직접 뻗어 나온 모양</td><td>막대 나선 은하
은하핵을 가로지르는 막대 구조의 양끝에서 나선팔이 뻗어 나온 모양</td></tr>
<tr><td colspan="2">• 나선팔이 감긴 정도와 은하핵의 상대적인 크기에 따라 a, b, c로 세분 ➡ a → c로 가면서 은하 전체에 대한 은하 중심부의 비율이 작아지고 나선팔의 감김이 느슨해진다.
• 나선팔에는 성간 물질이 많아 젊은 파란색의 별들이, 은하핵에는 늙은 붉은색의 별들이 주로 분포한다.
• 예: 안드로메다은하(정상 나선 은하), 우리 은하(막대 나선 은하, SBb형 또는 SBc형 은하)</td></tr>
<tr><td>불규칙 은하</td><td colspan="2">• 모양이 일정하지 않고 규칙적인 구조가 없는 은하
• 보통 규모가 작고, 성간 물질이 많아서 젊은 별을 많이 포함하고 있다.
• 예: 대마젤란은하, 소마젤란은하</td></tr>
</table>

2 특이 은하와 충돌 은하

(1) 특이 은하

전파 은하	• 일반 은하보다 수백~수백만 배 이상의 강한 전파를 방출하는 은하 • 전파 영역에서 보면, 중심핵 양쪽에 강력한 전파를 방출하는 로브(lobe)라고 하는 둥근 돌출부가 있고 중심핵에서 로브로 이어지는 제트가 대칭적으로 관측된다. • 가시광선 영역에서 대부분 타원 은하로 관측된다.
세이퍼트 은하	• 보통 은하에 비해 아주 밝은 핵과 넓은 방출선을 보이는 은하 • 은하 중심부가 예외적으로 밝고 푸른색을 띠고 있다. • 은하 전체의 광도에 대한 중심부의 광도가 매우 크고, 스펙트럼상에 넓은 방출선이 보인다. • 넓은 방출선이 보인다는 것은 은하 내의 가스 구름이 매우 빠른 속도로 움직이고 있다는 것을 의미한다. ➡ 은하 중심부에 거대 블랙홀이 있을 것으로 추정된다. • 가시광선 영역에서 대부분 나선 은하로 관측된다.
퀘이사	• 멀리 있어 별처럼 보이지만 일반 은하의 수백 배 정도의 에너지를 방출하는 은하 • 적색 편이가 매우 크게 나타난다. ➡ 매우 먼 거리에 있는 천체로, 우주 탄생 초기의 천체이다. • 은하 전체의 광도에 대한 중심부의 광도가 세이퍼트은하보다 크다. • 모든 파장 영역에서 막대한 양의 에너지가 방출되지만 에너지가 방출되는 영역의 크기는 태양계 정도이다. ➡ 퀘이사의 중심에 질량이 매우 큰 거대 블랙홀이 있을 것으로 추정된다.

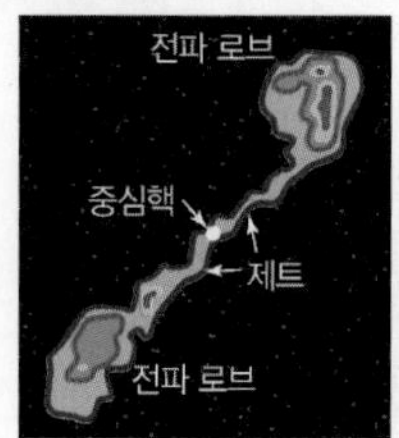

전파 은하의 구조

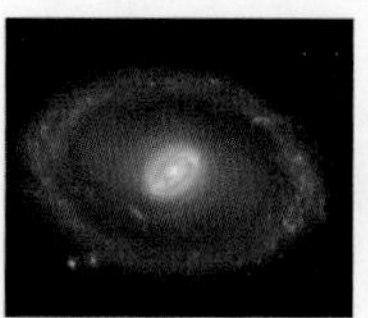
세이퍼트은하

퀘이사

(2) 충돌 은하: 은하가 충돌하는 과정에서 형성되는 은하

① 은하가 충돌하더라도 내부에 있는 별들이 서로 충돌하는 일은 거의 없다. ➡ 별의 크기보다 별 사이의 공간이 훨씬 크기 때문

② 은하의 충돌 시 거대한 분자 구름들이 충돌하면서 많은 별들이 한꺼번에 탄생하기도 하고, 은하의 형태가 변하기도 한다.

핵심 개념 체크

정답과 해설 42쪽

1. 허블이 외부 은하를 분류한 기준은 은하의 (   )이다.

2. 서로 관계 있는 것끼리 옳게 연결하시오.

(1) 타원 은하 •   • ㉠ 일정한 모양을 갖추고 있지 않다.
(2) 나선 은하 •   • ㉡ 성간 물질이 매우 적다.
(3) 불규칙 은하 •   • ㉢ 은하핵과 나선팔이 존재한다.

3. 허블의 은하 분류에 따를 때 우리 은하는 어떤 종류의 은하에 속하는지 쓰시오.

4. 특이 은하에 대한 설명을 옳게 연결하시오.

(1) 전파 은하 •   • ㉠ 중심에 핵이 있고 양쪽에 로브가 연결되어 있다.
(2) 퀘이사 •   • ㉡ 보통의 은하들에 비하여 아주 밝은 핵과 넓은 방출선이 보인다.
(3) 세이퍼트은하 •   • ㉢ 하나의 별처럼 보이며 적색 편이가 매우 크게 나타난다.

출제 예상 문제

정답과 해설 42쪽

[8713-0390]

01 **그림은 허블이 다양한 외부 은하를 관측하고 모양에 따라 분류한 결과를 나타낸 것이다.**

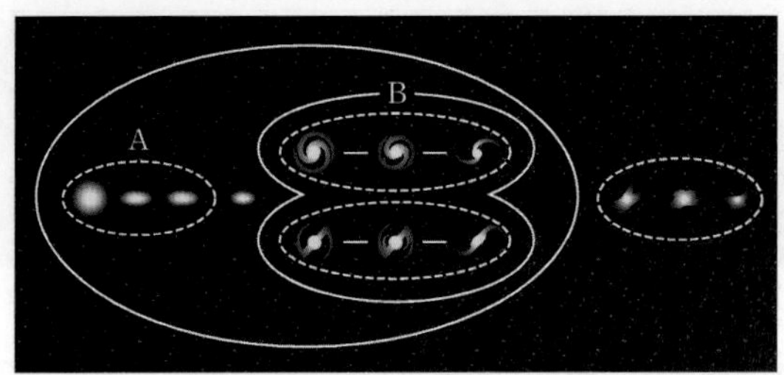

A와 B를 구분하는 분류 기준으로 옳은 것은?

① 나선팔이 있는가?
② 막대 모양의 구조가 있는가?
③ 대칭적이거나 규칙적인 모양이 있는가?
④ 태양계로부터 얼마나 가깝게 위치하는가?
⑤ 나선팔이 감긴 정도와 은하핵의 크기는 어떠한가?

[8713-0391]

02 **표는 여러 은하들을 모양에 따라 (가)~(라)의 집단으로 구분한 것이다.**

(가)	
(나)	
(다)	
(라)	

이에 대한 설명으로 옳지 않은 것은?

① 규칙적인 모양을 갖지 않는 것은 (가)이다.
② (나)는 은하의 진화 정도에 따라 세분된다.
③ 우리 은하는 (다)에 속한다.
④ (나)와 (다)는 막대 구조의 유무에 따라 구분된다.
⑤ (라)는 타원체의 납작한 정도에 따라 세분된다.

[8713-0392]

03 **그림은 서로 다른 두 종류의 외부 은하 모습이다.**

(가)

(나)

이에 대한 설명으로 옳은 것만을 〈보기〉에서 있는 대로 고른 것은?

> 보기
> ㄱ. 성간 물질의 비율은 (가)보다 (나)가 크다.
> ㄴ. 젊은 별의 비율은 (가)보다 (나)가 크다.
> ㄷ. 우리 은하의 모습과 가까운 은하는 (나)이다.

① ㄱ ② ㄷ ③ ㄱ, ㄴ
④ ㄴ, ㄷ ⑤ ㄱ, ㄴ, ㄷ

[8713-0393]

04 **그림 (가), (나), (다)는 모양이 서로 다른 외부 은하들의 모습을 나타낸 것이다.**

(가) (나) (다)

이에 대한 설명으로 옳은 것만을 〈보기〉에서 있는 대로 고른 것은?

> 보기
> ㄱ. (가)는 타원 은하이다.
> ㄴ. (가)는 시간이 지나면 (나)로 진화한다.
> ㄷ. 나선팔의 유무에 따라 (가)와 (다)를 (나)와 구분할 수 있다.

① ㄱ ② ㄴ ③ ㄱ, ㄷ
④ ㄴ, ㄷ ⑤ ㄱ, ㄴ, ㄷ

[8713-0394]

05 **그림은 지구에서 관측할 수 있는 7429개 은하를 모양에 따라 (가), (나), (다), 불규칙 은하로 분류하고 비율과 표시 기호를 나타낸 것이다.**

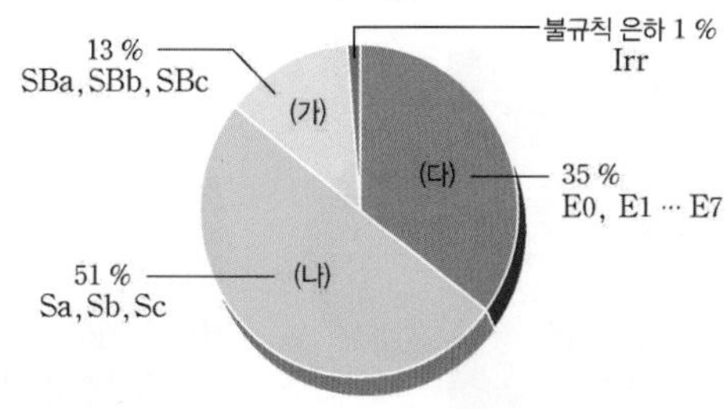

이에 대한 설명으로 옳은 것만을 〈보기〉에서 있는 대로 고른 것은?

> 보기
> ㄱ. 비율이 가장 큰 것은 정상 나선 은하이다.
> ㄴ. 은하 내 붉은색 별의 비율은 (다)에서 가장 크다.
> ㄷ. (가)와 (나)의 구분 기준은 은하 중심을 가로지르는 막대 구조의 유무이다.

① ㄱ ② ㄷ ③ ㄱ, ㄴ
④ ㄴ, ㄷ ⑤ ㄱ, ㄴ, ㄷ

[8713-0395]
06 그림은 특이 은하를 특징에 따라 분류하는 과정을 나타낸 것이다.

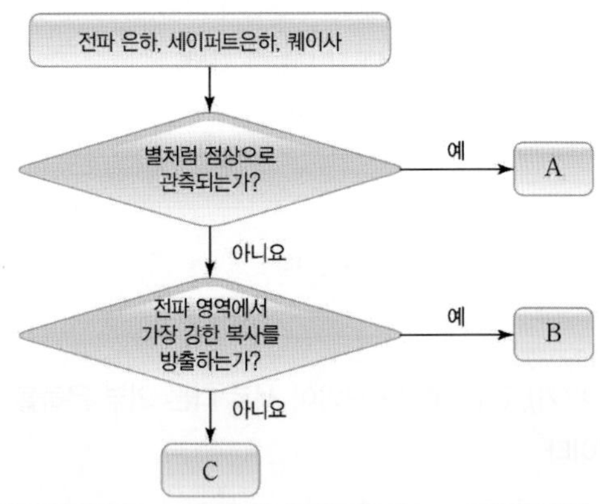

A, B, C에 들어갈 특이 은하의 종류가 옳게 짝 지은 것은?

	A	B	C
①	퀘이사	전파 은하	세이퍼트은하
②	퀘이사	세이퍼트은하	전파 은하
③	세이퍼트은하	퀘이사	전파 은하
④	세이퍼트은하	전파 은하	퀘이사
⑤	전파 은하	퀘이사	세이퍼트은하

[8713-0396]
07 그림은 평범한 별처럼 보이지만 확대했을 때는 수많은 별들이 모여 있는 퀘이사의 모습을 나타낸 것이다.

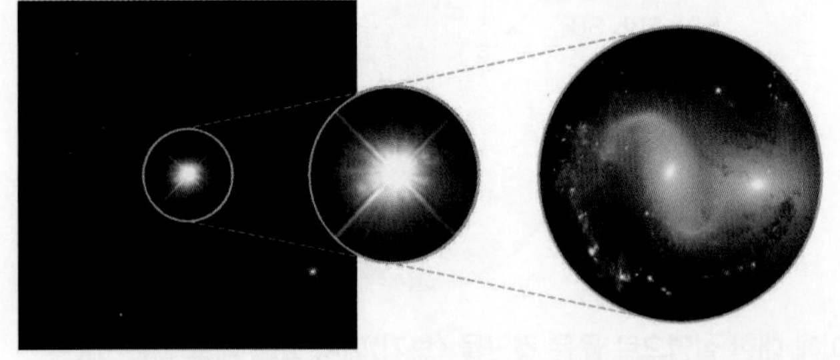

이 천체의 특징에 해당하는 것만을 〈보기〉에서 있는 대로 고른 것은?

보기
ㄱ. 적색 편이가 매우 크게 나타난다.
ㄴ. 비교적 우주 탄생 초기에 형성되었다.
ㄷ. 보통의 타원 은하에 비해 에너지 방출량이 적다.

① ㄱ ② ㄷ ③ ㄱ, ㄴ
④ ㄴ, ㄷ ⑤ ㄱ, ㄴ, ㄷ

[8713-0397]
08 그림 (가), (나), (다)는 서로 다른 특이 은하의 가시광선 영상을 나타낸 것이다.

(가) 퀘이사 (나) 세이퍼트은하 (다) 전파 은하

이에 대한 설명으로 옳은 것만을 〈보기〉에서 있는 대로 고른 것은?

보기
ㄱ. (가)는 (나)보다 적색 편이가 크다.
ㄴ. 광학 망원경으로 보았을 때 (나)는 나선 은하, (다)는 타원 은하의 형태로 관측된다.
ㄷ. (가), (나), (다) 모두 은하 중심부의 좁은 영역에서 엄청난 양의 복사 에너지를 방출한다.

① ㄱ ② ㄷ ③ ㄱ, ㄴ
④ ㄴ, ㄷ ⑤ ㄱ, ㄴ, ㄷ

[8713-0398]
09 그림은 은하들이 충돌하고 있는 모습들을 나타낸 것이다.

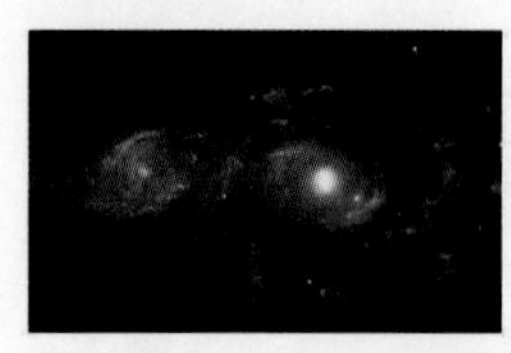
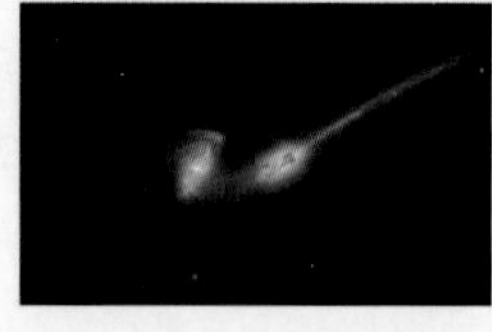

이에 대한 설명으로 옳은 것만을 〈보기〉에서 있는 대로 고른 것은?

보기
ㄱ. 같은 은하군이나 은하단에 있는 은하들끼리 충돌한 것이다.
ㄴ. 충돌하는 은하들 사이에는 허블 법칙이 성립한다.
ㄷ. 크기가 비슷한 두 나선 은하가 충돌한다면, 충돌 후에는 항상 거대한 나선 은하가 생성된다.

① ㄱ ② ㄷ ③ ㄱ, ㄴ
④ ㄴ, ㄷ ⑤ ㄱ, ㄴ, ㄷ

정답과 해설 43쪽

[8713-0399]
01 그림은 허블이 은하를 분류한 것을 나타낸 것이다.

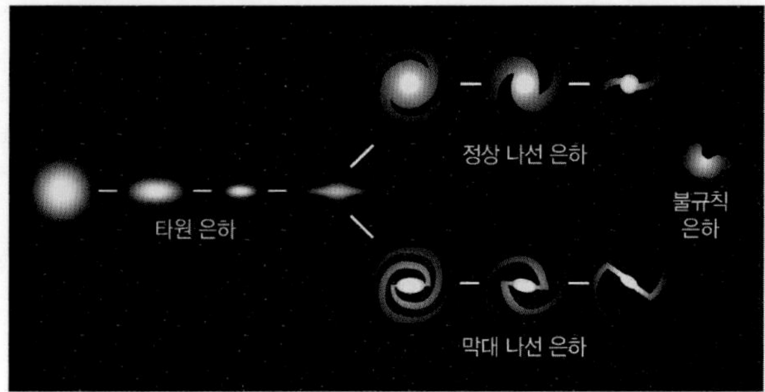

허블이 은하를 분류한 기준과 우리 은하가 속해 있는 은하의 종류를 쓰시오.

[8713-0400]
02 그림은 여러 종류의 은하를 나타낸 것이다.

(가)

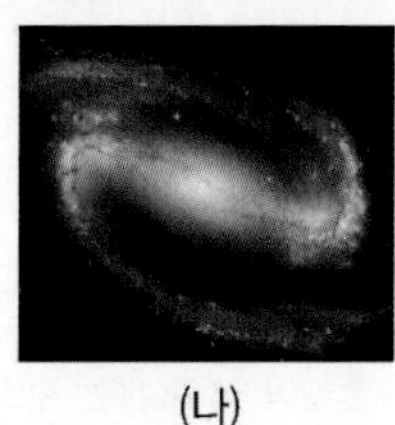
(나)

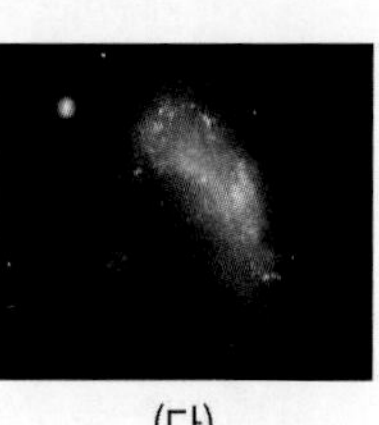
(다)

(1) (가), (나), (다) 은하를 허블의 은하 분류 체계에 따라 나눌 때 각각 어느 집단에 속하는지 쓰시오.

(2) (가), (나), (다) 은하에는 성간 물질과 젊은 별들이 어떻게 분포하는지 각각 서술하시오.

[8713-0401]
03 그림 (가)와 (나)는 나선 은하에서 대표적인 두 종류를 나타낸 것이다.

(가)

(나)

(가)와 (나) 두 은하의 공통점과 차이점에 대해 서술하시오.

[8713-0402]
04 보통의 다른 은하의 스펙트럼과 비교할 때 세이퍼트은하의 스펙트럼에는 어떤 특징이 있는지 서술하시오.

[8713-0403]
05 다음은 어떤 특이 은하의 모습과 특징을 나타낸 것이다.

- 후퇴 속도가 광속의 0.1~0.82배이다.
- 수많은 별들로 이루어져 있지만 하나의 별처럼 보인다.

이 특이 은하는 무엇인지 쓰시오.

[8713-0404]
06 그림은 두 은하가 충돌하는 모습을 나타낸 것이다.

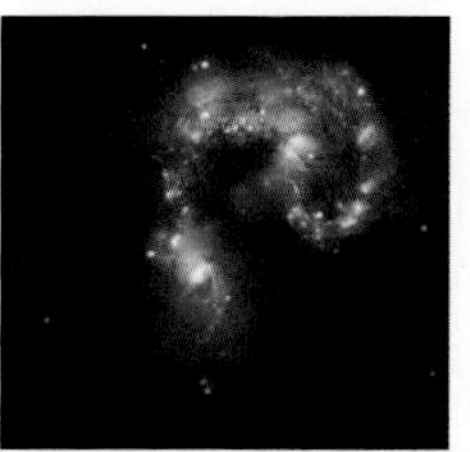

두 은하가 충돌하더라도 은하 내의 별들이 직접 충돌하는 일은 거의 없는 까닭을 서술하시오.

17 우주 팽창

1 허블 법칙과 우주 팽창

(1) 외부 은하의 후퇴 관측

① 대부분의 외부 은하 스펙트럼에서 적색 편이가 관측된다.

② 적색 편이량($\Delta\lambda$)이 클수록 후퇴 속도(v)가 크다.

$v=\frac{\Delta\lambda}{\lambda_0}\times c$ (λ_0: 원래 파장, $\Delta\lambda$: 파장의 변화량, c: 광속)

(2) 허블 법칙과 우주 팽창

① 허블 법칙: $v=H\cdot r$ (H: 허블 상수, r: 외부 은하까지의 거리)

- 최근의 연구에 의하면 허블 상수(H)는 약 68 km/s/Mpc이다.
- 멀리 있는 은하일수록 더 빠른 속도로 멀어진다. ➡ 우주가 팽창하고 있다는 증거이다.

그래프 기울기: H(허블 상수)
후퇴 속도(km/s) 0, 20, 40, 60, 80
거리(Mpc) 0.25, 0.5, 0.75, 1.0

② 우주 팽창: 우주 공간이 모든 방향에 대하여 균일하게 팽창하고 있으며, 우주에는 특별한 팽창의 중심이 없다.

(3) 우주의 나이와 크기

① 우주의 나이(t): $t=\frac{r}{v}=\frac{r}{H\cdot r}=\frac{1}{H}$ (허블 상수의 역수)

② 관측 가능한 우주의 크기(r): $r=\frac{c}{H}$ (c: 광속)

2 빅뱅 우주론(대폭발 우주론)

(1) 빅뱅 우주론과 정상 우주론

구분		빅뱅 우주론	정상 우주론
모형			
우주 팽창		팽창	팽창
우주의 시작		있음	없음
특징	질량	일정	증가
	밀도	감소	일정
	온도	감소	일정

(2) 빅뱅 우주론의 증거

① 우주 배경 복사

예측	빅뱅 약 38만 년 후 우주의 온도가 약 3000 K일 때, 원자가 형성되어 우주가 투명해지면서 복사가 모든 방향으로 퍼져 나가 우주 배경 복사 형성 ➡ 우주가 팽창하면서 냉각되어 현재는 2.7 K 복사로 관측될 것을 예측
관측 결과	우주의 모든 방향에서 약 2.7 K 온도에 해당하는 파장 7.3 cm 전파로 우주 배경 복사가 관측되므로 예측과 일치 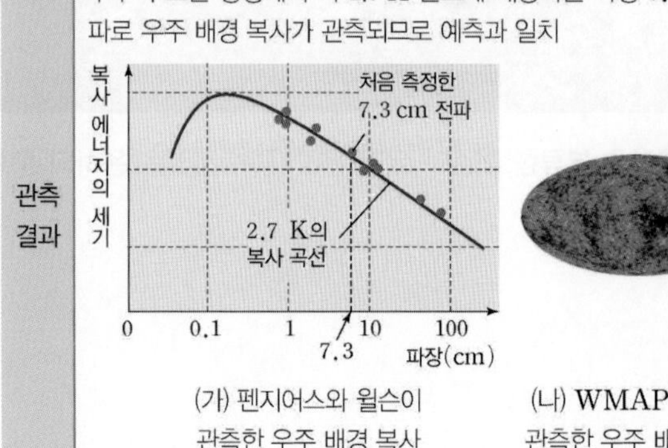 (가) 펜지어스와 윌슨이 관측한 우주 배경 복사  (나) WMAP 위성이 관측한 우주 배경 복사

② 수소와 헬륨의 질량비

예측	빅뱅 약 3분 후 헬륨 원자핵이 생성되기 직전에 양성자와 중성자의 개수비는 약 7 : 1이므로 수소와 헬륨의 질량비는 약 3 : 1일 것으로 예측 ⊕ 양성자 ● 중성자
관측 결과	우주를 구성하는 물질의 약 76 %는 수소, 약 24 %는 헬륨으로 예측과 일치

(3) 빅뱅 우주론의 한계

우주의 지평선 문제	우주 배경 복사는 모든 방향에서 매우 균일하게 관측된다. ➡ 빅뱅 우주론에서는 우주가 광속으로 팽창하며, 우주의 크기는 우주 지평선의 크기와 같다고 설명하므로, 우주의 지평선에 있는 두 지점은 정보를 교환할 수 없어 우주 배경 복사가 균일한 까닭을 설명하기 어렵다.
우주의 편평성 문제	관측에 의하면 현재 우주는 거의 완벽하게 편평하다. ➡ 이를 설명하기 위해서는 초기 우주의 밀도가 어떤 특정 값을 가져야 하는데, 그 까닭을 빅뱅 우주론에서는 제대로 설명하지 못한다.
자기 홀극 문제	초기 우주에서 많이 생성된 자기 홀극이 지금까지 발견되지 않았다. ➡ 빅뱅 우주론에서는 자기 홀극이 발견되지 않는 까닭을 설명하지 못한다.

핵심 개념 체크

정답과 해설 44쪽

1. 우주의 팽창과 허블 법칙에 대한 설명으로 옳은 것은 ○표, 옳지 않은 것은 ×표 하시오.

(1) 우주는 우리 은하를 중심으로 팽창하고 있다. ( )

(2) 거리가 먼 은하일수록 적색 편이가 크다. ( )

(3) 은하의 적색 편이를 측정하여 은하의 후퇴 속도를 구할 수 있다. ( )

(4) 거리가 먼 은하일수록 후퇴 속도가 빠르다. ( )

2. 허블 법칙을 쓰시오.

3. 빅뱅(대폭발) 우주론에 따르면 우주가 탄생한 후 시간이 지나면서 우주의 질량은 (㉠)하였지만, 평균 밀도와 온도는 (㉡)하였다.

4. 빅뱅 우주론이 설명하지 못하는 3가지 한계점을 쓰시오.

3 급팽창 이론(인플레이션 이론)

빅뱅 우주론에서 설명할 수 없었던 편평성 문제와 지평선 문제를 해결하기 위해 1980년대 초에 구스가 제안한 이론으로, 대폭발 직후 매우 짧은 시간 동안 우주가 급격히 팽창했다고 주장하였다.
➡ 우주의 크기가 급팽창 이전에는 우주의 지평선보다 작았고, 급팽창 이후에는 우주의 지평선보다 크다고 가정하여 빅뱅 우주론의 3가지 문제점을 해결하였다.

급팽창 이전 우주의 크기 급팽창 이후 우주의 크기

우주의 지평선 급팽창 우주의 지평선 급팽창

빅뱅 우주론	• 팽창 속도: 광속 • 우주 크기: 우주의 지평선과 같다.
급팽창 우주론	• 팽창 속도: 광속보다 빠르다. • 우주 크기: 우주의 지평선보다 크다.

4 가속 팽창 우주론

(1) 우주의 팽창 속도: 우주를 구성하는 물질의 중력 때문에 시간에 따라 감소할 것이라고 예상되었다.

(2) Ia형 초신성과 가속 팽창 우주

① Ia형 초신성은 거의 일정한 질량에서 폭발하기 때문에 절대 등급이 일정하다.

② Ia형 초신성의 적색 편이량으로 후퇴 속도를 구하여 허블 법칙에 적용하면 초신성까지의 거리가 구해진다. Ia형 초신성의 절대 등급이 일정하므로 초신성까지의 거리를 이용하여 겉보기 등급을 계산해 낼 수 있다. 이렇게 구한 겉보기 등급에 비해 실제 관측한 초신성의 밝기가 더 어두워서 등급이 더 큰 것으로 나타났다. 이것은 초신성의 실제 거리가 일정한 속도로 팽창하는 우주를 가정한 허블 법칙으로 계산된 거리보다 더 먼 것을 의미하여 초신성이 가속되고 있음을 알려준다. ➡ 가속 팽창하는 우주

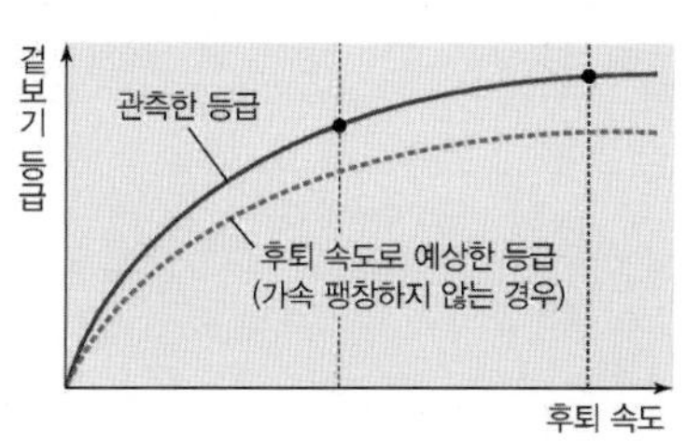

5 암흑 물질과 암흑 에너지

(1) 암흑 물질과 암흑 에너지

암흑 물질	• 빛을 방출하지 않아 보이지 않지만 질량이 있으므로 중력적인 방법으로 그 존재를 추정할 수 있는 물질 • 나선 은하의 회전 속도 곡선, 중력 렌즈 현상, 은하단에 속한 은하들의 이동 속도, 광학적 관측과 역학적 방법으로 구한 은하의 질량 비교 등을 통해 그 존재를 추정할 수 있다.
암흑 에너지	• 우주가 가속 팽창을 하려면 물질에 의한 중력과 반대 방향으로 작용하는 요소가 있어야 한다. • 중력과 반대인 척력으로 작용하면서 우주 팽창을 가속시키는 우주의 성분이 암흑 에너지이다.

(2) 우주의 미래: 암흑 에너지가 없을 때 우주의 미래는 우주의 밀도에 따라 결정된다.

구분	우주의 밀도	우주의 미래
닫힌 우주	우주의 밀도 > 임계 밀도	팽창 속도가 점점 감소하다가 다시 수축한다.
열린 우주	우주의 밀도 < 임계 밀도	우주가 영원히 팽창한다.
평탄 우주	우주의 밀도 = 임계 밀도	팽창 속도가 0에 수렴한다.

(3) 표준 우주 모형

① 표준 우주 모형: 급팽창 우주론을 포함한 빅뱅 우주론에 암흑 물질과 암흑 에너지의 개념을 포함한 우주 모형

② 우주를 구성하는 요소들의 분포비: 암흑 에너지(약 68.3 %) > 암흑 물질(약 26.8 %) > 보통 물질(약 4.9 %)

③ 팽창 초기에는 암흑 에너지보다 중력의 영향이 커서 우주가 감속 팽창한다.

④ 우주가 팽창함에 따라 우주의 밀도가 작아지면 중력보다 암흑 에너지의 영향이 커지면서 가속 팽창한다.

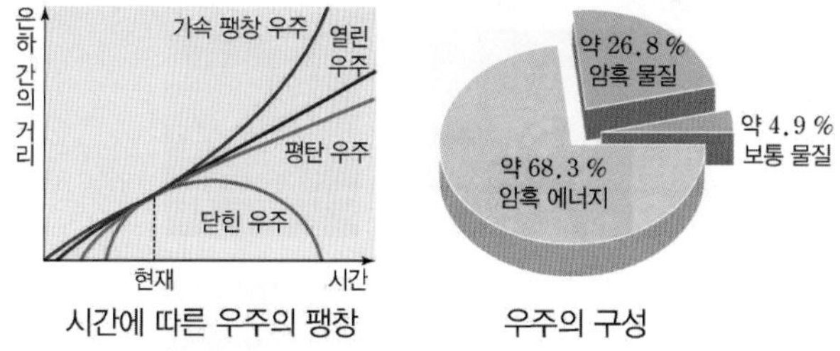

시간에 따른 우주의 팽창 우주의 구성

핵심 개념 체크

정답과 해설 44쪽

5. 다음 설명에 해당하는 이론을 쓰시오.

(1) 우주의 팽창 속도는 일정하지 않고 현재 증가하고 있다는 이론

(2) 우주가 탄생한 직후 빛보다 빠른 속도로 급격하게 팽창하였다는 이론

(3) 급팽창 이론을 포함한 빅뱅 우주론에 암흑 물질과 암흑 에너지의 개념을 포함한 우주 모형

6. 중력과 반대인 척력으로 작용하면서 우주 팽창을 가속시키는 우주 성분을 쓰시오.

7. 다음 ( ) 안에 들어갈 알맞은 말을 쓰시오.

(1) Ia형 초신성을 관측한 등급이 후퇴 속도로 예상한 겉보기 등급보다 더 ( ) 관측되었다.

(2) Ia형 초신성의 관측을 통해 우주는 현재 ( ) 팽창하고 있다는 사실이 밝혀졌다.

(3) 우주의 구성 요소에는 보통 물질, (㉠), 암흑 에너지가 있으며, 현재 차지하는 비율이 가장 큰 것은 (㉡)이다.

(4) 우주의 미래는 우주의 ( )에 따라 결정된다.

출제 예상 문제

[8713-0405]

01 그림은 외부 은하들의 거리와 후퇴 속도를 나타낸 것이다.

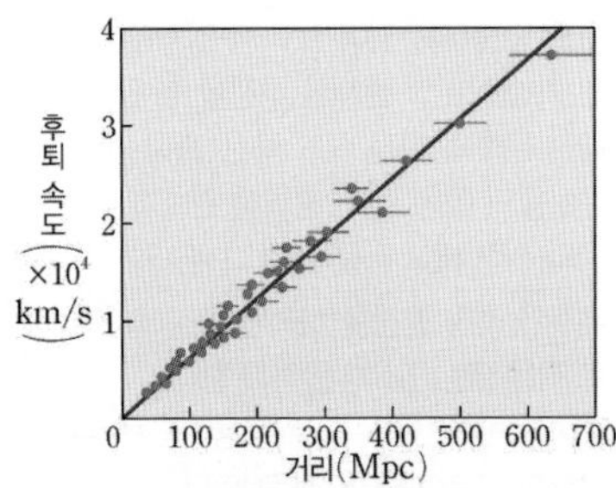

이에 대한 설명으로 옳지 않은 것은?

① 기울기는 허블 상수에 해당한다.
② 기울기가 클수록 우주의 나이는 적어진다.
③ 멀리 있는 은하일수록 후퇴 속도가 빠르다.
④ 후퇴 속도가 빠른 은하일수록 적색 편이가 크다.
⑤ 이 자료에 의하면 우리 은하를 중심으로 우주가 팽창한다.

[8713-0406]

02 그림 (가)와 (나)는 은하 간의 거리가 변하는 가상의 두 상황을 나타낸 것이다. a, b는 공간 상의 두 점을 의미하고, (∘)는 은하를 의미한다.

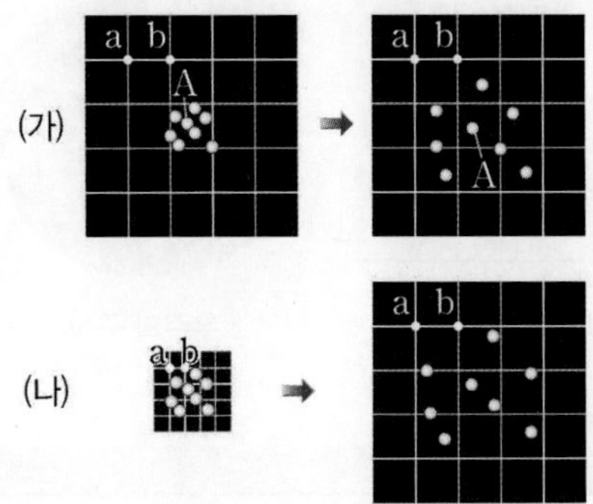

이에 대한 설명으로 옳은 것만을 〈보기〉에서 있는 대로 고른 것은?

> 보기
> ㄱ. (가)의 은하 A에서 관측한 다른 은하의 스펙트럼에서는 적색 편이가 나타난다.
> ㄴ. (나)는 은하와 은하 사이의 공간이 확장하는 것이다.
> ㄷ. (가)와 (나) 중에서 실제 우주가 팽창하는 모습은 (나)에 해당한다.

① ㄱ ② ㄷ ③ ㄱ, ㄴ
④ ㄴ, ㄷ ⑤ ㄱ, ㄴ, ㄷ

[8713-0407]

03 그림은 우리 은하를 중심으로 서로 반대 방향에 있는 두 외부 은하 A, B를 분광 관측하여 얻어진 결과를 나타낸 것으로, 파장이 410 nm인 흡수선이 은하 A, B에서 각각 413.6 nm, 417.2 nm에서 나타났다.

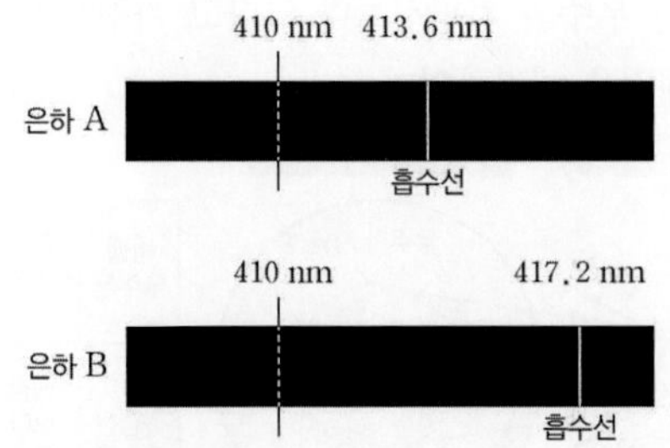

이에 대한 설명으로 옳은 것만을 〈보기〉에서 있는 대로 고른 것은?

> 보기
> ㄱ. 우리 은하로부터의 거리는 A가 B보다 멀다.
> ㄴ. 은하 B의 후퇴 속도는 은하 A의 2배이다.
> ㄷ. 은하 B에서 관측하면 우리 은하와 은하 A 모두 흡수선의 파장이 길어진다.

① ㄱ ② ㄴ ③ ㄱ, ㄷ
④ ㄴ, ㄷ ⑤ ㄱ, ㄴ, ㄷ

[8713-0408]

04 그림은 우리 은하와 외부 은하 A, B, C의 위치 및 후퇴 속도를 나타낸 것이다.

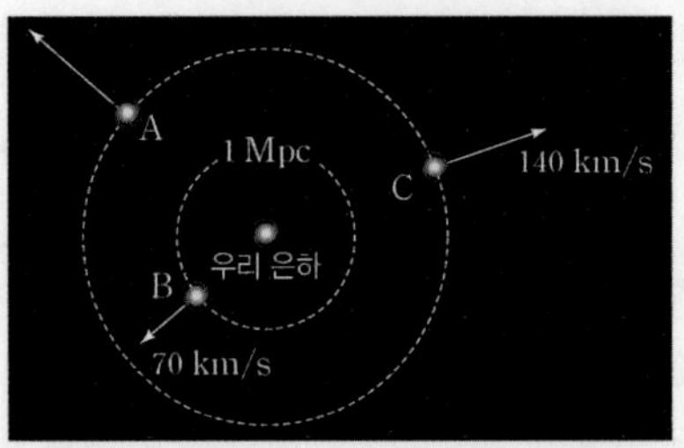

이에 대한 설명으로 옳은 것만을 〈보기〉에서 있는 대로 고른 것은?

> 보기
> ㄱ. A는 140 km/s의 속도로 우리 은하로부터 멀어진다.
> ㄴ. 우리 은하로부터 A, C까지의 거리는 2 Mpc이다.
> ㄷ. 우리 은하가 우주의 중심이다.

① ㄱ ② ㄷ ③ ㄱ, ㄴ
④ ㄴ, ㄷ ⑤ ㄱ, ㄴ, ㄷ

[8713-0409]
05 그림 (가)와 (나)는 어느 우주론을 근거로 하여 시간에 따른 우주의 총 질량과 평균 밀도의 변화를 나타낸 것이다.

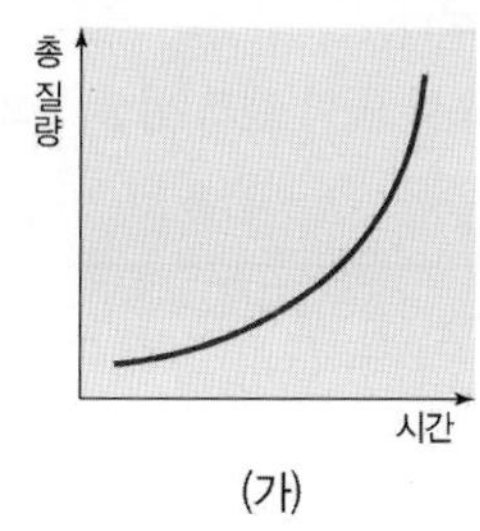

(가)

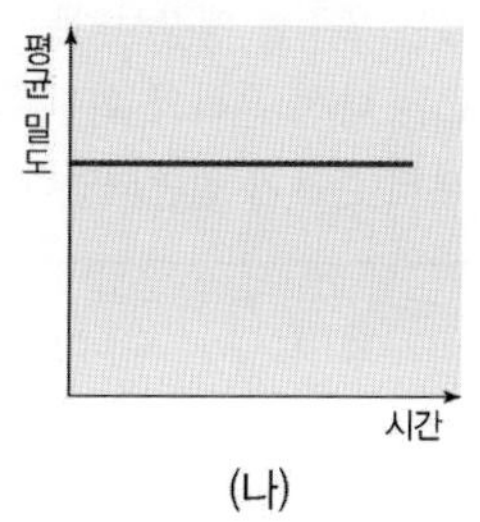

(나)

이 우주론에 대한 설명으로 옳은 것만을 〈보기〉에서 있는 대로 고른 것은?

보기
ㄱ. 빅뱅 우주론이다.
ㄴ. 우주 배경 복사는 이 우주론의 근거가 된다.
ㄷ. 서로 멀어지는 은하들 사이에 생겨난 빈 공간에 새로운 물질이 꾸준하게 만들어진다.

① ㄱ ② ㄷ ③ ㄱ, ㄴ
④ ㄴ, ㄷ ⑤ ㄱ, ㄴ, ㄷ

[8713-0410]
06 그림 (가)는 우주 배경 복사의 파장에 따른 복사 강도를, (나)는 WMAP 위성이 관측한 우주 배경 복사의 분포를 나타낸 것이다.

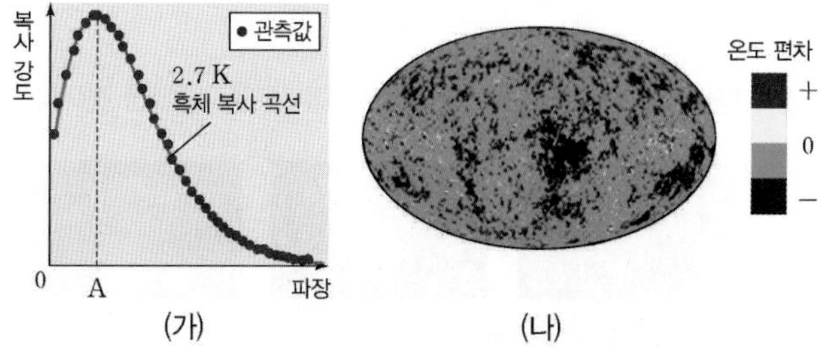

(가) (나)

이에 대한 설명으로 옳은 것만을 〈보기〉에서 있는 대로 고른 것은?

보기
ㄱ. (가)에서 A에 해당하는 값은 현재보다 우주 초기에 짧았다.
ㄴ. (나)의 미세한 온도 편차는 지구 대기의 영향 때문이다.
ㄷ. 우주 배경 복사는 정상 우주론을 지지하는 증거가 된다.

① ㄱ ② ㄴ ③ ㄱ, ㄷ
④ ㄴ, ㄷ ⑤ ㄱ, ㄴ, ㄷ

[8713-0411]
07 그림은 빅뱅 우주론과 급팽창 이론에서의 빅뱅 이후 시간에 따른 우주의 크기를 순서 없이 나타낸 것이다.

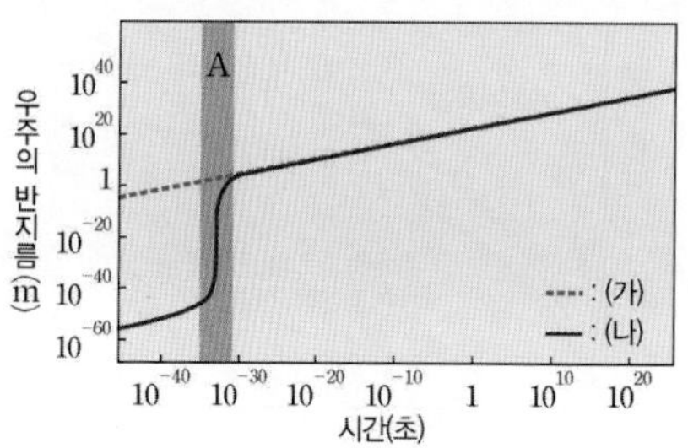

이에 대한 설명으로 옳은 것만을 〈보기〉에서 있는 대로 고른 것은?

보기
ㄱ. 급팽창 이전 우주의 크기는 (가)보다 (나)가 크다.
ㄴ. (나)에서 A 시기에 우주의 크기는 급격하게 커졌다.
ㄷ. (나)의 우주론은 (가)의 우주론의 문제점인 우주의 지평선 문제를 설명할 수 있다.

① ㄱ ② ㄷ ③ ㄱ, ㄴ
④ ㄴ, ㄷ ⑤ ㄱ, ㄴ, ㄷ

[8713-0412]
08 그림은 빅뱅 이후 우주의 팽창 속도의 변화를 나타낸 것이다.

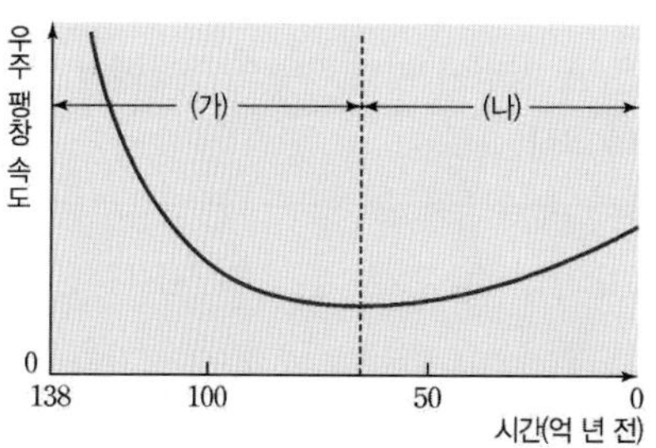

이에 대한 설명으로 옳은 것만을 〈보기〉에서 있는 대로 고른 것은?

보기
ㄱ. (가) 시기에 우주는 수축하였다.
ㄴ. (나) 시기에 우주는 가속 팽창하였다.
ㄷ. 암흑 에너지의 영향은 (나)보다 (가) 시기에 컸다.

① ㄱ ② ㄴ ③ ㄱ, ㄷ
④ ㄴ, ㄷ ⑤ ㄱ, ㄴ, ㄷ

[8713-0413]
09 그림은 Ia형 초신성을 관측하여 얻은 겉보기 등급과 후퇴 속도로 예상한 겉보기 등급을 비교하여 나타낸 것이다.

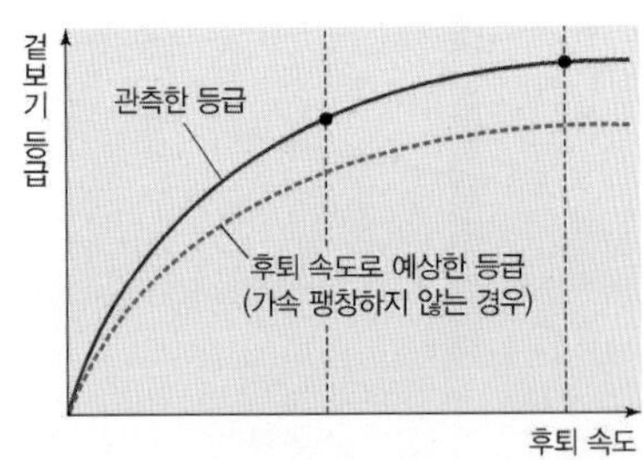

이에 대한 설명으로 옳은 것만을 〈보기〉에서 있는 대로 고른 것은?

보기
ㄱ. Ia형 초신성은 어둡게 보일수록 빠르게 멀어진다.
ㄴ. Ia형 초신성은 후퇴 속도로 예상한 것보다 어둡게 관측된다.
ㄷ. 우주는 일정한 속도로 팽창하고 있다.

① ㄱ ② ㄷ ③ ㄱ, ㄴ ④ ㄴ, ㄷ ⑤ ㄱ, ㄴ, ㄷ

[8713-0414]
10 그림은 시간에 따른 우주의 크기 변화를 나타낸 것이다.

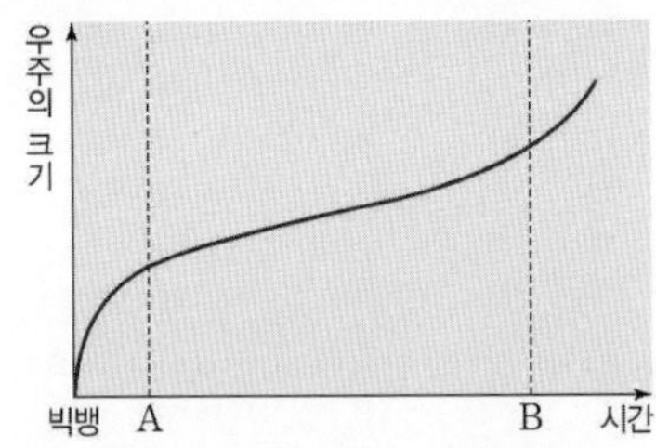

이에 대한 설명으로 옳은 것만을 〈보기〉에서 있는 대로 고른 것은?

보기
ㄱ. A 시점에 우주는 가속 팽창하고 있다.
ㄴ. 빅뱅 이후 허블 상수는 일정하였다.
ㄷ. B 시점은 A 시점에 비해 우주의 팽창에서 암흑 에너지의 역할이 더 크다.

① ㄱ ② ㄷ ③ ㄱ, ㄴ ④ ㄴ, ㄷ ⑤ ㄱ, ㄴ, ㄷ

[8713-0415]
11 그림은 우주를 구성하고 있는 물질 및 에너지의 상대량을 나타낸 것이다.

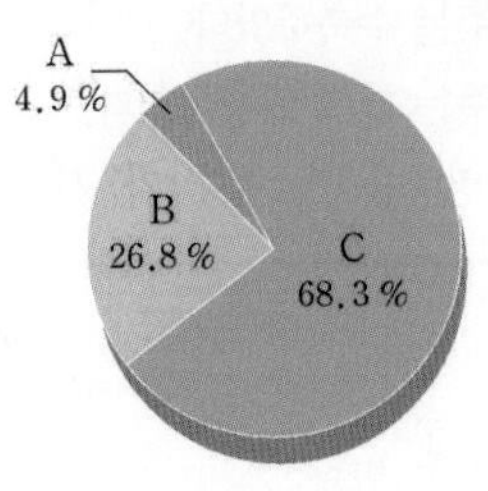

이에 대한 설명으로 옳은 것만을 〈보기〉에서 있는 대로 고른 것은?

보기
ㄱ. A는 대부분 수소와 헬륨으로 이루어져 있다.
ㄴ. B는 우주를 팽창시키는 원인이 된다.
ㄷ. C는 나선 은하의 회전 속도 분포나 중력 렌즈 현상 등으로부터 존재가 입증되었다.

① ㄱ ② ㄷ ③ ㄱ, ㄴ ④ ㄴ, ㄷ ⑤ ㄱ, ㄴ, ㄷ

[8713-0416]
12 그림은 우주를 구성하는 요소의 시간에 따른 비율 변화를 예측하여 나타낸 것이다.

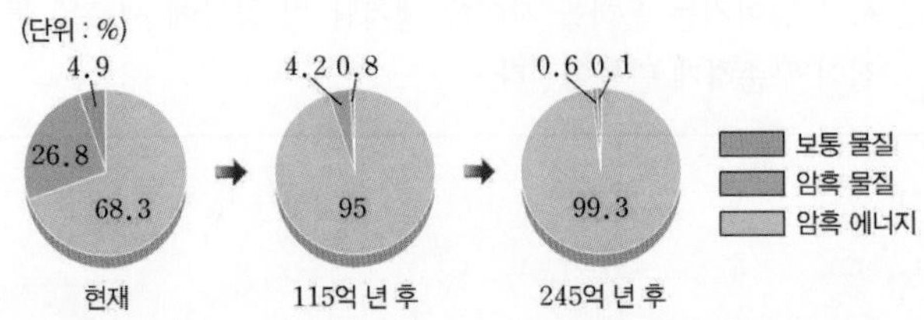

이에 대한 설명으로 옳은 것만을 〈보기〉에서 있는 대로 고른 것은?

보기
ㄱ. 현재 우주에는 암흑 물질이 보통 물질보다 많다.
ㄴ. 우주의 물질 밀도는 점점 커질 것이다.
ㄷ. 115억 년 후에는 현재보다 우주의 팽창 속도가 빨라질 것이다.

① ㄱ ② ㄴ ③ ㄱ, ㄷ ④ ㄴ, ㄷ ⑤ ㄱ, ㄴ, ㄷ

[8713-0417]
13 그림 (가), (나), (다)는 우주 모형을 세 가지로 나타낸 것이다.

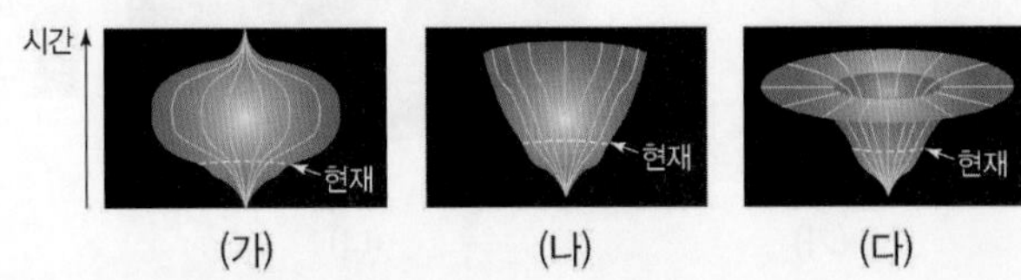

이에 대한 설명으로 옳은 것만을 〈보기〉에서 있는 대로 고른 것은? (단, (다)는 가속 팽창하는 모형이다.)

보기
ㄱ. (가)는 열린 우주에 해당한다.
ㄴ. (다)는 (나)보다 암흑 에너지의 영향이 크다.
ㄷ. 세 모형 모두에서 현재 우주는 팽창하고 있다.

① ㄱ ② ㄷ ③ ㄱ, ㄴ ④ ㄴ, ㄷ ⑤ ㄱ, ㄴ, ㄷ

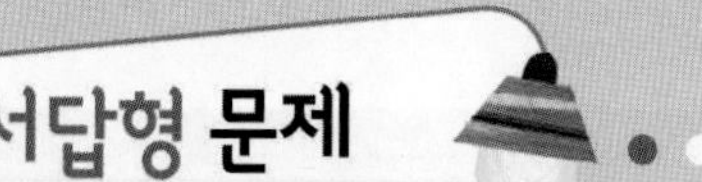

정답과 해설 45쪽

[8713-0418]
01 다음은 풍선을 이용한 우주 팽창 모형실험을 나타낸 것이다.

[과정]
(가) 고무풍선 위에 일정한 간격으로 동전을 붙인다.

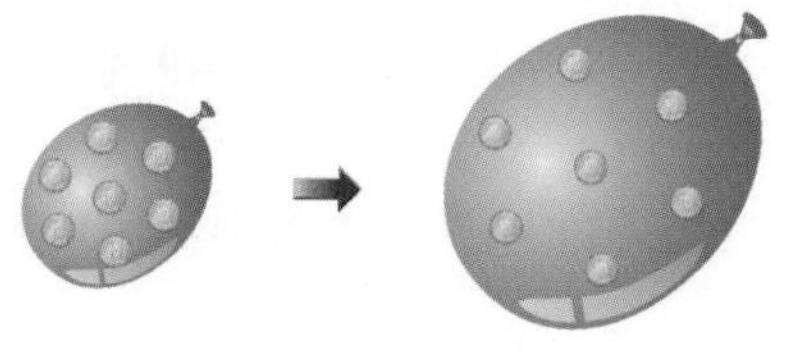

(나) 고무풍선을 불어 팽창시키면서 동전 사이의 간격을 관찰한다.

[결과]
풍선이 부풀어 오를 때 풍선 표면이 팽창하면서 동전 사이의 간격이 증가한다. 이때 멀리 있는 동전 사이의 간격이 더 크게 증가한다.

(1) 위의 실험에서 풍선의 표면과 동전은 각각 무엇을 의미하는지 쓰시오.

(2) 우주가 특별한 중심 없이 팽창하고 있다는 사실을 위의 실험 결과를 이용하여 서술하시오.

[8713-0419]
02 그림은 외부 은하 A, B, C의 흡수 스펙트럼을 정지 상태의 흡수선 파장과 비교하여 나타낸 것이다.

A, B, C 세 은하까지의 거리를 비교하고, 그 까닭을 서술하시오.

[8713-0420]
03 그림은 WMAP 위성이 관측한 우주 배경 복사를 나타낸 것이다. 그림에서 붉은색은 파란색보다 우주 배경 복사 온도가 미세하게 높은 곳이다.

우주 배경 복사가 완전하게 균일하지 않은 까닭을 서술하고, 이것이 별과 은하의 형성에 어떤 역할을 했는지 서술하시오.

[8713-0421]
04 그림은 빅뱅으로 시작된 우주가 시간에 따라 팽창하고 있는 모습을 나타낸 모식도이다.

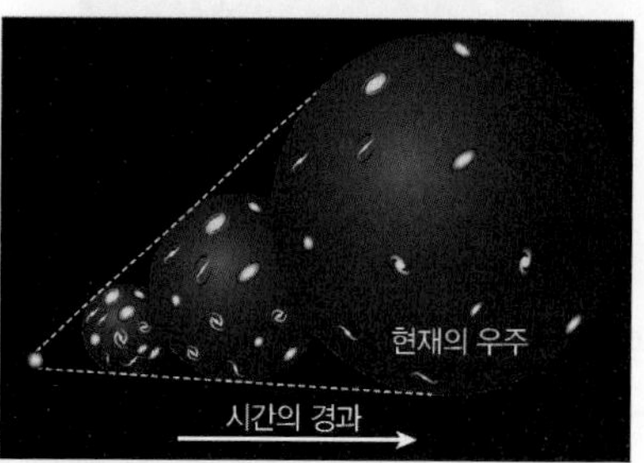

우주가 팽창함에 따라 우주의 밀도와 우주 배경 복사 온도는 어떻게 변하겠는지 서술하시오.

[8713-0422]
05 그림은 Ia형 초신성들의 적색 편이와 거리 지수를 나타낸 것으로, 천체의 거리 지수가 클수록 지구로부터의 거리가 멀다.

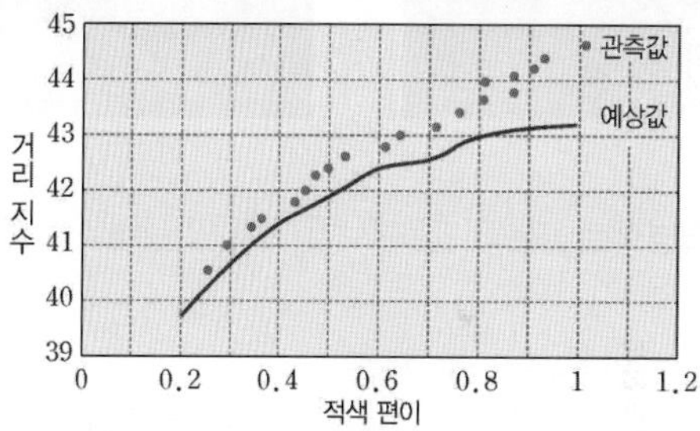

이론적인 예상값과 실제 관측값이 차이가 나는 까닭을 우주의 팽창 속도와 관련지어 서술하시오.

[8713-0423]
06 그림은 나선 은하의 회전 속도 곡선을 나타낸 것이다.

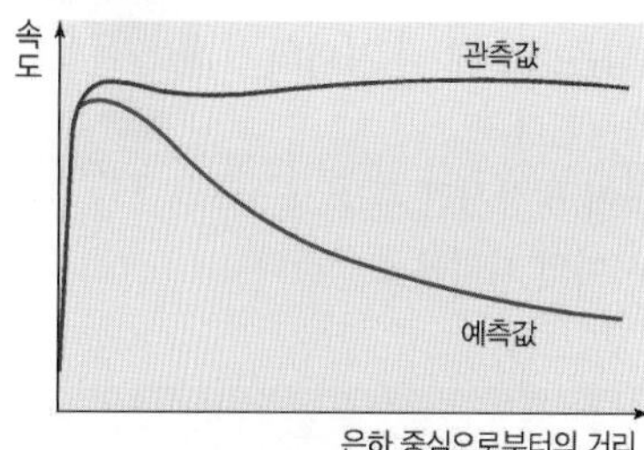

예상되는 속도값과 실제 관측되는 속도값이 차이나는 까닭을 암흑 물질과 관련지어 서술하시오.

대단원 종합 문제

[8713-0424]

01 그림은 허블의 은하 분류도를 나타낸 것이다.

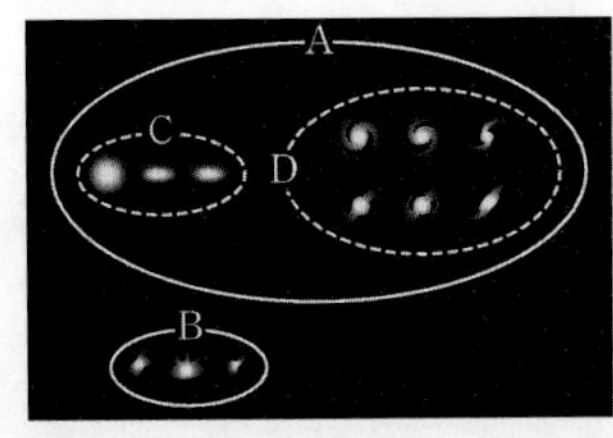

이에 대한 설명으로 옳은 것만을 〈보기〉에서 있는 대로 고른 것은?

보기

ㄱ. 특징적인 형태의 유무로 A, B 은하를 나눈다.
ㄴ. B 은하의 색지수가 C 은하의 색지수보다 작다.
ㄷ. D 은하의 중심부에는 주변부보다 젊은 별들이 많다.

① ㄱ ② ㄷ ③ ㄱ, ㄴ ④ ㄴ, ㄷ ⑤ ㄱ, ㄴ, ㄷ

[8713-0425]

02 그림 (가)와 (나)는 종류가 서로 다른 은하의 모습이다.

(가)

(나)

이에 대한 설명으로 옳은 것만을 〈보기〉에서 있는 대로 고른 것은?

보기

ㄱ. (가)는 타원 은하에 해당한다.
ㄴ. (나)의 나선팔에는 중심부보다 푸른색 별이 많다.
ㄷ. 젊은 별의 비율은 (가)가 (나)보다 크다.

① ㄱ ② ㄷ ③ ㄱ, ㄴ ④ ㄴ, ㄷ ⑤ ㄱ, ㄴ, ㄷ

[8713-0426]

03 그림은 팽창하는 우주의 특징을 알아보기 위한 모형실험이다.

[실험 과정]

(가) 균일한 재질의 풍선에 x, y, z 의 점을 찍은 후, 세 점 사이의 거리를 측정한다.

(나) 풍선을 불어 팽창시킨 후 x, y, z 세 점 사이의 거리를 측정한다.

[실험 결과]

실험 과정	두 점 사이의 거리(cm)		
	x와 y 사이	y와 z 사이	z와 x 사이
(가)	2	4	5
(나)	8	16	20

이에 대한 설명으로 옳은 것만을 〈보기〉에서 있는 대로 고른 것은?

보기

ㄱ. 풍선이 팽창하는 동안 x로부터 멀어지는 속도는 y와 z가 같다.
ㄴ. 풍선 표면에서 점들의 밀도는 팽창 전과 후가 같다.
ㄷ. 이 실험을 통해 우주의 중심이 없음을 설명할 수 있다.

① ㄱ ② ㄷ ③ ㄱ, ㄴ ④ ㄴ, ㄷ ⑤ ㄱ, ㄴ, ㄷ

[8713-0427]

04 그림은 빅뱅 우주론에 따라 팽창하는 우주의 모습을 나타낸 것이다.

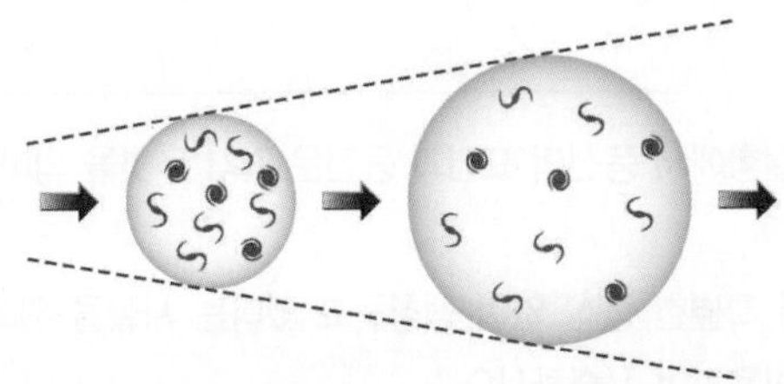

우주가 팽창하면서 그 값이 증가하는 것만을 〈보기〉에서 있는 대로 고른 것은? (단, 우주의 팽창 속도는 일정하다.)

보기

ㄱ. 허블 상수
ㄴ. 우주의 평균 온도
ㄷ. 우주 배경 복사의 파장

① ㄱ ② ㄷ ③ ㄱ, ㄴ ④ ㄴ, ㄷ ⑤ ㄱ, ㄴ, ㄷ

[8713-0428]

05 그림은 서로 다른 우주 모형에서 시간의 경과에 따른 우주의 변화를 모식적으로 나타낸 것이다.

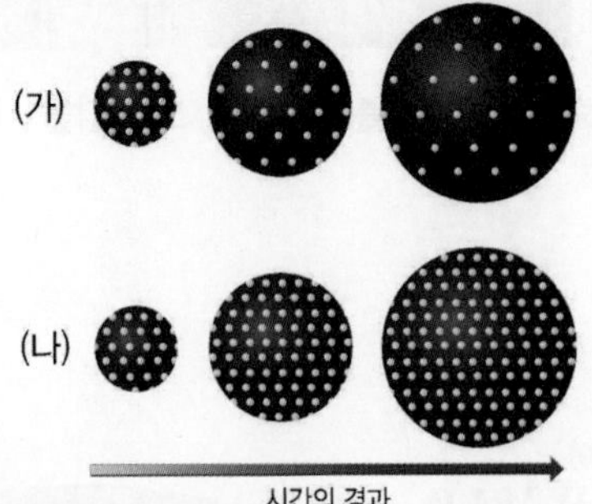

이에 대한 설명으로 옳은 것만을 〈보기〉에서 있는 대로 고른 것은?

보기

ㄱ. (가)와 (나)에서 우주의 질량은 일정하다.
ㄴ. 허블 법칙은 (가), (나)의 우주 모형 모두에서 적용된다.
ㄷ. (나)에서는 은하들 간격이 일정하므로 적색 편이가 나타나지 않는다.

① ㄱ ② ㄴ ③ ㄱ, ㄷ ④ ㄴ, ㄷ ⑤ ㄱ, ㄴ, ㄷ

[8713-0429]
06 그림은 현재와 빅뱅 이후 38만 년이 지났을 때 우주의 온도에 따른 복사 세기 분포를 나타낸 것이다.

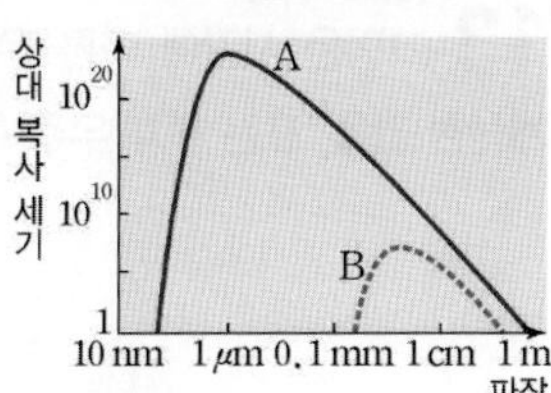

이에 대한 설명으로 옳은 것만을 〈보기〉에서 있는 대로 고른 것은?

보기
ㄱ. 현재 우주 온도에 따른 복사 세기 분포는 B이다.
ㄴ. 우주가 팽창하는 동안 우주 배경 복사의 파장은 길어졌다.
ㄷ. 20억 년 전의 지구에는 우주 배경 복사가 도달하지 않았다.

① ㄱ ② ㄷ ③ ㄱ, ㄴ ④ ㄴ, ㄷ ⑤ ㄱ, ㄴ, ㄷ

[8713-0430]
07 그림은 우주의 기원을 설명하는 대폭발 우주론에서 시간에 따른 우주 배경 복사의 파장 변화를 나타낸 것이다.

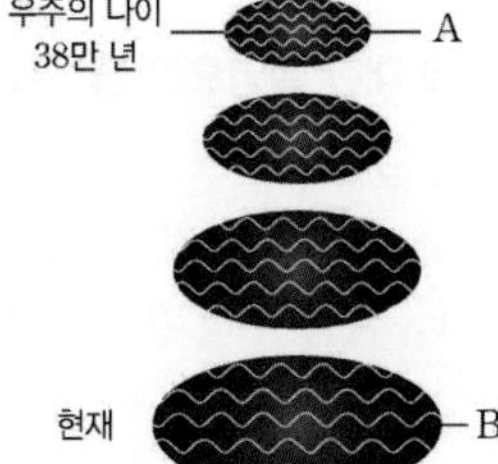

이에 대한 설명으로 옳은 것만을 〈보기〉에서 있는 대로 고른 것은?

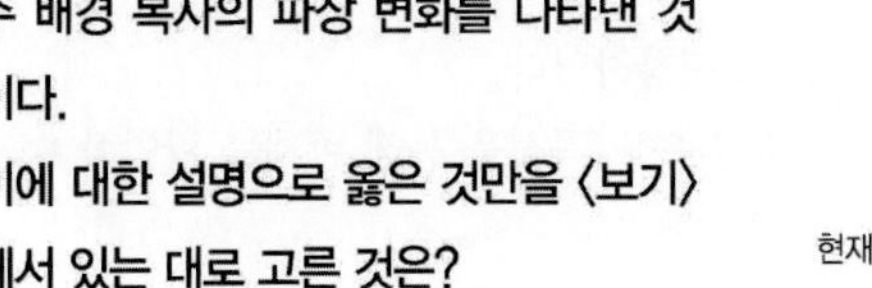

보기
ㄱ. A보다 B에서 우주의 온도는 낮다.
ㄴ. A에서 우주 배경 복사는 주로 전파 영역으로 관측된다.
ㄷ. A와 B 사이에는 전자와 원자핵이 결합하지 않은 상태로 뒤엉켜 있었다.

① ㄱ ② ㄷ ③ ㄱ, ㄴ ④ ㄴ, ㄷ ⑤ ㄱ, ㄴ, ㄷ

[8713-0431]
08 그림은 대폭발 우주론에 근거하여 빅뱅 이후 현재에 이르는 동안 일어난 주요 사건들을 시간 순서대로 나타낸 것이다.

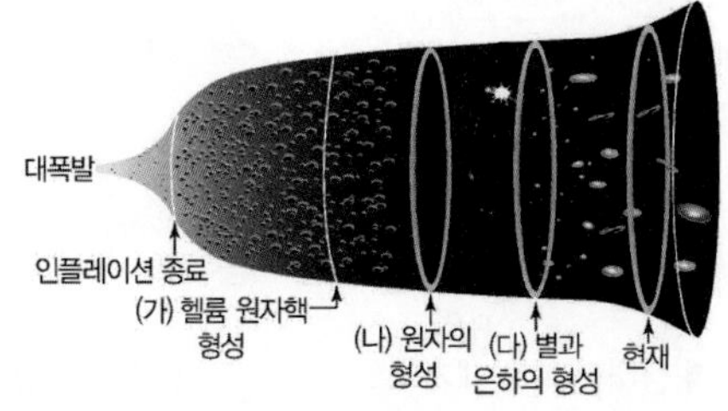

이에 대한 설명으로 옳은 것만을 〈보기〉에서 있는 대로 고른 것은?

보기
ㄱ. (가) 시기 이전에 우주 배경 복사가 형성되었다.
ㄴ. (가) 시기 이후 수소와 헬륨의 총 질량비는 약 3 : 1을 거의 유지하고 있다.
ㄷ. (나) 시기보다 (다) 시기에 우주 배경 복사의 온도가 낮았다.

① ㄱ ② ㄴ ③ ㄱ, ㄷ ④ ㄴ, ㄷ ⑤ ㄱ, ㄴ, ㄷ

[8713-0432]
09 그림은 시간에 따른 우주 팽창의 모식도를, 표는 우주를 구성하는 물질과 에너지의 비율을 나타낸 것이다.

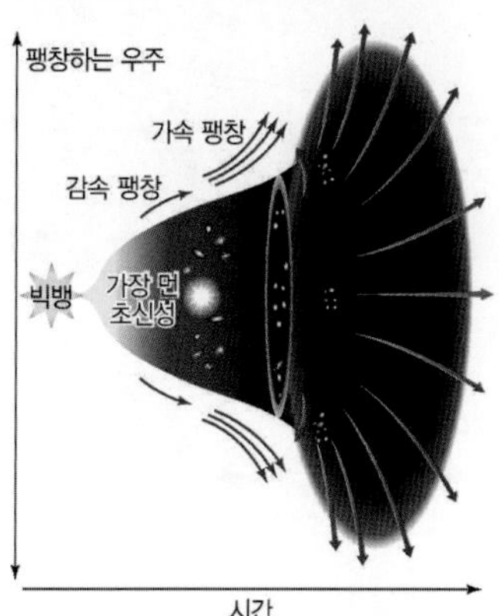

종류	비율(%)
보통 물질	4.9
암흑 물질	26.8
암흑 에너지	68.3

이에 대한 설명으로 옳은 것만을 〈보기〉에서 있는 대로 고른 것은?

보기
ㄱ. 우주의 팽창 속도는 일정하다.
ㄴ. 우주에는 빛과 상호 작용하는 물질의 양이 암흑 에너지보다 많다.
ㄷ. 현재 우주의 팽창 속도는 암흑 물질보다 암흑 에너지의 영향을 많이 받는다.

① ㄱ ② ㄷ ③ ㄱ, ㄴ
④ ㄴ, ㄷ ⑤ ㄱ, ㄴ, ㄷ

[8713-0433]
10 그림은 빅뱅 이후 시간에 따른 우주를 구성하는 요소의 상대량을 나타낸 것이다.

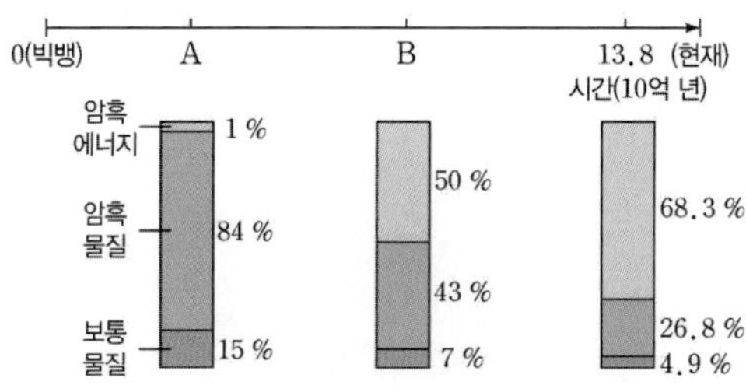

이에 대한 설명으로 옳은 것만을 〈보기〉에서 있는 대로 고른 것은?

보기
ㄱ. 암흑 에너지의 비율은 시간에 따라 점점 증가한다.
ㄴ. 우주의 크기가 클수록 암흑 물질의 비율이 크다.
ㄷ. A보다 B 시점에 우주의 온도는 높다.

① ㄱ ② ㄷ ③ ㄱ, ㄴ
④ ㄴ, ㄷ ⑤ ㄱ, ㄴ, ㄷ

[8713-0434]
11 그림 (가)와 (나)는 서로 다른 우주 모형에서 시간에 따른 우주의 변화 모습을 나타낸 것이다.

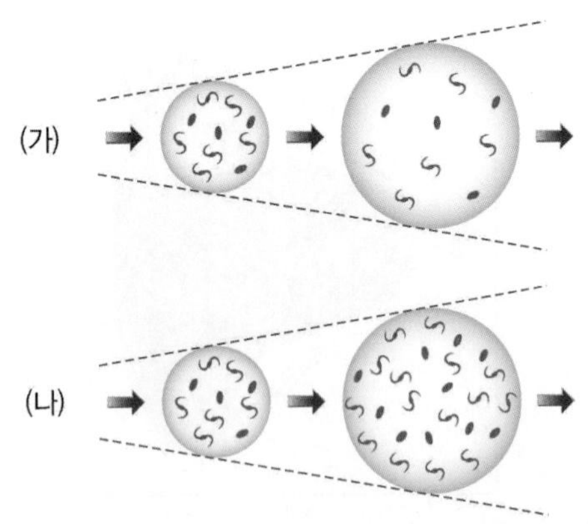

시간에 따라 (가)에서는 감소하고 (나)에서는 일정한 물리량만을 〈보기〉에서 있는 대로 고른 것은?

보기		
ㄱ. 질량	ㄴ. 온도	ㄷ. 밀도

① ㄱ　② ㄴ　③ ㄱ, ㄷ　④ ㄴ, ㄷ　⑤ ㄱ, ㄴ, ㄷ

[8713-0435]
12 그림은 우주를 구성하는 요소들의 분포비를 나타낸 것이다.

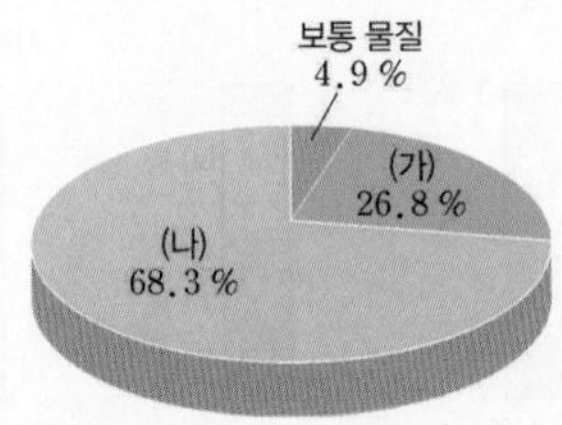

이에 대한 설명으로 옳은 것만을 〈보기〉에서 있는 대로 고른 것은?

보기
ㄱ. (가)는 암흑 물질이다.
ㄴ. (나)는 우주를 가속 팽창시키는 원인이 된다.
ㄷ. (가)와 (나)는 가시광선 영역에서 관측한다.

① ㄱ　② ㄷ　③ ㄱ, ㄴ　④ ㄴ, ㄷ　⑤ ㄱ, ㄴ, ㄷ

[8713-0436]
13 그림은 시간에 따른 우주의 상대적인 크기를 모델을 사용하여 계산한 값을, 표는 현재 우주 구성 요소의 분포비를 나타낸 것이다.

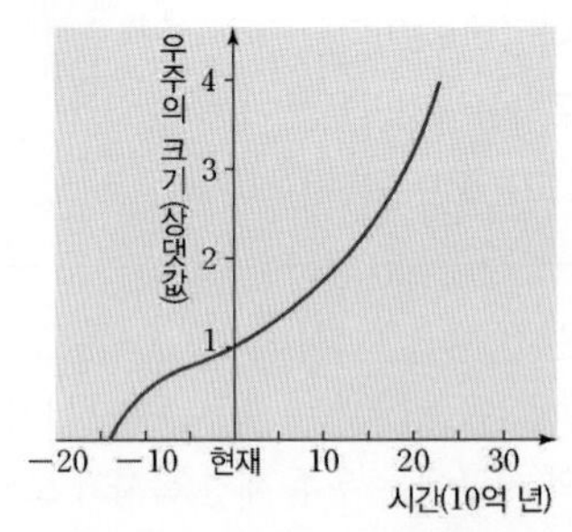

구성 요소	분포비(%)
암흑 에너지	68.3
A	26.8
B	4.9

이에 대한 설명으로 옳은 것만을 〈보기〉에서 있는 대로 고른 것은?

보기
ㄱ. 우주는 일정한 속도로 팽창하였다.
ㄴ. A는 우리 은하의 회전 속도 곡선을 통해 존재를 확인할 수 있다.
ㄷ. 시간이 흐를수록 B가 차지하는 비율은 증가할 것이다.

① ㄱ　② ㄴ　③ ㄱ, ㄷ　④ ㄴ, ㄷ　⑤ ㄱ, ㄴ, ㄷ

[8713-0437]
14 그림 (가)와 (나)는 2001년 우주 배경 복사를 관측하기 위해 발사된 WMAP 위성이 관측한 파장별 상대적 복사 세기와 온도 분포를 나타낸 것이다.

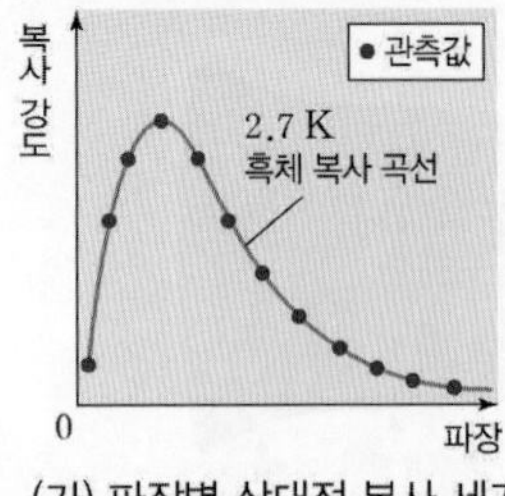

(가) 파장별 상대적 복사 세기

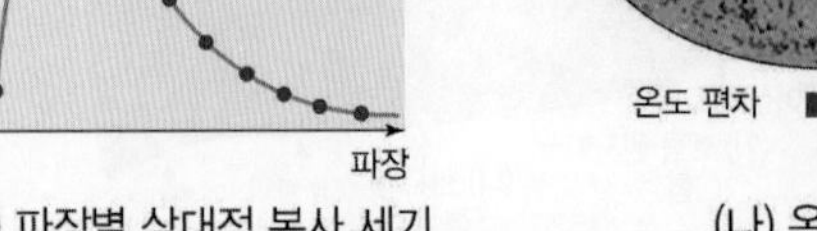

(나) 온도 분포

이에 대한 설명으로 옳은 것만을 〈보기〉에서 있는 대로 고른 것은?

보기
ㄱ. 현재 우주의 평균 온도는 약 2.7 K이다.
ㄴ. 모든 방향에서 복사의 세기가 균일하다.
ㄷ. 우주 탄생 초기의 배경 복사는 최대 에너지 파장이 1 mm보다 길었을 것이다.

① ㄱ　② ㄷ　③ ㄱ, ㄴ　④ ㄴ, ㄷ　⑤ ㄱ, ㄴ, ㄷ

[8713-0438]
15 그림은 급팽창 이론에서 시간에 따른 우주의 크기 변화를 모식적으로 나타낸 것이다.

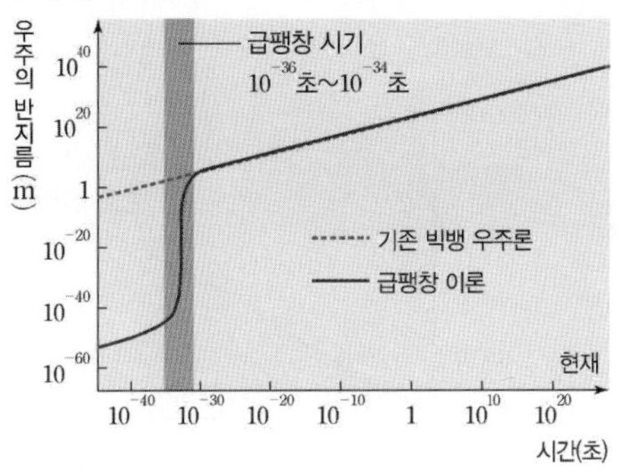

이에 대한 설명으로 옳은 것만을 <보기>에서 있는 대로 고른 것은?

보기
ㄱ. 우주 초기에 급격한 팽창이 있었다.
ㄴ. 급팽창 이후 우주의 크기는 일정하게 유지되었다.
ㄷ. 빅뱅 우주론보다 정상 우주론을 잘 설명하고 있다.

① ㄱ ② ㄷ ③ ㄱ, ㄴ
④ ㄴ, ㄷ ⑤ ㄱ, ㄴ, ㄷ

[8713-0439]
16 다음은 2011년 노벨 물리학상과 관련된 기사의 일부이다.

초신성 관측을 통해 우주의 가속 팽창을 검증한 사울 펄뮤터, 브라이언 슈미트, 애덤 리스 3명이 2011년 노벨 물리학상 수상의 영예를 안게 됐다.

스웨덴 왕립 과학아카데미는 (가) 약 138억 년 전 우주 팽창이 시작됐다는 것이 지난 약 백 년 동안의 지식이었으나, 이들은 50억 광년 이상 떨어진 초신성의 빛이 예상보다 약하다는 것을 발견했고, 이것은 (나) 현재 우주의 팽창 속도가 빨라지는 증거라고 밝혔다.

아카데미 측은 이 교수들의 연구로 우주 팽창이 가속되고 있다는 사실이 밝혀졌다고 말했다. 이 연구가 밝힌 속도대로 계속 팽창하면 결국 우주는 차가운 공간으로 변하게 된다.

- ○○신문

이에 대한 설명으로 옳은 것만을 <보기>에서 있는 대로 고른 것은?

보기
ㄱ. (가)는 허블 상수의 역수를 이용하여 근사적으로 구할 수 있다.
ㄴ. (나)의 현상을 일으키는 주된 에너지는 암흑 에너지이다.
ㄷ. 현재의 경향이 이어진다면 우리 우주의 미래는 닫힌 우주이다.

① ㄱ ② ㄷ ③ ㄱ, ㄴ
④ ㄴ, ㄷ ⑤ ㄱ, ㄴ, ㄷ

[8713-0440]
17 그림 (가)는 가속 팽창하는 우주와 감속 팽창하는 우주에서 Ia형 초신성들의 적색 편이량과 겉보기 등급 변화를, (나)는 빅뱅 우주론에서 시간에 따른 물질과 암흑 에너지의 밀도 변화를 나타낸 것이다.

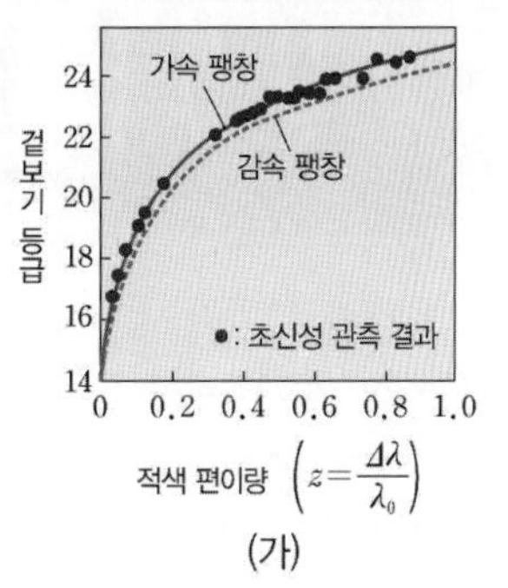

(가)

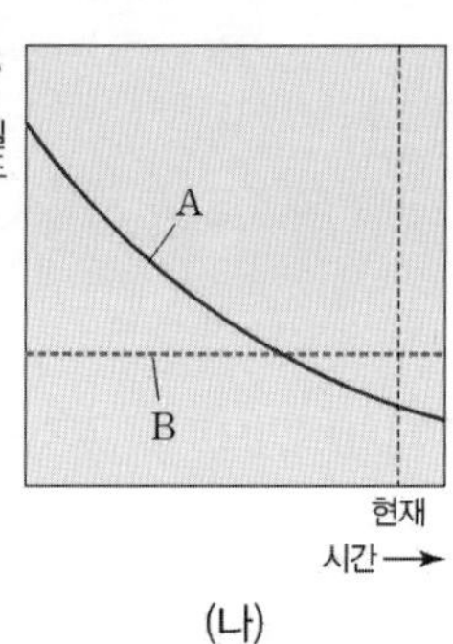

(나)

이에 대한 설명으로 옳은 것만을 <보기>에서 있는 대로 고른 것은?

보기
ㄱ. 현재 우주는 감속 팽창하고 있다.
ㄴ. 현재 우주의 팽창 속도는 A보다 B의 영향을 많이 받는다.
ㄷ. 우주 전체에서 B의 양은 시간에 따라 증가한다.

① ㄱ ② ㄴ ③ ㄱ, ㄷ
④ ㄴ, ㄷ ⑤ ㄱ, ㄴ, ㄷ

[8713-0441]
18 그림은 현재 시점을 기준으로 빅뱅 이후부터 미래의 시간까지 우주의 크기 변화에 관한 세 가지 우주 모형을 나타낸 것이다.

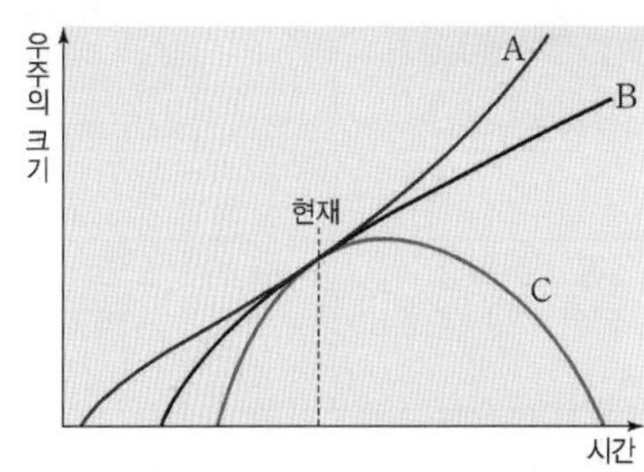

이에 대한 설명으로 옳은 것만을 <보기>에서 있는 대로 고른 것은?

보기
ㄱ. 암흑 에너지가 가장 우세하게 작용하는 모형은 A이다.
ㄴ. 우주에 분포하는 암흑 물질의 양이 가장 많은 모형은 C이다.
ㄷ. 과학자들은 미래에 우주가 B 모형을 따를 것으로 전망하고 있다.

① ㄱ ② ㄷ ③ ㄱ, ㄴ
④ ㄴ, ㄷ ⑤ ㄱ, ㄴ, ㄷ

[8713-0442]

19 그림 (가)는 은하를 형태에 따라 분류한 것이고, (나)는 각 은하에 속한 별들의 스펙트럼 분포를 나타낸 것이다.

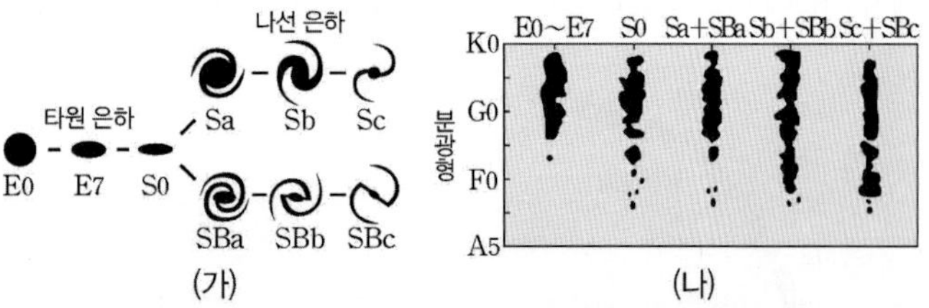

이에 대한 설명으로 옳은 것만을 <보기>에서 있는 대로 고른 것은?

보기
ㄱ. 정상 나선 은하에는 은하핵을 가로지르는 막대 모양 구조가 있다.
ㄴ. 타원 은하는 나선 은하보다 붉은색 별의 비율이 크다.
ㄷ. 타원 은하는 나선 은하보다 고온의 별의 비율이 크다.

① ㄱ ② ㄴ ③ ㄱ, ㄷ
④ ㄴ, ㄷ ⑤ ㄱ, ㄴ, ㄷ

[8713-0443]

20 그림 (가)와 (나)는 퀘이사와 세이퍼트은하의 스펙트럼과 특징을 순서 없이 나타낸 것이다.

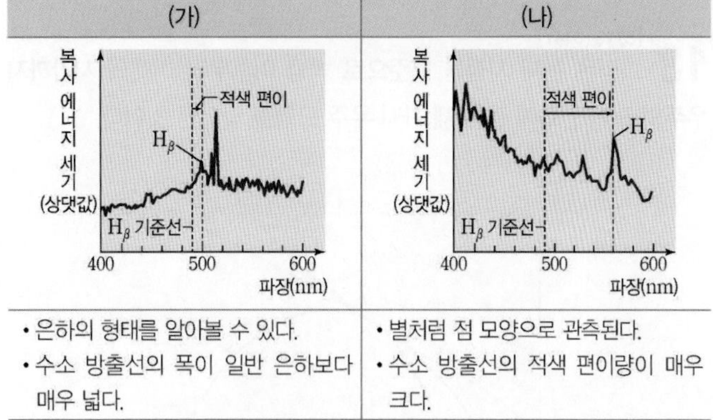

(가)	(나)
• 은하의 형태를 알아볼 수 있다. • 수소 방출선의 폭이 일반 은하보다 매우 넓다.	• 별처럼 점 모양으로 관측된다. • 수소 방출선의 적색 편이량이 매우 크다.

이에 대한 설명으로 옳은 것만을 <보기>에서 있는 대로 고른 것은?

보기
ㄱ. (가)는 퀘이사이다.
ㄴ. 허블의 은하 분류 체계에 의하면 대부분 (가)는 나선 은하, (나)는 타원 은하로 분류된다.
ㄷ. 우리 은하로부터의 거리는 (가)보다 (나)가 더 멀다.

① ㄱ ② ㄷ ③ ㄱ, ㄴ
④ ㄴ, ㄷ ⑤ ㄱ, ㄴ, ㄷ

[8713-0444]

21 그림은 중력을 이용하여 계산한 우리 은하의 질량과 관측한 질량을 나타낸 것이다. 관측한 질량은 빛을 방출하는 물질의 양을 나타낸다.

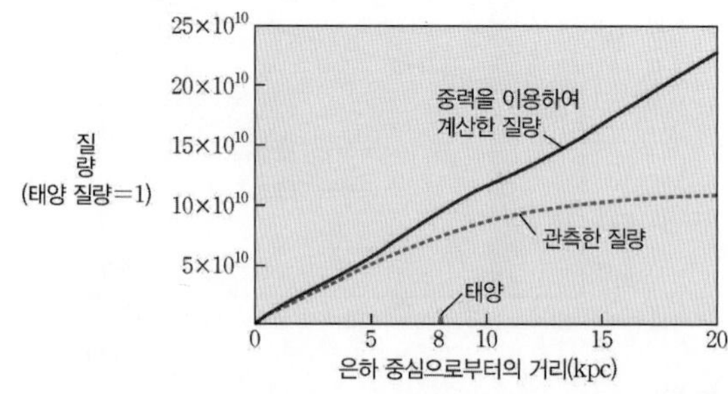

이에 대한 설명으로 옳은 것만을 <보기>에서 있는 대로 고른 것은?

보기
ㄱ. 계산한 질량과 관측한 질량의 차이는 은하 중심으로부터 멀어질수록 커진다.
ㄴ. 암흑 물질은 은하 중심으로부터의 거리가 태양보다 먼 곳에 주로 분포한다.
ㄷ. 은하 외곽으로 갈수록 은하의 회전 속도는 급격히 감소할 것이다.

① ㄱ ② ㄷ ③ ㄱ, ㄴ ④ ㄴ, ㄷ ⑤ ㄱ, ㄴ, ㄷ

[8713-0445]

22 그림 (가)는 우주의 팽창 속도 변화를 이해하기 위해 팽창 속도가 다른 두 가상의 우주 A, B에 나타나는 은하들의 거리와 후퇴 속도의 관계를, (나)는 Ia형 초신성 관측 결과 얻어진 실제 은하들의 거리와 후퇴 속도를 나타낸 것이다.

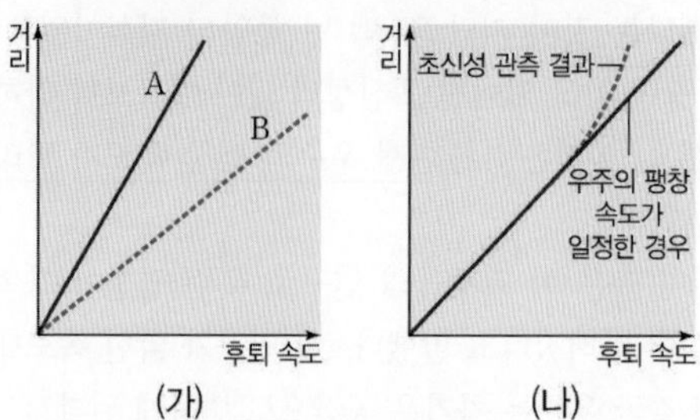

이에 대한 설명으로 옳은 것만을 <보기>에서 있는 대로 고른 것은?

보기
ㄱ. (가)에서 우주의 팽창 속도는 A가 B보다 빠르다.
ㄴ. (나)에서 팽창 속도가 일정한 경우의 우주는 평탄 우주에 해당한다.
ㄷ. (나)에서 우주의 팽창 속도는 과거보다 현재에 더 빠름을 알 수 있다.

① ㄱ ② ㄷ ③ ㄱ, ㄴ ④ ㄴ, ㄷ ⑤ ㄱ, ㄴ, ㄷ

EBS 수능·내신 대비 국어 기본서 시리즈 소개

작품 감상과 지문 해석, 6개 원리로 모두 정리됩니다!

EBS가 만든 수능·내신 대비 국어 기본서

국어 독해의 원리 시리즈

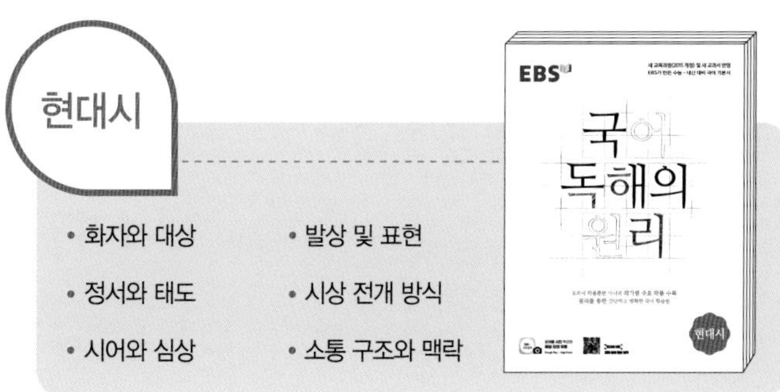

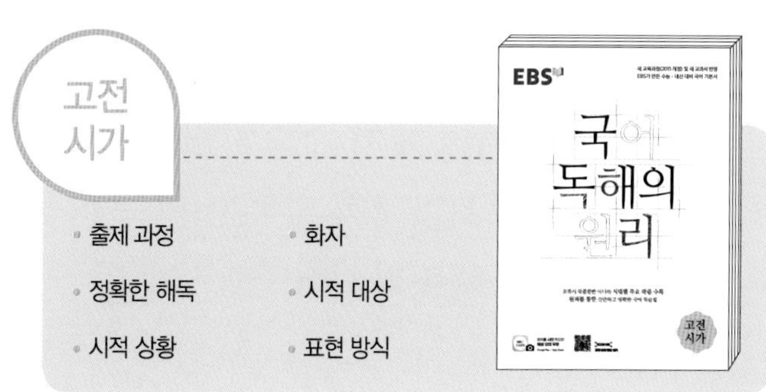

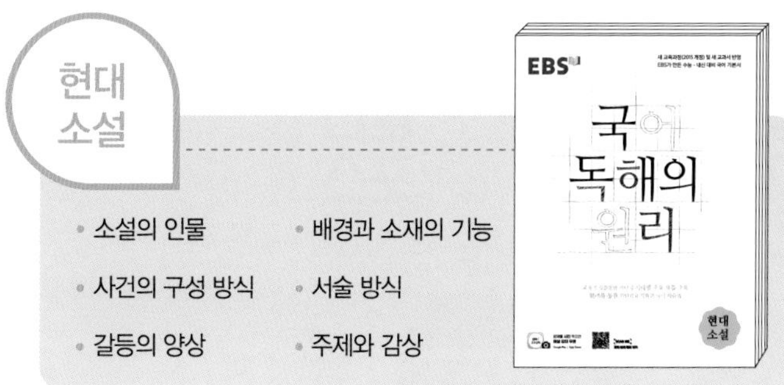

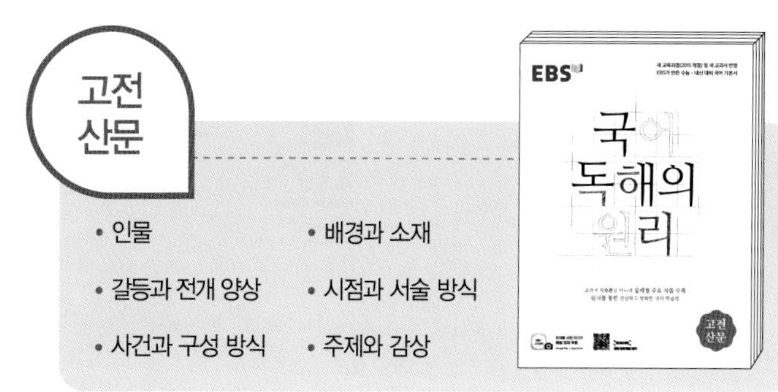

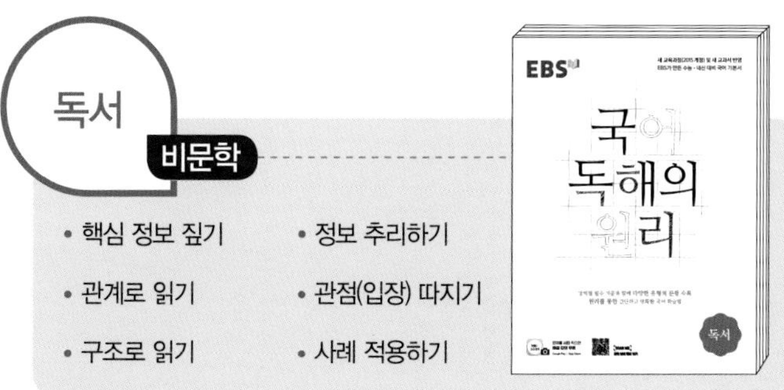

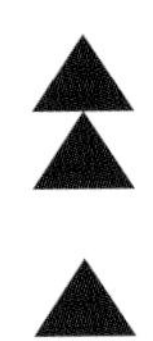

올림포스

[국어, 영어, 수학의 EBS 대표 교재, 올림포스]

2015 개정 교육과정에 따른 모든 교과서의 기본 개념 정리
내신과 수능을 대비하는 다양한 평가 문항
수행평가 대비 코너 제공

국어, 영어, 수학은 EBS 올림포스로 끝낸다.

[올림포스 15책]

국어 영역 : 국어, 현대문학, 고전문학, 독서, 언어와 매체
영어 영역 : 독해의 기본1, 독해의 기본2, 구문 연습 300
수학 영역 : 수학(상), 수학(하), 수학 Ⅰ, 수학 Ⅱ, 미적분, 확률과 통계, 기하

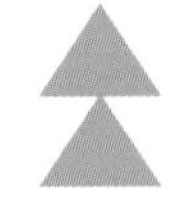

정답과 해설

기본 개념부터 실전 연습, 수능 + 내신까지
한 번에 다 끝낼 수 있는 **탐구영역 문항집**

지구과학 I

"우리 학교 시험대비를 더 쉽게"

- 출판사별 조견표 전체 수록
- 새 교과서 반영

EBS 개념완성 문항편

정답과 해설

지구과학 I

정답과 해설

Ⅰ. 지구의 변동

01 판 구조론의 정립

핵심 개념 체크 본문 006쪽

1 빙하의 흔적	**2** 바다	**3** 해령
4 깊어	**5** 100	**6** (1) ○ (2) ×

출제 예상 문제 본문 007~008쪽

01 ①	**02** ⑤	**03** ④	**04** ②	**05** ③
06 ④	**07** ⑤	**08** ③	**09** ①	**10** ④
11 ②				

01

㉠ : 베게너는 두 대륙의 해안선 모양이 비슷하고, 떨어진 두 대륙에서 같은 종의 화석이 산출되는 것으로 보아 과거에 남아메리카와 아프리카 대륙이 붙어 있었다고 생각하였다.

㉡ : 메소사우루스는 연안에서 서식하는 동물로 대서양을 건널 수 없기 때문에 바다를 사이에 둔 두 대륙에서 메소사우루스 화석이 발견되는 것은 과거에 두 대륙이 붙어 있었기 때문이라고 생각하였다.

㉢ : 남아메리카와 아프리카 사이에 있던 육지가 바다 속에 가라앉았다는 것은 육교설이다. 베게너는 대륙의 수직 이동 개념인 육교설 대신 대륙의 수평 이동 개념인 대륙 이동설을 주장하였다.

02

㉠ : 현재 북반구에 있는 인도 대륙은 고생대 말에 남극 대륙과 붙어 있는 상태로 남반구에 있다가 점차 북상하여 현재의 위치로 이동하였다.

㉡ : 현재 여러 대륙으로 나뉘어 있는 대륙들은 고생대 말에 하나로 붙어 초대륙을 형성하였다.

㉢ : 여러 대륙에 흩어져 있는 고생대 빙하의 흔적들은 대륙을 하나로 모으면 남극 대륙과 붙어 있다가 이동한 모습을 나타낸다.

03

① : 아프리카 서해안과 남아메리카 동해안의 해안선이 일치하는 것은 베게너가 제시한 대륙 이동의 증거이다.

② : 베게너는 대서양을 사이에 두고 양쪽 대륙에서 같은 종의 고생물의 화석이 산출되는 것을 대륙 이동의 증거 중 하나로 제시하였다.

③ : 베게너는 북아메리카와 유럽에 있는 산맥의 지질 구조가 연속되는 것을 대륙 이동의 증거로 제시하였다.

④ : 유럽과 북아메리카에서 측정한 자극의 이동 경로는 베게너 시대에 밝혀지지 않았다.

⑤ : 여러 대륙에 남아 있는 빙하의 흔적과 이동 방향은 베게너가 대륙 이동의 증거로 제시한 것들 중 하나이다.

04

㉠ : A는 맨틀 대류가 상승하는 곳이다. 맨틀 대류가 상승하는 곳에서는 대륙이 갈라져 새로운 바다가 생성된다.

㉡ : B는 맨틀 대류가 하강하는 곳이다. 맨틀 대류가 하강하는 곳에서는 해구나 습곡 산맥이 형성된다.

㉢ : 대륙은 맨틀 대류에 의해 움직일 수 있으므로 맨틀 대류설은 대륙 이동설의 약점인 대륙 이동의 원동력을 제공하였다.

05

㉠ : 기준점으로부터 20 km 지점은 음파의 왕복 시간이 4.4초인 곳이므로 $(1500\ \mathrm{m/s}) \times \frac{4.4\ \mathrm{s}}{2} = 3300\ \mathrm{m}$에서 수심은 3300 m이다.

㉡ : 기준점으로부터 30 km 지점은 음파의 왕복 시간이 가장 짧은 곳이므로 수심이 가장 얕은 곳이다. 이 곳에는 해산이 발달해 있다.

㉢ : 기준점으로부터 35~40 km 지점은 기준점으로부터 10~15 km 지점보다 수심의 변화가 급격하게 나타나므로 해저 지형의 평균 경사가 더 급하다.

06

① : 고지자기는 지질 시대의 암석에 남아 있는 잔류 자기이다.

② : 고지자기를 통해 암석이 생성될 당시의 지구 자기장 방향을 알 수 있다.

③ : 현재까지 자남극과 자북극은 여러 번 뒤바뀌었다.

④ : 지구 자기장의 방향이 바뀌더라도 이전에 생성되었던 암석 내의 잔류 자기의 방향은 변하지 않는다.

⑤ : 지구 자기장의 방향이 바뀐 기록은 해령을 중심으로 대칭된 모양으로 남아 있다.

07

㉠ : 해양 지각은 해령을 중심으로 양쪽으로 발산하고 지자기 역전이 반복되므로 고지자기 줄무늬는 해령을 기준으로 대칭되게 나타난다.

㉡ : 해령에 남아 있는 고지자기의 줄무늬가 해령을 중심으로 대칭인 것을 통해 해양 지각이 해령에서 생성되어 양쪽으로 발산함을 알 수 있다.

㉢ : 300만 년 전의 해령에 기록된 지구 자기장의 방향은 현재 해령에 기록된 지구 자기장의 방향과 반대이다. 따라서 300만 년 전에는 지구 자기장의 방향이 현재와 반대였다.

08

① : 해양 지각의 연령은 해령에서 멀어질수록 많아지는 것으로 나타난다.

② : 해양 지각의 연령은 해령을 중심으로 대칭적으로 나타난다.

③ : 동일한 연령의 해양 지각이 B보다 A에서 해령에서 멀리 떨어져 있으므로 해양저의 확장 속도는 B보다 A 부근에서 빠르다.

④ : 해양 지각은 해령에서 생성되어 해구에서 소멸되므로 해양 지각의 연령이 가장 많은 곳은 해구 부근이다.

⑤ : 해령에서 멀수록 해양 지각이 오래되었으므로 해저 퇴적물의 두께는 해령에서 멀수록 두꺼울 것이다.

09

홈스는 지구 내부의 온도가 높고 맨틀 물질의 열 전도성이 낮은 것에 착안하여 맨틀 대류설을 제안하였다.

① : 맨틀은 유동성이 있는 고체 상태이다.

② : 맨틀 내에는 방사성 원소의 붕괴로 생성된 열과 지구 내부로부터 공급되는 열이 있다.

③ : 맨틀의 대류는 맨틀 내부의 온도 차이 때문에 발생한다.

④ : 맨틀 대류의 상승부에서는 맨틀이 양쪽으로 갈라지므로 대륙(해양) 지각이 분리된다.
⑤ : 맨틀 대류의 하강부에는 양쪽에서 끌려온 지각이 수렴하므로 횡압력이 작용한다.

10

판은 지각과 맨틀 최상부의 단단한 암석으로 이루어진 부분을 포함하는 층으로 두께는 약 100 km이다.
① : A와 맨틀 최상부인 B를 합하여 암석권이라고 하며, 암석권은 크고 작은 조각으로 나누어져 있는데, 암석권의 각 조각을 판이라고 한다. 판의 평균 두께는 약 100 km이다.
② : 지각과 맨틀의 경계는 A와 B 사이이므로 B와 C는 모두 맨틀에 포함된다.
③ : 대륙판은 해양판보다 두껍고 밀도가 작다.
④ : 맨틀의 대류는 연약권인 C에서 일어난다. B는 딱딱한 암석권으로 C에서의 맨틀 대류를 따라 이동한다.
⑤ : 맨틀의 대류로 인해 연약권 위에 있는 판이 이동한다.

11

② : A는 태평양판과 유라시아판이 만나는 수렴형 경계이고, B는 아프리카판과 북아메리카판이 멀어지는 발산형 경계이며, C는 아라비아판과 유라시아판이 만나는 수렴형 경계이다.

서답형 문제

본문 009쪽

01 고생대 말
02 해설 참조
03 C−D
04 (1) 6000 m (2) 해설 참조
05 D−C−A−B
06 해설 참조

01

지질 시대에서 현재의 대륙들이 분리되기 전의 초대륙은 고생대 말인 약 2억 5천만 년 전에 형성되었다.

02

베게너의 대륙 이동설은 최초로 대륙의 수평 이동 개념을 도입하였으나 대륙이 움직이는 힘을 설득력 있게 설명하지 못하여 당시에는 받아들여지지 않았다.

모범답안 대륙이 이동하는 원동력을 제대로 설명하지 못하였기 때문이다.

채점 기준	배점
대륙이 움직이는 힘이나 원동력을 포함하여 옳게 서술한 경우	100 %
대륙 이동의 원동력을 설명하고자 하였으나 설명이 불충분한 경우	30 %

03

변환 단층은 해령과 해령 사이에서 판의 경계를 이루는 부분으로, 변환 단층을 경계로 양쪽에 있는 지각이 서로 반대 방향으로 이동한다.

04

(1) 음파의 왕복 시간이 8초이므로 $\frac{8\text{ s}}{2} \times 1500\text{ m/s} = 6000\text{ m}$이다.
(2) A 해역의 6번 지점은 음파의 왕복 시간이 가장 긴 지점이므로 수심이 가장 깊은 지점이며, B 해역의 6번 지점 부근은 음파의 왕복 시간이 가장 짧은 구간이므로 수심이 가장 낮은 구간이다.

모범답안 A 해역은 6번 지점에서 수심이 급격히 깊은 것으로 보아 해구가 발달하며, B 해역은 중앙부의 수심이 낮은 것으로 보아 해령이 발달한다.

채점 기준	배점
수심의 변화를 바르게 해석하여 해저 지형을 옳게 서술한 경우	100 %
수심의 변화를 불충분하게 해석하고 해저 지형을 옳게 서술한 경우	70 %
해저 지형만을 옳게 서술한 경우	30 %

05

판 구조론은 대륙 이동설, 맨틀 대류설, 해양저 확장설을 거쳐 확립되었다.

06

진원의 분포가 비스듬이 분포하는 것으로 보아 하나의 판이 다른 판의 아래로 섭입하는 수렴형 경계 지역이다.

모범답안 진원의 분포로 보아 B 판이 A 판의 아래로 섭입하고 있다. 두 판이 수렴하는 경우 밀도가 큰 판이 밀도가 작은 판의 아래로 섭입하므로 판의 밀도는 B 판이 A 판보다 크다.

채점 기준	배점
섭입하는 판과 판의 밀도를 옳게 비교하여 서술한 경우	100 %
섭입하는 판과 밀도가 큰 판을 모두 옳게 제시하였으나 설명이 충분하지 않은 경우	70 %
섭입하는 판과 밀도가 큰 판 중 하나만 옳게 서술한 경우	30 %

02 대륙 분포의 변화와 플룸 구조론

핵심 개념 체크

본문 010~011쪽

1 ㉠ +, ㉡ −
2 자기 적도
3 복각
4 유라시아
5 (1) × (2) ○ (3) × (4) ×
6 연약권
7 맨틀과 핵의 경계
8 (1) ㉢ (2) ㉠ (3) ㉡
9 (1) × (2) × (3) ○ (4) ○

출제 예상 문제

본문 012~014쪽

01 ③ **02** ② **03** ③ **04** ⑤ **05** ③
06 ② **07** ⑤ **08** ① **09** ② **10** ②
11 ④ **12** ① **13** ③ **14** ⑤ **15** ④

01

① : 현재 지구 자기장의 축은 지구의 자전축에 대해서 경사져 있다.
② : 자석의 N극이 가리키는 지구 자기장의 북극은 자석의 S극에 해당한다.
③ : 나침반의 자침이 수평면과 이루는 각을 복각이라고 한다.

④ : 북반구에서는 지구 자기장의 북극에 가까워질수록 복각이 커진다.
⑤ : 복각은 자기 적도를 기준으로 북쪽에 위치한 자기 북반구에서는 (+) 값을, 자기 남반구에서는 (−) 값을 나타낸다.

02

① : (가)에서 자침의 N극이 수평면에 대하여 아래쪽으로 30° 기울어져 있으므로 복각은 +30°이다.
② : (나)에서 자침이 수평면과 나란하므로 복각은 0°이다.
③ : (가)는 복각이 +30°인 곳이므로 자기 북반구에 위치한 지역이다.
④ : (나)는 복각이 0°인 곳이므로 자기 적도에 위치해 있다.
⑤ : (다)는 복각이 −30°인 곳이므로 자기 남반구에 위치한 지역이다.

03

㉠ : 7100만 년 전 이후 인도 대륙은 암석에 기록된 복각이 (−) 값인 남반구에서 (+) 값인 북반구로 이동하였다.
㉡ : 적도에서는 복각이 0°이므로 고지자기 복각이 (−) 값에서 (+) 값으로 변한 시기에 적도를 통과하였다. 따라서 인도 대륙은 5500만 년 전에서 3800만 년 전 사이에 적도를 통과하였다.
㉢ : 7100만 년 전 이후 시간에 따른 복각의 변화량은 점점 감소하였으므로 인도 대륙의 이동 속도는 점점 느려졌다.

04

㉠ : 인도 대륙의 위치 변화는 암석의 나이와 암석에 기록된 고지자기 복각 자료를 이용하여 복원할 수 있다.
㉡ : 인도 대륙은 3천 8백만 년 전보다 1천만 년 전에 더 북쪽에 위치하였다. 복각의 크기는 자기 북극에 가까워질수록 커지므로 인도 대륙에서 복각의 크기는 3천 8백만 년 전보다 1천만 년 전이 크다.
㉢ : 인도 대륙이 북상하여 유라시아 대륙과 충돌하여 히말라야산맥이 만들어졌다.

05

지질 시대 동안 대륙은 끊임없이 이동하였으며, 약 2억 5천만 년 전에는 대륙이 하나로 모여 초대륙을 형성하였다.
㉠ : 지각 아래의 맨틀이 대류하고 있으므로 대륙은 끊임없이 이동한다.
㉡ : 2억 5천만 년 전 이후로 대륙이 분열하여 대서양이 형성되었으므로 현재 대서양은 점점 넓어지고 있다.
㉢ : 2억 5천만 년 전에는 대륙의 분포가 남반구와 북반구에 비슷하게 분포하였으나 현재는 북반구에 더 많은 대륙이 분포하므로 북반구의 대륙 면적은 현재가 2억 5천만 년 전보다 넓다.

06

㉠ : 초대륙이 형성된 시기는 서로 떨어진 대륙들이 하나로 합쳐진 시기이므로 B이다.
㉡ : 초대륙이 형성되면 대륙과 대륙 사이에 있던 해안선이 사라지므로 해안선의 길이가 짧아진다. 따라서 B 시기는 해안선의 길이가 가장 짧은 시기이다.
㉢ : C 시기에는 초대륙이 분리되면서 대륙이 갈라지고 있다. 대륙이 갈라지는 곳에서는 열곡대가 발달한다.

07

맨틀 대류는 판을 움직이는 원동력으로 해령에서 판을 밀어내는 힘, 섭입하는 판이 잡아당기는 힘, 맨틀 대류로 형성된 힘이 함께 작용한다.
㉠ : ㉠은 맨틀 대류의 수평 이동부로 이는 연약권에 해당한다.
㉡ : A의 아래쪽은 맨틀 대류가 상승하는 곳이므로 A에서는 마그마가 분출하여 새로운 해양 지각이 생성된다.
㉢ : B에서는 해양판이 대륙판 아래로 섭입하는데, 이때 섭입하는 판이 잡아당기는 힘이 작용한다.

08

① : 플룸의 상승과 하강은 맨틀 전체에서 일어난다.
② : 맨틀 내에서 상승하는 고온의 열기둥이나 하강하는 저온의 열기둥을 모두 플룸이라고 한다.
③ : 플룸 구조론은 판 구조론으로 설명하기 어려웠던 판의 내부에서 일어나는 화산 활동을 설명할 수 있다.
④ : 판이 이동하더라도 열점의 위치는 변하지 않는다.
⑤ : 열점은 플룸 상승류가 지표면과 만나는 지점 아래에서 마그마가 생성되는 곳에 위치한다.

09

고지자기는 지질 시대에 형성된 암석에 남아 있는 잔류 자기이다.
㉠ : 복각은 자침이 수평면과 이루는 각이다.
㉡ : 지자기 복각이 0°인 암석은 자기 적도에서 생성된 암석이다.
㉢ : 암석이 만들어질 때 암석 속에 들어 있는 강자성체는 당시 지구 자기장의 방향으로 자화되므로 암석에 남아 있는 고지자기는 암석이 생성될 당시의 지구 자기장이 기록된 것이다.

10

㉠ : 같은 시기에 자북극이 서로 일치하지 않는 것은 대륙이 이동하였기 때문이다.
㉡ : 5억 년 전 자북극의 위치가 같아지도록 대륙을 움직이면 유럽 대륙과 북아메리카 대륙은 서로 접근하게 되므로 대서양의 넓이는 현재보다 좁아진다.
㉢ : 자북극의 이동 경로가 같아지도록 대륙을 움직이면 지질 시대 동안 대륙이 이동한 상대적인 경로를 알 수 있다.

11

2억 5천만 년 전에 초대륙이 형성되었고, 그 이후 초대륙이 분열하여 현재의 대륙 분포가 형성되었다.
④ : 2억 5천만 년 전 초대륙이 형성된 이후, C는 초대륙이 막 분열을 시작하던 시기이며, B는 초대륙이 남북으로 분리되어 중간에 바다가 형성된 시기이고, A는 대륙들이 동서 방향으로 분리되어 대서양이 형성된 시기이다. D는 현재의 수륙 분포이다. 따라서 대륙 분포의 변화 순서는 C → B → A → D이다.

12

판 구조론에서 판은 연약권에서 일어나는 맨틀 대류에 의해 움직이며, 판의 상대적인 움직임에 의하여 지진이나 화산 활동과 같은 지각 변동이 일어난다.
㉠ : A와 B는 판이 생성되는 해령이다. 해령에서는 새로운 해양 지각이 생성된다.
㉡ : C는 변환 단층이다. 변환 단층에서는 지진만 발생할 뿐 화산 활동은 일어나지 않는다.
㉢ : D는 화산호이다. 섭입대 위쪽에 발달한 화산호 부근에서는 천발 지진과 심발 지진이 모두 활발하게 일어난다.

13

플룸은 맨틀 전체에 걸쳐서 상승과 하강 운동을 하며, 플룸 상승류가 있는 곳에서는 지진파의 속도가 느려진다.

㉠: 아시아 대륙 밑에서는 차가운 플룸이 하강한다.

㉡: 아프리카 대륙과 남태평양, 대서양 중앙 해령 아래쪽은 뜨거운 플룸이 상승하는 곳이다.

㉢: 플룸 상승류가 있는 곳은 온도가 높으므로 지진파의 속도가 느려진다.

14

지진파 단층 촬영에서 지진파의 속도가 느려지는 곳은 주변의 맨틀보다 온도가 높은 곳이므로 플룸 상승류가 있는 곳으로 추정된다.

㉠: 하와이섬은 플룸이 상승하는 곳 위에 위치하므로 하와이섬 아래에는 열점이 있다.

㉡: 붉은색 영역은 주변의 맨틀보다 온도가 높아 지진파의 속도가 느린 곳이다.

㉢: 맨틀 상부에서 일어나는 맨틀 대류는 연약권에서 일어나지만 플룸 상승류는 맨틀과 핵의 경계에서부터 시작된다.

15

현재 하와이섬 아래에는 열점이 있으며, 열점에서 일어나는 화산 활동과 판의 이동에 의해 섬들이 일렬로 형성된다.

㉠: 약 4300만 년 전을 경계로 섬들이 늘어선 방향이 바뀌었으므로 이 시기에 태평양판의 이동 방향이 변하였음을 알 수 있다.

㉡: 태평양판은 북북서 방향으로 이동하다가 현재는 서북서 방향으로 이동하고 있다.

㉢: 하와이섬 아래에는 열점이 있으며, 열점은 플룸 상승류가 있는 곳에서 생성된다.

서답형 문제

본문 015쪽

01 (1) 50° (2) 0°

02 (1) $50° \times 110\ \text{km}/° = 5500\ \text{km}$ (2) $\frac{5500\ \text{km}}{7100\text{만 년}} \fallingdotseq 7.75\ \text{cm/년}$

03 (1) B, D, E (2) A, B, C, D, E (3) B, D (4) A, D

04 해설 참조

05 (1) 해령, 열곡대 (2) 해구, 호상 열도, 습곡 산맥

06 해설 참조

01

A 지점은 자침의 N극이 아래쪽으로 50° 기울어져 있는 곳이므로 복각이 50°인 곳이며, B 지점은 자침이 지표면과 나란하므로 복각이 0°인 곳이다.

02

(1) 인도 대륙은 7100만 년 동안 위도가 50° 변하였으므로 총 이동 거리는 $50° \times 110\ \text{km}/° = 5500\ \text{km}$이다.

(2) 인도 대륙은 7100만 년 동안 5500 km를 이동하였으므로 평균 이동 속도는 $\frac{5500\ \text{km}}{7100\text{만 년}} \fallingdotseq 7.75\ \text{cm/년}$이다.

03

발산형 경계(E)에서는 화산 활동과 천발 지진이 활발하며, 섭입형 수렴 경계(B, D)에서는 화산 활동과 천발 지진 및 심발 지진이 활발하다. 또한 충돌형 수렴 경계(A)와 보존형 경계(C)에서는 화산 활동이 거의 일어나지 않는다.

04

전 세계 판들이 현재와 같은 방향과 속도로 이동한다면 대양의 중앙에 해령이 발달한 곳은 넓어지고 대양의 가장 자리에 해구가 발달한 곳은 좁아질 것이다.

모범답안 태평양은 가장 자리에 해구가 발달하므로 좁아질 것이고, 대서양은 중앙에 해령이 발달하므로 넓어질 것이다.

채점 기준	배점
태평양과 대서양의 변화를 근거를 제시하여 옳게 서술한 경우	100 %
근거가 불충분한 상태로 태평양과 대서양의 변화를 옳게 서술한 경우	70 %
태평양과 대서양 중 하나만 옳게 서술한 경우	30 %

05

맨틀 대류가 상승하는 곳에서는 대륙이 갈라지므로 열곡대나 해령이 발달하며, 맨틀 대류가 하강하는 곳에서는 수렴형 경계에서 생성되는 지형인 해구, 호상 열도, 습곡 산맥 등이 형성된다.

06

P파의 속도가 느려지는 곳은 맨틀의 온도가 주위보다 높은 곳이므로 플룸 상승류가 있을 것으로 추정되는 곳이다.

모범답안 플룸 상승류가 존재하는 곳은 주위보다 온도가 높아 P파의 속도가 느린 곳이므로 플룸 상승류는 B에 존재한다.

채점 기준	배점
플룸 상승류가 존재하는 장소와 까닭을 지진파 속도와 맨틀의 온도를 들어 옳게 서술한 경우	100 %
플룸 상승류가 존재하는 장소를 바르게 썼으나 그 까닭이 불충분한 경우	70 %
플룸 상승류가 존재하는 장소만 옳게 서술한 경우	30 %

03 마그마의 생성과 화성암

핵심 개념 체크

본문 016~017쪽

1 (1) ㉠ (2) ㉢ (3) ㉡ **2** ㉠ 상승, ㉡ 감소, ㉢ 공급 **3** 현무암

4 ㉠ 세립질, ㉡ 유리질

5 (1) × (2) × (3) ○ (4) ○ (5) × **6** ㉠ 안산암, ㉡ 유문암

7 ㉠ 반려암, ㉡ 화강암

8 ㉠ 염기성암(고철질암), ㉡ 산성암(규장질암)

9 주상 **10** 화강암

11 (1) ○ (2) × (3) × (4) ○ (5) × (6) ○ (7) ○

출제 예상 문제 본문 018~019쪽

01 ④	**02** ③	**03** ①	**04** ②	**05** ⑤
06 ③	**07** ②	**08** ①	**09** ⑤	**10** ④

01

~~④~~: SiO_2 함량이 63 % 이상은 유문암질 마그마, 52~63 %는 안산암질 마그마, 52 % 이하는 현무암질 마그마이다. 해령이나 열점에서 분출하는 마그마는 현무암질 마그마이다.

02

㉠: B는 물을 포함하지 않은 맨틀의 용융 곡선, A는 물을 포함한 맨틀의 용융 곡선이다.

㉡: 지하의 온도 분포를 보면 깊이가 깊어질수록 온도가 증가하는 것을 볼 수 있다.

~~㉢~~: 깊이 50 km의 암석 온도는 약 700 ℃이다. 50 km면 맨틀 물질인데, 맨틀 물질이 지표에서 녹는점은 약 1200 ℃ 정도로 보이므로 깊이 50 km의 암석이 지표로 올라와도 녹지 않는다.

03

㉠: SiO_2 함량이 63 % 이상이면 유문암질 마그마, SiO_2 함량이 52 % 이하이면 현무암질 마그마이다.

~~㉡~~: 유동성은 현무암질 마그마가 유문암질 마그마보다 크다.

~~㉢~~: 현무암질 마그마는 Si, O가 적고 무거운 원소인 Fe, Mg 등을 더 많이 포함하고 있어 유문암질 마그마보다 밀도가 크다.

04

~~㉠~~: A는 대륙 지각 하부에 고여 있는 모습으로 보아 유문암질 마그마이다.

~~㉡~~: 온도 상승으로 물을 포함한 대륙 지각의 물질이 녹아서 만들어진 마그마는 A이다. 현무암질 마그마가 대륙 지각 하부에 고이면서 대륙 지각을 가열해 유문암질 마그마(A)를 만든다.

㉢: 현무암질 마그마와 유문암질 마그마가 섞이면 안산암질 마그마가 만들어질 수 있다.

05

㉠: A는 맨틀 물질의 상승에 의해 압력이 감소하면서 만들어지는 현무암질 마그마이다.

㉡: B는 섭입해 들어간 해양 지각에서 빠져나온 물이 맨틀에 공급되면서 맨틀 물질의 녹는점이 낮아지면서 만들어진 현무암질 마그마이다.

㉢: A, B 모두 현무암질 마그마가 만들어진다.

06

㉠: 색이 밝고 결정의 크기가 큰 것으로 보아 (가)는 화강암이고, 색이 어두운 것으로 보아 (나)는 반려암이다.

~~㉡~~: SiO_2 함량이 52 % 이하인 반려암이 SiO_2 함량이 63 % 이상인 화강암보다 밀도가 크다.

㉢: 화강암과 반려암은 둘 다 심성암이다.

07

~~㉠~~: A는 SiO_2 함량이 50 % 정도로 현무암질 마그마가 굳어서 된 암석이다. 현무암질 마그마가 굳으면 어두운 색 광물을 많이 포함하여 색이 어둡다. 반면, B는 SiO_2 함량이 70 % 정도로 유문암질 마그마가 굳어서 된 암석으로 밝은 색을 띤다.

㉡: 입자 크기가 A가 B보다 큰 것으로 보아 마그마의 냉각 속도는 A가 B보다 느렸다는 것을 알 수 있다.

~~㉢~~: B의 SiO_2 함량이 70 % 정도인 것으로 보아 유문암질 마그마가 식어서 만들어졌다는 것을 알 수 있다.

08

A는 지하 깊은 곳에서 천천히 식어서 심성암이, B는 지표에서 빠르게 식어서 화산암이 만들어진다.

㉠: 현무암질 마그마가 지하 깊은 곳에서 천천히 식으면 반려암이 만들어진다.

~~㉡~~: B는 지표에서 빠르게 냉각되므로 세립질 조직을 가진다.

~~㉢~~: 마그마의 냉각 속도는 지하가 지표보다 느리다.

09

북한산은 중생대에 만들어진 화강암으로 이루어져 있고, 독도는 신생대에 만들어진 현무암으로 이루어져 있다.

㉠: 북한산은 주로 화강암으로 이루어져 있다.

㉡: 독도는 신생대에 분출한 용암으로 이루어진 화산섬이다.

㉢: (가)는 중생대에, (나)는 신생대에 생성된 암석으로 이루어져 있다.

10

~~㉠~~: 설악산은 정상부는 화강암으로 이루어져 있다.

㉡: 화강암은 SiO_2 함량이 63 % 이상인 암석이다.

㉢: 화강암은 유문암질 마그마가 지하 깊은 곳에서 천천히 식어서 만들어지므로 결정의 크기가 큰 조립질 조직을 가지고 있다.

서답형 문제 본문 020쪽

01 (1) 유문암질 마그마 (2) 해설 참조
02 (1) A: 현무암질 마그마, B: 현무암질 마그마 (2) 해설 참조
03 (1) 해설 참조 (2) 해설 참조 **04** 해설 참조
05 (1) (가) 안산암 (나) 유문암 (다) 현무암 (2) 해설 참조
06 (1) 주상 절리 (2) 해설 참조

01

(1) A → B 과정은 온도가 높아져서 물을 포함한 화강암이 녹는 경우이다. 화강암은 SiO_2 함량이 63 % 이상인 암석이므로 화강암이 녹으면 유문암질 마그마가 생성된다.

(2) 모범답안 깊이 100~150 km의 물질은 고체 상태이다. 그 까닭은 깊이 100~150 km의 온도가 맨틀의 녹는점보다 낮기 때문이다.

채점 기준	배점
물질의 상태와 까닭을 옳게 서술한 경우	100 %
물질의 상태나 까닭 중 한 가지만 옳게 서술한 경우	50 %

02

(1) A는 해령에서 생성되는 마그마이고, B는 열점에서 생성되는 마그마이다.

(2) 모범답안 A와 B는 모두 맨틀 물질이 상승하면서 압력이 감소하여 마그마가 생성된다.

채점 기준	배점
맨틀 물질의 상승과 압력 감소로 옳게 서술한 경우	100 %
압력 감소만 서술한 경우	70 %
맨틀 물질의 상승만 설명한 경우	50 %

03

(1) 모범답안 (가)는 현무암질 용암으로 유동성이 커서 순상 화산을 만든다.

채점 기준	배점
용암 종류와 유동성, 화산 형태를 모두 옳게 서술한 경우	100 %
용암 종류와 유동성, 화산 형태 중 두 가지만 옳게 서술한 경우	60 %
용암 종류와 유동성, 화산 형태 중 한 가지만 옳게 서술한 경우	30 %

(2) 모범답안 (나)는 유문암질 용암으로 유동성이 작아서 종상 화산을 만든다.

채점 기준	배점
용암 종류와 유동성, 화산 형태를 모두 옳게 서술한 경우	100 %
용암 종류와 유동성, 화산 형태 중 두 가지만 옳게 서술한 경우	60 %
용암 종류와 유동성, 화산 형태 중 한 가지만 옳게 서술한 경우	30 %

04

(가)는 조립질 조직, (나)는 세립질 조직이 관찰된다.

모범답안 (가)는 마그마의 냉각 속도가 느려서 결정이 크게 성장하였고, (나)는 마그마의 냉각 속도가 빨라서 결정이 성장할 시간적 여유가 없었다.

채점 기준	배점
(가), (나)의 냉각 속도 차이와 결정 크기를 옳게 연결하여 서술한 경우	100 %
결정 크기와 냉각 속도 차이에 대한 연결 없이 냉각 속도 차이만 언급한 경우	70 %

05

(1) 화산암은 SiO_2 함량에 따라 현무암, 안산암, 유문암으로 나눈다. 세 암석은 색의 차이로도 구분할 수 있는데, 색이 가장 어두운 (다)가 현무암, 가장 밝은 (나)가 유문암, 중간 정도 밝기인 (가)가 안산암이다.

(2) 모범답안 암석의 색, SiO_2 함량, 밀도, 주요 조암 광물의 양 등이 다르다.

채점 기준	배점
다른 점 세 가지를 모두 옳게 서술한 경우	100 %
다른 점 두 가지만 옳게 서술한 경우	70 %
다른 점 한 가지만 옳게 서술한 경우	30 %

06

(1) 그림은 제주도 서귀포의 주상 절리이다. 주상 절리는 주로 육각기둥 모양의 기둥이 뭉쳐서 붙어 있는 형태로, 용암이 빠르게 냉각 수축할 때 생긴다. 제주도 주상 절리대의 암석은 현무암이다.

(2) 모범답안 사진에 보이는 암석은 현무암으로, 현무암질 마그마가 분출하여 빠르게 냉각하여 생성된다.

채점 기준	배점
마그마의 종류와 냉각 속도를 모두 옳게 서술한 경우	100 %
마그마의 종류와 냉각 속도 중 한 가지만 옳게 서술한 경우	50 %

본문 021~025쪽

대단원 종합 문제 Ⅰ. 지구의 변동

01 ④	02 ④	03 ②	04 ③	05 ④
06 ⑤	07 ③	08 ⑤	09 ①	10 ①
11 ③	12 ②	13 ②	14 ④	15 ③
16 ①				

고난도 문제

17 ②	18 ③	19 ③	20 ④	21 ⑤
22 ②	23 ③	24 ⑤		

01

~~ㄱ~~: 빙하는 추운 극지방에서 생긴다. 적도 부근에 위치한 인도 대륙에서 빙하의 흔적이 관찰되는 것은 인도 대륙이 고생대 말에는 극지방에 있다가 적도 부근으로 이동하였기 때문이다.

ⓛ: 빙하의 이동 방향을 보면 대체로 남극에서 적도 지방으로 이동하고 있다.

ⓒ: 빙하의 이동 방향을 역으로 추정해 보면 남아메리카와 아프리카 대륙은 붙어 있었을 것이다. 그러므로 남아메리카와 아프리카 대륙에서는 같은 종류의 화석이 발견될 수 있다.

02

~~ⓐ~~: 베게너는 대륙 간 해안선의 일치, 빙하의 흔적, 멀리 떨어진 대륙에서 같은 종의 화석 발견, 멀리 떨어진 대륙의 지질 구조의 연속성을 대륙 이동설의 증거로 제시하였다. 겉보기 자북극 이동 경로는 베게너의 사후 고지자기 학자들이 제시한 증거이다.

03

~~ㄱ~~: A는 대륙 지각으로 주로 화강암으로 구성되어 있고, B는 해양 지각으로 주로 현무암으로 구성되어 있다. 그러므로 A와 B를 이루는 암석은 다르다.

ⓛ: A는 대륙판, B는 해양판이므로 B의 밀도가 A의 밀도보다 커서 B가 A 밑으로 섭입한다. 그러므로 진앙은 주로 A 쪽에 분포한다.

~~ㄷ~~: 바다에서 음파의 속도가 1500 m/s이므로 3000 m를 내려가는 데 2초, 올라오는 데 2초로 총 4초가 걸린다.

04

ⓖ: A는 정자극기에 위치하므로 A의 지각이 생성될 당시의 자기장 방향은 현재 지구 자기장의 방향과 같다.

~~ㄴ~~: 판의 확장 속도가 같으므로 정자극기와 역자극기의 두께는 시간 간격을 의미한다. 정자극기와 역자극기의 두께가 불규칙하므로 자기장의 방향은 불규칙한 시간 간격으로 바뀌었다.

ⓒ: B는 해령에서 첫 번째 정자극기를 지난 역자극기에, C는 첫 번째 정자극기에 위치하므로 C가 더 나이가 적다는 것을 알 수 있다.

05

(가)는 고생대 말의 수륙 분포이고, (나)는 신생대 초기의 수륙 분포이다.

㉠: (가)에서 (나)로 가며 대륙들이 여러 개로 쪼개졌으므로 해양과 대륙이 접하는 부분인 해안선의 길이가 길어졌다.

㉡: 대륙이 여러 개로 분리되며 지형이 복잡해져서 해류의 분포도 복잡해졌을 것이다.

~~㉢~~: (나)에서 아직 인도 대륙이 유라시아 대륙과 부딪치지 않았으므로 히말라야산맥은 만들어지지 않았다.

06

㉠: 아시아 대륙 아래의 맨틀에는 차가운 플룸이 존재하고, 아프리카 대륙 아래의 맨틀에는 뜨거운 플룸이 존재한다. 지진파는 온도가 낮아서 밀도가 큰 맨틀에서 더 빠른 속도를 가진다.

㉡: 하와이는 열점 위에 위치하며, 그림을 보면 뜨거운 플룸의 상승에 의해 생성된 것임을 알 수 있다.

㉢: 뜨거운 플룸의 시작 부위가 외핵과 맨틀의 경계 부분이므로, 외핵에서 열을 전달받아 생성된다는 것을 알 수 있다.

07

㉠: a는 발산형 경계로 열곡과 해령이 존재한다.

㉡: b는 해령과 해령 사이의 판이 어긋나는 지역으로 보존형 경계이다.

~~㉢~~: 발산형 경계는 화산 활동이 활발하지만 보존형 경계는 화산 활동이 거의 일어나지 않는다.

08

㉠: A는 대륙판과 해양판의 수렴형 경계로 해구가 발달해 있다.

㉡: C는 동태평양 해령 지역으로 발산형 경계에 있다. 발산형 경계는 맨틀 대류의 상승부에 위치한다.

㉢: A는 수렴형 경계, B는 보존형 경계, C는 발산형 경계로 모두 천발 지진이 활발하게 발생한다.

09

㉠: 태평양판이 유라시아판 밑으로 섭입한 것으로 보아 태평양판의 밀도가 유라시아판의 밀도보다 크다는 것을 알 수 있다.

~~㉡~~: 일본 주변은 해구와 호상 열도가 관찰된다. 해양판과 대륙판의 수렴형 경계에서 발달하는 습곡 산맥은 남아메리카 서해안의 안데스산맥이 이에 해당한다.

~~㉢~~: A 마그마는 물의 공급에 의해 맨틀이 녹은 것으로 태평양판이 녹은 것이 아니다.

10

㉠: 현재 화와이섬에서 화산 활동이 있는 것으로 보아 열점의 위치는 화와이섬 아래이다. 열점에서 만들어진 화산섬이 태평양판이 이동함에 따라 움직이므로 열점에서 가장 멀리 떨어진 화산섬의 나이가 가장 많다. 그러므로 엠퍼러 해산군의 암석은 하와이 열도의 암석보다 나이가 많다.

~~㉡~~: 하와이 열도가 북서쪽으로 뻗어 있는 것으로 보아 태평양판은 북서쪽으로 이동하고 있다.

~~㉢~~: 하와이섬에서 분출되는 마그마는 맨틀 물질이 상승하면서 압력 감소에 의해 생긴 마그마로 맨틀 물질이 녹아 생긴 현무암질 마그마이다.

11

③: 세립질 조직을 가지고 있는 화산암에는 현무암, 안산암, 유문암이 있다. 암석의 색이 밝은 산성암에는 유문암과 화강암이 있다.

12

~~㉠~~: ㉠은 물을 포함한 화강암의 용융 곡선, ㉡은 물을 포함하지 않은 맨틀의 용융 곡선이다.

㉡: ㉠의 물질(화강암)은 ㉡의 물질(맨틀 물질)보다 SiO_2 함량이 높다.

~~㉢~~: 해령 아래에서 생성되는 마그마는 맨틀 물질이 상승하면서 압력 감소로 만들어지므로 a 과정으로 생성되는 마그마이다.

13

~~㉠~~: A는 해령 아래에서 생성되는 마그마로 현무암질 마그마이다.

~~㉡~~: 마그마의 생성 깊이는 해령보다 열점이 더 깊다.

㉢: A, B는 둘 다 현무암질 마그마로, 맨틀 물질이 상승하면서 압력이 감소하여 만들어진 마그마이다.

14

~~㉠~~: (가)는 조립질 조직, (나)는 세립질 조직이 관찰된다. 그러므로 (가)는 화강암, (나)는 현무암을 관찰한 모습이다.

㉡: (나)는 (가)보다 결정의 크기가 작은 것으로 보아 세립질 조직이다.

㉢: 마그마의 냉각 속도가 느리면 조립질 조직이, 마그마의 냉각 속도가 빠르면 세립질 조직이 만들어진다.

15

㉠: 하와이는 열점으로, 이곳에서는 현무암질 용암이 분출한다.

㉡: 현무암질 용암이 빠르게 식었으므로 주변의 암석은 현무암이다. 현무암은 세립질 조직을 갖는다.

~~㉢~~: 용암의 유동성이 크므로 순상 화산이 만들어진다.

16

㉠: (가)는 순상 화산의 모습이다. 백두산은 성층 화산이고, 제주도는 순상 화산이다.

~~㉡~~: A는 현무암질 용암, B는 유문암질 용암으로 유문암질 용암이 현무암질 용암보다 격렬하게 분출한다.

~~㉢~~: 순상 화산은 현무암질 용암에 의해 만들어진다.

17

자기장의 방향은 N극에서 나와서 S극으로 들어가는 방향이다. 현재 북극 근처에 S극이 존재한다.

~~㉠~~: (가)의 복각은 $+30°$, (나)의 복각은 $0°$, (다)의 복각은 $-30°$이다.

㉡: (가)와 (다)는 복각의 절댓값이 같으므로 적도에서 같은 거리만큼 떨어져 있다. (가) → (나) 기간(2000만 년)이 (나) → (다) 기간(1000만 년)보다 길므로 남북 방향의 이동 속력은 같은 거리를 가는 데 더 짧은 시간이 걸린 (나) → (다) 기간이 더 빠르다.

~~㉢~~: 복각이 (+)에서 (−)로 변했으므로 이 대륙은 자기 북반구에서 자기 남반구로 이동하였다.

18

㉠: 정상기와 역전기가 반복되는 것으로 보아 지구의 자기장은 여러 차례 역전되었다는 것을 알 수 있다.

~~㉡~~: 같은 시간에 가장 먼 거리를 이동한 동태평양 해저 지각의 이동 속도가 가장 빠르다.

㉢: A 시기에 생성된 암석은 역전기이다. 정상기에 지구 자기의 N극이

남반구에 있으므로, 역전기에는 N극이 북반구에 있다.

19

㉠ : 태평양판과 필리핀판의 경계에서는 필리핀판 쪽에서 주로 지진이 발생하는 것으로 보아 태평양판이 필리핀판 밑으로 섭입하고 있다는 것을 알 수 있다. 즉, 태평양판의 밀도는 필리핀판의 밀도보다 크다. 마찬가지로 필리핀판의 밀도가 유라시아판보다 크므로 판의 밀도는 태평양판>필리핀판>유라시아판이다.

㉡ : A′은 해구 부근에 위치한다. A′ 주변은 진원의 깊이가 0~100 km이고, A는 진원의 깊이가 500 km 이상이므로 진원의 깊이는 A′에서 A로 갈수록 대체로 깊어진다는 것을 알 수 있다.

㉢ : 진원의 깊이는 A와 B가 비슷한데, 수평 거리가 A－A′이 훨씬 길므로 섭입대의 경사는 B－B′이 더 크다는 것을 알 수 있다.

20

㉠ : A의 SiO_2 함량비는 약 50 %, B의 SiO_2 함량비는 약 75 %이다.

㉡ : 결정의 크기가 A보다 B가 큰 것으로 보아 암석이 생성될 당시의 깊이는 B가 A보다 깊다.

㉢ : B의 SiO_2 함량은 약 75 %로 산성암이고, 결정의 크기가 눈으로 보일 정도로 큰 것으로 보아 조립질 조직을 가진다. 그러므로 B는 화강암이다.

21

㉠ : 자기 북반구에서 형성된 암석에 기록된 고지자기의 복각은 (＋) 값을, 자기 남반구에서 형성된 암석에 기록된 고지자기의 복각은 (－) 값을 띤다. 인도 대륙은 남극 주변에서 적도를 지나 현재 북반구에 위치하므로 시대별 고지자기 복각은 (－) 값에서 (＋) 값으로 변했다.

㉡ : 남아메리카와 아프리카가 멀어지면서 대서양이 형성된 것으로 보아 맨틀 대류의 상승부인 발산형 경계가 사이에 있다는 것을 알 수 있다.

㉢ : 북아메리카 동해안과 유럽 서해안은 고생대 말에 붙어 있었으므로 고생대 말기에 형성된 암석의 지질 구조에는 연속성이 있다.

22

㉠ : 7100만 년 전~5500만 년 전 사이(1600만 년 동안)에 인도 대륙이 이동한 거리가 5500만 년 전~3800만 년 전(1700만 년 동안) 사이에 이동한 거리보다 길다. 다른 기간에도 시간에 따른 이동 거리가 줄어들고 있으므로 인도 대륙은 점점 느리게 이동했다.

㉡ : 7100만 년 전에는 인도 대륙과 아시아 대륙 사이에 해양판과 대륙판의 수렴형 경계가 존재하였고, 현재는 대륙판과 대륙판의 수렴형 경계가 존재한다.

㉢ : 현재의 히말라야산맥은 대륙판과 대륙판의 수렴형 경계로 화산 활동이 거의 일어나지 않는다.

23

㉠ : 그림에서 판은 A가 위치한 대륙판, C의 왼쪽에 있는 해양판, C의 오른쪽에 위치한 해양판으로 총 3개가 있다.

㉡ : A는 섭입대 부근의 화산, B는 열점에 의한 화산, C는 해령의 화산이다. 물의 공급에 의해 생성되는 마그마는 섭입대 부근이다.

㉢ : 안산암질 마그마는 섭입대 부근에서 만들어진 현무암질 마그마로 인해 대륙 지각이 열을 받아 형성된 유문암질 마그마와 현무암질 마그마가 섞여 만들어진다. A는 섭입대에 위치한 화산대로 주로 안산암질 마그마가 분출한다.

24

㉠ : B는 제주도이므로 B에는 현무암, A에는 화강암이 관찰된다.

㉡ : 화강암은 심성암이고, 현무암은 화산암이므로 결정의 크기는 화강암이 현무암보다 크다.

㉢ : 우리나라의 화강암은 중생대에, 현무암은 신생대에 만들어졌다.

Ⅱ. 지구의 역사

04 퇴적암과 지질 구조

핵심 개념 체크 본문 026~027쪽

1 ㉠ 다짐, ㉡ 교결	**2** ㉠ 쇄설성, ㉡ 화학적, ㉢ 유기적
3 연안	**4** (1) ○ (2) × (3) ○
5 ㉠ 배사, ㉡ 향사	**6** (1) ㉡ (2) ㉠ (3) ㉠
7 ㉠ 융기, ㉡ 침강	**8** 포획암 **9** 정

출제 예상 문제 본문 028~029쪽

01 ⑤	**02** ④	**03** ④	**04** ②	**05** ④
06 ④	**07** ⑤	**08** ④	**09** ①	**10** ②

01

㉠ : A(다짐 작용)에서 퇴적물의 압력으로 압축이 일어나 공극이 줄어든다.

㉡ : B(교결 작용)에서 공극에 석회질 물질, 규질 물질, 철질 물질이 침전되어 채워지므로 밀도가 커진다.

㉢ : 퇴적물이 쌓인 후 퇴적암이 되기까지 일어나는 과정을 속성 작용이라고 하므로 A, B를 모두 포함한다.

02

㉠ : 석탄, 처트, 석회암은 생물체의 유해가 쌓여 생성된 유기적 퇴적암의 예이므로 A는 유기적 퇴적암이다.

㉡ : 역암, 사암, 셰일은 풍화와 침식에 의한 퇴적물들이 굳어져 만들어진 쇄설성 퇴적암의 예이므로 B는 쇄설성 퇴적암이다. 응회암은 화산재가 퇴적된 후 굳어져 생성된 암석이므로 B의 예이다.

㉢ : 화학적 퇴적암인 암염은 해수가 증발하여 침전된 물질이 굳어져 만들어질 수 있다.

03

㉠ : 이 퇴적 구조는 사층리이며 퇴적물의 흐름이 있는 얕은 물속이나 사구에서 주로 형성된다.

㉡, ㉢ : 사층리의 기울어진 모양을 통해 퇴적물의 이동 방향과 지층의 역전 여부를 알 수 있다. 이 사층리가 형성될 당시 퇴적물의 이동 방향은 A 방향이다.

04

ㄱ : A와 B 사이의 연흔이 역전되어 있으므로 A는 B보다 나중에 퇴적되었다.

ㄴ : C와 D 사이의 건열은 역전되지 않았으므로 D는 C보다 나중에 퇴적되었다.

ㄷ : A와 C, B와 C 사이에 부정합면이 형성되어 있으므로 이 지역은 과거에 융기한 적이 있다.

05

④ : 이 지역에는 2회의 부정합이 나타나며, 최초의 부정합면 아래에 있는 지층은 횡압력에 의해 습곡이 형성되었고, 이후 장력에 의해 정단층이 형성되었다. 최초의 부정합면 위에 새로운 지층이 퇴적된 이후 화성암의 관입이 일어났으며, 다시 부정합이 형성되었다.

06

① : (가)에서 A는 위로 볼록한 배사이고, B는 아래로 오목한 향사이다.

② : (나)는 습곡축면이 기울어져 있고, 두 날개의 경사각이 다르므로 경사 습곡이다.

③ : (다)에서는 습곡축면이 수평에 가깝게 기울어져 있으므로 먼저 퇴적된 지층이 나중에 퇴적된 지층보다 위에 놓이는 부분이 나타난다.

④ : (가)는 정습곡, (나)는 경사 습곡, (다)는 횡와 습곡이다.

⑤ : (가), (나), (다)는 모두 습곡으로, 수평으로 퇴적된 지층이 횡압력을 받아 휘어진 지질 구조이다.

07

지층이 연속적으로 퇴적되지 않아 시간적으로 불연속적인 상하 두 지층 사이의 관계를 부정합이라고 한다. 지층이나 암체가 지각 변동에 의해 융기하여 지표면에 노출되면 풍화와 침식 작용을 받는다. 풍화와 침식 작용 후 이 지역이 침강하고 그 위에 새로운 지층이 쌓여 부정합이 형성된다.

ㄱ : (가)에서 해수면 아래에 지층이 퇴적된 후 융기하여 (나)에서 지층이 지표면에 노출되었다.

ㄴ : 해수면 아래의 지층은 침식 작용을 거의 받지 않는데 반해, 지표면에 노출된 지층은 침식 작용을 활발하게 받는다. 따라서 (가), (나), (다) 단계 중 침식 작용이 가장 활발한 단계는 (나)이다.

ㄷ : (가) → (다) 과정에서 부정합이 형성된 것으로 보아 (가) → (다) 과정에서 퇴적이 중단된 시기가 있었다.

08

(가)는 절리가 오각형이나 육각형의 기둥 모양으로 나타나므로 주상 절리이고, (나)는 절리가 판 모양으로 나타나므로 판상 절리이다.

ㄱ : (가)는 지표 부근의 용암이 급격히 식는 과정에서 부피가 감소하면서 기둥 모양으로 굳은 것이다.

ㄴ : (나)는 지하 깊은 곳의 화강암을 덮고 있던 지층이 풍화와 침식으로 깎여 나가 화강암체가 융기하면서 압력이 감소하여 형성된다.

ㄷ : (가) 주상 절리는 지표 부근에서 화산암이 생성되는 과정에서 용암이 빠르게 냉각되어 만들어지고, (나) 판상 절리는 지하 깊은 곳에서 생성된 심성암이 융기하여 만들어진다. 따라서 암석이 생성된 깊이는 (가)보다 (나)가 깊다.

09

① : (가)는 지층에 횡압력이 작용하여 형성된 습곡과 역단층으로, 판의 수렴형 경계인 히말라야산맥에 잘 발달하는 지질 구조이다. (나)는 지층에 장력이 작용하여 형성된 여러 개의 정단층이 발달되어 있는 지형이므로 판의 발산형 경계인 동아프리카 열곡대에 잘 발달하는 지질 구조이다.

10

ㄱ : (가) 지역에서는 화성암 속에 퇴적암의 파편이 포획암으로 들어 있으므로 화성암 A가 퇴적암 B보다 나중에 생성되었다.

ㄴ : (나) 지역에서는 퇴적암 속에 화성암의 침식물이 들어 있으므로 화성암 D가 분출한 후 퇴적암 C가 퇴적된 경우이다. 그러므로 C가 D보다 나중에 생성되었다

ㄷ : (가)에서는 화성암 속에 주변 퇴적암의 파편이 포획암으로 들어 있는 경우이므로 마그마의 관입이 일어나면서 퇴적암에는 마그마의 열에 의한 접촉 변성 작용이 일어날 수 있다.

서답형 문제

본문 030쪽

01 A : 암염, B : 역암, C : 응회암 **02** (1) (가) (2) (나) (3) (가)
03 (가) 셰일, 석회암 ➡ 해양 환경 (나) 역암 ➡ 육상 환경
04 해설 참조 **05** 해설 참조 **06** 해설 참조

01

암염은 물속에서 NaCl의 침전으로 생성된 화학적 퇴적암에 해당하고, 역암은 주로 자갈이 모래와 점토와 함께 퇴적되어 굳어진 쇄설성 퇴적암이며, 응회암은 화산재가 쌓여서 굳어진 쇄설성 퇴적암이다. 따라서 A는 암염, B는 역암, C는 응회암이다.

02

(1) (가)는 수면 아래에서 퇴적물이 쌓인 후 환경의 변화로 퇴적물이 건조한 공기 중에 노출되어 수분이 증발해 갈라진 퇴적 구조로, 건열이라고 한다.

(2) (나)는 주로 대륙 주변부의 해양에 퇴적된 물질이 한꺼번에 쓸려 내려가 수심이 깊은 곳에 쌓일 때 입자의 크기가 큰 것부터 아래쪽에 쌓여 형성된 점이 층리이다. (라)는 주로 수심이 얕은 곳에서 물결의 흔적이 퇴적물에 형성된 연흔이다. 따라서 (나)가 (라)보다 수심이 더 깊은 곳에서 형성되었다.

(3) (가)는 갈라진 틈(건열)이 뒤집혀 있으므로 역전된 지층에서 나타난다.

03

(가) 태백시 구문소는 주로 해양 환경에서 생성된 셰일이나 석회암으로 이루어져 있다. (나) 전라북도 진안군 마이산은 호수 환경에서 퇴적된 역암으로 주로 이루어져 있으므로 육상 환경에서 생성되었다.

04

그림에 나타나는 지질 구조는 정단층이며, 정단층은 지층에 장력이 작용할 때 형성된다.

모범답안 과거 이 지층에는 장력이 작용하였다. 그 까닭은 지층에 정단층이 나타나기 때문이다.

채점 기준	배점
장력과 정단층에 대해 옳게 서술한 경우	100 %
장력과 정단층 중 한 가지만 옳게 서술한 경우	50 %

05

주어진 지질 구조는 퇴적 → 습곡 → 역단층 → 융기 → 침식 → 침강 → 퇴적 → 융기 → 침식(현재 진행 중) 순서로 이루어졌다. 보기에 사용된 단어 중 횡압력은 습곡과 역단층을 형성한 원인이 되었다. 그림에서 지층 최상부가 불규칙한 모양으로 침식된 것을 볼 때, 이 지층은 땅속이 아니라 수면 위로 융기되어 있고 침식이 진행 중이라는 것을 알 수 있다.

모범답안 지층이 퇴적된 후 횡압력을 받아 습곡이 형성되고 역단층이 형성되었다. 지층이 융기하여 윗부분이 침식된 후 침강하여 그 위에 새로운 지층이 퇴적되었다. 그 후 다시 수면 위로 융기하여 현재 침식이 진행 중이다.

채점 기준	배점
모범 답안과 같이 서술한 경우	100 %
퇴적 → 습곡 → 역단층 → 융기 → 침식 → 침강 → 퇴적 → 융기 → 침식의 9단계 중 순서를 틀리거나 횡압력을 습곡, 역단층과 연관 지어 서술하지 못한 경우	하나당 −10 %

06

관입은 지하에서 마그마가 주변의 지층이나 암석을 뚫고 들어가는 것을 말하고, 포획은 마그마가 관입할 때 주위의 암석이나 지층의 조각이 떨어져 나와 마그마에 포함되는 것을 말한다. 이때 관입을 당하거나 포획된 암석이 먼저 생성된 것이다.

모범답안 A는 포획암이고, B는 관입암이므로 A가 B보다 먼저 생성되었다. 마그마가 관입할 때 주변 암석의 일부가 떨어져 나와 마그마 속에 암편으로 들어가 포획암이 되었기 때문이다.

채점 기준	배점
A, B의 생성 순서와 판단 근거를 옳게 서술한 경우	100 %
A, B의 생성 순서만 옳게 서술한 경우	50 %

05 지사학의 법칙과 지질 연대

핵심 개념 체크 본문 031쪽

1 (1) ○ (2) ○ (3) × **2** 상대 **3** 건층(열쇠층) **4.** $2T$

출제 예상 문제 본문 032~034쪽

01 ③	02 ③	03 ③	04 ③	05 ⑤
06 ②	07 ②	08 ①	09 ⑤	10 ①
11 ③	12 ④	13 ③		

01

ㄱ: A와 B는 수평으로 퇴적되어 있으므로 수평 퇴적의 법칙이 적용된다.
ㄴ: 지층 누중의 법칙이 적용되어 아래에 있는 B가 A보다 먼저 퇴적되었다고 해석할 수 있다.
③: B에 기저 역암이 있으므로 B와 C는 부정합의 법칙이 적용되어 두 지층 사이의 생성 시기에 큰 차이가 있다.
ㄹ: B를 E가 관입하였으므로 관입의 법칙이 적용된다. 이 지역에서는 화석이 발견되지 않았으므로 동물군 천이의 법칙은 적용되지 않는다.
ㅁ: D가 C를 관입하였으므로 관입의 법칙이 적용되어 C는 D보다 먼저 생성되었다.

02

㉠: A는 B에 의해 관입당했으므로 A는 B보다 먼저 생성되었다.
ㄴ: B와 C는 부정합 관계이므로 B가 먼저 생성되었다.
㉢: B와 C는 부정합 관계이므로 B와 C 사이에는 침식의 흔적이 있다.

03

③: 이 지역의 지질 단면도에서는 지층이 휘어진 습곡, 상반이 위로 이동한 역단층, 울퉁불퉁한 침식면인 부정합면이 나타나는 것을 볼 수 있다. 이 지역에서 지층의 생성 순서와 지각 변동이 일어난 순서는 A 퇴적 → 습곡 → 역단층 → 부정합 → B 퇴적이다.

04

이 지역에서 지층과 암석의 생성 순서는 A 퇴적 → C 퇴적 → 정단층 → 부정합 → B 관입 → 부정합 → D 퇴적 → E 퇴적이다.
①: 이 지역에는 상반이 아래로 내려간 정단층이 존재한다.
②: B가 관입한 이후 D가 퇴적되었다.
③: 이 지역에는 부정합이 존재하므로 과거에 침식 작용을 받은 적이 있다.
④: 이 지역에서 가장 오래된 지층은 A이다.
⑤: 지층 D와 E는 화석이 발견되지 않으므로 동물군 천이의 법칙을 적용할 수 없다.

05

㉠: 지질 단면도를 보면, 화강암 A는 B와 C 암석을 관입하였음을 알 수 있다.
㉡: 암석의 생성 순서는 B 퇴적 → C 퇴적 → A 관입 → (부정합) → D 퇴적 → E 퇴적 → (정단층) → (부정합) → F 퇴적이다.
㉢: $f-f'$은 장력에 의해 상반이 아래로 이동한 정단층이다.

06

②: 표준 화석을 이용하여 (가), (나), (다) 지역의 지층을 대비하면 다음 그림과 같다.
따라서 가장 오래된 지층은 ◆ 표준 화석이 산출되는 지층이므로 (가)이고, 가장 새로운 지층은 ★ 표준 화석이 산출되는 지층이므로 (다)이다.

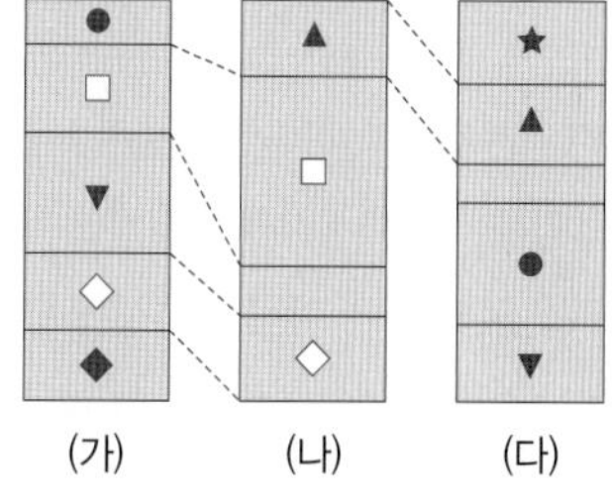

07

응회암을 건층으로 하여 (가), (나), (다) 지역의 지층을 대비하면 다음 그림과 같다.
ㄱ: (가)의 역암은 응회암 형성 이전에 퇴적되었고, (나)의 역암은 응

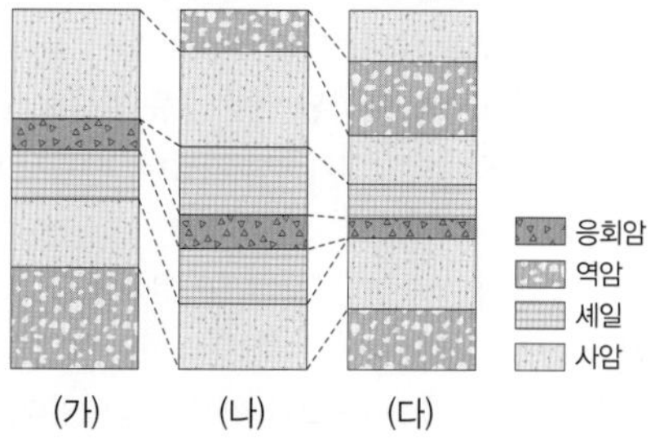

회암 형성 이후에 퇴적되었으므로, (가)와 (나)의 역암은 서로 다른 시기에 퇴적되었다.

㉡ : (나) 지역과 (다) 지역의 지층을 대비해 보면, 가장 오래된 지층과 가장 새로운 지층이 모두 (다)에 존재하므로 지층의 퇴적 기간은 (나)가 (다)보다 짧다.

ㄷ : (다)의 셰일은 절대 연령 6천만 년인 응회암보다 나중에 퇴적된 신생대 지층이므로 (다)의 셰일에서 중생대 표준 화석인 암모나이트 화석이 산출될 수 없다.

08

① : 퇴적암을 이루는 퇴적물들은 각기 다른 암석에서 떨어져 나온 파편들로 이루어져 있다. 따라서 방사성 원소의 처음에 있던 양이 보존되지 않으므로 연대 측정을 하기가 어려우며, 측정 결과를 신뢰할 수 없다. 따라서 방사성 동위 원소의 반감기를 이용한 연대 측정법은 화성암이나 변성암에서 주로 사용될 수 있다.

09

㉠ : 모원소 A의 양이 처음 양의 50 %로 되는 데 걸리는 시간이나 모원소 A와 자원소 B의 양이 서로 같아지는 시간이 모원소 A의 반감기이다. 그림에서 모원소 A의 반감기는 2억 년이다.

㉡ : B는 모원소 A의 자원소이므로 A가 붕괴되어 생성된 것이다.

㉢ : 암석 속에서 A와 B의 비가 1 : 3이면 모원소의 양이 $\frac{1}{4}$로 줄어드는 데 걸리는 시간이므로 반감기가 2번 지났음을 알 수 있다. 모원소 A의 반감기가 2억 년이므로 암석의 절대 연령은 4억 년(=2억 년×2회)이다.

10

㉠ : A는 반감기가 6억 년, B는 반감기가 3억 년이므로 A는 B보다 반감기가 길다.

ㄴ : B가 A보다 더 빨리 붕괴되므로 이 암석 속에 포함된 $\frac{\text{자원소의 양}}{\text{모원소의 양}}$ 값은 A가 B보다 작다.

ㄷ : 방사성 동위 원소 A의 경우 모원소 : 자원소=1 : 3이면 반감기가 2번 지난 것이므로 암석의 나이는 약 12억 년이다.

11

③ : 반감기는 방사성 원소가 처음 양의 절반으로 줄어드는 데 걸리는 시간이므로 그래프에서 반감기는 1억 년이다. 화성암 P에 포함된 방사성 원소 X의 양은 암석이 생성될 당시의 $\frac{1}{4}$이므로 반감기는 두 번 지났고 화성암 P의 절대 연령은 2억 년이다.

12

이 지역은 '지층 B → 화성암 A 관입 → 부정합 → 지층 D → 단층 $f-f'$ → 화성암 C 관입 → 부정합 → 지층 E'의 순으로 형성되었고, 방사성 동위 원소 X의 반감기는 1억 년이다.

① : 화성암 A에 포함된 방사성 동위 원소 X의 양이 처음 양의 25 %가 남아 있으므로 반감기가 2번 지났다. 따라서 화성암 A는 2억 년 전에 생성되었다.

② : 부정합면이 2개이고, 현재 육지이므로 이 지역은 최소한 3번 융기하였다.

③ : 화성암 A는 단층보다 먼저 생성되었다.

④ : 지층 D는 A와 C의 사이인 2억 년 전~1억 년 전인 중생대에 퇴적되었다. 따라서 지층 D에서는 암모나이트 화석이 발견될 수 있다.

⑤ : 가장 오래된 암석은 B이고, 가장 새로운 암석은 E이다

13

㉠ : 지층 A는 화강암 C를 부정합으로 덮고 있으며, 화강암 B는 A를 관입하였고, 지층 D에 의해 부정합으로 덮여 있다. 따라서 이 지역의 지층 생성 순서는 C → A → B → D이다.

ㄴ : C와 A 사이의 부정합은 부정합면 아래에 있는 지층에 화강암이 관입한 난정합이다.

㉢ : 화강암 B와 C가 생성된 후 반감기는 각각 3회와 4회 지났으므로 화강암 B와 C의 연령은 각각 3억 년과 4억 년이며, 지층 A는 두 화강암의 관입 사이에 생성되었으므로 고생대의 지층이다.

서답형 문제

본문 035쪽

01 (1) 수평 퇴적의 법칙 (2) 지층 누중의 법칙 (3) 관입의 법칙 (4) 부정합의 법칙 (5) 동물군 천이의 법칙
02 (1) (가) 관입, (나) 분출 (2) (가) A → C → B, (나) A → B → C
03 (1) 부정합의 법칙 (2) 해설 참조
04 (1) 해설 참조 (2) 해설 참조
05 (1) T (2) 해설 참조 **06** (1) B → C → A (2) 해설 참조

01

지사학의 법칙은 지층의 생성 순서를 결정하고, 지구의 역사를 추론하는 데에 이용되는 원리로, 수평 퇴적의 법칙, 지층 누중의 법칙, 관입의 법칙, 부정합의 법칙, 동물군 천이의 법칙이 있다.

02

(1) (가)는 화성암과 접촉하는 A와 C층이 모두 변성 작용을 받았으므로 A, C층이 차례로 퇴적되고 B가 관입한 경우이다. (나)는 B와 C층 사이에 기저 역암이 존재하므로 A층이 퇴적되고 화성암 B가 분출하여 침식 작용을 받은 후 C층이 퇴적되었다.

(2) (가)는 관입한 경우이므로 A → C → B 순으로 생성되었고, (나)는 분출한 경우이므로 A → B → C 순으로 생성되었다.

03

(1) 지층 A와 B가 부정합 관계이므로 생성 순서를 정할 때는 부정합의 법칙을 적용한다.

(2) 모범답안 일반적으로 퇴적물은 중력의 영향으로 수평으로 쌓이므로 지층이 기울어져 있거나 휘어져 있으면 지각 변동을 받은 것이다.

채점 기준	배점
모범답안과 같이 서술한 경우	100 %
횡압력을 받아서라고 서술한 경우	70 %

04

마그마가 관입하면 마그마의 열 때문에 관입당한 암석은 변성 작용을 받으므로 변성된 암석이 먼저 생성된 것이다.

(1) 모범답안 (가) 지역에서는 화성암 A에 의해 변성받은 부분이 존재하므로 B가 퇴적되고 A가 관입하였다. (나) 지역에서는 고생대의 표준

화석인 삼엽충이 산출되는 B가 중생대의 표준 화석인 암모나이트가 산출되는 A보다 먼저 생성되었다.

채점 기준	배점
순서와 까닭을 모두 옳게 서술한 경우	100 %
한 가지만 옳게 서술한 경우	50 %

(2) 모범답안 (가) 지역은 B가 퇴적되고 A가 관입하였으므로 관입의 법칙이 적용되었고, (나)는 표준 화석을 이용하였으므로 동물군 천이의 법칙이 적용되었다.

채점 기준	배점
지사학의 법칙과 까닭을 모두 옳게 서술한 경우	100 %
지사학의 법칙과 까닭 중 한 가지만 옳게 서술한 경우	50 %

05

(1) 모원소와 자원소의 비율이 같아지는 데 걸리는 시간이 반감기이므로 반감기는 T이다.

(2) 모원소와 자원소의 비율이 1 : 3이라면 반감기가 2번 지난 것이므로 절대 연령은 $2T$이다.

(2) 모범답안 반감기가 2번 지났으므로 $T \times 2 = 2T$이다.

채점 기준	배점
모범답안과 같이 서술한 경우	100 %
계산 과정 없이 절대 연령만 옳게 쓴 경우	50 %

06

화성암이나 변성암은 방사성 동위 원소를 이용하여 직접 절대 연령을 측정할 수 있지만 퇴적암은 생성 시기가 서로 다른 여러 퇴적물이 섞여 있기 때문에 주변 화성암이나 변성암의 절대 연령을 측정한 후 이들 암석과의 생성 순서를 비교하여 간접적인 방법으로 알아낸다.

(1) (가)에서 지층의 상대적인 선후 관계인 상대 연령은 B → C → A이다.

(2) 모범답안 화성암 A와 B에 들어 있는 방사성 원소의 양이 각각 처음 양의 $\frac{1}{2}$, $\frac{1}{4}$이라면 반감기가 각각 1회와 2회 경과한 것이다. (나)에서 이 방사성 원소의 반감기가 1억 년이므로 화성암 A의 나이는 1억 년이고, 화성암 B의 나이는 2억 년이다. 따라서 퇴적암 C의 절대 연령 범위는 1억 년~2억 년 사이이다.

채점 기준	배점
절대 연령과 과정을 모두 옳게 서술한 경우	100 %
절대 연령만 옳게 서술한 경우	30 %

06 지질 시대의 환경과 생물

핵심 개념 체크 본문 036~037쪽

1 시상 화석
2 (1) ㉠ 표준 화석, ㉡ 부정합 (2) 누대 (3) ㉠ 시생, ㉡ 원생, ㉢ 현생
3 중생대 **4** 판게아
5 (1) ○ (2) ○ (3) ○ (4) × (5) × (6) ×

출제 예상 문제 본문 038~039쪽

01 ③	02 ①	03 ①	04 ③	05 ④
06 ③	07 ①	08 ⑤	09 ②	10 ③
11 ①				

01

①: A는 분포 면적이 좁고 생존 기간이 길므로 시상 화석으로 적합하다.

②: B는 분포 면적이 넓고 생존 기간이 짧으므로 표준 화석으로 적합하다.

③: 고사리 화석은 지층의 퇴적 환경을 알려주는 시상 화석(A)으로, 고사리 화석이 발견되는 지층은 온난 다습한 육지에서 퇴적되었음을 알 수 있다.

④, ⑤: A는 생존 기간이 길므로 B보다 여러 시대의 지층에 걸쳐 산출된다. 따라서 지층의 대비에는 특정 시대에만 살았던 B가 A보다 적합하다.

02

㉠: 지질 시대는 생물종이 급변한 시기를 기준으로 구분하므로 (바) 생물이 멸종되고 (가), (나), (마) 생물이 출현한 지층 A와 B 사이를 경계로 지질 시대를 구분할 수 있다.

㉡: 생존 기간이 짧을수록 특정 지질 시대에만 분포하므로 표준 화석으로 적합하다. 따라서 표준 화석으로 가장 적합한 화석은 (바)이다.

㉢: 부정합을 경계로 상하 지층에서 산출되는 화석은 크게 다르다. 지층 B와 C는 산출되는 화석이 같으므로 부정합 관계일 가능성이 낮다.

03

①: 선캄브리아 시대에 원시 생물이 출현한 이후 현생 누대에 들어서 생물의 수가 폭발적으로 증가하였다.

A는 원시적인 생물이 출현한 선캄브리아 시대이고, B는 생물의 수가 폭발적으로 증가하였던 고생대, C는 포유류나 속씨식물과 같은 보다 고등한 생물체가 번성한 신생대이다. 그러므로 시간적인 순서는 A → B → C이다.

04

필석류는 고생대 캄브리아기에 출현하였고 방추충은 고생대 석탄기에 출현하였으며 원시 포유류는 중생대 트라이아스기에 출현하였다.

㉠: 삼엽충은 고생대 캄브리아기에 출현하여 페름기 말에 멸종하였으므로, 삼엽충의 생존 기간은 A 기간보다 길다.

㉡: 조류(새무리)는 중생대 중기에 출현하였으므로, 원시 포유류 출현(중생대 트라이아스기) 이후에 출현하였다.

㉢: B 기간에 속하는 고생대와 중생대 사이에 생물의 대량 멸종이 있었다.

05

(가): 나무의 나이테 간격은 기온이 높고 강수량이 많을 때 넓어진다.

(나): 빙하 퇴적물은 한랭한 기후에서 만들어지므로 이 시기에 기온이 낮았다.

(다): 기온이 높을수록 수온이 높아져 ^{18}O를 포함한 물의 증발이 잘 일어나므로 빙하 코어 속 물 분자의 산소 동위 원소비$\left(\frac{^{18}O}{^{16}O}\right)$가 높아진다.

06

㉠ : 신생대 말기에는 빙하기와 간빙기가 여러 차례 반복되었다.

~~㉡~~ : 겉씨식물이 번성한 중생대의 평균 기온은 현재 평균 기온보다 높았다.

㉢ : 대기 중에 산소의 양이 증가하면서 오존층이 형성되고, 육상 생물이 출현하게 되었다.

07

그림에서 각 지질 시대의 상대적 길이로 보아 A는 선캄브리아 시대, D는 고생대, C는 중생대, B는 신생대이다.

㉠ : 다세포 동물은 선캄브리아 시대 말기 즉, 원생 누대에 출현하였다.

~~㉡~~ : 속씨식물은 중생대(C)보다 신생대(B)에 번성하였다.

~~㉢~~ : 각 시대의 상대적 길이로 보아 D는 고생대이다.

08

(가)는 중생대의 암모나이트로 해성층에서 발견된다. (나)는 고생대의 삼엽충으로 페름기 말에 멸종하였다. (다)는 중생대의 공룡으로 신생대의 화폐석과 다른 시기의 표준 화석이다.

⑤ : (가), (나), (다) 중 번성했던 기간이 가장 긴 생물은 고생대에 번성했던 삼엽충이다.

09

~~㉠~~ : 방추충은 고생대 후기, 필석은 고생대 초기, 암모나이트는 중생대에 살았던 생물이므로 화석이 형성된 순서는 (나) → (가) → (다)이다.

~~㉡~~ : 매머드는 신생대 표준 화석이고, 암모나이트는 중생대 표준 화석이므로 암모나이트와 매머드는 같은 지질 시대에 생존하지 않았다.

㉢ : 방추충과 필석, 암모나이트는 모두 바다에서 서식했던 생물이므로 해성층에서 산출된다.

10

삼엽충이 번성했던 (가)는 고생대이고, 매머드가 번성했던 (나)는 신생대이며, 공룡이 번성했던 (다)는 중생대이다.

㉠ : 지질 시대는 (가) 고생대 → (다) 중생대 → (나) 신생대 순이다.

㉡ : 지질 시대의 지속 시간은 (가)>(다)>(나) 순이다.

~~㉢~~ : 판게아는 고생대 말부터 중생대 초까지 존재하였다. 따라서 (나) 신생대에는 판게아가 존재하지 않았다.

11

A는 고생대, B는 중생대, C는 신생대이다.

㉠ : 고생대 말기에 해양 생물의 수가 급감한 것은 판게아의 형성으로 해양 생물의 서식지 감소, 기후 변화 같은 지구 환경의 급격한 변화가 있었기 때문으로 추정된다.

~~㉡~~ : 인도와 유라시아 대륙의 충돌로 히말라야산맥이 형성된 시기는 신생대이다.

~~㉢~~ : 신생대에는 빙하기와 간빙기가 여러 번 반복되었다. 온난한 기후가 지속되면서 빙하기가 없었던 시대는 중생대이다.

서답형 문제

본문 040쪽

01 (라) → (가) → (나) → (다) **02** 해설 참조 **03** 해설 참조
04 해설 참조 **05** 해설 참조
06 (1) 기온이 높고 강수량이 많다. (2) 해설 참조

01

(가)는 고생대, (나)는 중생대, (다)는 신생대, (라)는 선캄브리아 시대의 생물에 대한 설명이다. 따라서 오래된 것부터 순서대로 나열하면 (라) → (가) → (나) → (다)이다.

02

시상 화석은 생물이 살던 당시의 환경을 추정하는 데 이용되는 화석으로 생존 기간이 길고, 특정 환경에 제한적으로 분포하며, 환경 변화에 민감한 생물이어야 한다.

모범답안 생존 기간이 길고, 분포 지역이 따뜻하고 습한 육지로 한정되기 때문이다.

채점 기준	배점
생존 기간과 분포 지역을 모두 옳게 서술한 경우	100 %
생존 기간과 분포 지역 중 한 가지만 옳게 서술한 경우	50 %

03

산호는 지층의 퇴적 환경을 알려주는 시상 화석이고, 암모나이트는 지층의 생성 시대를 알려주는 표준 화석이다. 산호는 따뜻하고 얕은 바다에서 사는 생물이고, 암모나이트는 중생대에 번성하였으므로, 이 지층은 중생대의 따뜻하고 얕은 바다에서 퇴적된 것이다.

모범답안 중생대의 따뜻하고 얕은 바다 환경에서 퇴적되었다.

채점 기준	배점
모범답안과 같이 서술한 경우	100 %
지층의 퇴적 환경만 옳게 서술한 경우	70 %
지층이 퇴적된 지질 시대만 옳게 서술한 경우	30 %

04

남세균의 광합성으로 인해 대기 중의 산소 농도가 증가하였고 이로부터 오존이 생성되어 기권에 오존층이 형성되었다. 오존층이 유해한 태양 복사의 자외선을 흡수함으로써 생물이 육상으로 진출할 수 있는 환경이 조성되었다.

모범답안 남세균의 광합성으로 기권에 산소가 증가하여 오존층이 형성되었고 이로 인해 태양의 자외선이 차단됨으로써 생물이 육상으로 진출할 수 있었다.

채점 기준	배점
남세균이 기권과 생물권에 미친 영향을 옳게 서술한 경우	100 %
남세균이 기권이나 생물권 중 어느 하나에 미친 영향만 서술한 경우	50 %

05

공룡은 중생대에 번성하였다가 멸종하였고, 원시인은 신생대에 출현하였으므로 같은 시간, 같은 공간에 함께 있을 수 없다.

모범답안 공룡은 중생대 말에 멸종하였고, 원시인은 신생대 후기에 등장하였으므로 같은 시기에 공존할 수 없다.

채점 기준	배점
모범답안과 같이 서술한 경우	100 %
'공룡과 원시인이 같은 시기에 공존하지 않았다'라고만 서술한 경우	50 %

06

(1) 나무의 성장은 기온이 높고 강수량이 많은 환경에서 빠르고, 이때 나무의 나이테 간격이 넓다.

(2) 모범답안 기온이 낮을수록 대기 중 ^{18}O를 포함한 수증기의 비율이 낮아지므로 빙하 코어 속 물 분자의 산소 동위 원소비$\left(\frac{^{18}O}{^{16}O}\right)$는 감소한다.

채점 기준	배점
모범답안과 같이 서술한 경우	100 %
그 외의 내용을 서술한 경우	0 %

본문 041~045쪽

대단원 종합 문제 Ⅱ. 지구의 역사

01 ②	02 ④	03 ⑤	04 ④	05 ⑤
06 ①	07 ⑤	08 ③	09 ③	10 ②
11 ⑤	12 ③	13 ③	14 ②	15 ③
16 ⑤	17 ①	18 ⑤	19 ④	20 ③

고난도 문제

21 ③	22 ③	23 ②	24 ⑤

01

② : 생물체의 유해가 쌓여서 생성된 유기적 퇴적암의 종류에는 석탄, 처트 등이 있다. 암석의 파편이 굳어져서 생성된 쇄설성 퇴적암에는 역암, 사암, 셰일 등이 있다. 화학 성분이 침전하거나 물이 증발되어 생성된 화학적 퇴적암에는 석고, 암염 등이 있다

02

㉠ : 건열은 퇴적 후 건조한 환경에서 수분 증발에 의한 수축으로 만들어지는 퇴적 구조이다.

㉡ : 사층리는 물이나 바람에 의해 퇴적물이 공급되어 온 방향을 알 수 있는 퇴적 구조이다.

㉢ : 건열과 사층리는 퇴적 시 형성된 퇴적 구조의 상하 형태가 달라 지층의 역전 여부를 판단할 수 있다.

03

①, ③ : B의 점이 층리와 D의 사층리로 판단할 때 이 지역의 지층은 역전되었다. 따라서 A보다 C가 더 오래된 암석이다.

② : 사층리의 모양에서 지층면과 사층리면이 이루는 경사각으로 판단해 볼 때 ㉠이 ㉡보다 상류임을 알 수 있다.

④ : 화성암 A는 중생대 말 또는 신생대 초에 분출하였으므로 중생대 표준 화석인 암모나이트는 A가 분출되기 이전에 번성하였다.

⑤ : C는 수면 아래에서 퇴적되었지만, 건열과 같이 한때 수면 위로 노출되어 건조해진 적이 있음을 알려 주는 퇴적 구조가 발견되지 않는다.

04

㉠ : A는 B를 관입하였으므로 A가 B보다 나중에 생성되었다.

㉡ : C가 관입하면서 D를 포획하였으므로 C가 D보다 나중에 생성되었다.

㉢ : A가 관입하는 과정에서 B에서는 마그마의 열에 의한 변성 작용이 일어날 수 있다.

05

㉠ : A는 육상 환경이므로 육지 내의 하천, 호수, 사막 등에 주로 쇄설성 퇴적물이 쌓인다. B는 연안 환경, C는 해양 환경을 나타낸다.

㉡ : 삼각주는 육상 환경과 해양 환경 사이에 존재하는 연안 환경에서 생기므로 B의 퇴적 환경에 해당한다.

㉢ : 해양 환경은 가장 넓은 면적을 차지하는 퇴적 환경이다.

06

㉠ : (가) 제주도 수월봉은 응회암이 있는 퇴적 지형이고, 응회암은 화산 활동으로 분출한 화산 쇄설물이 쌓여 형성되었으므로 퇴적암에서 잘 나타나는 층리가 발달한다.

㉡ : (나)의 암석에 뚫린 구멍은 역암이 형성되었다가 풍화 작용을 받아 자갈이 빠져 나가고 남은 타포니이다.

㉢ : (가)의 응회암은 신생대에 형성되었고, (나)의 역암은 중생대에 형성되었으므로 (가)의 암석은 (나)의 암석보다 나중에 형성되었다.

07

㉠ : A는 지층이 해수면 위로 드러나는 융기의 과정이고, B는 지층이 해수면 아래로 가라앉는 침강의 과정이다.

㉡ : 지반이 융기하여 지표에 노출되면 침식 작용이 일어나고, 퇴적 작용은 중단된다. 따라서 A와 B 사이에 퇴적이 중단되는 현상이 나타난다.

㉢ : (가)에서는 부정합면을 경계로 상부층과 하부층의 층리면이 경사져 있고, (나)에서는 부정합면을 경계로 상부층과 하부층의 층리면이 나란하다.

08

그림 (가)에서 화강암 내에 포획암(포획된 셰일)이 존재하는 것으로 보아 화강암이 셰일보다 나중에 생성된 것이고, 그림 (나)에서 화강암의 침식물이 셰일에 들어 있는 것으로 보아 화강암은 셰일보다 먼저 생성된 것이다.

㉠ : (가)에서 화강암이 관입하는 과정에서 이전에 존재하던 셰일이 포획되었다. 따라서 (가)에서 포획된 셰일은 화강암보다 먼저 생성되었다.

㉡ : (나)에서 화강암의 침식물이 셰일에 들어 있는 것으로 보아 화강암이 셰일보다 먼저 생성되었다.

㉢ : (가)에서 암석 생성 순서는 셰일 → 화강암이고 (나)에서 암석 생성 순서는 화강암 → 셰일이다. (가)와 (나) 지역의 화강암의 절대 연령이 같으므로 셰일의 퇴적 시기는 (가)가 (나)보다 빠르다.

09

㉠ : O－O′은 상하 지층 사이에 시간적 단절이 큰 부정합면이다.

㉡ : 분출된 화성암은 기존의 암석보다 나중에 형성된다. 따라서 A~F 중 가장 최근에 생성된 암석은 F이다.

㉢ : O－O′을 단층 P－P′이 끊었으므로 단층이 나중에 형성되었다.

10

암모나이트 화석이 산출되는 셰일은 중생대의 해성층이며, 암모나이트 화석과 완족류 화석을 이용하여 (가), (나), (다) 지역의 지층을 그림과 같이 대비할 수 있다.

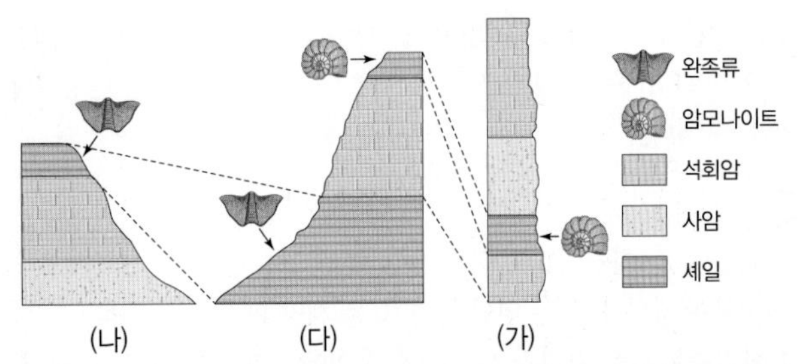

㉠ : 그림과 같이 지층이 대비되므로 가장 오래된 지층은 (나)의 사암이다.

㉡ : (나)의 석회암과 완족류 화석이 산출되는 셰일은 해성층이다.

㉢ : (다)에서 암모나이트 화석이 산출되는 셰일은 중생대 지층이다.

11

① : 그림에서 필석이 산출되는 A의 지질 시대는 고생대이고, 매머드가 산출되는 B의 지질 시대는 신생대이다. 신생대층이 고생대층보다 아래에 있으므로 이 지역에서는 지층의 역전이 있었다.

② : B에서는 매머드가 산출되므로 B의 지질 시대는 신생대이다. 신생대 제 4기에는 빙하기가 있었다.

③ : A는 고생대층이고 B는 신생대층이므로 A와 B 사이에는 최소한 중생대 기간에 해당하는 약 1억 8천 6백만 년(2.52억 년~0.66억 년)의 퇴적 중단 기간이 있었다. 이와 같이 오랜 기간 동안 퇴적이 중단된 두 지층 사이의 시간적인 불연속 관계를 부정합이라고 한다.

④ : 화성암 X는 지층 A와 B를 모두 관입하였으므로 지층 A와 B보다 나중에 생성된 것이다. 그림에서 매머드가 산출되는 B의 지질 시대는 신생대이고, 필석이 산출되는 A의 지질 시대는 고생대이다. 그러므로 생성 순서는 A → B → X이다.

⑤ : 지층 누중의 법칙에 따르면 아래에 있는 B 지층이 위에 있는 A 지층보다 오래된 것이지만, 필석이 산출되는 A가 고생대층, 매머드가 산출되는 B가 신생대층이라는 점에서 보면 A가 실제로는 더 오래된 것이다. 그러므로 A와 B 사이의 생성 순서를 판단하기 위해서는 지층 누중의 법칙이 아니라 동물군 천이의 법칙을 적용해야 한다.

12

㉠ : 관입의 법칙, 지층 누중의 법칙, 부정합의 법칙에 의해 (가)에서 지층의 생성 순서는 B → D → A → C이다.

㉡ : C는 D보다 연령이 적으므로 포함되어 있는 방사성 원소는 Ⅰ이다.

㉢ : A층은 4억 년 전~2억 년 전 사이에 생성된 지층으로 신생대의 표준 화석인 화폐석 화석은 산출될 수 없다.

13

㉠ : 이 지역의 지층과 암석의 생성 순서는 C → P → B → (단층 $f-f'$) → Q → A 순이다. 따라서 화성암 Q는 지층 B보다 나중에 생성되었다.

㉡ : 부정합면이 2개 발견되므로 이 지역은 적어도 3회 이상의 융기가 있었다.

㉢ : 화성암 P는 14억 년 전에 관입하였고, 화성암 Q는 7억 년 전에 관입하였다. 따라서 단층 $f-f'$은 선캄브리아 시대에 생성되었다.

14

방사성 원소의 함량비를 이용하여 생물체의 유해나 암석의 절대 연령을 구할 때 반감기가 매우 긴 원소를 이용하면 붕괴한 양이 너무 적기 때문에 정확한 측정이 어렵다.

㉠ : 처음 양에 대해 시간에 따라 진행되는 방사성 원소의 질량 변화율은 반감기가 짧은 원소일수록 크다. 따라서 시간에 따른 방사성 원소의 질량 변화율은 ^{14}C보다 ^{40}K가 작다.

㉡ : 퇴적암의 절대 연령이란 퇴적된 시기를 지칭하는데, 퇴적암을 구성하는 퇴적물은 기원이 다양하고, 퇴적 작용이 일어나기 이전에 형성된 암석의 쇄설물이다. 따라서 퇴적암 속에 포함된 방사성 원소를 이용하여 퇴적암의 절대 연령을 밝힐 수 없다.

㉢ : 고고학 유물의 연대를 밝히기 위해서는 반감기가 매우 긴 ^{87}Rb보다는 반감기가 짧은 ^{14}C를 이용하는 것이 유리하다.

15

㉠ : (가)는 삼엽충 화석으로 고생대의 대표적인 표준 화석이다.

㉡ : 단단한 뼈나 껍데기 같은 부분이 빠르게 매몰되어야 생물체의 유해가 훼손되지 않고 화석으로 생성될 수 있다. 따라서 화석은 B의 조건에서 가장 잘 만들어진다.

㉢ : 삼엽충은 고생대의 바다에서 번성한 생물이므로, 삼엽충 화석이 발견된 지층은 과거에 바다에서 퇴적된 것이다.

16

㉠ : (가) 시기에 판게아가 형성되면서 대륙들이 모이는 동안에 생긴 충돌로 많은 산맥이 형성되었다.

㉡ : 판게아가 존재하던 고생대 말기에는 삼엽충과 방추충 등의 해양 생물이 멸종하였다.

㉢ : (나)의 시기에 화살표의 방향으로 보아 인도 대륙, 아프리카 대륙, 남아메리카 대륙 등이 북반구로 이동하고 있다. 따라서 북반구의 대륙 면적은 (가) 시기보다 (나) 시기에 더 넓다.

17

㉠ : 에디아카라 동물군은 후기 원생 누대 후기에 출현하여 고생대 이전에 멸종하였다.

㉡ : 에디아카라 동물군의 대부분은 단단한 껍데기나 골격을 가지고 있지 않아 대부분 몰드의 형태로 산출된다. (고생물체가 땅속에 묻혀 오랜 시간이 지나는 동안 지하수 등에 용해되어 없어지고 겉모양만 남아 있는 화석 형태를 몰드라고 한다.)

㉢ : 에디아카라 동물군이 생존하던 시기는 아직 육상 식물이 출현하기 이전이므로, 이 시기에 육지에는 양치식물이 번성하지 않았다.

18

㉠ : 삼엽충은 고생대의 표준 화석이다.

㉡ : 암모나이트는 중생대, 화폐석은 신생대의 표준 화석이고 중생대는 신생대보다 길기 때문에 번성했던 기간은 (나)가 (다)보다 길다.

㉢ : 세 화석은 모두 바다에서 살았던 생물의 화석이므로 모두 해성층에서 발견된다.

19

㉠ : 주어진 자료에서 대륙 빙하의 분포와 기온 변화를 분석해 보면, 고생대 초기에는 온난하였으나 말기에는 빙하기가 도래하였음을 알 수 있다.

㉡ : 중생대에는 대륙 빙하가 분포하지 않았으며, 온난한 기후가 지속되었다.

㉢ : 신생대에는 중생대보다 기후가 한랭했으며 대륙 빙하가 분포하였다. 따라서 신생대에는 중생대에 비해 평균 해수면이 낮았을 것이다.

20

A 시기는 고생대, B 시기는 중생대, C 시기는 신생대이다.

ㄱ : 겉씨식물은 고생대 말에 출현하였다. 따라서 겉씨식물이 출현한 시기는 A이다.

ㄴ : B 시기인 중생대에 빙하기가 없었으므로 B 시기에 대륙 빙하 분포 범위는 고생대나 신생대에 비해 좁았다.

ㄷ : B 시기인 중생대와 C 시기인 신생대 사이에 암모나이트를 비롯한 생물의 대량 멸종이 있었다.

21

ㄱ : 지층 A와 B 사이에 기저 역암이 분포하므로 두 지층은 부정합 관계이다.

ㄴ : C 속에 D의 조각이 분포하는 것은 마그마가 지층을 관입하면서 D의 조각을 포획하였기 때문이다. 따라서 C는 관입암이다.

ㄷ : 화성암 C에 D의 조각이 포함되어 있는 것으로 보아 지층 D는 C보다 먼저 생성되었다. 따라서 D는 C에 의한 접촉 변성 작용을 받았다.

22

③ : A에서 B로 감에 따라 화강암 → 셰일 → 사암 순으로 나타난다. 지층의 생성 순서는 사암 → 셰일 → 화강암이며, 퇴적암인 사암과 셰일은 지층 누중의 법칙에 의해 아래로 갈수록 연령이 증가하지만, 화강암은 동시에 만들어졌으므로 위, 아래 연령이 거의 같다.

23

ㄱ : 화석 C와 E는 서로 다른 지층에서 산출되고 있으므로 같은 시기에 번성했다고 보기 어렵다.

ㄴ : 화석 D는 지층 (나)에서만 산출되므로 (나)가 쌓이는 시대에만 생존했다는 것을 알 수 있고, 화석 A는 지층 (나)~(바)에 걸쳐서 산출되므로 (나)~(바)가 쌓이는 시대에 걸쳐 생존했다는 것을 알 수 있다. 표준 화석은 생물의 생존 기간이 짧을수록 좋으므로 화석 D가 화석 A보다 표준 화석으로서의 가치가 더 높다.

ㄷ : 각 지층의 경계 사이에서 산출되는 화석의 변화가 가장 큰 경계는 4가지 화석의 종류가 변하는 (다)와 (라) 사이이므로 (다)와 (라) 사이의 경계가 지질 시대를 구분하기 가장 적합하다.

24

ㄱ : 종이 띠 92 cm가 46억 년에 대응하므로 1억 년은 2 cm에 해당한다.

ㄴ : 삼엽충은 5.41억 년 전~2.52억 년 전의 고생대에 번성하였다. 5.41억 년과 2.52억 년은 각각 종이 띠의 현재 지점에서 왼쪽으로 10.82 cm, 5.04 cm의 위치에 있으므로 80~90 cm 구간에 속한다.

ㄷ : 전체 지질 시대 중 선캄브리아 시대가 차지하는 비율은 $\frac{46억-5.41억}{46억}\times 100 ≒ 88$ %가 되므로 80 %보다 크다.

Ⅲ. 대기와 해양의 변화

07 날씨의 변화

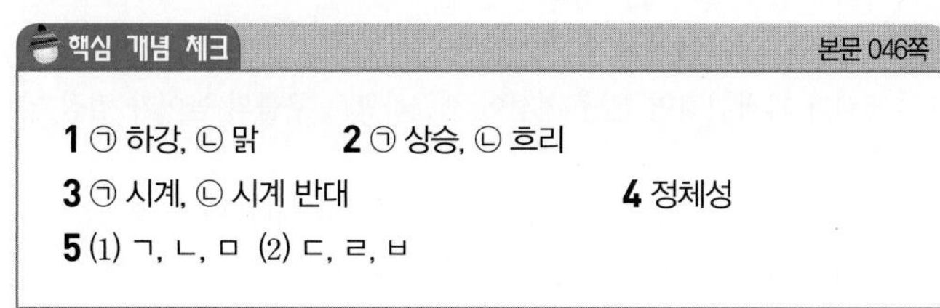

핵심 개념 체크 — 본문 046쪽

1 ㉠ 하강, ㉡ 맑 **2** ㉠ 상승, ㉡ 흐리
3 ㉠ 시계, ㉡ 시계 반대 **4** 정체성
5 (1) ㄱ, ㄴ, ㅁ (2) ㄷ, ㄹ, ㅂ

출제 예상 문제 — 본문 047~048쪽

01 ②	**02** ⑤	**03** ①	**04** ⑤	**05** ③
06 ①	**07** ④	**08** ④	**09** ③	**10** ②

01

② : A, D는 주변보다 기압이 낮고, B, C는 주변보다 기압이 높다.

02

① : 고기압은 기압 값에 관계없이 주변보다 기압이 높은 곳이다.

② : 고기압의 중심부에는 하강 기류가 발달한다.

③ : 저기압에서는 단열 팽창이 일어난다.

④ : 저기압 중심으로는 공기가 수렴한다.

⑤ : 공기는 항상 기압이 높은 곳에서 기압이 낮은 곳으로 움직이므로 바람은 항상 고기압에서 저기압으로 분다.

03

ㄱ : A는 저기압이므로 상승 기류가 발달한다.

ㄴ : B는 저기압이므로 상승 기류가 발달한다.

ㄷ : C는 고기압이므로 바람이 시계 방향으로 불어 나간다.

04

(가)는 겨울철에 자주 나타나는 일기도이고, (나)는 봄철과 가을철에 자주 나타나는 일기도이다.

ㄱ : A는 B보다 규모가 큰 고기압이다.

ㄴ : A는 한 곳에 머물러 있는 정체성 고기압, B는 규모가 작아 편서풍에 의해 동쪽으로 이동하는 이동성 고기압이다.

ㄷ : A는 시베리아 고기압이므로 겨울철에 잘 나타나며, B는 이동성 고기압이므로 봄·가을철에 자주 나타난다.

05

③ : 온난 전선 앞쪽에 위치한 A에서는 층운형 구름이 발달하여 약한 비가 내린다. 또 온난 전선은 따뜻한 공기가 찬 공기를 밀고 가는 전선이므로 A에는 찬 공기가 있어 상대적으로 기온이 낮다. 온난 전선의 뒤쪽에 위치한 B에서는 남서풍이 분다.

06

① : A에는 적란운이 발달하고 소나기가 내린다.

② : B에는 남서풍이 분다.

③ : C에는 지속적인 비가 내린다.
④ : B의 기압은 1004 hPa이며, A의 기압은 이보다 낮다.
⑤ : 기온이 가장 높은 지점은 B이다.

07

온난 전선이 지나가면 기압은 낮아지고 기온은 높아지며, 한랭 전선이 지나가면 기압은 높아지고 기온은 낮아진다.
① : 6시경에 온난 전선이 지나갔으므로 5시경에는 남동풍이 불었다.
② : 6시가 가까워지면 온난 전선이 접근하므로 구름의 높이가 점점 낮아진다.
③ : 온난 전선이 지나간 6시경부터 한랭 전선이 지나가기 전인 18시경까지는 구름의 양이 감소하고 비가 내리지 않았다.
④ : 18시경에 한랭 전선이 지나간 이후 기압이 급격히 상승하고 기온이 급격히 낮아졌다.
⑤ : 19시경에는 한랭 전선이 지나간 직후이므로 날씨가 흐렸다.

08

온난 전선 앞쪽에는 남동풍이 불고 흐리고 지속적인 비가 내리며, 한랭 전선 뒤쪽에는 북서풍이 불고 흐리고 소나기가 내린다.
④ : A－한랭 전선 뒤쪽에서 멀어진 위치한 지역이므로 북서풍(b)이 불고 날씨가 개는 지역이다.
B－온난 전선과 한랭 전선 사이에 위치하여 남서풍(c)이 불고 대체로 맑은 지역이다.
C－온난 전선의 앞쪽에 위치하여 남동풍(a)이 불고 지속적인 비가 내린다.

09

온난 전선은 전선면의 경사가 완만하므로 층운형 구름이 발달하고, 한랭 전선은 전선면의 경사가 급하므로 적운형 구름이 발달한다.
㉠ : (가)에서 우리나라를 지나는 저기압은 전선을 동반하는 온대 저기압이다.
ㄴ : 구름의 두께는 한랭 전선의 영향을 받는 A에서 더 두껍고 온난 전선의 영향을 받는 B에서 더 얇다.
㉢ : B는 온난 전선에서 생성된 층운형 구름이며, A는 한랭 전선에서 생성된 적운형 구름이므로 부산은 온난 전선과 한랭 전선 사이에 있어 구름이 거의 없다.

10

우리나라는 편서풍대에 놓여 있으므로 우리나라 부근에서 일기도 상의 고기압과 저기압은 서에서 동으로 이동한다.
ㄱ : 전선을 동반한 온대 저기압은 서에서 동으로 이동하므로 일기도는 (나)에서 (가)로 변하였다.
㉡ : 이 기간에 우리나라는 전선을 동반한 온대 저기압이 통과하였으므로 흐리고 비가 내렸을 것이다.
ㄷ : 이 기간 동안 A 지점의 풍향은 남동풍 → 남서풍 → 북서풍으로 변하였으므로 시계 방향으로 변하였다.

서답형 문제 본문 049쪽

01 ㉠ 시계, ㉡ 시계 반대 **02** 해설 참조
03 (다)－(나)－(라)－(가) **04** 해설 참조
05 ㉠ 층운형, ㉡ 전선 앞쪽, ㉢ 소나기 **06** 해설 참조

01

북반구에서는 고기압 중심에서 바람이 시계 방향으로 불어 나가고, 저기압 중심으로는 시계 반대 방향으로 바람이 불어 들어온다.

02

A는 주위보다 기압이 낮은 저기압이고, B는 주위보다 기압이 높은 고기압이다. 저기압에서는 상승 기류가 발달하여 단열 팽창이 일어나고 고기압에서는 하강 기류가 발달하여 단열 압축이 일어난다.

모범답안 A에서는 상승하는 공기의 단열 팽창이 일어나고, B에서는 하강하는 공기의 단열 압축이 일어난다.

채점 기준	배점
A와 B에서 공기의 상승·하강과 단열 변화를 모두 옳게 서술한 경우	100 %
A와 B에서 공기의 상승·하강과 단열 변화 중 단열 변화만을 일부 틀리게 서술한 경우	70 %
A와 B에서 공기의 상승·하강만 옳게 나타낸 경우	30 %

03

(가)는 폐색 전선이 발달하는 단계이며, (나)는 파동이 형성되는 단계, (다)는 찬 공기와 따뜻한 공기가 만나 정체 전선이 형성되는 단계, (라)는 온대 저기압의 발달 단계이므로 온대 저기압의 발달 순서는 (다)－(나)－(라)－(가)이다.

04

A 지점은 온난 전선의 앞쪽에 위치한 지점이므로 남동풍이 불고 층운형 구름이 발달하여 흐리고 지속적인 비가 내리는 곳이다.

모범답안 층운형 구름이 발달하여 흐리고 지속적인 비가 내리고 있으며 남동풍이 불고 있다.

채점 기준	배점
구름의 형태, 바람과 비를 포함하여 날씨를 모두 옳게 서술한 경우	100 %
세 가지 중 두 가지만 옳게 서술한 경우	70 %
세 가지 중 한 가지만 옳게 서술한 경우	30 %

05

온난 전선에서는 전선 앞쪽으로 층운형 구름이 발달하여 지속적인 비가 내리고, 한랭 전선에서는 전선 뒤쪽으로 적운형 구름이 발달하여 소나기가 내린다.

06

온대 저기압이 동쪽으로 이동함에 따라 A에서는 바람이 북동풍 → 북풍 → 북서풍으로 변하고, B에서는 바람이 남동풍 → 남서풍 → 북서풍으로 변한다.

모범답안 A에서는 풍향이 시계 반대 방향으로 변하고, B에서는 풍향이 시계 방향으로 변한다.

채점 기준	배점
A와 B에서의 풍향 변화를 모두 옳게 서술한 경우	100 %
A와 B 중 어느 한 곳에서의 풍향 변화만 옳게 서술한 경우	50 %

08 태풍과 우리나라의 주요 악기상

핵심 개념 체크 본문 050~051쪽

1 ㉠ 27, ㉡ 낮 **2** 태풍의 눈
3 (1) × (2) ○ (3) × (4) × **4** 오른쪽
5 높아 **6** 상승
7 ㉠ 짧은, ㉡ 좁은, ㉢ 많
8 (1) × (2) × (3) ○ **9** 성숙 단계 **10** 봄

출제 예상 문제 본문 052~053쪽

01 ①	**02** ⑤	**03** ①	**04** ⑤	**05** ②
06 ②	**07** ④	**08** ③	**09** ④	**10** ③

01

①: 적도 지방에서는 지구 자전에 의한 전향력이 없으므로 태풍이 발생하지 않는다.
②: 태풍은 중심부로 가면서 거대 적란운이 대규모로 발달하므로 많은 비를 내리고 강풍을 동반한다.
③: 태풍은 강한 바람으로 인한 폭풍 해일을 일으키기도 하고, 저기압 중심에서 해수면이 높아지는 현상이 만조와 겹쳐 해안가에 해일 피해를 일으키기도 한다.
④: 태풍은 무역풍에 의해 북서쪽으로 이동하다가 편서풍에 의해 북동쪽으로 이동하면서 진행 경로가 대체로 포물선 형태로 나타난다.
⑤: 태풍의 에너지원은 수증기의 잠열(응결열)이다.

02

①: 태풍은 북태평양 고기압의 가장자리를 따라 이동한다. 북태평양 고기압은 정체성 고기압이다.
②: 30°N보다 남쪽에서는 무역풍의 영향을 받는다.
③: 30°N 부근을 지난 후 이동 속도는 빨라진다.
④: 30°N 부근을 지난 후에는 태풍이 약해지므로 중심 기압이 높아진다.
⑤: A는 태풍 자체에서 부는 바람과 태풍의 이동 방향이 서로 반대 방향인 곳이므로 바람이 상대적으로 약하며, B는 태풍 자체에서 부는 바람과 태풍의 이동 방향이 같아 바람이 상대적으로 강하다.

03

태풍이 접근하는 시기의 위성 영상으로 우리나라 남쪽에 태풍의 눈이 있는 태풍이 다가와 있다.
㉠: 태풍의 중심에 태풍의 눈이 발달해 있다. 태풍의 눈에서는 하강 기류가 나타난다.
㉡: 우리나라는 태풍의 가장 자리에 있어 날씨가 맑은 상태이다.
㉢: 제주도에서는 태풍의 영향으로 북풍 계열의 바람이 분다.

04

㉠: 10시경 풍속은 안전 반원에 속한 A보다 위험 반원에 속하는 B에서 강하다.
㉡: B는 태풍 진행 방향의 오른쪽에 있는 지역이므로 풍향이 시계 방향으로 변한다.
㉢: 태풍이 육지에 상륙하면 수증기를 공급받지 못하고 지표면과의 마찰로 인해 많은 에너지를 소모하므로 세력이 약해져 중심 기압이 높아진다. 따라서 중심 기압은 04시보다 16시에 높다.

05

태풍은 저기압이므로 중심으로 갈수록 기압이 낮으며, 태풍 진행 방향의 오른쪽은 왼쪽보다 풍속이 강하다.
㉠: 태풍의 중심으로 갈수록 기압이 낮아지므로 기압은 A보다 B에서 낮다.
㉡: 태풍이 북상할 때 태풍 진행 방향의 오른쪽 반원 지역은 왼쪽 반원 지역보다 바람이 강하므로 풍속의 세기는 C>A>B이다.
㉢: C는 태풍 진행 방향의 오른쪽에 위치한 지역이므로 바람의 방향은 시계 방향으로 변한다.

06

뇌우는 강한 상승 기류가 발달할 때 형성되며, 상승 기류에 의해 적란운이 발달하고 적란운 내에서 상승 기류와 하강 기류가 공존할 때 뇌운이 발달한다.
㉠: 강한 돌풍과 우박이 나타나는 단계는 성숙 단계인 (다)이다.
㉡: 낙뢰 위험이 가장 큰 단계는 성숙 단계인 (다)이다.
㉢: 뇌우의 발달 단계 중 (가)는 소멸 단계, (나)는 적운 단계, (다)는 성숙 단계이므로 뇌우의 발달 순서는 (나) → (다) → (가)이다.

07

짧은 시간에 좁은 지역에 많은 양의 비가 내리는 것을 국지성 호우라 한다.
①: 국지성 호우는 한 시간에 30 mm 이상의 비, 또는 하루에 80 mm 이상의 비가 내리는 것이다.
②: 많은 비(호우)를 내리는 구름은 대부분 구름이 수직으로 두껍게 발달한 적란운이다.
③: 국지성 호우는 적란운에서 내리므로 강한 상승 기류가 발달할 때 발생한다.
④: 국지성 호우는 수 시간 내에 발달하므로 미리 예보하기가 어렵다.
⑤: 국지성 호우가 발생하면 갑작스럽게 많은 비가 내리므로 침수나 산사태로 인한 피해가 발생한다.

08

우박은 강한 상승 기류가 발달하는 적란운 내에서 생성된 얼음 알갱이가 여러 번의 상승과 하강을 거쳐 성장한 후 떨어지는 것이다.
㉠: 우박은 강한 상승 기류가 발달하는 적란운 내부에서 잘 만들어진다.
㉡: 우박을 이루는 얼음 알갱이에 있는 동심원 구조는 여러 번의 상승과 하강을 거쳐 성장하여 생성된다.
㉢: 우리나라에서 우박은 주로 초여름이나 가을에 잘 발생한다.

09

폭설을 내리는 구름은 주로 시베리아 고기압으로부터 이동해 온 찬 공기가 따뜻한 바다를 지나면서 열과 수증기를 공급받아 형성된다.
㉠: 이날 폭설은 시베리아 고기압으로부터 찬 공기가 이동해 와서 발생하였으므로 우리나라에는 북서풍이 불었다.

ㄴ̸: 찬 시베리아 기단이 황해를 지나는 동안 열과 수증기를 공급받으므로 기단 하층이 불안정해졌다.
ㄷ: 눈구름이 동해안보다 서해안에 많이 발달하였으므로 동해안보다 서해안 지역에 많은 눈이 내렸다.

10
황사는 중국 북부나 몽골의 사막 지대에서 바람에 날려 올라간 모래 먼지가 편서풍을 타고 이동하다가 우리나라에서 하강하여 나타난다.
ㄱ: 평균 황사 관측 일수는 1991년~2000년보다 2001년~2010년에 많아졌으므로 황사 발생 일수가 증가하였다.
ㄴ: 지역별 평균 황사 관측 일수는 남동쪽 지방보다 북서쪽 지방에서 많게 나타났으므로 황사는 동쪽보다 서쪽 지방에서 많이 나타났다.
ㄷ̸: 황사는 중국 북부나 몽골의 사막 지대에서 발생한 모래 먼지가 편서풍을 타고 우리나라로 이동해 오는 것이다.

서답형 문제
본문 054쪽

01 ㉠ 17, ㉡ 27 **02** 해설 참조
03 불안정 **04** 해설 참조
05 ㉠ 호우, ㉡ 80 mm **06** 해설 참조

01
태풍은 열대 저기압 중 중심 부근 최대 풍속이 17 m/s 이상인 것을 말하며, 수온이 27 ℃ 이상인 열대 해상에서 발생한다.

02
태풍이 지나갈 때 태풍 진행 경로의 오른쪽에 위치한 지역에서는 풍향이 시계 방향으로 변하고, 태풍 진행 경로의 왼쪽에 위치한 지역에서는 풍향이 시계 반대 방향으로 변한다.
[모범답안] A에서는 풍향이 시계 반대 방향으로 변하고, B에서는 풍향이 시계 방향으로 변하였다.

채점 기준	배점
A와 B에서 풍향의 변화를 옳게 서술한 경우	100 %
A와 B 중 어느 한 곳의 풍향 변화만을 옳게 서술한 경우	50 %

03
뇌우는 강한 상승 기류가 발달하여 대기가 매우 불안정할 때 발생한다.

04
겨울철 폭설은 주로 찬 시베리아 기단이 따뜻한 바다 위로 이동하면서 기단의 변질이 일어나 발생한다.
[모범답안] 차고 건조한 공기가 따뜻한 바다 위로 이동하면서 열과 수증기를 공급받아 상승 기류가 형성되어 적운형 구름이 발달하였고 많은 눈이 내렸다.

채점 기준	배점
기단의 변질 과정과 구름의 발달 과정을 모두 포함하여 옳게 서술한 경우	100 %
기단의 변질 과정을 서술하였으나 설명이 불충분하게 서술한 경우	70 %
폭설을 내린 구름의 생성만 옳게 서술한 경우	30 %

05
단순히 비가 많이 내리는 것은 호우라고 하며, 국지성 호우는 짧은 시간에 좁은 지역에 많은 양의 비가 내리는 것이다.

06
황사 관측 일수는 3, 4, 5월이 가장 많다. 황사는 주로 중국 북부나 몽골 지역이 건조해지는 봄철에 발생한다.
[모범답안] 황사가 가장 많이 발생하는 계절은 봄철이며, 이 시기에는 중국 북부나 몽골 지역이 건조해지기 때문이다.

채점 기준	배점
황사가 가장 많이 발생하는 계절과 그 까닭을 옳게 서술한 경우	100 %
황사가 가장 많이 발생하는 계절과 그 까닭을 서술하였으나 설명이 불완전한 경우	70 %
황사가 가장 많이 발생하는 계절만을 옳게 서술한 경우	30 %

09 해수의 성질

핵심 개념 체크
본문 055쪽

1 ㉠ (증발량 − 강수량), ㉡ 높 **2** ㉠ 낮, ㉡ 두껍
3 안정 **4** ㉠ 낮, ㉡ 높, ㉢ 높
5 (1) ○ (2) ○ (3) ○ (4) ×

출제 예상 문제
본문 056~058쪽

01 ④ **02** ② **03** ⑤ **04** ④ **05** ③
06 ③ **07** ④ **08** ⑤ **09** ① **10** ②
11 ① **12** ⑤ **13** ② **14** ① **15** ③

01
ㄱ̸: 염분은 해수 1 kg에 들어 있는 염류의 총량이므로 해수의 염분은 35 psu이다.
ㄴ: 해수 속에 녹아 있는 염류 중 양이온은 대부분 지권의 암석으로부터 공급되었다.
ㄷ: 해수 속에 녹아 있는 이온 중 가장 많은 양을 차지하는 염화 이온은 주로 해저 화산으로부터 공급되었다.

02
①: 염분은 해수 1 kg 속에 녹아 있는 염류의 총량이다.
②̸: 해역마다 염분은 다르다. 다만 모든 바다에서 염류들 사이의 비율은 동일하다.
③: 강수량이 많아지면 염분이 낮아진다.
④: 해수의 결빙이 일어날 때 순수한 물 위주로 얼기 때문에 결빙이 있는 곳에서는 염분이 높다.
⑤: 담수의 유입은 염분을 낮아지게 한다.

03

~~①~~ : 염분은 중위도의 바다 한 가운데에서 가장 높으므로 등염분선은 위도와 나란하지 않다.

~~②~~ : 염분은 수온에 비례하지 않으므로 수온이 높을수록 염분이 높은 것은 아니다.

~~③~~ : 염분이 가장 높은 위도는 중위도이다.

~~④~~ : 육지에 가까운 곳은 담수의 유입이 있으므로 염분이 낮다.

⑤ : 대서양이 태평양에 비해 표층 해수의 평균 염분이 높게 나타난다.

04

~~ㄱ~~ : 적도 해역은 (증발량−강수량) 값이 (−) 값을 나타내므로 증발량이 강수량보다 적다.

㉡ : 표층 염분이 가장 높은 해역은 위도 20°~30°이다.

㉢ : 40°N에서 60°S 사이에서는 표층 염분의 변화가 (증발량−강수량)의 변화와 거의 일치하므로 염분은 대체로 (증발량−강수량)에 비례한다.

05

해수의 표층 수온은 해수 표면에 입사되는 태양 복사 에너지에 의해 결정되므로 저위도로 갈수록 대체로 높아진다.

㉠ : 해수의 표층 수온은 태양 복사 에너지의 영향을 받으므로 등수온선은 위도와 나란한 경향이 있다.

~~ㄴ~~ : 표층 수온에 가장 큰 영향을 미치는 요인은 태양 복사 에너지이다.

㉢ : 한류의 영향을 받는 곳은 주변으로부터 수온이 낮은 해수가 유입되므로 동일 위도의 다른 해역에 비해 수온이 낮다.

06

㉠ : A층은 혼합층이다. 해수의 혼합은 혼합층에서 가장 활발하다.

~~ㄴ~~ : B층은 수온 약층이다. 수온 약층은 매우 안정한 층이다.

㉢ : 전체 해양에서 가장 많은 양을 차지하는 것은 심해층인 C층이다.

07

④ : 해수 표층의 수온 분포에 가장 큰 영향을 주는 요인은 태양 복사 에너지이며, 해류에 의한 주변 해수의 유입과 바람에 의한 혼합 작용이 해수 표층의 수온 분포에 영향을 준다. 염분은 거의 영향을 주지 않는다.

08

㉠ : 혼합층인 A층의 온도는 태양 복사 에너지가 강한 저위도에서 가장 높다.

㉡ : 수온 약층인 B층이 나타나는 깊이는 바람이 강한 중위도가 바람이 약한 저위도보다 깊다.

㉢ : 심해층인 C층은 위도에 따른 수온 변화가 거의 없는 층이다.

09

황해는 동해에 비해 수심이 얕고, 대륙으로 둘러싸여 있으므로 비열이 작은 대륙의 영향을 많이 받아 수온의 연교차가 크게 나타난다.

㉠ : 인공위성에서는 해수면에서 방출되는 적외선을 관측하여 해수면 온도를 측정한다.

~~ㄴ~~ : 2월에는 수심이 얕은 황해가 동해보다 수온이 낮다.

~~ㄷ~~ : 2월과 8월의 온도 차이는 대륙의 영향을 많이 받는 황해가 대륙의 영향을 적게 받는 동해보다 크다.

10

우리나라 근해의 표층 염분은 강수량이 많은 여름철에 낮아지며, 황해는 담수의 유입이 많아 표층 염분이 낮다.

~~ㄱ~~ : 8월은 2월에 비해 강수량이 많아지므로 표층 염분이 낮아진다.

~~ㄴ~~ : 황해는 동해에 비해 주변의 대륙으로부터 담수가 많이 유입되므로 표층 염분이 낮다.

㉢ : 표층 염분이 가장 높은 바다는 고온 고염분의 쿠로시오 해류가 흘러 들어오는 남해이다.

11

표층 해수의 수온은 적도에서 가장 높고, 염분은 중위도에서 가장 높으며, 밀도는 수온이 낮고 염분이 높은 고위도에서 가장 크다.

① : A는 적도에서 가장 높은 값을 나타내므로 수온이고, C는 수온과 반비례하는 경향을 보이므로 밀도이다. B는 중위도에서 가장 높게 나타나므로 염분이다.

12

① : 수온이 낮아지면 해수의 밀도가 커진다.

② : 염분이 높아지면 해수의 밀도가 커진다.

③ : 수압이 높아지면 해수의 밀도가 커진다.

④ : 심해층은 혼합층보다 수온이 낮으므로 해수의 밀도가 크다.

~~⑤~~ : 수온 약층에서는 수심이 깊어질수록 수온이 급격히 낮아지므로 밀도가 급격하게 커진다.

13

~~ㄱ~~ : A와 B는 염분은 같으나 수온이 다르다.

㉡ : B와 C는 수온과 염분은 다르지만 동일한 등밀도선 위에 있으므로 밀도가 같다.

~~ㄷ~~ : C는 A보다 수온과 염분이 낮고 밀도는 크다.

14

㉠ : (가)에서 수심이 깊어질수록 수온은 낮아진다.

~~ㄴ~~ : (나)에서 용존 산소량은 수심이 가장 깊은 곳에서 가장 많고, 그 다음으로는 해수 표층에서 높다. 따라서 용존 산소량은 수온에 반비례하지 않는다.

~~ㄷ~~ : 수심 20 m 부근은 등수온선이 가장 조밀한 영역이므로 수온 약층이 발달해 있는 부분이다. 따라서 수심 20 m 부근에서는 해수의 연직 순환이 일어나기 어렵다.

15

해수의 용존 산소량은 해수 표층에서 가장 많고, 용존 이산화 탄소량은 수심이 깊어질수록 많아진다. 이산화 탄소는 산소보다 물에 대한 용해도가 크므로 용존 이산화 탄소량은 용존 산소량보다 많다.

㉠ : 해수 표층에서 최댓값을 나타내는 A는 용존 산소량이다.

㉡ : B는 용존 이산화 탄소량이다. 용존 이산화 탄소량은 수심이 깊어질수록 증가한다.

~~ㄷ~~ : 깊이 4000 m의 용존 산소량이 1000 m의 용존 산소량보다 많은 것은 용존 산소량이 많은 극지방의 표층수가 가라앉아 저위도 지방으로 이동하였기 때문이다.

서답형 문제 본문 059쪽

01 (1) B, 수온 약층 (2) A, 혼합층 **02** 해설 참조
03 바람 **04** (1) 해설 참조 (2) 해설 참조
05 ㉠ 높, ㉡ 낮 **06** 해설 참조

01

수온 약층(B)에서는 해수의 연직 혼합이 일어나기 어렵고, 해양 생물은 태양 복사 에너지가 도달하는 혼합층(A)에 가장 많이 서식하고 있다.

02

적도는 강수량이 많아 표층 염분이 낮고 중위도는 증발량이 많아 표층 염분이 높다.

모범답안 해수의 표층 염분은 강수량이 많은 적도보다 증발량이 많은 중위도에서 높다.

채점 기준	배점
강수량과 증발량을 언급하여 저위도와 중위도의 표층 염분을 옳게 서술한 경우	100 %
강수량과 증발량 중 일부를 언급하고 저위도와 중위도의 표층 염분을 비교하여 옳게 서술한 경우	70 %
강수량과 증발량을 언급하지 않고 저위도와 중위도의 표층 염분만을 옳게 서술한 경우	30 %

03

혼합층의 두께는 바람의 혼합 작용이 강할수록 두꺼워지므로 바람이 강한 중위도가 바람이 약한 적도보다 두껍다.

04

(1) 모범답안 8월에는 강수량이 많아지므로 우리나라 근해의 표층 염분이 2월보다 낮아진다.

채점 기준	배점
모범답안과 같이 서술한 경우	100 %
강수량 때문이라고만 서술한 경우	80 %

(2) 모범답안 황해는 대륙으로 둘러싸여 있어 대륙으로부터 많은 양의 담수가 공급되므로 동해에 비해 표층 염분이 낮다.

채점 기준	배점
모범답안과 같이 서술한 경우	100 %
담수의 유입 때문이라고만 서술한 경우	80 %

05

수온이 높으면서 밀도가 같기 위해서는 염분이 높아야 하며, 염분이 낮으면서 밀도가 같기 위해서는 수온이 낮아야 한다.

06

수온과 염분이 다른 같은 양의 해수를 섞으면 합쳐진 해수의 수온과 염분은 두 해수의 중간값을 가지게 된다.

모범답안 수온과 염분이 중간값을 가지게 되므로 밀도가 증가한다.

채점 기준	배점
밀도 변화와 그 근거를 옳게 서술한 경우	100 %
밀도 변화를 옳게 서술하고, 그 근거를 불충분하게 서술한 경우	70 %
밀도 변화만을 옳게 서술한 경우	30 %

본문 060~063쪽

대단원 종합 문제 Ⅲ. 대기와 해양의 변화

01 ① **02** ⑤ **03** ② **04** ⑤ **05** ④
06 ② **07** ⑤ **08** ④ **09** ③ **10** ④
11 ③ **12** ① **13** ② **14** ① **15** ②
16 ④

고난도 문제

17 ② **18** ④ **19** ① **20** ③

01

㉠: A의 저기압 중심에서 상승하는 공기 덩어리는 단열 팽창으로 인해 온도가 낮아진다.

~~㉡~~: B의 고기압 중심에서 하강하는 공기 덩어리는 부피가 감소하여 단열 압축된다.

~~㉢~~: 고기압 중심부는 날씨가 맑고, 저기압 중심부는 날씨가 흐리므로 날씨는 A가 B보다 흐리다.

02

①: A 지역의 기압은 약 1012 hPa이고, B 지역의 기압은 약 1009 hPa이다. 따라서 기압은 A가 B보다 높다.

②: B는 따뜻한 공기가 놓여 있는 곳에 위치해 있고, C는 찬 공기가 놓여 있는 곳에 위치해 있다. 따라서 기온은 B가 C보다 높다.

③: A 지역은 한랭 전선 뒤쪽에 위치해 있으므로 북서풍이 분다.

④: B 지역은 온난 전선과 한랭 전선 사이에 위치해 있으므로 비가 내리지 않는다.

~~⑤~~: C 지역에서는 온난 전선이 접근함에 따라 구름의 높이는 점점 낮아지고 있다.

03

~~㉠~~: A에는 따뜻한 공기가, B에는 찬 공기가 놓여 있으므로 기온은 A보다 B에서 낮다.

~~㉡~~: 이 전선은 따뜻한 공기가 찬 공기를 밀고 가는 온난 전선이므로 전선은 동쪽으로 이동한다.

㉢: (나)는 햇무리이다. 햇무리는 온난 전선면의 상층부에 발달한 권층운에서 잘 나타나므로 B에서 관측한 것이다.

04

㉠: A 지점은 저기압 중심이 있는 지역이므로 상승 기류가 발달한다.

㉡: B 지점은 온난 전선과 한랭 전선 사이에 위치한 지역이므로 남서풍이 분다.

㉢: C 지점은 고기압 중심이 있는 지역이므로 하강 기류가 발달하여 날씨가 맑다.

05

온난 전선이 통과하면 기온은 상승하고 기압은 낮아진다. 한랭 전선이 통과하면 기온이 낮아지며 기압이 높아진다.

④: 한랭 전선이 통과한 직후에는 기온이 낮아지고 기압이 높아지므로, 한랭 전선은 16시경에 지나갔다.

06

~~ㄱ~~: 우리나라 부근에서 온대 저기압은 편서풍의 영향을 받으므로 동쪽으로 이동한다. 온대 저기압이 동쪽으로 이동하면 부산 지방에서 바람은 남동풍 → 남서풍 → 북서풍으로 변하게 되므로 관측한 순서는 C → B → A이다.

~~ㄴ~~: 기압은 C에서 1002.8 hPa이고, B에서는 998 hPa, A에서는 1001 hPa이므로 부산 지방의 기압은 낮아지다가 높아졌다.

㉢: 부산 지방에서 바람은 남동풍 → 남서풍 → 북서풍으로 변하였으므로 풍향은 시계 방향으로 변하였다.

07

(가)는 시베리아 고기압이 발달하여 서고동저형의 기압 배치가 나타난 겨울철의 일기도이고, (나)는 우리나라가 북태평양 고기압의 영향을 받는 여름철의 일기도이다.

㉠: (가)에서 우리나라는 시베리아 고기압의 영향을 받고 있으므로 겨울철 일기도이다.

㉡: (나)에서 우리나라는 북태평양 고기압의 영향을 받으므로 남풍 계열의 바람이 분다.

㉢: 우리나라에서 바람의 세기는 등압선의 간격이 조밀한 (가)가 (나)보다 강하다.

08

태풍은 육지에 상륙하면 세력이 급격히 약해져 중심 기압이 높아지며, 태풍 진행 경로의 오른쪽에 놓인 지역에서는 바람의 방향이 시계 방향으로 변한다.

~~ㄱ~~: 28일 15시에 태풍이 육지에 상륙하였으므로 28일 15시 이후 태풍 중심 기압은 급격히 높아졌다.

㉡: 우리나라는 태풍 진행 경로의 오른쪽에 놓여 있으므로 위험 반원에 놓여 있었다.

㉢: 제주는 태풍 진행 방향의 오른쪽에 위치하므로 풍향이 시계 방향으로 변하였다.

09

A는 전선을 동반한 온대 저기압이고, B는 태풍이다. 온대 저기압과 태풍은 모두 우리나라의 날씨에 영향을 주는 저기압이다.

㉠: B는 등압선이 원형으로 동심원 구조를 하고 있으므로 태풍이다.

㉡: 우리나라는 태풍의 간접 영향권에 들어 있어 태풍 중심으로 이동하는 공기의 영향을 받아 동풍 계열의 바람이 분다.

~~ㄷ~~: 우리나라 부근에서 고기압과 저기압은 서에서 동으로 이동하므로 A는 시간이 지나면 동쪽으로 이동할 것이다. 앞으로 우리나라는 북상하는 태풍인 B의 영향을 받을 것이다.

10

(가)는 온대 저기압의 위성 영상이고, (나)는 태풍의 위성 영상이다. (나)의 태풍에는 태풍의 눈이 발달해 있다.

~~ㄱ~~: 온대 저기압인 (가)의 중심에는 상승 기류가 있다.

㉡: 중심 기압은 태풍이 온대 저기압보다 낮으므로 (가)가 (나)보다 높다.

㉢: (가)와 (나)는 모두 저기압이다. 저기압 중심으로는 바람이 시계 반대 방향으로 불어 들어가므로 (가)와 (나) 모두 구름은 시계 반대 방향으로 회전한다.

11

그림에 제시된 기상 현상은 뇌우이다. 뇌우는 한랭 전선면과 같이 강한 상승 기류가 발달할 때 형성된다.

㉠: (나)의 뇌우는 한랭 전선이 지나고 있는 A 지역에서 관측한 것이다.

~~ㄴ~~: B 지역은 온대 저기압 부근에서 온난 전선과 한랭 전선의 사이에 들어 있어 날씨가 대체로 맑은 구역이지만 고기압의 영향을 받고 있는 것은 아니다.

㉢: C 지역은 온대 저기압이 서쪽에서 점점 다가옴에 따라 온난 전선이 통과하기 전까지는 기압이 점점 낮아진다.

12

(가)는 온대 저기압의 위성 영상이다. 온대 저기압에 동반된 한랭 전선이 지날 때는 뇌우나 우박과 같은 악기상이 나타날 수 있다. (나)는 폭설이 나타날 때의 위성 영상이다.

㉠: (가)에서 한랭 전선이 지나는 곳에서는 낙뢰로 인한 피해가 나타날 수 있다.

~~ㄴ~~: (나)에서는 폭설에 의한 피해가 나타난다.

~~ㄷ~~: (가)의 온대 저기압은 봄과 가을에 많이 지나가며, (나)의 폭설은 겨울철에 잘 나타난다.

13

~~①~~: 수심이 깊어질수록 위도에 따른 수온 변화는 작다.

②: 저위도보다 중위도 해역에서 혼합층의 두께가 두꺼우므로 풍속은 저위도보다 중위도 해역에서 강하다.

~~③~~: 저위도로 갈수록 혼합층이 약하게 발달하므로 해수의 연직 순환은 저위도로 갈수록 일어나기 어렵다.

~~④~~: 혼합층은 중위도에서 가장 두껍게 나타나며, 고위도에서는 나타나지 않다.

~~⑤~~: 심해층은 위도나 계절에 따른 수온 변화가 거의 나타나지 않는다.

14

㉠: 황해가 동해보다 염분이 낮은 까닭은 담수의 유입이 많기 때문이다.

~~ㄴ~~: 육지 부근은 담수의 유입으로 인해 염분이 낮아지므로 육지에서 먼 바다일수록 염분이 높다.

~~ㄷ~~: 2월은 8월보다 강수량이 적으므로 황해의 염분은 2월에 더 높아질 것이다.

15

수심에 따른 수온 변화는 2월보다 8월에 크므로 수온 약층은 2월보다 8월에 강하게 발달한다.

~~ㄱ~~: 표층 해수의 밀도는 수온이 높은 8월보다 수온이 낮은 2월에 크다.

㉡: 수심에 따른 밀도 증가는 수심에 따른 수온 변화가 심한 8월이 2월보다 크다.

~~ㄷ~~: 8월에는 수온 약층이 강하게 발달하므로 해수의 연직 순환이 일어나기 어렵다.

16

~~㉠~~ : 고위도는 저위도에 비해 수온이 낮으므로 해수 표층에서 용존 산소량이 많다. 따라서 A는 저위도의 용존 산소량이다.
㉡ : 용존 산소량이 해수 표층에서 가장 많은 까닭은 생물의 광합성에서 공급되는 산소와 대기로부터 공급되는 산소 때문이다.
㉢ : 깊이 1 km보다 깊이 4 km에서 용존 산소량이 더 많은 까닭은 극지방의 표층에서 침강한 해수를 통해 용존 산소가 공급되기 때문이다.

17

~~㉠~~ : (가)의 자료에서 기온과 기압의 변화는 온난 전선과 한랭 전선이 차례로 지나갔음을 나타낸다. 따라서 풍향은 남동풍 → 남서풍 → 북서풍으로 변하였을 것이다. 그러므로 (나)에서 관측한 순서는 ㉢ → ㉡ → ㉠이다.
㉡ : 17시 무렵에 한랭 전선이 통과한 뒤 기온은 급격히 하강하였고, 기압은 급격히 높아지기 시작하였다.
~~㉢~~ : 관측 지점에서 온난 전선과 한랭 전선이 모두 지나갔으므로 온대 저기압의 중심은 서울의 북쪽을 통과하였다.

18

인공위성에서 구름의 높이를 알아내는 데에는 적외선 사진이 이용된다. 구름 상층부의 높이가 높을수록 구름 상층부의 온도는 낮다.
~~㉠~~ : 구름 상층부의 온도는 영하 60 ℃ 정도로 매우 낮다. 이렇게 온도가 낮은 구름을 촬영하는 데는 주로 적외선이 이용된다.
㉡ : A 지점은 태풍에서 떨어진 곳으로 맑은 구역이다. C 지점은 강력한 저기압인 태풍의 가장자리 구역이다. 따라서 A 지점의 기압은 C 지점의 기압보다 높다.
㉢ : 구름 상층부의 높이가 높을수록 구름 상층부의 온도가 낮아진다. B는 C보다 온도가 낮으므로 구름 상층부의 높이는 B가 C보다 높다.

19

수심에 따른 수온 변화가 큰 계절에는 등수온선이 조밀하게 나타나며 수온 약층이 강하게 발달한다.
㉠ : 해저면에서는 10월에 수온이 가장 낮아지고 해수 표층에서는 9월에 수온이 가장 높아지므로 해저면과 표층의 수온 변화 경향은 서로 반대이다.
~~㉡~~ : 등온선이 조밀할수록 깊이에 따른 수온 변화가 큰 것을 의미하므로 수온 약층이 가장 강하게 발달하는 시기는 9월과 10월 사이이다.
~~㉢~~ : 9월에는 수온 약층이 강하게 발달하므로 3월에 비해 해수의 연직 혼합이 일어나기 어렵다.

20

㉠ : A, B, C 세 해역 모두 표층 해수의 밀도는 2월에 가장 크다.
~~㉡~~ : 담수의 영향을 많이 받을수록 염분이 낮고 밀도가 작으며 수온 변화가 심하다. A는 C보다 수온 변화가 크며, 같은 계절에 염분이 낮고 밀도가 작다. 따라서 담수의 영향은 A가 C보다 많이 받았다.
㉢ : B 해역의 해수는 겨울철인 2월에는 담수의 영향을 많이 받지 않아 C 해역의 해수와 성질이 비슷하지만, 여름철인 8월에는 담수의 영향을 많이 받아 A 해역의 해수와 성질이 비슷하다.

Ⅳ. 대기와 해양의 상호 작용

10 해수의 순환

핵심 개념 체크

본문 064~065쪽

1 (1) ㉢ (2) ㉡ (3) ㉠
2 북적도 해류, 쿠로시오 해류, 북태평양 해류, 캘리포니아 해류
3 (1) × (2) × (3) ○ (4) ○
4 ㉠ 높고, ㉡ 적다 **5** (1) × (2) ○ (3) × (4) ○ (5) ○ (6) ×
6 쿠로시오 **7** ㉠ 북상, ㉡ 남하
8 남극 저층수, 북대서양 심층수, 남극 중층수

출제 예상 문제

본문 066~067쪽

01 ③	**02** ②	**03** ③	**04** ④	**05** ②
06 ⑤	**07** ②	**08** ①	**09** ②	**10** ④

01

㉠ : A는 B보다 저위도에서 에너지양이 더 많은 것으로 보아 태양 복사 에너지 흡수량이다.
~~㉡~~ : ㉠은 위도 약 38°N으로, 태양 복사 에너지 흡수량과 지구 복사 에너지 방출량이 같은 위도이다. 과잉된 에너지가 위도 0°부터 고위도로 이동하면서 점차 누적되는 가장 마지막 위도가 38°이므로 에너지 수송량은 ㉠에서 가장 많다.
㉢ : 위도 60°~80°N은 지구 복사 에너지 방출량이 태양 복사 에너지 흡수량보다 많으므로 에너지 부족 상태이다.

02

~~㉠~~ : A는 해들리 순환, B는 페렐 순환, C는 극 순환이다.
㉡ : 온도 차에 의해 생기는 직접 순환은 A, C이며, B는 직접 순환의 사이에서 일어나는 간접 순환이다.
~~㉢~~ : 상승 기류가 존재하는 적도 지역이 하강 기류가 존재하는 위도 30°N 지역보다 연평균 강수량이 많다.

03

③ : 북반구에서는 전향력의 영향으로 바람이 오른쪽으로 휘어지고, 남반구에서는 왼쪽으로 휘어진다. 저위도에서는 30°S에서 적도 지역으로 남풍이 왼쪽으로 휘어진 남동 무역풍이, 중위도에서는 30°S에서 60°S로 북풍이 왼쪽으로 휘어진 편서풍이, 고위도에서는 90°S에서 60°S로 남풍이 왼쪽으로 휘어진 극동풍이 분다.

04

~~㉠~~ : A는 쿠로시오 해류, B는 북태평양 해류, C는 캘리포니아 해류, D는 북적도 해류이다.
㉡ : 무역풍에 의해 형성된 해류는 북적도 해류(D)이고, 편서풍에 의해 형성된 해류는 북태평양 해류(B)이다.
㉢ : A는 난류, C는 한류이므로 A가 C보다 염분이 높다.

05

ㄱ : 북태평양의 아열대 순환 방향은 시계 방향, 남태평양의 아열대 순환 방향은 시계 반대 방향이다.

ㄴ : A는 난류이고, B는 한류이다. 같은 위도에서 난류는 한류보다 용존 산소량이 적다.

㉢ : C는 남극 순환류로 편서풍에 의해 형성된 해류이다.

06

㉠ : A는 쿠로시오 해류로 우리나라 주변 난류인 황해 난류, 동한 난류, 쓰시마 난류의 근원이다.

㉡ : B는 난류, C는 한류로, 한류는 난류보다 영양 염류가 풍부하다.

㉢ : 동한 난류(B)와 북한 한류(C)가 만나는 해역은 조경 수역으로 여름철에는 난류의 영향이 강해 북상하고, 겨울철에는 한류의 영향이 강해 남하한다.

07

A는 표층수, B는 남극 중층수, C는 북태평양 심층수, D는 남극 저층수이다.

ㄱ : A는 표층 순환으로 바람에 의해 형성된 순환이다. 밀도 차에 의해 형성되는 순환은 심층 순환이다.

㉡ : 북태평양 심층수(C)가 남극 저층수(D) 위로 흐르는 것으로 보아 밀도는 D가 C보다 크다.

ㄷ : 남극 중층수(B)는 60°S 근처에서, 남극 저층수(D)는 남극의 웨델해 근처에서 만들어지는 심층수이므로 만들어지는 장소가 다르다.

08

물의 밀도는 수온이 낮아지거나 염분이 높아질수록 커진다. 소금물의 침강을 더 잘 일어나게 하기 위해서는 소금물의 밀도를 더 크게 해야 한다.

㉠ : 얼음의 온도는 0 ℃ 이하이므로 물에 얼음을 넣으면 수온이 10 ℃보다 더 낮아져 물의 밀도가 증가한다.

ㄴ : 소금을 3 g보다 더 적게 녹이면 염분이 낮아지므로 소금물의 밀도가 감소한다.

ㄷ : 수조에 있는 물과 종이컵에 있는 10 ℃ 소금물과의 밀도 차이가 클수록 침강이 더 잘 관찰된다. 수조의 물에 소금을 넣으면 수조 속 물의 밀도가 증가하여 실험에 사용하는 차가운 소금물과의 밀도 차이가 감소한다.

09

ㄱ : A는 남극 중층수, B는 북대서양 심층수, C는 남극 저층수이다.

㉡ : 염분이 가장 높은 해수는 B(북대서양 심층수)이다.

ㄷ : 남극 저층수(C)의 평균 밀도는 약 1.0279 g/cm^3, 북대서양 심층수(B)의 평균 밀도는 약 1.0277 g/cm^{3}로 두 해수가 섞인 해수의 밀도는 1.0278 g/cm^3 정도의 밀도를 가질 것으로 예상된다. 남극 중층수(A)의 밀도는 약 1.0270 g/cm^{3}로 B, C 해수가 섞여서 형성된 물이 아님을 알 수 있다.

10

① : 해수가 침강하는 곳이 표층 해수의 산소를 심해로 공급하는 곳이다. B, C는 북대서양 심층수, E는 남극 저층수가 만들어지는 해역이다.

② : 용승은 해저의 찬물이 표층으로 올라오는 현상으로, 심층 순환이 표층 순환으로 바뀌는 A, D에서는 용승이 일어난다.

③ : E는 남극 저층수가 만들어지는 해역이다. 남극 저층수는 북대서양 심층수보다 밀도가 크므로 표층 해수의 밀도가 가장 큰 지역은 E이다.

④ : B, C 해역에 담수가 공급되면 염분이 낮아져 해수의 밀도가 감소하게 된다. 그러면 심층 순환이 약화된다.

⑤ : 해수의 순환은 저위도의 열에너지를 고위도로 운반하여 위도별 에너지 불균형을 해소하는 데 중요한 역할을 한다.

서답형 문제

본문 068쪽

01 해설 참조 **02** 해설 참조
03 영양 염류, 용존 산소량 **04** D−B−C−A
05 (1) (나) (2) 해설 참조 **06** (1) 해설 참조 (2) 해설 참조
07 해설 참조

01

모범답안 해수의 표층 순환은 바람에 의해 발생하고, 심층 순환은 밀도 차이에 의해 발생한다.

채점 기준	배점
표층 순환과 심층 순환의 발생 원인에 대해 모두 옳게 서술한 경우	100 %
표층 순환이나 심층 순환의 발생 원인 중 한 가지만 옳게 서술한 경우	50 %

02

위도 0°~30°에서는 해들리 순환이, 위도 30°~60°에서는 페렐 순환이, 60°~90°에서는 극 순환이 존재한다. 각 순환의 지상에서는 전향력의 영향을 받아 각각 무역풍, 편서풍, 극동풍이 분다.

모범답안

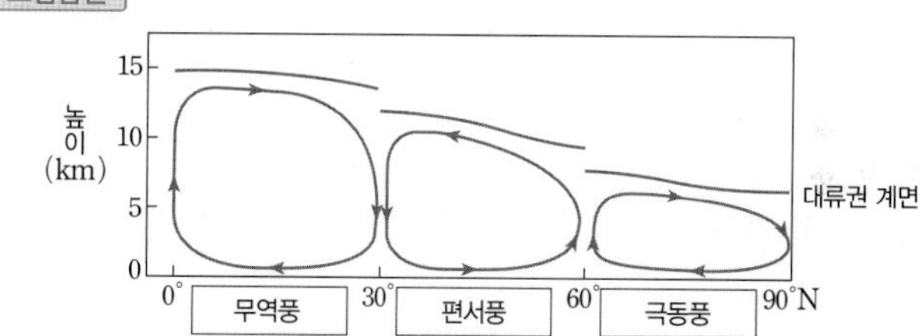

채점 기준	배점
세 개의 순환 세포와 지상풍의 이름을 모두 옳게 기술한 경우	100 %
세 개의 순환 세포나 지상풍의 이름 중 한 가지만 옳게 서술한 경우	50 %
순환 세포 방향 세 가지 중 두 가지만 맞거나 지상풍의 이름 중 두 가지만 맞은 경우	30 %

03

A는 캘리포니아 해류로 한류이고, B는 멕시코만류로 난류이다. 한류는 난류보다 수온과 염분이 낮고, 영양 염류와 용존 산소량이 많다.

04

A~D를 수온 염분도에 표시해 보면 그림과 같다.

밀도가 큰 순서는 D−B−C−A 순이므로 해역에서 더 아래쪽에 위치한 순서도 D−B−C−A 순이다.

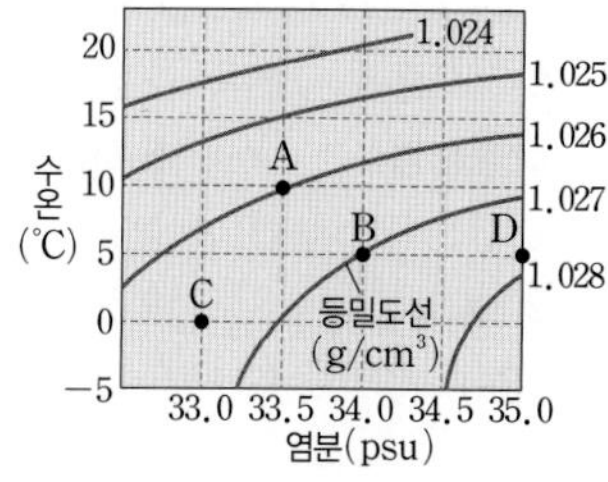

05

(1) 여름철은 동해에서 동한 난류가 더 고위도까지 이동하고, 겨울철은 북한 한류가 더 저위도까지 이동한다. 조경 수역은 난류와 한류가 만나는 수역이므로 계절에 따라 조경 수역의 위치도 변하게 된다. (가)보다 (나)가 동한 난류가 더 고위도까지 진출해 있으므로 (나)가 여름철, (가)가 겨울철이다.

(2) 모범답안 조경 수역은 여름철에 북상하고(더 고위도에 위치하고), 겨울철에 남하한다(더 저위도에 위치한다).

채점 기준	배점
모범답안과 같이 서술한 경우	100 %
여름철과 겨울철 중 어느 한 가지만 옳게 서술한 경우	50 %

06

(1) 모범답안 수심 150~800 m까지는 염분과 수온이 낮아지고 밀도가 증가한다. 염분 감소는 밀도 감소로 이어지므로, 이 구간에서의 밀도 증가는 수온이 감소했기 때문이다.

채점 기준	배점
수온 감소 → 밀도 증가, 염분 감소 효과<수온 감소 효과를 모두 서술한 경우	100 %
염분 감소 효과에 대한 언급 없이 수온 감소만 언급한 경우	50 %

(2) 모범답안 수심 800~1400 m는 수온은 거의 변하지 않고 염분이 증가하여 밀도가 증가하였다.

채점 기준	배점
수온 일정, 염분 증가 → 밀도 증가로 옳게 서술한 경우	100 %
수온 언급 없이 염분 증가만으로 서술한 경우	50 %

07

모범답안 극지방의 냉각이 약해지면 수온이 상승하게 되어 해수의 밀도가 감소한다. 밀도가 감소하면 침강하는 힘이 약해져 심층 순환도 약화된다.

채점 기준	배점
수온 상승 → 밀도 감소 → 심층 순환 약화를 순서에 맞게 서술한 경우	100 %
수온 상승이나 밀도 감소 중 한 가지를 생략하고 서술한 경우	50 %

11 대기와 해수의 상호 작용

핵심 개념 체크 본문 069~070쪽

1 ㉠ 오른쪽, ㉡ 왼쪽 **2** 남 **3** 높다
4 영양 염류 **5** 하강
6 (1) ○ (2) × (3) × (4) ○ **7** (1) ㉠, ㉢ (2) ㉡
8 엘니뇨 **9** ㉠ 홍수, ㉡ 가뭄(폭염, 산불)
10 (1) × (2) ○ (3) ○

출제 예상 문제 본문 071~072쪽

01 ④ **02** ⑤ **03** ② **04** ⑤ **05** ③
06 ① **07** ① **08** ④ **09** ② **10** ③
11 ③

01

①: 용승은 심층의 해수가 표층으로 이동하는 현상이다.
②: 연안 용승, 적도 용승, 저기압에 의한 용승 모두 바람과의 상호 작용으로 발생한 것이다.
③: 심층의 찬 해수가 올라오므로 용승이 발생하면 표층 수온이 내려간다.
④: 심층의 영양 염류가 올라와 플랑크톤의 양이 풍부해지므로 좋은 어장이 형성된다.
⑤: 표층 수온이 내려가므로 기온이 낮아지고 안개가 자주 발생한다.

02

(가)의 연안에는 용승, (나)의 연안에는 침강이 일어난다.
㉠: (가)는 북반구에서 남풍이 불고 있으므로 바람 방향의 오른쪽 직각 방향으로 표층 해수가 이동하여 연안에서는 용승이 일어난다.
㉡: 용승이 일어나면 심해의 영양 염류가 표층으로 올라와 플랑크톤이 풍부해져 좋은 어장이 형성된다. 용승이 일어나는 곳은 (가)이므로 (가)가 (나)보다 플랑크톤의 양도 풍부할 것이다.
㉢: 용승이 일어나면 심해의 찬 물이 표층으로 올라오므로 서늘한 기후가 나타난다.

03

㉠: 해안으로 갈수록 등수온선이 올라가는 것으로 보아 연안 용승이 일어나고 있는 지역이다.
㉡: 남반구에 위치한 지역이므로 바람 방향의 왼쪽 직각 방향으로 해수가 이동한다.
㉢: 용승이 일어나려면 표층 해수는 동 → 서 방향으로 이동해야 한다.

04

㉠: A는 북동 무역풍과 남동 무역풍의 영향으로 적도 용승이 일어나는 해역이다.
㉡: B는 북반구이므로 북풍 계열의 바람이 불어야 용승이 일어나며, C는 남반구이므로 남풍 계열의 바람이 불어야 용승이 일어난다.
㉢: 용승의 영향으로 A, B, C 모두 주변보다 표층 수온은 낮으나, 적도에 위치한 A가 태양 복사 에너지를 가장 많이 흡수하므로 표층 수온이 가장 높다.

05

㉠: 0°~30°N 해역은 북동풍이 불고 있으므로 바람의 오른쪽 90° 방향인 북서쪽으로 해수가 이동한다.
㉡: 0°~30°S 해역은 남적도 해류가 흐르는 지역으로 동 → 서로 해수가 이동한다.
㉢: 적도 해역은 무역풍에 의해 해수의 발산이 일어나므로 용승이 발생한다.

06

중심으로 갈수록 기압이 높아지고 있으므로 고기압의 모습이다. 고기압

에서는 하강 기류가 형성되고, 시계 방향으로 바람이 불어 나간다.
㉠: 고기압이므로 중심에서 시계 방향으로 바람이 불어 나간다.
ㄴ: 북반구에서 표층 해수는 바람 방향의 오른쪽 직각 방향으로 이동한다. 바람이 시계 방향으로 불고 있으므로 표층 해수는 주변부에서 A 쪽으로 이동한다.
ㄷ: A에 해수가 쌓이게 되므로 침강이 일어난다.

07

㉠: 인도네시아 연안에 따뜻한 해수가 두껍고 페루 연안에 찬 해수가 많이 올라와 있는 (가)가 평상시이다. 그러므로 (나)는 엘니뇨 시기이다.
ㄴ: 엘니뇨 시기에 동태평양 연안의 용승은 약화된다. 그러므로 페루 연안의 용승은 (가)가 (나)보다 강하다.
ㄷ: 엘니뇨는 무역풍의 약화로 발생하므로 무역풍의 세기는 (가)가 (나)보다 강하다.

08

ㄱ: 저기압의 중심이 적도 부근 중앙태평양과 동태평양 쪽에 있는 것으로 보아 엘니뇨 시기임을 알 수 있다.
㉡: 타히티섬은 중앙태평양 근처에 있고, 대기 순환이 상승 기류인 것으로 보아 평상시보다 강수량이 많을 것이다.
㉢: 서태평양 연안은 평상시에 상승 기류가 잘 형성되는 곳인데, 하강 기류가 형성되어 있으므로 평상시보다 평균 기압이 높을 것이다.

09

ㄱ: 그림을 보면 엘니뇨 시기가 라니냐 시기보다 동태평양 표층 수온이 높은 것을 알 수 있다.
㉡: 라니냐 시기는 무역풍이 강해 남적도 해류의 흐름이 엘니뇨 시기보다 강하다.
ㄷ: 라니냐 시기는 무역풍의 세기가 강해 적도 부근에서 태양 복사 에너지를 받아 따뜻해진 해수가 더 많이 서태평양 연안으로 이동한다. 그러므로 서태평양의 따뜻한 해수층의 두께는 라니냐 시기가 엘니뇨 시기보다 두껍다.

10

㉠: (가)는 서태평양 연안이 건조하고, 동태평양 연안이 습한 것으로 보아 엘니뇨 시기임을 알 수 있다. 반대로 (나)는 서태평양 연안이 습하고, 동태평양 연안이 건조한 것으로 보아 라니냐 시기이다.
ㄴ: A 지역(서태평양 연안)의 상승 기류는 라니냐 시기가 엘니뇨 시기보다 강하다.
㉢: B 지역(남아메리카 대륙)이 건조한 상태에 있는 것은 (나)이다. 그러므로 가뭄 피해도 (나) 시기에 발생할 것이다.

11

2010년 1월에 동태평양 감시 해역의 수온 편차가 약 +2 ℃인 것으로 보아 엘니뇨 시기이다.
㉠: 엘니뇨는 무역풍이 약화되어 발생한다.
ㄴ: 엘니뇨 시기에는 용승이 약해지므로 표층의 영양 염류도 감소한다.
㉢: 엘니뇨 시기에는 대기 순환이 바뀌어 동태평양에도 상승 기류가 자주 형성되므로 강수량이 증가한다.

서답형 문제

본문 073쪽

01 (1) A → B, 침강 (2) 바람의 방향: (나), 표층 해수의 이동 방향: B → A
02 (1) 해설 참조 (2) 해설 참조 **03** (1) 해설 참조 (2) 해설 참조
04 해설 참조 **05** 해설 참조 **06** 해설 참조

01

(1) 북반구에서 표층 해수는 바람이 부는 방향의 오른쪽 90° 방향으로 이동한다. 바람이 (가) 방향으로 불면 표층 해수가 A → B 방향으로 이동하므로 육지 근처 연안에서는 침강이 일어난다.
(2) 바람이 (나) 방향으로 불면 표층 해수는 바람의 오른쪽 직각 방향인 B → A 방향으로 이동하므로 연안에 해수가 부족하여 용승이 일어난다.

02

(1) 모범답안 울산 해안은 남풍이 불어 표층 해수가 동쪽으로 이동하여 용승 현상이 나타나고 있다. 용승으로 인해 심해의 찬물이 올라와 수온이 낮다.

채점 기준	배점
바람의 방향과 표층 해수 이동 방향, 용승 현상이 모두 옳은 경우	100 %
바람의 방향과 표층 해수 이동 방향, 용승 현상 중 두 가지만 옳은 경우	50 %

(2) 모범답안 이날은 여름철이다. 그 까닭은 남풍이 지속적으로 불기 때문이다. (또는, 외해의 수온이 17~25 ℃로 높기 때문이다.)

채점 기준	배점
시기와 까닭이 모두 옳은 경우	100 %
시기와 까닭 중 한 가지만 옳은 경우	50 %

03

엘니뇨 시기에는 용승이 약화되어 표층의 영양 염류가 줄어든다. 영양 염류의 양이 줄어들면 플랑크톤의 양도 줄어들게 된다. 또한, 무역풍이 약화되어 서태평양의 따뜻한 해수가 동태평양으로 이동해오게 되므로 수온은 상승하게 된다.

모범답안

(1) 수온 변화

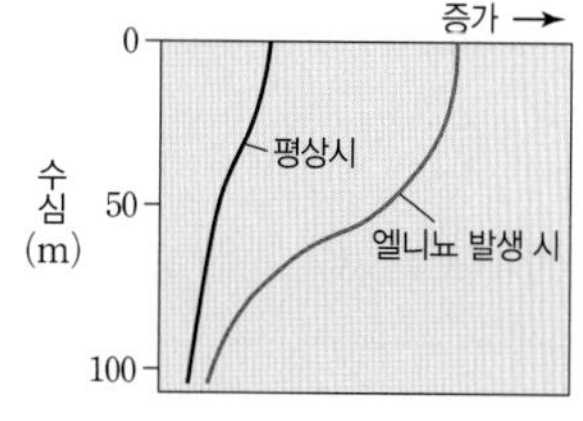

(2) 플랑크톤 양 변화

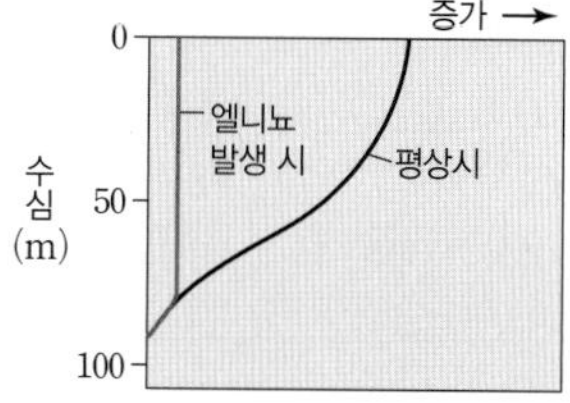

04

모범답안

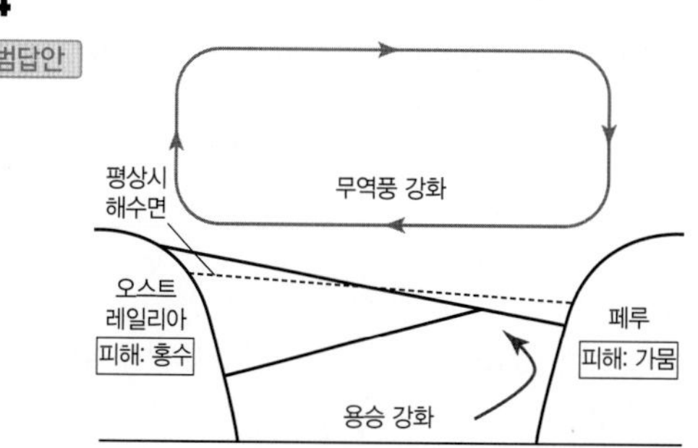

05

무역풍이 약해지면 엘니뇨 현상이 발생한다.

모범답안 서태평양 지역은 가뭄(또는 산불, 폭염 등) 피해를 입고, 동태평양 지역은 홍수(또는 어장 황폐화, 태풍의 강도나 횟수 증가 등) 피해를 입는다.

채점 기준	배점
서태평양과 동태평양 지역의 피해가 모두 맞은 경우	100 %
서태평양과 동태평양 지역의 피해 중 한 가지만 맞은 경우	50 %

06

모범답안 태풍은 서태평양에서 수온 27 ℃ 이상인 해역에서 발생한다. 라니냐 시기에는 서태평양에 따뜻한 해수가 평상시보다 더 두껍게 존재하므로 수온 27 ℃ 이상인 해역이 좀 더 오래, 좀 더 넓게 분포하여 태풍의 발생 횟수가 늘어날 것이다. 또한, 태풍의 에너지원은 수증기의 잠열이므로 라니냐 시기에 수온 27 ℃ 이상인 해역이 넓어지면 태풍에 더 많은 수증기를 공급해 태풍의 세기도 강해질 것이다.

채점 기준	배점
태풍의 발생 조건과 에너지원에 대한 설명이 있고, 태풍의 수와 세기 증가가 모두 맞은 경우	100 %
태풍의 수와 세기 증가가 모두 맞았으나 태풍의 발생 조건과 에너지원에 대한 설명이 없는 경우	50 %
태풍의 수와 세기 중 한 가지, 태풍의 발생 조건과 에너지원에 대한 설명 중 한 가지만 맞은 경우	30 %

12 지구의 기후 변화

핵심 개념 체크 본문 074~075쪽

1 ㉠ 지구 자전축 방향 변화, ㉡ 지구 자전축 기울기 변화, ㉢ 지구 공전 궤도 이심률 변화

2 반대　3 흑점　4 상승

5 (1) × (2) ○ (3) ○ (4) × (5) × (6) ○　6 30

7 ㉠ 투과, ㉡ 흡수　8 ㉠ 열팽창, ㉡ 대륙 빙하

9 이산화 탄소　10 (1) ○ (2) × (3) ○ (4) × (5) ○

출제 예상 문제 본문 076~077쪽

01 ④	02 ③	03 ①	04 ⑤	05 ②
06 ③	07 ⑤	08 ④	09 ②	10 ④
11 ②				

01

ㄱ: 지구가 A(원일점)에 있을 때, 북반구는 남반구에 비해 태양의 고도가 높으므로 여름철이다.

㉡: 지구에 입사하는 태양 복사 에너지양은 태양에서 가까운 B에 있을 때가 A에 있을 때보다 많다.

㉢: 지구가 근일점에 있을 때는 B이다. B에서 남반구는 원일점에 있을 때보다 태양의 고도가 높아 지표가 받는 단위 면적당 에너지양이 많으므로 여름철이다.

02

㉠: 그림에서 자전축의 경사 방향이 현재와 반대인 것을 알 수 있다. 세차 운동 주기가 26000년이므로, 13000년, 39000년 등 $[13000+(26000\cdot x)(x=0, 1, 2, 3\cdots)]$년 후에는 그림과 같은 모습이 나타난다.

ㄴ: 눈이 내리는 계절은 겨울철이다. 북반구가 겨울철일 때는 A 위치이다.

㉢: 자전축의 기울기는 변하지 않는다고 가정하였으므로 A와 B에서 23.5°로 같다.

03

㉠: 현재 지구 자전축의 기울기는 23.5°이다.

ㄴ: 태양빛이 입사하는 방향으로 보아 북반구는 여름철, 남반구는 겨울철이다. 북반구가 여름철일 때는 지구가 원일점 부근에 있을 때이다.

ㄷ: 지구 자전축의 기울기가 증가해야 기온의 연교차가 증가한다. θ가 감소하면 기온의 연교차는 감소한다.

04

㉠: 이심률이 0이면 원 궤도이고, 1에 가까워질수록 찌그러진 타원이 된다. A보다 B가 더 원에 가까우므로 공전 궤도 이심률은 B보다 A가 더 크다.

㉡: A, B에서 북반구는 원일점에 위치할 때가 여름철에 해당한다. 공전 궤도가 A일 때가 B일 때보다 원일점이 태양에서 더 먼 지점에 위치하므로 여름철의 평균 기온은 A가 B보다 더 낮다.

㉢: 공전 궤도 이심률이 작아지면(A → B) 북반구의 여름은 태양에 더 가까워져 기온이 상승하고, 겨울은 태양에서 더 멀어져 기온이 하강하므로 북반구에서 기온의 연교차는 증가한다.

05

ㄱ: 흑점 수의 변화 주기는 약 11년이고, 세차 운동의 주기는 약 26000년이다. 그러므로 흑점 수의 변화 주기는 세차 운동 주기보다 짧다.

ㄴ: 태양의 활동은 흑점 수가 많을수록 활발하다. A는 흑점이 거의 없던 시기이므로 태양의 활동이 활발하지 않았다.

㉢: A 시기는 흑점이 거의 없던 시기로 태양의 활동이 약했던 시기이다. 그러므로 지구에 입사하는 태양 복사 에너지양도 줄어 지구의 기온이 400년(1600년~2000년) 평균보다 낮았을 것이다.

06

㉠: 잔디의 반사율은 25 %로 침엽수림의 반사율 8~15 %보다 크다.

㉡: 녹지는 보통 토양, 풀(잔디 등), 나무(침엽수 등) 등으로 이루어져 있다. 토양, 잔디, 침엽수림의 반사율보다 콘크리트의 반사율이 더 크므로 녹지를 콘크리트 건물로 대체하면 반사율이 증가한다.

ㄷ: 빙하는 반사율이 50~70 %로 다른 지표보다 반사율이 커서 빙하지대가 넓어지면 지구에 입사하는 태양 복사 에너지양이 줄어든다.

07

㉠: 피나투보 화산이 폭발한 후 1992~1993년의 지구 평균 기온 차이

가 내려간 것으로 보아 지구의 평균 기온이 내려갔음을 알 수 있다.

㉡: 화산 폭발 시 대량의 화산재가 분출되면 반사율이 높아져 기온이 낮아진다. 반면, 현무암질 마그마가 조용히 분출하면 기온에 큰 영향을 주지 않는다. 피나투보 화산 폭발이 지구의 기온을 낮춘 것으로 보아 대량의 화산재가 분출했음을 알 수 있다.

㉢: 화산 활동, 수륙 분포 변화, 지표면 상태 변화, 대기와 해수의 상호 작용 등은 기후 변화의 원인 중 지구 내적 요인에 속한다.

08

㉠: (가)의 셀로판 종이는 지구의 대기와 같이 온실 효과를 일으키는 역할을 한다.

㉡: 복사 평형 상태에 도달하면 입사하는 태양 복사 에너지양과 방출되는 스타이로폼 상자의 복사 에너지양이 같아 온도가 일정하게 유지된다. A는 10분에, B는 14분에 온도가 일정해졌으므로 A가 B보다 먼저 복사 평형 상태에 도달했다.

㉢: A가 B보다 복사 평형 상태의 온도가 높은 것으로 보아 A가 셀로판 종이가 있을 때의 실험 결과임을 알 수 있다.

09

㉠: A는 지표에서 반사되는 값이고, 25는 대기에서 반사되는 값이므로 (A+25)가 지구의 반사율이다.

㉡: 복사 평형 상태이므로 대기가 흡수하는 에너지양(B+129)은 대기가 방출하는 에너지양(66+C)과 같다. 지표에서 방출되는 에너지양이 133인데 대기가 흡수한 에너지양이 129이므로 지표에서 우주로 바로 나가는 지구 복사 에너지양은 4이다. 그러므로 대기가 우주 공간으로 내보내는 에너지양은 66이다.

㉢: 빙하의 면적이 감소하면 지표의 반사율이 감소하므로 A 값은 감소한다.

10

㉠: 대기가 없을 때는 낮에는 태양 복사 에너지를 받아 기온이 오르고, 밤에는 지구 복사 에너지가 방출되어 기온이 낮아져 지표면에서 기온의 일교차가 크다. 대기가 있을 때는 대기가 지구 복사 에너지를 흡수했다가 재방출하는 과정을 통해 온실 효과를 일으키기 때문에 밤에도 기온이 크게 낮아지지 않는다. 그러므로 (나)보다 (가)에서 지표면에서 기온의 일교차가 크다.

㉡: (나)에서 온도가 높아 상대적으로 짧은 파장인 가시광선으로 에너지를 많이 내는 태양 복사 에너지는 대기를 통과하는데, 온도가 낮아 파장이 긴 적외선을 방출하는 지구 복사 에너지는 대기에 흡수되는 것을 볼 수 있다.

㉢: 이산화 탄소는 온실 기체이므로 이산화 탄소량이 증가하면 지구 복사 에너지를 더 많이 흡수한다.

11

㉠: (가)에서 1880년~최근까지 약 20 m 평균 해수면이 상승했다.

㉡: (나)에서 1880~1920년에는 기온 상승률이 거의 0에 가깝고, 1960~2000년의 기온 상승률은 약 0.6 ℃/40년임을 알 수 있다.

㉢: 기온이 상승하고 해수면의 높이가 증가한 것으로 보아 극지방의 빙하는 줄어들었을 것이다.

서답형 문제

본문 078쪽

01 해설 참조 **02** (1) 해설 참조 (2) 해설 참조
03 A: 지표면 복사, B: 대류와 전도, C: 숨은열(잠열)
04 해설 참조 **05** (1) 해설 참조 (2) 해설 참조
06 해설 참조

01

모범답안 화산이 큰 규모로 폭발하면 대량의 화산재가 성층권에 유입된다. 화산재는 태양 복사 에너지를 산란시켜 지구의 반사율을 높이게 되고 이는 기온을 낮추는 역할을 한다.

채점 기준	배점
기후 변화의 까닭과 변화 방향에 대해 옳게 서술한 경우	100 %
기후 변화의 까닭과 변화 방향 중 한 가지만 옳게 서술한 경우	50 %

02

지구는 태양을 타원 궤도로 돌고 있으며, 태양은 타원의 두 초점 중 한 지점에 위치해 있다. 공전 궤도 이심률이 커지면 두 초점 사이의 거리가 더 멀어지므로, 근일점은 현재보다 가까워지고, 원일점은 현재보다 멀어지게 된다.

모범답안

(1)

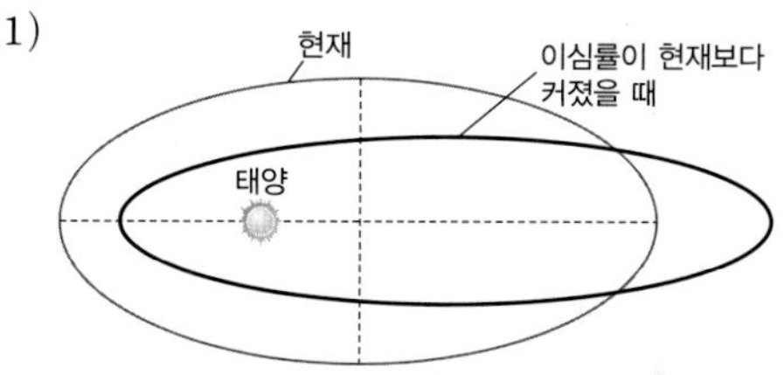

(2) 여름철의 기온은 현재보다 하강하고, 겨울철의 기온은 현재보다 상승한다.

채점 기준	배점
모범답안과 같이 서술한 경우	100 %
여름철과 겨울철 중 한 가지만 옳게 서술한 경우	50 %

03

지표에서 대기로 전달되는 에너지는 3가지 방식으로 전달된다. 가장 큰 에너지는 복사로 전달되는 A(104 %)이고, 그 다음은 숨은열인 C(21 %), 대류와 전도로 전달되는 B는 가장 적은 8 %를 차지한다.

04

모범답안 바다에 뿌린 철분은 식물성 플랑크톤의 성장을 촉진시켜 식물성 플랑크톤이 많이 증식하게 된다. 대량으로 번식한 식물성 플랑크톤의 광합성에 의해 대기 중의 이산화 탄소는 생물권에 저장된다.

채점 기준	배점
식물성 플랑크톤 번성과 광합성에 의한 이산화 탄소 감소를 모두 옳게 서술한 경우	100 %
식물성 플랑크톤 번성과 광합성에 의한 이산화 탄소 감소 중 한 가지만 옳게 서술한 경우	50 %

05

지구 온난화는 다양한 환경적, 사회적, 경제적 변화를 동반하게 된다. 해수면 상승으로 인한 저지대 침수, 기상 이변 증가로 인한 사망 및 재산상 피해 증가, 위도별 식생대 변화로 인한 식량 생산량 감소, 어류 이동 경로 변화로 인한 수산업 변화 등 다양한 변화를 동반하고 있다.

(1) 모범답안 ① 해수면이 상승하고 있다.
② 가뭄, 홍수, 한파, 폭염 등 기상 이변이 증가하고 있다.

채점 기준	배점
두 가지를 모두 옳게 서술한 경우	100 %
한 가지만 옳게 서술한 경우	50 %

(2) 모범답안 ① 해수면 상승으로 저지대가 침수된다.
② 기상 이변이 증가하여 사망자 수가 증가하고 재산상 피해도 증가한다.

채점 기준	배점
두 가지를 모두 옳게 서술한 경우	100 %
한 가지만 옳게 서술한 경우	50 %

06

우리나라가 1월에 여름철인 것으로 보아 세차 운동으로 인해 자전축의 방향이 반대로 바뀐 것을 알 수 있다. 여름철 태양의 남중 고도가 지금보다 높으려면 지구 자전축의 경사각이 23.5°보다 더 커져야 한다.

모범답안

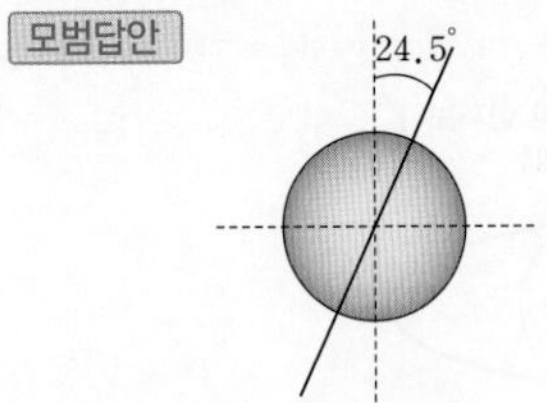

본문 079~083쪽

대단원 종합 문제 Ⅳ. 대기와 해양의 상호 작용

01 ④	02 ①	03 ②	04 ③	05 ④
06 ①	07 ③	08 ③	09 ④	10 ③
11 ④	12 ⑤	13 ④	14 ②	15 ⑤
16 ④	17 ④	18 ③	19 ①	20 ⑤

고난도 문제

21 ③	22 ③	23 ②	24 ⑤

01

~~ㄱ~~ : A는 극 순환, B는 페렐 순환, C는 해들리 순환이다.
㉡ : 페렐 순환(B)의 지상에는 서풍 계열의 바람인 편서풍이 분다.
㉢ : A와 B 순환 경계는 상승 기류, B와 C 순환의 경계는 하강 기류가 존재하므로 강수량은 A와 B 순환의 경계가 더 많다.

02

㉠ : 그림을 보면 전체적으로 대기에 의한 에너지 수송량이 해양에 의한 수송량보다 많음을 알 수 있다.
~~ㄴ~~ : 90° 지역(극지방)은 지구 복사 에너지 방출량이 태양 복사 에너지 흡수량보다 많은 지역이다.
~~ㄷ~~ : 에너지 수송량이 최대인 위도는 약 38°로 이 곳에서는 대기에 의한 수송량이 해양에 의한 수송량보다 많다.

03

A 해역에는 쿠로시오 해류(난류)가, B 해역에는 캘리포니아 해류(한류)가 흐른다.
~~ㄱ~~ : A 해역의 수온은 24 ℃, B해역의 수온은 18 ℃로 같지 않다.
㉡ : A 해역은 난류가 흐르고, B 해역은 한류가 흘러 용존 산소량은 A 해역이 B 해역보다 적다.
~~ㄷ~~ : 등수온선은 쿠로시오 해류와 캘리포니아 해류가 흐르는 곳은 위도와 나란하지 않다. 또한 해류가 흐르지 않는 북태평양 가운데 지역의 수온이 위도와 나란한 경향을 보인다.

04

㉠ : A는 북태평양 해류, E는 남극 순환류로 둘 다 편서풍에 의해 형성된 해류이다.
~~ㄴ~~ : B는 고위도에서 저위도로 흐르는 한류, C는 저위도에서 고위도로 흐르는 난류이다.
㉢ : C는 난류, D는 한류이므로 동일 위도에서 C가 D보다 염분이 높다.

05

~~ㄱ~~ : A는 난류이고, C는 한류이다. 난류는 한류보다 영양 염류가 적다.
㉡ : B는 동한 난류, C는 북한 한류로 둘이 만나는 해역은 조경 수역이다. 조경 수역은 겨울에 남하하고, 여름에 북상한다.
㉢ : 방사능 오염수는 쿠로시오 해류와 북태평양 해류를 따라 북아메리카로 이동하기 때문에 우리나라에 직접적인 영향을 미치지 않는다.

06

㉠ : 밀도가 클수록 수심이 깊은 곳에 위치하므로 밀도는 A<B<C이다.
~~ㄴ~~. 심층 해류는 표층 해류보다 느려 직접적으로 관측하지 못하고 용존 산소량, 염분, 수온 등으로 파악한다.
~~ㄷ~~. 바람은 표층수를 뒤섞어 혼합층을 만들지만, 보통 수십 m 정도를 뒤섞는데 그친다. A는 남극 중층수로 1~2 km 지점에 존재하므로 표층류와 섞이지 않는다.

07

㉠ : 저위도 지방의 해수(B)는 적도 지방에서 열을 흡수해 고위도 지방으로 이동하면서 열을 방출하고 점점 차가워진다. 그러므로 B에서 A로 열 수송이 일어난다.
㉡ : A는 북대서양 심층수가 만들어지는 해역으로 표층 해류가 흐르고 있는 B 해역에 존재하는 해수보다 밀도가 크다.
~~ㄷ~~ : 심층 순환과 표층 순환은 서로 연결되어 있으므로, A의 침강이 약해지면 C의 용승도 약해진다.

08

㉠ : A, B의 소금물이 수돗물 아래로 이동하는 것으로 보아 A, B의 소금물은 수돗물보다 밀도가 크다는 것을 알수 있다.
㉡ : 물의 밀도는 온도가 낮을수록, 염분이 높을수록 크다. 온도는 동일한데 A에 넣은 소금물이 B에 넣은 소금물 아래로 이동하는 것으로 보아 A에 넣은 소금물의 농도가 B에 넣은 소금물의 농도보다 크다는 것을 알

수 있다.
~~ㄷ~~ : 밀도 차에 의한 이동을 관찰하는 실험이므로 심층 순환을 알아보기 위한 실험이다.

09

북반구에서 해수는 바람이 부는 방향의 오른쪽 90° 방향으로 이동하고, 남반구에서는 바람이 부는 방향의 왼쪽 90° 방향으로 이동한다.
㉠ : A 해역은 남풍이 불고 있으므로 해수는 서쪽에서 동쪽으로 이동한다. 서쪽에 먼 바다, 동쪽에 육지가 있으므로 A 해역에서 해수는 먼 바다에서 육지 쪽으로 이동한다.
㉡ : B 해역은 육지에서 먼 바다 방향으로 해수가 이동하므로 용승이 일어난다.
~~ㄷ~~ : 용승이 일어나면 심해의 찬물이 올라오므로 침강이 일어나는 A보다 용승이 일어나는 B의 수온이 더 낮을 것이다.

10

A 해역은 적도 용승, B, C 해역은 연안 용승이 일어난다. D 해역은 북대서양 심층수가, E 해역은 남극 저층수가 만들어지는 해역이다.
㉠ : A, B, C 해역에서는 용승이, D, E 해역에서는 침강이 일어난다.
㉡ : 북대서양 심층수보다 남극 저층수의 밀도가 더 크다. 북대서양 심층수는 D에서, 남극 저층수는 E에서 만들어지므로 D보다 E의 해수 밀도가 더 크다.
~~ㄷ~~ : B에서 용승이 발생하려면 해수가 동쪽에서 서쪽으로 이동해야 한다. 북반구에서는 바람 방향의 오른쪽 직각 방향으로 해수가 이동하므로 B에서는 북풍이 불어야 용승이 발생한다.

11

~~ㄱ~~ : 태풍에서 바람은 태풍의 중심을 기준으로 시계 반대 방향으로 불므로, 해수는 태풍의 중심부에서 주변부 방향으로 이동한다.
㉡ : 해수는 태풍의 중심부에서 주변부로 이동하므로 태풍의 눈이 위치한 해역에서는 해수가 발산하여 용승이 일어난다.
㉢ : 용승이 일어나면 심해의 영양 염류가 같이 올라오므로 태풍이 지나간 해역은 평소보다 영양 염류의 양이 증가할 것이다.

12

㉠ : (가)는 따뜻한 해수가 서태평양에 모여 있고, (나)는 따뜻한 해수가 서~동태평양에 고르게 분포하는 것으로 보아 (가)가 라니냐, (나)가 엘니뇨 시기임을 알 수 있다.
㉡ : (가)의 라니냐 시기에는 무역풍이 강해 평년보다 서태평양의 해수면은 올라가고 동태평양의 해수면은 내려간다. 반대로 (나)의 엘니뇨 시기에는 무역풍이 약해 평년보다 서태평양의 해수면은 낮아지고 동태평양의 해수면은 올라간다. 그러므로 A 해역의 해수면 높이는 엘니뇨 시기가 라니냐 시기보다 높다.
㉢ : 라니냐 시기는 평년보다 용승이 강하므로 영양 염류의 양도 많아진다. 엘니뇨 시기는 평년보다 용승이 약해 영양 염류의 양이 적어진다.

13

~~ㄱ~~ : 엘니뇨 시기에 서태평양(A 해역)은 하강 기류가 발달해 건조해지고, 동태평양 (B 해역)은 상승 기류가 자주 생겨 평년보다 습해진다.
㉡ : 엘니뇨 시기에는 따뜻한 해수가 서~동태평양에 고르게 분포하므로 평년보다 표층 수온의 차이가 줄어든다.
㉢ : 그림을 보면 엘니뇨는 적도 태평양 지역 외의 다른 지역 기후에도 영향을 미친다는 것을 알 수 있다.

14

~~ㄱ~~ : A는 현재보다 원에 가까우므로 이심률이 감소하였다.
㉡ : 태양에서 원일점까지의 거리는 현재보다 A 시기에 더 가깝다.
~~ㄷ~~ : 우리나라는 북반구에 위치하므로 근일점에서 겨울, 원일점에서 여름이다. 지구 공전 궤도가 A로 변하면 근일점은 멀어지고 원일점은 가까워졌으므로 우리나라는 겨울철에 더 추워지고, 여름철에 더 더워진다. 그러므로 우리나라에서 기온의 연교차는 증가한다.

15

㉠ : (가)에서 지구는 근일점에 위치한다. 근일점 위치에서 남반구는 북반구에 비해 태양의 입사각이 크므로 단위 면적당 받는 태양 복사 에너지양이 더 많다. 그러므로 남반구는 여름철이 된다.
㉡ : (나)는 지구 자전축의 방향이 반대가 되었으므로 북반구는 근일점에서 여름, 원일점에서 겨울이 된다. 현재의 여름은 원일점에 위치하는데 (나)에서는 근일점에서 여름이므로 태양과의 거리가 더 가까워서 (나)의 여름철 온도가 현재보다 높아진다. 마찬가지로 겨울철은 현재보다 태양에서 더 멀리 위치하므로 더 추워진다. 그러므로 (나)로 변하면 북반구에서 기온의 연교차가 커진다.
㉢ : (다)는 자전축의 경사각이 23.5°에서 21.5°로 감소하였다. 자전축의 경사각이 감소하면 근일점 위치에서 우리나라에 입사하는 태양빛의 각도가 증가하므로 단위 면적당 받는 태양 복사 에너지양이 증가한다. 그러므로 우리나라는 겨울철에 더 따뜻할 것이다.

16

~~ㄱ~~ : 그림을 보면 1월이 7월보다 이산화 탄소 농도값이 높다는 것을 알 수 있다. 7월은 북반구의 여름철로 식물의 광합성이 겨울보다 활발해 이산화 탄소량이 줄어든다.
㉡ : 이산화 탄소 농도는 계속 증가하고 있는데, 이는 인간이 화석 연료를 계속 연소하여 공기 중에 이산화 탄소를 내보내기 때문이다.
㉢ : 이 기간 동안 이산화 탄소 농도가 증가하는 추세를 보이고 있으므로 평균 기온도 상승 추세일 것이다.

17

~~ㄱ~~ : 해수의 온도가 상승하면 이산화 탄소 용해도는 감소한다. 지구가 따뜻해지면 극지방의 빙하가 녹으므로 빙하량은 감소한다. 그러므로 ㉠과 ㉡은 둘 다 감소이다.
㉡ : (가)는 대기 중 이산화 탄소가 증가하는 원인이 들어가야 하므로 산림 벌채가 들어갈 수 있다.
㉢ : 명태는 한류성 어종으로 과거에는 국민 생선으로 불릴 만큼 많이 잡혔지만 현재는 거의 잡히지 않는다. 이는 지구 온난화에 의해 해수의 온도가 상승해 명태가 더 고위도로 이동하였기 때문이다. (나)는 해수 온도 상승에 의한 현상이므로 동해에서 명태가 잡히지 않는 현상이 들어갈 수 있다.

18

㉠ : 그림을 보면 이 기간 동안 북극 지역은 1.5 ℃ 이상 기온이 상승했고, 남극 지역은 약 0.5 ℃ 상승했다는 것을 알 수 있다. 그러므로 기온 편차는 남극보다 북극 지역이 크다.

~~㉡~~ : 극지방의 기온이 상승하였으므로 빙하가 녹았을 것이다. 빙하는 반사율이 크므로 이 기간 동안 극지방의 지표 반사율은 감소했을 것이다.
㉢ : 북극과 남극의 기온이 상승하고 있으므로, 지구의 연평균 기온은 상승하고 있을 것이다.

19

㉠ : 이산화 탄소 포집 및 저장 기술은 제철소, 발전소 등의 대규모 이산화 탄소 배출원에서 이산화 탄소를 포집하고 파이프나 선박을 통해 주입 플랜트로 수송한 다음, 지하 800 m 이상의 지층에 주입하여 지층에 저장하는 방법이다. 그러므로 순서는 A → B → D → C이다.
~~㉡~~ : 지하 800 m 이하의 대수층에 주입된 이산화 탄소는 지하수에 녹아 들어가 주변 광물 또는 암석들과 서서히 상호 작용을 하여 안정된 탄산염을 형성한다.
~~㉢~~ : 이산화 탄소 포집 및 저장 기술(CCS)은 기술적인 논의가 활발히 진행되고 있고, 몇몇 지역에서는 프로젝트가 진행되고 있기도 하다. 하지만 아직 기술력 부족과 경제적인 문제로 활발하게 이용되는 이산화 탄소 제거 방법은 아니다. 추후 탄소세 부과 등으로 경제적인 문제가 해결될 경우 빠르게 도입될 것으로 예상되는 방법이다.

20

㉠ : (가)는 재생 가능한 에너지의 일종인 태양 에너지를 이용한 발전 방식이다.
㉡ : (나)는 석탄을 액화 또는 가스화시켜 발전하는 것으로 탄소를 더 정제하여 발전하므로 석탄을 직접 태우는 것보다 이산화 탄소 배출량이 적다.
㉢ : 태양광 발전과 석탄 액화 · 가스화 발전이 늘어나면 화석 연료(석탄, 석유, 천연가스)를 직접 태우는 화력 발전을 대체하여 이산화 탄소 배출량을 줄일 수 있으므로 지구 온난화를 늦출 수 있다.

21

㉠ : A는 남극 순환류로 편서풍에 의해 형성되는 해류이다.
㉡ : 남반구는 바람이 부는 방향의 왼쪽 직각 방향으로 해수가 이동한다. 편서풍에 의해 중위도의 해수가 위도 30° 해역으로 이동하고, 극동풍에 의해 극지방의 해수가 위도 90° 쪽으로 이동하므로 위도 60°S 해역(B)은 해수가 발산하는 곳이다. 그러므로 용승이 일어난다.
~~㉢~~ : 웨델해에서는 남극 저층수가 만들어진다.

22

㉠ : (가)는 표층에 28~29 ℃의 따뜻한 물이 고르게 퍼져 있고, (나)는 28~29 ℃의 따뜻한 물이 서태평양에 몰려 있는 것으로 보아 (가)가 엘니뇨 시기, (나)가 라니냐 시기임을 알 수 있다.
~~㉡~~ : 동태평양 해역의 상승 기류는 엘니뇨 시기가 라니냐 시기보다 강하다.
㉢ : 엘니뇨 시기보다 라니냐 시기에 용승이 더 강하므로, 페루 연안 해역(동태평양)의 표층 수온은 용승이 강한 (나) 시기에 더 낮다.

23

~~㉠~~ : (가)의 주기는 약 10만 년, (나)의 주기는 약 41000년이다.
㉡ : 현재 지구 자전축의 기울기는 23.5°로, (나)에서 '크다' 쪽에 위치한다. 40만 년 전의 자전축 경사각은 '작다' 쪽에 위치하므로 23.5°보다 작다는 것을 알 수 있다.
~~㉢~~ : 60만 년 전은 지구 공전 궤도 이심률이 현재보다 크고, 지구 자전축의 경사각은 현재보다 작다. 공전 궤도 이심률이 크면 북반구 기온의 연교차는 줄어들고, 자전축의 경사각이 작아지면 역시 기온의 연교차가 줄어들므로 60만 년 전 우리나라의 기온의 연교차는 현재보다 작았을 것이다.

24

㉠ : (가)에서 태양 복사 에너지가 100인데, 방출하는 지구 복사 에너지도 100인 것으로 보아 지표의 반사율은 0임을 알 수 있다. 만약 반사율이 10이라면, 복사 평형 상태에서 방출하는 지구 복사 에너지는 90이 되어야 한다.
㉡ : 복사 평형 상태이므로 대기가 흡수하는 에너지양과 방출하는 에너지양은 같아야 한다. 대기가 흡수하는 에너지양은 25＋A＋100이고, 방출하는 에너지양은 66＋88이므로 A는 29이다.
㉢ : 대기에 온실 기체량이 증가하면 대기가 흡수하는 지구 복사 에너지양이 증가하고, 증가한 만큼 다시 대기로 방출하므로 지구가 흡수하는 에너지양 또한 증가한다. 그러므로 지표에서 방출되는 지구 복사 에너지양은 현재의 104보다 증가할 것이다.

V. 별과 외계 행성계

13 별의 물리량과 H－R도

핵심 개념 체크 본문 084~085쪽

1 흡수	**2** (1) ○ (2) ○ (3) ×	**3** G2
4 ㉠ A, ㉡ M	**5** 표면 온도	**6** 4
7 색지수	**8** ㉠ 낮, ㉡ 클	
9 ㉠ 광도(또는 절대 등급), ㉡ 표면 온도(또는 분광형)	**10** 주계열성	
11 광도		

출제 예상 문제 본문 086~087쪽

01 ④	**02** ②	**03** ④	**04** ③	**05** ①
06 ②	**07** ①	**08** ④	**09** ⑤	**10** ④
11 ③				

01

④ : (가)와 같이 고온·저밀도의 기체에서는 방출 스펙트럼이 관찰되고, (나)와 같이 연속 스펙트럼이 나타나는 빛을 저온·저밀도의 기체에 통과시킬 경우에는 흡수 스펙트럼이 관찰된다.

02

~~㉠~~ : (가)는 분광형이 B0인 고온의 별이므로 청백색으로 보인다.
㉡ : 별의 분광형을 표면 온도가 높은 것부터 순서대로 나열하면 O, B, A, F, G, K, M형 순이다. 따라서 별의 표면 온도는 M0형인 (나)가 B0형인 (가)보다 낮다.

~~ㄷ~~: 별은 표면 온도에 따라 스펙트럼에 나타나는 흡수선의 종류와 세기가 다양하다. 이를 기준으로 분광형을 O, B, A, F, G, K, M형의 7가지로 분류하였다. (가)와 (나)는 분광형이 다르므로 스펙트럼에 나타난 흡수선의 종류가 다르다.

03

~~ㄱ~~: 분자 흡수선(예 TiO)은 표면 온도가 낮은 M형 별에서 가장 잘 나타나며, 표면 온도가 높은 파란색 별에서는 나타나지 않는다.
ㄴ: 흰색 별의 분광형은 A형이다. A형에서는 수소 흡수선이 가장 뚜렷하게 나타난다.
ㄷ: 태양의 분광형은 G2형이다. 따라서 태양 스펙트럼에서는 칼슘 흡수선(Ca Ⅱ)이 뚜렷하게 나타난다.

04

~~ㄱ~~: 슈테판-볼츠만 법칙에 따라 별의 단위 면적에서 단위 시간 동안 방출하는 에너지양은 표면 온도의 4제곱에 비례한다. 별의 분광형을 비교하면 표면 온도는 (다)>(가)>(나) 순이다. 따라서 별의 단위 면적에서 단위 시간 동안 방출하는 에너지양은 (다)가 가장 많다.
~~ㄴ~~: 광도는 별이 단위 시간 동안 방출하는 에너지양에 해당하며, 광도가 클수록 별의 절대 등급이 작다. 따라서 별의 광도는 (가)가 (나)보다 크다.
ㄷ: (다)는 (나)보다 표면 온도가 높고, 광도가 작으므로 반지름이 작다.

05

ㄱ: 표면 온도가 높을수록 긴 파장보다 짧은 파장 영역에서 방출하는 빛이 많다. 따라서 A는 B보다 표면 온도가 높다.
~~ㄴ~~: 파장에 따른 복사 에너지의 세기를 나타낸 곡선에서 복사 에너지의 세기가 최대일 때의 파장은 A가 B보다 짧다. 최대 복사 에너지 세기를 갖는 파장은 표면 온도에 반비례하는데 이를 빈의 법칙이라고 한다.
~~ㄷ~~: 서로 다른 파장 영역에서 측정한 등급의 차를 색지수라고 한다. $(B-V)$ 색지수는 B(파란색 영역) 등급과 V(노란색 영역) 등급의 차이다. 밝을수록 등급이 작기 때문에 $(B-V)$ 색지수 값이 작을수록 짧은 파장의 빛을 많이 방출하는 별이며, 표면 온도가 높은 별이다. 따라서 $(B-V)$ 색지수는 A가 B보다 작다.

06

②: H-R도는 가로축에 별의 분광형(또는 표면 온도), 세로축에 별의 절대 등급(또는 광도)을 나타낸 도표로, 왼쪽으로 갈수록 표면 온도가 높고, 위쪽으로 갈수록 절대 등급이 작다(밝다).

07

①: H-R도에 나타난 별들은 크게 4개의 집단으로 분류할 수 있다. A는 초거성, B는 적색 거성, C는 주계열성, D는 백색 왜성이다. H-R도에서 오른쪽 위에 위치한 별일수록 반지름이 크므로 별의 종류 A~D를 반지름이 큰 집단부터 나열하면 A>B>C>D가 된다.

08

~~①~~: H-R도에서 별의 밀도는 백색 왜성>주계열성>적색 거성>초거성 순이다. 따라서 별의 밀도는 초거성 A가 가장 작다.
~~②~~: H-R도에서 적색 거성 B는 초거성 A보다 아래쪽에 위치하므로 광도가 더 작고, 절대 등급이 큰 집단이다.
~~③~~: H-R도에서 왼쪽에 위치할수록 표면 온도가 높은 별이므로 백색 왜성 D는 적색 거성 B보다 표면 온도가 높다.
④: 별은 일생의 대부분을 주계열 단계에서 보내므로 관측되는 별 중 주계열성이 가장 많다.
~~⑤~~: 색지수는 표면 온도가 높을수록 작다. 백색 왜성 D에 속한 별들은 대부분 분광형이 A형이며, 태양의 분광형 G형이다. 따라서 표면 온도는 D가 태양보다 높고, 색지수는 태양보다 작다.

09

~~ㄱ~~: 표면 온도는 A가 B의 2배이다. 최대 세기의 에너지를 갖는 파장은 표면 온도에 반비례하므로 A가 B의 $\frac{1}{2}$배이다.
ㄴ: 절대 등급은 A가 B보다 5등급 작으므로 A가 100배 더 밝다. 따라서 절대 밝기에 해당하는 광도는 A가 B의 100배이다.
ㄷ: 별의 반지름을 R, 표면 온도를 T라고 할 때 슈테판-볼츠만 법칙을 이용하여 광도 L과 반지름 R를 다음과 같이 나타낼 수 있다.

$$L=4\pi R^2\times\sigma T^4\ (\sigma\text{는 상수})$$

$$R=\sqrt{\frac{L}{4\pi\sigma}}\cdot\frac{1}{T^2}\propto\frac{\sqrt{L}}{T^2}$$

$$\frac{R_A}{R_B}=\sqrt{\frac{L_A}{L_B}}\times\left(\frac{T_B}{T_A}\right)^2=10\times\frac{1}{4}=2.5$$

따라서 별의 반지름은 A가 B의 2.5배임을 알 수 있다.

10

ㄱ: 광도 계급 Ⅰ은 (밝은) 초거성으로 H-R도에서 가장 위쪽에 분포한다. 광도 계급 Ⅱ는 밝은 거성으로 H-R도에서 광도 계급 Ⅰ보다 아래쪽에 위치한다. 따라서 광도 계급 Ⅰ은 광도 계급 Ⅱ보다 광도가 크다.
ㄴ: 태양은 주계열성에 속하므로 광도 계급이 Ⅴ이다.
~~ㄷ~~: 분광형이 같더라도 광도가 다르면 스펙트럼에 나타난 흡수선의 특징(예 흡수선의 폭)이 다르다.

11

~~ㄱ~~: A의 분광형은 K5이고, B의 분광형은 G2이므로 별의 표면 온도는 A가 B보다 낮다.
~~ㄴ~~: B와 C는 분광형이 같아서 표면 온도가 같지만 광도 계급을 비교하면 B가 C보다 광도가 크다. 따라서 별의 반지름은 광도가 큰 B가 C보다 크다.
ㄷ: 태양의 분광형은 G2형이고, 주계열성에 속하므로 광도 계급이 Ⅴ이다. 따라서 태양의 스펙트럼은 C와 유사하다.

서답형 문제

본문 088쪽

01 (가) 연속 스펙트럼 (나) 흡수 스펙트럼 (다) 방출 스펙트럼
02 (1) $E\propto T^4$ (2) $4\pi R^2\times E$ **03** 해설 참조
04 해설 참조 **05** 해설 참조
06 (1) ㉠ 초거성, ㉡ 적색 거성, ㉢ 주계열성, ㉣ 백색 왜성
(2) ㉣>㉢>㉡>㉠
7 (1) 표면 온도 (가)<(나), 광도 (가)>(나) (2) 해설 참조

01

(가) : 모든 파장 영역에서 빛이 연속적인 띠로 나타나므로 연속 스펙트럼이다. 백열전구의 스펙트럼이 여기에 해당한다.

(나) : 연속 스펙트럼이 나타나는 빛을 온도가 낮은 저밀도의 기체에 통과시킬 때 관측되는 흡수 스펙트럼이다. 태양의 대기층에서 만들어지는 흡수선이 여기에 해당한다.

(다) : 온도가 높은 저밀도의 기체가 방출할 때 나타나는 방출 스펙트럼이다. 형광등이나 나트륨 전등의 스펙트럼이 여기에 해당한다.

02

(1) 흑체가 단위 시간 동안 단위 면적에서 방출하는 복사 에너지양 E는 표면 온도 T의 4제곱에 비례하는데, 이를 슈테판-볼츠만 법칙이라고 한다. 별은 근사적으로 흑체에 가까우므로 별이 단위 시간 동안 단위 면적에서 방출하는 복사 에너지양과 표면 온도 사이의 관계는 $E \propto T^4$로 나타낼 수 있다.

(2) 별이 단위 시간 동안 단위 면적에서 방출하는 에너지양(E)을 별의 전체 표면적과 곱한 값이 별의 광도(L)에 해당하므로, 별의 광도는 다음과 같이 나타낼 수 있다. ➡ L=별의 표면적$\times E = 4\pi R^2 \times E$

03

모범답안 5등급 차이날 때 밝기 비가 100배이므로 1등급 차이날 때 밝기 비는 $100^{\frac{1}{5}}$배이다. 두 별의 절대 등급을 M_1, M_2, 광도를 L_1, L_2라고 하면, 두 별의 광도비는

$$\frac{L_1}{L_2} = (100^{\frac{1}{5}})^{M_2 - M_1} = 10^{\frac{2}{5}(M_2 - M_1)}\text{이다.}$$

채점 기준	배점
풀이 과정과 결과를 모두 옳게 기술한 경우	100 %
풀이 과정은 옳으나 수식 전개 과정에서 실수가 있는 경우	70 %
1등급 간의 밝기 비만 옳게 나타낸 경우	40 %

04

모범답안 별의 대기층을 구성하는 원소의 종류는 거의 같지만, 별의 표면 온도에 따라 각 원소들의 이온화 정도가 달라진다. 이로 인해 별빛을 흡수할 수 있는 파장의 위치가 달라져 별의 표면 온도에 따라 고유한 흡수선이 나타난다.

채점 기준	배점
표면 온도에 의해 스펙트럼이 차이나는 까닭을 옳게 설명한 경우	100 %
표면 온도라고만 제시한 경우	50 %

05

모범답안 (가) 별의 분광형을 결정하는 가장 중요한 물리량은 별의 표면 온도이다.

(나) 분광형이 O형인 별은 파란색으로 보이고, M형인 별은 붉은색으로 보인다.

(다) 분광형이 A형인 별의 스펙트럼에는 수소 흡수선이 매우 강하게 나타난다. (또는, 분광형이 G형인 별의 스펙트럼에는 Ca Ⅱ, Fe Ⅱ 흡수선이 강하게 나타난다.)

채점 기준	배점
(가), (나), (다)를 모두 옳게 수정한 경우	100 %
(가), (나), (다) 중 두 가지만 옳게 수정한 경우	70 %
(가), (나), (다) 중 한 가지만 옳게 수정한 경우	40 %

06

H-R도에서 광도가 가장 큰 집단 ㉠은 초거성이고, 초거성 바로 밑에 위치한 집단 ㉡은 적색 거성이다. 별들의 대부분이 분포하는 ㉢은 주계열성이며, 주계열의 하단에 위치한 ㉣은 백색 왜성이다.

07

(1) 표면 온도가 높은 것부터 분광형을 나열하면 O, B, A, F, G, K, M형 순이고, 광도 계급은 Ⅰ에서 Ⅶ로 갈수록 낮아진다. 따라서 표면 온도는 (나)가 더 높고, 광도는 (가)가 더 크다.

(2) 별의 반지름은 광도가 같을 경우에는 표면 온도가 낮을수록, 표면 온도가 같을 경우에는 광도가 클수록 크므로 (가)가 더 크다.

모범답안 (가)는 (나)보다 표면 온도가 낮고, 광도가 크므로 반지름이 더 크다.

채점 기준	배점
모범답안과 같이 서술한 경우	100 %
반지름이 더 큰 별만 옳게 고른 경우	50 %

14 별의 진화와 에너지원

핵심 개념 체크

본문 089~090쪽

1 주계열성 2 질량 3 ㉠ 증가, ㉡ 낮아
4 (1) × (2) × (3) ○ 5 ㉠ 중력 수축, ㉡ 수소
6 질량 7 탄소 · 질소 · 산소(CNO)
8 중력 9 대류층

출제 예상 문제

본문 091~093쪽

01 ③ 02 ⑤ 03 ④ 04 ② 05 ①
06 ③ 07 ③ 08 ④ 09 ① 10 ③
11 ⑤ 12 ③ 13 ⑤ 14 ② 15 ①
16 ⑤

01

③ : 원시별은 성운의 내부에서 탄생하는데, 특히 온도가 낮고, 어둡게 보이는 저온·고밀도의 암흑 성운에서 중력 수축이 일어나 만들어진다.

02

㉠ : 원시별의 질량이 클수록 광도가 큰 주계열성이 된다. 따라서 질량은 A>B>C이다.

㉡ : 원시별 A는 진화하는 동안 대체로 가로축과 나란하게 이동하였으므로 광도는 크게 변하지 않았으나 표면 온도는 많이 증가하였다. 원시별 B는 진화하는 동안 대체로 왼쪽 아래로 이동하였으므로 표면 온도는 증가하였고, 광도는 감소하였다. 따라서 진화하는 동안 절대 등급의 변화량은 광도 변화율이 큰 B가 A보다 크다.

㉢ : H-R도에서 왼쪽 아래에 위치할수록 반지름이 작다. H-R도에

서 A는 주로 왼쪽으로, B는 왼쪽 아래로, C는 주로 아래쪽으로 이동하였으므로 모두 반지름이 감소하였다.

03

㉠ : A는 주계열성 단계, B는 적색 거성 단계에 해당한다. 따라서 광도는 주계열성 A보다 적색 거성인 B일 때 크다.
~~ㄴ~~ : C는 태양 진화의 마지막 단계에서 태양의 외곽 물질이 우주 공간으로 분출되어 행성상 성운이 형성되는 단계에 해당한다.
㉢ : 태양은 진화의 최종 단계에서 백색 왜성 D를 형성한다. D는 현재 태양보다 표면 온도가 높아 흰색으로 보인다.

04

② 별의 중심부에서 수축이 일어나고, 외곽층에서 팽창이 일어나고 있으므로 이 별은 주계열 단계에서 거성 단계로 진화하는 과정에 해당한다.

05

㉠ : 이 별은 주계열성에서 초거성으로 진화하므로 태양보다 질량이 큰 별이다.
~~ㄴ~~ : 별은 일생의 약 90 %에 해당하는 기간을 주계열 단계에서 보낸다.
~~ㄷ~~ : (다)의 중성자별은 초신성 폭발로 별의 중심부가 수축하여서 형성된 별이다. 따라서 초신성 폭발은 (다) 이전에 일어났다.

06

㉠ : 이 천체는 적색 거성의 마지막 단계에서 수축과 팽창이 반복되면서 별의 외곽 물질이 우주 공간으로 방출되어 형성된 행성상 성운이다.
㉡ : 행성상 성운이 형성될 때, 탄소로 이루어진 별의 중심핵은 계속 수축하여 밀도가 매우 높은 백색 왜성이 된다. 따라서 행성상 성운의 중심부에는 백색 왜성이 존재한다.
~~ㄷ~~ : 행성상 성운은 적색 거성의 외곽 물질이 분출되어 형성된다. 초거성은 초신성 폭발을 일으켜 초신성 잔해를 남긴다.

07

~~ㄱ~~ : A는 태양 크기의 수백 배에 이르는 초거성이다. 중심부에서 수소 핵융합 반응이 일어나는 별은 주계열성이다.
~~ㄴ~~ : B는 지구 정도의 크기를 갖고 있는 백색 왜성이다. 초신성 폭발로 형성될 수 있는 별은 중성자별이나 블랙홀이다.
㉢ : 초거성 A는 백색 왜성 B에 비해 평균 밀도가 훨씬 작다.

08

㉠ : (가)는 중심부 온도가 약 1800만 K보다 낮은 경우에 상대적으로 우세하게 일어나는 양성자·양성자 반응이다. 양성자·양성자 반응은 태양 질량의 약 2배 이하인 주계열성에서 우세하다.
~~ㄴ~~ : (나)는 탄소, 질소, 산소가 촉매 역할을 하여 헬륨 원자핵이 생성되는 CNO 순환 반응이다.
㉢ : 태양 중심부의 온도는 약 1500만 K이므로 (가)의 양성자·양성자 반응이 (나)의 CNO 순환 반응보다 우세하게 일어난다.

09

㉠ : (가) 단계는 별들이 일생의 90 % 이상을 보내는 주계열 단계이다. 주계열 단계에서 별이 머무는 시간은 질량이 클수록 짧다. B와 C는 초신성 폭발을 일으키므로 행성상 성운과 백색 왜성을 남기는 A보다 질량이 크다. 따라서 주계열 단계에 머무는 시간은 A가 가장 길다.
~~ㄴ~~ : 별의 중심부에서 수소 핵융합 반응이 진행되는 단계는 주계열 단계이다. (나)의 거성 단계에서는 별의 중심부에서 수소보다 무거운 원자핵의 핵융합 반응이 일어난다.
~~ㄷ~~ : (다) 단계에서 별의 크기는 백색 왜성>중성자별>블랙홀 순이다.

10

~~①~~ : 이 반응은 수소 원자핵 4개가 헬륨 원자핵 1개로 변하는 수소 핵융합 반응이다.
~~②~~ : 반응 전의 질량이 반응 후의 질량보다 크며, 감소된 질량만큼 에너지로 전환된다.
③ : 수소 원자핵은 (+) 전하를 띠므로 수소 원자핵 사이에서는 척력이 작용한다. 따라서 온도가 충분히 높아야 원자핵이 빠르게 움직여 척력을 극복하고 결합할 수 있다. 수소 핵융합 반응은 온도가 약 1천만 K 이상일 때 일어날 수 있다.
~~④~~ : 수소 핵융합 반응은 주계열성의 중심부에서 일어나며, 거성의 경우 중심핵을 둘러싼 외곽 수소층에서 일어날 수 있다.
~~⑤~~ : 생성된 헬륨 원자핵은 매우 안정하기 때문에 온도가 낮아지더라도 수소 원자핵으로 되돌아가는 역반응은 일어나지 않는다.

11

~~ㄱ~~ : B는 별의 중심 쪽으로 잡아당기는 중력이고, A는 기체 압력 차에 의해 발생한 힘으로 중력의 반대 방향으로 밀어내는 힘이다. 별은 바깥쪽에서 중심부로 갈수록 압력이 점점 증가한다. 이로 인해 중심부에 더 가까운 곳에서 압력이 높고, 더 먼 곳에서 압력이 낮아 고압에서 저압 방향으로 밀어내는 힘이 생기는데 이 힘이 중력의 반대 방향으로 작용하는 힘이다.
㉡ : 중력 A와 기체 압력 차에 의해 발생한 힘 B가 평형을 이루어 별의 크기가 일정하게 유지되는 상태를 정역학 평형 상태라고 한다.
㉢ : 주계열성은 정역학 평형 상태로 크기가 일정하게 유지되며, 중심핵에서는 수소 핵융합 반응이 일어나고 있다.

12

태양과 질량이 비슷한 주계열성의 내부는 중심핵, 복사층(B층), 대류층(A층)으로 이루어져 있다.
㉠ : A층에서 대류 운동이 활발하게 일어나므로 A층의 표면인 광구에서는 쌀알 무늬가 나타난다.
㉡ : B층은 복사에 의해 에너지가 전달되는 복사층이다.
~~ㄷ~~ : 주계열성의 중심핵에서는 수소 핵융합 반응이 일어난다.

13

㉠ : 태양 질량의 2배 이상인 별의 내부는 대류핵과 복사층으로 이루어져 있다. 따라서 이 별의 질량은 태양보다 크다.
㉡ : 주계열성은 질량이 클수록 표면 온도가 높다. 따라서 광구(별의 표면)의 온도는 이 별이 태양보다 높다.
㉢ : 이 별은 태양보다 질량이 2배 이상이므로 중심핵에서는 CNO 순환 반응에 의한 에너지 생성량이 양성자·양성자 반응에 의한 에너지 생성량보다 많다.

14

(가)는 분광형이 B0, (나)는 G5이다. 따라서 표면 온도는 (가)가 (나)보다 높다.

~~ㄱ~~ : 주계열성은 표면 온도가 높을수록 질량이 크므로, 별의 질량은 (가)가 (나)보다 크다. 별이 주계열 단계에서 머무는 기간은 질량이 클수록 짧으므로 (가)가 (나)보다 짧다.

㉡ : 질량이 큰 별은 중심부의 온도가 높아 별 내부에서 수소 핵융합 반응이 일어날 수 있는 범위가 더 넓다. 이로 인해 수소 연료 소모율이 훨씬 크고, 수명이 짧다.

~~ㄷ~~ : 질량이 큰 주계열성일수록 양성자·양성자 반응에 의한 에너지 생성량보다 CNO 순환 반응에 의한 에너지 생성량이 많다. 따라서 (가)는 (나)보다 $\frac{\text{양성자·양성자 반응에 의한 에너지 생성량}}{\text{CNO 순환 반응에 의한 에너지 생성량}}$ 값이 작다.

15

초거성은 중심으로 갈수록 온도가 높아지기 때문에 계속적인 핵융합 반응이 일어나 양파껍질 같은 구조가 형성되며, 최종적으로 철로 된 핵이 만들어진다.

㉠ : 별의 중심에 가까울수록 더 무거운 원자핵의 핵융합 반응이 일어나므로 평균 원자량이 커진다.

~~ㄴ~~ : 별의 중심에 가까울수록 핵융합 반응에 의해 더 무거운 원자핵이 형성되고 있다. 따라서 온도는 별의 중심에 가까울수록 높아진다.

~~ㄷ~~ : 이 별은 양파껍질 같은 구조를 갖고 있는 초거성이다. 초거성은 초신성 폭발을 일으켜 중성자별 또는 블랙홀로 진화한다.

16

⑤ : 초거성의 중심부에서는 별의 중심으로 갈수록 온도가 높아지고 보다 무거운 원자핵이 존재한다. 따라서 별의 핵융합 반응 순서는 수소 핵융합 (가) → 헬륨 핵융합 (라) → 산소 핵융합 (다) → 규소 핵융합 (나) 순이다.

서답형 문제 본문 094쪽

01 (가) 중력 수축 에너지 (나) 수소 핵융합 반응 에너지
2 C → B → A → D **3** 해설 참조
4 해설 참조 **5** ㉠ 탄소, ㉡ 철
6 (가) > (다) > (나) **7** 해설 참조
8 (1) (가) > (나) (2) (가) CNO 순환 반응 (나) 양성자·양성자 반응
9 ㉠ 1.26×10^{44}, ㉡ 광도

01

(가)는 원시별에서 주계열성으로 진화 중인 별이다. 원시별은 자체 중력에 의해 수축할 때 기체 입자의 위치 에너지가 감소하고, 감소한 위치 에너지만큼 내부 에너지가 증가하여 중심부의 온도가 상승한다. 따라서 원시별의 에너지원은 중력 수축 에너지이다.

(나)는 정역학 평형을 유지하는 주계열성이다. 주계열성은 중심부에서 수소 핵융합 반응이 안정적으로 일어나고, 이로 인해 발생된 에너지를 방출한다. 따라서 주계열성의 에너지원은 수소 핵융합 반응 에너지이다.

02

태양은 현재 주계열 단계(C)에 위치해 있다. 앞으로 약 50억 년 후에 중심핵의 수소를 모두 소비하고 주계열을 떠나 적색 거성(B)으로 진화한다. 그 후 불안정한 상태에서 팽창 수축을 반복하여 행성상 성운을 형성하고(A), 중심부는 수축하여 백색 왜성(D)으로 일생을 마감할 것으로 예상한다. 따라서 태양의 진화 순서는 C → B → A → D이다.

03

모범답안 질량이 큰 별일수록 중심부에서 수소 핵융합 반응의 연소 효율이 높아 연료인 수소를 빠르게 소모한다. 따라서 질량이 큰 별이 질량이 작은 별에 비해 오히려 주계열 단계에 머무는 시간이 짧다.

채점 기준	배점
수소 핵융합 반응의 효율과 질량의 관계를 옳게 서술한 경우	100 %
질량이 클수록 진화 속도가 빠르다라고만 서술한 경우	50 %

04

모범답안 태양은 중력과 기체 압력 차에 의한 힘이 평형을 이루고 있기 때문에 크기와 모양이 일정하게 유지된다.

채점 기준	배점
중력과 기체 압력 차로 발생한 힘이 평형 상태임을 옳게 설명한 경우	100 %
힘의 평형 상태라고만 제시한 경우	50 %

05

(가)는 적색 거성의 내부 구조이다. 적색 거성의 중심부에서는 헬륨 핵융합 반응에 의해 생성된 탄소핵, 탄소핵을 둘러싼 헬륨 연소층, 헬륨 연소층 바로 바깥쪽에 수소 연소층이 존재한다.

(나)는 초거성의 내부 구조이다. 초거성은 중심부의 온도가 높기 때문에 계속적인 핵융합 반응이 일어나 양파껍질 같은 구조가 형성되며, 최종적으로 중심부에 철로 된 핵이 만들어진다.

06

백색 왜성은 질량이 태양 정도인 별의 중심부가 수축하여 형성된 별이다. 중성자별은 태양 질량의 약 1.4~3배인 중심핵이 수십 km 정도의 크기로 수축하여 생성된다. 블랙홀은 태양 질량의 약 3배 이상인 중심핵이 중성자별보다 훨씬 심하게 수축하여 형성된다. 따라서 세 천체의 질량은 (가) > (다) > (나)이다.

07

(가)는 태양보다 질량이 훨씬 큰 초거성이 초신성 폭발을 일으켜 형성된 초신성 잔해이고, (나)는 질량이 태양 정도인 적색 거성에 의해 형성된 행성상 성운이다.

모범답안 두 별의 질량은 (가) > (나)이고, 수명은 (가) < (나)이다.

채점 기준	배점
질량과 수명을 모두 옳게 기술한 경우	100 %
질량과 수명 중 한 가지만 옳게 기술한 경우	50 %

08

(가)는 태양 질량의 2배 이상인 주계열성의 내부 구조이고, (나)는 태양 질량의 2배 이하인 주계열성의 내부 구조이다. 중심부의 온도는 질량이 큰 (가)가 (나)보다 높다. 중심부의 온도가 더 높은 (가)에서는 CNO 순환 반응에 의한 수소 핵융합 반응이 우세하게 일어나고, 중심부의 온도가 상대적으로 더 낮은 (나)에서는 양성자·양성자 반응에 의한 수소 핵융합 반응이 우세하게 일어난다.

09

태양의 질량 2×10^{30} kg 중에서 수소 핵융합에 참여할 수 있는 중심핵의 질량은 전체 질량의 약 10 %이다. 수소 핵융합 반응이 일어날 때 0.7 %의 질량이 에너지로 전환되므로, 태양에서 생성 가능한 총 에너지양 E는 다음과 같다.

$$E=\Delta mc^2=2\times10^{30}\times0.1\times0.007\times(3\times10^8)^2$$
$$=1.26\times10^{44}\ \text{J}$$

이 값을 현재 태양의 광도 $L_\odot=3.9\times10^{26}$ J/s로 나누면, 태양이 주계열성으로 머물 수 있는 대략적인 시간을 구할 수 있다.

$$t=\frac{E}{L_\odot}=\frac{1.26\times10^{44}}{3.9\times10^{26}}=3.23\times10^{17}\text{s}\approx1.0\times10^{10}\text{년}$$

15 외계 행성계와 생명체

핵심 개념 체크 본문 095~096쪽

1 (1) ㄷ (2) ㄱ (3) ㄹ (4) ㄴ　　2 식
3 ㉠ 청색, ㉡ 적색　　4 나란
5 크　　6 생명 가능 지대　　7 ㉠ 멀어, ㉡ 넓어
8 (1) ○ (2) ○ (3) ×

출제 예상 문제 본문 097~098쪽

01 ④	02 ②	03 ②	04 ③	05 ②
06 ①	07 ③	08 ①	09 ⑤	10 ④

01

①: 외계 행성계의 거리가 매우 가까울 경우에는 망원경을 이용하여 행성을 직접 관측할 수 있다.
②: 앞쪽에 놓인 별과 행성의 중력에 의해 배경별의 밝기 변화를 관측하면 행성의 존재 여부를 확인할 수 있다.
③: 행성의 식 현상에 의해 중심별의 밝기가 감소하는 현상을 관측하면 행성의 존재 여부를 확인할 수 있다.
④: 중심별의 스펙트럼에 나타난 흡수선의 종류와 세기를 관측하여 별의 분광형을 결정한다. 이 과정은 행성의 존재 여부와 관련이 없다.
⑤: 중심별과 행성이 공통 질량 중심을 회전할 때 나타나는 중심별의 시선 속도 변화로부터 행성의 존재 여부를 확인할 수 있다.

02

ㄱ: 현재 별빛 스펙트럼에서 적색 편이가 나타나므로 별은 지구로부터 멀어진다. 따라서 행성은 관측자와 가까워지는 방향으로 이동한다.
ㄴ: 별과 행성은 공통 질량 중심을 회전할 때 공통 질량 중심의 위치는 변하지 않으며, 별과 행성은 공통 질량 중심을 같은 주기로 회전한다.
ㄷ: 별의 질량이 클수록 행성이 별의 시선 속도 변화에 미치는 영향이 감소하여 별빛 스펙트럼의 적색 편이량이 감소한다.

03

ㄱ: 행성에 의한 별의 식 현상이 나타나려면 행성의 공전 궤도면이 관측자의 시선 방향에 거의 나란해야 한다.
ㄴ: 행성의 반지름이 클수록 별을 가리는 면적이 커져서 t_3일 때 밝기 감소량이 증가한다. 따라서 t_1과 t_3일 때 별의 밝기 차는 행성의 반지름이 클수록 크다.
ㄷ: 행성에 의한 식 현상은 행성이 별의 앞면을 지날 때마다 나타나므로 별의 밝기 변화 주기는 행성의 공전 주기와 같다.

04

ㄱ: (가)와 (나)의 그래프는 배경별과 관측자 사이를 어떤 별과 행성이 통과하는 동안 관측되는 배경별의 밝기 변화를 나타낸 것이다.
ㄴ: (나)의 ㉠은 별 주위에 있는 행성의 중력에 의해 추가적으로 나타난 배경별의 밝기 변화이다.
ㄷ: 미세 중력 렌즈를 이용한 탐사 방법은 행성의 공전 궤도면이 관측자의 시선 방향과 나란하지 않은 경우에도 이용 가능하다.

05

ㄱ: 케플러 우주 망원경은 행성의 식 현상으로 나타난 중심별의 밝기 변화를 관측하여 행성의 존재를 확인하였다.
ㄴ: 발견된 행성들 중 반지름이 지구의 2배 이하인 경우도 비교적 많이 있으므로 행성의 반지름은 대부분 목성보다 크다고 할 수 없다. 목성의 반지름은 지구 반지름의 약 11배이며, 케플러 우주 망원경은 주로 지구 규모의 행성을 찾고자 하였다.
ㄷ: 식 현상을 이용하여 관측하였으므로 이 행성들은 모두 공전 궤도면이 시선 방향에 거의 나란하다.

06

ㄱ: 식 현상을 이용하여 발견된 행성은 대부분 공전 궤도 반지름이 1 AU 미만이므로 지구보다 작다.
ㄴ: 시선 속도 변화는 도플러 효과를 이용하는 방법이다. 이 방법을 이용하여 발견된 행성들 중 질량이 목성보다 큰 행성은 공전 궤도 반지름이 1 AU보다 작은 경우보다 큰 경우가 많다.
ㄷ: 배경별의 밝기 변화를 관측하여 발견된 행성은 미세 중력 렌즈 현상을 이용하여 발견된 행성이며, 이 방법으로 발견된 행성 수는 시선 속도 변화나 식 현상을 이용하여 발견된 행성 수보다 훨씬 적다.

07

ㄱ: 최근까지 발견된 행성들의 질량은 주로 목성 질량과 비슷한 경우가 많으며 거의 대부분 지구 질량보다 크다.
ㄴ: 1996년부터 2016년으로 갈수록 질량이 작은 행성의 발견 비율이 증가하는 추세이다. 이는 탐사 기술의 발달로 점차 질량이 작은 행성도 발견이 가능해졌기 때문이다.
ㄷ: 별 주변의 생명 가능 지대는 별 주변의 전체 공간에 비해 매우 좁은 영역에 해당하므로 행성이 생명 가능 지대에 존재할 가능성이 상대적으로 낮다. 따라서 발견된 행성들 중 극히 일부만 생명 가능 지대에 위치한다.

08

①: 행성 자기장은 우주와 중심별에서 들어오는 고에너지 입자를 막아 주기 때문에 생명체가 존재할 수 있는 중요한 조건이다.
②: 생명체가 존재하려면 액체 상태의 물이 존재해야 한다.

ㄹ̸ : 중심별의 질량이 매우 크면 진화 속도가 빠르기 때문에 행성에서 안정된 환경이 오래 유지되기 어렵다.

ㅁ̸ : 행성의 대기압이 적절해야 알맞은 온실 효과가 나타날 수 있다.

ㅂ̸ : 행성의 표면 온도가 너무 높으면 액체 상태의 물이 존재할 수 없다.

09

㉠ : 별의 질량이 클수록 생명 가능 지대의 폭이 넓어지므로 액체 상태의 물이 존재할 수 있는 영역이 넓어진다.

㉡ : 현재 태양계에서는 액체 상태의 물이 존재 가능한 영역에 지구만 속해 있다.

㉢ : 별이 진화함에 따라 광도가 조금씩 증가한다. 따라서 생명 가능 지대는 별로부터 조금씩 멀어진다.

10

㉠ : 주계열성은 H-R도에서 왼쪽 위에서 오른쪽 아래로 대각선 방향으로 배열되며 태양을 포함하고 있다. 따라서 자료에서 제시된 별들은 모두 주계열성임을 알 수 있다.

㉡ : 생명 가능 지대까지의 거리는 별의 광도가 클수록 별로부터 멀어진다. 광도는 태양이 백조자리 61B보다 크므로 생명 가능 지대까지의 거리도 태양이 더 멀다.

ㄷ̸ : 행성이 생명 가능 지대에 머물 수 있는 시간은 중심별의 질량이 작을수록 길다. 따라서 질량이 작은 태양 주변의 행성이 스피카 주변의 행성보다 생명 가능 지대에 머물 수 있는 시간이 길다.

서답형 문제

본문 099쪽

01 해설 참조 **02** 해설 참조
03 ㉠ 반지름, ㉡ 공전 궤도면
04 (1) 앞쪽 별의 중력 (2) 해설 참조
05 (1) 생명 가능 지대 (2) 별의 광도가 클수록 ㉠의 폭은 넓어진다.
06 해설 참조 **07** 해설 참조

01

모범답안 지구로부터 거리가 가까운 일부의 외계 행성만 직접 촬영이 가능하기 때문에 직접 촬영을 통해 발견된 행성 수가 다른 탐사 방법에 비해 매우 적다.

채점 기준	배점
직접 촬영법이 갖고 있는 거리에 따른 제약에 대해 옳게 설명한 경우	100 %
설명 내용에 잘못된 부분이 포함되어 있는 경우	50 %

02

모범답안 (가)에서 적색 편이가 관측되었으므로 행성 A는 가까워지는 ㉡ 방향으로 회전하고, 별 B는 멀어지는 ㉢ 방향으로 회전한다.

채점 기준	배점
A와 B의 회전 방향 옳게 기술하고, 그 까닭을 적색 편이와 관련지어 옳게 설명한 경우	100 %
A와 B의 회전 방향만 옳게 기술한 경우	40 %

03

행성이 중심별의 앞을 지나가면 중심별의 밝기가 감소한다. 이때 밝기 감소량은 행성의 면적에 비례하므로 행성의 반지름이 클수록 행성의 존재를 확인하는 데 유리하다. 이 방법은 행성의 공전 궤도면이 관측자의 시선 방향과 거의 나란할 경우에만 이용 가능하다.

04

(1) 관측자와 가까운 천체의 중력 때문에 먼 천체에서 오는 빛이 휘어지는 현상을 중력 렌즈 현상이라 하며, 특히 별 또는 행성에 의해 빛이 휘어지는 것을 미세 중력 렌즈 현상이라고 한다. 미세 중력 렌즈 현상을 이용하면 행성의 공전 궤도면과 관측자의 시선 방향이 나란하지 않아도 행성을 발견할 수 있으며, 질량이 작은 행성을 찾는 데에도 다른 탐사 방법에 비해 유리하다. 하지만 이 방법은 주기적인 관측이 불가능하다는 단점이 있다.

(2) 모범답안 장점은 행성 공전 궤도면이 시선 방향과 나란하지 않을 경우에도 이용 가능하다(또는, 질량이 작은 행성을 찾는 데에 유리하다.)는 것이고, 단점은 두 별에 의한 미세 중력 렌즈 현상은 한 번만 나타나므로 관측 가능한 시기가 정해져 있다는 것이다.

채점 기준	배점
모범답안과 같이 서술한 경우	100 %
장단점 중 한 가지만 옳게 서술한 경우	50 %

05

(1) 별의 주변에서 물이 액체 상태로 존재할 수 있는 영역을 생명 가능 지대라고 한다. 태양계에서는 지구가 생명 가능 지대에 위치해 있다.

(2) 주계열성은 질량이 크고 표면 온도가 높을수록 광도가 크다. 별의 광도가 클수록 생명 가능 지대는 별로부터 먼 곳에 형성되고 생명 가능 지대의 폭도 넓어진다.

06

이 기간 동안 태양 주변에서 생명 가능 지대의 거리와 폭이 계속 증가하였으므로 태양의 광도는 계속 증가하였음을 알 수 있다. 한편, 주계열성은 수소 핵융합 반응에 의해 생성된 에너지를 방출하므로 이 기간 동안 태양은 계속 질량이 감소하였다.

모범답안 이 기간 동안 생명 가능 지대의 거리가 멀어졌으므로 태양의 광도는 증가하였고, 수소 핵융합 반응이 계속 일어났으므로 질량은 감소하였다.

채점 기준	배점
광도와 질량 변화를 모두 옳게 기술한 경우	100 %
광도와 질량 변화 중 한 가지만 옳게 기술한 경우	50 %

07

중심별의 분광형을 비교하면 A의 중심별이 B의 중심별보다 표면 온도가 낮고, 질량이 작다. 주계열성의 진화 속도는 질량이 작을수록 느리므로 중심별 주변에서 안정된 환경이 더 오래 유지되는 행성은 A이다.

모범답안 중심별의 질량이 A가 B보다 작으므로 중심별의 진화 속도가 느린 A가 B보다 안정된 환경이 오래 유지된다.

채점 기준	배점
중심별의 진화 속도를 행성의 환경 변화와 관련지어 옳게 기술한 경우	100 %
중심별의 진화 속도를 옳게 비교한 경우	50 %

본문 100~105쪽

대단원 종합 문제 V. 별과 외계 행성계

01 ④	02 ①	03 ③	04 ⑤	05 ⑤
06 ②	07 ②	08 ⑤	09 ④	10 ⑤
11 ①	12 ②	13 ③	14 ④	15 ③
16 ①	17 ④	18 ④	19 ①	

고난도 문제

20 ⑤	21 ①	22 ③	23 ③	24 ④
25 ③	26 ②	27 ③		

01

별의 표면 온도가 높은 것부터 낮은 순으로 분광형을 나열하면 O > B > A > F > G > K > M이다. 따라서 별의 표면 온도는 (가) > (다) > (나)이다.

㉠: (가)는 (나)보다 표면 온도가 높으므로 가시광선보다 파장이 짧은 자외선 영역에서 방출하는 빛의 상대적 세기가 더 강하다.

ㄴ: 헬륨 흡수선은 표면 온도가 높은 O, B형인 별에서 잘 나타난다. 따라서 (나)에서는 헬륨 흡수선이 거의 관측되지 않는다.

㉢: 태양의 분광형은 G2형이므로 태양과 스펙트럼이 가장 유사한 별은 (다)이다.

02

㉠: 표면 온도가 높은 O, B형 별에서 헬륨 흡수선이 나타나고, 표면 온도가 낮은 M형 별에서 분자 흡수선이 나타나므로 제시된 자료에서 표면 온도의 증가 방향은 ㉠이다.

ㄴ: 별빛 스펙트럼의 흡수선은 별의 표면에서 방출된 빛이 별의 대기층을 통과하는 과정에서 형성된다. 이때 표면 온도에 따라 대기를 구성하는 원자들의 이온화 정도가 달라지므로 다양한 종류의 흡수선이 형성된다.

ㄷ: 태양 스펙트럼에서는 수소 흡수선보다 칼슘과 철 흡수선이 뚜렷하게 나타난다. 수소 흡수선이 가장 강하게 나타나는 별은 태양보다 온도가 높은 A형 별이다.

03

최대 복사 에너지 세기를 갖는 파장은 (가)가 (나)보다 짧다. 따라서 별의 표면 온도는 (가)가 (나)보다 높다.

㉠: 별의 단위 면적에서 단위 시간 동안 방출되는 에너지양은 표면 온도의 4제곱에 비례하므로 (가)가 (나)보다 많다.

ㄴ: (가)는 U 필터를 통과한 빛이 V 필터를 통과한 빛보다 많다. 따라서 (가)는 U 등급이 V 등급보다 작은 별이다.

㉢: $(B-V)$ 색지수는 표면 온도가 높을수록 작은 값을 가지므로 (가)가 (나)보다 작다.

04

A는 H-R도에서 가장 위쪽에 위치하는 초거성이고, B는 초거성 아래에 위치하는 적색 거성이다. C는 H-R도의 왼쪽 위에서 오른쪽 아래로 이어지는 대각선 방향에 위치하는 주계열성이고, D는 주계열성의 아래쪽에 위치하는 백색 왜성이다.

㉠: 별의 수명은 질량이 클수록 짧다. A는 초거성이므로 적색 거성인 B보다 질량이 크고, 수명이 짧다.

㉡: 주계열성 C는 별의 내부에서 중력과 기체 압력 차에 의한 힘이 평형을 이루고 있어 일정한 크기를 유지한다. 이 상태를 정역학 평형 상태라고 한다.

㉢: H-R도에서 왼쪽에 위치할수록 표면 온도가 높은 별이므로 백색 왜성 D는 적색 거성 B보다 표면 온도가 높다.

05

①: D는 표면 온도가 6000 K이고, 광도가 태양과 같다. 따라서 D는 H-R도에서 태양과 비슷한 위치에 있는 주계열성이다.

②: 별의 반지름을 R, 표면 온도를 T라고 할 때 별의 광도 $L=4\pi R^2 \times \sigma T^4$ (σ는 상수)이다. 따라서 반지름 $R=\sqrt{\frac{L}{4\pi\sigma}}\cdot\frac{1}{T^2}\propto\frac{\sqrt{L}}{T^2}$이다. A는 B보다 광도($L$)가 크고, 표면 온도($T$)가 낮으므로 별의 반지름은 A가 B보다 크다.

③: B는 D보다 표면 온도가 높다. 표면 온도가 높을수록 색지수가 작으므로 색지수는 B가 D보다 작다.

④: 광도가 작을수록 절대 등급은 크다. 따라서 A~D 중 광도가 가장 작은 D가 절대 등급이 가장 크다.

⑤: D는 태양과 비슷한 주계열성이다. B는 주계열성 D보다 표면 온도가 높고, 광도가 큰 주계열성이다. C는 D보다 표면 온도가 낮지만 광도가 큰 적색 거성이다. 따라서 별의 밀도는 주계열성인 B가 적색 거성인 C보다 크다.

06

ㄱ: ㉠은 표면 온도가 낮고, 광도 계급이 Ⅰ인 초거성이다.

㉡: ㉡은 광도 계급이 Ⅴ이므로 주계열성이고, ㉢은 광도 계급이 Ⅲ이므로 거성이다. 따라서 별의 반지름은 ㉡이 ㉢보다 작다.

ㄷ: ㉠은 초거성이므로 태양보다 질량이 크고, ㉡은 태양과 분광형이 동일한 주계열성이므로 태양과 질량이 비슷하다. 따라서 별의 질량은 ㉠이 ㉡보다 크다.

07

ㄱ: (가)에서 주계열성은 색지수가 클수록 절대 등급이 커지므로 광도는 작다.

㉡: 광도는 별이 단위 시간당 방출하는 에너지양이며, 주계열성의 경우 방출하는 에너지양이 모두 중심부의 수소 핵융합 반응에 의한 생성된다. A는 태양보다 절대 등급이 5등급 작으므로 광도는 100배 크다. 따라서 A가 수소 핵융합 반응에 의해 생성하는 에너지양은 태양의 약 100배에 해당한다.

ㄷ: (나)에서 질량이 태양의 약 10배인 별은 광도가 태양의 약 1000배 이상이다. (가)에서 A는 태양보다 광도가 100배라는 것을 알 수 있으므로, A의 질량은 태양 질량의 10배보다 작다.

08

원시별의 질량이 클수록 중력 수축에 의한 중심부의 온도 상승이 빠르게 일어나기 때문에 중심부에서 수소 핵융합 반응을 시작하는 데 걸리는 시간도 짧다. 즉, 주계열성이 되는 데 걸리는 시간이 짧다.

㉠: A와 B는 모두 원시별이며, 주계열성으로 진화하고 있다. 원시별의 에너지원은 중력 수축에 의해 생기는 중력 수축 에너지이다.

㉡: A는 주계열로 진화하여 태양보다 광도가 훨씬 큰 별이 된다. 따라

서 A의 질량은 태양의 질량보다 크다.
㉢: A는 B보다 광도가 큰 주계열성이 되므로 질량은 A가 B보다 크다. 따라서 주계열에 도달하는 데 걸리는 시간은 A가 B보다 짧다.

09

①: a → b 과정은 원시별이 주계열성으로 진화하는 과정이므로 중력 수축에 의해 별의 반지름이 작아진다.
②: 별은 일생의 대부분을 주계열 단계인 b에서 머문다.
③: b → c 과정은 주계열성에서 거성으로 진화하는 과정이다. 중심부에서 수소 핵융합 반응이 일어나는 단계는 b이며, 중심부의 수소가 모두 소진되면 b를 떠나 c로 진행한다.
④: 거성 단계에서 별이 불안정해지면 팽창과 수축을 반복하면서 별의 외곽 물질이 우주 공간으로 방출되어 행성상 성운이 형성되고, 중심부는 수축하여 백색 왜성인 d가 생성된다. 따라서 행성상 성운은 c → d 과정에서 형성된다.
⑤: H－R도의 왼쪽에 위치할수록 표면 온도가 높고 색지수가 작다. 따라서 a～d 중 색지수는 d가 가장 작다.

10

㉠: (가)의 원시별은 수소 핵융합 반응이 일어나지 않으므로 중심부 온도가 1000만 K 이하이다. (나)의 주계열성은 중심부 온도가 1000만 K 이상이므로 수소 핵융합 반응이 일어난다. (다)의 초거성에서는 수소보다 무거운 원자핵의 핵융합 반응이 진행되므로 (나)보다 중심부 온도가 높다.
㉡: 이 별은 초거성으로 진화하므로 주계열성 (나)는 태양보다 질량이 크고, 반지름도 크다.
㉢: 초거성은 진화의 마지막 단계에서 초신성 폭발을 일으키며, 중심부에서는 중성자별 또는 블랙홀이 생성된다.

11

㉠: 주계열성은 H－R도에서 왼쪽 상단에서 오른쪽 하단으로 이어지는 대각선 상에 분포하는 별이다. 따라서 성단을 구성하는 별들 중 주계열성의 비율은 A가 B보다 크다.
㉡: 성단을 구성하는 별들은 거의 동시에 탄생한다. 따라서 성단의 H－R도에서 질량이 큰 별이 주계열성으로 남아 있는 성단 A가 B보다 나이가 적다.
㉢: 성단 A는 B보다 표면 온도가 높은 별들의 비율이 크다. 색지수는 별의 표면 온도가 높을수록 작으므로 성단의 색지수는 A가 B보다 작다.

12

㉠: 이 별은 중심부에 탄소핵이 존재하므로 거성 단계의 별이다. 거성은 주계열성과 달리 내부가 불안정하여 정역학 평형 상태를 유지하지 못한다.
㉡: 별의 중심부에서 탄소핵이 존재하므로 ㉠층에서 헬륨 핵융합 반응에 의해 탄소핵이 형성되고 있음을 알 수 있다.
㉢: ㉡층은 헬륨 핵융합 반응이 일어나는 ㉠층을 둘러싸고 있는 영역이므로 수소 핵융합 반응이 일어나고 있다. 온도가 높을수록 더 무거운 원자핵의 핵융합 반응이 일어나므로 온도는 ㉠층이 ㉡층보다 높다.

13

거성 단계에서는 헬륨으로 이루어진 중심핵 C가 수축하면서 온도가 높아지고, 열을 공급받은 B의 온도가 상승하여 수소가 존재하는 외곽층에서 수소 핵융합 반응이 일어난다. 이로 인해 별의 바깥층 A가 팽창한다.
㉠: A에서는 별의 외곽층이 바깥쪽으로 팽창하므로 안쪽으로 당기는 중력보다 바깥쪽으로 밀어내는 기체 압력 차에 의한 힘이 크다.
㉡: B는 수소와 헬륨이 섞여 있는 층이며, C는 수소가 없고 헬륨만으로 이루어져 있다. 따라서 B보다 중심에 가까운 C가 더 무거운 원소로 이루어져 있다.
㉢: C에서 수축이 진행될수록 중력 수축 에너지에 의해 온도가 높아진다. 온도가 충분히 높아지면 헬륨 핵융합 반응이 시작된다.

14

이 별은 중심부에 대류핵이 존재하므로 태양보다 질량이 2배 이상 큰 별이다.
㉠: A층은 복사층이며, 주로 복사에 의해 중심부에서 생성된 에너지가 별의 표면으로 전달된다.
㉡: (나)는 탄소, 질소, 산소가 촉매 작용을 하는 수소 핵융합 반응이다. 탄소·질소·산소 순환 반응(CNO 순환 반응)은 태양보다 질량이 2배 이상이며, 중심부의 온도가 더 높은 별에서 우세하게 일어난다. 이 반응은 대류핵이 존재하는 B층에서 활발하다.
㉢: (나)의 탄소·질소·산소 순환 반응에서 질량이 감소된 만큼 에너지로 바뀐다. 따라서 별에서 이 반응이 계속 진행되면 별의 질량은 감소한다.

15

㉠: (가)는 별이 행성과의 공통 질량 중심을 회전할 때 관측되는 별빛의 도플러 효과를 이용한 탐사 방법이다.
㉡: (나)는 별과 행성에 의한 미세 중력 렌즈 현상을 이용하여 행성의 존재를 확인하는 방법이다. 이 방법은 행성의 질량이 클수록 배경별의 밝기 변화가 뚜렷해지므로 행성의 존재 여부를 확인하기 쉽다.
㉢: (가)는 별의 시선 속도 변화를 측정하는 방법이므로 행성의 공전 궤도면이 관측자의 시선 방향과 거의 나란한 경우에 이용 가능하다. (나)는 행성의 미세 중력 렌즈 현상을 관측하는 방법이므로 행성의 공전 궤도면과 시선 방향이 이루는 각도에 관계없이 이용 가능하다.

16

①: A는 행성이 중심별의 앞면을 통과하는 데 걸리는 시간에 해당한다. 따라서 중심별의 지름이 클수록 A가 길어진다. B는 행성에 의해 가려진 별의 면적이 클수록 커진다. 따라서 행성의 면적이 클수록 B가 커진다. C는 행성에 의해 식 현상이 반복되는 데 걸리는 시간에 해당하므로 행성의 공전 주기가 길수록 C가 길어진다.

17

㉠: (가)에서 별의 질량이 클수록 주변에서 발견된 행성의 수가 급격하게 감소한다. 이는 별의 질량이 너무 크면 주변에 행성이 존재하더라도 행성의 존재를 확인하기 어렵기 때문이다.
㉡: (가)에서 행성이 발견된 중심별의 질량은 대부분 태양 질량과 거의 비슷하다. 중심별의 질량이 작으면 상대적으로 행성의 존재를 확인하기 쉬운데도 질량이 태양 정도인 별 주변에서 발견된 행성 수가 가장 많은 까닭은 우리 은하에 태양과 질량이 비슷한 별이 가장 흔하게 관측되기 때문이다.(질량이 태양보다 작은 별들은 광도가 작기 때문에 거리가 멀어지면 잘 관측되지 않는다.)
㉢: (나)의 행성들은 대부분 지구보다 크기가 크다. 그 까닭은 행성의

반지름이 클수록 상대적으로 발견되기 쉽기 때문이며, 지구보다 작은 행성이 훨씬 적게 존재한다고 단정할 수 없다.

18

ㄱ : 행성 c는 중심별의 질량이 태양과 같고, 중심별로부터의 거리는 지구와 같다. 따라서 c는 생명 가능 지대에 위치해 있다. a의 중심별은 태양보다 질량이 크므로 생명 가능 지대의 거리는 1 AU보다 먼 곳에 있다. 따라서 액체 상태의 물이 존재할 가능성은 c가 a보다 높다.
㉡ : b와 d는 중심별로부터 같은 거리에 위치해 있지만, 중심별의 광도는 b의 중심별이 d의 중심별보다 크다. 따라서 행성의 단위 면적에 입사하는 중심별의 복사 에너지는 b가 d보다 많다.
㉢ : c가 생명 가능 지대에 위치하므로 중심별의 질량이 태양보다 작은 행성 d는 물이 액체 상태로 존재할 수 있는 영역의 바깥쪽에 위치한다. 따라서 d의 표면에 물이 존재한다면 고체 상태로 존재할 것이다.

19

㉠ : (가)의 중심별은 분광형이 A0이므로 태양보다 표면 온도가 높다. 한편, 생명 가능 지대에 위치한 (가)의 공전 궤도 반지름이 0.1 AU이므로 중심별에서 생명 가능 지대까지의 거리가 매우 가깝다. 따라서 (가)의 중심별은 태양보다 광도가 작고 표면 온도가 높은 백색 왜성이다.
ㄴ : 생명 가능 지대에 위치한 행성의 공전 궤도 반지름이 (다)가 (나)보다 크므로, 생명 가능 지대의 폭은 (다)가 (나)보다 넓다.
ㄷ : (나)의 중심별은 분광형과 생명 가능 지대까지의 거리가 태양과 비슷하므로 주계열성임을 알 수 있다. (다)의 중심별은 표면 온도가 태양보다 낮지만 중심별에서 생명 가능 지대까지의 거리를 고려하면 태양보다 광도가 크다. 즉, (다)는 거성이다. 따라서 앞으로 중심별이 주계열성인 (나)가 (다)보다 생명 가능 지대에 오래 머문다.

20

㉠ : 별이 단위 시간당 방출하는 에너지양을 광도라고 한다. 광도는 절대 등급이 작을수록 크다. 따라서 광도는 ㉠이 ㉢보다 크다.
㉡ : 최대 복사 에너지 세기를 갖는 파장은 별의 표면 온도에 반비례한다. 따라서 최대 복사 에너지 세기를 갖는 파장은 표면 온도가 낮은 ㉡이 ㉢보다 길다.
㉢ : 1등급 간의 밝기 차는 2.5배이다. ㉠은 ㉡보다 절대 등급이 2등급 작으므로 광도는 2.5^2배 크다. 표면 온도는 ㉠이 ㉡보다 2배 높다. 별의 광도를 L, 반지름을 R, 표면 온도를 T라고 하면, $L=4\pi R^2 \cdot \sigma T^4$ (σ는 상수)이므로 반지름 $R=\sqrt{\frac{L}{4\pi\sigma}} \cdot \frac{1}{T^2} \propto \frac{\sqrt{L}}{T^2}$이다. 이 식을 ㉠과 ㉡에 대입하면, $\frac{R_{㉠}}{R_{㉡}}=\sqrt{\frac{L_{㉠}}{L_{㉡}}} \times \left(\frac{T_{㉡}}{T_{㉠}}\right)^2=2.5\times\frac{1}{4}=0.625$이므로 별의 반지름은 ㉡이 ㉠보다 크다.

21

㉠ : ㉠은 태양보다 표면 온도가 높으므로 $(B-V)$ 색지수는 태양보다 작다.
ㄴ : ㉠은 분광형이 A형이므로 H Ⅰ 흡수선의 세기는 ㉠이 태양보다 강하게 나타난다.
ㄷ : 현재 태양의 분광형은 G형이며, 표면 온도는 약 6000 K이다. 태양이 거성으로 진화하기 시작하면 표면 온도가 현재보다 낮아지므로 Ca Ⅱ 흡수선의 세기는 현재보다 강해진다.

22

㉠ : 중심부의 온도가 높을수록 더 무거운 원소의 핵융합 반응이 일어난다. 따라서 중심부의 온도는 철 원자핵까지 생성되는 초거성 (가)가 탄소 원자핵까지 생성되는 적색 거성 (나)보다 높다.
㉡ : (다)는 주계열성이다. 주계열성의 중심부에서는 수소 핵융합 반응이 일어나므로 중심부의 온도가 1천 만 K 이상이다.
ㄷ : (라)는 백색 왜성이다. 백색 왜성은 주로 탄소로 이루어져 있으며, 핵융합 반응이 일어나지 않는 별이다.

23

A는 백색 왜성이고, B는 주계열성이며, C는 적색 거성이다. 같은 성단을 구성하는 별들은 나이가 비슷하다.
㉠ : A는 질량이 태양과 비슷한 주계열성이 진화하여 형성된 백색 왜성이고, B는 질량이 작아 아직 거성으로 진화하지 않은 주계열성이다. 따라서 별의 밀도는 A가 B보다 크다.
ㄴ : 초신성 폭발을 일으키지 않는 별이 백색 왜성으로 진화하였으므로, 이들보다 질량이 커서 초거성을 형성한 별들은 모두 초거성 단계를 거쳐 이미 중성자별이나 블랙홀이 되었을 것이다. 따라서 백색 왜성이 되지 않은 C의 별들은 모두 적색 거성이다.
㉢ : A는 B나 C보다 진화 속도가 더 빨라 현재 백색 왜성이 되었다. 따라서 A, B, C가 원시별이었을 때의 질량은 A가 가장 컸을 것이다.

24

ㄱ : X는 주계열성이므로 중심핵에서 수소 핵융합 반응이 안정적으로 진행된다. 중심부에서 핵의 수축은 거성으로 진화하는 단계에서 일어난다.
㉡ : X의 내부 구조는 핵, 복사층, 대류층으로 이루어져 있으므로 X는 태양과 질량이 비슷한 별이다. 따라서 X는 최후 단계에서 백색 왜성을 형성한다. 백색 왜성은 중성자별이나 블랙홀에 비해 중심부의 질량이 작은 별에서 생성되므로 A에 해당한다.
㉢ : 최종 단계의 중심부 질량으로부터 A는 백색 왜성, B는 중성자별, C는 블랙홀임을 알 수 있다. A, B, C 중 가장 심하게 수축되어 형성되는 천체는 블랙홀이고, 그 다음으로 중성자별, 백색 왜성 순이다. 따라서 천체의 반지름은 $A>B>C$이다.

25

중심부의 온도가 높을수록 무거운 원소의 핵융합 반응이 일어나므로 ㉢은 헬륨 핵융합 반응이다. 질량이 큰 주계열성의 중심부에서는 양성자·양성자 반응보다 CNO 순환 반응이 활발하므로 ㉡은 CNO 순환 반응, ㉠은 양성자·양성자 반응이다.
㉠ : ㉠은 질량이 태양 정도인 별에서 우세하게 일어나는 양성자·양성자 반응이다.
㉡ : 태양 질량의 약 10배인 주계열성은 중심부의 온도가 약 2천만 K 이상이므로 ㉠(양성자·양성자 반응)보다 ㉡(CNO 순환 반응)이 우세하다.
ㄷ : 주계열성은 중심부에서 수소 핵융합 반응이 일어나는 별이다. 주계열성의 질량이 매우 크더라도 별의 중심부에서 헬륨 핵융합 반응 ㉢이 일어나지는 않는다. ㉢은 거성 단계에서 일어난다.

26

ㄱ : 별이 A에 위치할 때 관측된 스펙트럼에서 적색 편이가 관측되었으므로 행성은 지구 쪽으로 접근해야 한다. 따라서 행성의 공전 방향은 ㉡이다.

ㄴ: 행성이 ㉡ 방향으로 공전하면 $\frac{1}{4}$바퀴 공전한 B일 때 식 현상이 나타난다. 따라서 이때 중심별의 밝기가 가장 어두워진다.
㉢: 중심별의 질량이 더 컸다면 공통 질량 중심의 위치는 중심별에 더 가까워지고, 중심별의 회전 속도는 더 줄어든다. 따라서 도플러 효과에 의한 스펙트럼의 편이량은 감소한다.

27

㉠: 별이 주계열 단계에 머무는 시간은 중심부에서 수소 핵융합 반응이 진행되는 시간을 의미한다. 따라서 중심부의 수소가 소진되는 시간 t는 별이 주계열 단계에 머무는 시간에 해당한다.
ㄴ: 별 중심부의 수소 질량 M은 수소 핵융합 반응에 사용되는 연료의 양을 의미하고, 광도는 단위 시간당 방출하는 에너지양이므로 단위 시간당 소모하는 수소 연료의 양을 의미한다. 따라서 중심부의 수소가 소진되는 시간 $t \propto \frac{M}{L}$이다.
㉢: 주계열 단계에 머물 수 있는 시간 t는 대략 질량의 제곱에 반비례하므로 태양의 질량이 현재의 2배였다면 주계열 수명은 약 25억 년이었을 것이다. 따라서 지구에 척추동물이 출현할 수 없었을 것이다.

Ⅵ. 외부 은하와 우주 팽창

16 외부 은하

핵심 개념 체크 본문 106쪽

1 모양(형태) 2 (1) ㉡ (2) ㉢ (3) ㉠ 3 막대 나선 은하
4 (1) ㉠ (2) ㉢ (3) ㉡

출제 예상 문제 본문 107~108쪽

01 ①	02 ②	03 ⑤	04 ③	05 ⑤
06 ①	07 ③	08 ⑤	09 ①	

01

①: A는 타원 은하, B는 나선 은하이다. 타원 은하는 나선팔이 없고 나선 은하는 나선팔이 있으므로 '나선팔이 있는가?'의 여부는 타원 은하와 나선 은하의 분류 기준이다.
②: 정상 나선 은하와 막대 나선 은하는 은하핵을 가로지르는 막대 모양의 구조가 있느냐 없느냐에 따라 구분된다.
③: 비대칭적이거나 규칙적인 모양을 보이지 않는 은하는 불규칙 은하이다. '대칭적이거나 규칙적인 모양이 있는가?'의 여부는 불규칙 은하와 나머지 은하의 분류 기준이다.
④: 허블의 은하 분류 기준과 태양계로부터의 거리는 전혀 관계가 없다.
⑤: 나선팔이 감긴 정도와 은하핵의 크기에 따라 정상 나선 은하는 Sa, Sb, Sc로 세분되고, 막대 나선 은하는 SBa, SBb, SBc로 세분된다.

02

(가)는 불규칙 은하, (나)는 정상 나선 은하, (다)는 막대 나선 은하, (라)는 타원 은하이다.
①: (가)는 기하학적으로 규칙적인 모양을 갖지 않는 불규칙 은하이다.
②: (나)와 (다)의 나선 은하는 은하 중심핵의 상대적 크기와 은하의 나선팔이 감긴 정도에 따라 Sa, Sb, Sc와 SBa, SBb, SBc로 세분된다.
③: 우리 은하는 (다)와 같은 막대 나선 은하에 속한다.
④: (나)는 막대 구조가 없는 정상 나선 은하이고, (다)는 은하 중심부에 막대 구조가 나타나는 막대 나선 은하이다.
⑤: (라)의 타원 은하는 타원체의 납작한 정도에 따라 E0에서 E7까지로 세분된다.

03

(가)는 타원 은하, (나)는 막대 나선 은하이다.
㉠: 타원 은하는 성간 물질이 거의 없고 나선 은하의 나선팔에는 성간 물질이 많이 분포한다.
㉡: 나선 은하의 나선팔에는 젊고 푸른색의 별들이 많고, 중심부에는 늙고 붉은색의 별들이 주로 분포한다. 타원 은하는 비교적 늙고 붉은색 별들로 이루어져 있다.
㉢: 우리 은하는 막대 모양의 구조와 나선팔을 가지고 있는 막대 나선 은하이다.

04

㉠: (가)는 나선팔이 없는 타원 모양의 은하이므로 타원 은하이다.
ㄴ: 허블의 은하 분류는 가시광선 영역에서 관측한 은하의 모양에 따른 분류일 뿐이며, 은하의 진화 과정과 특별한 관계가 있는 것은 아니다.
㉢: 나선팔 구조를 가지는 은하는 (나)정상 나선 은하이다. (가)는 나선팔이 없는 타원 은하이고, (다)는 비대칭적이고 규칙적인 모양을 보이지 않는 불규칙 은하이다.

05

(가)는 막대 나선 은하, (나)는 정상 나선 은하, (다)는 타원 은하이다.
㉠: 지구에서 관측할 수 있는 은하들 중 비율이 가장 큰 것은 Sa, Sb, Sc로 표현되는 (나) 정상 나선 은하이다.
㉡: 나선 은하인 (가)와 (나)는 젊고 푸른색 별들이 많고, 타원 은하인 (다)는 비교적 늙고 붉은색의 별들로 이루어져 있다.
㉢: (가) 막대 나선 은하와 (나) 정상 나선 은하의 구분 기준은 은하 중심을 가로지르는 막대 구조의 유무이다.

06

①: 특이 은하는 크기, 구조, 조성 등이 보통의 은하와는 매우 다른 은하들로 퀘이사, 전파 은하, 세이퍼트은하 등이 있다. 퀘이사, 전파 은하, 세이퍼트은하 중 수많은 별들로 이루어진 은하이지만 너무 멀리 있어 하나의 별처럼 점상으로 보이는 것은 퀘이사이다. 전파 은하와 세이퍼트은하 중에서 보통의 은하보다 수백 배 이상 강한 전파를 방출하는 은하는 전파 은하이다. 세이퍼트은하는 대부분 전파 영역에서 복사가 약하다.

07

평범한 별처럼 보이지만 수많은 개수의 별들을 포함하는 천체는 퀘이사이다.

㉠ : 퀘이사의 가장 큰 특징은 적색 편이가 매우 크게 나타난다는 점이다. 이는 우리 은하로부터 매우 먼 거리에 있음을 의미한다.
㉡ : 퀘이사는 빅뱅 후 비교적 우주 탄생 초기에 생성된 것으로, 가장 멀리 있는 퀘이사의 경우 빅뱅 이후 약 8억 년이 되었을 때 형성된 것으로 밝혀졌다.
~~㉢~~ : 퀘이사는 보통의 타원 은하나 나선 은하에 비해 전 파장 영역에 걸쳐 방출되는 에너지양이 매우 많다.

08

특이 은하는 크기, 구조, 조성 등이 보통의 은하와는 매우 다른 은하들로 퀘이사, 전파 은하, 세이퍼트은하 등이 있다.
㉠ : 대부분의 퀘이사는 우주의 생성 초기에 만들어진 것으로 매우 먼 거리에 있어 세이퍼트은하나 전파 은하에 비해 적색 편이가 매우 크다.
㉡ : 광학 망원경은 가시광선 영역을 관측하는 망원경이다. 가시광선 영상으로 분석하면 형태상 (나)의 세이퍼트은하는 나선 은하로, (다)의 전파 은하는 타원 은하로 분류된다.
㉢ : (가), (나), (다)는 모두 특이 은하로 다른 은하들에 비해 활동성이 강한 핵을 가지고 있으므로 은하 중심부의 좁은 영역에서 엄청난 양의 복사 에너지를 방출한다.

09

가까운 거리에 있는 은하들끼리는 상호 간의 중력에 의해 수백만 년에 걸쳐 서서히 접근하면서 충돌하기도 한다.
㉠ : 은하들이 우주의 팽창에 의해 서로 멀어지지 않고 점점 가까워져서 충돌하기 위해서는 상호 간의 중력이 크게 작용할 만큼 가까운 거리에 위치해야 한다. 따라서 같은 은하군이나 은하단에 있는 은하들끼리 충돌한 것이다.
~~㉡~~ : 허블 법칙에 따르면 우주가 팽창함에 따라 은하들은 서로 멀어진다. 그러나 비교적 가까운 거리에 있는 은하들 사이에는 허블 법칙이 성립하지 않으며, 오히려 서로 가까워져 충돌하기도 한다.
~~㉢~~ : 충돌을 일으킨 두 은하는 급격한 중력장의 변동을 일으켜 그 모양이 심하게 뒤틀어지다가 새로운 형태의 은하가 만들어진다. 충돌하는 은하 중 하나가 다른 은하에 비해 매우 크다면 충돌 후의 모양이 큰 은하의 형태를 따르기도 하지만, 대부분의 경우는 충돌 전의 은하와 관계없이 새로운 형태로 바뀌는 경우가 많다.

서답형 문제

본문 109쪽

01 은하의 모양(형태), 막대 나선 은하
02 (1) (가) 타원 은하 (나) 막대 나선 은하 (다) 불규칙 은하
(2) 해설 참조 **03** 해설 참조
04 해설 참조 **05** 퀘이사
06 해설 참조

01

허블은 외부 은하를 모양(형태)에 따라 분류하였다.

02

(1) (가)는 타원 모양이고, (나)는 나선팔과 막대 구조가 있다. (다)는 규칙적인 모양이 없다. 타원 은하는 성간 물질이 거의 없어 젊은 별이 상대적으로 적다. 나선 은하는 나선팔에 성간 물질과 젊은 별이 많다. 불규칙 은하는 성간 물질이 풍부하여 젊은 별이 많다.
(2) 모범답안 (가)는 성간 물질이 거의 없고, 비교적 나이가 많은 붉은색의 별들로 이루어져 있다. (나)는 나선팔에 성간 물질과 젊은 별들이 많이 존재하지만, 중심부에는 주로 늙은 별들이 분포한다. (다)는 성간 물질이 매우 풍부하며 새로운 별들이 활발하게 생성되고 있다.

채점 기준	배점
모범답안과 같이 서술한 경우	100 %
성간 물질과 젊은 별의 분포 중 한 가지만 옳게 서술한 경우	50 %

03

(가)는 막대 나선 은하이고, (나)는 정상 나선 은하이다. 두 은하의 공통점은 은하핵과 나선팔이 존재하며, 중심에 대해 대칭적인 모습이라는 것이다. 차이점은 은하 중심을 가로지르는 막대 구조의 유무로, (가)는 나선팔이 막대 구조의 끝부분에서 시작되고, (나)는 은하핵에서 시작된다.
모범답안 • 공통점: 은하핵과 나선팔이 존재한다.
• 차이점: (가)는 막대 구조가 있고, (나)는 막대 구조가 없다.

채점 기준	배점
공통점과 차이점을 모두 옳게 서술한 경우	100 %
공통점과 차이점 중 한 가지만을 옳게 서술한 경우	50 %

04

세이퍼트은하의 스펙트럼에는 넓은 방출선이 나타난다. 이는 은하 내 성운이 매우 빠른 속도로 회전하고 있음을 의미한다. 이렇게 빠른 속도로 회전하는 원인은 은하 중심부에 블랙홀이 있기 때문일 것으로 추정된다.
모범답안 세이퍼트은하는 다른 은하에 비해 매우 넓은 방출선이 나타난다.

채점 기준	배점
방출선의 차이를 구체적으로 서술한 경우	100 %
방출선에 차이가 있다는 것만 서술한 경우	50 %

05

퀘이사는 매우 멀리 있어 별처럼 보이지만 일반 은하의 수백 배 정도의 에너지를 방출하는 은하이다. 적색 편이가 매우 크게 나타나는 것으로 보아 보통의 은하보다 훨씬 먼 곳에서 매우 빠른 속도로 멀어져 가고 있는 천체이다.

06

모범답안 별의 크기보다 별 사이의 공간이 훨씬 크기 때문에 두 은하가 충돌하더라도 은하 내의 별들이 직접 충돌하는 일은 거의 없다.

채점 기준	배점
모범답안과 같이 서술한 경우	100 %
별 사이의 공간이 크기 때문이라고만 서술한 경우	50 %

17 우주 팽창

핵심 개념 체크 본문 110~111쪽

1 (1) × (2) ○ (3) ○ (4) ○
2 $V=Hr$ (V: 후퇴 속도, H: 허블 상수, r: 외부 은하까지의 거리)
3 ㉠ 일정, ㉡ 감소
4 우주의 지평선 문제, 우주의 편평성 문제, 자기 홀극 문제
5 (1) 가속 팽창 우주론 (2) 급팽창 이론 (3) 표준 우주 모형
6 암흑 에너지
7 (1) 크게 (2) 가속 (3) ㉠ 암흑 물질, ㉡ 암흑 에너지
(4) 밀도

출제 예상 문제 본문 112~114쪽

01 ⑤	**02** ⑤	**03** ④	**04** ③	**05** ②
06 ①	**07** ④	**08** ②	**09** ③	**10** ②
11 ①	**12** ③	**13** ④		

01

①: 은하의 거리 - 후퇴 속도 관계 그래프에서 기울기는 허블 상수에 해당한다.
②: 우주의 나이는 허블 상수의 역수로 나타낼 수 있으므로 기울기, 즉 허블 상수가 클수록 우주의 나이는 적어진다.
③: 그래프에서 보면 멀리 있는 은하일수록 후퇴 속도가 빠르다는 것을 알 수 있다.
④: 후퇴 속도가 빠른 은하들은 스펙트럼 관측에서 큰 적색 편이를 보인다.
⑤: 허블 법칙에 의하면 멀리 있는 은하일수록 더 빠른 후퇴 속도를 가진다. 이는 우주가 팽창하기 때문이다. 또한, 어떤 은하를 기준으로 잡더라도 멀리 있는 은하일수록 더 빠른 속도로 후퇴한다는 허블 법칙이 성립하는데, 이는 우주에 팽창의 중심이 없다는 것을 의미한다.

02

㉠: (가)와 (나) 모두 은하 간의 거리는 서로 멀어지고 있으며, 멀리 있는 은하의 후퇴 속도가 더 빠르다. 따라서 (가)에서도 중심의 은하(A)에서 관측한 다른 은하의 스펙트럼에서는 적색 편이가 나타난다.
㉡: (가)와 달리 (나)는 공간 상의 기준이 되는 a점과 b점 사이의 거리도 멀어지고 있다. (나)에서 은하가 서로 멀어지는 것은 은하와 은하 사이의 공간 자체가 확장하고 있기 때문이다.
㉢: 실제 우주의 팽창은 일정한 크기의 공간에서 은하들이 서로 멀어지는 것이 아니라 은하가 놓여 있는 공간 자체가 확장하는 것이므로 (가)보다 (나)가 실제 우주가 팽창하는 모습에 가깝다.

03

㉠: 두 은하에서 관측된 적색 편이량은 은하 B가 은하 A의 2배이다. 은하의 적색 편이량은 은하의 후퇴 속도에 비례하고, 허블 법칙에 따르면 은하들의 후퇴 속도는 거리에 비례하므로, 우리 은하로부터 은하까지의 거리는 은하 B가 은하 A의 2배이다.
㉡: 은하들의 스펙트럼에 나타난 적색 편이량은 은하 B가 은하 A의 2배이다. 은하의 후퇴 속도는 적색 편이량에 비례하므로 후퇴 속도는 은하 B가 은하 A의 2배이다.
㉢: 허블 법칙은 어느 은하에서 관측하더라도 성립하므로 은하 B에서 우리 은하와 은하 A를 관측하면 두 은하 모두 멀어지는 것으로 관측된다. 따라서 두 은하 모두 흡수선의 파장이 길어지는 적색 편이가 나타난다.

04

㉠: A 은하까지의 거리는 C 은하까지의 거리와 같으므로 우리 은하로부터 A 은하까지의 거리 2 Mpc과 허블 상수 70 km/s/Mpc을 적용하면 은하 A의 후퇴 속도는 140 km/s이다.
㉡: 우리 은하로부터 A, C 은하까지의 거리는 서로 같고, C 은하의 후퇴 속도가 140 km/s이므로, 허블 상수 70 km/s/Mpc을 적용하면 우리 은하로부터 A와 C 은하까지의 거리는 2 Mpc이다.
㉢: 공간이 팽창하면서 은하들 사이의 거리가 멀어질 때 우리 은하가 아닌 다른 어떤 은하에서 관측하더라도, 나머지의 다른 은하들은 모두 멀어지는 것으로 나타나므로 우리 은하가 우주의 중심이라고 할 수 없다.

05

㉠: 그림에서 시간에 따라 우주의 총 질량은 증가하고 평균 밀도는 일정하게 유지된다. 정상 우주론에서는 우주가 팽창하여 은하 사이의 거리가 멀어지면 새로운 물질이 생성된다고 설명한다.
㉡: 우주 배경 복사는 빅뱅 우주론의 근거가 된다.
㉢: 정상 우주론에서는 우주가 팽창하면서 서로 멀어지는 은하들 사이에 생겨난 빈 공간에 새로운 물질이 꾸준하게 만들어진다.

06

㉠: A는 2.7 K 흑체 복사 곡선에서 복사 강도가 최대가 되는 파장(λ_{max})으로, 빈의 변위 법칙에 의하면 이 값은 온도에 반비례한다. 우주 초기에는 현재보다 온도가 높았으므로 우주 초기의 λ_{max}는 현재보다 짧았다.
㉡: (나)의 우주 배경 복사 분포도에서 미세한 온도 차이가 나타나는 까닭은 초기 우주의 물질 분포가 미세하게 불균일했기 때문이다. WMAP 위성은 지구 대기 밖에서 우주 배경 복사를 관측했기 때문에 지구 대기의 영향은 제거되었다.
㉢: 빅뱅 우주론에서는 초고온의 원시 우주에서 빛과 물질이 분리되어 우주가 투명해졌을 때 발생한 복사가 우주의 팽창과 함께 식어 우주 전체에 고르게 퍼져 있을 것이라고 주장했으며, 펜지어스와 윌슨이 처음으로 우주 배경 복사를 발견함으로써 이를 입증하였다.

07

(가)는 빅뱅 우주론, (나)는 급팽창 이론을 나타낸다.
㉠: 주어진 자료에서 보면, 급팽창 이전 우주의 크기는 (가) 빅뱅 우주론의 경우가 (나) 급팽창 이론의 경우보다 크다.
㉡: (나) 이론에서는 A 시기에 우주의 크기가 급격하게 커지는 급팽창이 일어났다.
㉢: (나) 급팽창 이론에서는 빅뱅 직후 짧은 시간 동안에 우주의 크기가 급격히 팽창했다고 설명함으로써 (가) 빅뱅 우주론이 설명하지 못했던 우주의 지평선 문제 등을 해결할 수 있었다.

08

ㄱ: (가) 시기에 우주의 팽창 속도가 감소하고 있으나 우주는 여전히 팽창하고 있다.
ㄴ: (나) 시기에 우주의 팽창 속도는 점점 증가하고 있으므로 우주는 가속 팽창하고 있다.
ㄷ: 우주의 가속 팽창은 중력과 반대 방향으로 작용하는 암흑 에너지 때문으로 추정된다. 따라서 우주의 팽창 속도가 증가하는 (나) 기간이 우주의 팽창 속도가 감소하는 (가) 기간보다 암흑 에너지의 영향이 더 크게 작용한다.

09

ㄱ: Ia형 초신성들은 겉보기 등급이 클수록, 즉 어둡게 보일수록 후퇴 속도가 빠르다. 따라서 Ia형 초신성들은 어둡게 보일수록 빠르게 멀어진다.
ㄴ: Ia형 초신성을 관측하여 얻어진 등급이 일정한 속도로 팽창하는 우주 모형에서 계산된 등급보다 더 크다. 즉, 더 어둡게 관측된다.
ㄷ: 후퇴 속도를 이용하여 가속 팽창하지 않는 우주에서 예상되는 겉보기 등급보다 실제 관측한 초신성의 겉보기 등급이 더 크게 측정되었다. 이는 우주가 가속 팽창하지 않는다는 가정이 실제와 맞지 않고 우주의 팽창 속도가 점점 빨라지고 있음을 의미한다.

10

ㄱ: A 시점은 시간에 따라 우주의 크기가 증가하는 정도가 작아지므로 감속 팽창하고 있으며, B 시점은 우주의 크기가 증가하는 정도가 커지므로 가속 팽창하고 있다.
ㄴ: 허블 상수는 우주가 팽창하는 정도를 의미하는데, 우주의 팽창에 감속 및 가속의 과정이 존재한다면 허블 상수는 시간에 따라 일정하지 않고 변하는 것이다.
ㄷ: 암흑 에너지는 우주가 팽창하면서 공간이 커지면 그 비율이 점점 증가한다. 따라서 B 시점은 A 시점에 비해 우주의 팽창에서 암흑 에너지의 역할이 더 크다.

11

A는 별이나 은하를 구성하는 보통 물질, B는 암흑 물질, C는 암흑 에너지이다.
ㄱ: A는 별과 은하, 성간 물질을 이루는 보통 물질로 주로 원자가 기본 입자이다. 우주에 존재하는 이 보통 물질은 수소와 헬륨이 대부분이며, 수소와 헬륨은 약 3 : 1의 질량비로 존재한다.
ㄴ: B는 보이지는 않지만 중력에 의해 영향을 받는 암흑 물질이다. 암흑 물질의 존재는 은하의 회전 속도 분포를 분석할 때, 먼 거리의 천체를 관측할 때 나타나는 중력 렌즈 현상 등을 통해 간접적으로 확인되고 있다.
ㄷ: 가장 큰 비율을 차지하는 C는 암흑 에너지로 우주를 가속 팽창 시키는 원인으로 설명하고 있다.

12

ㄱ: 현재 우주는 암흑 물질이 26.8 %, 보통 물질이 4.9 %를 차지하므로 암흑 물질이 보통 물질보다 많다.
ㄴ: 우주가 팽창함에 따라 우주의 물질 밀도는 점점 작아질 것이다.
ㄷ: 115억 년 후에는 현재보다 암흑 에너지가 많아지므로 우주의 팽창 속도가 빨라질 것이다.

13

(가)는 닫힌 우주, (나)는 평탄 우주, (다)는 열린 우주에 해당한다.
ㄱ: (가)는 우주의 밀도가 임계 밀도보다 큰 닫힌 우주에 해당한다.
ㄴ: 암흑 에너지는 중력에 반하여 우주를 팽창시키는 원인이 되는 것이므로 (다)는 (나)보다 암흑 에너지의 영향이 더 크다고 할 수 있다.
ㄷ: 닫힌 우주, 평탄 우주, 열린 우주 세 모형 모두에서 현재 우주는 팽창하고 있다.

서답형 문제

본문 115쪽

01 (1) 풍선의 표면: 우주 공간, 동전: 은하 (2) 해설 참조
02 해설 참조 **03** 해설 참조
04 해설 참조 **05** 해설 참조
06 해설 참조

01

(1) 이 실험은 3차원의 우주 공간을 2차원의 풍선 표면에 비유한 실험이다. 풍선 표면에 붙인 동전은 우주의 팽창으로 점점 멀어지는 것처럼 보이는 은하들에 해당한다.
(2) 모범답안 풍선 실험에서 동전 간격은 멀리 있을수록 빨리 멀어진다. 이때 특별한 팽창의 중심은 없다. 이와 마찬가지로 실제 우주가 팽창할 때에도 특별한 중심은 없으며, 멀리 있는 은하일수록 더 빠르게 멀어진다.

채점 기준	배점
모범답안과 같이 서술한 경우	100 %
풍선 실험과 연관짓지 않고 서술한 경우	50 %

02

모범답안 B>A>C, 거리가 먼 은하일수록 스펙트럼의 적색 편이가 크게 나타나기 때문이다.

채점 기준	배점
은하의 거리 비교와 그 까닭을 옳게 서술한 경우	100 %
은하의 거리 비교만 옳게 서술한 경우	30 %

03

모범답안 우주 배경 복사에서 관측된 미세한 온도 차이는 그 당시에 물질의 밀도 분포에 차이가 있었음을 의미한다. 초기의 물질 분포에 따른 밀도 차이가 성장하여 나중에 별과 은하가 만들어질 수 있었다.

채점 기준	배점
우주 배경 복사가 차이가 나는 원인과 영향에 대하여 모두 옳게 서술한 경우	100 %
우주 배경 복사가 차이가 나는 원인과 영향 중 한 가지만 옳게 서술한 경우	50 %

04

모범답안 우주가 팽창할수록 새로운 공간이 생성되지만, 새로운 물질은 만들어지지 않으므로 우주의 밀도는 점차 감소한다. 또한, 우주가 팽창

할수록 우주 배경 복사의 온도는 낮아진다.

채점 기준	배점
우주의 밀도 변화와 우주 배경 복사 온도 변화를 모두 옳게 서술한 경우	100 %
우주의 밀도와 우주 배경 복사 온도 중 한 가지만 옳게 서술한 경우	50 %

05

모범답안 적색 편이가 큰(멀리 있는) 초신성일수록 예상값보다 거리 지수가 더 크게 관측되는 것은 멀리 있는 초신성일수록 예상보다 더 멀리 있다는 의미로서 이는 우주의 팽창 속도가 점점 더 빨라지고 있기 때문이다.

채점 기준	배점
이론적인 예상값과 관측값이 차이가 나는 까닭을 우주의 팽창 속도와 관련지어 옳게 서술한 경우	100 %
멀리 있는 초신성일수록 예상보다 더 멀리 있다라고만 서술한 경우	50 %

06

모범답안 은하 중심에서 멀어져도 관측되는 속도값이 감소하지 않고 거의 일정한 것은 은하 외곽에 상당한 양의 암흑 물질이 분포하고 있기 때문이다.

채점 기준	배점
관측값과 예측값의 차이를 암흑 물질의 존재와 연관지어 옳게 서술한 경우	100 %
관측값과 예측값의 차이에 대해 부분적으로 옳게 서술한 경우	40 %
암흑 물질이 존재하기 때문이라고만 서술한 경우	30 %

본문 116~120쪽

대단원 종합 문제 Ⅵ. 외부 은하와 우주 팽창

01 ③	02 ③	03 ②	04 ②	05 ②
06 ③	07 ①	08 ④	09 ②	10 ①
11 ④	12 ③	13 ②	14 ①	15 ①
16 ③	17 ④	18 ③		

고난도 문제

19 ②	20 ②	21 ③	22 ②

01

㉠ : A 은하에는 타원 은하(C)와 나선 은하(D)가 포함되어 있으며, D 은하는 정상 나선 은하와 막대 나선 은하로 분류된다. 반면, B 은하는 규칙적인 모양을 보이지 않는 불규칙 은하이므로 A, B 은하를 특징적인 형태의 유무로 분류할 수 있다.

㉡ : 타원 은하(C)보다 불규칙 은하(B)가 비교적 젊은 별들로 구성되어 있고, 표면 온도가 높다. 따라서 색지수는 불규칙 은하(B)가 타원 은하(C)보다 작다.

ㄷ : 나선 은하(D)의 중심부에는 늙은 별과 구상 성단이 주로 분포한다.

02

(가)는 타원 은하, (나)는 나선 은하이다.

㉠ : (가)의 은하는 나선팔이 없이 둥근 타원체 형태로 나타나고 있으므로 타원 은하이다.

㉡ : (나)의 나선팔은 중심부보다 성간 물질이 많은 부분으로, 중심부보다 푸른색의 젊은 별들이 많다.

ㄷ : 타원 은하는 성간 물질의 양이 매우 적어 새로운 별들이 거의 생성되지 않는다. 반면, 나선 은하의 나선팔에서는 많은 성간 물질로부터 새로운 별들이 생성된다. 따라서 나이가 어린 별들의 비율은 (나)가 (가)보다 높다.

03

ㄱ : 팽창하기 전에는 x와 y 사이의 거리와 z와 x 사이의 거리가 각각 2 cm, 5 cm이었다가 팽창 후에는 각각 8 cm, 20 cm가 되어 같은 시간 동안 각각 6 cm, 15 cm가 증가하였다. 따라서 x로부터 y가 멀어지는 속도보다 x로부터 z가 멀어지는 속도가 더 빠르다. 이는 팽창하는 우주에서 거리가 먼 은하일수록 더 빠른 속도로 멀어지는 것을 의미한다.

ㄴ : 풍선이 팽창하면서 점들 사이의 거리가 멀어지므로 풍선 표면에서 같은 면적 내에 들어 있는 점들의 수는 감소한다. 즉, 풍선 표면에서 점들의 밀도는 감소한다. 이로부터 우주가 팽창하면 우주의 밀도가 감소함을 설명할 수 있다.

㉢ : 실험 결과 x, y, z 세 점 사이의 거리가 모두 멀어졌으므로 세 점 중 어느 한 점을 중심이라고 할 수는 없다. 마찬가지로 우주의 어떤 은하에서 보더라도 나머지 다른 은하들이 멀어지는 것으로 나타나므로 우주의 중심을 특정한 어느 한 지점으로 지정할 수 없다.

04

ㄱ : 우주가 일정한 속도로 팽창하는 것으로 가정했으므로 허블 상수는 일정하게 유지된다.

ㄴ : 우주가 팽창하면서 공간이 커지면 우주의 평균 온도는 감소한다.

㉢ : 우주가 팽창하는 동안 우주의 평균 온도는 감소하기 때문에 우주 배경 복사의 파장은 점차 파장이 긴 쪽으로 이동한다.

05

ㄱ : (가)는 빅뱅 우주론의 모형으로 우주가 팽창함에 따라 물질이 추가적으로 만들어지지 않으므로 우주의 질량은 일정하다. (나)의 정상 우주론 모형에서는 우주가 팽창하면서 새로운 물질이 만들어지므로 우주의 질량은 증가한다.

㉡ : 허블 법칙은 멀리 떨어져 있는 은하일수록 더 빠른 속도로 멀어진다는 것이며, 이것은 우주가 팽창한다는 증거가 된다. (가)의 빅뱅 우주론과 (나)의 정상 우주론 모두 우주가 팽창하고 있다는 사실을 기본 전제로 하고 있으므로 허블 법칙은 (가), (나)의 두 우주 모형에 모두 적용될 수 있다.

ㄷ : 은하들의 적색 편이는 실제로 관측된 것이므로 빅뱅 우주론이나 정상 우주론 모두 이를 인정하고 있다. 정상 우주론에서는 은하들의 간격이 일정한데, 이는 우주가 팽창하면서 과거의 은하들은 멀어지고 그 사이에 새로운 은하가 생긴 것이다. 따라서 과거의 은하들은 서로 멀어지고 있기 때문에 적색 편이를 관측할 수 있다.

06

㉠ : 우주가 팽창하는 과정에서 우주의 온도는 하강하므로 빅뱅 이후 약 38만 년이 지난 시점과 현재의 온도를 비교하면 현재가 훨씬 낮다. A와 B의 복사 세기 분포에서 파장이 더 짧고 에너지 세기가 큰 분포는 A이

다. 빈의 변위 법칙에 따르면 B보다 A의 표면 온도가 더 높은 경우이므로 현재의 복사 세기 분포는 B이다.
㉡ : 우주의 팽창으로 우주의 온도는 하강하며 이로 인해 우주 배경 복사의 파장은 현재 2.7 K의 흑체가 내는 복사의 파장인 전파 영역으로 길어졌다.
~~ㄷ~~ : 우주 배경 복사는 빅뱅 이후 약 38만 년이 지난 시점에 전 우주로 퍼져나가기 시작했고 현재에도 관측되고 있다. 우주 배경 복사의 출발 당시에 우주의 온도는 3000 K였기 때문에 적외선이 주를 이루었고, 현재는 우주의 온도가 2.7 K이기 때문에 전파 영역으로 관측된다. 따라서 20억 년 전에도 우주 배경 복사는 지구에 도달했을 것이다. 다만 현재보다 우주의 온도가 높았고 관측되는 우주 배경 복사의 파장도 현재에 비해 더 짧았을 것이다.

07

㉠ : 우주의 팽창으로 A보다 B에서 우주의 크기가 커졌기 때문에 우주가 가지는 일정량의 질량과 에너지는 더 넓은 공간으로 퍼지면서 우주의 온도는 낮아졌다.
~~ㄴ~~ : 우주 배경 복사가 처음 방출된 A에서는 우주 배경 복사가 3000 K의 온도에 해당하는 에너지 분포를 보이므로 전파 영역이 상대적으로 적었지만, B에서는 온도가 매우 낮아진 2.7 K의 상태이므로 가시광선은 거의 없고 파장이 매우 긴 전파 영역으로 관측된다.
~~ㄷ~~. 전자와 원자핵이 결합하지 않은 상태로 뒤엉켜 있었던 불투명한 시기는 A보다 이전의 우주 초기이다.

08

~~ㄱ~~ : 초기의 우주는 매우 뜨거운 상태였기 때문에 전자와 양성자가 분리된 상태로 뒤엉켜 있었다. 이때에는 빛이 물질로부터 분리될 수 없었으므로 우주 배경 복사는 형성되지 않았다. 이후 원자가 형성되는 (나) 시기의 시작 무렵부터 빛이 직진하면서 우주 배경 복사가 방출되었다. 이때는 빅뱅이 있은 후 약 38만 년이 경과한 후이고, 이때 방출된 우주 배경 복사는 3000 K 정도의 물체가 방출하는 빛으로 적외선 영역의 빛이 가장 우세했다.
㉡ : 빅뱅 후 약 3분이 되었을 때 양성자와 중성자로부터 헬륨 원자핵이 형성되었는데, 이때까지 형성되어 있던 수소 원자핵(양성자)은 이때 형성된 헬륨 원자핵과 약 3 : 1의 질량비를 이루었으며 이후 현재까지 거의 유지되고 있다.
㉢ : 빅뱅 이후 우주는 현재까지 계속 팽창하고 있으므로 (나) 시기보다 (다) 시기에 우주 배경 복사의 온도가 낮았다.

09

~~ㄱ~~ : 지금까지 알려진 이론과 관측 증거들을 종합하면, 우주는 138억 년 전에 대폭발로 탄생하여 짧은 순간 급격히 팽창하였다. 이후 우주의 팽창 속도는 조금씩 줄어들다가 수십 억 년 전부터 암흑 에너지의 역할이 중요해지면서 다시 빨라지기 시작하였다.
~~ㄴ~~ : 표에서 우주를 구성하고 있는 물질과 에너지의 비율을 보면 빛과 상호 작용하는 별, 행성, 성간 물질 등의 양은 약 4.9 %에 불과하고, 광학적 방법으로 검출하기 어려운 암흑 물질과 암흑 에너지의 비율이 약 95.1 %를 차지하고 있다.
㉢ : 별, 행성, 성간 물질 등 보통 물질과 암흑 물질은 중력 작용을 유발하고, 암흑 에너지는 우주를 팽창하게 만든다. 최근의 연구 결과 우주는 예상보다 더 빨리 팽창하고 있는데, 이와 같은 가속 팽창은 암흑 에너지에 의한 것으로 추정된다.

10

우주를 구성하는 요소에는 암흑 에너지, 암흑 물질, 보통 물질이 있다.
㉠ : 암흑 에너지의 비율은 A 시점에서 1 %, B 시점에서 50 %, 현재에는 68.3 %로 빅뱅 이후 시간에 따라 증가하고 있다.
~~ㄴ~~ : 암흑 물질의 비율은 A 시점에서 84 %, B 시점에서 43 %, 현재에는 26.8 %이다. 빅뱅 이후 우주는 팽창하고 있으므로 A 시점이나 B 시점에 비해 현재 암흑 물질의 비율이 작다.
~~ㄷ~~ : 우주가 팽창하면서 우주의 평균 온도는 낮아졌으므로 A보다 B 시점에 우주의 온도는 낮다.

11

(가)는 빅뱅 우주론, (나)는 정상 우주론을 나타낸 그림이다.
~~ㄱ~~ : 빅뱅 우주론에서는 시간에 따라 우주의 질량은 변하지 않고, 정상 우주론에서는 증가한다.
㉡ : 빅뱅 우주론에서는 시간에 따라 우주의 온도는 낮아지고, 정상 우주론에서는 변하지 않는다.
㉢ : 빅뱅 우주론에서는 시간에 따라 우주의 밀도는 감소하고, 정상 우주론에서는 일정하게 유지된다.

12

초신성의 관측이나 우주 배경 복사의 관측 결과를 근거로 과학자들은 4.9 %의 보통 물질과 26.8 %의 암흑 물질, 68.3 %의 암흑 에너지가 우주를 구성하고 있다고 추정한다.
㉠ : (가)는 우주의 26.8 % 를 차지하는 암흑 물질이다.
㉡ : (나)의 암흑 에너지는 우주를 팽창시키기 때문에 우주 가속 팽창의 원인이 된다.
~~ㄷ~~ : (가)의 암흑 물질과 (나)의 암흑 에너지의 존재는 초신성의 관측이나 우주 배경 복사(전파 영역)의 관측 결과로 추정한다.

13

~~ㄱ~~ : 우주의 크기 변화 그래프에서 기울기가 지속적으로 변하고 있다. 즉, 우주의 팽창 속도는 우주가 탄생한 이래로 지속적으로 변하였다.
㉡ : A는 암흑 물질로, 실제로 측정하여 작성된 우리 은하의 회전 속도 곡선이 광학적으로 관측된 물질로 계산된 회전 속도 곡선과 큰 차이를 보인다는 사실에 의해 그 존재를 확인할 수 있다.
~~ㄷ~~ : B는 보통 물질이다. 우주가 팽창함에 따라 보통 물질이 차지하는 비율은 점점 감소한다.

14

㉠ : COBE 위성이 관측한 우주 배경 복사가 2.7 K 흑체 복사 곡선과 잘 일치하므로 현재 우주의 평균 온도는 2.7 K라고 말할 수 있다.
~~ㄴ~~ : COBE 위성의 관측 결과를 보면 우주 배경 복사의 온도 분포가 균일하지 않으므로 복사의 세기도 균일하지 않다. COBE 위성의 관측 결과에서 우주의 온도 분포는 10^{-5} K 정도의 미세한 편차가 있다.
~~ㄷ~~ : 우주 배경 복사가 처음 방출될 당시 우주의 온도는 약 3000 K였으나, 우주 공간이 팽창하면서 온도는 약 2.7 K로 식었고 우주 배경 복사의 파장은 적색 편이되어 현재와 같은 파장으로 길어졌다. 따라서 빈의 변위 법칙에 의해 우주 탄생 초기의 배경 복사는 최대 에너지 파장이 현재의 최대 에너지 파장인 1 mm보다 짧았을 것이다.

15

㉠ : 급팽창 이론은 빅뱅 초기의 매우 짧은 시간에 우주가 약 10^{50}배 정도 급격히 팽창했다는 이론이다.

ㄴ : 급팽창 이후에도 우주의 반지름은 지속적으로 증가하고 있다.

ㄷ : 급팽창 이론은 빅뱅 우주론에서 잘 설명하지 못하는 몇 가지 문제를 우주 초기에 일어난 급격한 팽창을 이용해 설명함으로써 빅뱅 우주론을 보완하였다. 즉, 급팽창 이론에서도 우주는 빅뱅으로 시작한 후 계속 팽창하면서 우주의 밀도가 점점 작아진다는 것을 전제로 한다. 따라서 급팽창 이론은 정상 우주론보다 빅뱅 우주론을 더 잘 설명하고 있다.

16

㉠ : 약 138억 년 전 우주 팽창이 시작되었다는 것은 빅뱅으로 우주가 시작되었다는 빅뱅 우주론을 인정하고 있는 현대 천문학에서 우주의 나이가 약 138억 년이라는 의미와 같다. 우주의 나이는 허블 상수의 역수를 계산하여 대략적으로 구할 수 있다.

㉡ : 현재 우주는 가속 팽창하고 있으며, 암흑 에너지를 그 원인으로 보고 있다.

ㄷ : 현재의 경향이 이어진다면 우주는 미래에도 계속 팽창하며, 이러한 우주는 열린 우주에 해당한다.

17

ㄱ : 절대 등급이 일정한 Ia형 초신성은 감속 팽창하는 우주보다 가속 팽창하는 우주에서 더 멀리 위치하고 있어야 하므로 더 어둡게 관측되어 겉보기 등급이 크게 나타난다. (가)에서 초신성의 관측 결과는 가속 팽창하는 우주 모형에 잘 일치하므로 현재 우주는 가속 팽창하고 있다고 할 수 있다.

㉡ : 우주가 팽창하면서 물질의 밀도는 감소하나, 암흑 에너지의 밀도는 일정하게 유지된다. 따라서 A는 물질이고, B는 암흑 에너지이다. 암흑 에너지는 우주에 널리 퍼져 있으며 척력으로 작용해 우주를 가속 팽창시키는 역할을 하며, 반대로 물질은 끌어당기는 힘으로 작용하여 팽창을 억제하는 역할을 하고 있다. 현재 우주는 가속 팽창하고 있으므로 물질보다 암흑 에너지의 영향을 많이 받고 있다.

㉢ : 암흑 에너지의 밀도는 시간에 따라 일정하게 유지되는데 우주는 팽창하여 부피가 계속 커지므로 우주 전체에서 암흑 에너지의 양은 시간에 따라 증가한다.

18

㉠ : 초신성 관측을 통해 현재 우주가 가속 팽창하고 있음을 알게 되면서 과학자들은 중력에 반하여 우주를 팽창시키는 새로운 원동력으로 암흑 에너지를 들고 있다. 실제 우주에서 암흑 에너지의 양은 전체 우주에서 68.3 % 정도이며, 이 암흑 에너지의 작용으로 우주의 팽창 속도가 빨라지고 있는 것으로 보고 있다. 세 가지 우주 모형에서 암흑 에너지의 작용이 가장 우세하게 보여지는 것은 우주의 팽창 속도가 증가하는 A 모형이다.

㉡ : 암흑 물질은 눈에 보이지 않기 때문에 정확한 양을 알 수 없지만 암흑 물질의 양이 많을수록 중력의 작용이 우세해지기 때문에 결국 우주는 다시 수축하는 모형을 따르게 된다. 따라서 우주에 분포하는 암흑 물질의 양이 가장 많은 모형은 우주의 크기가 팽창하다가 다시 수축하게 되는 C이다.

ㄷ : Ia형 초신성의 관측으로 과학자들은 우주가 가속 팽창하고 있음을 알게 되었다. 이러한 변화에 가장 적합한 모형은 A이다.

19

별의 스펙트럼에서 O형 별의 표면 온도가 가장 높고, M형 별의 표면 온도가 가장 낮다.

ㄱ : 막대 나선 은하에는 은하핵을 가로지르는 막대 모양 구조가 있지만 정상 나선 은하에는 막대 모양 구조가 없다.

㉡ : 타원 은하는 나선 은하보다 스펙트럼형이 G형과 K형인 별이 많으므로 온도가 낮아 붉은색을 띠는 별들이 많다.

ㄷ : 그림 (나)에서 타원 은하는 주로 저온인 G형과 K형인 별이 많지만 나선 은하에서는 G형과 K형인 별의 비율이 작다.

20

ㄱ : (가)는 방출선의 폭이 일반 은하보다 훨씬 넓고 광학적으로 대부분 나선 은하로 관측되는 세이퍼트은하이고, (나)는 보통 은하보다 훨씬 작고 매우 멀리 있어 별처럼 관측되며 매우 큰 적색 편이가 나타나는 퀘이사이다.

ㄴ : 세이퍼트은하는 가시광선 영역에서 대부분 나선 은하로 분류되지만, 퀘이사는 지구로부터 너무 멀리 있으므로 가시광선 사진에서 은하의 형태를 구분하기 어렵다.

㉢ : 적색 편이가 클수록 후퇴 속도가 빠르며, 후퇴 속도가 빠를수록 우리 은하로부터 멀리 있다. 따라서 (가)보다 (나)가 우리 은하로부터 멀리 있다.

21

㉠ : 우리 은하의 질량 분포 곡선을 살펴 보면 계산한 질량과 관측한 질량의 차이는 은하 중심으로부터 멀어질수록 커진다는 것을 알 수 있다.

㉡ : 관측한 질량과 계산한 질량이 차이가 나는 주요 원인은 암흑 물질 때문이다. 태양계 안쪽보다 바깥쪽으로 갈수록 관측한 질량과 계산한 질량의 차이가 증가하는 것으로 보아 암흑 물질은 주로 태양계 바깥쪽에 분포한다고 볼 수 있다.

ㄷ : 은하 중심부 이외의 바깥에 관측되지 않는 암흑 물질에 의한 인력이 작용하여 우리 은하의 회전 속도는 은하 중심으로부터의 거리가 멀어지더라도 크게 감소하지 않을 것으로 보인다.

22

ㄱ : (가)에서 팽창 속도가 다른 두 우주 A, B에 속한 같은 거리의 은하의 후퇴 속도를 비교하면 은하의 후퇴 속도는 B의 경우가 더 빠르다. 따라서 우주의 팽창 속도는 A보다 B가 더 빠르다.

ㄴ : 평탄 우주는 우주의 팽창 속도가 점차 줄어들다가 팽창 속도가 0에 수렴하는 우주 모형이다. (나)에서 팽창 속도가 일정한 경우의 우주는 우주의 크기가 무한히 증가하므로 열린 우주에 해당한다.

㉢ : (가)로부터 거리(세로축) – 후퇴 속도(가로축)의 그래프에서 기울기가 클수록 우주의 팽창 속도가 작음을 알 수 있다. 이를 (나)에 적용하면 초신성 관측 자료가 나타나는 부분에서 기울기가 크게 나타난다. 그래프에서 초신성을 포함하는 은하들까지의 거리가 매우 먼 것으로부터 이 초신성 자료가 우주 초기의 상황을 나타내고 있는 것으로 해석할 수 있다. 즉, 우주 초기는 현재보다 팽창 속도가 느렸고, 이는 우주 초기에 비해 현재 우주 팽창 속도는 더 빨라진 것으로 해석할 수 있다.

수능 국어 문법 만점을 위한 절대 원리 !

[기본편]

국어 문법의 원리 수능국어문법

- 최신 수능 경향 분석을 통해 뽑아낸 문법의 핵심 원리
- 54개 문법 키워드로 내신·수능에 필요한 개념 모두 설명
- 원리 확인 문제 ⊕ 수능형 문제 수록

[문제편]

국어 문법의 원리 수능국어문법 240제

- 최신 수능 경향 분석을 통해 출제한 실전 문항 240선
- 원리 잡기 '연습 문제' ⊕ 유형 다지기 '실전 문제'
- 수능 신유형 분석 및 대비법, 기출 문항 분석 '특별 부록'

뻔한 기본서는 잊어라! 2015 개정교육과정 반영!
2년 동안 EBS가 공들여 만든 신개념 수학 기본서
수학의 왕도와 함께라면 수포자는 없다!!

1. 개념의 시각화

직관적 개념 설명으로 쉽게 이해한다.

- 개념도입시 효과적인 시각적 표현을 적극 활용하여 직관적으로 쉽게 개념을 이해 할 수 있다.
- 복잡한 자료나 개념을 명료하게 정리 제시하여 시각적 이미지와 함께 정보를 제공하여 개념 이해 도움을 줄 수 있다.

2. 국내 최대 문항

세분화된 개념 확인문제로 개념을 다진다.

- 개념을 세분화한 문제를 충분히 연습해보며 개념을 확실히 이해할 수 있도록 문항을 구성하였다.
- 반복 연습을 통해 자연스럽게 대표문제로 이행할 수 있다.

3. 단계적 문항 구성

기초에서 고난도 문항까지 계단식 구성

- 기초 개념 확인문제에서부터 대표문제, 기본&실력 종합문제를 거쳐 고난도, 신유형 문항까지 풀다보면 저절로 실력이 올라갈 수 있도록 단계적으로 문항을 구성하였다.

4. 단계별 풀이 전략

풀이 단계별 해결 전략을 구성하여 해결 과정의 구체적인 방법을 제시한다.

- 대표 문제의 풀이 과정에 해결 전략을 2~3단계로 제시하여 문항 유형에 따른 해결 방법을 살펴볼 수 있도록 한다.

전과목 로드맵

고교 교재 선택, 더 이상 고민하지 마세요!

EBS 과목별 고교 교재 시리즈로 선택만 하면 됩니다! 이제 수준과 목표만 정하고 바로 시작할 수 있습니다!

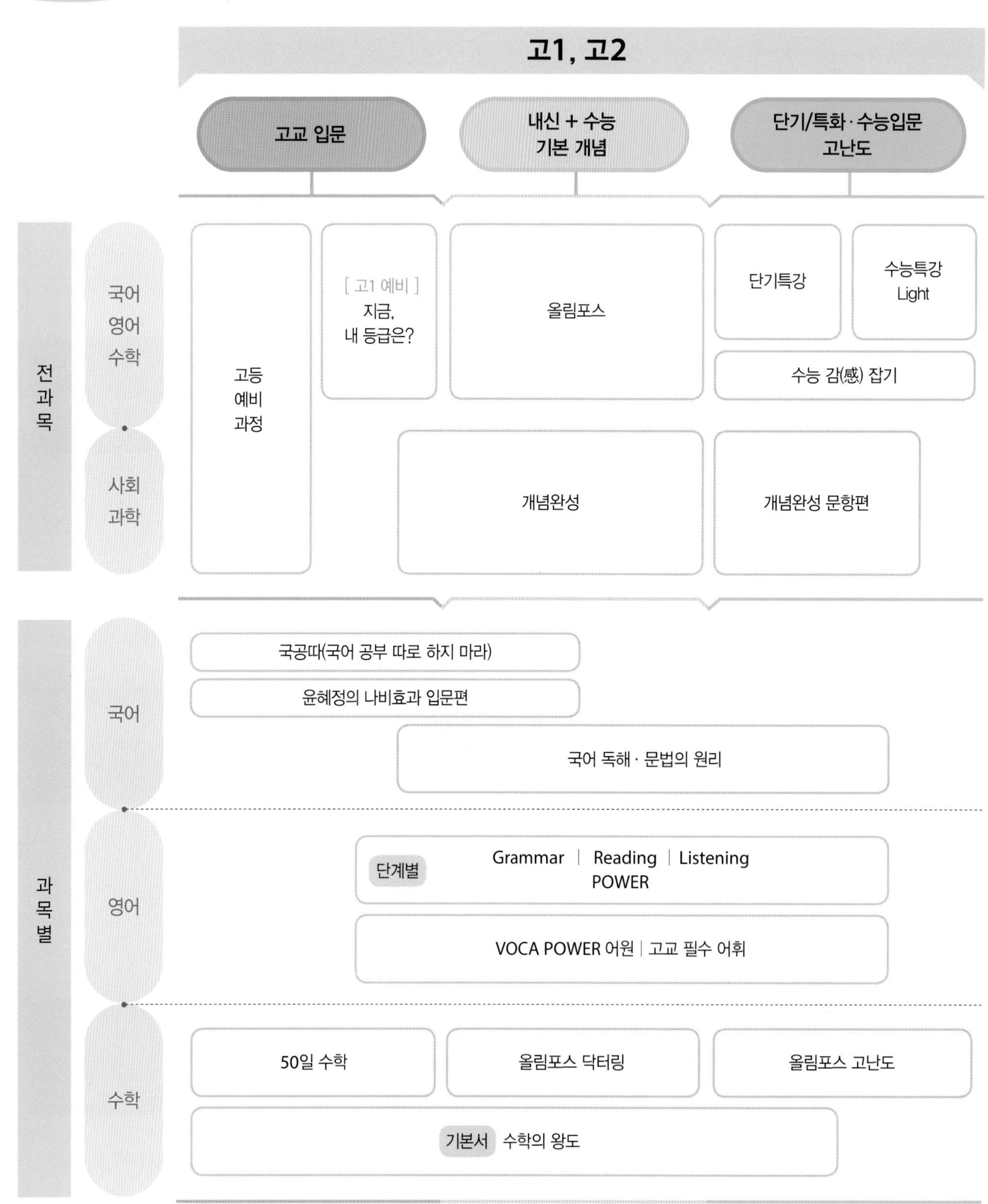